Max-Planck-Institut für ausländisches
öffentliches Recht und Völkerrecht

Beiträge zum ausländischen öffentlichen Recht und Völkerrecht

Begründet von Viktor Bruns

Herausgegeben von
Armin von Bogdandy · Rüdiger Wolfrum

Band 206

Mahulena Hofmann

Von der Transformation zur Kooperationsoffenheit?

Die Öffnung der Rechtsordnungen ausgewählter Staaten Mittel- und Osteuropas für das Völker- und Europarecht

From Transformation to Openness for Cooperation?
Legal System Development in Central and Eastern European States to Accommodate International and European Law

(English Summary)

Springer
the language of science

ISBN 978-3-642-00410-0 Springer Berlin · Heidelberg · New York

ISBN 978-3-642-00411-7 (eBook) DOI 10.1007/ 978-3-642-00411-7

Beiträge zum ausländischen öffentlichen Recht und Völkerrecht ISSN 0172-4770

Bibliografische Information der Deutschen Nationalbibliothek
Die Deutsche Nationalbibliothek verzeichnet diese Publikation in der Deutschen Nationalbibliografie; detaillierte bibliografische Daten sind im Internet über http://dnb.d-nb.de abrufbar.

Einbandgestaltung: WMXDesign GmbH, Heidelberg

Gedruckt auf säurefreiem Papier

springer.de

Vorwort

Nach dem Scheitern des europäischen Verfassungsvertrags hatte zwar sicher niemand erwartet, dass der Lissabonner Vertrag in Europa mit großem Jubel angenommen würde; seine Ablehnung durch die irische Bevölkerung im Referendum vom 12. Juni 2008 war dennoch eine gewisse und nicht gerade willkommene Überraschung. Keine große Überraschung war es dagegen, dass zu überzeugten Verteidigern der eigenen Souveränität und zu engagierten Verfechtern der Ablehnung verstärkter europäischer Integration zwei ehemalige Transformationsstaaten mutieren würden – und zwar Polen in der Phase der Verabschiedung des Verfassungsvertrags, gefolgt von Tschechien vor und nach dem irischen Debakel: In den dortigen Medien, aber auch in den einschlägigen parlamentarischen Debatten finden sich Ausdrücke wie „neue Versklavung", „Unterordnung unter die europäischen Befehle", „ungebundene Einmischung in den Alltag" oder „Überrumpelung aus Brüssel". Der Unterschied zwischen dieser Wortwahl und der entsprechenden Rhetorik in der Zeit vor dem Beitritt zur Europäischen Union kann nicht größer sein – herrschte doch damals eine Mischung aus Vorfreude und Versprechen, Bindungswillen und Harmonisierungsbereitschaft.

Dieses kleine Beispiel scheint für die Phasen der Entwicklung einer undemokratischen in eine rechtsstaatlich-demokratische Gesellschaft typisch zu sein. Es hat den Anschein, als ob die neu entstandenen Demokratien zunächst eine Phase der Verbundenheit mit den anderen, in demokratischer und rechtsstaatlicher Sicht „weiter" entwickelten Strukturen und Ordnungen erleben, bevor sich diese Einstellung früher oder später in eine eher von Ablehnung geprägte Reaktionsphase umwandelt, um endlich nach geraumer Zeit zu einem gewissen, mehr oder weniger indifferenten Gleichgewicht zu gelangen. Eine Parallele könnte diese Entwicklung auch in der Einstellung der Rechtsordnungen der Transformationsstaaten gegenüber dem Völkerrecht haben. Fraglich ist, ob dieser Prozess eigene Gesetzmäßigkeiten hat und weiter verallgemeinert werden kann.

Dieses Thema, nämlich die Problematik der Öffnung der nationalen Rechtsordnungen für überstaatliches Recht, beschäftigt mich bereits seit den 1970er Jahren, als ich noch an der Karls-Universität in Prag studierte und dann promovierte: Anders als man es vielleicht erwartet hätte, gab es damals keineswegs nur eine einheitliche, gewissermaßen uniforme Meinung zu diesem Thema; vielmehr wurde bereits zum damaligen Zeitpunkt intensiv diskutiert, wie der Staat sein Verhältnis zum internationalen Recht ausformen solle, könne oder müsse, um sein Überleben auf der internationalen Bühne zu sichern, wie viele und welche der völkerrechtlichen Menschenrechte in den nationalen Alltag eindringen dürfen und auf welche Weise dieses Eindringen erfolgen solle und könne. Öffentlich konnte damals zu diesem Thema jedoch nicht sehr viel innovatives gesagt werden: Bekanntlich wurde der Staat durch die Partei hierarchisch regiert, diese entschied letztlich auch über den Abschluss von völkerrechtlichen Abkommen; eine wirkliche parlamentarische Opposition, welche die Verabschiedung eines völkerrechtlichen Vertrags hätte verhindern oder befürworten können, gab es nicht. Die Meinungs- und die Reisefreiheit mussten gewissermaßen an der Grenze stehen bleiben; die Vorstellung, dass der Einzelne vor einem internationalen Gremium gegen den eigenen Staat klagen kann, grenzte an Landesverrat.

Die Anregung, dieses Thema neu aufzugreifen, kam erst in den 1990er Jahren, zunächst während meines Aufenthalts als Stipendiatin der Alexander-von-Humboldt-Stiftung am Max-Planck-Institut für ausländisches öffentliches Recht und Völkerrecht in Heidelberg und dann vor allem während meiner nachfolgenden Tätigkeit als wissenschaftliche Referentin. Der unvorstellbare Reichtum des Instituts an wissenschaftlichem Material schrie geradezu nach einer intensiven Beschäftigung mit einem rechtsvergleichenden Thema. Zu meiner großen Freude hat Professor Dr. Georg Brunner, der damalige Direktor des Instituts für Ostrecht an der Universität zu Köln, diese Idee nicht verworfen, sondern sie ganz nachhaltig unterstützt. Obwohl ich meine juristische Ausbildung und fast meinen gesamten beruflichen Werdegang in der ehemaligen kommunistischen Tschechoslowakei absolviert hatte, billigte die Kölner Rechtsfakultät mein Vorhaben, unter seiner Betreuung eine Habilitationsschrift zu dieser Problematik zu verfassen. Dies war aus der damaligen Sicht ein sehr mutiger und ungewöhnlicher Schritt, für welchen ich der Kölner Universität für immer verbunden bleibe. Der plötzliche Tod von Professor Dr. Brunner, der mich während der Arbeit an meiner Habilitationsschrift immer sehr freundlich und in fast väterlicher Weise unterstützt hatte, war für mich auch menschlich ein sehr schwerer Schlag. Umso dankbarer war und bin ich Professor Dr. Stephan Hobe, der sich spontan bereit erklärte, meine Arbeit weiter zu betreuen; das war nicht weniger mutig – und ich hoffe nur, dass er diesen Schritt nicht allzu oft bereut hat. Seine zahlreichen Anregungen und große Sorgfalt haben in ganz erheblichem Maße zum erfolgreichen Abschluss meines Habilitationsverfahrens beigetragen. Frau Professorin Dr. Angelika Nußberger danke ich für die zügige Erstellung des Zweitgutachtens und ihre fachlichen Hinweise.

Die alltägliche Forschungstätigkeit wäre nicht ohne den Rahmen möglich gewesen, den mir das Max-Planck-Institut geboten hat: Sowohl Professor Dr. Jochen Abr. Frowein als auch Professor Dr. Armin von Bogdandy als die für mich maßgeblichen Direktoren ließen mir in großzügiger Weise genügend Zeit, um mein Vorhaben zu einem erfolgreichen Ende zu bringen. Hierfür und für ihre sonstige vielfältige Unterstützung danke ich ihnen sehr. Auch Professor Dr. Rudolf Bernhard und Professor Dr. Karl Doehring haben mich in meinem Vorhaben bestärkt; meine damaligen Kolleginnen und Kollegen am Institut standen mir mit vielfältigem Rat zur Seite. Bei der redaktionellen Arbeit waren mir vor allem Frau Angelika Schmidt, Markus Wagner und Johann-Christoph Woltag eine große Stütze. Schließlich danke ich Professor Dr. Armin von Bogdandy und Professor Dr. Rüdiger Wolfrum für die Aufnahme der Arbeit in die Reihe der Beiträge zum ausländischen öffentlichen Recht und Völkerrecht.

Ermutigung und Beistand erhielt ich auch aus Tschechien: Professor Dr. Pavel Holländer, Vizepräsident des tschechischen Verfassungsgerichts, verdanke ich ein unterstützendes Drittgutachten zu meiner Habilitationsschrift; eine wichtige Orientierungshilfe waren mir die Arbeiten von Professor Dr. Jiří Malenovský, Richter am Europäischen Gerichtshof in Luxemburg, und Professor Dr. Pavel Šturma, Ordinarius für Völkerrecht an der Karls-Universität Prag.

Vor allem aber wäre die langjährige, auch zeitlich sehr intensive Beschäftigung mit einer Problematik – was in einem Habilitationsvorhaben nun einmal unumgänglich ist – ohne die stete Unterstützung und das große Verständnis meiner Familie und Freunde nicht möglich gewesen: Mein besonderer Dank gilt an dieser Stelle meinem Mann, Professor Dr. Rainer Hofmann, der nicht nur immer bereit war, mit mir über die rechtlichen Fragen fachlich zu diskutieren, sondern sich auch jahrelang aufopfernd mit meinen zahlreichen Slawismen auseinandersetzte.

Heidelberg, im Juli 2008 Mahulena Hofmann

Inhaltsverzeichnis

Abkürzungsverzeichnis

ABl.	Amtsblatt
ABl. EG	Amtsblatt der Europäischen Gemeinschaften
Abs.	Absatz
Anm.	Anmerkung
Art.	Artikel
Aufl.	Auflage
Az.	Aktenzeichen
Bd.	Band
BGBl	Bundesgesetzblatt
BVerfG	Bundesverfassungsgericht
bzw.	beziehungsweise
ČSFR	Tschechische und Slowakische Föderative Republik (Česká a Slovenská Federativni Republika)
Doc.	Document
DÖV	Die Öffentliche Verwaltung
D.R.	Decisions and Reports
DV	Deutsche Verwaltung
Dz.U.	Dziennik Ustaw
ECHR	European Convention on Human Rights
EG	Europäische Gemeinschaft
EGMR	Europäischer Gerichthofs für Menschenrechte
EGV	Vertrag zur Gründung der Europäischen Gemeinschaft
EJIL	European Journal of International Law
EKMR	Europäische Kommission für Menschenrechte
EMRK	(Europäische) Konvention zum Schutze der Menschenrechte und Grundfreiheiten

et al.	et aliter (und andere)
EU	Europäische Union
EuG	Gericht erster Instanz
EuGH	Gerichtshof der Europäischen Gemeinschaften
EuGRZ	Europäische Grundrechte-Zeitschrift
EUV	Vertrag über die Europäische Union
EWG	Europäische Wirtschaftsgemeinschaft
f.	folgende
ff.	fortfolgende
Fn.	Fußnote
GATT	Allgemeines Zoll- und Handelsabkommen
GG	Grundgesetz
GUS	Gemeinschaft Unabhängiger Staaten
GYIL	German Yearbook of International Law
HRLJ	Human Rights Law Journal
Hrsg.	Herausgeber
IAO	Internationale Arbeitsorganisation
i.d.F.	in der Fassung
IGH	Internationaler Gerichtshof
ILC	International Law Commission
ILO	International Labor Organisation
IpbürgR	Internationaler Pakt über bürgerliche und politische Rechte
IpwirtR	Internationaler Pakt über wirtschaftliche, soziale und kulturelle Rechte
i.V.m.	in Verbindung mit
JöR	Jahrbuch des öffentlichen Rechts der Gegenwart
KSZE	Konferenz für Sicherheit und Zusammenarbeit in Europa
No.	Number
Nr.	Nummer
NVwZ	Neue Zeitschrift für Verwaltungsrecht

OSZE	Organisation für Sicherheit und Zusammenarbeit in Europa
öBGBl.	Bundesgesetzblatt für die Republik Österreich
PCIJ	Permanent Court of International Justice
Pos.	Position
ROW	Recht in Ost und West
RGW	Rat für Gegenseitige Wirtschaftshilfe
Rs.	Rechtssache
RSFSR	Russische Sozialistische Föderative Sowjetrepublik
Sb.	Sbírka zákonů
u.a.	und andere, unter anderem
UdSSR	Union der Sozialistischen Sowjetrepubliken
UN	United Nations
UNESCO	United Nations Educational, Scientific and Cultural Organization
UNTS	United Nations Treaty Series
Ur.l.SRS	Uradni list Socialistične Republike Slovenije
Ur.l.RS	Uradni list Republike Slovenije
Verf.	Verfassung
vgl.	vergleiche
VKS RF	Vedomosti konstitucionnogo suda Rossijskoj Federacii
VSND RSFSR	Vedomosti S'jezda narodnych deputatov RSFSR
VS RSFSR	Verchovnyj Sovet RSFSR
VVS	Vedomosti Verchovnogo Soveta RSFSR
WiRO	Wirtschaft und Recht in Osteuropa
WSA	Wirtschafts- und Sozialausschuss
WTO	World Trade Organization
ZaöRV	Zeitschrift für ausländisches öffentliches Recht und Völkerrecht
z.B.	zum Beispiel

Einleitung

Am 1. Mai 2004 trat der insgesamt fünfte EU-Beitrittsvertrag[1] in Kraft, der für die zehn beitretenden Staaten eine wichtige Etappe der Transformation ihrer Rechtsordnungen beendete. Für acht dieser Staaten symbolisierte dieser Schritt den Abschluss der Periode der Umwandlung von autoritären, sozialistischen Gesellschaften zu rechtsstaatlich verfassten Gemeinwesen, einen Eintritt in den Kreis der modernen, auf Recht beruhenden Mitgliedstaaten der Europäischen Union. Im Rahmen des vollständigen Umbaus der Rechtsordnungen dieser, aber auch der im Jahre 2007 der Europäischen Union beigetretenen[2] ehemals sozialistischen Staaten kam es bei der Transformation der ursprünglich autoritären zu rechtsstaatlichen Regimen neben der Umstrukturierung der Staatsorganisation oder der Einführung von Grundrechtskatalogen auch zu einer recht umfassenden Öffnung der nationalen Rechtsordnungen für die überstaatlichen Rechtssysteme – das Völker- und ggf. das Gemeinschafts- bzw. Unionsrecht.

1. Der Begriff der„ Öffnung": Diese Öffnung, die in der deutschen Lehre als eine Abkehr von der Aufgabenallzuständigkeit des Staates und eine Aufgabenverteilung nach vom Grundsatz der Subsidiarität geprägten Effizienz- und Erforderlichkeitsgesichtspunkten an die staatliche bzw. überstaatliche Erfüllungsebene definiert wird,[3] erschöpft sich bekanntlich nicht in einer bloßen internationalen Kooperationswilligkeit einer Rechtsordnung; diese war bei den untersuchten Staaten im politisch zweckmäßigen Ausmaß bereits vor der Wende vorhanden. Sie wird hier vor allem im Sinne einer Ein- und Unterordnung der nationalen Rechtsordnung in bzw. unter eine internationale Ordnung verstanden.[4] In welchem Umfang diese Öffnung tatsächlich erfolgte, zeigt sich am deutlichsten am Maß der Durchsetzung der mit den nationalen Regeln

---

1 ABl. EG L 236 vom 23.9. 2003.

2 ABl. EG L 157 vom 21.6. 2005.

3 S. z.B. *S. Hobe,* Der offene Verfassungsstaat zwischen Souveränität und Interdependenz, Berlin 1998, S. 409.

4 Vgl. *K. Vogel,* Die Verfassungsentscheidung des Grundgesetzes für eine internationale Zusammenarbeit, Tübingen 1964, S. 26, 28, 35.

kollidierenden Rechtsnormen dieser überstaatlichen Rechtsordnung[5] und an der Tatsache, dass ihnen ggf. die Rolle einer komplementären Rechtsquelle zugewiesen wurde.

2. Der Begriff der „überstaatlichen Systeme“: Der Begriff „überstaatliche Rechtssysteme“ wurde gewählt, um neben der Frage des Verhältnisses der untersuchten nationalen Rechtsordnungen zum Völkerrecht auch ihre Beziehung zum Recht der Europäischen Gemeinschaften bzw. anderer internationaler Strukturen beantworten zu können. Dies ist deswegen auch folgerichtig, weil die vertraglichen Bindungen der Transformationsstaaten an die Europäische Union – die Europa- bzw. Partnerschaftsabkommen – bis zu ihrem EU-Beitritt einen völkerrechtlichen Charakter hatten bzw. noch haben. Bis zu diesem Zeitpunkt behält bzw. behielt das eigentliche Gemeinschaftsrecht für diese Staaten zwar förmlich den Charakter eines überstaatlichen Rechtssystems, der Einfluss seiner die Annäherung an das Gemeinschaftsrecht fordernden Bestimmungen zeigte sich jedoch schon seit mehreren Jahren. Da der Grad ihrer Umsetzung von den entsprechenden Organen der Gemeinschaft als eines der Beitrittskriterien bewertet wurde, wurde in den Kandidatenstaaten in einem komplexen Gesetzgebungsprozess die einfache Gesetzgebung in den vorgeschriebenen Bereichen praktisch vollständig mit dem *acquis communautaire* harmonisiert; auch in den nur durch Partnerschaftsabkommen mit der Europäischen Union verbundenen Staaten hinterlässt er seine Spuren. Dieser breite begriffliche Ansatz ermöglicht, die Fragen bezüglich der Integrationsklauseln, der Wirkung des gemeinschaftsrechtlichen Besitzstandes in den nationalen Rechtsordnungen sowie die Überlegungen zum Verhältnis der nationalen Gerichtsbarkeit zu diesem *acquis* zu schildern.

3. Die „Öffnungsphase“: Die Öffnung der Rechtsordnungen der untersuchten Transformationsstaaten für die überstaatlichen Rechtssysteme erfolgte auf mehreren Ebenen:

Rechtspolitisch war sie zweifellos eine Reaktion auf die Lage vor der demokratischen Wende des Jahres 1989, für die das Fehlen irgendwelcher oder jedenfalls klarer rechtlicher Bestimmungen über die Beziehung der nationalen Rechtsordnung zu völkerrechtlichen Regelungen kennzeichnend war. Die Lehre und Rechtspraxis der damals sozialistischen Staaten hatte nur denjenigen völkerrechtlichen Regelungen in den

---

[5] *C. Tomuschat*, Der Verfassungsstaat im Geflecht der internationalen Beziehungen, Berlin 1978, S. 15.

internationalen Beziehungen eine zentrale Position verliehen, die für das autoritäre Regime eine wichtige Rolle, vor allem eine Schutzrolle spielten; als Beispiel kann hier das Prinzip der staatlichen Souveränität sowie der Nichteinmischung in die innerstaatlichen Angelegenheiten anderer Staaten genannt werden. Alle übrigen Rechtsprinzipien und Normen hatten zwar nicht formell, aber faktisch einen niedrigeren Rang innegehabt. Um zu verhindern, dass sich die Bevölkerung auf die wichtigsten Bestandteile der völkerrechtlichen Menschenrechtsinstrumente – wie etwa die Meinungs- oder gar Ausreisefreiheit – berufen könnte, wurden diese konsequent als nur die Staaten bindend und keine Rechte des Individuums begründend ausgelegt. Der Beitritt zum europäischen Raum, repräsentiert durch die Europäischen Gemeinschaften, war eine Utopie. Der Kern der offiziellen Konzepte war die Interpretation der Thesen der Klassiker des Marxismus-Leninismus über den sterbenden Staat und sein Rechtssystem sowie seine baldige Ersetzung durch eine nichtstaatliche, politische Organisation der Gesellschaft. Als Vorläufer solcher Mechanismen wurde der im Jahre 1949 entstandene Rat für Gegenseitige Wirtschaftshilfe (RGW) angesehen, dessen Mechanismus der „verbindlichen Empfehlungen" den Weg zur „freiwilligen" Erfüllung der gegenseitigen internationalen Aufgaben aufzeigen sollte. Die Tatsache, dass dieser Rat zehn Jahre tätig war, ohne dass er sich auf ein Statut stützen konnte und dieses erst Ende des Jahres 1959 unterzeichnet wurde, war für die damalige Situation bezeichnend.

Die Systemänderung Ende der 1980er Jahre hat in den Staaten Osteuropas nicht nur im politischen Bereich, sondern auch in der Frage der Stellung zum Völkerrecht und zum Rechtssystem der Europäischen Gemeinschaften eine grundlegende Kehrtwende gebracht. Die durch das positive Recht gesicherte Öffnung der Rechtsordnungen für überstaatliche Rechtssysteme erhielt deswegen zunächst die Rolle eines rechtspolitischen Signals, das eine eindeutige Abkehr von der bisherigen Rechtlosigkeit auf diesem Gebiet bezeichnen sollte. Gleichzeitig vermittelte sie eine wichtige Aussage über das Bekenntnis des Staates zu den durch die völkerrechtlichen Normen geschützten Werten, über seine Kooperationsbereitschaft in den internationalen Foren sowie über die Zurückhaltung des nationalen Gesetzgebers und seine Absicht, die überstaatlichen Rechtsnormen unter Umständen sogar ohne innerstaatliche Mitwirkung zur Anwendung kommen zu lassen.

Was die rechtsstaatlichen Rechtsordnungen von den autoritären in diesem Bereich unterscheidet, ist jedoch nicht das oben genannte generelle Bekenntnis zu den völkerrechtlichen Vorgaben. Der entscheidende Punkt liegt in der Frage, ob die Umsetzung dieser Öffnung für überstaatliche Rechtsordnungen in solcher Weise konzipiert ist, dass ihre Regelungen die Rolle einer komplementären Rechtsquelle übernehmen können. Dazu kann bereits heute festgestellt werden, dass sich in den 1990er Jahren in den Transformationsstaaten das Völkerrecht unter vor allem europäischem Einfluss rasch von einer Sammlung politischer Postulate in einen Zweig des geltenden positiven Rechts wandelte. Von den völkervertraglichen Regelungen sind aus ihrer vormaligen Bedeutungslosigkeit vor allem die menschenrechtlichen Regelungen an die Spitze der Hierarchie der völkerrechtlichen Regelungen aufgestiegen. Eine zentrale Bedeutung erwarben aus formeller Sicht vor allem die menschenrechtlichen UN-Pakte sowie die Europäische Konvention zum Schutze der Menschenrechte und Grundfreiheiten (EMRK), die in die Rechtsordnungen der Transformationsstaaten inkorporiert wurden.[6] Eine erhebliche Stärkung erlebte auch das völkerrechtliche Gewohnheitsrecht.

Diese Entwicklung spiegelte sich vor allem im Prozess der Erarbeitung neuer Verfassungen wider, in denen verschiedene Modelle von Inkorporationsregelungen formuliert wurden, die fast ausnahmslos zur direkten Anwendung hierfür qualifizierter völkerrechtlicher Regelungen führten. In mehrere Verfassungen wurden spezielle Bestimmungen eingeführt, welche in einigen Rechtsordnungen den völkerrechtlichen Menschenrechtsinstrumenten einen besonderen Status verleihen. Diese Klauseln wurden oft um weitere Bestimmungen ergänzt, die den Vorrang der überstaatlichen Regelungen festlegen, was die Anwendung kollidierender nationaler Rechtsnormen ausschließt. Nach der Verabschiedung der neuen Verfassungen erreichte das Völkerrecht dadurch in einigen Reformländern die Stufe zwischen den verfassungsrechtlichen und den einfach-gesetzlichen Regelungen, sein zumindest partieller Vorrang vor den einfachen Gesetzen wurde ihm verfassungsrechtlich gesichert.

Für die Anwendungspraxis hatte diese verfassungsrechtliche Systemänderung vor allem zur Folge, dass sich – zumindest theoretisch – die Subjekte der nationalen Rechtsordnungen nunmehr auf die als self-executing konzipierten Bestimmungen unmittelbar vor den nationalen Behörden und Gerichten berufen können; im Zusammenhang damit wurden in manchen Transformationsstaaten die völkerrechtlichen Regelungen

---

[6] Nur die Republik Belarus ist – mangels Mitgliedschaft im Europarat – nicht Vertragspartei der EMRK.

ausdrücklich als Rechtsquelle ausgestaltet. Darüber hinaus wurde das Konzept der Kontrolle der nationalen Rechtsakte anhand der überstaatlichen Regelungen in den meisten der erfassten Staaten auch in das Modell der nach der Wende entstandenen oder grundsätzlich umgebauten Verfassungsgerichtsbarkeit eingegliedert. Besonders qualifizierte völkerrechtliche Verträge konnten meistens nicht nur als Prüfungsgegenstand, sondern oft als Prüfungsmaßstab der abstrakten und der konkreten Normenkontrolle eingesetzt werden; in einigen Rechtsordnungen wurden sie sogar als Prüfungsmaßstab der individuellen Verfassungsbeschwerden herangezogen. Damit wurde ein wichtiges externes Korrektiv der nationalen Rechtsordnung geschaffen, das vor allem im Bereich des Menschenrechtsschutzes an Bedeutung gewonnen hat.

Nicht nur die ehemaligen EU-Beitrittskandidaten, auch andere Transformationsstaaten begleiteten den Prozess der Öffnung ihrer nationalen Rechtsordnungen für die völkerrechtlichen Regelungen mit der Schaffung von verfassungsrechtlichen Bestimmungen, die ihnen eine Integration in überstaatliche Rechtssysteme ermöglichten:

In allen untersuchten Staaten wurde der Prozess der Erarbeitung und Verabschiedung dieser Integrationsklauseln vor dem EU-Beitritt abgeschlossen. Dazu wurden in mehreren Staaten spezielle verfassungsrechtliche Rechtsnormen geschaffen, welche die Wirkung der Rechtsakte der supranationalen Strukturen – der Europäischen Union wie auch anderer internationaler Gefüge – in der nationalen Rechtsordnung betreffen. Eine interessante Wirkung hat der europäische Integrationsprozess auch auf die Verfassungsordnungen derjenigen Transformationsstaaten gezeigt, die in mittelfristiger Perspektive kein Mitglied der Europäischen Union werden. Auch in ihre Verfassungen wurden nicht selten Integrationsklauseln eingeführt, die durch ihre allgemeine Formulierung eine Verbindung zu einem supranationalen Gefüge ermöglichen.

4. Die „Reaktionsphase“: Nach der Phase der politischen und rechtlichen Stabilisierung der 1990er Jahre, für welche die sehr intensive Akzeptanz von überstaatlichen Rechtssystemen geradezu prägend ist, zeigte sich bei mehreren untersuchten Transformationsstaaten ein neues Phänomen: In der Russischen Föderation, Belarus und der Tschechischen Republik sinkt die Bereitschaft, das Völkerrecht in der Rechtsprechung als relevanten Maßstab heranzuziehen. Das Völkerrecht wird aus dem Katalog der Prüfungsmaßstäbe des Verfassungsgerichts gestrichen (Tschechische Republik) oder verliert an Bedeutung (Russische Föderation, Belarus). Gleichzeitig reduziert sich auch die Bereitschaft, sich zu einer weiteren supranationalen Integration zu verpflichten (Russische Föderation). Zwar bislang nur vereinzelt, aber dennoch wird die Frage des Austritts aus der Europäischen Union auf der Ebene des Verfassungsgerichts diskutiert (Polen) und die nächste europäische Integrationsstufe wird in Zweifel gezogen (Polen, Tschechische Republik). Einige der Rechtsordnungen durchlaufen hinsichtlich ihrer Öffnung für supranationale Rechtssysteme damit eine Parabel, auf deren Höhepunkt aus heutiger Sicht die Entwicklung der 1990er Jahre stand.

5. *Die Untersuchungsfrage:* Die hier nur kursorisch skizzierten Merkmale der Entwicklung der Öffnung der nationalen Rechtsordnungen der untersuchten Staaten für die überstaatlichen Rechtssysteme deuten darauf hin, dass dieser Prozess in einem breiteren Kontext geschehen ist und sich tief auf die Gesetzgebung, die Exekutive und die Rechtsprechung dieser Länder auswirkt. In der Frage, warum und wie weit die Transformationsstaaten diesen Schritt unternommen haben, und wie und warum einige von ihnen ihn später wieder relativiert haben, liegt das Hauptuntersuchungsinteresse dieser Arbeit.

Dabei soll unterstrichen werden, dass sich die nachstehende Untersuchung nicht mit allen Fragen befasst, die sich aus einem weiten, etwa in der deutschsprachigen Literatur[7] vertretenen Verständnis dieses Begriffs der Öffnung ergeben, sondern sich auf das Kriterium des Vorrangs der überstaatlichen Regelungen vor den nationalen Rechtsnormen und ggf. ihrer Funktion als einer nationalen Rechtsquelle konzentriert. Der Grund dafür liegt in der Aussagekraft dieses Merkmals. Es scheint eines der Orientierungskriterien zu sein, welche – wie etwa die Abschaffung der Todesstrafe – die autoritativen von den rechtsstaatlichen Rechtsordnungen unterscheiden: Keine undemokratische Rechtsordnung lässt erfahrungsgemäß ein Eindringen einer kollidierenden überstaatlichen Norm in die eigenen nationalen Regelungen zu. Das bedeutet allerdings nicht, dass jede Rechtsordnung, die sich gegenüber überstaatlichen Regelungen zurückhaltend verhält, gleichzeitig unbedingt undemokratisch sein muss. Ein formeller, in der Verfassung verankerter und in der nationalen Gesetzgebung umgesetzter Verzicht auf das „letzte Wort" im Konflikt zwischen überstaatlichen und nationalen Regelungen scheint jedenfalls ausschließlich für eine rechtsstaatliche Ordnung typisch zu sein.

6. *Die Hypothese:* Die damit zusammenhängende und näher zu untersuchende These ist, dass in der Etappe des politischen und rechtlichen Umbruchs die Staaten in der Öffnung für überstaatliche Rechtsordnun-

---

[7] *S. Hobe* (Fn. 3) S. 409.

gen nicht nur ein symbolisches Bekenntnis, sondern ein Instrument zur Erhöhung der Qualität ihrer Rechtsstaatlichkeit suchten und fanden. Damit ist auch die Tatsache verbunden, dass entweder diejenigen Rechtssysteme diesen Schritt meiden, die aus Mangel an Rechtsstaatlichkeit ein Eindringen überstaatlicher Regelungen verhindern möchten oder solche, die – nach ihrer Meinung – ihre Umwandlung bereits abgeschlossen und einen so hohen Standard ihres Rechtssystems erreicht haben, dass das Heranziehen von externen Maßstäben künftig unnötig, wenn nicht sogar hinderlich wäre.

7. Das Messinstrumentarium: Das erste der Messinstrumentarien wird das gewählte Modell der Einbeziehung des Völkerrechts in die jeweilige innerstaatliche Rechtsordnung sein. Es wird der Ausgangspunkt der wissenschaftlichen und politischen Grundlagen der geltenden verfassungsrechtlichen Regelungen in den ausgewählten Rechtsordnungen untersucht. Weiter werden die Gründe, warum sie sich gegenüber dem Völker- und – soweit einschlägig – dem Gemeinschaftsrecht oder anderen überstaatlichen Rechtssystemen geöffnet haben, analysiert; es wird auch beobachtet, ob und warum diese Öffnung, so wie sie unmittelbar nach der Wende konstruiert wurde, ihren Umfang auch heute noch beibehalten hat oder ob – und ggf. aus welchen Gründen – Änderungen eingetreten sind.

Danach werden verschiedene Modelle der Einbeziehung beider Rechtssysteme präsentiert. Nach der allgemeinen Betrachtung der grundlegenden verfassungsrechtlichen Rechtsnormen werden ihre Bestandteile untersucht – sowohl der konkrete Mechanismus der Einbeziehung der völkerrechtlichen Verträge in die nationale Rechtsordnung als auch die Modelle der Übernahme der gewohnheitsrechtlichen Regelungen. Dabei wird es interessant sein festzustellen, zu welchem Modell der Beziehung zum Völkerrecht die jeweiligen nationalen Rechtsordnungen tendieren – dem Monismus oder dem Dualismus und in welcher seiner Formen. Insbesondere wird verfolgt, ob sich die untersuchten Rechtsordnungen für eine generelle Transformation im Sinne einer generellen Umwandlung von völkerrechtlichen Normen oder eine spezielle Transformation als Umwandlung einer bestimmten völkerrechtlichen Norm in innerstaatliches Recht entschieden haben.[8]

---

[8] Vgl. *M. Schweitzer*, Staatsrecht III, 8. Aufl., Heidelberg 2004, S. 155, Rn. 430 ff.

Im Hinblick auf den EU-Beitritt werden die in die Verfassungen eingeführten Integrationsklauseln gewürdigt; im Falle Russlands und der Republik Belaruss auch die inhaltlich vergleichbaren Bestimmungen, die in Kraft gesetzt wurden, auch wenn sie letztlich nicht auf eine Mitgliedschaft in der Europäischen Union zielen.

An den theoretischen Teil schließt sich eine Analyse der Staatspraxis bei der Umsetzung der Rechtsnormen zur Stellung des Völkerrechts an. Damit wird die Antwort auf die Frage gesucht, ob die formell-rechtliche Öffnung der Rechtsordnungen gegenüber dem Völkerrecht und dem Gemeinschaftsrecht mehr als nur eine Signalwirkung hat und zur Erweiterung des anwendbaren Rechts beiträgt. Dafür wird die Bedeutung völker- und gemeinschaftsrechtlicher Regelungen für die jeweilige nationale Rechtsprechung analysiert.

Vor allem wird es darum gehen festzustellen, warum und welche völkerrechtlichen Regelungen vor den Gerichten Anwendung finden. Wenn zugänglich, werden die Informationen über die Bindung der Richter der allgemeinen Gerichte an völkerrechtliche Vorschriften bearbeitet; besondere Aufmerksamkeit wird den Zuständigkeitskatalogen und der Judikatur der Verfassungsgerichte in Verbindung mit den völkerrechtlichen Regelungen gewidmet. Weiter wird die Rechtsprechung der Verfassungsgerichte und der allgemeinen Gerichte untersucht, welche die gemeinschaftsrechtlichen Regelungen angewandt haben, und erörtert, ob und wie sich ihr Verhältnis zum *acquis* nach dem Beitritt geändert hat.

Als Nächstes wird beschrieben, wie die nationalen Rechtsordnungen auf die Beschlüsse internationaler Instanzen, vor allem des Europäischen Gerichtshofs für Menschenrechte (EGMR), des UN-Ausschusses für Menschenrechte und des Europäischen Gerichtshofs, reagieren. Hierzu wird nach den verfassungsrechtlichen bzw. einfach-gesetzlichen Bestimmungen der nationalen Rechtsordnungen gesucht, welche die Empfehlung des Ministerkomitees 2000/2 vom 19. Januar 2000 und seine Resolution Nr. 1226 (2000) vom 28. September 2000 umsetzen und aufgrund der Entscheidungen des EGMR die Wiederaufnahme nationaler Verfahren ermöglichen.

Schließlich wird die Frage beantwortet, ob und auf welche Weise die gesetzgebende Praxis der Transformationsstaaten und ihre Rechtsprechung eine Rückwirkung auf diese überstaatlichen Rechtssysteme ausüben können. Um die gewonnenen Erkenntnisse in einen größeren

Rahmen einzureihen, werden die konkreten Ergebnisse der Arbeit systematisiert und verallgemeinert.[9]

8. Die Auswahl der Rechtsordnungen: Die Auswahl der untersuchten Rechtsordnungen – der polnischen, slowakischen, tschechischen, slowenischen, russischen und belarussischen – geht zunächst davon aus, dass sie letztlich in eine Kategorie bzw. „Rechtsfamilie"[10] eingegliedert werden können. Dass jedoch auch unter diesen Staaten erhebliche Unterschiede bestehen, ist offensichtlich. So war z.B. Slowenien als früherer Bestandteil Jugoslawiens weder Mitglied des militärischen „Kollektivsystems" des Warschauer Paktes noch des Rats für Gegenseitige Wirtschaftshilfe. Russland dagegen war das zentrale Element der ehemaligen Sowjetunion, während die Slowakei und Tschechien Teilrepubliken einer zweigliedrigen Föderation waren. Die Rechtsordnung der Republik Belarus als einer der ehemaligen Republiken der Sowjetunion unterscheidet sich deutlich von den übrigen untersuchten Rechtsordnungen aufgrund ihrer autoritären Züge, dem Mangel an Transparenz der rechtlichen Regelungen, der Kluft zwischen den postulierten Zielen und der Rechtswirklichkeit und insgesamt einer eingeschränkten Normativität zahlreicher Rechtsvorschriften. Ihre Eingliederung in die Studie geschieht jedoch ganz bewusst. An ihrem Beispiel geht es nämlich darum, einen Kontrast zu den übrigen Rechtsordnungen darzustellen.[11] Insgesamt scheint, trotz der geschilderten Unterschiede, ein Vergleich unter den Rechtsordnungen der genannten Staaten möglich zu sein. Als kleinster gemeinsamer Nenner wird dabei neben der geographischen Lage im Zentrum bzw. Osten Europas ihr Charakter als Rechtsordnungen von Transformationsstaaten und ihre ursprünglich sozialistische, politische, wirtschaftliche und rechtlich autoritäre Ordnung genommen.

Gleichzeitig repräsentieren diese Rechtsordnungen verschiedene Typen der Öffnung gegenüber den überstaatlichen Rechtssystemen. Während

---

[9] Zu Wertungsproblemen der Rechtsvergleichung s. *C. Starck*, Rechtsvergleichung im öffentlichen Recht, Juristenzeitung 52 (1997), 1021 ff.

[10] Zum Begriff „Rechtsfamilie" s. z.B. *M. van Hoecke/ M. Warrington*, Legal Cultures, Legal Paradigms and Legal Doctrine: towards a New Model for Comparative Law, International and Comparative Law Quarterly 47 (1998), 498 ff.

[11] Zur Methodik der Ostrechtsforschung s. *G. Brunner*, Von der dogmatischen Ostrechtsforschung zur dialektischen Westrechtsforschung?, Osteuropa 1973, 540 ff.1

Polen, die Slowakei, Tschechien und Slowenien die Staaten vertreten, die erst vor einigen Jahren der Europäischen Union beigetreten sind und mit der Problematik der Adaptation ihrer Rechtsordnungen an diese Tatsache konfrontiert wurden, stellt sich bei Russland und Belarus diese Frage nicht. Ihre Rechtsordnungen sind viel stärker von den Integrationsbemühungen im Rahmen der Gemeinschaft Unabhängiger Staaten (GUS) und des Gemeinsamen Unionsstaates geprägt, der künftig – zumindest theoretisch – beide Staaten verbinden soll.

Die gleiche Struktur der Länderkapitel und die Analyse möglichst zahlreicher gerichtlicher Entscheidungen sollen einen Vergleich und eine objektive Einschätzung der nicht nur formellen, sondern vor allem tatsächlichen Öffnung der untersuchten Rechtsordnungen ermöglichen.

9. Die Quellen: Als primäre Quellen der Arbeit werden zunächst die verfassungs- und gesetzgeberischen Texte, einschließlich der Verfassungs- und Gesetzesmotive, genommen. Dabei stellt die Fülle des zu bearbeitenden Rechtsmaterials für die Arbeit eine erhebliche Herausforderung dar. In allen untersuchten Staaten wurden nach 1990 neue Verfassungen erarbeitet und fast die ganze Gesetzgebung ist in dieser Umbruchphase geändert worden. Dazu müssen noch zahlreiche legislatorische Korrekturen in der Form von Verfassungs- und Gesetzesänderungen berücksichtigt werden. Allein während der Bearbeitung des Themas haben drei Staaten in dem untersuchten Bereich grundlegende Verfassungsänderungen durchgeführt. Dieser Vorteil der Fülle des zur Verfügung stehenden Materials hat jedoch auch seine Schattenseite. Diese liegt öfters im Mangel an Transparenz zahlreicher Rechtsquellen, der in einigen Ländern durch ihre fehlende Systematisierung noch verstärkt wird. Es ist keine Ausnahme, dass weder die Rechtsliteratur noch die Rechtsprechung nähere Angaben über die erwähnten bzw. angewandten Quellen erhalten.[12]

An diese eher tatsächlichen Schwierigkeiten, die überwunden werden müssen, schließen sich zahlreiche begriffliche Hindernisse an.[13] Als Beispiel kann das Problem der Auslegung des Begriffs „Ratifikation“ völ-

---

[12] So wurde z.B. erst 1998 ein Register in die Sammlung der belarussischen Gesetzgebung eingefügt.

[13] Dazu *F.-Ch. Schroeder*, Methodenprobleme der Ostrechtsforschung, in: B. Meissner/ H. Roggemann/ F.-Ch. Schroeder/ K. Westen (Hrsg.), Grundsatzfragen der Ostrechtsforschung, Studien des Instituts für Ostrecht München, Bd. 28, 1980, S. 89.

kerrechtlicher Verträge genannt werden, worunter einige osteuropäische Rechtsordnungen vor allem die parlamentarische Zustimmung zu den völkerrechtlichen Verträgen verstehen und nicht etwa – im Sinne von Art. 11 des Wiener Übereinkommens über das Recht der Verträge – einen Ausdruck der Zustimmung des Staates, durch einen Vertrag gebunden zu sein. Um Missverständnisse zu vermeiden, wird in solchen Fällen die authentische Interpretation dieser Rechtsinstitute stets beigefügt.[14]

[14] S. *K.-P. Sommermann*, Die Bedeutung der Rechtsvergleichung für die Fortentwicklung des Staats- und Verwaltungsrechts in Europa, Die öffentliche Verwaltung, 52 (1999) 24, S. 1023.

Ausgewählte Staaten Mittel- und Osteuropas

I. Die Republik Polen

1. Einleitung

Die Frage nach der Stellung völkerrechtlicher Normen in der nationalen Rechtsordnung gehörte sowohl vor der politischen Wende des Jahres 1989 als auch in der Zeitspanne bis zur Verabschiedung der neuen polnischen Verfassung im Jahre 1997 zu den in Theorie und Praxis umstrittensten Fragen.[1] Dies wurde auch dadurch verursacht, dass, ähnlich wie in anderen damaligen Ostblockstaaten, die Verfassung der Volksrepublik Polen aus dem Jahre 1952[2] keine Regelung über diese Problematik beinhaltete.[3] Im Unterschied zu mehreren anderen dieser Staaten war diese Umstrittenheit jedoch ein positives Zeichen. In Polen wurde schon vor der Wende eine öffentliche Diskussion geführt, die nicht selten zu offenen und kritischen Stellungnahmen über diese Lage und zu Vorschlägen zu ihrer Änderung führte.[4] Die Ergebnisse dieser Diskussionen waren jedoch sehr heterogen.

Einer der konstruktiven Ansätze zur Frage der Stellung des Völkerrechts war die These von *S. Rozmaryn*, wonach die völkerrechtlichen Verträge *ex proprio vigore*, d.h. aus eigener Kraft, auch innerstaatlich

---

[1] *M. Masternak-Kubiak,* Umowa międzynarodowa w prawe konstytucyjnym, Warszawa, 1997, S. 10.

[2] Konstytucja Polskiej Rzeczypospolitej Ludowej uchwalona przez Sejm Ustawodawczy w dniu 22 lipca 1952 r., Dziennik Ustaw (weiter nur Dz.U.) 1952, Nr. 33, Pos. 232.

[3] Vgl. *R. Szafarz*, Skuteczność traktatów na obszarze Rzeczypospolitej Polskiej w świetle prawa konstytucyjnego, in: Międzynarodowe pakty praw człowieka w polskim ustawodawstwie i w praktyce organów ochrony prawa, Warszawa, Poznań 1996, S. 9.

[4] Vgl. z.B. Materiały z działalności Zespołu Prawa Międzynarodowego (październik 1986-czerwiec 1987), Warszawa 1987, S. 78.

M. Hofmann, *Von der Transformation zur Kooperationsoffenheit?*,
DOI: 10.1007/978-3-642-00411-7_1, © Springer-Verlag Berlin Heidelberg 2009.

wirkten;[5] die Aufgabe, Form und Inhalt dieser Wirkung zu bestimmen, wurde der Rechtswissenschaft und der Rechtsprechung überlassen. Andere Autoren gingen davon aus, dass die völkerrechtlichen Normen durch eine bloße Verkündung im Gesetzblatt „in der Praxis Gesetzeskraft" erwerben.[6]

Aus der wissenschaftlichen Literatur soll weiter auf die Vorschläge von *K. Skubiszewski* aus den Jahren 1971 und 1987 hingewiesen werden, die – im Rahmen von Diskussionen in der damaligen Vereinigung für Völkerrecht beim staatlichen Legislativrat – auf die direkte Anwendbarkeit nicht nur völkerrechtlicher Verträge, sondern auch der gewohnheitsrechtlichen Regelungen zielten.[7] Sein Ausgangspunkt war die Überzeugung, dass aufgrund der damaligen rechtlichen Lage „keine Bestimmung der Verfassung dazu führen kann, dass die Ratifizierung eines völkerrechtlichen Vertrags [...] dem Vertrag einen gesetzgebenden Charakter verleihen würde"[8] bzw. dass „völkerrechtliche Verträge, welche die Republik Polen binden, nicht den Charakter eines Gesetzes, Dekrets [...] oder einer anderen Rechtsquelle haben".[9]

Eine andere Richtung vertrat die Meinung, dass die Bestimmungen der völkerrechtlichen und der nationalen Rechtsinstrumente sich zwar gegenseitig beeinflussen, zwischen beiden Rechtsordnungen jedoch keine unmittelbaren Berührungspunkte bestünden; ein Konflikt zwischen ihnen sei jedoch nur bei Überschreitungen der Vollmachten der ver-

---

5 *S. Rozmaryn*, Skuteczność umów międzynarodowych PRL w stosunkach wewnętrznych, Państwo i Prawo 12 (1962), 954 ff.

6 *L. Gelberg*, Miejsce umów międzynarodowych w prawie PRL, Prawo i Życie 1962, Nr. 18, S. 3.

7 *K. Skubiszewski*, Skuteczność prawa międzynarodowego w systemie prawnym Polskiej Rzeczypospolitej Ludowej: gwarancje instytucjonalne, in: Materiały z działalności Zespołu Prawa Międzynarodowego (październik 1986-czerwiec 1987), Warszawa 1987, 50 ff.

8 *K. Skubiszewski*, Miejsce traktatów w porządku prawnym PRL, Sprawy Międzynarodowe 1 (1973), S. 87.

9 *K. Skubiszewski*, Prawo PRL a traktaty, Ruch Prawniczy, Ekonomiczny i Sociologiczny 3 (1972), S. 7.

tragsschließenden Personen nach Art. 7 und 8 des *Wiener Übereinkommens über das Recht der Verträge*[10] möglich.[11]

Nach der Wende einigte sich die Wissenschaft zwar auf einen hohen Stellenwert völkerrechtlicher Regelungen, auf der positiv-rechtlichen Ebene blieben jedoch diese Fragen auch nach der Verabschiedung der umfangreichsten Novelle der Verfassung (1952),[12] des Gesetzes vom 17. Oktober 1992 *über das Regierungssystem der Republik Polen*[13] (sog. *Kleine Verfassung*), ungelöst;[14] diese Verfassungsänderung beschränkte sich – im Verhältnis zu völkerrechtlichen Regelungen – lediglich auf die Festlegung der Kompetenzen der Staatsorgane in Bezug auf den Abschluss und die Ratifikation der Verträge.[15] Unter diesen, weiterhin unklaren Umständen spielte die Rechtsprechung der obersten Gerichte – des Verfassungsgerichtshofs und des Obersten Gerichts – eine besonders wichtige Rolle, die sich zunehmend durch eine Öffnung der innerstaatlichen Rechtsordnung gegenüber dem externen Recht auszeichnete.[16] Aus methodischer Sicht wurde die Position der internationalen Normen in der Hierarchie der in Polen geltenden Rechtsnormen meis-

---

10 Konwencja wiedeńska o prawie traktatów sporządzona w Wiedniu dnia 23 maja 1969, Dz.U. 1990, Nr. 74, Pos. 439.

11 S. *M. Frankowska*, Działalność traktatowa, in: M. Frankowska (Hrsg.), Podstawy prawnoorganizacyjne stosunków PRL z zagranicą, Wrocław 1983, 65 ff.

12 Vgl. *J. Galster/ W. Szyszkowski/ Z. Wasik/ Z. Witkowski*, Prawo Konstytucyjne, 1994.

13 Dz.U. 1992, Nr. 84, Pos. 426. Vgl. *M. Kruk* (Hrsg.), „Mała Konstytucja" w Procesje Przemian Ustrojowych w Polsce, 1993; *P. Sarnecki* (Hrsg.), Zarys Ustroju Państwowego Polski, 1993.

14 Zur Entwicklung der Frage der Position des Völkerrechts im polnischen Verfassungssystem siehe *J. Barcz,* Das Verhältnis zwischen Völkerrecht und innerstaatlichem Recht in Polen nach der Wende, Zeitschrift für öffentliches Recht 1997, 52, 91 ff.

15 Siehe *W. Czaplinski*, International Law and Polish Municipal Law: Recent Jurisprudence of the Polish Supreme Judicial Organs, ZaöRV 53 (1993), 871 ff.; *ders.*, Rechtliche Probleme des Europaabkommens und des Beitritts Polens zur Europäischen Union, Zentrum für europäisches Wirtschaftsrecht, Vorträge und Berichte 63 (1996), 7 ff.

16 *W. Czaplinski*, Rechtliche Probleme des Europaabkommens und des Beitritts Polens zur Europäischen Union, Zentrum für Europäisches Wirtschaftsrecht, Vorträge und Berichte 63 (1996), 7-8.

tens aus dem in Art. 1 verankerten Rechtsstaatsprinzip der Verfassung aus dem Jahre 1952[17] abgeleitet, der durch Art. 77 der *Kleinen Verfassung* weiterhin in Kraft blieb.

Trotz der Entwicklung einer fast konsequenten, gegenüber dem Völkerrecht offenen Rechtsprechung erlangte das Fehlen einer positiven Rechtsnorm über das Verhältnis völkerrechtlicher Bestimmungen zu innerstaatlichen Rechtsnormen im Laufe der Erarbeitung der Entwürfe für eine neue polnische Verfassung die intensive Aufmerksamkeit der Gesetzgeber, die sich in den Entwürfen für die neue Verfassung niederschlug. Der Entwurf der Verfassungskommission des Sejm enthielt in Art. 6 die Regelung, dass die ratifizierten völkerrechtlichen Verträge eine der Rechtsquellen der polnischen Rechtsordnung bildeten; nach Art. 7 Abs. 2 dieses Entwurfs erhielten diese Verträge Vorrang vor den Gesetzen, falls ihre inhaltliche Vereinbarkeit mit den letztgenannten ausgeschlossen wäre.[18] Der Entwurf der Verfassungskommission des Senats beinhaltete darüber hinaus eine Bestimmung, dass diejenigen völkerrechtlichen Verträge, die der Verfassung widersprächen, nur nach einer Verfassungsänderung geschlossen werden könnten.[19] Der Entwurf der Demokratischen Partei sah vor (Art. 39), dass die völkerrechtlichen Verträge nicht im Widerspruch zur Verfassung stehen dürften; die Gesetze und Rechtsakte niedrigerer Rechtskraft müssten im Einklang mit den völkerrechtlichen Regelungen sein.[20] Dieses Prinzip war auch im Vorschlag der Polnischen Volkspartei verankert (Art. 71); außerdem räumte er den völkerrechtlichen Verträgen Vorrang gegenüber den Gesetzen ein. Nur der Entwurf der Polnischen Unabhängigen Konföderation rechnete die völkerrechtlichen Verträge nicht zu den Quellen des polnischen Rechts (Art. 80); er beschränkte sich lediglich auf die Regelung der institutionellen Fragen bei Abschluss und Ratifikation völkerrechtlicher Verträge.[21]

Auf der Grundlage dieser Vorschläge wurde ein endgültiger Entwurf der entsprechenden Verfassungsnormen ausgearbeitet, die dann in den

---

[17] Dz.U. 1989, Nr. 74, Pos. 444.

[18] Vgl. *M. Kallas*, Projekty konstytucyjne 1989-1991, Warszawa 1992, S. 19 ff.

[19] *Ibid.*, S. 70.

[20] *Ibid.*, S. 103.

[21] *Ibid.*, S. 168.

Text der neuen Verfassung eingegliedert wurden, welche am 2. April 1997 durch die Nationalversammlung verabschiedet wurde.[22]

2. Die Gründe der Öffnung der polnischen Rechtsordnung für überstaatliche Rechtsordnungen

Die theoretische Grundlage der Notwendigkeit der Einbeziehung eindeutiger Regelungen über die Stellung der polnischen Rechtsordnung zu den überstaatlichen rechtlichen Systemen in die Verfassung ist ein breites Verständnis des Grundsatzes der Rechtsstaatlichkeit, der mit dem Prinzip der Rechtssicherheit verknüpft ist. Dies ist auch nachvollziehbar, da der polnische Verfassungsgeber aus eigener Erfahrung nicht nur bis 1997 mit der Unsicherheit über die Stellung der völkerrechtlichen Normen in der nationalen Rechtsordnung, sondern auch mit der fehlenden Rechtsstaatlichkeit als solcher vertraut war. In diesem Zusammenhang wurde mehrmals betont, dass „sowohl die Staatsorgane wie auch die Bürger wissen müssten, welche Funktion die veröffentlichten Verträge in ihrem nationalen Recht haben [...]“.[23]

Das Bedürfnis nach einer möglichst transparenten und nicht von der Interpretation abhängigen Aufzählung der für die polnischen Rechtssubjekte verbindlichen Normen führte zur Einbeziehung der ratifizierten völkerrechtlichen Verträge in den verfassungsrechtlichen Katalog der allgemein verbindlichen Rechtsquellen (Art. 87 Abs. 1 Verf.). Eine Einbeziehung der völkerrechtlichen Bestimmungen, die den Charakter allgemeiner Regeln haben, in diesen Katalog wurde aus demselben Grund – der Rechtssicherheit – abgelehnt. Unter die allgemein verbindlichen Rechtsquellen würden nach der herrschenden Lehre dann nämlich solche Regeln einbezogen, die unter anderem keiner amtlichen Veröffentlichung unterliegen; daher könne nicht eindeutig festgestellt werden, ob und in welchem Umfang sie tatsächlich Rechte und Pflichten

---

[22] Konstytucja Rzeczypospolitej Polskiej z dnia 2 kwietnia 1997 r. uchwalona przez Zgromadzenie Narodowe w dniu 2 kwietnia 1997 r., przyjęta przez Naród w referendum konstytucyjnym w dniu 25 maja 1997 r., podpisana przez Prezydenta Rzeczypospolitej Polskiej w dniu 16 lipca 1997; Dz.U. 1997, Nr. 78, Pos. 483 mit späteren Änderungen (weiter nur Verf.).

[23] *K. Skubiszewski* (Fn. 8), S. 88.

erzeugten.[24] Die Erforderlichkeit der Transparenz führte auch zur klaren Festlegung der Stellung der gemeinschaftsrechtlichen Normen in der polnischen Rechtsordnung (Art. 91 Abs. 3 Verf.).

Das erzielte Ergebnis ist ein „geschlossenes System der Rechtsquellen“,[25] das zwar auf dem positivistischen Rechtskonzept beruht, sich jedoch als „nicht radikal positivistisch“ definiert. Zu den völkerrechtlichen Normen, die nach der gewählten Konzeption Bestandteil der nationalen Rechtsordnung wurden, zählen die wichtigsten menschenrechtlichen Instrumente, welche die humanistische Grundlage des Rechts umsetzen, das auf universellen ethischen Prinzipien beruht. Dies wird als eines der Attribute des „axiologisch-positivistischen Konzepts des modernen polnischen öffentlichen Rechts“ bezeichnet.[26]

3. Das gewählte Modell der Einbeziehung des Völkerrechts in die innerstaatliche Rechtsordnung

a) Allgemeine Inkorporationsregel und die Einbeziehung des Gewohnheitsrechts

Der methodische Ausgangspunkt der Stellung des Völkerrechts in der innerstaatlichen Rechtsordnung Polens ist Art. 2 der Verfassung aus dem Jahre 1997, wonach „die Republik Polen ein demokratischer Rechtsstaat ist“.[27] Nach der Entscheidung des Obersten Gerichts vom 15. Juni 1993[28] bedeutet dieser Grundsatz im Allgemeinen, dass Polen

---

24 S. *K. Wójtowicz*, Art. 87.1, in: J. Boć (Hrsg.), Konstytucje Rzeczypospolitej, Wrocław 1998, S. 156.

25 *K. Działocha*, Źródła prawa, in: L. Garlicki (Hrsg.), Konstytucja Rzeczypospolitej Polskiej, Komentarz, Warszawa 1999, S. 2.

26 *Ibid.*, S. 8.

27 Art. 2 Verf. lautet: „Die Republik Polen ist ein demokratischer Rechtsstaat, der die Grundsätze der sozialen Gerechtigkeit verwirklicht.“ Diese und folgende Auszüge aus der Verfassung sind grundsätzlich aus der Übersetzung von *T. Diemer-Benedict*, Die neue Verfassung der Republik Polen, Osteuroparecht 43 (1997), 223 ff. übernommen.

28 Entscheidung des Obersten Gerichts vom 15.6. 1993, I PRN54/93, PiZS 1994, Nr. 2, Pos. 60.

seine völkerrechtlichen Verpflichtungen erfüllen und diese auch innerstaatlich umsetzen muss.

Art. 9 Verf. formuliert das Prinzip, dass „die Republik Polen das sie bindende Völkerrecht achtet".[29] Über den normativen Inhalt dieser Bestimmung wird im polnischen Schrifttum diskutiert.

Nach Auffassung einiger Autoren[30] ist dieser Grundsatz so weit gefasst, dass selbst wenn die Verfassung keine anderen Regelungen zu diesen Fragen enthalten würde, alleine Art. 9 die Inkorporierung bzw. Adoption der Polen bindenden völkerrechtlichen Normen in die innerstaatliche Rechtsordnung bewirken könnte. Dabei handele es sich pauschal nicht nur um die vertraglichen Rechtsnormen, sondern auch um die Rechtsakte internationaler Organisationen sowie das Gewohnheitsrecht. Neben den völkervertraglichen Normen seien sowohl die allgemeinen Grundsätze des Völkerrechts als auch das universelle Gewohnheitsrecht in der polnischen Rechtsordnung unmittelbar anwendbar.[31]

Andere Autoren vertreten die Meinung, dass der Inhalt von Art. 9 Verf. vor allem im Zusammenhang mit Kapitel III Verf. – „Rechtsquellen" – ausgelegt werden müsse. Dieses Kapitel habe dadurch, dass es in Art. 87 die Quellen des allgemein geltenden Rechts der Republik Polen aufzählt, einen abschließenden Charakter; im Verhältnis zum Völkerrecht beschränke es sich nur auf die ratifizierten völkerrechtlichen Verträge. Dies deute darauf hin, dass die unmittelbare Wirkung von Art. 9 Verf. und die von ihm angestrebte breite Inkorporierung völkerrechtlicher Instrumente in die innerstaatliche Rechtsordnung nur eine beschränkte Bedeutung habe. Die tatsächliche Wirkung von Art. 9 Verf. wird dadurch in seiner Funktion als Auslegungsmittel für Kapitel III gesehen.[32] Die endgültige Antwort auf die Frage des normativen Inhalts von Art. 9 Verf. solle daher erst die Praxis geben,[33] nach einigen Autoren[34] vor al-

---

[29] Art. 9 Verf. lautet: „Die Republik Polen achtet das sie bindende Völkerrecht."

[30] S. *R. Szafarz* (Fn. 3), S. 4.

[31] *K. Wójtowicz*, Art. 9, in: J. Boć (Hrsg.), Konstytucje Rzeczypospolitej, Wrocław 1998, S. 33.

[32] *Ibid.*, S. 4.

[33] *W. Czapliński/ A. Wyrozumska*, Prawo międzynarodowe publiczne, Warszawa 2004.

[34] *W. Góralczyk*, Prawo międzynarodowe publiczne w zarysie, Warszawa 2001, S. 30.

lem die Rechtsprechung. Diese ist jedoch nicht sehr zahlreich; so bevorzugt z.B. der Verfassungsgerichtshof in Fragen mit internationaler Dimension in der Regel Art. 9 Verf., der die Stellung der ratifizierten völkerrechtlichen Verträge in der polnischen Rechtsordnung normiert.[35]

Als Beispiel der Anwendung von Art. 9 Verf. kann das Urteil des Verfassungsgerichtshofs vom 27. Mai 2003, K 11/03, genannt werden, in dem er sich zur Frage der Vereinbarkeit einiger Bestimmungen des Gesetzes *über die Volksabstimmung* geäußert hat. Aus Art. 9 Verf. in Verbindung mit anderen Bestimmungen der Verfassung, wie etwa ihrer Präambel, leitete er ein generelles Prinzip der Freundlichkeit („*przychylność*") der polnischen Rechtsordnung gegenüber dem europäischen Integrationsprozess ab.[36]

Eine substantielle Rolle gewann Art. 9 Verf. in der Entscheidung des Verfassungsgerichtshofs P. 1/2005 vom 27. April 2005[37] zur Frage der Verfassungskonformität des Europäischen Haftbefehls, der im Einklang mit dem Rahmenbeschluss des EU-Rates vom 13. Juni 2002 in die polnische *Strafprozessordnung*[38] eingeführt wurde. Das Urteil hat festgestellt, dass § 607 lit. t Abs. 1 *Strafprozessordnung* in Bezug auf die Zulassung der „Übergabe" polnischer Bürger an andere Mitgliedstaaten der Europäischen Union Art. 55 Abs. 1 Verf. zwar verletze, der die Auslieferung polnischer Bürger verbietet. Trotz dieser Verletzung leitete der Gerichtshof aus Art. 9 Verf. die Verpflichtung Polens zur Umsetzung der europäischen Rahmenbeschlüsse ab und bestätigte die Geltung der umstrittenen Regelung bis zur entsprechenden Verfassungsänderung. In Hinblick auf Art. 9 Verf. hat der Verfassungsgerichtshof also die Geltung einer an sich verfassungswidrigen Norm ausnahmsweise – allerdings nur vorübergehend – aufrechterhalten.

Neben den Entscheidungen des Verfassungsgerichtshofs wird Art. 9 Verf. vereinzelt auch in der Rechtsprechung anderer Gerichte zitiert:

---

35 Z.B. K 50/01 vom 18.3. 2003 oder U 10/01 vom 25.3. 2003.

36 S. zu diesem Urteil die Anmerkung von *P. Rodziewicz*, Przegląd Sejmowy, 2 (2004), 190 ff.; ein weiteres Beispiel ist die Entscheidung des Verfassungsgerichtshofs K 15/04 vom 31.5. 2004, OTK-A, Nr. 5, Pos. 47.

37 P. 1/2005, OTK ZU 2005, Nr. 4 A, Pos. 42.

38 Dz.U. Nr. 89, 6.7. 1964, Pos. 555, mit späteren Änderungen.

Das Hauptverwaltungsgericht in Warschau, das sich in seiner Entscheidung GSK 56/04 vom 21. April 2004[39] zur Frage der Hierarchie von Rechtsquellen in Polen geäußert hat, hat aus Art. 9 Verf. in Verbindung mit weiteren Verfassungsbestimmungen den Vorrang des *Europaabkommens* vor den polnischen innerstaatlichen Regelungen abgeleitet.

Ein anderes Beispiel der Anwendung von Art. 9 Verf. ist auch das Urteil der Obersten Gerichts vom 29. November 2005:[40] Art. 9 Verf. verlange, dass die polnischen Gerichte die einschlägigen Bestimmungen des innerstaatlichen Rechts im Einklang mit den Polen bindenden völkerrechtlichen Verträgen auslegen, und zwar auch solchen, die durch die Republik Polen nicht ratifiziert wurden.

Trotz der eher seltenen Anwendung von Art. 9 Verf. in der Rechtsprechung kann festgestellt werden, dass diese Bestimmung die Maxime ausdrückt, dass der polnische Staat das Völkerrecht nicht nur in seinen internationalen Beziehungen, sondern auch auf seinem Territorium und in seinen innerstaatlichen Verhältnissen respektieren muss und möchte. Sie kann auch als ein Ausdruck der gezielten Offenheit der staatlichen Rechtsordnung Polens gegenüber den völkerrechtlichen Normen angesehen werden.

b) Einbeziehung völkerrechtlicher Verträge

Das Kapitel III der Verfassung aus dem Jahre 1997 – „Die Rechtsquellen“ – besteht aus acht Artikeln, von denen Art. 87, 88, 89, 90 und 91 eine direkte Relevanz für das Verhältnis des polnischen Rechts zum Völkerrecht aufweisen.

Eine zentrale Bedeutung ist in diesem Zusammenhang Art. 87 Abs. 1 Verf. zuzumessen, der eine allgemeine Inkorporierung ratifizierter Verträge in die polnische Rechtsordnung bewirkt. Danach sind „die Quellen des allgemein geltenden Rechts der Republik Polen [...] die Verfas-

39 GSK 56/04; Prok. I Pr. 2004/9/38.

40 II PK 100/05, OSNP 2006, Nr. 19-20, Pos. 299.

sung, die Gesetze, *die ratifizierten völkerrechtlichen Verträge* und die Verordnungen“.[41]

Die polnische Verfassung unterscheidet zwischen zwei Kategorien der ratifizierten völkerrechtlichen Verträge.[42] Die Verträge der ersten Gruppe sind in Art. 89 Abs. 1 Verf. aufgeführt und bestehen aus Verträgen, für deren Ratifikation bzw. Kündigung eine vorherige Zustimmung durch Gesetz erforderlich ist. Es handelt sich um die Verträge, die den Frieden, die Bündnisse, die politischen und militärischen Abkommen, die in der Verfassung bestimmten Freiheiten, Rechte oder Pflichten der Bürger, die Mitgliedschaft Polens in internationalen Organisationen, eine bedeutende finanzielle Belastung des Staates sowie die Fragen betreffen, die durch Gesetz geregelt sind oder für deren Regelung die Verfassung ein Gesetz vorsieht. Im Falle dieser zustimmungspflichtigen Verträge erfolgt bereits durch das Gesetzgebungsverfahren eine Inkorporierung *sui generis*, die nach einigen Autoren[43] eine zusätzliche Transformation nach Art. 87 Abs. 1 Verf. überflüssig macht. Dieses Phänomen der angeblichen Redundanz kann jedoch mit der These erklärt werden, wonach die Transformation solcher Verträge gleichzeitig aus zwei Quellen stammt: einerseits aus den Zustimmungsgesetzen und andererseits aus der generellen Transformationsnorm nach Art. 87 Abs. 1 Verf.

Die zweite Kategorie umfasst diejenigen Verträge, die gemäß Art. 133 Abs. 2 Verf. vom Staatspräsidenten ohne vorherige gesetzliche Zustimmung ratifiziert und ggf. gekündigt werden; über diese Schritte werden beide Kammern des Parlaments unterrichtet (Art. 89 Abs. 2 Verf.).

Wegen der eindeutigen Formulierung von Art. 87 Abs. 1 Verf. – „die ratifizierten völkerrechtlichen Verträge“ – liegt es trotz der Überlegungen einiger Autoren über die Inkorporierungsfunktion von Art. 9 Verf. näher, dass diese Bestimmung in die innerstaatliche Rechtsordnung nur eine Kategorie der völkerrechtlichen Verträge – die mit oder ohne Zustimmung des Parlaments ratifizierten Verträge – inkorporiert hat; die Frage nach der Stellung der nicht-ratifizierten Verträge wäre demnach in der Verfassung ungeregelt geblieben. Ihre Einbeziehung in die inner-

---

[41] Art. 87 Abs. 1 Verf. lautet: „Quellen des allgemein geltenden Rechts der Republik Polen sind die Verfassung, die Gesetze, die ratifizierten völkerrechtlichen Verträge und die Verordnungen.“

[42] *M. Masternak-Kubiak* (Fn. 1), S. 56-57.

[43] S. *R. Szafarz* (Fn. 3), S. 5.

staatliche Rechtsordnung erfolge – falls nötig – durch andere Formen als die der Inkorporierung, z.B. durch Transformation oder Adaptation. Zur letztgenannten Methode, wenn auch oft parallel zur Inkorporierung, hat der polnische Gesetzgeber relativ häufig gegriffen.

Ein Anwendungsbeispiel könnte die Ausgestaltung des Grundrechtskatalogs der Verfassung sein, bei der die wichtigsten menschenrechtlichen Verträge sowie die Judikatur der Europäischen Menschenrechtskommission und des Europäischen Gerichtshofs für Menschenrechte eine maßgebliche Rolle spielten.[44] Neben der Inkorporierung der Verträge durch Art. 87 Abs. 1 Verf. enthält Kapitel II Verf. „Freiheiten, Rechte und Pflichten des Menschen und Bürgers" inhaltlich alle in der EMRK und den UN-Pakten verankerten Menschenrechte; diese Vorbilder beeinflussten nicht nur die Dispositionen der einzelnen Grundrechte, sondern z.B. auch die Konstruktion der zugelassenen Einschränkungen: Art. 31 Abs. 3 Verf. stellt fest, dass „die Einschränkungen im Bereich der Geltendmachung der verfassungsrechtlichen Freiheiten und Rechte nur durch Gesetz festgelegt werden können, und zwar nur soweit, wie sie in einem demokratischen Staat für seine Sicherheit und die öffentliche Ordnung sowie für den Schutz der Umwelt, der Gesundheit und der öffentlichen Sittlichkeit oder der Freiheiten und Rechte anderer notwendig sind. Diese Einschränkungen dürfen das Wesen der Freiheiten und Rechte nicht verletzen."

Die einzelnen Elemente der Einschränkungsklausel weisen jedoch im Vergleich mit der EMRK einige Spezifika auf. Der Begriff „Gesetz" wird im polnischen Recht aufgrund der Inkorporierung ratifizierter völkerrechtlicher Verträge (Art. 91 Abs. 2 Verf.) und des Terminus „Rechtsvorschriften erlassen durch internationale Organisationen" nach Art. 91 Abs. 3 Verf. breiter als die bloße Summe gesetzlicher Normen verstanden. Diese Auslegung wird unterstützt u.a. durch den Wortlaut von Art. 59 Abs. 4 Verf., der in einem konkreten Falle ausdrücklich die Rolle völkerrechtlicher Verträge als einer möglichen Quelle einer Grundrechtseinschränkung nennt. Nach dieser Bestimmung kann die Freiheit, sich in Gewerkschaften und Arbeiterorganisationen oder in anderen Verbänden zu vereinigen, nur solchen gesetzli-

---

44 Vgl. *L. Garlicki,* Przesłanki ograniczenia konstytucyjnych praw i wolności, Państwo i Prawo 10 (2002), 5 ff.

chen Beschränkungen unterliegen, die nach den „die Republik Polen bindenden völkerrechtlichen Verträgen“ zulässig sind.[45]

Auch die Ausgestaltung der Merkmale der Verhältnismäßigkeit (Art. 31 Abs. 3 Verf.)[46] ist zwar grundsätzlich vergleichbar mit den entsprechenden Bestimmungen z.B. der EMRK, aber auch hier sind einige Unterschiede sichtbar; diese sollen vor allem die Judikatur des EGMR reflektieren.[47] Mit Vorsicht betrachtet die Literatur vor allem die Einführung des Begriffs „in einem demokratischen Staat“ (Verfassung), im Unterschied zur Bedingung einer „demokratischen Gesellschaft“ (EMRK);[48] beide Bestimmungen überschneiden sich jedoch in dem Oberbegriff der Rechtstaatlichkeit.[49] Als ein weiteres Beispiel sprachlicher Unterschiede erwähnt das Schrifttum unter anderem die Anwendung des Begriffs „öffentliche Sittlichkeit“, der von der Kategorie der „Moral“ (EMRK) zwar abweiche, sein Sinn und Zweck signalisiere jedoch seine Übereinstimmung mit dem in der EMRK verwendeten Begriff.

Für die Anwendung der Adaptationsmethode entschied sich der Gesetzgeber auch auf dem Gebiet des materiellen und prozessualen Strafrechts.[50] So hat z.B. der Sejm im September 2000 ein sog. *Anti-Korruptionsgesetz*[51] verabschiedet, aufgrund dessen mehrere Gesetze den Vorgaben des von Polen ratifizierten *Übereinkommens über die Bekämp-*

---

[45] Art. 59 Abs. 4 Verf. lautet: „Die Freiheit, sich in Gewerkschaften und Arbeiterorganisationen oder in anderen Verbänden zu vereinigen, kann nur solchen gesetzlichen Beschränkungen unterliegen, die nach den die Republik Polen bindenden völkerrechtlichen Verträgen zulässig sind.“

[46] Art. 31 Abs. 3 Verf. lautet: „Die Beschränkungen im Bereich der Geltendmachung der verfassungsrechtlichen Freiheiten und Rechte können nur durch Gesetz festgelegt werden, und zwar nur soweit, wie sie in einem demokratischen Staat für seine Sicherheit und die öffentliche Ordnung sowie für den Schutz der Umwelt, der Gesundheit und der öffentlichen Sittlichkeit oder der Freiheiten und Rechte anderer notwendig sind. Diese Beschränkungen dürfen das Wesen der Freiheiten und Rechte nicht verletzen.“

[47] *L. Garlicki* (Fn. 44), S. 13.

[48] Z.B. *M. Wyrzykowski*, Granice ingerencji ustawodawczej w sferę praw człowieka w Konstytucji RP, Kraków 1999, S. 49.

[49] *W. Czaplinski* (Fn. 16).

[50] *N. v. Redecke,* Chronik der Rechtsentwicklung in Osteuropa, Januar 2001, www.ostrecht.de.

[51] Dz.U. 2000, Nr. 93, Pos. 1027.

fung der Bestechung ausländischer Amtsträger im internationalen Geschäftsverkehr[52] und der *Geldwäsche-Konvention* des Europarats[53] angepasst wurden: Im *Strafgesetzbuch* aus dem Jahre 1997[54] wurden die Vorschriften über den Verfall deutlich verschärft und in der *Strafprozessordnung*[55] die Bestimmungen über die Auslieferung von Straftätern geändert. Nach der gleichzeitigen Änderung des Gesetzes *gegen unlauteren Wettbewerb*[56] kann der Vorsitzende des Amtes für Wettbewerbs- und Verbraucherschutz gegen Unternehmen, deren Mitarbeiter wegen Bestechung bestraft werden, Geldstrafen von bis zu 10 % des Jahreseinkommens verhängen. Geändert wurden außerdem das Gesetz *über öffentliche Aufträge*[57] und das *Bankgesetz.*[58]

c) „Bestandteil der Rechtsordnung"

Gemäß Art. 91 Abs. 1 Verf. stellen alle ratifizierten völkerrechtlichen Verträge einen Bestandteil der nationalen Rechtsordnung dar und sind unmittelbar anwendbar. Hierfür müssen jedoch einige verfassungsrechtliche Voraussetzungen erfüllt werden.[59]

Die erste formelle Bedingung der unmittelbaren Anwendbarkeit völkerrechtlicher Verträge ist ihre Verkündung im Gesetzblatt (Art. 91 Abs. 1 Verf.). Hinsichtlich der Form der Bekanntmachung wird dabei

---

52 WiRO 2000, 259.

53 WiRO 2000, 388.

54 Dz.U. 1997, Nr. 88. Pos. 553 mit späteren Änderungen.

55 Dz.U. Nr. 89, Pos. 555 mit späteren Änderungen.

56 Dz.U. 1993, Nr. 47, Pos. 211; vollständige Fassung in Dz.U. 2005, Nr. 10, Pos. 68.

57 Dz.U. 1994, Nr. 76, Pos. 344; vollständige Fassung in Dz.U. 2003, Nr. 165, Pos. 1591.

58 Dz.U. 1993, Nr. 10, Pos. 939; vollständige Fassung in Dz.U. 2007, Nr. 112, Pos. 769.

59 Art. 91 Abs. 1 Verf. lautet: „Ein ratifizierter völkerrechtlicher Vertrag stellt nach seiner Bekanntmachung im Gesetzblatt der Republik Polen einen Bestandteil der nationalen Rechtsordnung dar und ist unmittelbar anwendbar, es sei denn, seine Anwendung ist vom Erlass eines Gesetzes abhängig gemacht worden."

zwischen den Verträgen, deren Ratifikation das Parlament durch ein Gesetz zugestimmt hat, und den übrigen Verträgen unterschieden. Die erste Kategorie wird nach Art. 88 Abs. 3 Verf. „in dem für Gesetze erforderlichen Verfahren“ bekannt gemacht. Die Einzelheiten dieses Verfahrens legt Teil 5 des Gesetzes vom 14. April 2000 *über die völkerrechtlichen Verträge*[60] fest. Danach werden diese Akte im offiziellen Gesetzblatt, *„Dziennik Ustaw“* zusammen mit den begleitenden verbindlichen Dokumenten „unverzüglich“[61] veröffentlicht (§ 18 Abs. 1 des Gesetzes).

Zur Verkündung der nicht-zustimmungspflichtigen Verträge enthält die Verfassung keine Aussagen; die Regelung des Verfahrens wurde dem Gesetz *über die völkerrechtlichen Verträge* überlassen. Über diese Bekanntmachung entscheidet der Staatspräsident auf Antrag des Ministers für auswärtige Angelegenheiten. Andere völkerrechtliche Verträge werden unverzüglich im offiziellen Regierungsblatt, *„Monitor Rządowy“*, veröffentlicht (Art. 18 Abs. 3 des Gesetzes).

Die zweite Voraussetzung der unmittelbaren Anwendbarkeit ratifizierter völkerrechtlicher Verträge besteht nach Art. 91 Abs. 1 Verf. darin, dass ihre Anwendung nicht vom Erlass eines Gesetzes abhängig ist. Diese Regelung ist so auszulegen, dass es sich um diejenigen Verträge handeln muss, die nach ihrem Inhalt self-executing sind.

Offen bleibt die Frage, ob auch die nicht-ratifizierten Verträge ohne einen Einbeziehungsakt Bestandteil der Rechtsordnung sein können; denkbar wäre eine Konstruktion, wonach durch einen gesetzlichen Verweis auch solche Verträge oder Teile von ihnen direkte Anwendbarkeit gewinnen könnten. Aus dem Prinzip der Rechtsstaatlichkeit folge jedoch, dass auch in diesem Falle die Bedingung ihrer Bekanntmachung erfüllt werden müsste.

---

[60] Dz.U. 2000, Nr. 39, Pos. 443; vollständige Fassung in Dz.U. 2002, Nr. 216, Pos. 1824.

[61] Auf Polnisch: *„niewłocznie“*.

d) Rangregelung

aa) Kriterium: Die Einbeziehungsnorm

In der Frage des Rangs der völkerrechtlichen Normen unterscheidet die Verfassung zwischen mehreren Kategorien.[62]

Ein übergesetzlicher Rang wird gemäß Art. 91 Abs. 2 Verf. denjenigen völkerrechtlichen Verträgen zugeteilt, die nach der Verabschiedung eines Zustimmungsgesetzes ratifiziert wurden. Diese gewinnen den Vorrang vor den Gesetzen unter der Bedingung, dass deren Inhalt mit den völkervertraglichen Pflichten nicht vereinbar ist und auch nicht durch Auslegung vereinbar gemacht werden kann; die Entscheidung hierüber liegt letztlich beim polnischen Verfassungsgericht (Art. 188 Abs. 2 Verf. oder Art. 193 Verf.).

Die Verfassung enthält keinen eindeutigen Hinweis darauf, ob unter den „Gesetzen" nur die gesetzlichen Normen im engen Sinne verstanden werden sollen oder ob der Verfassungsgeber unter diesen Begriff auch verfassungsrechtliche Bestimmungen einbezogen hat. Nach Ansicht einiger Autoren erwerben die nach der Zustimmung ratifizierten Verträge einen „quasikonstitutionellen Rang".[63] Den Grund dafür sehen sie in der Tatsache, dass die Verträge und die Verfassung zwar rechtlich auf derselben Ebene liegen, im Falle eines materiellen Widerspruchs jedoch die Verträge eine „höhere Wirksamkeit" besäßen; ein durch das Parlament ratifizierter Vertrag könne als eine Quelle der polnischen Rechtsordnung mit einem „quasikonstitutionellen Rang" bezeichnet werden. Auf der anderen Seite sind andere Rechtswissenschaftler[64] der Meinung, dass die Formulierung der einschlägigen Bestimmungen der Verfassung genügend eindeutig jegliches Primat der völkerrechtlichen Bestimmungen vor der Verfassung ausschließe.

Der Rang der ohne parlamentarische Zustimmung ratifizierten Verträge wird in der Verfassung nicht geregelt; aus dieser Tatsache und in Verbindung damit, dass diese nach Art. 91 Abs. 1 Verf. ebenso „Bestandteil

---

[62] Art. 91 Abs. 2 Verf. lautet: „Ein nach vorheriger Zustimmung durch Gesetz ratifizierter völkerrechtlicher Vertrag hat Vorrang vor einem Gesetz, wenn das Gesetz sich nicht mit dem Vertrag vereinbaren lässt."

[63] S. *R. Kwiecień*, Miejsce umów międzynarodowych w porządku prawnym państwa polskiego, Warszawa 2000, Wydawnictwo Sejmowe, S. 173.

[64] *R. Szafarz* (Fn. 3), S. 9.

der Rechtsordnung“ und „unmittelbar anwendbar“ sind, ist abzuleiten, dass in ihrem Falle gegenüber den Gesetzen das Prinzip *„lex posterior derogat priori“* Anwendung findet.

Außerhalb der verfassungsrechtlichen Regelung steht auch das Verhältnis der nicht-ratifizierten völkerrechtlichen Verträge, die weder transformiert noch durch Adoption in die Rechtsordnung einbezogen wurden. Aus formell-logischen Gründen kann in diesen Fällen die Rangfrage nicht entstehen.

Es erübrigt sich auch die Frage nach dem Rang gewohnheitsrechtlicher Regelungen gegenüber den innerstaatlichen Normen. Da die Verfassung keine expliziten Vorschriften über das Gewohnheitsrecht enthält, kann ihr hypothetischer Vorrang vor den gesetzlichen Regelungen ausgeschlossen werden.

Zusammenfassend kann festgestellt werden, dass bei der Frage der Einreihung der völkerrechtlichen Verträge in die Hierarchie der polnischen Rechtsquellen der Rang der Zustimmungsnorm die Hauptrolle spielt. Die gesetzliche Zustimmung ist für einen übergesetzlichen Rang der völkerrechtlichen Normen als eine unabdingbare Voraussetzung konzipiert, die jedoch ohne die formelle Ratifizierung des Vertrags keine Wirksamkeit entfalten kann.

bb) Kriterium: Die Ratifikation

Die Bindung Polens an völkerrechtliche Verträge kann außer durch Ratifikation auch mittels Unterzeichnung, Notenaustausch oder eine andere, im Völkerrecht zugelassene Form erfolgen (Art.13 Abs. 1 des Gesetzes *über die völkerrechtlichen Verträge*). Nur die ratifizierten völkerrechtlichen Verträge tragen jedoch nach Art. 91 Abs. 1 Verf. das Attribut „Bestandteil der nationalen Rechtsordnung“ und haben die Eigenschaft einer „unmittelbaren Anwendbarkeit“. Die Ratifikation eines völkerrechtlichen Vertrags erfüllt dadurch nicht nur eine völkerrechtliche Aufgabe nach Art. 11 bzw. 14 des *Wiener Übereinkommens über das Recht der Verträge*, sondern ihr wurde durch den polnischen Verfassungsgeber eine zusätzliche, für das nationale Recht relevante Rolle verliehen.

Zur Ratifikation ist nach Art. 133 Abs. 1 Verf. der Staatspräsident berechtigt; nach Art. 144 Abs. 1 Verf. erfordert die Ausübung dieser Kompetenz die Gegenzeichnung des Ministerpräsidenten. Dies folgt aus dem Umstand, dass die Wahrnehmung der Außenpolitik nach Art. 146 Abs. 1 Verf. in den Zuständigkeitsbereich der Regierung gehört; der Abschluss völkerrechtlicher Verträge, die eine Ratifizierung erfordern, nach Art. 144 Abs. 3 (10) Verf. aber zu den Aufgaben des Staatspräsidenten gehört. Nach Art. 3 des Gesetzes *über die völkerrechtlichen Verträge* ist es der Minister für Auswärtige Angelegenheiten, der die Tätigkeit auf dem Gebiet der Vertragsschließung, der Bindung Polens an die Verträge sowie ihrer Kündigung ausübt.

Wie oben erwähnt, unterscheidet die Verfassung zwischen zwei Kategorien von Verträgen, die durch den Staatspräsidenten ratifiziert werden: nämlich zwischen denjenigen Verträgen, denen das Parlament nicht durch Gesetz zustimmen muss, und denjenigen, die zustimmungspflichtig sind (Art. 89 Abs. 1 und 90 Verf.). Die Literatur[65] weist darauf hin, dass diese Liste nicht vollständig sei. Nicht erwähnt würden z.B. die Änderungsverträge zu den genannten Kategorien. Als Beispiel werden die Protokolle zur EMRK genannt, die demselben innerstaatlichen Ratifikationsverfahren obliegen wie die EMRK selbst. Ihre Position im innerstaatlichen Recht müsste jedoch der Position der Verträge entsprechen, auf die sie sich beziehen.

Die erste Kategorie der Verträge – also solche, die keine parlamentarische Zustimmung erfordern – wird vom Staatpräsidenten mit der Gegenzeichnung des Ministerpräsidenten ratifiziert; über diese Schritte unterrichtet er den Sejm (Art. 89 Abs. 2 Verf.). Die polnische Rechtslehre weist in diesem Zusammenhang darauf hin, dass es unklar sei, ob für diese Benachrichtigung auch die entsprechende Gegenzeichnung notwendig ist; klar sei nur, dass sie zur Anordnung der Bekanntmachung eines völkerrechtlichen Vertrags im Gesetzblatt nicht ausdrücklich erforderlich ist.[66]

Die zweite Form der Ratifikation – mit der vorherigen gesetzlichen Zustimmung – wird als Element des gesetzgeberischen Verfahrens dargestellt, die jedoch im Unterschied zum „üblichen“ legislatorischen Verfahren gewisse Besonderheiten aufweist. Das Recht auf gesetzgeberische Initiative ist hier auf die Regierung beschränkt, was eine Ausnahme von Art. 118 Abs. 1 Verf. darstellt.[67] Darüber hinaus kann der Gesetzgeber keine Änderungen in dem ihm zur Zustimmung vorgelegten völkerrechtlichen Vertrag vornehmen; die einzige Möglichkeit von Mo-

---

65 *R. Szafarz* (Fn. 3), S. 6.

66 *M. Masternak-Kubiak* (Fn. 1), S. 46.

67 Danach steht das Gesetzesinitiativrecht neben der Regierung den Abgeordneten, den Senatoren und dem Staatspräsidenten zu.

difikationen besteht in der Formulierung von Vorbehalten im Sinne von Art. 19 ff. des *Wiener Übereinkommens über das Recht der Verträge.*[68] Das durch beide Kammern des Parlaments verabschiedete Zustimmungsgesetz wird an den Staatspräsidenten geleitet, der es binnen 21 Tagen unterzeichnet und seine Bekanntmachung im Gesetzblatt anordnet. Vor der Ratifikation kann er sich jedoch nach Art. 133 Abs. 2 Verf. an das Verfassungsgericht mit dem Antrag auf Überprüfung der Vereinbarkeit des Vertrags mit der Verfassung wenden.[69]

Das Zustimmungsgesetz hat ausschließlich innerstaatliche Auswirkungen. Es berechtigt den Staatspräsidenten zur Ratifikation, kann ihm diese jedoch nicht zwingend auferlegen; die entsprechende Entscheidung liegt vielmehr in seinem Ermessen. Er kann nämlich nicht nur das Verfassungsgericht um eine Entscheidung über die Vereinbarkeit des Vertrags mit der Verfassung ersuchen, sondern die Ratifikation auch schlicht verweigern. Diese Weigerung kann jedoch der Sejm durch die erneute Verabschiedung des Zustimmungsgesetzes überwinden. Schließlich unterscheidet sich das Zustimmungsgesetz von den sonstigen Gesetzen auch durch seinen normativen Inhalt. Es bestimmt den Rang und die rechtliche Wirkung der Bestimmungen des entsprechenden völkerrechtlichen Vertrags in der nationalen Rechtsordnung.

---

[68] *M. Masternak-Kubiak* (Fn. 1), S. 69. Zur Formulierung von Vorbehalten durch den Sejm kam es z.B. im Zustimmungsverfahren zum Übereinkommen über die Rechte des Kindes vom 20. November 1989. Im Ratifikationsverfahren wurden diese Vorbehalte nicht berücksichtigt.

[69] Als Beispiel für einen Vertrag, dessen Ratifikation gespaltene Reaktionen hervorrief, kann das Statut des Internationalen Strafgerichtshofs genannt werden. Zahlreiche Autoren (z.B. *K. Karski, M. Płachta, A. Wyrozumska*) waren der Meinung, dass trotz der Verwendung eines anderen Begriffs im Statut als in der Verfassung – nämlich „Überstellung“ und nicht „Auslieferung“ – Art. 55 Abs. 1 Verf. (Auslieferungsverbot) diese Ratifikation verbiete. Auch die *travaux préparatoires* des Verfassungstextes weisen nach ihrer Auffassung darauf hin, dass es Absicht des Verfassungsgebers war, das Auslieferungsverbot als bedingungslos zu gestalten. Andere Autoren (z.B. *J. Kolasa*) neigten zu der Überzeugung, dass es – wegen der Unterschiedlichkeit der Kernbegriffe der völkerrechtlichen und der innerstaatlichen, verfassungsrechtlichen Regelung – zu keinem Konflikt beider Systeme komme und der Ratifikation des Vertrags nach Art. 89 Verf. nichts im Wege stehe. Der Vertrag wurde schließlich am 12. November 2001 ratifiziert.

4. Das gewählte Modell der Einbeziehung des Gemeinschaftsrechts in die innerstaatliche Rechtsordnung

Die Einbindung in die europäischen Strukturen war das Hauptziel aller polnischen Regierungen, die seit 1989 aufeinander folgten. Größte Priorität erwarb dabei die angestrebte Mitgliedschaft in der Europäischen Union, die als das hervorragende strategische Ziel der polnischen Außenpolitik konzipiert wurde.[70] Bei der Ausgestaltung der gegenseitigen Beziehungen zwischen Polen und den Organen der Union konnte dabei an die schon vor der Wende entstandenen Kontakte angeknüpft werden. Die gegenseitigen diplomatischen Beziehungen wurden nämlich bereits im September 1988 aufgenommen. Ein Jahr später wurde ein Handels- und Kooperationsabkommen unterzeichnet;[71] es handelte sich um ein nichtpräferentielles Abkommen auf der Grundlage der Meistbegünstigung, das den allmählichen Abbau der in der Gemeinschaft für die Einfuhr aus Polen geltenden mengenmäßigen Beschränkungen bis zum Jahr 1994 vorsah.[72] Dieses Abkommen wurde dann vom im Jahre 1991 unterzeichneten *Assoziierungsabkommen* (sog. *Europaabkommen)*[73] ersetzt.

a) Das Europaabkommen

Das *Europaabkommen zur Gründung einer Assoziation zwischen den Europäischen Gemeinschaften und ihren Mitgliedstaaten einerseits und der Republik Polen andererseits*,[74] das am 1. Mai 2004 durch die Regelungen des EU-*Beitrittsvertrags* ersetzt wurde, wurde am 16. Dezember

---

[70] Vgl. Agenda 2000 – Stellungnahme der Kommission zum Antrag Polens auf Beitritt zur Europäischen Union, 15.7. 1997, Doc/97/16, S. 8.

[71] Dz.U. 1990, Nr. 38, Pos. 214.

[72] Doc/97/16, S. 9.

[73] Im Sprachgebrauch der Europäischen Union werden die Assoziierungsabkommen mit den osteuropäischen Staaten grundsätzlich „Europaabkommen“ genannt.

[74] Układ Europejski, ustanawiający stowarzyszenie między Rzecząpospolitą Polską z jednej strony a Wspólnotami Europejskimi i ich państwami członkowskimi z drugiej strony, Abl. EG L 348 vom 31.12. 1993, 2-180, Dok. Nr. 293A1231(18).

1991 unterzeichnet und aufgrund des Zustimmungsgesetzes vom 4. Juli 1992 ratifiziert.[75] Es trat am 1. Februar 1994 in Kraft.[76] Das Ziel Polens, der Union beizutreten, kam in seiner Präambel nur unverbindlich zum Ausdruck. Die EU-Mitgliedstaaten gründeten diese Assoziierung mit Polen unter anderem „in der Erkenntnis, dass Polen letztlich die Mitgliedschaft in der Gemeinschaft anstrebt und dass diese Assoziation nach Auffassung der Vertragsparteien zur Verwirklichung dieses Zieles beitragen wird".

Das Abkommen stellte die Rechtsgrundlage für die Beziehung Polens zur Europäischen Union dar. Inhaltlich deckte es sich mit den Assoziierungsabkommen mit anderen Beitrittsstaaten Osteuropas; der einzige wesentliche Unterschied lag in der Tatsache, dass die Union in die späteren Abkommen, wie z.B. in das Abkommen mit der Tschechischen Republik,[77] eine Bestimmung über die Achtung der Menschenrechte als wesentlichen Bestandteil der Assoziation eingegliedert hat;[78] diese Regelung, die es im Extremfall ermöglicht hätte, die Assoziation zu suspendieren, fand sich in dem früher geschlossenen polnischen Abkommen – wie auch in dem mit Ungarn – nicht.

Weil das Abkommen bedeutsame Bereiche regelte, die wichtige menschenrechtliche Aspekte aufweisen, wie z.B. Regelungen über die Freizügigkeit der Arbeitnehmer,[79] das Niederlassungsrecht,[80] oder ganze Sachgebiete erfassen – wie etwa die Verpflichtung zur Rechtsangleichung – war die Frage nach der rechtlichen Einordnung des Europaabkommens oder seiner einzelnen Bestimmungen von erheblicher Relevanz.

Aus völkerrechtlicher Sicht war das Europaabkommen ein völkerrechtlicher Vertrag; aus der gemeinschaftsrechtlichen Sicht ein Assoziierungsabkommen[81] nach Art. 238 EG-Vertrag.[82] Es handelte sich dabei

---

[75] Dz.U. 1992, Nr. 10, Pos. 302.

[76] Der handelspolitische Teil trat bereits am 1.3. 1992 aufgrund eines Interimsabkommens in Kraft.

[77] ABl. EG L 360 vom 31.12. 1994, S. 2-210.

[78] Artikel 6 des Abkommens, Wortlaut siehe Anhang.

[79] Artikel 37 des Abkommens, Wortlaut siehe Anhang.

[80] Artikel 44 des Abkommens, Wortlaut siehe Anhang.

[81] Zum Begriff der „Assoziierung" s. *C. Schön*, Der rechtliche Rahmen für Assoziierungen der Europäischen Gemeinschaft, 1994, S. 5 ff.

um ein sog. gemischtes Abkommen, weil nicht nur die Gemeinschaften, sondern auch die Mitgliedstaaten dem assoziierten Staat als Vertragsparteien gegenüberstanden.

Die innerstaatliche Auswirkung mehrerer seiner an die Einzelnen gerichteten Bestimmungen war jedoch – vergleichbar der Lage bezüglich der Europaabkommen in mehreren anderen Staaten – rechtlich unklar. Auch die damals geltende Verfassung (1992) beinhaltete keine Regelungen über die Stellung völkerrechtlicher Normen in der innerstaatlichen Ordnung, die eine gewisse Orientierung in diesen Fragen bringen könnten; die Rechtsprechung[83] hatte jedoch in mehreren Fällen dem Völkerrecht *ex proprio vigore* eine direkte Anwendung verliehen.

Neue Regelungen brachte in diesem Bereich die Verfassung aus dem Jahre 1997. Nach ihrem Art. 241 Abs. 1 gelten als ratifizierte Verträge nach Art. 91 Verf. diejenigen vorkonstitutionellen Verträge, die eine Kategorie der in Art. 89 Abs. 1 Verf. aufgeführten Angelegenheiten betreffen. Im Falle des Europaabkommens könnte es sich am ehesten um den Bereich von Art. 89 Abs. 2 Verf. handeln, der die Freiheiten, Rechte oder Pflichten der Bürger regelt. Als Folge würde das Europaabkommen einen Bestandteil der nationalen Rechtsordnung darstellen, es sei denn, seine Anwendung wäre vom Erlass eines Gesetzes abhängig; nach Art. 91 Abs. 2 Verf. hätten seine Bestimmungen Vorrang vor einem Gesetz, das sich nicht mit dem Vertrag vereinbaren lasse.[84]

Die Frage nach seiner Bedeutung als einer innerstaatlichen Rechtsquelle wurde in Polen nie abschließend geklärt. Zur Stärkung der Tendenz, zumindest einige seiner Bestimmungen als direkt anwendbar zu betrachten, trug zweifellos die Rechtsprechung des EuGH bei, die sich im Verfahren nach Art. 234 EGV zum Inhalt der durch das Europaab-

---

[82] *J. Stahlberg*, Die Reform des Wirtschaftsrechts in Polen, in: M.A. Dauses (Hrsg.), Osterweiterung der EU, 1998, S. 223.

[83] Vgl. *W. Czaplinski*, (Fn. 16), 7 ff.

[84] So ausdrücklich im Urteil des Obersten Hauptverwaltungsgerichts (Warschau) vom 21.4. 2004, NSA –Wa-wa, GSK 61/04, Monitor Prawniczy 2004, Nr. 11, Pos. 488. Trotzdem liefert die Rechtspraxis auch Beispiele, in denen festgestellt wurde, dass in solchen Fällen die gesetzlichen Vorschriften anzuwenden sind. Siehe Urteil des Hauptverwaltungsgerichts (Lublin) vom 29.5. 2002 r.I SA/Lu 883/2001.

kommen geregelten Freizügigkeit und Niederlassungsfreiheit[85] auf dem Gebiet der damaligen EG-Mitgliedstaaten ausgesprochen hat.[86]

So hat der EuGH in der Sache *Gloszczuk*[87] Art. 44[88] und 58[89] des Europaabkommens mit der Republik Polen ausgelegt: In seinem Urteil vom 27. September 2001 hat er festgelegt, dass Art. 44 Abs. 3 des Europaabkommens für dessen Geltungsbereich einen klaren und unbedingten Grundsatz aufstelle, der vom nationalen Gericht angewandt werden und deshalb die Rechtslage von Privaten regeln könne. Die unmittelbare Wirkung, die der Bestimmung somit zukommt, bedeutete, dass polnische Staatsangehörige das Recht hatten, sich vor den Gerichten des Aufnahmemitgliedstaates auf sie zu berufen, auch wenn dieser Mitgliedstaat nach Art. 58 Abs. 1 des Europaabkommens die Befugnis behält, auf diese Staatsangehörigen sein nationales Einreise-, Aufenthalts- und Niederlassungsrecht anzuwenden.

Trotz der unbestimmten Rolle in der nationalen Rechtsordnung Polens spielte das Europaabkommen eine unbestrittene Rolle im Bereich der Harmonisierung des polnischen Rechts mit dem *acquis communautaire*.

---

[85] Vgl. *M. Hofmann*, The Right to Establishment for Nationals of the European Union Associated Countries in the Recent Jurisprudence of the European Court of Justice, GYIL 44 (2001), 469 ff.

[86] Zur direkten Anwendbarkeit der Europaabkommen anderer Assoziierungsstaaten vgl. *The Queen v. Secretary of State for the Home Department, ex parte: Eleanora Ivanova Kondova*, C-235/99, *The Queen v. Secretary of State for the Home Department, ex parte: Julius Barkoci and Marcel Malik*, C-257/99.

[87] *The Queen v. Secretary of State for the Home Department, ex parte: Wieslaw Gloszczuk and Elzbieta Gloszczuk*, C-63/99.

[88] S. Fn. 80.

[89] Art. 58 Abs. 1 des Abkommens lautete: „Für die Zwecke des Titels VI dieses Abkommens werden die Vertragsparteien durch keine Bestimmung dieses Abkommens daran gehindert, ihre Rechts- und Verwaltungsvorschriften über Einreise und Aufenthalt, Beschäftigung, Beschäftigungsbedingungen, Niederlassung von natürlichen Personen und Erbringung von Dienstleistungen anzuwenden, sofern sie dies nicht in einer Weise tun, durch die die Vorteile, die einer Vertragspartei aus einer Abkommensbestimmung erwachsen, zunichte gemacht oder verringert werden. Diese Bestimmung berührt nicht die Anwendung von Artikel 53."

Zur Frage der Harmonisierung des polnischen Rechts aufgrund des Europaabkommens äußerte sich die Entscheidung des Verfassungsgerichtshofs K 15/97 vom 29. September 1997[90] betreffend die Verfassungsmäßigkeit der Bestimmung des Gesetzes *über den öffentlichen Dienst*[91] aus dem Jahre 1996, die einen zwangsweisen Ruhestand von Frauen, nämlich bereits bei Erreichen eines Alters von 60 Jahren – und damit fünf Jahre früher als für Männer – eingeführt hatte. Der Verfassungsgerichtshof hat diese Bestimmung nicht nur anhand der Menschenrechtsinstrumente, deren Partei Polen war, sondern auch anhand des Europaabkommens beurteilt. Er hat zwar betont, dass das Gemeinschaftsrecht in Polen keine bindende Wirkung hatte. Auf der anderen Seite hat er aber unterstrichen, dass Art. 68 und 69 des Europaabkommens Polen zu solchen Schritten verpflichten, die es ermöglichen, dass seine Rechtsvorschriften schrittweise mit dem Gemeinschaftsrecht vereinbar gemacht werden. Darüber hinaus ist der Verfassungsgerichtshof zu dem Schluss gelangt, dass die Verpflichtung zur schrittweisen Annäherung der polnischen Rechtsordnung an das Gemeinschaftsrecht, die vor allem an den Gesetzgeber und die Regierung gerichtet ist, gleichzeitig bedeutet, dass die geltende Gesetzgebung in dem Sinne zu interpretieren sei, der am besten diesem Ziel diene.

b) Die rechtlichen Voraussetzungen des Beitritts zur Europäischen Union

Polen verfolgte konsequent die Politik der Annäherung an die Europäische Union und im Referendum am 7.- 8. Juni 2003 haben sich von 58,85 % der stimmberechtigten Bürger, die an ihm teilnahmen, immerhin 77,45 % für den Beitritt zur Europäischen Union ausgesprochen.[92] Der formelle Antrag auf Mitgliedschaft war von Polen bereits am 5. April 1994 gestellt worden. Anfang 1997 wurde eine nationale Integ-

---

[90] OTK 1997, Nr. 3-4, Pos. 37; dazu *A. Bień*, Przeglad Sejmowy 1998, Nr. 2, 174 ff.

[91] Dz.U. 1996, Nr. 89, Pos. 402, vollständige Fassung in: Dz.U. 1998, Nr. 1862, Pos. 1126.

[92] Http://www2.ukie.gov.pl/eng.nsf.

rationsstrategie erarbeitet, die einen detaillierten Plan für die Vorbereitung auf den EU-Beitritt umfasste.

Ein bedeutsamer innerstaatlicher Schritt war die Einführung derjenigen Bestimmungen in die Verfassung aus dem Jahre 1997, die – obwohl in dem Text der Verfassung der Begriff „Europa" nicht einmal erwähnt wird – die wichtigsten Voraussetzungen für den Beitritt schufen.

Zunächst ermöglichte Art. 90 Abs. 1 Verf., dass „die Republik Polen auf der Grundlage eines völkerrechtlichen Vertrags einer internationalen Organisation oder einem internationalen Organ Kompetenzen der Staatsgewalt in einigen Fragen" übertragen kann.[93] Nach der polnischen Literatur[94] verzichte dadurch der polnische Staat auf die Ausschließlichkeit seiner Hoheitsgewalt in denjenigen Bereichen, die von dem geschlossenen völkerrechtlichen Vertrag festgelegt werden, und überlasse der genannten internationalen Organisation die Ausübung dieser Hoheitsgewalt für den betroffenen Bereich. Der Umfang der „Übertragung" sei in der Verfassung flexibel und sehr weit gestaltet. Sie betreffe die Legislative, die Exekutive wie auch die Judikative, die jeweils vom Sejm und Senat, dem Staatspräsidenten, dem Ministerrat sowie den Gerichten und Gerichtshöfen ausgeübt wird (Art. 10 Abs. 2 Verf.). Sie dürfe jedoch Zuständigkeiten der Staatsgewalt ausdrücklich nur in „einigen Fragen" übertragen. Dies bedeute, dass nicht die ganze Staatsgewalt auf eine internationale Organisation übertragen werden könne, zu einer solchen Übertragung wäre eine Verfassungsänderung nach Art. 235 Verf. erforderlich. Auch folge aus der Übertragung einiger Kompetenzen nicht, dass der Staat in den bestimmten Bereichen seine Souveränität verliere. Darüber hinaus sei die Übertragung der Kompetenzen nicht endgültig, da sie theoretisch widerrufen werden könne; dazu wäre jedoch die Änderung des entsprechenden völkerrechtlichen Vertrags erforderlich.

An den Abschluss eines völkerrechtlichen Abkommens nach Art. 90 Abs. 1 stellte die Verfassung die höchsten Anforderungen. Die Zustimmung zur Ratifikation des entsprechenden Vertrags war alternativ in

---

[93] Art. 90 Abs. 1 Verf. lautet: „Die Republik Polen kann auf der Grundlage eines völkerrechtlichen Vertrags einer internationalen Organisation oder einem internationalen Organ Kompetenzen der Organe der Staatsgewalt in einigen Fragen übertragen."

[94] *J. Barcz,* Akt integracyjny Polski z Unią Europejską w świetle Konstytucji RP, Państwo i Prawo 4 (2004), S. 7.

zwei Formen möglich. Die erste verfassungsmäßige Möglichkeit einer Zustimmung war ein Zustimmungsgesetz; dieses müsste gem. Art. 90 Abs. 2 Verf. durch den Sejm mit einer Zweidrittelmehrheit der Stimmen bei der Anwesenheit von mindestens der Hälfte der gesetzlichen Zahl der Abgeordneten und durch den Senat mit einer Zweidrittelmehrheit der Stimmen bei Anwesenheit von mindestens der Hälfte der gesetzlichen Zahl der Senatoren verabschiedet werden. Diese Hürde war sogar höher als die Voraussetzungen für eine Verfassungsänderung nach Art. 235 Abs. 4 Verf.[95]

Die zweite Form der Zustimmung war ein gesamtstaatliches Referendum, das in Übereinstimmung mit Art. 125 Verf. angeordnet werden kann. Zu dieser Anordnung sind der Sejm mit der absoluten Mehrheit der Stimmen bei Anwesenheit von mindestens der Hälfte der gesetzlichen Zahl der Abgeordneten oder der Staatspräsident mit der Zustimmung des Senats berechtigt, die durch die absolute Mehrheit der Stimmen bei Anwesenheit von mindestens der Hälfte der gesetzlichen Zahl der Senatoren erteilt werden muss. Das Ergebnis des Referendums war nach Art. 125 Abs. 3 Verf. bindend, wenn an ihm mehr als die Hälfte der Wahlberechtigten teilgenommen hat.

Über die Wahl des Verfahrens entschied nach Art. 90 Abs. 4 Verf. der Sejm mit absoluter Mehrheit der Stimmen bei Anwesenheit von mindestens der Hälfte der gesetzlichen Zahl der Abgeordneten. In seinem Beschluss vom 17. April 2003[96] hat er sich für das Referendum ausgesprochen, das am 7. und 8. Juni 2003 auf der Grundlage des geänderten Gesetzes *über das gesamtstaatliche Referendum*[97] stattgefunden hat. Auf der Basis seiner Ergebnisse wurde der Beitrittsvertrag vom Staatspräsidenten am 23. Juli 2003 ratifiziert.

Dieser Vertrag, als ein ratifizierter völkerrechtlicher Vertrag im Sinne von Art. 91 Abs. 1 Verf., stellt nach seiner Bekanntmachung im Gesetz-

---

[95] Art. 235 Abs. 4 Verf. lautet: „Ein Gesetz über die Änderung der Verfassung wird vom Sejm mit einer Mehrheit von mindestens zwei Drittel der Stimmen bei Anwesenheit von mindestens der Hälfte der gesetzlichen Zahl von Abgeordneten und vom Senat mit absoluter Mehrheit der Stimmen bei Anwesenheit von mindestens der Hälfte der gesetzlichen Zahl der Senatoren beschlossen."

[96] Dz.U. 2003, Nr. 66, Pos. 613.

[97] Dz.U. 2003, Nr. 57, Pos. 507, geändert durch Dz.U. 2003, Nr. 85, Pos. 782, vollständige Fassung in: Dz.U. 2007, Nr. 112, Pos. 766.

blatt einen Teil der nationalen Rechtsordnung dar und ist unmittelbar anwendbar, es sei denn, seine Anwendung wird „vom Erlass eines Gesetzes abhängig gemacht". In der polnischen Rechtslehre[98] wurde am Ende der neunziger Jahre auf die Unklarheiten hingewiesen, die bei der Anwendung der letztgenannten Regelung – der Erforderlichkeit einer gesetzlichen Umsetzung – in der Praxis entstehen könnten; später wurde jedoch nicht mehr in Zweifel gezogen, dass diejenigen Bestimmungen des Beitrittsvertrags und seiner Bestandteile, die als self-executing formuliert sind, die Eigenschaft von unmittelbar anwendbaren Rechtsnormen haben.

Weiter war fraglich, ob sich der Vorrang des Vertrags nur auf die einfachen Gesetze oder auch auf die Verfassung erstreckt. Die erste Alternative fand ihre Begründung in Art. 8 Abs. 1 Verf.,[99] wonach die Verfassung „das oberste Recht der Republik Polen" ist.[100] Für die zweite Option sprach die Tatsache, dass das Gemeinschaftsrecht keine klare Kollisionsnorm beinhaltet. Aus dem theoretischen Gesichtspunkt, vor allem wegen der Verfassungsmäßigkeit des Beitritts, sollte es – nach einigen Meinungen – das Primat vor dem gesamten innerstaatlichen Recht haben, einschließlich der Verfassung.[101]

Sollte jedoch das primäre Gemeinschaftsrecht bzw. der Beitrittsvertrag eine höhere Stellung als die Verfassung erwerben, schien nach dieser Auffassung eine Änderung von Art. 8 Abs. 1 Verf., der die Verfassung als das oberste Recht der Republik Polen bestimmt; unabdingbar; eine Vereinbarung beider Vorrangstellungen mittels einer verfassungsgerichtlichen Auslegung schien nur schwer vorstellbar.

Zur Problematik des Verhältnisses zwischen der polnischen Verfassung, einschließlich Art. 8, und dem Inhalt des EU-Beitrittsvertrags und der Gründungsverträge hat sich der Verfassungsgerichtshof aus-

---

[98] *C. Mik*, Zasady ustrojowe europejskiego prawa wspólnotowego a polski porządek konstytucyjny, Państwo i Prawo 53 (1998), S. 34.

[99] Art. 8 Abs. 1 Verf. lautet: „Die Verfassung ist das oberste Recht der Republik Polen."

[100] Über den Vorrang vor den Gesetzen, nicht aber vor der Verfassung auch *G. Lang*, Kilka uwag na temat wzajemnych relacji Konstytucji RP i prawa Unii Europejskiej, Studia Europejskie 2 (2004) S. 31; *P. Winczorek*, Konstytucja RP a prawo wspólnotowe, Państwo i Prawo 11 (2004), S. 3.

[101] *J. Barcz* (Fn. 94), S. 12; ähnlich *E. Kamińska,* Konstytucyjno-prawne aspekty integracji europejskiej, Radca Prawny 4 (2003), Nr. 4, S. 107.

führlich in seiner Entscheidung K 18/04 vom 11. Mai 2005[102] geäußert. Die Entscheidung stellte fest, dass der Beitritt Polens zur EU den Vorrang[103] der Verfassung innerhalb der gesamten Rechtsordnung im Hoheitsgebiet der Republik Polen nicht in Frage stelle. Die Begründung geht davon aus, dass das Konzept und das Modell des Europarechts eine neue Situation geschaffen haben, in der in jedem Mitgliedstaat zwei autonome Rechtssysteme nebeneinander gelten. Ihr wechselseitiges Verhältnis könne nicht vollkommen mit Hilfe der herkömmlichen Begriffe des Monismus und des Dualismus charakterisiert werden, die zur Beschreibung des Verhältnisses zwischen innerstaatlichem Recht und Völkerrecht gebraucht werden. Auch wenn die beiden Rechtssysteme relativ autonom sind, stehen sie in einem Wechselwirkungsverhältnis zueinander. Es sei nicht ausgeschlossen, dass es zu Kollisionen zwischen dem Gemeinschaftsrecht und der Verfassung kommen könne.

Eine solche Kollision liege vor, wenn es zu einem nicht überwindbaren Widerspruch zwischen einer Verfassungsnorm und einer Norm des Gemeinschaftsrechts komme, der nicht im Wege einer Auslegung gelöst werden könne. Entscheidend ist, dass nach Meinung des Verfassungsgerichtshofs eine Kollision dieser Art keinesfalls durch die Annahme des Vorrangs der Regelungen des Gemeinschaftsrechts gegenüber denen der Verfassung beseitigt werden könne. Sie könne auch nicht dadurch gelöst werden, dass die geltende Verfassungsnorm *ipso iure* außer Kraft tritt oder nur noch für Bereiche gilt, die von der ihr zuwiderlaufenden Gemeinschaftsregelung nicht erfasst sind.

In einer solchen Situation müsste vielmehr das Volk als Souverän oder das zur Vertretung des Volkes von Verfassung wegen befugte Organ der staatlichen Gewalt die Entscheidung treffen, ob die Verfassung geändert wird, entsprechende Änderungen in den gemeinschaftlichen Regelungen angestrebt werden oder – im äußersten Fall – Polen aus der Europäischen Union austrete.

---

102 OTK-A 2005, Nr. 5, Pos. 49.

103 Gemäß *S. Biernat* nicht „Vorrang“, sondern „überordnete Stellung der Verfassung“, in: Offene Staatlichkeit, § 21 Polen, in: IPE II, Heidelberg 2008, S. 267.

In der Literatur hat diese Entscheidung unterschiedliche Reaktionen hervorgerufen, deren Spektrum sich von völliger Akzeptanz,[104] über differenzierte Betrachtung ihrer einzelnen Bestandteile[105] bis zur Meinung, dass der Vorrang des Gemeinschaftsrechts sich alleine aus Art. 90 Abs. 1 Verf. ergibt, erstreckt:[106] Auch diese verfassungsrechtliche Bestimmung stelle Bestandteil des „obersten Rechts der Republik Polen“ dar; die Übertragung einiger Kompetenzen der Staatsgewalt – einschließlich der Rechtsetzungskompetenz – in den durch das Gemeinschaftsrecht definierten Grenzen mittels eines völkerrechtlichen Vertrags aufgrund Art. 90 Abs. 1 Verf. sichere ausreichend die Verfassungskonformität dieser Übertragung und ihrer Resultate. Einige Autoren hat das Urteil wiederum in ihrer Meinung über die Notwendigkeit der Änderung von Art. 8 Verf. bestätigt, in dem sie ein gegenüber Art. 90 Verf. vorrangiges Recht sehen;[107] zu dieser Verfassungsänderung ist es jedoch bisher nicht gekommen.

---

[104] *K. Wójtowicz*, Przegląd Sejmowy, 6 (2005), 190 ff.: „Das Prinzip des Vorrangs des Gemeinschaftsrechts ist eine logische Konsequenz der Übertragung der Rechtsetzungskompetenzen an die EU. Es zielt darauf ab, dass die Rechtsordnungen Polens und sonstiger Mitgliedstaaten nicht im Widerspruch zum Gemeinschaftsrecht stehen. Wenn einem außerstaatlichen Subjekt eine Rechtsetzungskompetenz zugewiesen ist, ist die Anwendung dieses Rechts in Polen ein Verfassungsgebot.“ Ähnlich *S. Biernat,* Kwartalnik Prawa Publicznego Nr. 4 (2005), 185 ff.; *A. Wyrozumska, ibid.*, Nr. 4 (2005), 223 ff.

[105] *J. Barcz,* Kwartalnik Prawa Publicznego Nr. 4 (2005), 169 ff.; *W. Czapliński, ibid.*, 207 ff.; *S. Pawłowski*, GSP-Prz.Orz. 1 (2006), 22 ff.

[106] *S. Biernat*, Prawo Unii Europejskiej a Konstytucja RP i prawo polskie – kilka refleksji, Państwo i Prawo 11 (2004), S. 18: „Art. 8 ust. 1 [Konstytucji RP, na potrzeby rozpatrywania zgodności z nim przepisów Traktatu Akcesyjnego i TWE] nie powinien być rozpatrywany w oderwaniu od innych przepisów konstytucyjnych. Na szczególną uwagę zasługuje tutaj art. 90 ust. 1, stwarzający ustrojową podstawę członkostwa w Unii Europejskiej, a tym samym przejęcia przez Polskę zasad prawnych obowiązujących w Unii, łącznie z zasadą pierwszeństwa prawa unijnego (wspólnotowego). Norma art. 90 Konstytucji również należy do „najwyższego prawa Rzeczypospolitej“. Nie jest zatem trafne upatrywanie niezgodności z art. 8 ust. 1 Konstytucji w samym „przekazaniu na rzecz organizacji międzynarodowej kompetencji organów władzy państwowej w niektórych sprawach“, w wyniku zastosowania art. 90 ust. 1.

[107] Z.B. *S. Hambura*, Wyjście jest tylko jedno: zmiana konstytucji, Rzeczpospolita, 2004/5/27.

Anders als das Grundgesetz der Bundesrepublik Deutschland regelt die polnische Verfassung ausdrücklich die Frage der Stellung des sekundären Rechts gegenüber der polnischen innerstaatlichen Rechtsordnung (Art. 91 Abs. 3 Verf.).[108] Nach dieser Bestimmung wird das Recht, das von einer internationalen Organisation gesetzt wird, unmittelbar anwendbar, wenn dies aus dem Gründungsvertrag folgt; im Falle einer Kollision mit Gesetzen hat das von der Organisation gesetzte Recht Vorrang.[109]

Dieser Grundsatz wird in der Rechtsprechung bestätigt, z.B. im Urteil des Verwaltungsgerichts der Wojwodschaft *Lublin* (WSA) vom 25. Mai 2005.[110] Das Verwaltungsgericht betonte, dass „die Mitgliedschaft Polens in der Europäischen Union bedeutet, dass seit 1. Mai 2004 auf dem Territorium des Staates die ganze bisherige Gemeinschaftsrechtsordnung gilt. Das Gemeinschaftsrecht stellt einen Teil der nationalen Rechtsordnung dar und im Falle einer Kollision mit den Gesetzen haben die Regeln des Gemeinschaftsrechts nach den Prinzipien der unmittelbaren Wirkung, des Vorrangs und der Effektivität Vorrang vor den staatlichen Normen, was bereits aus Art. 91 Abs. 3 Verf. folgt."

Im Verhältnis zum Gemeinschaftsrecht wird in diesem Zusammenhang in der Lehre bemerkt,[111] dass das sekundäre Gemeinschaftsrecht einen besonderen Charakter habe und weder als Völkerrecht, noch als innerstaatliches Recht bezeichnet werden könne. Die abstrakte Frage eines Rangs zwischen dem innerstaatlichen Recht und dem Gemeinschaftsrecht stelle sich nicht, weil beide Rechtsordnungen zu unterschiedlichen Systemen gehören. Das Gemeinschaftsrecht könne das innerstaatliche

---

[108] *W. Czapliński* z.B. weist darauf hin, dass der Vorrang des gemeinschaftlichen Sekundärrechts in Art. 91 Abs. 3 Verf. geregelt ist, die Stellung des Primärrechts aber in Art. 91 Abs. 1 und Abs. 2 Verf.; s. *W. Czapliński*, Prawo wspólnotowe a prawo wewnętrzne w praktyce sądów konstytucyjnych państw członkowskich (wybrane zagadnienia), Kwartalnik Prawa Publicznego 2 (2004), S. 7.

[109] Art. 91 Abs. 3 Verf. lautet: „Das Recht, das von einer internationalen Organisation gesetzt wird, die durch einen von der Republik Polen ratifizierten Vertrag konstituiert wird, ist unmittelbar anwendbar und hat im Fall der Kollision mit den Gesetzen Vorrang, wenn dies aus dem Vertrag folgt."

[110] I SA/Lu 77/2005, Lex Polonica.

[111] S. *J. Barcz* (Fn. 94), S. 13.

Recht nicht „brechen", es könne ihm gegenüber „nur" Anwendungsvorrang haben; eine im Konflikt mit der gemeinschaftsrechtlichen Norm stehende Regelung des innerstaatlichen Rechts bleibe in Kraft, aber außer Anwendung.

Die Entscheidung K 18/04 vom 11. Mai 2005[112] schließt unter der verfassungsrechtlichen Verpflichtung „das Recht der Republik Polen zu wahren" (Art. 83 Verf.) auch die Pflicht zur Beachtung nicht nur der ratifizierten Verträge, sondern auch der gemeinschaftsrechtlichen Verordnungen ein. Als Argument dient hier vor allem Art. 87 Abs. 1.[113] und Art. 91 Verf. Dem Vorrang des gemeinschaftlichen Sekundärrechts nach Art. 91 Abs. 3 Verf. sind in der Entscheidung jedoch Grenzen gezogen: Keine Regelung der polnischen Rechtsordnung ermächtige dazu, einer internationalen Organisation oder einem internationalem Organ die Kompetenz zu übertragen, Rechtsvorschriften zu erlassen, die im Widerspruch zu der Verfassung stünden; weiter dürfe der Wesensgehalt der verfassungsmäßig verbürgten Rechte und Freiheiten des Einzelnen durch Gemeinschaftsregelungen nicht angetastet werden. Die europäischen Rechtssetzungsorgane dürften nur in dem durch die Vertragsnormen geregelten Umfang tätig werden.

Zusammenfassend kann festgestellt werden, dass die Verfassung aus dem Jahre 1997 ausreichende Voraussetzungen für den Beitritt Polens zur Europäischen Union geschaffen hatte: Die Verfassung enthält rechtliche Mechanismen zur Übertragung von Kompetenzen der Staatsgewalt an eine internationale Organisation oder ein internationales Organ und sie bestimmt explizit den Anwendungsvorrang der primärrechtlichen Regelungen und der gemeinschaftsrechtlichen Verordnungen vor nationalen Gesetzen.

Die Spannungen, die sich aus dem Konflikt zwischen dem polnischen Verfassungsrecht und dem Gemeinschaftsrecht ergeben, sind in der Europäischen Union nicht neu; sie sind dem Verhältnis zwischen dem supranationalen Charakter der Europäischen Gemeinschaften und der staatlichen Souveränität ihrer Mitgliedstaaten immanent. Die konkrete

---

[112] OTK-A 2005, Nr. 5, Pos. 49.

[113] Art. 87 Abs. 1 Verf. lautet: „Quellen des allgemein geltenden Rechts der Republik Polen sind die Verfassung, die Gesetze, die ratifizierten völkerrechtlichen Verträge und die Verordnungen."

Ausgestaltung dieser Beziehung wird jedoch weniger von der Lehre, als vielmehr von der politischen Situation abhängig sein.

5. Die Anwendung völker- und gemeinschaftsrechtlicher Regelungen in der Rechtsprechung

a) Anwendung völkerrechtlicher Regelungen

aa) Allgemeine Gerichte

Die Richter der polnischen Gerichte sind nach Art. 178 Abs. 1 Verf. bei der Ausübung ihres Amtes „nur an die Verfassung und die Gesetze gebunden“. Es stellt sich jedoch die Frage, ob sie durch ihre Bindung an die Verfassung gleichzeitig den Vorschriften über die Stellung völkerrechtlicher Verträge in der polnischen Rechtsordnung unterliegen (Art. 91 Abs. 1 Verf.), durch welche die ratifizierten Verträge ein Bestandteil der nationalen Rechtsordnung geworden sind. Nur vereinzelt finden sich in der Literatur Bestätigungen dieser Auslegung von Art. 178 Verf. Es wird z.B. ausgeführt, dass Art. 178 in Verbindung mit Art. 91 Verf. für die Richter der allgemeinen Gerichte nicht nur ein Anwendungsgebot für self-executing wirkende völkerrechtliche Verträge in konkreten Fällen, sondern auch ein breiteres Gebot der Suche nach Inspiration zur Auslegung der nationalen Rechtsnormen im internationalen Bereich darstelle.[114] Einige Autoren[115] beschreiben diese Situation sogar so, dass die allgemeinen Gerichte völkerrechtliche Verträge unabhängig von der Form ihrer Einbeziehung in die polnische Rechtsordnung anwenden müssen; das theoretische Konzept der Wirksamkeit völkerrechtlicher Verträge *ex proprio vigore*, das in der Zeit vor der Wende entwickelt wurde, spiegele sich in der Rechtsprechung der polnischen Gerichte weiter wider.

Im Beschluss des Gerichts II. Instanz in Warschau vom 11. April 2000[116] wurde Art. 178 Abs. 1 Verf. – „nur an die Verfassung und die

---

[114] *M. Masternak-Kubiak*, (Fn. 1), S. 164.

[115] *R. Szafarz*, Rezension des Buches: *R. Kwiecień*, Miejsce umów międzynarodowych w porządku prawnym państwa polskiego, Warszawa 2000, Wydawnictwo sejmowe, Państwo i Prawo 4 (2001), S. 98.

[116] II AKz 52/2000, OSA 2000 Nr. 10, Pos. 71, S. 13.

Gesetze gebunden" – völkerrechtsfreundlich interpretiert: Im konkreten Fall war die Frage der Zulässigkeit der Anwendung einer ministerialen Verordnung offen, die als Umsetzung des *Übereinkommens über die Überstellung verurteilter Personen*[117] erlassen wurde. Das Gericht hat sich auf Art. 9 und Art. 91 Abs. 1 Verf. gestützt, die Qualität des einschlägigen Vertrags als Quelle der polnischen Rechtsordnung bestätigt und seinen Vorrang vor nationalen Regelungen betont. Die Wendung des Art. 178 Verf. „nur an die Verfassung und die Gesetze gebunden" bedeute keinen Ausschluss völkerrechtlicher Verträge aus dem gerichtlichen Instrumentarium; die Richter seien an die völkerrechtlichen Regelungen gebunden.

In der gerichtlichen Praxis entwickelte sich die Anwendung der Bestimmungen völkerrechtlicher Verträge zu einer relativ häufigen Praxis. Quantitativ spielen dabei die Bestimmungen der EMRK eine entscheidende Rolle:

So hat z.B. das Oberste Gericht im Beschluss vom 29. Juli 1997[118] in der Sache der Auslieferung der Eheleute *Mandugequi* und *Jinge* entschieden, dass der Gesetzgeber den zuständigen Gerichten, die über die Auslieferung verfolgter Personen entscheiden, die Freiheit gegeben habe zu bestimmen, ob die geltenden Rechtsvorschriften, einschließlich die Polen bindenden bilateralen und multilateralen Verträge, in den konkreten Fällen die Auslieferung erlauben. Eine Auslieferung der verfolgten Personen in einer Situation, in der ihnen in ihren Heimatländern höchstwahrscheinlich Folter, unmenschliche oder erniedrigende Behandlung oder Strafe im Sinne Art. 3 EMRK droht, sei rechtswidrig.

Im Beschluss vom 26. August 1998[119] hat das Oberste Gericht betont, dass die Rechtsbestimmungen der EMRK einen autonomen und selbständigen normativen Charakter aufweisen und in Bezug auf die polnische Rechtsordnung direkt anwendbar seien. Auch hier hat das Gericht die direkte Anwendbarkeit von Art. 3 EMRK bestätigt.

---

117 Überstellungsübereinkommen vom 21.3. 1983, BGBl. II 1991, S. 1006 ff.; UNTS, vol. 1496, S. 91.

118 U II KKN 313/97, OSNKW 1997, Nr. 9-10 Pos. 85, dazu Anm. von *M. Płachta*, Państwo i Prawo 2 (1998), 108 ff.

119 IV KKN 330/98, Prokuratura i Prawo 5 (1999), Nr. 5, Pos. 14.

Im Urteil vom 16. Juni 1999[120] hat sich das Oberste Gericht mit dem Institut des anonymen Zeugen befasst: das Recht des Angeklagten auf Verhör eines anonymen Zeugen leitete es direkt aus Art. 6 Abs. 3 EMRK sowie Art. 14 IPbürgR in Verbindung mit Art. 9 Verf. ab.

Im Urteil vom 10. Dezember 2001[121] gelangte das Oberste Gericht zu dem Schluss, dass die Bestimmungen von § 184 Abs. 3 und 4 der polnischen Strafprozessordnung[122] im Zusammenhang mit der Verpflichtung der Gerichte, dem Angeklagten oder seinem Verteidiger das Verhör eines anonymen Zeugen zu ermöglichen, im Sinne von Art. 6 Abs. 3 EMRK ausgelegt werden müssen.[123]

Im Beschluss vom 1. Dezember 2003[124] hat das Oberste Gericht entschieden, dass insbesondere im Berufungsprozess die Vertretung des Angeklagten durch seinen Rechtsanwalt für die Gewährleistung seines Verteidigungsrechts genüge. Die EMRK (Art. 6) verlange kein persönliches Erscheinen des Angeklagten. Auch seinen Beschluss vom 3. Juni 2005[125] stützte das Oberste Gerichts auf Art. 6 EMRK: Es stellte fest, dass jeder Staat, der der EMRK beigetreten ist, dazu verpflichtet sei, das Funktionieren seiner Gerichtsbarkeit mit Rücksicht auf die Gewährleistung der in Art. 6 EMRK verankerten Rechte zu gestalten.[126]

In den Beschlüssen des Obersten Gerichts von 14. Mai 2003[127] und 18. Februar 2005[128] zur Meinungsfreiheit in Polen und ihren Grenzen war Art. 10 EMRK von Relevanz. Die Begründung der Entscheidung erwähnt u.a. die einschlägige Rechtsprechung des EGMR.

---

[120] V KKN 22/99, OSNKW 1999 Nr. 9-10, Pos. 58, dazu Anm. von *S. Hoc,* Wojskowy Przegląd Prawniczy 3-4 (2000), S. 157 ff., *A. Taracha,* Wojskowy Przegląd Prawniczy 4 (2003), 168 ff.

[121] IV KKN 229/01, OSNKW 2002, Nr. 3-4, Pos. 21.

[122] Dz.U. Nr. 89, 6.7. 1964, Pos. 555.

[123] S. auch das Urteil vom 9.11. 2004, IV KK/221/04.

[124] V KK 75/03, OSNwSK, Nr. 1, Pos. 2592.

[125] SN III SPP 109/05, OSNP 2006, Nr. 1-2, Pos. 33.

[126] III SPP 34/05, OSNP 2005, Nr. 20, Pos. 327.

[127] I CKN 463/2001, OSP 2004, Nr. 2, Pos. 22.

[128] Das gleiche Prinzip wurde im Beschluss des Obersten Gerichts von 8.3. 2005 ausgedrückt, III CZP 53/2004, OSP 2005, Nr. 9, Pos. 110.

Auch die Rechtsprechung von Gerichten unterer Instanzen liefert Beispiele, in denen die Entscheidung unter Berufung auf die EMRK getroffen wurde:

So hat z.B. das Gericht zweiter Instanz in Krakau am 31. Mai 2006 ein Urteil erlassen,[129] in welchem es einen Anspruch des Angeklagten auf sein letztes Wort im Strafverfahren von Art. 6 Abs. 3 lit. c EMRK abgeleitet hat.

Neben der EMRK wenden die allgemeinen Gerichte auch andere völkerrechtliche Abkommen, wie z.B. das UN-*Übereinkommen über die Rechte des Kindes* vom 20. November 1989[130] oder das Haager *Übereinkommen über die zivilrechtlichen Aspekte der Kindesentführung* vom 25. Oktober 1980[131] an:

Das UN-*Übereinkommen über die Rechte des Kindes*[132] (Art. 20) war z.B. relevant für die mit den Urteilen vom 31. März 1999[133] und 12. Dezember 2000[134] entschiedenen Verfahren, in denen – im Zusammenhang mit der Problematik der Entführung von Kindern – das Oberste Gericht die Anwendung der einschlägigen Bestimmung des Übereinkommens als Auslegungsmittel gefordert hat: Art. 13 des Haager *Übereinkommens über die zivilrechtlichen Aspekte der Kindesentführung*, das auf die Frage der Umstände des Verzichts auf die Überlieferung eines entführten Kindes anwendbar ist, müsse unter dem Gesichtspunkt des „Kindeswohls“ nach dem UN-Kinder-Übereinkommen ausgelegt werden.[135]

Zur Auslegung des Begriffs „*Interesse des Kindes*“ hat das Oberste Gericht im Beschluss vom 1. Dezember 2000[136] bestimmt, dass Art. 9 des *UN-Übereinkommens* einen einheitlich zu verstehenden Begriff

[129] II AKa 78/06, KZS 2006, Nr. 6, Pos. 78

[130] BGBl. 1992 II, S. 121; UNTS, vol. 1577, S. 3; Dz.U. 1991, Nr. 120, Pos. 526.

[131] BGBl. 1990 II, S. 206; UNTS, vol. 1343, S. 89

[132] Fn. 130.

[133] I CKN 23/99, OSNC 1999, Nr. 11, Pos. 188.

[134] V CKN 1805/2000.

[135] Dazu Anm. von *E. Holewińska-Łapińska*, OSP 2 (2000), Pos. 23.

[136] V CKN 1747/2000, Prokuratura i Prawo 5 (2001), Pos. 34.

vorsehe, der nicht in einem weiteren oder engeren Sinne verstanden werden könne.

Die Entscheidung des Obersten Gerichts vom 17. Juni 2003[137] betraf die Unterbringung von noch nicht strafmündigen Jugendlichen in Erziehungsheimen nach den Vorschriften des polnischen Rechts; nach Meinung des Obersten Gerichts verstoße diese Praxis nicht gegen die entsprechenden Artikel des UN-*Übereinkommens über die Rechte des Kindes.*[138]

bb) Verfassungsgerichtsbarkeit

(1) Lage bis zur Verabschiedung der Verfassung (1997)

Nach Art. 33 a[139] des durch die *Kleine Verfassung* nicht außer Kraft gesetzten Teils der 1989 novellierten Verfassung aus dem Jahre 1952 sowie nach § 1 Abs. 1[140] des Gesetzes *über den Verfassungsgerichtshof* (weiter nur das *Verfassungsgerichtshofsgesetz*)[141] konnte der Verfassungsgerichtshof über die Vereinbarkeit der Gesetze und anderer Normativakte der obersten und der zentralen Staatsorgane mit der Verfassung entscheiden und die allgemein gültige Auslegung der Gesetze festlegen; die Urteile des Verfassungsgerichtshofs über die Unvereinbarkeit der Ge-

---

[137] II KK 90/2003, OSNKW 2003, Nr. 7-8, Pos. 71.

[138] Ähnlich die Entscheidung vom 8.3. 2006, III CZP 98/2005, Wokanda 2006, Nr. 5, S. 1.

[139] Art. 33 a Abs. 1 Verf. lautete: „Der Verfassungsgerichtshof entscheidet über die Übereinstimmung der Gesetze und anderer normativer Akte, die von den obersten und zentralen Staatsorganen erlassen wurden, mit der Verfassung, und legt die allgemein verbindliche Auslegung der Verfassung fest."

[140] § 1 Abs. 1 des Gesetzes lautete: „Der Verfassungsgerichtshof entscheidet über die Übereinstimmung

im Einklang mit Art. 27 Abs. 4 Verf. der gesetzlichen Akte – der Gesetze, der Dekrete, die vom Sejm bestätigt wurden, sowie der Gesetze vor ihrer Unterschrift durch den Staatspräsidenten, mit der Verfassung;

anderer als in Abs. 1 genannten normativen Akte (Akte, die rechtliche Normen festlegen), die von dem Staatspräsidenten, den obersten und zentralen Organen der staatlichen Verwaltung sowie anderen obersten und zentralen staatlichen Organen erlassen wurden, mit der Verfassung und den gesetzlichen Akten."

[141] Dz.U. 1985, Nr. 22, Pos. 98, mit Änderungen.

setze mit der Verfassung wurden anschließend vom Sejm behandelt. Die Urteile des Verfassungsgerichtshofs über die Unvereinbarkeit anderer Normativakte mit der Verfassung oder den Gesetzen galten als verbindlich; der Verfassungsgerichtshof sollte nach dieser Bestimmung die zur Beseitigung dieser Unvereinbarkeit erforderlichen Maßnahmen treffen. Die Rechtsfolgen dieser Konstruktion waren in der Lehre[142] umstritten, aus den geltenden Bestimmungen wurden auf dem Wege der Auslegung unterschiedliche Konsequenzen gezogen. Unter anderem war unklar,[143] ob der polnische Verfassungsgerichtshof die Zuständigkeit hatte, internationale Verträge als Maßstab zur Überprüfung des innerstaatlichen Rechts heranzuziehen.[144]

Die diese Zuständigkeit „ablehnende" Auslegung der einschlägigen Bestimmungen wurde einerseits als eine Absicht des Gesetzgebers, andererseits als ein versehentliches Übersehen dieser Problematik erklärt. Die erste Version stützte sich auf die Auffassung, dass nach der legislatorischen Absicht der Begriff „Normativakt" auf die Gesetze und die sie ausführenden Dekrete beschränkt bleiben sollte. Auf der anderen Seite wurde diese fehlende Zuständigkeit als eine unabsichtliche Lücke des polnischen Verfassungsgefüges erklärt. Dieses wurde als „nicht fehlerfrei" bezeichnet; die fehlende Kompetenz des Verfassungsgerichtshofs in Bezug auf die Möglichkeit der Überprüfung innerstaatlicher Normen anhand der völkerrechtlichen Bestimmungen gehörte auch zu diesen Unvollkommenheiten. Allerdings sei ohne eine ausdrückliche verfassungsrechtliche Schließung dieser Lücke eine solche Überprüfung ausgeschlossen.[145] Die letztgenannte Auffassung habe – nach dem Verständnis dieses Teils der Lehre – der Verfassungsgerichtshof durch mehrere Entscheidungen bestätigt. In diesem Zusammenhang wird auf einzelne Formulierungen einer der älteren Entscheidungen, P 1/87 vom

---

[142] Vgl. Komentarz do Konstytucji Rzeczypospolitej Polskiej, Przepisy utrzymane w mocy: Rozdział 4, Art. 33 a (1995), S. 15.

[143] Zu den Zuständigkeiten des polnischen Verfassungsgerichtshofs siehe *J. Oniszczuk*, Powszechnie obowiązująca wykładnia ustaw ustalana przez Trybunał Konstytucyjny, Studia i Materiały, B. III (1995).

[144] Vgl. *W. Skrzydło* (Hrsg.), Prawo konstytucyjne, 1995, S. 359 ff.

[145] Z.B. *W. Laczkowski/ T. Dybowski/ L. Wisniewski* et al., zitiert nach: *J. Oniszczuk*, Umowy międzynarodowe w orzecznictwie Trybunału Konstytucyjnego, Państwo i Prawo 7 (1995), 20 ff.

10. Juni 1987,[146] hingewiesen; insbesondere wird die Äußerung des Gerichts hervorgehoben, wonach die Zuständigkeiten des Verfassungsgerichtshofs keine Beurteilung der Übereinstimmung der Akte des innerstaatlichen Rechts mit den abgeschlossenen Verträgen und sonstigen internationalen Verpflichtungen ermöglichen.[147]

Auch in der Begründung zum Urteil K 8/91 vom 7. Januar 1992[148] ist die Auffassung vertreten worden, dass der Ausschluss völkerrechtlicher Verträge aus dem Zuständigkeitsbereich des Verfassungsgerichtshofs im *Verfassungsgerichtshofsgesetz* eindeutig klargestellt worden sei. Die Regelung der Zuständigkeiten des Verfassungsgerichtshofs in § 1 des Gesetzes sei mit der Absicht des Ausschlusses völkerrechtlicher Normen erfolgt. Trotz der Tatsache, dass Art. 1 der novellierten Verfassung, der das Rechtsstaatsprinzip verankert, sicher einen Einfluss auf die Auslegung der geltenden Vorschriften habe, müssen sich die „Grenzen dieser Auslegung [...] nach den üblichen Interpretationsregeln richten. Bei der Anwendung der logisch-semantischen Auslegung sei es nicht möglich zu behaupten, dass Art. 1 Verf. die Kompetenz des Verfassungsgerichtshofs geändert habe."[149] Die völkerrechtlichen Normen könnten nach dieser Auffassung die Rolle von Auslegungsinstrumenten im innerstaatlichen Recht nicht übernehmen – sie könnten höchstens als zusätzliche Argumentationsmittel angesehen werden.[150]

Interessant ist in diesem Zusammenhang, dass in anderen Entscheidungen der Verfassungsgerichtshof seine Kompetenz hinsichtlich der völkerrechtlichen Normen nicht als ausgeschlossen, sondern als „beschränkt" bezeichnet hat.[151]

---

[146] OTK 1987, Nr. 1, Pos. 1

[147] Entscheidung P 1/87 vom 10.6. 1987, OTK 1987, Nr. 1, Pos. 1.

[148] OTK 1992, Nr. 1, Pos. 5; dazu *K. Gołyński/ E. Podgórska*, Glosa do Orzeczenia z 7 I 1992, K 8/91, Państwo i Prawo 4 (1993), S. 107.

[149] OTK 1992, Teil I, 76 ff.

[150] Vgl. Entscheidungen K 6/98 vom 24.10. 1989; K 11/90 vom 30.1. 1991; K 14/91 vom 11.2. 1992; K 12/92 vom 3.11. 1992; K 8/91 vom 7.1. 1993; U 12/92 vom 20.4. 1993.

[151] Vgl. z.B. die Entscheidung K 1/88 vom 30.11. 1988, OTK 1988, Nr. 1, Pos. 6; dazu *H. Pławucka/ K. Wójtowicz*, Państwo i Prawo 8 (1989), 138 ff.

Eine die entsprechende Zuständigkeit bejahende, „positive" Interpretation der Kompetenzen des Verfassungsgerichtshofs in Art. 33 a Abs. 1 der novellierten Verfassung und § 1 Abs. 1 des *Verfassungsgerichtshofsgesetzes* gegenüber den völkerrechtlichen Regelungen gründete sich vor allem auf die Entwicklung des polnischen Rechts seit der Erarbeitung des Verfassungsgerichtshofsgesetzes im Jahre 1985. Insbesondere die Verabschiedung von Art. 1 der Verfassungsänderung im Jahre 1992, wonach Polen „ein demokratischer Rechtsstaat, der die Grundsätze der gesellschaftlichen Gerechtigkeit verwirklicht", ist, sei als Imperativ zu verstehen, die für Polen verbindlichen völkerrechtlichen Normen unter den Begriff „Gesetz" zu subsumieren. Dieser Teil der Lehre[152] stützte sich neben einer extensiven Auslegung des Rechtsstaatsprinzips auf Art. 33 a der novellierten Verfassung, Art. 33 Abs. 2 der *Kleinen Verfassung*[153] oder § 1 Abs. 1 des novellierten *Verfassungsgerichtshofsgesetzes.*[154]

Eine direkte Anwendung völkerrechtlicher Normen blieb jedoch in der Tätigkeit des Verfassungsgerichtshofs die Ausnahme. In der Praxis häufiger war, dass völkerrechtliche Normen als Prüfungsmaßstab indirekt angewandt wurden.[155]

Als wichtigstes Beispiel dieses Ansatzes kann, obwohl es auch von den Vertretern der gegenteiligen Ansicht zur Stützung ihrer Auffassung herangezogen wird, das schon erwähnte Urteil vom 7. Januar 1992 genannt werden. Die Antragsteller, der Präsident des Obersten Verwaltungsgerichts und der polnische Bürgerrechtsbeauftragte, hatten gemeinsam einen Antrag auf Überprüfung der Übereinstimmung von § 36 Abs. 2 des Gesetzes *über den Grenzschutz*[156] (im fol-

---

152 Z.B. *W. Czaplinski* (Fn. 15).

153 Art. 33 Abs. 2 Verf. lautete: „Die Ratifikation und Kündigung völkerrechtlicher Verträge, welche die Staatsgrenzen, die Verteidigungsbündnisse betreffen, die finanzielle Verpflichtungen nach sich ziehen oder die Gesetzesänderungen erfordern, erfordert die Zustimmung durch Gesetz."

154 Siehe *W. Czaplinski* (Fn. 16), 8 ff.

155 Vgl. z.B. die Entscheidungen K 1/88 vom 30.11. 1988, OTK 1988, Nr. 1, Pos. 6; KW 1/89 vom 9.5. 1989, OTK 1989, Nr. 1, Pos. 3; K 6/89 vom 24.10. 1989, OTK 1989, Nr. 1, Pos. 7; K 14/92 vom 11.2. 1992, OTK 1992, Nr. 1, Pos. 7; K 6/92 vom 19.6. 1992, OTK 1992, Nr. 1, Pos. 13; K 12/92 vom 3.11. 1992, OTK 1992, Nr. 2., Pos. 24.

156 Dz.U. 1990, Nr. 78, Pos. 461 mit späteren Änderungen.

genden *Grenzschutzgesetz*) mit Art. 1 und Art. 67 Abs. 2 Verf.[157] in Verbindung mit Art. 14 und Art. 26 des IPbürgR gestellt. Gegenstand des Antrags war die Tatsache, dass § 36 Abs. 2 des Grenzschutzgesetzes den Angehörigen des Grenzschutzes bei der Geltendmachung ihrer Ansprüche aus dem Dienstverhältnis den Gerichtsweg verschlossen hatte. Der Verfassungsgerichtshof hat diese Bestimmung mit den polnischen verfassungsrechtlichen Bestimmungen für unvereinbar erklärt (Art. 1 und Art. 67 Abs. 2 Verf.); *obiter dictum* hat es auf die Unvereinbarkeit dieser Bestimmung mit den angeführten Artikeln des IPbürgR hingewiesen.

Zunächst muss betont werden, dass es der Verfassungsgerichtshof unterlassen hat, die im Antrag gerügte Vorschrift von § 36 Abs. 2 des Grenzschutzgesetzes auf seine Vereinbarkeit mit dem IPbürgR in solcher Form zu prüfen, wie es bei der Prüfung der Verfassungsmäßigkeit des Grenzschutzgesetzes getan worden ist. Den Grund dafür sah er in der Tatsache, dass ihm weder Art. 33 Abs. 1 Verf. noch § 1 Abs. 1 des *Verfassungsgerichtshofsgesetzes* eine solche Kompetenz einräumten. Sein Zuständigkeitsbereich sei durch Art. 33 a Abs. 1 Verf. und die Bestimmungen von §§ 1, 2, 3, 4 Abs. 1, 5 und 37 des *Verfassungsgerichtshofsgesetzes* exakt bestimmt. Sollte angenommen werden, dass die Vorschrift von § 1 Abs. 1 dieses Gesetzes in diesem Aspekt mit Art. 33 Abs. 1 Verf. unvereinbar sei, so müsse diese Bestimmung im Hinblick auf ihre Verfassungswidrigkeit angefochten werden; erst danach wäre eine Entscheidung des Verfassungsgerichtshofs in dieser Sache notwendig. Jede andere Auslegung müsse – allem Anschein zuwider – zu einer Herabsetzung von Verfassungsnormen führen.

Der Verfassungsgerichtshof hat jedoch weiter festgestellt, dass für die Auslegung von Art. 67 Abs. 2 Verf., nach dem das Gleichheitsprinzip auch das Recht auf gerichtliches Gehör umfasst, auch die Bestimmungen von Art. 14 und 26 IPbürgR Bedeutung haben. Dabei hat er darauf hingewiesen, dass er sich schon in der Vergangenheit auf die sich aus den für die Republik Polen bindenden völkerrechtlichen Normen ergebende Argumentation berufen habe.[158]

---

[157] Art. 67 Abs. 2 Verf. lautete: „Die polnischen Staatsangehörigen haben unabhängig von Geschlecht, Geburt, Ausbildung, Beruf, Nationalität, Rasse, Religion, ihrem sozialen Status und Ursprung gleiche Rechte."

[158] Ähnlich in den Sachen K 1/88, K 6/89 oder U 8/90 und P 2/87.

Auch bei der Auslegung von Art. 1 Verf. hielt er es für angebracht, sich im vorliegenden Fall auf Art. 14 und 26 des von Polen ratifizierten IPbürgR[159] zu stützen. Gemäß seiner Bestimmungen habe jeder ein Recht darauf, dass über seine Ansprüche durch ein zuständiges, unabhängiges, unparteiisches und auf Gesetz beruhendes Gericht in billiger Weise und öffentlich verhandelt werde.

Der Verfassungsgerichtshof stand auf dem Standpunkt, dass die Republik Polen durch die Ratifikation der Pakte und sonstiger internationaler Verträge an das Völkerrecht gebunden sei. Demnach müssen sie angewandt werden, unter anderem von Gerichten, und zwar aufgrund des Prinzips *ex proprio vigore,* es sei denn, dass aus dem Inhalt und der Form der Formulierung des Paktes oder Vertrags hervorgehe, dass deren Bestimmungen nicht *self-executing* seien. Der Inhalt von Pakten oder sonstigen internationalen Verträgen werde vom Verfassungsgerichtshof bei der Auslegung der einzelnen Verfassungsbestimmungen berücksichtigt. Aufgrund des geltenden Rechts könne er die Bestimmungen des IPbürgR in diesem Zusammenhang bei der Auslegung von Art. 1 Verf. anwenden, ohne sie zur eigenständigen Grundlage seiner Rechtsprechung machen zu können. Dies führte dazu, dass der Verfassungsgerichtshof zwar auf die Art. 14 und 26 des IPbürgR hingewiesen hat, allerdings außerhalb des Urteilsspruchs. Die Auffassung der Antragsteller, dass § 36 Abs. 2 des Grenzschutzgesetzes den Art. 14 und 26 des IPbürgR widerspreche, befand der Verfassungsgerichtshof für begründet.

Trotz der kompetenzrechtlichen Vorbehalte galt das Urteil des Verfassungsgerichtshofs K 8/91 nicht nur für die Praxis, die bisher von einer konsequent reduzierten Anwendung völkerrechtlicher Normen als Prüfungsmaßstab ausging, sondern auch in der Lehre[160] als die wichtigste Entscheidung, welche die Vereinbarkeit einer innerstaatlichen rechtlichen Bestimmung mit einer völkerrechtlichen Norm überprüft hat. Diese bisherigen Beschränkungen wurden vom Verfassungsgerichtshof selbst im Rahmen seiner Entscheidungen erklärt.

In der Entscheidung in der Sache W 10/94 vom 30. November 1994[161] kam er zu dem Ergebnis, dass seine reduzierte Kompetenz in

---

[159] Dz.U. 1977, Nr. 38, Poz. 167.

[160] Z.B. *J. Oniszcuk*, Umowy międzynarodowe w orzecznictwie Trybunału Konstytucyjnego, Państwo i Prawo 7 (1995), 14 ff.

[161] Beschluss W 10/94 vom 30.11. 1994, OTK, Nr. 2, Pos. 48.

Bezug auf die völkerrechtlichen Normen nach Art. 33 a Abs. 1 Verf. ein Erbe der Regelung des früheren staatlichen Systems gewesen war.

Ein ähnlicher Ansatz wie im Urteil K 8/91 wurde im Urteil U 6/92 vom 19. Juni 1992 gewählt, das sich mit der Verfassungsmäßigkeit der Resolution des Sejm über die Veröffentlichung der Liste der Parlamentarier und Regierungsmitglieder, die als Mitarbeiter der Geheimpolizei galten, befasste. Es hat nicht klargestellt, auf welcher Grundlage die Menschenrechtspakte der Vereinten Nationen ihre Wirkung im innerstaatlichen Recht entfalten – Art. 17 IPbürgR wurde nicht unmittelbar als Maßstab, sondern nur zur Auslegung eines Aspekts des „demokratischen Rechtstaats" herangezogen. Die Begründung hat sich vielmehr auf die Feststellung beschränkt, dass Art. 17 IPbürgR eine klare und präzise Verpflichtung enthalte, die von den polnischen Staatsorganen zu beachten sei. Es hat die Resolution des Sejm über die Veröffentlichung der Liste der Mitarbeiter für unvereinbar mit einigen verfassungsrechtlichen Regelungen sowie mit Art. 17 IPbürgR erklärt.[162]

Im Urteil K 1/92 vom 20. Oktober 1992[163] hat der Verfassungsgerichtshof einige Bestimmungen des *Ausländergesetzes*[164] für verfassungswidrig erklärt. Gegenstand der Sache waren die Vorschriften über die Abschiebehaft, aufgrund derer ein Ausländer vor seiner Abschiebung ohne Gerichtsurteil in Haft genommen werden durfte. Das Gericht stellte fest, dass diese Regelung gegen Art. 9 Abs. 4 IPbürgR verstieß. Die Verpflichtung zur gerichtlichen Überprüfung jeder Form der Verhaftung gelte im polnischen Recht *ex proprio vigore* und sei direkt anwendbar. Diese Entscheidung wird von der Lehre als besonders bedeutsam hervorgehoben, da der Verfassungsgerichtshof den bisher geltenden Begriff der Grundrechte auf alle sich in Polen aufhaltenden Menschen ausgedehnt habe – diese Rechte also jetzt als Grund- oder Menschenrechte zu betrachten seien,

[162] Nach *W. Czaplinski* (Fn. 16), S. 9.

[163] OTK 1992, Nr. 2, Pos. 23; dazu *P. Tuleja/ W. Wrobel*, Państwo i Prawo 1 (1994), 109 ff.

[164] Dz.U. 1992, Nr. 7, Pos. 30.

was dem „Geist und dem Wortlaut“ der internationalen menschenrechtlichen Instrumente entspreche.[165]

In anderen Fällen hat der Verfassungsgerichtshof die völkerrechtlichen Normen über Art. 1 Verf. angewandt:

Im Urteil K 14/92 vom 11. Februar 1992[166] hat er festgestellt, dass die ILO-Abkommen Nr. 35-40 zusammen mit anderen von der Republik Polen ratifizierten Akten des Völkerrechts über Art. 1 der Verfassung – das Rechtsstaatsprinzip – ein Maßstab für die Beurteilung der Verfassungsmäßigkeit des innerstaatlichen Rechts seien und Bedeutung für die Auslegung der im konkreten Fall einschlägigen Bestimmungen von Art. 70 Abs. 1 und 2 (1) Verf. haben.

Art. 17 des IPbürgR wurde im Urteil K 6/92 vom 19. Juni 1992[167] erwähnt. Bei Maßnahmen, die den guten Ruf und die Ehre beeinträchtigen, sieht der IPbürgR unmittelbar einen Rechtsschutz gegenüber solchen Eingriffen vor; in diesem Zusammenhang hat der Verfassungsgerichtshof den angegriffenen innerstaatlichen Normativakt als den Anforderungen der Bestimmtheit der staatlichen Ingerenz in diese Rechte nicht genügend und deswegen als nicht vereinbar mit Art. 1 der Verfassung erklärt.

Das Recht auf ein auf Gesetz beruhendes Gericht war Gegenstand der Sache K 17/92 vom 29. September 1992.[168] Der Verfassungsgerichtshof stellte fest, dass dieses Recht im Rechtsstaat eine so zentrale Bedeutung habe, dass jegliche beschränkende Auslegung dieses Rechts der Rechtsprechung des Verfassungsgerichtshofs zu dieser Frage sowie Art. 14 Abs. 1 des IPbürgR und Art. 6 Abs. 1 der EMRK nicht entsprechen würde.

IPbürgR, die Allgemeine Erklärung der Menschenrechte und die EMRK sind im Urteil K 15/93 vom 15. Februar 1994[169] erwähnt worden. Die Feststellung der Unvereinbarkeit von § 21 Abs. 2 Pkt. 4B.a des Gesetzes *über Kombattanten und andere Personen – Opfer*

---

[165] *W. Czaplinski* (Fn. 16), S. 10; *P. Tuleja/ W. Wrobel*, Państwo i Prawo 1 (1994), 109 ff.

[166] OTK 1992, Nr. 1, Pos. 7

[167] OTK 1992, Nr. 1, Pos. 13.

[168] OTK 1993, Nr. 2, Pos. 33, 297-310.

[169] OTK 1994, Nr. 1, Pos. 4

der militärischen Repressionen und der Nachkriegszeit[170] mit Art. 67 Abs. 2 Verf. sei verbunden auch mit der Unvereinbarkeit dieser Vorschrift mit Art. 26 IPbürgR. Die angefochtene gesetzliche Bestimmung sei ferner mit Art. 7 der *Allgemeinen Erklärung der Menschenrechte* unvereinbar; dagegen verstoße sie nicht gegen Art. 15 Abs. 1 des IPbürgR und Art. 7 EMRK.

(2) Aktuelle Rechtslage

Im Vergleich mit der Rechtslage vor 1997 sind die Möglichkeiten des polnischen Verfassungsgerichtshofs gegenüber den völkerrechtlichen Bestimmungen nach der Verabschiedung der Verfassung im Jahre 1997 und des entsprechenden *Verfassungsgerichtshofsgesetzes* grundsätzlich weiter geworden.

Die Verfassung vom 7. April 1997 hat die Verfahrensarten und die Bindungswirkung der verfassungsrechtlichen Entscheidungen verändert.[171] Zur abstrakten (Art. 188 Verf.) und konkreten (Art. 193 Verf.) Normenkontrolle sind nun Organstreitigkeit (Art. 189 Verf.) und die individuelle Beschwerde (Art. 79 Verf.) hinzugekommen; abgeschafft wurde hingegen das Verfahren der allgemein verbindlichen Auslegung von Rechtsnormen. Daneben entscheidet der Verfassungsgerichtshof im Parteiverbotsverfahren (Art. 188 Verf.). Die Entscheidungen des Verfassungsgerichtshofs sind nunmehr endgültig und können nicht mehr – wie früher – durch den Sejm überstimmt werden (Art. 190 Verf.). Die völkerrechtlichen Bestimmungen spielen im Rahmen der Normenkontrolle eine wichtige Rolle.

(a) Völkerrechtliche Verträge als Prüfungsgegenstand

Nach Art. 188 Abs. 1 Verf. sowie nach § 2 Abs. 1 *Verfassungsgerichtshofsgesetz*[172] entscheidet der Verfassungsgerichtshof über die Vereinbarkeit von Gesetzen und völkerrechtlichen Verträgen mit der Verfassung. Dabei bleibt die Frage bestehen, welche Verträge Gegenstand der Prüfung sein können. Nach der sprachlichen Auslegung der oben auf-

---

[170] Dz.U. 1991, Nr. 17, Pos. 75.

[171] Art. 188 Verf. und Art. 189 Verf., Wortlaut siehe Anhang.

[172] Dz.U. 1997, Nr. 102, Pos. 643.

geführten Bestimmungen können der Überprüfung sowohl die ratifizierten wie auch die nicht-ratifizierten Verträge bzw. die der Ratifikation nicht bedürftigen Verträge unterzogen werden.[173]

Auf der anderen Seite lautet die Überschrift des Abschnitts mit den einschlägigen Bestimmungen des *Verfassungsgerichtshofsgesetzes* „Das Verfahren über die Feststellung der Vereinbarkeit ratifizierter völkerrechtlicher Verträge [...] mit der Verfassung“; keine der darauf folgenden Bestimmungen enthält Vorgaben, wie andere als ratifizierte Verträge überprüft werden sollten. Auch die Regelungen des § 42 des *Verfassungsgerichtshofsgesetzes,* im Einklang mit der Überschrift des entsprechenden Abschnitts, beschränken sich nur auf die „ratifizierten“ Verträge. Anhand der Verfassung sollen ihr Inhalt wie auch die Kompetenzen sowie die Einhaltung des Verfahrens, welches nach den Rechtsvorschriften für die Ratifikation des Vertrags erforderlich ist, überprüft werden.

Weiter lässt der Verfassungstext offen, ob der Verfassungsgerichtshof im Zusammenhang mit den völkerrechtlichen Regelungen eine präventive oder eine nachträgliche Kontrolle ausüben soll. Einige Autoren[174] sehen in dem Grundsatz *pacta sunt servanda* einen ausreichenden Grund dafür, die nachträgliche Kontrolle völkerrechtlicher Verträge auszuschließen. Im Falle einer vom Verfassungsgerichtshof erklärten Verfassungswidrigkeit eines geltenden Vertrags käme es zu der Situation, dass die Regelungen des Vertrags innerstaatlich nicht angewandt werden könnten; auf die Geltung eines solchen Vertrags habe diese Tatsache jedoch keinen Einfluss. Der Staat müsse trotzdem seinen völkerrechtlichen Verpflichtungen nachkommen; gemäß Art. 27 des *Wiener Übereinkommens über das Recht der Verträge*[175] könne sich keine der Vertragsparteien dieses Abkommens auf ihr innerstaatliches Recht berufen, um die Nichterfüllung eines Vertrags zu rechtfertigen.

Auf die andere Möglichkeit, d.h. die Zulassung der präventiven wie auch der nachträglichen Kontrolle, deutet § 41 Abs. 2 des *Verfassungsgerichtshofsgesetzes* hin. Diese Bestimmung regelt die obligatorische Teilnahme gewisser Personen bei der Verhandlung über die Feststellung der Vereinbarkeit sowohl bei der Prüfung „ratifizierter“ Verträge sowie

---

[173] So auch *M. Jabłoński*, Konstytucyjnoprawne aspekty przystąpienia Rzeczypospolitej Polskiej do Unii Europejskiej, Humanistyczne Zeszyty Naukowe 1998, Nr. 5 (13), S. 14.

[174] Z.B. *M. Masternak-Kubiak* (Fn. 1), S. 181.

[175] BGBl. 1985 II, S. 927 ff.; UNTS, vol. 1155, S. 331.

solcher, die erst „ratifiziert werden“.[176] Auch § 70 Abs. 1 des *Verfassungsgerichtshofsgesetzes*, der die Form der Entscheidungen des Verfassungsgerichtshofs in den genannten Angelegenheiten regelt, stellt pauschal fest, dass Entscheidungen in Fragen der Vereinbarkeit von „völkerrechtlichen Verträgen“ in der Form von Urteilen getroffen werden.[177]

Eine eindeutige Aussage über die Möglichkeit einer nachträglichen Kontrolle völkerrechtlicher Verträge enthält auch Art. 191 Verf. nicht, der den Kreis der zum Antrag auf das Verfahren nach Art. 188 Abs. 1 Verf. befugten Personen festlegt;[178] dazu gehören neben dem Staatspräsidenten, den Präsidenten beider Parlamentskammern und dem Ministerpräsidenten auch – im Rahmen ihres Tätigkeitsbereichs – gesamtstaatliche Organe, z.B. Gewerkschaften sowie Kirchen und andere Glaubensvereinigungen, beispielsweise bei der verfassungsgerichtlichen Kontrolle von ILO-Abkommen oder Konkordaten. Zum Antrag auf präventive Kontrolle völkerrechtlicher Verträge ist eindeutig der Präsident der Republik berechtigt (Art. 133 Abs. 2).[179]

Die berühmteste Entscheidung des Verfassungsgerichtshofs, die bisher aufgrund von Art. 188 Abs. 1 Verf. gefällt wurde, ist das bereits erwähnte Urteil K 18/04 vom 11. Mai 2005, in dem die Verfassungsmäßigkeit des bereits vom Staatspräsidenten ratifizierten EU-Beitrittsvertrags beurteilt wurde: Der Verfassungsgerichtshof hat u.a. festgestellt, dass seine Zuständigkeit zur Überprüfung völkerrechtli-

---

[176] § 41 Abs. 2 des Verfassungsgerichtshofsgesetzes lautet: „Die Teilnahme der Vertreter des Staatspräsidenten, des Außenministers und der Generalstaatsanwaltschaft an der Verhandlung über die Feststellung der Vereinbarkeit ratifizierter völkerrechtlicher Verträge mit der Verfassung ist verpflichtend; im Falle der völkerrechtlichen Verträge, die im Verfahren nach Art. 89 Abs. 1 Verf. ratifiziert werden, auch die Teilnahme des Vertreters des Sejm.“ Dz.U. 1997, Nr. 102, Pos. 643.

[177] § 70 Abs. 1 (1) des Verfassungsgerichtshofsgesetzes lautet: „1. Der Verfassungsgerichtshof erlässt Urteile in Fragen betreffend:

1) die Vereinbarkeit von Gesetzen und völkerrechtlichen Verträgen mit der Verfassung.“

[178] Art. 191 Verf., Wortlaut siehe Anhang.

[179] Art. 133 Abs. 2 Verf. lautet: „Der Präsident der Republik kann sich vor der Ratifikation eines völkerrechtlichen Vertrags an den Verfassungsgerichtshof wenden mit dem Antrag über die Frage seiner Vereinbarkeit mit der Verfassung.“

cher Verträge nicht davon abhängig ist, auf welchem Weg die Zustimmung zur Ratifizierung des betreffenden Vertrags erteilt wurde; sie gelte sowohl für Verträge, die aufgrund eines Zustimmungsgesetzes ratifiziert wurden, als auch für jene, deren Ratifizierung eine Volksabstimmung vorausging.

(b) Völkerrecht als Prüfungsmaßstab

(aa) Abstrakte Normenkontrolle

Zum ersten Mal in der polnischen Rechtsgeschichte führte die Verfassung im Jahre 1997 in Art. 188 ausdrücklich die Kompetenz des polnischen Verfassungsgerichtshofs ein, die Vereinbarkeit der Gesetze mit ratifizierten völkerrechtlichen Verträgen, für deren Ratifikation ein Zustimmungsgesetz erforderlich ist, zu überprüfen (Abs. 2), sowie die normativen Rechtsakte der zentralen Staatsorgane an Gesetzen und ratifizierten völkerrechtlichen Verträgen zu messen (Abs. 3);[180] das *Verfassungsgerichtshofsgesetz* hat in § 2 Abs. 2 und 3 diese Zuständigkeit wiederholend bestätigt.

Aus zeitlicher Sicht hat die Kontrolle der Gesetze und der normativen Rechtsakte der Staatsorgane aufgrund völkerrechtlicher Verträge generell einen repressiven Charakter, d.h. sie ist erst nach dem Erlass bzw. der Verkündung des jeweiligen Aktes zulässig. Auf der anderen Seite sind solche Akte von der Überprüfung ausgeschlossen, die ihre Rechtskraft vor der Verkündung der Entscheidung des Verfassungsgerichtshofs verloren hatten.

Unter „Rechtsvorschriften, die durch zentrale Staatsorgane erlassen wurden“, ist eine weite Kategorie normativer Akte zu verstehen. Aus dem Kontext von Kapitel III der Verfassung – „die Rechtsquellen“ – wird abgeleitet, dass diese Vorschriften sowohl einen allgemein binden-

---

[180] Art. 188 Abs. 3 und 4 Verf. lauten: „Der Verfassungsgerichtshof entscheidet in Angelegenheiten

der Vereinbarkeit von Gesetzen mit ratifizierten völkerrechtlichen Verträgen, deren Ratifikation die vorherige Zustimmung durch Gesetz erfordert,

der Vereinbarkeit der Rechtsvorschriften, die durch zentrale Staatsorgane erlassen wurden, mit der Verfassung, ratifizierten völkerrechtlichen Verträgen und Gesetzen.“

den als auch einen Innencharakter haben können.[181] Als ein „zentrales Staatsorgan" wird ein Organ bezeichnet, das im staatlichen Gefüge „einmalig" ist und über Zuständigkeiten verfügt, die sich auf das gesamte Staatsgebiet erstrecken oder das mit der Ausübung der Staatsgewalt eng verbunden ist und genau bestimmte Kompetenzen hat.[182] Ein Verfassungsrechtslehrbuch aus dem Jahre 1998 nannte den Staatspräsidenten, den Sejm, den Senat und Organe, die über Innenkompetenzen verfügen, sowie die durch den Staatspräsidenten, den Sejm und den Senat benannten einzelnen Staatsorgane und die Zentralorgane der staatlichen Verwaltung.[183]

Die Prüfung der Verfassungsmäßigkeit kann im Falle der Gesetze anhand derjenigen Verträge erfolgen, die nach der Zustimmung durch Gesetz nach Art. 89 Verf. ratifiziert wurden. Die Literatur[184] weist darauf hin, dass in diese Kategorie zweifellos auch diejenigen Verträge gehören, die durch ein gesamtstaatliches Referendum nach Art. 90 Abs. 1 und 3 Verf. verabschiedet wurden. Im Falle der Überprüfung der Rechtsvorschriften zentraler Staatsorgane ist die Form der Ratifikation unerheblich. Als Maßstab können auch solche Verträge angewandt werden, die nach Art. 89 Abs. 3 Verf. vom Staatspräsidenten dem Sejm, nicht aber zur Zustimmung durch Gesetz, vorgelegt wurden.

Der Kreis der potentiellen Antragsteller deckt sich mit der breiten Aufzählung der Rechtssubjekte, welche die Berechtigung zur Antragstellung im Falle der Kontrolle völkerrechtlicher Verträge haben.[185]

Die Praxis wendet die völkerrechtlichen Bestimmungen ohne ausführliche methodische Ausführungen an. Wie bei den allgemeinen Gerichten zählten zu den am häufigsten angewandten völkerrechtlichen Instrumenten die EMRK und die internationalen Menschenrechtspakte.

So hat der Verfassungsgerichtshof im Jahre 1998 unter anderem § 5 der Verordnung des Ministers für Gesundheitswesen und soziale Versorgung vom 17. Mai 1996 *über die Beurteilung der zeitweiligen*

---

[181] *J. Boć*, Konstytucje Rzeczpospolitej oraz komentarz do Konstytucji RP z 1997 roku, S. 288.

[182] *Ibid*, S. 343.

[183] *Ibid.*, S. 288-289.

[184] *P. Sarnecki*, Prawo konstytucyjne RP, Warszawa 2005, S. 342.

[185] Art. 191 Verf.

Arbeitsunfähigkeit[186] beurteilt, der verlangte, eine statistische Nummer der Krankheit in den ärztlichen Bericht einzufügen.[187] Er sah in dieser Regelung nicht nur eine Verletzung von mehreren verfassungsrechtlichen Bestimmungen, sondern auch einen Verstoß gegen Art. 8 EMRK und Art. 17 IPbürgR.

Im Urteil vom 10. Mai 2000 in der Sache K 21/99[188] hat sich der Verfassungsgerichtshof mit dem Antrag des Bürgerrechtsbeauftragten auf abstrakte Kontrolle des Gesetzes *über den Schutz von nichtöffentlichen Informationen* vom 22. Januar 1999[189] befasst. Dieses Gesetz hatte festgelegt, dass diejenigen Personen, die im öffentlichen Dienst tätig sind und in Kontakt mit nicht-öffentlichen Informationen kommen (deren Kategorien auch durch dieses Gesetz bestimmt wurden), eine Unbedenklichkeitsbescheinigung vorlegen müssen. Diese Bescheinigung wird vom staatlichen Nachrichtendienst – und zwar entsprechend dem Tätigkeitsbereich der betroffenen Person vom Verfassungsschutz, dem Militärischen Nachrichtendienst, der Grenzpolizei oder den Organen des Justizvollzugs – ausgestellt. Falls der Betroffene die vom Gesetz festgelegten Voraussetzungen nicht erfüllt (überprüft werden eventuelle Kontakte zu terroristischen Organisationen, Alkoholismus, psychische Krankheiten, usw.), wird die Ausstellung der Bescheinigung von den Informationsdiensten schriftlich abgelehnt. § 42 Abs. 1 des genannten Gesetzes legt fest, dass „[...] auf dieses Verfahren weder die Bestimmungen der Verwaltungsordnung, noch der Verfahrensordnung des Obersten Verwaltungsgerichts Anwendung finden". Diese Bestimmung hatte der Bürgerrechtsbeauftragte für unvereinbar mit Art. 45 Verf. (allgemeine Rechtsweggarantie) und mit Art. 77 Abs. 2 Verf. (Anspruch auf Rechtsbehelf gegen Entscheidungen öffentlicher Gewalt) gehalten.

Der Verfassungsgerichtshof hat dem Antrag stattgegeben. Er hat festgestellt, dass das Fehlen von Rechtsmitteln gegen die Ablehnung der Ausstellung der Unbedenklichkeitsbescheinigung in den genannten Punkten verfassungswidrig ist, weil es jegliche gerichtliche Kontrolle des nachrichtendienstlichen Verfahrens ausschließt. Über

[186] Dz.U. Nr. 63, Pos. 302.

[187] U.5/97 vom 19.5. 1998, OTK 1998, Nr. 4, Pos. 46.

[188] OTK 2000, Nr. 4, Pos. 109.

[189] Dz.U. 1999, Nr. 11, Pos. 95.

den Antrag hinaus hat der Verfassungsgerichtshof zusätzlich festgehalten, dass das genannte Verfahren auch Art. 13 EMRK verletzt, weil die observierten Personen keine Möglichkeit haben, gegen die Entscheidung über die Ablehnung der Bescheinigung Widerspruch bzw. Verwaltungsklage einzureichen. Als Konsequenz seiner Feststellung hat er die angegriffene Bestimmung außer Kraft gesetzt und dem Gesetzgeber eine Frist bis zum 31. Januar 2001 gesetzt, um die Regelung entsprechend zu ändern.

Die Problematik der Unbedenklichkeitsbescheinigungen bzw. der Lustrationen bleibt in der polnischen Rechtsordnung weiterhin präsent. Die bisher letzte Entscheidung des Verfassungsgerichtshofs zu diesem Thema, K 2/07 vom 11. Mai 2007, betraf die Verfassungs- und Konventionsmäßigkeit des novellierten Gesetzes *über die Veröffentlichung der Informationen über die Dokumente der Organe des Staatssicherheit aus den Jahren 1944-1990,*[190] das die Kategorien der Personen, die solche Bescheinigungen vorlegen müssen, erheblich erweitert, das Einspruchsverfahren gegen die Nichterteilung dieser Bescheinigungen vor Zivilgerichten regelt und die Archive des Instituts des Nationalen Gedächtnisses für die Öffentlichkeit zugänglich macht. Die Antragsteller, eine Gruppe von Abgeordneten, sahen in dem Gesetz eine Verletzung von mehreren Verfassungsgrundsätzen, aber auch von Art. 6, 8 und 14 EMRK. Das Verfassungsgericht hat nur wenige der angegriffenen Bestimmungen aufgehoben: so wurde z.B. das Verbot, die Öffentlichkeit aus dem Verfahren vor dem Zivilgericht auszuschließen, falls es sich um Funktionäre oder Mitarbeiter der staatlichen Organe handelt (§ 18 des Gesetzes), aufgehoben oder die Kategorie der verpflichteten Personen um die Rektoren der privaten Hochschulen gemindert. Die Grundlage des Verfahrens blieb jedoch unangetastet: Der Verfassungsgerichtshof hat betont, dass die Prozedur der sog. Lustrationen, d.h. die Kontrolle der Unbedenklichkeit der Personen, die höchste staatliche Ämter ausüben oder ausüben möchten, „keine Bedenken hinsichtlich ihrer Vereinbarkeit mit der Verfassung oder mit den internationalen Standards wecken kann“.

[190] Dz.U. Nr. 218, Pos. 1592, mit Änderungen.

(bb) Rechtsanfrage (konkrete Normenkontrolle)

Eine weitere Möglichkeit, einen normativen Akt vom Verfassungsgerichtshof anhand eines völkerrechtlichen Vertrags überprüfen zu lassen, bietet Art. 193 Verf. Danach hat jedes Gericht das Recht, sich an den Verfassungsgerichtshof mit dem Antrag auf eine „Rechtsanfrage“ zu wenden, falls von dem Ergebnis dieser Auslegung eine vor Gericht verhandelte Sache abhängt; als Maßstab können in diesem Verfahren neben der Verfassung und den Gesetzen auch ausdrücklich völkerrechtliche Verträge angewandt werden.[191] Die entsprechenden Entscheidungen des Verfassungsgerichtshofs sind nach Art. 190 Abs. 1 Verf. allgemein verbindlich.

Gegenstand dieser Rechtsanfragen können nach der einschlägigen Literatur[192] nicht nur Gesetze, Verordnungen sowie Satzungen und Verordnungen der Gemeinden, sondern – in Anknüpfung an die verfassungsrechtlichen Bestimmungen über die Rechtsquellen (Art. 87-94 Verf.) – auch die nach vorheriger Zustimmung ratifizierten völkerrechtlichen Verträge sein.

So hat der Verfassungsgerichtshof am 12. Januar 2000[193] auf Antrag des Obersten Gerichts eine Entscheidung zu sog. regulierten Mieten getroffen. Ausgangspunkt war ursprünglich eine Verordnung der Stadt Gdańsk, welche die Mieten in Wohnhäusern, die in Privateigentum standen, regelte, die auf § 56 Abs. 2 des Gesetzes *über die Miete* aus dem Jahre 1994[194] basierte. Der Verfassungsgerichtshof erklärte § 56 Abs. 2 des Gesetzes für verfassungswidrig: Das Eigentumsrecht dürfe nach Art. 64 Verf. nur dann beschränkt werden, wenn diese Beschränkung das Wesen des Eigentumsrechts nicht verletze. Gleichzeitig verstoße die Mietregulierung gegen Art. 2 Verf. (Rechtsstaatsprinzip), Art. 31 Abs. 3 Verf. (Verhältnismäßigkeit)

---

[191] Art. 193 Verf. lautet: „Jedes Gericht kann dem Verfassungsgerichtshof eine Rechtsanfrage bezüglich der Vereinbarkeit eines normativen Aktes mit der Verfassung, mit ratifizierten völkerrechtlichen Verträgen oder mit dem Gesetz vorlegen, wenn von der Beantwortung der Rechtsanfrage die Entscheidung des bei dem Gericht anhängigen Verfahrens abhängt.“

[192] Vgl. *A. Wasilewski*, Pytania prawne do Trybunału Konstytucyjnego. Problemy interpretacyjne na tle art. 193 Konstytucji RP, Przegląd Sądowy 5 (2000), 3 ff.

[193] Urteil P 11/98, OTK 2000, Nr. 1, Pos. 3.

[194] Dz.U. 1994, Nr. 120, Pos. 787, mit Änderungen.

sowie Art. 1 des Ersten Zusatzprotokolls zur EMRK (Eigentumsschutz).

Eine gegenüber dem Völkerrecht reservierte Position vertrat der Verfassungsgerichtshof in seinem Urteil vom 6. September 2001 in der Sache P.3/01.[195] Der Antragsteller, das Oberste Verwaltungsgericht,[196] hatte die Verfassungswidrigkeit einiger Bestimmungen des Gesetzes vom 11. Mai 1995 *über das Oberste Verwaltungsgericht*[197] gerügt; darüber hinaus sah er in dem Gesetz eine Verletzung von Art. 14 IPbürgR. Der Verfassungsgerichtshof hat entschieden, dass die angefochtene Bestimmung zwar verfassungswidrig ist; betreffend die Frage der Vereinbarkeit mit der völkerrechtlichen Regelung hat er jedoch festgestellt, dass „er keinen Bedarf sieht, zusätzlich das Verhältnis zwischen Art. 14 IPbürgR als Prüfungsmaßstab in dieser Sache" zu überprüfen. Die angesprochene völkerrechtliche Bestimmung sei bereits in der Verfassung als ein Recht obersten Rangs konkretisiert worden.

In der Entscheidung vom 12. März 2002[198] hat der Verfassungsgerichtshof auf Antrag mehrerer Gerichte unter anderem die Vereinbarkeit von § 130 Abs. 1 Zivilprozessordnung[199] mit Art. 45 Abs. 1 Verf. (Recht auf *faires* Verfahren) und Art. 6 EMRK überprüft. § 130 regelte die Anforderungen an Schriftsätze, die im vereinfachten Verfahren auf Formblättern eingereicht werden müssen. Mit der Nichterfüllung der gesetzlichen, formellen Voraussetzungen hat der Gesetzgeber strengste Konsequenzen verbunden. Falls z.B. ein Schriftsatz, für den obligatorisch ein Formblatt vorgesehen war, nicht auf diesem Formblatt eingereicht wurde oder das Formblatt nicht vollständig und richtig ausgefüllt war, würde er ohne jegliche Aufforderung zur Berichtigung zurückgewiesen. In dieser Regelung und ihren Folgen, die dazu führten, dass die Beklagten, die gem. § 503 Abs. 2 Zivilprozessordnung gegen eine auf einem Formblatt eingereichten Klage ihren Widerspruch auch auf einem amtlichen Formblatt einreichen müssen, dieser jedoch schon wegen kleinster formeller

---

[195] OTK 2001, Nr. 6, Pos. 163.

[196] Naczelny Sąd Administracyjny (NSA).

[197] Dz.U. 1995, Nr. 74, Pos. 368, mit Änderungen.

[198] P. 9/01, OTK-A 2002, Nr. 2, Pos. 14; dazu *A. Kubiak*, Przegląd Sejmowy 1 (2003), Pos. 76.

[199] Dz.U. 1964, Nr. 43, Pos. 296, mit Änderungen.

Fehler zurückgewiesen würde, sahen die Gerichte einen Verstoß gegen das Recht auf faires Verfahren. Darüber hinaus sahen die Gerichte auch in der ungleichen Stellung der Parteien eine Verletzung von Art. 6 EMRK: Im Unterschied zu dem einen Widerspruch einlegenden Beklagten, dem jede Möglichkeit einer Berichtigung seines auf einem Formblatt eingereichten Schriftsatzes entzogen wurde, öffnete § 130 Abs. 4 Zivilprozessordnung dem Kläger nach der Zurückweisung seines Schriftsatzes eine einwöchige Frist, in der er die Klage berichtigen und wiederholt einreichen konnte.

Der Verfassungsgerichtshof ist der Argumentation der Gerichte gefolgt und hat § 130 Abs. 1 Zivilprozessordnung außer Kraft gesetzt. *Obiter dictum* hat er allgemeine Thesen zur Anwendung völkerrechtlicher Verträge, die vor dem Inkrafttreten der Verfassung aus dem Jahre 1997 ratifiziert worden waren, als Prüfungsmaßstab formuliert: In diese Kategorie gehöre sowohl die EMRK wie auch die beiden UN-Menschenrechtspakte. Der Verfassungsgerichtshof hat zunächst auf die Tatsache hingewiesen, dass die EMRK vom polnischen Staatspräsidenten bereits am 15. Dezember 1992 ratifiziert und für Polen aufgrund ihres damaligen Art. 66 Abs. 3 am 19. Januar 1993 in Kraft getreten war. In der offiziellen Gesetzessammlung war sie am 10. Juli 1993 veröffentlicht worden. Trotzdem sei unbedenklich, dass sie und andere vorkonstitutionelle Verträge Quellen der polnischen Rechtsordnung im Sinne von Art. 87 Abs. 1 Verf. sein können. Voraussetzung dafür sei, dass ihr Gegenstand den in Art. 89 Abs. 1 Verf. angeführten Sachverhalten entspreche und dass sie entsprechend veröffentlicht wurden. Für die vorkonstitutionellen Verträge sei die intertemporäre Bestimmung der Verfassung (Art. 241 Abs. 1) einschlägig, wonach die völkerrechtlichen Verträge, die bisher durch die Republik Polen auf der Grundlage der zur Zeit ihrer Ratifikation geltenden Rechtsvorschriften ratifiziert und im Gesetzblatt bekannt gemacht wurden, als ratifizierte Verträge mit zuvor durch Gesetz erteilter Zustimmung gelten. Aus diesem Grund erfülle die EMRK auch die Anforderungen von Art. 188 Abs. 2 Verf., der die ratifizierten völkerrechtlichen Verträge unter den Prüfungsmaßstäben erwähnt.

Interessant ist, warum der Verfassungsgerichtshof in diesem Zusammenhang Art. 188 Abs. 2 Verf. erwähnte, der die abstrakte Normenkontrolle regelt, und nicht Art. 193 Verf. (Rechtsanfrage); für das Ergebnis des Verfahrens wäre die Antwort jedoch unerheblich.

(cc) Individuelle Beschwerde

Auch das Institut der „individuellen Beschwerde" nach Art. 188 Abs. 5 Verf. und Art. 79 Abs. 1 war von der Verfassung von 1997 neu in die polnischen Verfassungsordnung eingeführt worden. Ihre Substanz ist in Art. 79 Abs. 1 Verf. geregelt; systematisch stellt die vom Verfassungsgeber gewählte Konstruktion jedoch eher eine besondere Form der konkreten Normenkontrolle dar. Danach hat jeder, der geltend macht, seine verfassungsrechtlichen Freiheiten und Rechte seien verletzt worden, das Recht, das angewandte einschlägige Gesetz oder einen sonstigen normativen Akt, aufgrund dessen ein Gericht oder Organ der öffentlichen Verwaltung endgültig über seine konstitutionellen Rechte oder Freiheiten entschieden hat, vor dem Verfassungsgerichtshof wegen dieser behaupteten Verfassungswidrigkeit zu rügen.[200] Diese Form der Beschwerde weist einige Besonderheiten auf:

Kläger kann „jedermann" sein, d.h. sie ist nicht nur auf die Staatsangehörigen oder auf die natürlichen Personen beschränkt. Auf der anderen Seite schließt die Formulierung „dessen verfassungsrechtliche Freiheiten und Rechte verletzt wurden" im engen Sinne eine *„actio popularis"* aus. Der Umfang der „verfassungsrechtlichen Freiheiten und Rechte" unterliegt einer Beschränkung in der Form von Art. 79 Abs. 2 Verf., die auf Art. 56 Verf. hinweist. Nach diesen Bestimmungen ist das gesamte Asyl- und Flüchtlingsrecht aus der Summe der einklagbaren Verfassungsrechte ausdrücklich herausgenommen worden.

Prüfungsgegenstand der Verfassungsbeschwerde kann nicht eine konkrete Entscheidung bzw. ein individueller Rechtsakt sein, sondern nur der normative Akt, aufgrund dessen die endgültige Entscheidung getroffen wurde;[201] die Kompetenz, die gerichtlichen Einzelentscheidungen zu überprüfen, blieb aus Zuständigkeitsgründen beim Obersten Gericht. Diesem Konzept entspricht § 47 des *Verfassungsgerichtshofsgesetzes*, der die verfahrensrechtlichen Voraussetzungen der Klageerhe-

---

200 Art. 79 Abs. 1 Verf. lautet: „Jeder, dessen verfassungsrechtliche Freiheiten oder Rechte verletzt wurden, hat das Recht, nach den im Gesetz bestimmten Grundsätzen in der Frage der Vereinbarkeit von Gesetzen oder anderen normativen Akten, auf deren Grundlage das Gericht oder das Organ der öffentlichen Verwaltung endgültig über seine Freiheiten und Rechte oder über seine in der Verfassung festgelegten Pflichten entschieden hat, mit der Verfassung eine Klage bei dem Verfassungsgerichtshof zu erheben."

201 Vgl. Entscheidung Ts /4/01 vom 3.10. 2001.

bung enthält. Als erstes muss die Klage die genaue Bezeichnung des Gesetzes oder eines anderen Normativaktes enthalten, auf dessen Grundlage das Gericht oder das Organ der öffentlichen Verwaltung entschieden hat; danach folgt die Benennung der verfassungsrechtlichen Rechte und Freiheiten sowie die Beschreibung der Art, in der diese angeblich verletzt wurden; als drittes ist die Klage „unter Hinzufügung der genauen Darstellung der tatsächlichen Umstände“ zu begründen. Der Klage ist nach § 47 Abs. 2 *Verfassungsgerichtshofsgesetz* „das Urteil, die Verwaltungsentscheidung oder eine andere Entscheidung, die auf der Grundlage des beanstandeten Normativaktes ergangen ist, beizufügen“.

Offen blieb die Frage, welche rechtlichen Konsequenzen es nach sich zieht, falls der Verfassungsgerichtshof zu der Überzeugung gelangte, dass zwar eine konkrete Entscheidung bedenklich ist, ihre Rechtsgrundlage jedoch (noch) der Verfassung entspricht. Eine strikt formelle Auslegung von Art. 79 Abs. 1 Verf. müsste zur Folge haben, dass eine entsprechende Klage zurückgewiesen werden müsste; methodisch wäre ein solcher Schritt mit der Wahrung der gerichtlichen Unabhängigkeit und der Endgültigkeit der Entscheidungen der obersten Gerichte[202] zu begründen. Diese Tendenz wird vereinzelt auch von der Rechtsprechung bestätigt.

In einer Entscheidung vom 3. Februar 2000[203] hat der Verfassungsgerichtshof mit dem Hinweis auf die frühere Rechtsprechung festgestellt, dass Prüfungsgegenstand nicht die Anwendung der Gesetze durch die Gerichte oder andere öffentliche Organe sein kann, denn nicht die Rechtsanwendung, sondern die Substanz der rechtlichen Bestimmung sei Objekt der Kontrolle.

Auch nach der Entscheidung vom 8. November 2000[204] könne eine fehlerhafte Anwendung einer Rechtsvorschrift nicht Grundlage einer individuellen Beschwerde sein, selbst wenn diese zur Beschränkung von verfassungsrechtlichen Freiheiten und Rechten führe. Gegenstand der individuellen Beschwerde könne nach Art. 79 Verf. nur eine die verfassungsrechtlichen grundrechtlichen Bestimmungen

---

[202] S. Informacja o istotnych problemach wynikających z działalności i orzecznictwa Konstytucyjnego w 2001 r., Trybunał Konstytucyjny, 2002, 32 ff.

[203] Ts 58/99 vom 3.2. 2000, OTK 2000, Nr. 1, Pos. 7.

[204] SK 18/99 vom 8.11. 2000, Dz.U. 2000.101.1091 vom 23.11. 2000.

verletzende Rechtsnorm sein, nicht etwa ihre fehlerhafte Anwendung.

Anders als im Rahmen der abstrakten Normenkontrolle ist bei der Verfassungsklage gemäß Art. 79 Abs. 1 Verf. der Prüfungsmaßstab ausdrücklich auf die Verfassung beschränkt und nicht um völkerrechtliche Verträge erweitert. Im Einklang mit dieser Tatsache stellen einige Entscheidungen des Verfassungsgerichtshofs die Anwendung völkerrechtlicher Verträge als Prüfungsmaßstab in Zweifel oder halten sich an eine enge Auslegung dieser Regelung und interpretieren sie als einen Ausschluss völkerrechtlicher Regelungen aus dieser Kategorie.

So hat z.B. der Verfassungsgerichtshof in seiner Entscheidung vom 10. Juli 2000[205] festgestellt, dass Art. 91 Abs. 1 und 2 Verf. über die Stellung ratifizierter völkerrechtlicher Verträge in der innerstaatlichen Rechtsordnung keine Rechte oder Freiheiten formuliert, sondern nur die Stellung völkerrechtlicher Regelungen im System der Rechtsquellen in Polen bestimmt. Diese Vorschrift erlege zwar den staatlichen Organen zusätzliche Pflichten auf, auf der anderen Seite schaffe es aber keine verfassungsrechtlichen Rechte und Freiheiten. Weil sich die materiell-rechtliche Grundlage der individuellen Beschwerde unmittelbar aus dem Zusammenhang der Rechte des Beschwerdeführers mit den in der Verfassung garantierten Rechten ergeben müsse, sei fraglich, ob die in einer individuellen Beschwerde angeführten völkerrechtlichen Normen – hier handelte es sich um Art. 7 EMRK und Art. 15 IPbürgR – überhaupt Grundlage dieser individuellen Beschwerde sein können. Im Einklang mit Art. 87 Verf. seien zwar die ratifizierten völkerrechtlichen Verträge Quellen des allgemein geltenden Rechts in der Republik Polen geworden; der Verfassungsgerichtshof könne auch nach Art. 188 Abs. 1 Verf. über ihre Vereinbarkeit mit der Verfassung entscheiden sowie sie als Prüfungsmaßstab nach Art. 188 Abs. 2 Verf. gegenüber Gesetzen heranziehen. Eine extensive Auslegung von Art. 79 Abs. 1 Verf. im Sinne der Erweiterung von „verfassungsrechtlichen Freiheiten und Rechten", um grundrechtliche Bestimmungen der wichtigsten völkerrechtlichen Instrumente – wie z.B. der Allgemeinen Erklärung der Menschenrechte, des IPbürgR oder der EMRK – einzubeziehen, wäre zwar grundsätzlich möglich, jedoch nur unter der Voraussetzung, dass sich ihre Bestimmungen in den entsprechenden verfas-

---

[205] SK 21/99, OTK 2000, Nr. 5, Pos. 143.

sungsrechtlichen Bestimmungen widerspiegelten; eine andere Auslegung von Art. 79 Abs. 1 Verf. sei ausgeschlossen. Die individuellen Beschwerden können nicht zur Berichtigung einer Verletzung von Gesetzen oder Rechten aus völkerrechtlichen Verträgen herangezogen werden.

Von einem ähnlichen Ansatz ging der Verfassungsgerichtshof in der Sache SK 2/99 aus. In seinem Urteil vom 18. März 2000 hat er sich mit einer individuellen Beschwerde befasst, die auf die Aufhebung von § 21 Abs. 4 des Gesetztes *über Kombattanten und Kriegsopfer* aus dem Jahre 1991 zielte.[206] Das gerügte Gesetz ermöglichte die finanzielle Unterstützung vor allem derjenigen Personen, die während des Zweiten Weltkriegs in den polnischen und alliierten Einheiten gegen den Verlust der Souveränität Polens gekämpft hatten, sowie derjenigen Personen, die in Konzentrationslagern gefangen waren. Nach § 21 Abs. 4 des Gesetzes wurden aus dem Kreis der Begünstigten außer den Kollaborateuren auch diejenigen Personen ausgeschlossen, die in den Jahren 1944-56 im polnischen sog. Repressiven Apparat, u.a. im Militärischen Informationsdienst, tätig gewesen waren. Die Anwendung dieser Bestimmung betraf unmittelbar den Beschwerdeführer, der in der genannten Periode eine solche Tätigkeit ausgeübt hatte, weshalb die zuständigen Behörden bzw. Gerichte seinen Antrag auf Leistungen nach diesem Gesetz abgelehnt hatten. Der Beschwerdeführer rügte die Verletzung von Art. 2 Verf. (Rechtsstaat), Art. 19 Verf. (Fürsorge für die Veteranen des Kampfes um die Unabhängigkeit), Art. 32 Verf. (Gleichheitsprinzip) und Art. 37 Verf. (Genuss von Rechten und Freiheiten auf dem Gebiet der Republik Polen) sowie allgemein der EMRK. Der Verfassungsgerichtshof hat entschieden, dass er in seinem Urteil K. 15/93 vom 15. Februar 1994[207] die Übereinstimmung der gerügten Bestimmung mit der Verfassung schon bestätigt habe. Darüber hinaus hat er festgestellt, dass er sich mit der Vereinbarkeit mit der EMRK in diesem Falle nicht auseinandersetzen könne, denn Art. 79 Verf. beschränke den Prüfungsmaßstab der individuellen Beschwerden auf die Bestimmungen der Verfassung. Aus diesem Grund sei die Überprüfung des Gesetzes *über Kombattanten* an der EMRK unzulässig.

---

206 Dz.U. 2002, Nr. 42, Pos. 371.

207 OTK 1994, Nr. 1, Pos. 4.

In der mit Urteil vom 6. Februar 2002 entschiedenen Sache SK 11/01[208] wurde unmittelbar eine Verletzung einiger Bestimmungen der EMRK (Art. 13 und 14) durch mehrere ablehnende Entscheidungen staatlicher Organe gerügt. Der Beschwerdeführer war ein ehemaliger Staatsanwalt, dessen Arbeitsverhältnis *ex lege*, und zwar auf der Grundlage des Änderungsgesetzes vom 22. März 1990 zum Gesetz *über die Staatsanwaltschaft*,[209] im Jahre 1990 beendet worden war. Nachdem er zunächst als arbeitslos registriert worden war und später eine Invalidenrente bezogen hatte, wurde er 1997 offiziell in den Ruhestand versetzt. Zu diesem Zeitpunkt hatte er eine einmalige Sonderzahlung nach § 28 Abs. 1 des Gesetzes vom 16. September 1982 *über die Tätigkeit in den staatlichen Organen*[210] beantragt, die für diese Personen bei ihrem Übergang in den Ruhestand bestimmt war. Sein Antrag an die Staatsanwaltschaft der betroffenen *Wojwodschaft* sowie seine Klagen bei den zuständigen Gerichten wurden zurückgewiesen; in letzter Instanz hatte das Oberste Gerichts judiziert, dass im Falle des Klägers ein zeitlicher Zusammenhang zwischen dem Übergang in den Ruhestand und seiner Beschäftigung bei der Staatsanwaltschaft fehle.

Der Verfassungsgerichtshof ist der Argumentation der allgemeinen Gerichte gefolgt. Er hat festgestellt, dass Gegenstand der Verfassungsbeschwerde nach Art. 79 Abs. 1 Verf. nicht die ablehnende Entscheidung selbst, sondern nur das Gesetz sein kann, aufgrund dessen die staatlichen Organe entschieden haben, im vorliegenden Falle also die einschlägige Bestimmung des Gesetzes *über die Tätigkeit in den staatlichen Organen;* diese selbst hat der Verfassungsgerichtshof als verfassungskonform bezeichnet. *Obiter dictum* äußerte er sich zur Rolle der völkerrechtlichen Instrumente als Prüfungsmaßstab. Er hat betont, dass eine angebliche Verletzung der Bestimmungen der EMRK nicht Grundlage einer individuellen Beschwerde sein könne. Wie aus Art. 79 Abs. 1 Verf. folge, müssen die Freiheiten oder Rechte, die angeblich verletzt wurden, ihre Grundlage in der Verfassung selbst haben; dies folge zweifelsfrei aus der Formulierung von Art. 79 Abs. 1 Verf. über „verfassungsrechtliche Freiheiten oder Rechte" als ausschließlicher Maßstab der individuellen Verfassungskontrolle.

---

[208] OTK 2002, Nr. 1, Pos. 2.

[209] Dz.U. 1990, Nr. 20, Pos. 121.

[210] Dz.U. 2001, Nr. 86, Pos. 953, mit Änderungen.

Auch in der Entscheidung Ts 128/02 vom 6. Februar 2003[211] hat der Verfassungsgerichtshof seinen kritischen Ansatz gegenüber der Anwendung völkerrechtlicher Normen als Maßstab der individuellen Verfassungskontrolle zum Ausdruck gebracht. In der Begründung hat er betont, dass nach Art. 79 Abs. 1 Verf. Grundlage der Beschwerde ausschließlich die Bestimmungen der Verfassung sein können. Darüber hinaus hat er auf die inhaltliche Nähe der verfassungsrechtlichen grundrechtlichen Bestimmungen mit den Regelungen der EMRK hingewiesen. Aus diesen Gründen hat er sich berechtigt gefühlt, sich gar nicht mit den entsprechenden Bestimmungen der EMRK zu befassen.

Diese Haltung wurde auch in der Entscheidung SK 58/03 vom 24. Juli 2006[212] bestätigt, welche die Möglichkeit der Verlängerung der Untersuchungshaft betraf: Die Dauer dieser Form von Freiheitsentziehung darf zwei Jahre nicht überschreiten; nach § 263 Abs. 2 und 3 Strafprozessordnung durfte sie jedoch ausnahmsweise zum Zweck der psychiatrischen Untersuchung des Beschuldigten verlängert werden. Die Beschwerdeführer sahen in der Verlängerung ihrer Haft nicht nur die Verletzung von zahlreichen konstitutionellen Bestimmungen, sondern auch des Art. 9 Abs. 3 IPbürgR (Rechte der Personen, die auf eine gerichtliche Aburteilung warten). Der Verfassungsgerichtshof hat die angegriffene Bestimmung der Strafprozessordnung für verfassungswidrig erklärt. Hinsichtlich Art. 9 IPbürgR stellte er jedoch unmissverständlich fest, dass „die Regelungen der völkerrechtlichen Verträge kein Maßstab der Verfassungsbeschwerde sein können".

Trotz dieses restriktiven, auf verfassungsrechtliche Rechte beschränkten Ansatzes des Gesetzgebers bei der Gestaltung der individuellen Verfassungskontrolle blieb dem Verfassungsgerichtshof für die Anwendung des Völkerrechts als Maßstab eine kleine Tür offen. So erwähnt Art. 190 Abs. 4 Verf. im Rahmen der Festlegung der Folgen der Entscheidungen des Verfassungsgerichtshofs neben der Verfassung und den Gesetzen auch „völkerrechtliche Verträge" unter den Maßstäben der Überprüfung.[213] Danach stellt eine solche Entscheidung des Verfassungsge-

---

[211] Ts 128/02, OTK-B 2003, Nr. 3, Pos. 172.

[212] OTK A 2006, Nr. 7, Pos. 85.

[213] „Die Entscheidung des Verfassungsgerichtshofs über die Unvereinbarkeit eines normativen Aktes, auf dessen Grundlage eine rechtskräftige Gerichtsent-

richtshofs eine Grundlage für die Wiederaufnahme des Verfahrens, die Aufhebung der Verwaltungsentscheidung oder einer anderen Entscheidung nach den Grundsätzen und nach dem Verfahren dar, wie sie in den einschlägigen Verfahrensvorschriften bestimmt sind. Eine extensive Auslegung der mit der individuellen Beschwerde zusammenhängenden verfassungsrechtlichen Bestimmungen macht dadurch die Heranziehung völkerrechtlicher Normen nicht undenkbar. Falls die Verfassung die Folgen der Unvereinbarkeit eines normativen Aktes mit dem Völkerrecht normiert, muss – zumindest theoretisch – ein Verfahren zu ihrer Feststellung möglich sein.

Als Beispiel dafür, dass sich der Verfassungsgerichtshof trotz der restriktiven Formulierung von Art. 79 Abs. 1 Verf. mit völkerrechtlichen Regelungen im Rahmen der individuellen Beschwerde auseinandergesetzt hat, kann eine Entscheidung vom 2. April 2001[214] genannt werden. Hier befasste er sich mit der Frage, ob § 55 *Strafprozessordnung*, der die Voraussetzungen einer vom Opfer initiierten, zusätzlichen Klage zu einer öffentlichen Klage regelt, vor allem Art. 45 Verf. entspricht. Darüber hinaus hatte die Beschwerdeführerin geltend gemacht, dass die genannte Bestimmung der Strafprozessordnung Art. 6 und 13 EMRK verletze. Der Verfassungsgerichtshof hat zwar weder eine Verletzung der Verfassung noch der angeführten völkerrechtlichen Bestimmungen festgestellt, bei seiner Argumentation stützte er sich jedoch auf die Entscheidung des EGMR im Fall *Wallén ./. Schweden* vom 16. Mai 1985, die dem Angeklagten, nicht jedoch dem Geschädigten ermöglicht, sich auf Art. 6 Abs. 1 EMRK zu berufen.[215] Weiter hat er aus einer Entscheidung *X. ./. Deutschland*[216] zitiert, wonach das Recht auf faires Verfahren nicht die Befugnis eines Dritten begründe, Strafverfahren zu initiieren.

Zusammenfassend kann jedoch festgestellt werden, dass der Verfassungsgerichtshof die Beschränkungen von Art. 79 Verf. respektiert und nur dann die völkerrechtlichen Regelungen anwendet, wenn sie eine Pa-

---

scheidung, eine endgültige Verwaltungsentscheidung oder eine Entscheidung in anderen Angelegenheiten ergangen ist, mit der Verfassung, mit einem völkerrechtlichen Vertrag oder mit einem Gesetz, [...]."

[214] SK 10/00, OTK 2001, Nr. 3, Pos. 52.

[215] *M.A. Nowicki*, Europejska Konwencja Praw Człowieka. Wybór orzecznictwa, 1998, Thesen Nr. 617, S. 132 und Nr. 665, S. 142.

[216] Leider ohne weitere Identifikation.

rallele in der polnischen Verfassung haben. Die Lücke von Art. 190 Verf., welche die Wirkung der Entscheidungen auch im Falle einer Unvereinbarkeit der allgemein verbindlichen Regelungen mit Völkerrecht regelt, bleibt in der Praxis ungenutzt. Warum der Verfassungsgeber diesen Ansatz – im Unterschied zu extensiven Möglichkeiten der Anwendung völkerrechtlicher Bestimmungen im Rahmen der verfassungsrechtlichen Normenkontrolle – gewählt hat, ergibt sich aus den Kommentaren zur Verfassung und der bisherigen Literatur nicht.

b) Anwendung gemeinschaftsrechtlicher Regelungen

Das Gemeinschaftsrecht hatte bis zum EU-Beitritt für die polnische Rechtsprechung den Charakter einer „externen Rechtsordnung". Trotzdem konnte es von ihr nicht unberücksichtigt bleiben. Vor allem einzelne Regelungen des *Europaabkommens* als eines die Republik Polen bindenden völkerrechtlichen Vertrags wurden von den Gerichten in Einzelfällen als Rechtsquelle angewandt. Nach dem vollzogenen EU-Beitritt Polens erhielt das Gemeinschaftsrecht – primäres wie sekundäres – für die Gerichtsbarkeit eine Stellung, die sich von seiner Rolle in den bisherigen EU-Mitgliedstaaten nicht unterscheidet.

aa) Allgemeine Gerichte

Für die Anwendung des *Europaabkommens* durch die allgemeinen polnischen Gerichte waren für die Periode vor dem EU-Beitritt diejenigen Bestimmungen der Verfassung maßgeblich, welche die Anwendung völkerrechtlicher Instrumente in der Gerichtsbarkeit betreffen – vor allem Art. 178 Abs. 1 in Verbindung mit Art. 91 Abs. 1 Verf.

Auf diese Weise fanden seine Bestimmungen Anwendung in der Entscheidung des Obersten Verwaltungsgerichts vom 22. Januar 2002,[217] in der es sich mit der Rechtsstellung von EU-Ausländern in Polen befasste. Konkret ging es um Art. 44 Abs. 7 des *Europaabkommens*, wonach im Gebiet Polens niedergelassene Gesellschaften aus Mitgliedstaaten der Gemeinschaft vom Inkrafttreten dieses Abkommens an das Recht auf Erwerb, Nutzung, Anmietung und Verkauf von Grundbesitz und hinsichtlich der natürlichen Ressourcen, der land-

[217] S. *D. Frey*, Sąd poparł decyzję ministra, Rzeczpospolita vom 23.1. 2002.

wirtschaftlichen Nutzfläche und der Forstwirtschaft das Recht auf Pacht hatten, sofern diese Rechte unmittelbar für die Ausübung der Erwerbstätigkeiten, für die sie sich niedergelassen hatten, erforderlich waren. Ausgangspunkt war der Umstand, dass es in Polen kein verfassungsrechtliches Verbot des Erwerbs von Boden durch Ausländer gegeben hat. Nach § 1 Abs. 1 des Gesetzes vom 24. März 1920 *über den Grundstückserwerb durch Ausländer*[218] war für jeden solchen Erwerb jedoch eine Zustimmung des Innenministers und im Falle landwirtschaftlichen Bodens auch des Landwirtschaftsministers erforderlich. § 1 Abs. 3 a dieses Gesetzes regelte die Übernahme von Mehrheitsanteilen an einer Gesellschaft mit Sitz in Polen, die Eigentümerin landwirtschaftlicher Flächen sein soll. Eine Zustimmung beider Minister musste immer dann beantragt werden, wenn nach der Übernahme der Anteile die Ausländer mindestens 50 % des Grundkapitals halten würden. Diese Zustimmung wurde – in Übereinstimmung mit Art. 44 Abs. 7 des *Europaabkommens* – erteilt, falls diese Übernahme für die wirtschaftliche Tätigkeit, für welche die Gesellschaft gegründet wurde, unmittelbar erforderlich war (§ 7 a).[219] Im zu entscheidenden Fall hatten drei italienische und eine polnische Staatsangehörige eine Gesellschaft nach polnischem Recht gegründet. Die italienischen Staatsangehörigen hielten einen Anteil von 45,64 %, die polnische Staatsangehörige die restlichen 54,36 %. Ihr Zweck war nach ihrer Gründungsurkunde, Viehzucht sowie Agrartouristik zu betreiben, wozu sie ungefähr 1200 ha Agrarfläche zu Eigentum erworben hatte. Später hatten sich die Italiener entschieden, der polnischen Staatsangehörigen den Mehrheitsanteil abzukaufen und sich mit dem entsprechenden Antrag an den Landwirtschaftsminister gewandt. Dieser wiederum hatte den Antrag mit der Begründung abgewiesen, dass die Übernahme der Mehrheitsanteile an einer Gesellschaft, die über eine solche landwirtschaftliche Fläche verfügt, „unbegründet und nicht gerechtfertigt" wäre. Die Tatsache, dass schon damals einer der Italiener Vorsitzender der Gesellschaft, der andere der Vizevorsitzende war, gebe ihr genug Möglichkeiten, ihre Tätigkeit auszuüben, ohne dass ihre volle Übernahme nötig sei. Gegen diese ablehnende Entscheidung

---

[218] Dz.U. 1920, Nr. 31, Pos. 178, geänderte Fassung Dz.U. 2004, 167, 1758.

[219] Art. 7 a) des Gesetzes *über den Grundstückerwerb durch Ausländer* wurde durch Dz.U. 2001, Nr. 16, Pos. 166 eingeführt, später im Zusammenhang mit dem EU-Beitritt Polens durch Dz.U. 2004, Nr. 46, Pos. 466 aufgehoben.

hatten die Antragsteller Klage beim Obersten Verwaltungsgericht eingereicht. Nach den Klägern würde die Übernahme der Gesellschaft die Interessen Polens nicht beeinträchtigen; die Ablehnung ihres Antrags sei aus anderen als wirtschaftlichen Gründen ergangen. Durch die Versagung der Zustimmung sei auch das *Europaabkommen* verletzt worden, weil die vollständige Übernahme der Gesellschaft für ihre Zwecke erforderlich sei. Diese Versagung der Zustimmung verhindere die Tätigkeit der Gesellschaft, da so die Insolvenz der Gesellschaft drohe.

Das Oberste Verwaltungsgericht hat in seiner Entscheidung der Klage nicht stattgegeben. Als Hauptargument führte es aus, dass die Entscheidung des Landwirtschaftsministers in solchen Fragen völlig in den Bereich seines Ermessens falle; durch die fragliche Entscheidung seien weder dessen Grenzen überschritten noch das Willkürverbot verletzt. Eine Übernahme der Gesellschaft, die über solch große Agrarflächen verfüge, durch Ausländer wäre nicht gerechtfertigt; ihre aktuelle Struktur sichere schon bei den bestehenden Mechanismen die Möglichkeiten zur geeigneten Ausübung ihrer Tätigkeit.

Diese Entscheidung kann im Hinblick auf den vollzogenen EU-Beitritt der Republik Polen von Interesse sein. Der von der Regierung im Oktober 2001 im Parlament vorgelegte Gesetzentwurf *über die Anpassung des Erwerbs des Bodens durch Ausländer an das Recht der Europäischen Union,*[220] der die Beschränkung durch die obligatorische Zustimmung des Ministers aufheben sollte, ist nie verabschiedet worden. Die Gesetzesmotive zu diesem Entwurf bezeichneten jegliche Beschränkungen in diesem Bereich als nicht nur Art. 44 des *Europaabkommens* verletzend, sondern auch als Verstoß gegen seine Art. 53,[221] Art. 50[222] und 60.[223]

Im Hinblick auf die gegenwärtige Rechtslage ist zu berücksichtigen, dass Polen auch nach seinem EU-Beitritt gemäß Anhang XII der EU-Beitrittsakte[224] grundsätzlich die Vorschriften über den Erwerb von

---

[220] Parlamentsdruck Nr. 2302, 24.10. 2000; http://orka.sejm.gov.pl/Rejestrd.nsf.

[221] Artikel 53 des Abkommens, Wortlaut siehe Anhang.

[222] Artikel 50 des Abkommens, Wortlaut siehe Anhang.

[223] Artikel 60 des Abkommens, Wortlaut siehe Anhang.

[224] ABl. EG L 236 vom 23.9. 2003, 878 ff.

landwirtschaftlichen Flächen und Wäldern des Gesetzes *über Grundstückserwerb durch Ausländer* aus dem Jahre 1920 zwölf weitere Jahre beibehalten kann;[225] zur weiteren Durchführung des Gesetzes hat der polnische Innenminister am 26. April 2004 eine Verordnung erlassen, welche die Dokumente nennt, die zum Erwerb des Bodens durch Ausländer erforderlich sind.[226]

Nach dem EU-Beitritt müssen die polnischen Gerichte und Behörden das Primat des Gemeinschaftsrechts berücksichtigen und den Schutz der Subjekte der Gemeinschaft auf ihrem Sach- und Territorialgebiet gewährleisten.[227] In diesem Zusammenhang kann der heutige Art. 178 Abs. 1 Verf. zu Schwierigkeiten führen, der festlegt, dass Richter bei der Ausübung ihres Amtes nur an die Verfassung und die Gesetze gebunden sind.[228] Eine restriktive Auslegung dieser Bestimmung könnte ganz hypothetisch dazu führen, dass die Richter mit Hinweis auf Art. 178 Abs. 1 Verf. eine Anwendung der gemeinschaftsrechtlichen Bestimmungen ablehnen könnten; dieses würde jedoch eindeutig die Verantwortlichkeit Polens für den Verstoß gegen das Gemeinschaftsrecht nach sich ziehen. Auf der anderen Seite ist auch eine Auslegung möglich, wonach die Richter durch ihre Bindung an die Verfassung gleichzeitig

---

225 „Im Rahmen der Beitrittsverhandlungen einigte sich die polnische Regierung mit der EU-Kommission über den für den Abschluss des Verhandlungskapitels Kapitalverkehrsfreiheit wichtigen Erwerb von landwirtschaftlichen Grundstücken durch EU-Ausländer. Investoren können hiernach bereits ab dem ersten Tag der EU-Mitgliedschaft Polens Grundstücke frei, d.h. ohne Genehmigungspflicht, erwerben, Ferienhäuser können nach einer Übergangszeit von fünf Jahren unbeschränkt erworben werden, mit der Ausnahme, dass die EU-Ausländer, die bereits seit mindestens vier Jahren in Polen leben, bereits vorher Ferienhäuser frei erwerben können. Für land- und forstwirtschaftliche Grundstücke gilt eine Übergangszeit von zwölf Jahren nach dem EU-Beitritt Polens, jedoch dürfen natürliche Personen aus dem EU-Ausland mit Wohnsitz in Polen die von ihnen bewirtschafteten land- und forstwirtschaftlichen Grundstücke bereits nach einer drei- bzw. siebenjährigen Pacht erwerben – je nach Region. Die Pachtdauer wird vom Zeitpunkt des Vertragsschlusses, der auch schon vor dem EU-Beitritt Polens liegen kann, berechnet.“ *N. von Redecker*, Chronik der Rechtsentwicklung in Osteuropa, Polen, WIRO 5/2002.

226 Dz.U. 2004, Nr. 94, Pos. 925.

227 *S. Biernat*, Wpływ członkostwa Polski w Unii Europejskiej na polskie sądy, Przegląd Sądowy 11-12 (2001), S. 43.

228 Art. 178 Abs. 1 Verf. lautet: „Die Richter sind bei der Ausübung ihres Amtes unabhängig und nur an die Verfassung und die Gesetze gebunden.“

den Vorschriften über die Stellung völkerrechtlicher Verträge in der polnischen Rechtsordnung unterliegen (Art. 91 Abs. 1 Verf.), nach denen die ratifizierten Verträge ein Bestandteil der nationalen Rechtsordnung geworden sind.

Wegen der Brisanz dieser Problematik wurde in der Lehre[229] eine Änderung von Art. 178 Abs. 1 Verf. vorgeschlagen. Danach würde die Kategorie der Rechtsnormen, an welche die Richter gebunden sind, zwar nicht erweitert; ausdrücklich würden sie jedoch einen verfassungsrechtlichen Auftrag erhalten, das die Republik Polen bindende Recht anzuwenden. Bei dem grundsätzlich positivistisch gestalteten Charakter der Verfassung der Republik Polen wäre dies – trotz aller Möglichkeiten der interpretativen Ableitung dieses Auftrags – nur folgerichtig gewesen.[230] Zu dieser Verfassungsänderung ist es jedoch nicht gekommen, die Rechtsordnung reagierte auf diesen Klärungsbedarf in der Entscheidung des Verfassungsgerichtshofs zur Verfassungsmäßigkeit des EU-Beitrittsvertrags. Als zentrales Argument für die Bindung der Richter an das Gemeinschaftsrecht diente dem Verfassungsgerichtshof jedoch nicht Art. 91 Abs. 1 Verf., sondern die generelle Regelung von Art. 9 Verf., der die Pflicht, das Polen bindende Völkerrecht zu achten, feststellt.[231]

Das Urteil des Verfassungsgerichtshofs K 18/04 vom 11. Mai 2005[232] stellt fest, dass die Bindung der polnischen Richter an die Verfassungsnormen (Art. 178 Abs. 1 und Art. 195 Abs. 1 Verf.) die Pflicht einschließe, das für die Republik Polen verbindliche Gemeinschaftsrecht anzuwenden. Diese Pflicht ergebe sich aus der mit der Verfassung vereinbaren und auf ihrer Grundlage erfolgten Ratifizierung der mit den Mitgliedstaaten der EG und der EU abgeschlossenen völkerrechtlichen Verträge, die nach Art. 9 Verf. Bestandteil des für Polen verbindlichen Völkerrechts seien. Darin sei auch die Befugnis des EuGH festgelegt, das Gemeinschaftsrecht verbindlich auszulegen, insbesondere im Rahmen des Vorabentscheidungsverfahrens als

---

229 S. *J. Barcz* (Fn. 105).

230 Zur Problematik der Anwendung des Gemeinschaftsrechts s. *T. Milej*, Das Gemeinschaftsrecht vor dem polnischen Richter, Osteuropa-Recht 2004, 418 ff.

231 Art. 9 Verf. lautet: „Die Republik Polen achtet das sie bindende Völkerrecht."

232 OTK-A 2005, Nr. 5, Pos. 49.

Reaktion auf Vorlagen der nationalen Gerichte. Die Vorabentscheidungsvorlage betreffend die Gültigkeit oder den Inhalt des Gemeinschaftsrechts, das gemäß den ratifizierten völkerrechtlichen Verträgen anzuwenden sei, stehe auch nicht im Widerspruch zu Art. 174 Verf., nach dem die polnischen Gerichte ihre Urteile im Namen der Republik Polen aussprechen.[233]

Die Praxis, vor nationalen allgemeinen Gerichten die gemeinschaftsrechtlichen Regelungen anzuwenden, hat sich seit dem EU-Beitritt Polens fest etabliert: Am stärksten scheint sie beim Obersten Gericht vertreten zu sein,[234] quantitativ gefolgt von den polnischen Verwaltungsgerichten:[235] Sie beinhaltet sowohl die Rolle der Gerichte als „Gemeinschaftsgerichte“, als auch das Einreichen von Vorabentscheidungsersuchen zum EuGH; der Ausübung dieser Rolle entsprechend wurde im Jahre 2005 die *Zivilprozessordnung*[236] modifiziert.

In der Entscheidung II CSK 112/05 vom 10. Februar 2006[237] hat das Oberste Gericht den Vorrang des Gemeinschaftsrechts betont: Falls eine Regelung des polnischen Rechts nicht mit der Bestimmung des EG-Vertrags (Art. 28 EGV) vereinbar ist, kann sie durch die polnischen Gerichte nicht angewandt werden.

In der Entscheidung des Obersten Gerichts III PK 30/06 vom 9. Juni 2006[238] betreffend die Frage der Diskriminierung im Beruf wurde parallel zum polnischen *Arbeitsgesetzbuch*[239] die Richtlinie 2000/78/EG des Rates vom 27. November 2000 *zur Festlegung eines allge-*

---

[233] *U. Hufeld*, Der staatliche Souveränitätsvorbehalt in der EU: Polen als Paradigma, in: E. Bos/ J. Dieringer (Hrsg.), Die Genese einer Union der 27, Wiesbaden 2008, S. 74

[234] *D. Miasik*, European Law and the General Courts of the Transition Countries, in: M. Hofmann (Hrsg.), Europarecht und die Gerichte der Transformationsstaaten, Baden-Baden 2008, S. 97 ff.

[235] *M. Zirk-Sadowski*, The Judikature of Polish Administrative Courts after the Accession to the EU, EIF Working Paper Series: 1 Jahr Mitgliedschaft: Erste Bilanz aus der Sicht der polnischen Höchstgerichte, Institut für Europäische Integrationsforschung, S. 19 ff.

[236] Dz.U. 2005, Nr. 13, Pos. 98.

[237] *D. Miasik* (Fn. 234).

[238] Orzecznictwo Sądu Najwyższego, Zbiór Urzędowy, Izba Pracy, Ubezpieczeń Społecznych i Spraw Publicznych 2007/11-12/160.

[239] Gesetz vom 26.6. 1974, Dz.U. 1998, Nr. 21, i.d.F. späterer Änderungen.

meinen Rahmens für die Verwirklichung der Gleichbehandlung in Beschäftigung und Beruf[240] behandelt. In der Hauptsache hat das Oberste Gericht ihre Anwendung *ratione temporis* ausgeschlossen (der Sachverhalt geschah vor dem EU-Beitritt Polens). *Obiter dictum* äußerte es sich jedoch zur Frage, welche sprachliche Version der europäischen Rechtsetzungsakte für die polnische Rechtsprechung entscheidend ist: Es hat darauf hingewiesen, dass die Auslegung der gemeinschaftsrechtlichen Regelungen den Vergleich verschiedener Sprachversionen verlange: Nicht allein die polnische Version, selbst wenn in der offiziellen Sammlung der europäischen Rechtsakte abgedruckt, sei die einzige entscheidende Quelle des Gemeinschaftsrechts vor den polnischen Gerichten. Nach Auffassung des Obersten Gerichts sei „in der Rechtsprechung die Fassung in der französischen Sprache (sic!) entscheidend, gefolgt von der englischen Version des Rechtsaktes; erst danach seien die Versionen in anderen Sprachen der Gemeinschaften einschlägig".[241]

Die Entscheidung I PK 263/05 vom 6. Juni 2006[242] betraf die Vereinbarkeit des polnischen Gesetzes *über die Grundlagen des Gesundheitswesens*[243] mit den Bestimmungen der (heute nicht mehr geltenden) Richtlinie des Rates 93/104 vom 23. November 1993.[244] Es war vor allem fraglich, ob die ärztliche Bereitschaft der in den öffentlichen Gesundheitseinrichtungen angestellten Ärzte als Ruhezeit im Sinne von Art. 3 der Richtlinie betrachtet werden und von der Seite der öffentlichen Gesundheitseinrichtungen unbezahlt oder oh-

---

[240] ABl. EG L 303 vom 2.12. 2000, S. 16-22.

[241] Es handelte sich um die polnische Übersetzung von Artikel 3 Abs. 1 der Richtlinie: „Geltungsbereich

(1) Im Rahmen der auf die Gemeinschaft übertragenen Zuständigkeiten gilt diese Richtlinie für alle Personen in öffentlichen und privaten Bereichen, einschließlich öffentlicher Stellen, in Bezug auf

a) die Bedingungen – einschließlich Auswahlkriterien und Einstellungsbedingungen – für den Zugang zu unselbständiger und selbständiger Erwerbstätigkeit, unabhängig von Tätigkeitsfeld und beruflicher Position, einschließlich des beruflichen Aufstiegs."

[242] *H. Lewandowski,* Dyżur medyczny – uwagi na kanwie wyroku SN z 6.6. 2006 r. (I PK 263/05), Monitor prawa pracy 1 (2008).

[243] Dz.U. Nr. 91, 1991, Pos. 408, i.d.F. späterer Änderungen.

[244] ABl. EG L 307/18 i.d.F. vom 22.6. 2000, ABl. EG L 195/41.

ne zusätzliche Freizeit erfolgen kann. Das Oberste Gericht hat die Sache selbst zwar in die unteren Instanzen zurückgewiesen; mit Hinweis auf die Richtlinie hat es jedoch inhaltliche Vorgaben für diese Instanzen gesetzt: Art. 3 der Richtlinie schließe z.B. aus, dass die Mediziner längere Bereitschaftsdienste an zwei aufeinanderfolgenden Tagen ausüben.

Das Vorabentscheidungsersuchen zum EuGH in der Sache III SA/Wa 254/07 wurde eingereicht vom Wojwodschaftsverwaltungsgericht in Warschau und betraf die Auslegung von Art. 25 EG, 28 EG und 90 EG sowie Art. 3 Abs. 1 und 3 der Richtlinie 92/12/EWG des Rates vom 25. Februar 1992 *über das allgemeine System, den Besitz, die Beförderung und die Kontrolle verbrauchsteuerpflichtiger Waren.*[245] Das Ersuchen erging im Rahmen eines Rechtsstreits zwischen einem Käufer eines Gebrauchtwagens in der Bundesrepublik Deutschland und dem Direktor der Zollbehörde Warschau wegen einer Akzise, zu der der Käufer für die Einfuhr des Wagens nach Polen herangezogen wurde. Der EuGH stellte fest, dass Art. 90 Abs. 1 EGV dahin auszulegen ist, dass er einer Akzise entgegenstehe, wenn ihr Betrag für Gebrauchtfahrzeuge, die älter als zwei Jahre sind und in einem anderen Mitgliedstaat als dem die Akzise erhebenden Mitgliedstaat erworben wurden, höher sei als der restliche Betrag der Akzise, der zu einem Teil des Verkaufswerts von gleichartigen Fahrzeugen geworden ist, die vorher in dem die Akzise erhebenden Mitgliedstaat zugelassen waren. Es sei jedoch Sache des vorlegenden Gerichts zu prüfen, ob die im Ausgangsverfahren fragliche Regelung, insbesondere die Anwendung von Art. 7 der Verordnung des Finanzministers vom 22. April 2004 über die Senkung der Akzisesätze, eine solche Folge habe. Das Verwaltungsgericht reagierte auf die Entscheidung des EuGH mit der Aufhebung der eingegriffenen Entscheidung des Direktors der Zollbehörde.

Einige weitere Verfahren nach Art. 234 EGV, die von den polnischen Verwaltungsgerichten beim EuGH eingeleitet wurden, sind beim EuGH anhängig.[246]

---

245 ABl. EG L 76, S. 1.

246 Z.B. Rechtssache C-25/07 *A. Sosnowska* gegen Direktor des Finanzamts Breslau bzw. Wałdenburg, Rechtssache C-426/07 *D. Krawczyński* gegen Direktor der Zollbehörde *Białystok,* Rechtsache C-414/07 *Magoora* gegen Direktor der Finanzbehörde in Krakau. In der Rechtssache C-168/06, die im Rahmen des

bb) Der Verfassungsgerichtshof

Noch vor dem EU-Beitritt kam es in der Entscheidungstätigkeit des polnischen Verfassungsgerichts vereinzelt zur Anwendung europäischer Rechtsnormen und der Judikatur des EuGH, die bereits als ein zusätzliches Auslegungsmittel angewandt wurden.

So hat es sich z.B. in der Sache W 13/94[247] über die allgemein verbindliche Auslegung von § 24 Abs. 7 des Gesetzes vom 13. Juli 1990 *über die Privatisierung der staatlichen Unternehmen*[248] auf die Rechtsprechung des EuGH – und zwar das Urteil in der Rechtssache 139/77 *Denkavit ./. FZA Warendorf*[249] – gestützt. Hier hatte dieser einige Überlegungen zur Definition des Begriffs „landwirtschaftlicher Produzent" angestellt, die auch für die inhaltliche Bestimmung eines gleichlautenden Begriffs im polnischen Recht herangezogen werden konnten.[250]

Bereits unmittelbar nach dem EU-Beitritt wurde der Verfassungsgerichtshof aufgefordert, über die Vereinbarkeit einer gemeinschaftsrechtlichen Regelung, in der sie umsetzenden gesetzlichen Form, mit der Verfassung zu entscheiden. Im Rahmen der abstrakten Normenkontrolle beantragte eine Gruppe von Abgeordneten die Überprüfung der Vereinbarkeit einiger Bestimmungen des Gesetzes vom 23. Januar 2004, das die *Wahlordnung in das Europäische Parlament*[251] beinhaltet, mit Art. 4 Verf., der die Souveränität des polnischen Volkes betrifft.[252]

Vor allem handelte es sich um die Frage, ob das Recht der sich in Polen aufhaltenden Ausländer auf Beteiligung an der Wahl in das Europäische Parlament mit dem Souveränitätsgrundsatz vereinbar

---

Vorabentscheidungsersuchens vom Wojwodschaftsverwaltungsgericht *Łodz* eingereicht wurde, hat sich der EuGH *ratione temporis* für unzuständig erklärt: Der Sachverhalt geschah vor dem Beitritt Polens zur Europäischen Union.

[247] OTK w 1995, Teil I, 246 ff.

[248] Dz.U. 1990, Nr. 51, Pos. 289; das Gesetz ist inzwischen aufgehoben.

[249] EuGH Slg. 1978, 1317.

[250] *Ibid.*, 253.

[251] Dz.U. 2004, Nr. 25, Pos. 219.

[252] Art. 4 Abs. 1 Verf. lautet: „Die hoheitliche Gewalt der Republik Polen geht vom Volk aus."

ist. In seiner Entscheidung vom 31. Mai 2004[253] hat der Verfassungsgerichtshof zunächst betont, dass die Republik Polen durch den EU-Beitrittsvertrag sich nicht nur zur Einhaltung seiner Regelungen, sondern auch zur Respektierung der Entscheidungsformen der Union und ihrer institutionellen Struktur verpflichtet hat. Die Form der Legitimierung der Organe der EU sei jedoch nicht Sache der polnischen Verfassung, sondern des Gemeinschaftsrechts und derjenigen Bestimmungen der polnischen Rechtsordnung, welche diese Normen umsetzen. Vor allem sei das Europäische Parlament kein Organ, das seine Gewalt auf dem Gebiet Polens ausübt, sondern ein Organ, das spezielle Aufgaben im Rahmen der europäischen Struktur erfüllt. Die Bestimmung des angegriffenen Gesetzes, dass „die Mitglieder des Europäischen Parlaments [...] Vertreter der Völker der Staaten der Europäischen Union" sind, solle in dem Sinne ausgelegt werden, dass die Wählerschaft des Europäischen Parlaments nicht eine homogene Gesellschaft darstellt, sondern ein kollektives Organ ist, das aus Angehörigen der verschiedenen Völker der Mitgliedstaaten zusammengesetzt ist. Aus diesen Prämissen zog das Urteil die Schlussfolgerung, „dies bedeutet nicht, dass die Wahlrechte in den europäischen Wahlen nur in denjenigen nationalen Gemeinschaften („*wspólnoty narodowe*") ausgeübt werden können, mit denen die Personen durch ihre Staatsangehörigkeit verbunden sind".

Über das Verhältnis der Zuständigkeiten des EuGH und des polnischen Verfassungsgerichtshofs in Hinblick auf das Gemeinschaftsrecht wurde in der Lehre eine intensive Diskussion geführt.[254] Dabei wurde betont, dass das Spezifische am Verhältnis zwischen dem polnischen Verfassungsgerichtshof und dem EuGH die Tatsache ist, dass der polnische Verfassungsgerichtshof kein Tatsachen- oder Einzelfallgericht ist, sondern grundsätzlich als Normenkontrollgericht konzipiert sei.[255] Sieht man von seinen sehr selten praktizierten Kompetenzen im Bereich der

[253] K 15/04, OTK-A 2004, Nr. 5, Pos. 47 mit Anm. von *J. Białocerkiewicz*, Przeglad Sejmowy 5 (2004), 159 f., *M. Szwarc*, Państwo i Prawo 5 (2005), 116 f.

[254] Z.B. *C. Mik* (Fn. 98), S. 36; *B. Banaszkiewicz*, Die Rechtsprechung des polnischen Verfassungsgerichtshofes angesichts der Mitgliedschaft des Landes in der Europäischen Union: Erste Erfahrungen und neue Probleme, in: EIF Working Paper Series: 1 Jahr Mitgliedschaft: Erste Bilanz aus der Sicht der polnischen Höchstgerichte, Institut für Europäische Integrationsforschung, und andere.

[255] *B. Banaszkiewicz* (Fn. 254), S. 4 ff.

Überprüfung von Zielen und Tätigkeiten politischer Parteien oder der bisher nicht ausgeübten Kompetenz für Zuständigkeitsstreitigkeiten als Kompetenzen, für die gemeinschaftsrechtliche Bezüge kaum erkennbar sind, einmal ab, kann das primäre oder sekundäre Gemeinschaftsrecht für den Verfassungsgerichtshof nur bei der Ausübung seiner Normenkontrollkompetenzen von Belang sein: entweder als Prüfungsgegenstand oder Prüfungsmaßstab oder als Hintergrund seiner juristischen Argumentationen.[256]

Hinsichtlich seiner Kompetenz, das primäre Gemeinschaftsrecht zu überprüfen,[257] ist die Entscheidung K 18/04 vom 11. Mai 2005[258] maßgeblich:

> Von Art. 188 Abs. 1 Verf., der die Verfassungskontrolle der völkerrechtlichen Verträge regelt, leitet der Verfassungsgerichtshof in der Entscheidung ab, dass im Rahmen der Prüfung der Verfassungsmäßigkeit des EU-Beitrittsvertrags als eines ratifizierten völkerrechtlichen Vertrags auch eine Prüfung der die Gemeinschaften und die Europäische Union konstituierenden oder modifizierten Verträge am Maßstab der polnischen Verfassung zulässig sei, falls diese mit der Anwendung des Beitrittsvertrags zusammenhängen. Er geht davon aus, dass der EuGH zwar der „wichtigste, aber nicht der einzige Wahrer der Befugnisse im Bereich der Anwendung der Verträge im Rechtssystem der Gemeinschaften und der Europäischen Union" sei. Nicht in den Zuständigkeitsbereich des Verfassungsgerichts falle es dagegen, einzelne Entscheidungen des EuGH oder dessen „ständige Rechtsprechungslinie" am Maßstab der polnischen Verfassung direkt zu prüfen.[259]

Ungeklärt bleibt bisher die Frage, ob der Verfassungsgerichtshof zuständig ist, die Vereinbarkeit von nationalen gesetzlichen oder untergesetzlichen Regelungen mit dem primären Gemeinschaftsrecht aufgrund

---

[256] *Ibid.*, S. 6.

[257] Aus der älteren Literatur zu diesem Thema siehe z.B. *S. Biernat*, Miejsce prawa pochodnego Wspólnoty Europejskiej w systemie konstytucyjnym RP, in: C. Mik (Hrsg.), Konstytucja Rzeczypospolitej Polskiej z 1997 roku a członkostwo Polski w Unii Europejskiej, Toruń 1999, S. 182.

[258] OTK-A 2005, Nr. 5, Pos. 49.

[259] S. *W. Sadurski*, „Solange, Chapter 3": Constitutional Courts in Central Europe – Democracy – European Union, European Law Journal 14 (2008), 1-35.

der Rüge der Verletzung gemeinschaftsrechtlicher Umsetzungspflicht zu prüfen.[260]

In der Rechtssache K 36/04 rügte der polnische Generalstaatsanwalt die Unvereinbarkeit der Bestimmungen des polnischen Mehrwertsteuergesetzes, die bestimmte Internetdienstleistungen von dieser Steuer befreite, mit der Sechsten Richtlinie des Rates 77/388/EWG. Als Prüfungsmaßstab dienten hier Art. 10 und 249 EGV – Bestimmungen eines völkerrechtlichen Vertrags, die als Maßstab der verfassungsgerichtlicher Kontrolle Anwendung finden können. Das Verfahren wurde jedoch eingestellt, weil vor dem Urteil des Verfassungsgerichtshofs das Gesetz entsprechend geändert wurde.[261]

Formell wurde in diesem Verfahren eine Verletzung des primären Rechts gerügt, „doch im Grunde war diese nur ein ‚Vehikel' zur Rüge einer materiellen Unvereinbarkeit des polnischen Gesetzes mit der EG-Richtlinie. Der polnische Verfassungsgeber hat aber bewusst nur ratifizierte völkerrechtliche Verträge, nicht aber Akte internationalen Organisationen als Prüfungsmaßstab für den Verfassungsgerichtshof zugelassen."[262]

Die nächste Fallgruppe betrifft die Möglichkeit der Überprüfung der gesetzlichen Rechtsnormen, die zur Umsetzung der europäischen Vorgaben bereits erlassen wurden. Diese Frage war vor allem in der Entscheidung des Verfassungsgerichts P. 1/2005 vom 27. April 2005 zum Europäischen Haftbefehl von ausschlaggebender Bedeutung:

In der Entscheidung des Verfassungsgerichtshofs P. 1/2005 vom 27. April 2005[263] wurde die Verfassungskonformität derjenigen Bestimmung der polnischen *Strafprozessordnung*[264] überprüft, die im Einklang mit dem Rahmenbeschluss des EU-Rates vom 13. Juni 2002 über den Europäischen Haftbefehls eingeführt wurden. Das Urteil hat zwar festgestellt, dass § 607 lit. t Abs. 1 in Bezug auf die Zulassung der „Übergabe" polnischer Bürger in andere Mitgliedstaaten der Europäischen Union Art. 55 Abs. 1 Verf., der die Auslieferung

[260] Dazu vor allem *B. Banaszkiewicz* (Fn. 254).

[261] Beschluss des Verfassungsgerichtshofs K 36/04 vom 9.3. 2005, OTK ZU 3A/2005, Pos. 30.

[262] *B. Banaszkiewicz* (Fn. 254), S. 13.

[263] P. 1/2005, OTK ZU 2005, Nr. 4 A, Pos. 42.

[264] Dz.U. Nr. 89, 6.7. 1964, Pos. 555, mit Änderungen.

polnischer Bürger verbietet, verletze. Art. 9 Verf. – Achtung des bindenden Völkerrechts – verlange jedoch die Umsetzung der europäischen Rahmenbeschlüsse. Die Entscheidung bestätigte die Geltung der umstrittenen Regelung bis zur entsprechenden Verfassungsänderung.

Die Problematik des Verhältnisses der Prüfungskompetenzen des Verfassungsgerichtshofs gegenüber dem sekundären Gemeinschaftsrecht lag vor dem EU-Beitritt in der Zuständigkeit des polnischen Verfassungsgerichtshofs, nach Art. 193 Verf. über eine „Rechtsanfrage" der innerstaatlichen Gerichte zu entscheiden.[265] In der Beibehaltung dieses Verfahrens in seiner gegenwärtigen Form wurde von einigen Autoren ein drohender Konflikt zwischen der Zuständigkeit des Verfassungsgerichtshofs und dem Zuständigkeitsbereich des Europäischen Gerichtshofs gesehen.[266] Andere Autoren[267] sahen in diesem Punkt keinen Handlungsbedarf. Nach ihrer Meinung werden sich die polnischen Gerichte wegen der Auslegung des primären Gemeinschaftsrechts, der Frage der Gültigkeit und der Auslegung der Handlungen der Gemeinschaft und der Auslegung der Satzungen der durch den Rat geschaffenen Einrichtungen nicht an den Verfassungsgerichtshof, sondern selbstverständlich an den EuGH wenden, der als einziges Organ nach Art. 234 EGV dazu berufen ist, entsprechende Entscheidungen zu treffen. Art. 193 Verf. dagegen ermögliche es dem polnischen Verfassungsgerichtshof, über die Überprüfung der „normativen Akte" zu entscheiden; der unklare Begriff „normativer Akt" beziehe sich jedoch nicht auf das sekundäre Gemeinschaftsrecht, ermögliche daher nicht die Überprüfung der gemeinschaftsrechtlichen Regelungen und schließe so einen Konflikt mit der Zuständigkeit des EuGH aus.

Die letztgenannte Auffassung hat sich nach dem EU-Beitritt durchgesetzt: Dem Verfassungsgericht obliegt grundsätzlich keine Kontrolle der nationalen Gesetzgebung anhand des sekundären Gemeinschaftsrechts. Das Außerkraftsetzen der auf der Ebene der Rechtsanwendung abweichenden nationalen Norm durch den Verfassungsgerichtshof käme allenfalls aus Gründen der Rechtssicherheit in Betracht, die nach ständiger Rechtsprechung des Verfassungsgerichts Ausfluss der Rechts-

---

[265] S. Fn. 143.

[266] S. *M. Safjan*, Konstytucja a członkostwo Polski w Unii Europejskiej, Państwo i Prawo 3 (2001), S. 9.

[267] S. *J. Barcz* (Fn. 94), S. 17.

staatsklausel der Verfassung (Art. 2) ist. Im Falle eines Konflikts zwischen dem direkt anzuwendenden sekundären Gemeinschaftsrecht und der Verfassung können die polnischen allgemeinen Gerichte grundsätzlich keine Vorlage an den Verfassungsgerichtshof vornehmen: Sie müssen sich, gegebenenfalls nach der Anrufung des EuGH, um eine verfassungskonforme Auslegung des einschlägigen Gemeinschaftsrechts bemühen.[268]

In Anlehnung an das Solange II-Urteil des Bundesverfassungsgerichts hat der polnische Verfassungsgerichtshof im Urteil zum EU-Beitrittsvertrag K 18/04 vom 11. Mai 2005 die Grenzen der integrationsfreundlichen Auslegung des innerstaatlichen Rechts dargelegt: Sie liegen im Widerspruch des Ergebnisses dieser Auslegung zum eindeutigen Wortlaut der Verfassung, in seiner Unvereinbarkeit mit dem Mindestmaß an verfassungsrechtlichen Garantien und der Unantastbarkeit des Wesensgehalts der verfassungsrechtlich garantierten Grundrechte durch Gemeinschaftsregelungen.[269] Darüber hinaus behalte jedes EU-Mitglied weiter das Recht zu beurteilen, ob die Rechtsetzungsorgane der Gemeinschaften und der Union beim Erlass der jeweiligen Rechtsvorschriften in den Grenzen der ihnen erteilten Befugnisse handelten und ob sie dabei die Grundsätze der Subsidiarität und der Verhältnismäßigkeit beachteten.

Die Frage der Beziehung des Verfassungsgerichts und des EuGH wird weiter mit Hinsicht auf eine mögliche Vorlagepflicht diskutiert. Es wurden Befürchtungen geäußert, dass der Verfassungsgerichtshof dem EuGH „unterworfen" und zu seinem Transmissionsriemen degradiert sein werde.[270] Die Literatur[271] betont den Ausnahmecharakter einer solchen Konstellation: Eine Pflicht zur Vorlage beim EuGH bestehe nur dort, wo der Verfassungsgerichtshof in der letzten Instanz entscheide; eine Anwendung des Gemeinschaftsrechts ist in solchen Fällen beim polnischen Verfassungsgerichtshof, der grundsätzlich als Organ der Normenkontrolle konzipiert ist, so gut wie ausgeschlossen. In anderen Fällen wäre die Vorlage fakultativ. Auch hier wäre sie jedoch – wegen des Charakters des Verfahrens vor dem polnischen Verfassungsgericht – wahrscheinlich eine absolute Ausnahme.

---

[268] *Ibid.*, S. 15.

[269] *W. Sadurski*, (Fn. 259), 1-35.

[270] S. Antrag zum Urteil K 18/04.

[271] *B. Banaszkiewicz*, (Fn. 254), S. 17.

In der Entscheidung K 18/04[272] stellte der Verfassungsgerichtshof fest, dass durch die Anwendung von Art. 234 EGV die Kompetenzen des polnischen Verfassungsgerichtshofs nach Art. 188 Verf. weder gefährdet noch eingeschränkt werden. Sollte sich der Verfassungsgerichtshof entscheiden, dem EuGH als zuständigem Organ der Gemeinschaft eine Vorabentscheidungsfrage betreffend die Gültigkeit oder den Inhalt des Gemeinschaftsrechts vorzulegen, würde er das in Ausübung seiner in Art. 188 Verf. bestimmten Rechtsprechungskompetenzen tun, und zwar ausschließlich dann, wenn er gemäß der Verfassung bei der Urteilsfindung das Gemeinschaftsrecht anzuwenden hätte.

6. Innerstaatliche Umsetzung der Entscheidungen der internationalen Instanzen

a) Rechtsprechung des EGMR

Die EMRK wurde vom polnischen Außenminister am 26. November 1991 unterzeichnet,[273] am 19. Januar 1993 wurde sie ratifiziert und am 19. Januar 1993 trat sie für Polen in Kraft.[274] Die Zusatzprotokolle 1 und 4 wurden am 10. Oktober 1994, Protokoll 6 am 30. Oktober 2000, Protokoll Nr. 11 am 20. Mai 1997 und Protokoll Nr. 14 am 12. Oktober 2006 ratifiziert.[275]

Der Beitritt zur EMRK ermöglichte nach einer Regierungserklärung vom 7. April 1993[276] allen Personen, sich – entsprechend Art. 1 EMRK – ab dem 30. April 1993 mit Individualbeschwerden gegen Polen an die europäischen Organe für Menschenrechte zu wenden; die Zuständigkeit der Organe der EMRK, diese Beschwerden zu beurteilen, trat am 1. Mai 1993 in Kraft.[277] Dieser Weg wurde und wird in Polen extensiv

---

[272] 11.5. 2005.

[273] Die Republik Polen ist seit dem 29.11. 1991 Mitgliedstaat des Europarats.

[274] Dz.U. 1993, Nr. 61, Pos. 284.

[275] Http://www.echr.coe.int.

[276] Dz.U. 1993, Nr. 61, Pos. 286.

[277] S. *Musiał ./. Poland*, Urteil EGMR vom 25.3. 1999, S. 9.

genutzt.[278] Im Jahre 1999 hat der Europäische Gerichtshof für Menschenrechte erst 691, im Jahre 2000 schon 775 und im Jahre 2007 bereits 4.211 Beschwerden gegen Polen registriert.[279] Nach dem Bericht des Gerichtshofs aus dem Jahre 2007 wurden insgesamt 489 Urteile gefällt, in denen Polen Partei war.[280] In diesen Entscheidungen stellte der EGMR vor allem Verletzungen von Art. 6 und 5 fest.

So hat der Gerichtshof z.B. in der Sache *Musiał v. Polen* in seinem Urteil vom 25. März 1999[281] eine Verletzung von Art. 5 Abs. 4 EMRK festgestellt, weil die polnischen Gerichte die Entscheidung über die Rechtmäßigkeit der Freiheitsentziehung des Beschwerdeführers in einer psychiatrischen Anstalt ohne einen besonderen Grund verzögert haben.

Auch im Urteil *Litwa v. Polen* vom 4. April 2000[282] hat der Gerichtshof judiziert, dass Polen gegen Art. 5 Abs. 1 EMRK verstoßen hat. Der Beschwerdeführer wurde festgenommen und für mehrere Stunden in eine „Ausnüchterungseinheit" eingesperrt, ohne dass ein Verdacht auf Alkoholkonsum eine Ausnahme von dem Verbot der Freiheitsentziehung nach Art. 5 Abs. 1 e) EMRK begründet hätte.

Das Urteil vom 20. Dezember 2001 in der Sache *Gorzelik u.a v. Polen*[283] entschied über eine Beschwerde dreier polnischer Staatsangehöriger über die Ablehnung der Registrierung einer Vereinigung mit dem Namen „Vereinigung von Personen schlesischer Nationalität" durch polnische Behörden; die Beschwerdeführer sahen in dieser Ablehnung eine Verletzung von Art. 11 EMRK. Sie hatten im Jahre 1995, zusammen mit etwa zweihundert anderen polnischen Staatsangehörigen, eine Vereinigung gegründet, die den Namen „Vereinigung von Personen schlesischer Nationalität" trug. Nach ihrem Statut war das Ziel dieser Vereinigung, unter anderem das Bewusstsein der Schlesier zu wecken und zu entwickeln, die schlesische Kultur

---

[278] *A. Drzemczewski/ M.A. Nowicki*, Poland, in: R. Blackburn/ J. Polakiewicz (Hrsg.), Fundamental Rights in Europe. The European Convention on Human Rights and its Member States, 1950-2000, 2001, 658 ff.

[279] Council of Europe, Survey of Activities, 2007, S. 56.

[280] *Ibid.*

[281] *Ibid.*

[282] *Witold Litwa ./. Polen*, Urteil EGMR vom 4.4. 2000.

[283] *Gorzelik u.a. ./. Polen*, Urteil EGMR vom 20.12. 2001.

zu unterstützen sowie „die ethnischen Rechte der Personen schlesischer Nationalität zu schützen". Mitglied der Vereinigung konnte jede Person „schlesischer Nationalität werden". § 30 des Statuts erklärte die Vereinigung zu einer „Organisation der schlesischen nationalen Minderheit". Die Argumentation der ablehnenden Instanzen konzentrierte sich auf den Umstand, dass es schon keine eigenständige schlesische Nationalität gebe, umso weniger könnten Personen dieser Kategorie dann eine „nationale Minderheit" bilden; die schlesische „Nationalgruppe" könne allenfalls als eine ethnische Gruppe bezeichnet werden. Weder die polnische noch die internationale Rechtsordnung enthielten Kriterien um festzustellen, wann aus einer ethnischen Gruppe eine nationale Minderheit werde. Die Wahl der Begriffe bei der Benennung der Vereinigung im Statut als einer „Organisation der schlesischen nationalen Minderheit" signalisiere deutlich, dass das wahre Ziel der Organisation nicht so sehr die Unterstützung der schlesischen Kultur sei; vielmehr gehe es den Gründern dieser Organisation darum, die im polnischen Wahlrecht für Organisationen nationaler Minderheiten eingeräumten Vorteile zu nutzen bzw. zu missbrauchen. Das einschlägige Wahlrecht aus dem Jahre 1993[284] befreite in § 5 „die registrierten Organisationen nationaler Minderheiten" von der Pflicht, in den Parlamentswahlen die 5 %-Sperrklausel zu übertreffen. Durch die rechtliche Anerkennung der ethnischen Gruppe der Schlesier würden andere ethnische Gruppen – Masuren und andere – rechtlich benachteiligt. Es käme zum Verstoß gegen den Gleichheitssatz.

Die Beschwerdeführer hatten dagegen vorgetragen, dass die Schlesier seit Jahrhunderten eine selbständige Nationalität bildeten. Die Tatsache, dass der Gesetzgeber keinen gesetzlichen Mechanismus zur Anerkennung nationaler Minderheiten geschaffen habe, könne kein Grund dafür sein, die Registrierung einer sich als eine solche Minderheit vertretende Organisation abzulehnen. Die Registrierung einer konkreten Organisation im Vereinsregister habe keine unmittelbaren wahlrechtlichen Auswirkungen; fänden die zuständigen Organe im Laufe der Wahlkampagne, dass die Vereinigung gegen das Wahlrecht verstoße, stünden ihnen dessen Mechanismen zur Verfügung. Gegebenenfalls könne die dafür zuständige zentrale Wahlkommission angerufen werden. Durch die Verweigerung der Eintragung verletzten die polnischen Institutionen die verfassungs-

[284] Dz.U. 1993, Nr. 45, Pos. 205.

rechtlichen Bestimmungen, die den nationalen Minderheiten Schutz gewährleisten, die Regelungen des Vereinsgesetzes, dessen Einschränkungsklausel von den Behörden extensiv ausgelegt würde, sowie die Vereinigungsfreiheit nach Art. 11 EMRK.

Die zuständige (Kleine) Kammer des Gerichtshofs hat keine Verletzung von Art. 11 EMRK festgestellt. Zunächst hat sie geprüft, ob es durch die Verweigerung der Eintragung zur Einschränkung der Vereinigungsfreiheit nach Art. 11 kam; diese Frage hat sie bejaht. Weiter hat sie analysiert, ob diese Einschränkung gesetzlich vorgesehen war. Sie gelangte insofern zu dem Schluss, dass die Einschränkungsgründe des geltenden polnischen *Vereinsgesetzes*[285] sich fast wörtlich mit den Gründen in Art. 11 Abs. 2 EMRK decken und als solche gesetzlich vorgesehen sind. Bei der Überprüfung des Zieles der getroffenen Maßnahmen hat sie den Ausgangspunkt der polnischen Staatsorgane akzeptiert, wonach insbesondere der Name der Organisation, der auf eine nicht-bestehende Nation verweise, die Öffentlichkeit täuschen und zu Privilegien für eine ethnische Gruppe zum Nachteil anderer ethnischer Gruppen führen würde. Sie hat dementsprechend festgestellt, dass die Verweigerung der Registrierung durch die polnischen Organe in Übereinstimmung mit dem Ziel der Aufrechterhaltung der öffentlichen Ordnung und des Schutzes der Rechte anderer getroffen wurde.[286]

Die Mehrheit der Individualbeschwerden betrifft die Verletzung von Art. 6 EMRK:

So hat z.B. der EGMR in der Sache *Goc v. Polen*[287] judiziert, dass die Länge des zivilrechtlichen Verfahrens, das im konkreten Fall insgesamt über 21 Jahre andauerte, ohne dass die Streitigkeit abgeschlossen wäre, der Anforderung an eine „angemessene Frist“ gem. Art. 6 Abs. 1 nicht entspricht. Bei der Beurteilung der Länge des Verfahrens hat er keine Gründe gesehen, die eine solche Verzöge-

---

[285] Geänderte Fassung des Gesetzes: Dz.U. 2001, Nr. 79, Pos. 855.

[286] Die Entscheidung der Kleinen Kammer wurde durch die Entscheidung der Großen Kammer vom 17.2. 2004 bestätigt. S. *Gorzelik u.a. ./. Polen*, Urteil EGMR vom 17.2. 2004; vgl. hierzu *R. Hofmann*, Nationale Minderheiten und der Europäische Gerichtshof für Menschenrechte, in: J. Bröhmer u.a. (Hrsg.), Internationale Gemeinschaft und Menschenrechte. Festschrift für Georg Ress, Köln 2005, 1011 ff.

[287] *Goc ./. Polen*, Urteil EGMR vom 16.4. 2002.

rung rechtfertigten. Weder die Komplexität der Problematik noch das Verhalten des Beschwerdeführers oder die von den Behörden behauptete Bedeutungslosigkeit der rechtlichen Lage für den Beschwerdeführer seien insofern relevant.

Die Einhaltung der angemessenen Frist des gerichtlichen Verfahrens bleibt ein Dauerthema. Erwähnt seien aus der letzten Zeit die Urteile *Krzych i Gurbierz*[288] oder *Czajka* gegen Polen.[289] Innerstaatlich reagierte der polnische Gesetzgeber im Jahre 2004 auf diese Problematik mit der Verabschiedung des Gesetzes *über die Beschwerde gegen die Verletzung des Rechts auf gerichtliches Verfahren in angemessener Frist*,[290] das ermöglicht, wegen eines unbegründet langen Verfahrens bei dem übergeordneten Gericht eine Beschwerde einzureichen; eine dieser Beschwerde stattgebende Entscheidung ist Grundlage für die Auszahlung einer besonderen Form von Entschädigung an die Parteien des Verfahrens. Diese an sich positive Regelung bildet jedoch gleichzeitig eine zusätzliche Kategorie der „innerstaatlichen Rechtsbehelfe" nach Art. 35 EMRK; eine Individualbeschwerde zum EGMR ist nach dem Inkrafttreten dieser Regelung erst nach der Erschöpfung dieses Verfahrens zulässig. Diese Tatsache ist vom EGMR in den Entscheidungen *Michalak* vom 1. März 2005[291] und *Dziedzic* vom 24. Mai 2005[292] bestätigt worden: Das Verfahren nach dem Gesetz vom 17. Juni 2004 sei ein effektives Instrument, das überlangen Verfahren vorbeuge und eine angemessene Entschädigung biete.

Eine weitere Möglichkeit zur Entschädigung für die Nichteinhaltung der angemessenen Fristen bietet das gleichwohl im Jahre 2004 geänderte *Zivilgesetzbuch*,[293] das die Möglichkeit der Entschädigung für den Schaden, der durch Unterlassung des Treffens einer gerichtlichen Entscheidung entstanden ist, vorsieht.

Nach Art. 46 EMRK haben sich die Vertragsparteien verpflichtet, in allen Rechtssachen, in denen sie Partei sind, die endgültigen Urteile des Gerichtshofs zu befolgen. Diesbezüglich hatte das polnische Oberste

---

[288] *Kzych i Grubierz ./. Polen*, Urteil EGMR vom 13.2. 2007.

[289] *Czajka ./. Polen*, Urteil EGMR vom 9.1. 2007.

[290] Dz.U. 2004, Nr. 179, Poz. 1843.

[291] *Michalak ./. Polen*, Entscheidung EGMR vom 1.3. 2005.

[292] *Dziedzic ./. Polen*, Entscheidung EGMR vom 24.5. 2005.

[293] Dz.U. 2004, 162, Pos. 1692.

Gericht schon in seiner Entscheidung vom 11. November 1995 festgestellt, dass die Rechtsprechung des EGMR seit dem Beitritt Polens zum Europarat eine effektive Quelle der Auslegung der polnischen innerstaatlichen Vorschriften sein kann und muss.[294]

Ähnlich wie andere Rechtsordnungen der Transformationsstaaten, enthalten weder die polnische Verfassung noch das *Verfassungsgerichtshofsgesetz* Vorschriften, wie die polnischen Gerichte in Fällen, in denen aufgrund einer Individualbeschwerde ein Rechtsakt polnischer Staatsorgane für konventionswidrig erklärt wurde, verfahren sollen. Art. 91 Abs. 3 Verf., laut dem das Recht, das von einer internationalen Organisation gesetzt wird, unmittelbar anwendbar ist, bezieht sich wohl nicht auf einzelne Rechtsakte, sondern öffnet den Weg der direkten Anwendbarkeit für die normativen Akte, die z.B. nach dem Beitritt Polens von den Organen der Europäischen Gemeinschaften erlassen werden.

Eine entsprechende Regelung findet sich jedoch in der polnischen *Strafprozessordnung*. Nach § 540 Abs. 3 wird das Strafverfahren „[...] zugunsten des Angeklagten wiederaufgenommen, falls die Erforderlichkeit dafür aus einer Entscheidung eines internationalen Organs folgt, das aufgrund eines völkerrechtlichen Vertrags entscheidet, der durch die Republik Polen ratifiziert wurde". Die Entscheidung über die Wiederaufnahme liegt nicht beim Gericht, sondern ist auf Antrag des Angeklagten *ex lege* einzuleiten. Dadurch hat der Gesetzgeber zwar nicht etwa im Verwaltungsrecht oder Zivilrecht, aber zumindest in dem am tiefsten in die Grundrechte eingreifenden Bereich – dem Strafrecht – die obligatorische Wiederaufnahme des Strafverfahrens geregelt.[295]

---

[294] III ARN 75/94.

[295] Der EGMR hat festgestellt, dass Art. 6 EMRK beim Verfahren, das auf die Wiederaufnahme abzielt, keine Anwendung findet. Siehe *Kwicien ./. Polen*, Entscheidung EGMR vom 15.3. 2005; siehe *A. Wisnkiewski*, Radca Prawny 2005, Nr. 4, S. 118.

b) Auffassungen des UN-Ausschusses für Menschenrechte

Wie die Mehrheit der ehemals kommunistischen Staaten ratifizierte die Volksrepublik Polen den IPbürgR bereits Ende der siebziger Jahre, und zwar am 18. Juni 1977; das Fakultativprotokoll zu diesem Pakt, das für Einzelpersonen den Weg zur Überprüfung ihrer Mitteilungen durch den UN-Ausschuss für Menschenrechte eröffnete, wurde allerdings erst nach der Wende – am 7. Februar 1992 – durch die Republik Polen ratifiziert. Durch Vorbehalt zum Protokoll[296] schloss sie die Überprüfung von Mitteilungen, die bereits in einem anderen internationalen Untersuchungs- oder Streitbeilegungsverfahren geprüft werden, aus der Zuständigkeit des Ausschusses aus; im Unterschied zum grundsätzlich vergleichbaren Vorbehalt der Bundesrepublik Deutschland bezieht sich der polnische Vorbehalt jedoch weder auf Mitteilungen, die ihren Ursprung vor dem Inkrafttreten des Fakultativprotokolls für Polen haben, noch vor allem auf solche, mit denen eine Verletzung von Art. 26 des Paktes gerügt wird, d.h. wenn sich die gerügte Verletzung der Gleichbehandlung auf andere als im Pakt selbst garantierte Rechte bezieht.

Der verbindliche Charakter der Urteile des EGMR und der oben genannte Vorbehalt führen dazu, dass nur wenige polnische Mitteilungen den Ausschuss erreichen. Nach der aktuellen Übersicht der Mitteilungen[297] ist bisher eine einzige Stellungnahme hinsichtlich Polen ergangen, nämlich am 18. September 2003: In der unterbliebenen Beförderung eines polnischen Polizeibeamten hat der Ausschuss keine Verletzung von Art. 14 IPbürgR gesehen.[298] Die übrigen Mitteilungen wurden als unzulässig zurückgewiesen. So wurde z.B. eine Mitteilung durch Entscheidung vom 11. April 2003[299] zurückgewiesen, weil sich ihr Gegenstand auf Ereignisse bezog, die vor dem Inkrafttreten des Fakultativprotokolls für Polen geschehen waren. Dies ist aus dem Grund interessant,

---

[296] Der Vorbehalt lautet: „Poland accedes to the Protocol while making a reservation that would exclude the procedure set out in article 5(2) (a), in cases where the matter has already been examined under another procedure of international investigation or settlement.“

[297] Statistical survey of individual complaints dealt with by the Human Rights Committee under the Optional Protocol to the International Covenant on Civil and Political Rights (3 May 2004), besucht am 7.3. 2008.

[298] CCPR/C/78/D/837/1998.

[299] CCPR/C/77/D/872/1999.

weil Polen einen solchen Vorbehalt gar nicht eingelegt hatte. Der Ausschuss argumentierte damit, dass er entsprechend seiner ständigen Praxis solche Sachen nur überprüfe, falls die Verletzung des Paktes bzw. des Fakultativprotokolls auch noch nach deren Inkrafttreten andauere; diese Voraussetzung erfülle der vorliegende Fall jedoch nicht.

Dem im Vergleich mit dem EGMR niedrigeren Ansehen des Mechanismus des UN-Menschenrechtsausschusses in der polnischen Rechtsordnung entspricht auch die Tatsache, dass es keine speziellen Verfahrensformen gibt, die seine Entscheidungen innerstaatlich umsetzen würden. Auf der anderen Seite schließt § 540 Abs. 3 der polnischen *Strafprozessordnung* – im Gegensatz etwa zur deutschen Strafprozessordnung – eine Wiederaufnahme des Strafverfahrens aufgrund einer Stellungnahme des UN-Menschenrechtsausschusses nicht ganz aus.[300] Diese wird nicht nur als Reaktion auf die Entscheidungen des EGMR, sondern pauschal auf Entscheidungen „eines internationalen Organs" konstruiert; darunter könnte – neben dem EGMR – theoretisch auch der UN-Menschenrechtsausschuss mit seinem Kontrollmechanismus subsumiert werden.

c) Entscheidungen des EuG und des EuGH

Der Umsetzung der Entscheidungen beider europäischen Gerichte ist in der polnischen Rechtsordnung keine ausdrückliche Bestimmung gewidmet. Die Verfassung aus dem Jahre 1997 enthält zwar Art. 91 Abs. 3 Verf., laut dem das Recht, das von einer internationalen Organisation gesetzt wird, unmittelbar anwendbar ist. Diese Regelung bezieht sich jedoch nach der Lehre[301] nicht auf einzelne Rechtsakte, sondern auf sekundäres, allgemein bindendes Recht der Union.

Im Schrifttum[302] wurde jedoch übereinstimmend darauf hingewiesen, dass die polnischen Staatsorgane nach dem EU-Beitritt die Rechtsprechung des EuG und des EuGH werden respektieren müssen, und zwar in dem für die gegenwärtigen Mitglieder üblichen Ausmaß. Jedenfalls

---

[300] *S. Zabłocki*, Rozdział 55. Wznowienie postępowania, in: Z. Gostyński (Hrsg.), Kodeks postępowania karnego. Komentarz, Warszawa 2004, 646 ff.

[301] *C. Mik*, Europejskie prawo wspólnotowe, Warszawa 2000, 814 f.

[302] *S. Biernat*, Constitutional Aspects of Poland's Future Membership in the European Union, Archiv des Völkerrechts 36 (1998), 417.

wies der Verfassungsgerichtshof in seiner ersten Entscheidung, welche die Vereinbarkeit des Gemeinschaftsrechts mit der polnischen Verfassung tangierte,[303] darauf hin, dass die Republik Polen durch den EU-Beitrittsvertrag sich nicht nur zur Einhaltung seiner Regelungen, sondern auch zur Respektierung der Entscheidungsformen der Union und ihrer institutionellen Struktur verpflichtet hat.

In der – schon mehrmals zitierten – Entscheidung zum EU-Beitritt Polens K 18/04 vom 11. Mai 2005 beschrieb der Verfassungsgerichtshof seine Sichtweise des Inhalts und der Verbindlichkeit der Entscheidungen des EuGH. Er betonte das Prinzip der gegenseitigen Loyalität zwischen der EG und der EU einerseits und den Mitgliedstaaten andererseits: Der EuGH sei gegenüber den innerstaatlichen Rechtsordnungen verpflichtet, „freundlich" zu entscheiden, während sich die Mitgliedstaaten um den höchsten Standard der Einhaltung des Gemeinschaftsrechts bemühen müssen. Allerdings dürfe die vom EuGH vorgenommene Auslegung des Gemeinschaftsrechts den Rahmen der den Gemeinschaften übertragenen Funktionen und Befugnisse nicht sprengen und müsse mit dem Prinzip der Subsidiarität vereinbar sein. Auf der anderen Seite sei der polnische Verfassungsgerichtshof nicht dafür zuständig, die Entscheidungen des EuGH „direkt zu überprüfen". Was unter der eventuellen „mittelbaren" Prüfung der Entscheidungen des EuGH zu verstehen sei, wird sich erst in der künftigen Rechtsprechungspraxis des Verfassungsgerichtshofs zeigen.

7. Bewertung

Die Regelung der Frage des Verhältnisses zwischen dem innerstaatlichen Recht und den völkerrechtlichen Normen in der Verfassung aus dem Jahre 1997 profitierte von einer langen, relativ offenen wissenschaftlichen Diskussion zu diesem Thema, die in Polen schon vor der Wende intensiv geführt wurde und zu einem reichem Schrifttum zu dieser Frage führte. Als Folge gelang es dem Verfassungsgeber, ein für die externen Rechtssysteme grundsätzlich offenes Modell in die Verfassung einzuführen. In mehreren Aspekten weist dieses Konzept eigene Spezifika aus.

---

303 K 15/04, OTK-A 2004, Nr. 5, Pos. 47.

Betreffend die Kooperationswilligkeit der polnischen Verfassungsordnung ist Art. 90 Verf. maßgebend, der erlaubt, auf der Grundlage eines völkerrechtlichen Vertrags einer internationalen Organisation oder einem internationalen Organ Kompetenzen zu übertragen. Mindestens so bedeutend ist Art. 91 Abs. 3 Verf., der eindeutig das Recht, das von einer solchen internationalen Organisation gesetzt wird, für unmittelbar anwendbar erklärt. Durch diese Regelung wird die Bereitschaft Polens zur Unterordnung unter überstaatliche Regelungen, selbstverständlich unter der Voraussetzung seiner Mitgliedschaft in diesen Organisationen oder Organen, nicht nur signalisiert, sondern auch konsequent umgesetzt.

Umso mehr überraschten die Urteile des Verfassungsgerichtshofs aus dem Jahre 2005 zum Europäischen Haftbefehl und zum EU-Beitrittsvertrag; zwar haben sie beide die grundsätzliche Bindung Polens an die europäischen Strukturen und das Gemeinschaftsrecht bestätigt, verbanden diese jedoch mit einer Reihe von Kautelen und artikulierten sogar die Möglichkeit eines Austritts aus der EU im Falle einer grundsätzlichen Unvereinbarkeit der europäischen Regelungen mit der polnischen Verfassung.

Gleichzeitig öffnete der Gesetzgeber die innerstaatliche Rechtsordnung großzügig gegenüber den völkerrechtlichen Regelungen (Art. 91 Verf.): Den durch Zustimmungsgesetzen bestätigten und ratifizierten Verträgen verlieh er einen übergesetzlichen Rang und vermittelte der Beziehung zwischen dem Völkerrecht und der polnischen Rechtsordnung einen beinahe monistischen Charakter, der vor allem den internationalen menschenrechtlichen Verträgen eine bedeutsame Stellung in der Rechtsordnung sichert. Dabei ist wenig relevant, dass nicht das Merkmal der gesetzlichen Zustimmung für die Inkorporierung der vertraglichen Normen, sondern ihre Ratifizierung maßgeblich ist (Art. 91 Abs. 1 Verf.). Die Respektierung des internationalen Gewohnheitsrechts ist durch Art. 9 Verf., der die Achtung des Polen bindenden Völkerrechts fordert, garantiert.

Die Stellung des Gemeinschaftsrechts in der polnischen Rechtsordnung ergibt sich aus Art. 91 Abs. 3 Verf., der den Vorrang der überstaatlichen Regelungen festlegt. Auch hier stellt die Rechtsprechung des Verfassungsgerichtshofs, vor allem im mehrfach genannten Urteil zum EU-Beitrittsvertrag, eine bedeutsame Relativierung des Vorrangs dar.

Als einer der Maßstäbe der Öffnung der Rechtsordnung wird in der Arbeit auch die Bereitschaft der Gerichte zur Anwendung überstaatlicher Regelungen untersucht. An dieser Stelle hat der Verfassungsgeber eine Trennungslinie zwischen der allgemeinen Gerichtsbarkeit und dem

Katalog der Maßstäbe des Verfassungsgerichtshofs gezogen. In der Entscheidungstätigkeit der allgemeinen Gerichte sind die völkerrechtlichen Regelungen *ex lege* kein Prüfungsmaßstab; falls es in der Entscheidungspraxis doch zu ihrer Anwendung kommt, geschah es früher auf der Grundlage der *ex proprio vigore*-Theorie, heute auf der Basis von Art. 91 Abs. 1 Verf., der die Stellung der ratifizierten Verträge regelt.

In der Verfassungsgerichtsbarkeit ist die Möglichkeit der Heranziehung völkerrechtlicher Regelungen als Instrument bei der Überprüfung der normativen Akte konzentriert (Art. 188 Verf.). Danach hat der Verfassungsgerichtshof die Möglichkeit, im Rahmen sowohl der abstrakten Normenkontrolle als auch der konkreten Kontrolle (bzw. „Rechtsanfrage“), anhand ratifizierter völkerrechtlicher Regelungen Gesetze und „normative Rechtsakte der zentralen Staatsorgane“ zu überprüfen. Diese seine Zuständigkeit kann nicht anders als ein bedeutsames Zugeständnis gegenüber völkerrechtlichen Regelungen und als ein wichtiger Schritt in der Öffnung für überstaatliche Rechtsordnungen bezeichnet werden – die qualifizierten völkervertraglichen Regelungen werden in der Rolle der Kriterien der innerstaatlichen Normschaffung faktisch den verfassungsrechtlichen Regelungen gleichgestellt.

Interessant ist es, dass bei der individuellen Beschwerde die Möglichkeit, Völkerrecht als Prüfungsmaßstab heranzuziehen, nicht besteht (Art. 79 Abs. 1 Verf.). Dieser bleibt auf die Verfassung beschränkt, was auch in der Rechtsprechung grundsätzlich bestätigt wird. Diese Tatsache kann mit dem Vorhaben der Verfassungsgeber erklärt werden, die Gleichartigkeit der innerstaatlichen Maßstäbe vor den Gerichten zu sichern und nicht (erst) bei dem Verfassungsgerichtshof ein zusätzliches Instrumentarium zu eröffnen.

Die Öffnung der polnischen Rechtsordnung ist gegenüber den Beschlüssen internationaler Instanzen großzügig: Die *Strafprozessordnung* (§ 540 Abs. 3) reagiert mit der Möglichkeit einer Wiederaufnahme des Verfahrens in Strafsachen nicht nur auf die entsprechenden Entscheidungen des Europäischen Gerichtshofs für Menschenrechte, sondern allgemein auf die „Entscheidungen eines internationalen Organs, das aufgrund eines völkerrechtlichen Vertrags entscheidet, der durch die Republik Polen ratifiziert wurde“. Dies würde theoretisch auch eine Wiederaufnahme aufgrund der Auffassungen des UN-Menschenrechtsausschusses ermöglichen.

Abschließend kann festgestellt werden, dass der Verfassungs- und Gesetzgeber die polnische Rechtsordnung als sehr offen für überstaatliche Regelungen konzipiert hat. Seine Kontrolle über das Ausmaß der Öffnung sicherte er durch die Voraussetzung der Ratifizierung der in der nationalen Rechtsordnung anzuwendenden Verträge sowie durch die Beschränkung des Instrumentariums der gerichtlichen Maßstäbe in Einzelfällen auf das nationale Recht. Die Öffnung für das Recht, das von internationalen Organisationen geschaffen wird, ist in der polnischen Verfassung beispielhaft. Die relativierende Rechtsprechung des Verfassungsgerichtshofs zu den europäischen Belangen zeigt zwar einerseits das Bewusstsein um die Notwendigkeit der Unterordnung unter die europäischen Vorgaben, andererseits aber auch das wachsende Selbstbewusstsein und Anspruchsdenken des jungen EU-Mitglieds. Dieses ist jedoch mit der gegenwärtigen politischen Situation in Polen zu erklären, und es bleibt abzuwarten, ob und welche Auswirkungen die innenpolitischen Veränderungen der jüngeren Zeit für die Rechtsprechung des Verfassungsgerichtshofs und der anderen polnischen Gerichte haben werden.

II. Die Tschechische Republik

1. Einleitung

Die Regelung des Verhältnisses der Rechtsordnung der Tschechischen Republik zum Völker- und später auch zum Gemeinschaftsrecht hat zahlreiche Stadien durchlaufen. Das ursprünglich streng dualistische Konzept, das vor der Wende fast ausnahmslos zur Anwendung kam und das die innerstaatliche Rechtsordnung vor einem Eindringen ausländischer, bzw. westlicher Einflüsse schützen sollte, wurde nach der Wende durch einen, durch die Inkorporierung der menschenrechtlichen Abkommen modifizierten, Dualismus ersetzt.

Erst am 18. Oktober 2001 hat das Parlament der Tschechischen Republik eine bedeutsame Verfassungsänderung[1] verabschiedet, welche die Etappe dieses dualistischen Ansatzes zum Völkerrecht beendete und darüber hinaus die geplante Übertragung eines Teils der Kompetenzen der tschechischen Staatsorgane an die Europäischen Gemeinschaften ermöglichte. Diese Änderung war nicht nur die Folge des Bestrebens der Tschechischen Republik, möglichst rasch den europäischen Strukturen beizutreten; sie reagierte damit auch auf eine Reihe praktischer Schwierigkeiten, welche die bisherige, nur die Menschenrechte wahrnehmende verfassungsrechtliche Regelung mit sich brachte. Die generelle Öffnung der tschechischen Rechtsordnung für die externen Rechtssysteme brachte andererseits jedoch gleichzeitig tiefe Einschnitte in die bis dahin bestehenden Kompetenzen des tschechischen Verfassungsgerichts, Völkerrecht als Maßstab der verfassungsgerichtlichen Entscheidungen anzuwenden; dadurch wurde das Ausmaß der angestrebten Völkerrechtsfreundlichkeit der tschechischen Verfassung stark relativiert.

---

[1] Verfassungsgesetz vom 18.10. 2001, welches das Verfassungsgesetz des Tschechischen Nationalrates Nr. 1/1993 Sbírka zákonů (weiter nur Sb.), die Verfassung der Tschechischen Republik, i.d.F. späterer Vorschriften ändert, Nr. 395/2001 Sb.

M. Hofmann, *Von der Transformation zur Kooperationsoffenheit?*,
DOI: 10.1007/978-3-642-00411-7_2,

2. Die Gründe der Öffnung der tschechischen Rechtsordnung für überstaatliche Rechtsordnungen

Die Wende des Jahres 1989 brachte der damaligen föderalen Tschechoslowakischen Sozialistischen Republik nicht nur die Öffnung ihrer Grenzen im eigentlichen Sinne, sondern auch eine lang ersehnte „Öffnung“ auf zahlreichen Gebieten des politischen, wissenschaftlichen und kulturellen Lebens. Die veränderte Atmosphäre beeinflusste unmittelbar auch den Bereich der Gesetzgebung und kam u.a. in dem Wunsch zum Ausdruck, die früher von der westlichen Welt dicht abgeschirmte und autoritäre Rechtsordnung an die äußeren Rechtssysteme (wieder-)anzuknüpfen.

Wenig Zweifel gab es deswegen darüber, dass es zu dieser Anknüpfung kommen sollte und eigentlich auch musste. Wie tief sie in das innerstaatliche Rechtssystem eingreifen sollte, mit welchen rechtlichen Instrumenten sie umgesetzt werden sollte – das hingegen wurde diskutiert. Durch die Vorbereitungen der entsprechenden verfassungsrechtlichen Regelungen zog sich wie ein roter Faden ein Konflikt zwischen den Vertretern zweier Richtungen. Die eine, die von der Ignoranz des früheren Regimes gegenüber den völkerrechtlich formulierten Menschenrechten geprägt war, versuchte, den Menschenrechtsverträgen – und nur ihnen – den höchsten Rang in der Rechtsordnung zu verleihen; dieses Konzept hat sich im Jahre 1993 in der tschechischen Verfassungsordnung durchgesetzt. Die andere Strömung bemühte sich, das Völkerrecht als Ganzes auf eine höhere Ebene zu heben; dieses zweite Projekt musste bis 2001 auf seine Umsetzung warten. Mit Ausnahme von bestimmten, besonders qualifizierten Menschenrechten konnte daher die Stellung mancher „übriger“ völkerrechtlicher Normen im tschechischen Recht bis zum Jahr 2001 nur als unklar bezeichnet werden.

Der starke Akzent auf die völkerrechtlichen Menschenrechtsinstrumente gestaltete auch die Zuständigkeiten und die Tätigkeit des Verfassungsgerichts auf völkerrechtlichem Gebiet. Seit seiner Gründung begleitete es zahlreiche seiner Entscheidungen mit Analysen einschlägiger Bestimmungen der Menschenrechtsverträge, wies auf Entscheidungen internationaler Menschenrechtsgremien hin und bemühte sich, mit der verfassungsrechtlichen Lücke zu leben. Auf Dauer war dies jedoch sicher keine befriedigende Situation. Zur Feststellung, ob eine völkerrechtliche Norm einen menschenrechtlichen Charakter hatte, fehlten objektive, zuverlässige Kriterien.

Die Verfassungsänderung, die am 1. Juni 2002 in Kraft trat, hat die Mehrzahl der kritischen Punkte der bisherigen Regelung beseitigt; darüber hinaus erweiterte sie die Zuständigkeiten des Verfassungsgerichts um die präventive Kontrolle völkerrechtlicher Verträge und ebnete den Weg Tschechiens nach Europa. Der Preis dafür war eine vom Parlament erwünschte Reduzierung der Kompetenzen des Verfassungsgerichts, die nationalen Rechtsakte am Völkerrecht zu messen. Der Grund hierfür lag höchstwahrscheinlich in dem Bemühen, der nationalen Charta der Grundrechte und Grundfreiheiten eine stärkere Position in der Rechtsordnung einzuräumen. Das Bemühen derjenigen, die schon 1993 versucht hatten, eine breite Öffnung der nationalen Rechtsordnung gegenüber internationalen Regelungen durchzusetzen, hat dadurch nur in beschränkter Weise Früchte getragen.

3. Das gewählte Modell der Einbeziehung des Völkerrechts in die innerstaatliche Rechtsordnung

a) Allgemeine Inkorporationsregel und die Einbeziehung des Gewohnheitsrechts

Die Verfassung der Tschechischen Republik in der Fassung aus dem Jahre 1993[2] beinhaltete keine allgemeine Regelung des Verhältnisses der Tschechischen Republik zu völkerrechtlichen Regelungen. Die Praxis bediente sich, falls notwendig, des Rechtsstaatsprinzips, das in Art. 1 Verf. verankert war.[3] Vor allem in der Lehre waren jedoch die Stimmen deutlich, die eine Erweiterung des Begriffs des demokratischen Rechtsstaates und des Inhalts von Art. 1 Verf. in dem Sinne verlangten, nicht nur die Bindung des Staates an das nationale Recht, sondern auch an das

---

[2] Das Verfassungsgesetz des Tschechischen Nationalrates Nr. 1/1993 Sb., die Verfassung der Tschechischen Republik, i.d.F. späterer Vorschriften.

[3] Art. 1 Verf. i.d.F. aus dem Jahre 1993 lautete: „Die Tschechische Republik ist ein auf der Achtung der Rechte und Freiheiten des Menschen und des Bürgers begründeter souveräner, einheitlicher und demokratischer Rechtsstaat." Nr. 1/1993 Sb.

völkerrechtliche Gewohnheitsrecht und das Völkervertragsrecht explizit zu formulieren.[4]

Die offiziellen Vorbereitungen zum Entwurf der Verfassungsänderung führten zu dem Schluss, dass in die Rechtsordnung ein Hinweis auf die völkerrechtlichen Regelungen und den aus ihnen folgenden Verpflichtungen, die von der Tschechischen Republik respektiert werden, eingegliedert werden sollte. Unter den „Regelungen" wurden vor allem die allgemein anerkannten Grundsätze des Völkerrechts bzw. die gewohnheitsrechtlichen Normen des allgemeinen Völkerrechts mit *ius cogens* Charakter verstanden; unter „Verpflichtungen" fielen dann alle vertraglichen Vereinbarungen der Tschechischen Republik mit völkerrechtlichen Subjekten, die sie binden – nicht nur diejenigen Verträge, denen das Parlament zugestimmt hat, sondern auch Regierungs- oder ministerielle Verträge sowie einseitige Akte des Staates, die Rechtsakte einiger internationaler Institutionen und sonstige Verpflichtungen rechtlichen Charakters.[5] Diese Regelung sollte den Gesetzesmotiven zum Regierungsentwurf zufolge jedoch nicht dazu führen, dass den völkerrechtlichen Regelungen der Charakter einer unmittelbar anwendbaren Rechtsquelle des nationalen Rechts verliehen worden wäre; sie sollte auch nicht bedeuten, dass die völkerrechtlichen Normen „gleich mit den Rechtsquellen im formellen Sinne angewandt werden sollen".[6]

Im Unterschied zu diesem Konzept des Regierungsentwurfs hat sich das Parlament im letzten Stadium der Erörterungen für eine vereinfachte Lösung entschieden: In Art. 1 Abs. 2 Verf. wird erklärt, dass die Tschechische Republik „ihre völkerrechtlichen Verpflichtungen einhält".[7] Diese Vorschrift wird als Ausgangspunkt der Tätigkeit der Staatsorgane gesehen; gleichzeitig soll damit ausgedrückt werden, dass ein Verhalten, das im Widerspruch zu völkerrechtlichen Regelungen stünde, die völkerrechtliche Verantwortlichkeit der Tschechischen Re-

---

[4] Vgl. *J. Kysela/ Z. Kühn*, Aplikace mezinárodního práva po přijetí tzv. euronovely Ústavy ČR, Právní rozhledy 7 (2002), 301 ff.

[5] Gesetzesmotive zum Regierungsentwurf der Verfassungsänderung, Parlamentsdruck Nr. 884, 21.3. 2001, S. 12; http://www.psp.cz/sqw/text/orig2.sqw?C=364&T=k1998psp3t&E=doc.

[6] *Ibid.*, S. 6.

[7] Art. 1 Abs. 2 Verf. lautet nun: „Die Tschechische Republik hält ihre völkerrechtlichen Verpflichtungen ein."

publik zur Folge hätte.[8] Konkret solle sie sich vor allem in der Praxis des Parlaments widerspiegeln, z.B. in seinen Reaktionen auf die Entscheidungen des EGMR, des UN-Sicherheitsrates usw., die häufig eine Umsetzung der völkerrechtlichen Verpflichtungen darstellen.[9] Weiter bekräftige diese Norm die Stellung des Völkerrechts gegenüber dem tschechischen Verfassungsgericht, das mit ihrer Hilfe als Auslegungsmittel die eventuell „undichten" Stellen der Verfassungsänderung überbrücken kann.

Die Stellung des völkerrechtlichen Gewohnheitsrechts in der tschechischen Rechtsordnung bleibt selbst nach der Verfassungsänderung unklar. In der Lehre[10] wird diskutiert, ob unter den „völkerrechtlichen Verpflichtungen" nach Art. 1 Abs. 2 Verf. neben vertraglichen Normen auch Regelungen des Gewohnheitsrechts verstanden werden sollen und können. Nach Auffassung derjenigen, die in der Formulierung von Art. 1 Abs. 2 Verf. einen Hinweis auf gewohnheitsrechtliche Regelungen sehen,[11] hat der Begriff „völkerrechtliche Verpflichtungen" im Völkerrecht eine feststehende Bedeutung. Es handele sich nicht nur um Verpflichtungen aus dem internationalen Vertragsrecht, sondern um Verpflichtungen aus jeglichen völkerrechtlichen Regelungen. In diesem Zusammenhang wird mit den Definitionen der „Verpflichtungen" in der Jurisprudenz des Internationalen Gerichtshofs[12] sowie der Auslegung der International Law Commission argumentiert. Diese habe in ihrem Kommentar zum Entwurf der Bestimmungen über die völkerrechtliche Verantwortlichkeit von Staaten für rechtswidrige Handlungen aus dem

---

[8] Gesetzesmotive (Fn. 5), S. 12.

[9] S. *J. Kysela/ Z. Kühn* (Fn. 4), S. 303.

[10] S. z.B. *J. Malenovský*, Postavení mezinárodních smluv o lidských právech v českém právu po 1. červnu 2002, Právník 141 (2002), 928 ff.; *V. Pavlíček*, Ze stanoviska k vládnímu návrhu změny Ústavy ČR, in: V. Pavlíček a kol. (Hrsg.), Suverenita a Evropská integrace, Praha 1999, 309 ff.; *J. Filip*, Parlament ČR schválil návrh euronovely Ústavy ČR, Právní zpravodaj 11 (2001), S. 5.

[11] Vor allem *J. Malenovský* (Fn. 10), 928 ff.; *ders.*, Mezinárodní právo veřejné, jeho obecná část a poměr k jiným právním systémům, zvláště k právu českému, Brno 2008, S. 506.

[12] Z.B. United States Diplomatic and Consular Staff in Teheran, Judgment, I.C.J. Reports 1980, S. 3.

Jahre 2001[13] als „Quelle" der völkerrechtlichen Verpflichtungen der Staaten nicht nur die Verträge bezeichnet, deren Partei sie sind, sondern auch „sonstige" Quellen, z.B. das völkerrechtliche Gewohnheitsrecht.

Unbeantwortet bleibt auch die Frage, ob ggf. die gewohnheitsrechtlichen Bestimmungen in der innerstaatlichen Rechtsordnung direkt angewandt werden können. Aus der Tatsache, dass der Gesetzgeber den Charakter der direkt anwendbaren Rechtsnormen in Art. 10 Verf. ausdrücklich nur den vertragsrechtlichen und nicht etwa den gewohnheitsrechtlichen Regelungen verliehen hat, lässt sich ableiten, dass dies eher nicht der Fall sein soll. Diese Meinung wird auch von der Äußerung der Gesetzesmotive[14] zum Regierungsentwurf unterstützt, wonach der Inhalt von Art. 1 Abs. 2 Verf. „nicht bedeutet", dass die völkerrechtlichen Verpflichtungen „gleich den Rechtsquellen im formellen Sinne" angewandt werden sollen.

b) Einbeziehung völkerrechtlicher Verträge in die innerstaatliche Ordnung

aa) Die Lage bis zur Verabschiedung der Verfassungsänderung

Weder die erste Nachkriegsverfassung der Tschechoslowakischen Republik, die nach dramatischen rechtspolitischen Diskussionen[15] durch die Nationalversammlung im Jahre 1948 als Verfassung einer „Volksdemokratie"[16] verabschiedet wurde, noch die „Verfassung der Tschechoslowakischen Sozialistischen Republik" aus dem Jahre 1960[17] beinhalteten eine Regelung des Verhältnisses der nationalen Rechtsordnung zu völkerrechtlichen Vertragsregelungen; diese Problematik verblieb auf der Ebene der wissenschaftlichen Untersuchungen.

---

[13] Rapport de la Commission du droit international, 53e session, A/56/10, Nations Unies, New York 2001, S. 62.

[14] Gesetzesmotive (Fn. 5), S. 7.

[15] S. z.B. *V. Procházka*, Ústava devátého května a její první výročí, Právník 1949, 102 ff.

[16] Ústava Československé republiky, Sbírka zákonů a nařízení republiky Československé, Nr. 150/1948 Sb.

[17] Ústava Československé socialistické republiky, Sbírka zákonů Československé socialistické republiky, Nr. 100/1960 Sb.

Interessante Ergebnisse brachte dazu die I. Staatliche Arbeitskonferenz für Völkerrecht in Prag im Jahre 1954. Im Gutachten des Kabinetts für Völkerrecht der Akademie der Wissenschaften zur Problematik der Transformation völkerrechtlicher Verträge in das innerstaatliche Recht wurde unter dem Gesichtspunkt der damaligen Rechtsordnung jegliche Notwendigkeit einer Umwandlung der durch die ČSSR beschlossenen Verträge in die innerstaatliche Ordnung zum Zwecke ihrer innerstaatlichen allgemeinen Verbindlichkeit – aus heutiger Sicht vielleicht überraschend – zurückgewiesen. Nach dieser Stellungnahme „werden völkerrechtliche Verträge der Tschechoslowakischen Volksrepublik Bestandteil der innerstaatlichen Rechtsordnung an dem Tag, an dem diese rechtskräftig abgeschlossen wurden, und haben die Kraft eines Gesetzes. Sind sie auch entsprechend veröffentlicht worden, erwerben sie gleichzeitig innerstaatliche Wirkung, mit Ausnahme solcher Fälle, in denen der völkerrechtliche Vertrag nach seiner ausdrücklichen Bestimmung oder nach seinem Charakter den Erlass von innerstaatlichen Ausführungsvorschriften erfordert. Selbst in diesen Fällen erwerben jedoch diejenigen Teile des Vertrags, die eine besondere Ausführungsvorschrift nicht erfordern, eine sofortige Wirkung. Unter dem Gesichtspunkt der geltenden tschechoslowakischen Rechtsordnung und der heutigen Praxis gibt es keine Notwendigkeit einer Transformation völkerrechtlicher Verträge.“[18]

Dieses Gutachten beruhte angeblich auf der „kategorischen Ablehnung der dualistischen Theorie als eines Ausdrucks der kapitalistischen Rechtslehre“.[19] Vom praktischen Standpunkt aus hat sich diese Überzeugung darauf gestützt, dass die Verfassung aus dem Jahre 1948 keine ausdrückliche Regelung der Transformation hatte sowie auf ihren Art. 9 Abs. 3 Verf. über die Bindung der Richter an die volksdemokratische Rechtsordnung, unter der nicht nur die Gesetze, sondern offenbar auch die völkerrechtlichen Verträge verstanden werden sollten. Die Methode, wonach einige Gesetze ihre Anwendbarkeit ausdrücklich davon abhängig machen, dass kein völkerrechtlicher Vertrag etwas Abweichendes bestimmt,[20] bezeichnete das Gutachten als überflüssig und dadurch unnötig.

---

[18] Studie z mezinárodního práva I, 1955, 67 ff.

[19] Nach *A. Wagner*, K vnitrostátní obecné závaznosti norem vyplývajících z mezinárodních smluv, Právník 1981, 986 ff.

[20] Z.B. § 71 des Gesetzes Nr. 51/1948 Sb., § 606 ZPO.

Diese Meinung wurde von denjenigen Vertretern der Lehre nicht unterstützt, die als Voraussetzung innerstaatlicher Anwendung völkerrechtlicher Bestimmungen die Notwendigkeit eines weiteren Ausdrucks des staatlichen Willens sahen; die Form dieses Aktes blieb jedoch offen.[21] Auch die Praxis neigte zunehmend der dualistischen Theorie zu, die jedoch nicht das Eindringen der „westlichen“ Werte, sondern im Gegenteil den endgültigen Einfluss der sozialistischen Staatorgane über die Anwendung völkerrechtlicher Rechtsnormen sicherte. Die fehlende Bestimmung über die Stellung völkerrechtlicher Verträge gegenüber der innerstaatlichen Ordnung[22] führte im Ergebnis zu einer unklaren Rechtslage; als ein möglicher Ausweg wurde erwähnt, der durch den Staatspräsidenten vollendeten Ratifikation die Rolle einer Transformation zuzusprechen.[23]

Die Antwort auf die Frage, ob zu der innerstaatlichen Anwendung völkerrechtlicher Regelungen ein nationaler Rechtsakt erforderlich ist, änderte sich im Laufe der Zeit offensichtlich. So fiel sie z.B. im Falle des Internationalen Paktes über wirtschaftliche, soziale und kulturelle Rechte und des Internationalen Paktes über bürgerliche und politische Rechte aus dem Jahre 1966[24] in der Fachliteratur im Jahre 1969 noch eher positiv,[25] im Jahre 1978 typischerweise schon nur negativ aus. Mit der Begründung, dass die innerstaatliche Rechtsordnung alle in den Pakten beinhalteten Rechte völlig garantiere, wurde diese Fragestellung als „unnötig“ bezeichnet. Die gewünschte Konsequenz dieser Haltung war die Feststellung, dass „die Bestimmungen beider Pakte in der ČSSR bzw. in ihrer innerstaatlichen Rechtsordnung weder unmittelbar gelten noch sich die natürlichen und juristischen Personen auf diese im Rah-

---

[21] S. *V. Outrata*, Mezinárodní právo veřejné, 1960, 38 ff.; *M. Potočný*, Mezinárodní právo veřejné, 1978, 94 ff.

[22] Die damalige Rechtsordnung beinhaltete einige Ausnahmen: z.B. § 2 des Gesetzes Nr. 97/1963 Sb. über das internationale Privat- und Prozeßrecht; § 3 des Gesetzes Nr. 101/1963 Sb. – Kodex des internationalen Handels.

[23] *O. Kunz*, Mezinárodní aspekty ochrany lidských práv, Právník 1978, 602 ff.

[24] Beide Pakte wurden im Rahmen einer Verordnung des Außenministers vom 10.5. 1976, Nr. 23/1976 Sb. veröffentlicht, jedoch nur in tschechischer Sprache. Für die ČSSR traten sie am 23.3. 1976 in Kraft.

[25] *J. Chaloupek*, Pojem a předmět mezinárodně právní ochrany lidských práv a základních svobod, Právník 1969, 670 ff.

men der tschechoslowakischen Rechtsordnung direkt berufen können".[26] Aus der Tatsache, dass „[...] jeder Staat das Recht hat, sein politisches, soziales und kulturelles System frei zu wählen", wurde später abgeleitet, dass sich die Staaten durch die Pakte verpflichteten, die in den Pakten enthaltenen Verpflichtungen umzusetzen. Die Bürger seien zwar die Adressaten dieser Rechte, nicht jedoch Subjekte der völkerrechtlichen Normen. Die Pakte regelten nicht unmittelbar die rechtliche Stellung des Einzelnen, sondern bestimmten einen gewissen Standard, welchen ihre Parteien auf ihren Territorien garantieren müssten.[27] In der Praxis ging es vor allem darum, die Möglichkeit einer direkten Anwendbarkeit der Bestimmungen des IPbürgR über die Ausreise- und Einreisefreiheit (Art. 12), Meinungsfreiheit (Art. 19) und Versammlungsfreiheit (Art. 21) auszuschließen.

Die geänderte politische Situation nach der Wende führte auch zu neuen Ansätzen und theoretischen Konzepten in diesem Bereich.

Die Entwürfe der Verfassung – zunächst für die Föderation, dann für die Republik – deuten darauf hin, dass die innerstaatliche Ordnung ursprünglich für das Völkerrecht breit geöffnet werden sollte. Teil 8, Art. 8 eines Arbeitsentwurfs der föderalen Verfassung vom August 1991 enthielt eine Regelung über den gesetzlichen Vorrang aller völkerrechtlichen Verträge und ihre unmittelbare Wirkung im innerstaatlichen Recht. Gleichzeitig umfasste er eine Bestimmung über die Übertragung bestimmter staatlicher Attribute an internationale Organisationen.

Der Regierungsentwurf der nie in Kraft getretenen Verfassung der Tschechischen Republik von 1991[28] reagierte in seinen Bestimmungen über die Einbeziehung der menschenrechtlichen Verträge in das innerstaatliche Recht zweifellos auf die Ignoranz des früheren Regimes gegenüber dem internationalen Menschenrechtsschutz und das damit verbundene Fehlen entsprechender Mechanismen, welche die innerstaatliche Rechtsordnung dem Völkerrecht geöffnet hätten. Die völkerrechtlichen Verträge wurden zu diesem Zweck in zwei Kategorien eingeteilt.

---

[26] O. *Kunz* (Fn. 23), S. 609.

[27] *M. Srnská*, Socialistická koncepce ochrany lidských práv v mezinárodním právu, 1983, 66-67.

[28] Česká národní rada, VII. volební období, Tisk 152, http://www.psp.cz/eknih/1992cnr/tisky/t0152_01.htm; s. *D. Jílek*, Mezinárodněprávní pohled na ustanovení článku 10 Ústavy České republiky, Časopis pro právní praxi, 1993, 112-113.

Die menschenrechtlichen Abkommen sollten verfassungsgesetzlichen Rang erwerben, die „übrigen“ einen bloßen Gesetzesrang haben; beide Gruppen der Verträge sollten „unmittelbar verbindlich“ sein (Art. 10 Verf.).

§ 2 des Einführungsgesetzes zur Charta der Grundrechte und Grundfreiheiten von 1991,[29] einem Grundrechtskatalog mit Verfassungsrang, der am 8. Februar 1991 in Kraft trat, brachte die erste verbindliche Regelung des Verhältnisses der nationalen Ordnung gegenüber völkerrechtlichen Menschenrechtsinstrumenten. Er stellte fest, dass die von der Tschechischen und Slowakischen Föderativen Republik ratifizierten und verkündeten völkerrechtlichen Verträge über Menschenrechte und Grundfreiheiten auf ihrem Gebiet allgemein verbindlich sind und ihren eigenen Gesetzen vorgehen. Über die Stellung anderer völkerrechtlicher Normen hat sich die Charta – was letztlich auch inhaltlich nicht ihre Aufgabe war – nicht geäußert.

Nach dem Zerfall der Tschechischen und Slowakischen Föderativen Republik zum 1. Januar 1993 wurde diese Regelung Vorbild des ursprünglichen Art. 10 der Verfassung der Tschechischen Republik vom 16. Dezember 1992.[30] Nach der bis zu der Verfassungsänderung im Jahre 2002 geltenden Regelung wurden die ratifizierten und verkündeten völkerrechtlichen Abkommen zum Schutz der Menschenrechte und Grundfreiheiten, durch welche die Tschechische Republik gebunden war, „unmittelbar verbindlich“ und bekamen Vorrang vor den Gesetzen.

Diese partielle Inkorporierungsregelung ließ eine Reihe von Fragen offen. Die Verfassung nahm keine Stellung zu sonstigen – anderen als menschenrechtlichen – völkerrechtlichen Abkommen. Die Gesetzgebung reagierte auf diese Lücke mit zahlreichen einfachen speziellen Gesetzen mit Verweisen auf einzelne völkerrechtliche Verträge, denen vor den konkreten gesetzlichen Bestimmungen Vorrang gegeben wurde.[31]

---

[29] Verfassungsgesetz Nr. 23/1991 Sb.

[30] S. Fn. 2.

[31] S. z.B. Gesetz *über den Aufenthalt der Ausländer* (Ausländergesetz), Nr. 326/1999 Sb.

Nicht ganz klar waren weiter die Umrisse der Kategorie der „Abkommen zum Schutz der Menschenrechte und Grundfreiheiten".[32] Ganz

---

[32] Nach dem Verfassungskommentar aus dem Jahre 1994 ging die Praxis davon aus, dass der Oberbegriff „Verträge über Menschenrechte und Grundfreiheiten" bzw. „völkerrechtliche Verträge über Menschenrechte und Grundfreiheiten" nach Art. 10 Verf. (1992) ein Begriff des Völkerrechts sei und als solcher nach den völkerrechtlichen Regelungen ausgelegt werden müsse. Die Einheitlichkeit der Rechtsordnung verlange jedoch, dass in der innerstaatlichen Ordnung diese Verträge vor allem im Rahmen der Systematik und der geltenden Bestimmungen der Verfassung, der *Charta der Grundrechte* sowie sonstiger Bestandteile der Verfassungsordnung ausgelegt würden. Folglich verstand der Kommentar unter „völkerrechtlichen Verträgen über Menschenrechte und Grundfreiheiten" solche Verträge, die Rechte und Freiheiten, die in der *Allgemeinen Erklärung der Menschenrechte* aus dem Jahre 1948 enthalten sind, umfassten; diese haben die UN-Mitgliedstaaten als solche erklärt und sich verpflichtet, in ihren Rechtsordnungen ihre Erfüllung zu garantieren: Zusammen mit den beiden UN-Menschenrechtspakten bildeten sie ein Ganzes, zu dessen Werten sich die Tschechoslowakei bekannt habe; einige ihrer Bestimmungen seien direkt in die *Charta der Grundrechte* übertragen.

Die Lehre (z.B. *J. Malenovský,* Mezinárodní smlouvy o lidských právech a čs. ústavní právo, Právník 1992, 933 ff.) nahm zu dieser Problematik differenzierter Stellung: Gezweifelt wurde vor allem an der Omnipotenz der Auslegung nach der Systematik der innerstaatlichen *Charta der Grundrechte*, und zwar wegen der fehlenden Übereinstimmung des Begriffs „Menschenrechte und Grundfreiheiten" nach Art. 49 bzw. 10 Verf. (1992) mit der Terminologie der Charta: Ihr Titel heiße zwar *„Die Charta der Grundrechte und Grundfreiheiten"*, jedoch seien nur im 2. Kapitel – wie in Art. 10 und 49 Verf. –„Menschenrechte und Grundfreiheiten" genannt (in Teil 1 wiederum „Grundrechte und Grundfreiheiten"). Selbst wenn diese Konstruktion so ausgelegt werden könnte, als ob sich der Umfang von Art. 10 bzw. 49 Verf. bloß auf die Rechte des 2. Kapitels der Charta erstrecken sollte (nicht enthalten wären z.B. Rechte der nationalen und ethnischen Minderheiten, wirtschaftliche und soziale Rechte oder das Recht auf gerichtlichen und anderen Rechtsschutz), spräche dagegen u.a. einer der Hauptgedanken des Gesetzes Nr. 182 vom 16. Juni 1992 *über das Verfassungsgericht*, dessen § 72 Abs. 1 lit. a eine Verfassungsbeschwerde mit einem Verstoß gegen die „Grundrechte oder Grundfreiheiten" (und nicht etwa bloß Menschenrechte) bedingte und dadurch den verfassungsgerichtlichen Schutz aller in der *Charta der Grundrechte* enthaltenen Rechte ermöglichte.

Sowohl die Regierung, als auch das Parlament neigten zur eher großzügigen Auslegung des Begriffs „Menschenrechte": Sie qualifizierten als „völkerrechtliche Verträge über Menschenrechte und Grundfreiheiten" nicht nur solche Dokumente, die materiell-rechtlich die Grundrechte regeln, sondern auch solche, ungelöst blieb die Problematik der Stellung diverser „menschenrechtlicher“ Bestimmungen, die nicht in einem Vertragswerk konzentriert waren, sondern auf verschiedene bilaterale oder inhaltlich gemischte internationale Abkommen verstreut waren. Unklar ließ diese Regelung auch die Frage der Stellung der vorkonstitutionellen völkerrechtlichen Verträge sowie solcher Verträge, die gar nicht oder nur mit enormer Verspätung veröffentlicht wurden.

Trotz dieser Tatsachen wurden mit der Klassifizierung der Verträge als „menschenrechtlich“ wichtige rechtliche Folgen verknüpft: Mit dieser Eigenschaft verband die Verfassung z.B. die Konsequenz ihrer „unmittelbaren Verbindlichkeit“. Um die Auslegung dieses Begriffs bemühten sich sowohl das Verfassungsgericht als auch die Rechtswissenschaft.[33] Das Verfassungsgericht erklärte in einer seiner Entscheidungen pragmatisch, dass „unmittelbar verbindliche“ Bestimmungen Vorrang vor Gesetzen haben und als solche (von den allgemeinen Gerichten) angewandt werden müssen,[34] damit waren jedoch weitere Probleme – wie etwa die Überlappung der Begriffe der „unmittelbaren Verbindlichkeit“ mit der „unmittelbaren Anwendbarkeit“ völkerrechtlicher Normen – auch nicht gelöst. In der Theorie wurde in diesem Zusammenhang u.a. diskutiert, ob es aus der Perspektive der Gewaltenteilung richtig war, die erst nach der Verkündung des Vertrags eingetretene „unmittelbare Verbindlichkeit“ von den durch die Exekutive gesetzten und nicht konsequent geregelten Fristen zur obligatorischen Veröffentlichung in der

---

die zum Schutz eines der Grundrechte bloß beigetragen haben. Bestandteil dieser Kategorie wurden deswegen auch Verträge, die verfahrensrechtliche Regelungen vor einem internationalen Organ zur Kontrolle der Einhaltung der Menschenrechte enthalten oder sogar solche Verträge, die seine Zusammenstellung oder die Art des Wechsels seiner Mitglieder – wie etwa Protokoll Nr. 2 zur UN-*Folterkonvention* – bestimmten.

[33] Zur Auslegung der „unmittelbaren Verbindlichkeit“ s. *V. Týč*, Několik poznámek ke vztahu mezinárodních smluv a českého pracovního práva, Právník 10/11 (1997), 863 ff.

[34] Entscheidung Nr. 127 vom 14.10. 1997, I ÚS 322/96, Sbírka nálezů a usnesení 9 (1997-III. Teil), S. 168.

Sammlung der völkerrechtlichen Verträge[35] abhängig gemacht zu haben.[36]

Eine grundsätzliche Stellung zum normativen Inhalt von Art. 10 Verf. hat das Verfassungsgericht nicht bezogen; mit der Anwendung seiner einzelnen Komponenten wurde es jedoch während seiner Tätigkeit stets konfrontiert. Vor allem entschied es in Fällen eines gerügten Widerspruchs zu völkerrechtlichen Bestimmungen, ob diese Regelungen in die Kategorie der in Art. 10 Verf. genannten Verträge eingeordnet werden können – d.h. ob sie „ratifizierte und verkündete völkerrechtliche Verträge über Menschenrechte und Grundfreiheiten, an welche die Tschechische Republik unmittelbar gebunden ist", darstellen.

Diese Klassifizierung war dadurch erschwert, dass das Verfassungsgericht nicht nur die völkerrechtlichen Normen als Prüfungsmaßstab anwenden konnte und musste, die für die Tschechische Republik erst nach dem Inkrafttreten der neuen Verfassung verbindlich wurden. In solch einem Fall konnte es sich an dem Verfahren gemäß Art. 39 Abs. 4 Verf. orientieren, das für den parlamentarischen Zustimmungsbeschluss eine Drei-Fünftel-Mehrheit aller Abgeordneten und aller anwesenden Senatoren verlangte. Meistens war es hingegen gezwungen, solche völkerrechtlichen Regelungen anzuwenden, die vor diesem Zeitpunkt entstanden waren und für deren Qualifikation als „menschenrechtliche" kein besonderes legislatives Verfahren zur Verfügung stand. In solch einer Situation entschied das Verfassungsgericht selbst über die Frage der Subsumtion unter Art. 10 Verf., indem es faktisch die Rolle des Gesetzgebers übernahm.[37]

Die durch Art. 10 Verf. inkorporierten Verträge behielten ihren völkerrechtlichen Charakter. Bei der inhaltlichen Klassifizierung als „menschenrechtlich" konnte sich das Verfassungsgericht deswegen nicht auf das Kriterium der bestehenden oder fehlenden Nähe ihrer Regelungsgegenstände zu Bestimmungen der innerstaatlichen Charta der Grund-

---

[35] Vgl. § 5 und 10 des Gesetzes Nr. 309/1999 Sb. über die Gesetzessammlung und die Sammlung der völkerrechtlichen Verträge.

[36] Vgl. *J. Malenovský*, Poměr mezinárodního a vnitrostátního práva obecně a v českém právu zvláště, 2000, 68 ff.

[37] S. *M. Hošková*, Das Völkerrecht als Maßstab verfassungsrechtlicher Entscheidungen in einigen ost- und mitteleuropäischen Staaten, in: J.A. Frowein, T. Marauhn (Hrsg.), Grundlagen der Verfassungsgerichtsbarkeit in Mittel- und Osteuropa, 1998, 483 ff.

rechte und Grundfreiheiten[38] beschränken, deren Systematik aus der Kategorie der „Menschenrechte und Grundfreiheiten“ sowohl die „Rechte der nationalen und ethnischen Minderheiten“ wie auch die „wirtschaftlichen und sozialen Rechte“ ausgeschlossen hatte – eher stützte es sich bei der Auslegung völkerrechtlicher Normen auf das *Wiener Übereinkommen über das Recht der Verträge* aus dem Jahre 1969.[39]

Den Ansatz der Autonomie der völkerrechtlichen Bestimmungen gegenüber dem innerstaatlichen Recht hat das Verfassungsgericht in seiner Entscheidung Nr. 53 vom 13. Mai 1998 bestätigt,[40] in der es sich mit der Auslegung des Begriffs „Ausweisung“ gemäß Art. 1 Abs. 1 des Protokolls Nr. 7 zur EMRK auseinandergesetzt hat. Es kam zu dem Schluss, dass „Ausweisung“ nach der EMRK und dem Protokoll ein völkerrechtlicher Begriff sei, der im Verhältnis zur innerstaatlichen Rechtsordnung autonom und von der innerstaatlichen Definition völlig unabhängig sei.

Bei der formell-rechtlichen Klassifizierung prüfte das Verfassungsgericht zunächst, ob es sich um ein völkerrechtliches „Abkommen“ handelte. Automatisch schloss es aus dieser Gruppe insbesondere die Empfehlungen der Organe internationaler Organisationen aus.

So hat es z.B. in der Begründung des Urteils zum Ruhegehalt der Militär- und Polizeiangehörigen vom 28. Februar 1996 abgelehnt, die ILO Empfehlung Nr. 68 anzuwenden, und zwar mit dem Hinweis, dass „[...] die Empfehlungen der IAO nicht allgemein den Charakter eines völkerrechtlichen Vertrags haben“.[41]

Im Gegensatz dazu wurde der Status der Allgemeinen Erklärung der Menschenrechte der Vereinten Nationen in einer Fußnote zur „Liste der angewandten Vorschriften“ z.B. im Band XVI der Sammlung der Beschlüsse und Urteile aus dem Jahre 1999 folgendermaßen erhellt: „Die Allgemeine Erklärung der Menschenrechte wurde zwar

---

[38] S. *M. Hošková*, Die Charta der Grundrechte und Grundfreiheiten der ČSFR, EuGRZ 18 (1991), 369-374.

[39] Verkündet als Nr. 15/1988 Sb.

[40] Entscheidung Nr. 53 vom 13.5. 1998, Pl. ÚS 25/97, Sbírka nálezů a usnesení 11 (1998-II. Teil), S. 37.

[41] Entscheidung Nr. 16 vom 28.2. 1996, Pl. ÚS 9/95, Sbírka nálezů a usnesení 5 (1996-I. Teil), 107 ff.

> nicht ratifiziert und nicht in der Gesetzessammlung verkündet, sie wird jedoch für einen Bestandteil des allgemeinen Völkerrechts gehalten und die Tschechische Republik bekennt sich zu ihren Prinzipien."[42]

Handelte es sich um ein völkerrechtliches Abkommen, beantwortete das Verfassungsgericht die Frage, ob das Abkommen „ratifiziert und verkündet" wurde.

> In der Begründung zu dem oben erwähnten Urteil vom 28. Februar 1996 stellte es z.B. fest, dass das Abkommen der ILO Nr. 158/1982 über die Beendigung des Arbeitsverhältnisses weder von der Tschechischen Republik noch von ihren Rechtsvorgängern ratifiziert und in der offiziellen Sammlung der Gesetze verkündet wurde und daher kein völkerrechtliches Abkommen nach Art. 10 Verf. darstelle. Betreffend die Bedingung der Verkündung, hat sich das Verfassungsgericht im Urteil vom 15. Februar 1994 über das Abkommen über den Kampf gegen die Diskriminierung bei der Ausbildung dahin geäußert, dass es seinen Art. 4 nicht anwenden könne, weil dieses Abkommen bisher nicht verkündet wurde, und aus diesem Grund keinesfalls Vorrang vor dem Gesetz haben könne.[43]

Die Tatsache, ob die Tschechische Republik durch ein Abkommen „gebunden" ist, stellte das Verfassungsgericht aufgrund einer Stellungnahme des Auswärtigen Amtes fest.[44]

Um zu entscheiden, ob ein Abkommen im konkreten Fall anwendbar war, bediente sich das Gericht auch einer – über die des Art. 10 Verf. hinausgehenden – zusätzlichen Kategorisierung. Einen Grund zur Ablehnung der Anwendung eines Vertrags als Abkommen nach Art. 10 Verf. fand z.B. das Plenum des Verfassungsgerichts im Mangel an Bestimmtheit seiner Vorschriften. Im Urteil Pl. ÚS 3/94[45] kam es zu dem Schluss, dass das ILO-Abkommen Nr. 122 über die Beschäftigungspoli-

---

[42] „Liste der angewandten Vorschriften", Sbírka nálezů a usnesení 16 (1999–IV. Teil), S. XI (Fn. 1).

[43] Entscheidung Nr. 7 vom 15.2. 1994, Pl. ÚS 35/93, Sbírka nálezů a usnesení 1(1993, 1994-I.Teil), 51 ff.

[44] S. *J. Malenovský*, Glosy k výkladu článku 10 české ústavy v praxi ústavních orgánů, Právník 1996, 809 ff.

[45] Entscheidung Nr. 38, 12.7. 1994, Pl. ÚS 3/94, Sbírka nálezů a usnesení 1 (1993, 1994-I.Teil), 279 ff.

tik „wegen seines rein programmatischen und nicht regulatorischen Charakters“ nicht in diese Kategorie falle.

In einigen Entscheidungen begründete jedoch das Verfassungsgericht seine positive oder negative Entscheidung zur Anwendung eines völkerrechtlichen Abkommens entweder überhaupt nicht oder nur sehr kursorisch. In der Entscheidung vom 9. April 1997 hat es sich auf die Feststellung beschränkt, dass ein völkerrechtlicher Vertrag – in diesem Fall das *Übereinkommen über die Rechte des Kindes* vom 20. November 1989 – „zweifellos“ den Charakter eines völkerrechtlichen Vertrags über die Menschenrechte und Grundfreiheiten habe.[46]

Auch in der Begründung zur Entscheidung Nr. 59 vom 30. November 1994[47] machte es weitere Gründe zu seiner negativen Klassifizierung nicht geltend; es stellte bloß fest, dass weder bestimmte Resolutionen des UN-Wirtschafts- und Sozialrates noch die Empfehlungen des Ministerkomitees des Europarats – obwohl sie inhaltlich mit der behandelten Sache zusammenhingen – „den Charakter eines völkerrechtlichen Vertrags nach Art. 10 Verf. haben“.

bb) Die aktuelle Rechtslage

Art. 10 Verf. in seiner durch das Verfassungsgesetz Nr. 395 vom 18. Oktober 2001[48] novellierten Fassung stellt fest, dass die verkündeten völkerrechtlichen Verträge, deren Ratifizierung das Parlament zugestimmt hat, Bestandteil der Rechtsordnung sind; falls diese völkerrechtlichen Verträge etwas anderes als innerstaatliche Gesetze bestimmen, werden die Bestimmungen der völkerrechtlichen Verträge angewandt.[49]

Die Hypothese des ersten Teiles dieser Norm – d.h. von Art. 10 Verf. vor dem Strichpunkt – besteht aus vier Elementen: Die Verträge müssen ratifiziert werden; das Parlament hat ihrer Ratifizierung zugestimmt; sie binden die Tschechische Republik in der Gegenwart und sie wurden offiziell verkündet.

---

[46] Entscheidung Nr. 41 vom 9.4. 1997, Pl. ÚS 31/96, Sbírka nálezů a usnesení 7 (1997), S. 284.

[47] Entscheidung Nr. 59 vom 30.11. 1994, Pl. ÚS 5/95, Sbírka nálezů a usnesení 2 (1993, 1994–II. Teil), 155 ff.

[48] S. Fn. 1.

[49] Art. 10 Verf. (2001), Wortlaut siehe Anhang.

(1) Kriterium: Die Ratifikation

Der Begriff der Ratifikation völkerrechtlicher Verträge nach Art. 63 Abs. 1 lit. b Verf. ist im Verfassungstext nicht näher erläutert. Der Verfassungskommentar aus dem Jahre 1997[50] stellt fest, dass üblicherweise unter Ratifikation die Billigung eines Vertragsaktes verstanden wird, der „im Namen der Republik" vereinbart wurde; es wird damit der Wille des Staates bestätigt, durch den Vertrag gebunden zu sein.

Die Zuständigkeit, völkerrechtliche Verträge zu schließen und zu ratifizieren, liegt nach Art. 63 Abs. 1 lit. b Verf. beim Staatspräsidenten;[51] an dieser Regelung hat die Verfassungsänderung nichts geändert. Zur Gültigkeit seiner Entscheidungen nach Art. 63 Abs. 1 Verf. ist nach Art. 63 Abs. 3 Verf. die Gegenzeichnung des Ministerpräsidenten oder eines von ihm beauftragten Mitglieds der Regierung notwendig, was seiner relativ starken Position in der tschechischen Rechtsordnung entspricht. Der Ministerpräsident kann über die Gegenzeichnung nach dieser Bestimmung selbst ohne Beratung in der Regierung entscheiden; seine Unterschrift fügt er jedoch im Namen der ganzen Regierung im Sinne von Art. 77 Abs. 1 Verf.[52] bei. Gemäß Art. 63 Abs. 4 Verf. ist für die Entscheidungen des Staatspräsidenten, die der Gegenzeichnung des Vorsitzenden der Regierung oder eines von ihm beauftragten Mitglieds der Regierung bedürfen, die Regierung verantwortlich. Diese Verantwortlichkeit wird jedoch allgemein als eine politische und keine rechtliche Verantwortlichkeit ausgelegt.

Die Vereinbarung der völkerrechtlichen Abkommen – nicht jedoch ihre Ratifizierung – kann vom Staatspräsidenten gem. Art. 63 Abs. 1 lit. b Verf. an die Regierung oder mit ihrer Zustimmung an ihre einzelnen Mitglieder delegiert werden. Diese Übertragung kann sich auf eine bestimmte Gruppe von Verträgen erstrecken; auch dieser Schritt muss vom Ministerpräsidenten oder einem Regierungsmitglied gegengezeichnet werden. Der Verfassungskommentar aus dem Jahre 1994[53] betont in diesem Zusammenhang, dass die Übertragung dieser Kompetenz immer

---

[50] *D. Hendrych/ C. Svoboda*, Ústava České republiky. Komentář, 1997, S. 156.

[51] Art. 63 Abs. 1 lit. b Verf., Wortlaut siehe Anhang.

[52] Art. 77 Abs. 1 Verf., Wortlaut siehe Anhang.

[53] *V. Pavlíček/ J. Hřebejk*, Ústava a ústavní systém České republiky, 1994, S. 157.

an die Person des amtierenden Staatspräsidenten geknüpft bleibe und einen neuen Staatspräsidenten nicht binde. Die Konstruktion dieser Regelung als einer „Kann-Bestimmung“ und dadurch als eines originären Rechts des jeweiligen Staatspräsidenten wird gleichzeitig als sein Recht ausgelegt, gegebenenfalls diese seine Vollmacht – diesmal ohne Gegenzeichnung – wieder zurückzuziehen.

Unter den von der Tschechischen Republik ratifizierten Verträgen befinden sich nicht nur die rechtsetzenden multilateralen Abkommen, sondern auch die wichtigsten bilateralen Verträge, u.a. diejenigen, welche die Selbstauflösung der Tschechoslowakei begleitet haben.[54] Von den später ratifizierten Abkommen kann als Beispiel der mulilateralen Akte auf das ILO-Abkommen Nr. 182 über das Verbot und unverzügliche Maßnahmen zur Beseitigung der schlimmsten Formen der Kinderarbeit vom 17. Juni 1999,[55] von den bilateralen auf das Abkommen zwischen der Bundesrepublik Deutschland und der Tschechischen Republik über soziale Sicherheit vom 27. Juli 2002 hingewiesen werden.

(2) Kriterium: Die parlamentarische Zustimmung

Mit Rücksicht auf die breite Inkorporierung der völkerrechtlichen Verträge in die innerstaatliche Rechtsordnung nach Art. 10 Verf. und ihre unmittelbare Wirkung in der nationalen Rechtsordnung wurde die schon früher eingeführte Ingerenz des Parlaments in das Vertragsabschlussverfahren durch die Verfassungsänderung bestätigt und präzisiert. Der Grundsatz, dass der Ratifizierung eine parlamentarische Zustimmung vorgehen müsse, geht nach den Gesetzesmotiven[56] von dem Prinzip der Respektierung des Parlaments als des „Schöpfers der Rechtsordnung“ aus. Gemäß dem Verfassungskommentar des Jahres 1994[57] können die völkerrechtlichen Verträge nach Art. 49 Verf. nicht rechtskräftig abgeschlossen werden, falls sie dem Parlament nicht vorgelegt wurden und das Parlament sie nicht verfassungsmäßig erörtert und verabschiedet hat. Gegenüber anderen Vertragsparteien stelle bei dem Abschluss dieser Verträge die Kategorie der zustimmungsbedürfti-

---

[54] Vgl. *V. Mikule,* Mezinárodní smlouvy mezi Českou republikou a Slovenskou republikou, 1995, S. 335.

[55] Sbírka mezinárodních smluv, Nr. 90/2002.

[56] Gesetzesmotive (Fn. 5), S. 12.

[57] *V. Pavlíček/ J. Hřebejk* (Fn. 53), 125-126.

gen Verträge nach Art. 49 Verf. für jeden Staat eine „objektiv erkennbare" Tatsache im Sinne des *Wiener Übereinkommens über das Recht der Verträge* aus dem Jahre 1969 dar. Auch bei der Feststellung des Inhalts der Kategorie „völkerrechtlicher Verträge" weist der Kommentar auf Art. 2 Abs. 1 lit. a des Wiener Vertragsrechtsübereinkommens hin.

Im Unterschied zur Regelung des ursprünglichen Art. 49 Abs. 1 und 2 a Verf. aus dem Jahre 1992 wurde der Umfang der zustimmungspflichtigen Verträge in Art. 49 Verf. durch die Verfassungsnovelle (2001) erweitert.[58] Nach der geltenden Fassung ist die Zustimmung beider Kammern des Parlaments zu denjenigen völkerrechtlichen Verträgen erforderlich, welche die Rechte und Pflichten von Personen regeln, sowie zu politischen Bündnisverträgen, zu Friedensverträgen, zu Verträgen, aus denen die Mitgliedschaft der Tschechischen Republik in einer internationalen Organisation folgt, zu wirtschaftlichen Verträgen allgemeiner Natur und zu weiteren Verträgen, deren Regelung dem Gesetz vorbehalten ist.[59]

Die Einordnung der Verträge in die oben genannten Kategorien stellte vor dem Inkrafttreten der Verfassungsänderung in der Praxis des Parlaments ein größeres Problem dar, das diese Aufgabe der Formulierung der anzuwendenden Kriterien der Lehre überließ.[60] Danach wurden grundsätzlich unter den „politischen Verträgen allgemeiner Natur" allgemeine Verträge über die Zusammenarbeit mit anderen Staaten verstanden und unter den „Wirtschaftsverträgen allgemeiner Natur" solche Verträge, die auf der allgemeinen Ebene wirtschaftliche Beziehungen mit anderen Staaten regelten. Auch diese Unterscheidungen beruhten jedoch auf unbestimmten Begriffen und führten nicht immer zum erwarteten Ergebnis. Es wurde kritisiert, dass z.B. bei den „Wirtschaftsverträgen allgemeiner Natur" die Erwähnung der wirtschaftlichen Verträge mit internationalen Organisationen fehlte; nur wenig präzise konnte auch die Kategorie von Verträgen, „deren Durchführung eines Gesetzes bedarf", bestimmt werden.[61]

---

[58] Art. 49 Abs. 2 Verf. (1992), Wortlaut siehe Anhang.

[59] Art. 49 Verf. (2001), Wortlaut siehe Anhang.

[60] Vgl. Fn. 32.

[61] Der Verfassungskommentar aus dem Jahre 1994 unterschied drei Gruppen dieser Verträge: solche, die ausdrücklich eine Verpflichtung zu ihrer gesetzlichen Umsetzung beinhalten; solche, die zwar direkt anwendbare Bestimmungen umfaßten, für deren Einbeziehung in das innerstaatliche Recht jedoch

Als Beispiele für völkerrechtliche Verträge, denen das Parlament zugestimmt hat, können das Zweite Protokoll zum Haager Abkommen von 1954 zum Schutz von Kulturgut bei bewaffneten Konflikten vom 26. März 1999, das Zusatzprotokoll zum Übereinkommen über die Überstellung verurteilter Personen vom 18. Dezember 1997, das Europäische Übereinkommen über die Staatsangehörigkeit vom 6. November 1997, das Zusatzprotokoll zum Europäischen Übereinkommen über die Übermittlung von Anträgen auf Verfahrenshilfe vom 4. Oktober 2001, das Zivilrechtsübereinkommen gegen Korruption vom 4. November 1999, das Übereinkommen zwischen der Regierung der Tschechischen Republik und der Slowakischen Republik über die Übergabe und Übernahme von Personen auf gemeinsamen Staatsgrenzen von 2. Juli 2002, das Zusatzprotokoll zur Europäischen Sozialcharta über Kollektivbeschwerden vom 9. November 1995 und zahlreiche andere angeführt werden.

Aufgrund dieser Kompetenz hat die Abgeordnetenkammer durch ihre Abstimmung am 21. Mai 2003 die Ratifikation des Übereinkommens zwischen der Tschechischen Republik und dem Heiligen Stuhl über die gegenseitigen Beziehungen (Konkordat) verhindert.

Die Einzelheiten des Zustimmungsverfahrens legen §§ 108-109 der Geschäftsordnung der Abgeordnetenkammer aus dem Jahre 1995[62] sowie §§ 115-117 der Geschäftsordnung des Senats aus dem Jahre 1999[63] fest. Nach § 108 der Geschäftsordnung der Abgeordnetenkammer berät diese über diejenigen völkerrechtlichen Verträge, zu deren Ratifikation ihre Zustimmung erforderlich ist, oder über den Rücktritt von denjenigen Verträgen, zu deren Ratifikation die Abgeordnetenkammer früher ihre Zustimmung erteilt hatte. Für die Debatte über die völkerrechtlichen Verträge gelten die Bestimmungen der Geschäftsordnung über die Erörterung von Gesetzen als „angemessen“; nicht angewandt werden

---

gleichzeitig eine Rezeptionsnorm erforderlich ist, und solche Verträge, welche die Rechtsverhältnisse innerstaatlicher Subjekte so allgemein regelten, dass es erforderlich war, eine detaillierte innerstaatliche Regelung zu verabschieden. Unscharf blieb insbesondere die Kategorie der Verträge, die schon damals zwar keine Verträge nach Art. 10 Verf. waren, die jedoch gleichzeitig „direkt anwendbare Bestimmungen umfassen und für deren Einbeziehung in das innerstaatliche Recht eine Rezeptionsnorm erforderlich ist“; wahrscheinlich haben die Autoren z.B. die Abkommen über gegenseitige Rechtshilfe gemeint.

[62] Gesetz Nr. 90/1995 Sb., mit Änderungen.

[63] Gesetz Nr. 107/1999 Sb., mit Änderungen.

§§ 92-96 über die zweite und dritte Lesung von Gesetzentwürfen. Zur Billigung der völkerrechtlichen Verträge nach Art. 10 Verf. ist gemäß Art. 39 Abs. 4 Verf. grundsätzlich die Drei-Fünftel-Mehrheit aller Abgeordneten erforderlich.

Der Senat berät nach § 115 seiner Geschäftsordnung über dieselbe Kategorie von völkerrechtlichen Verträgen, die an ihn von der Abgeordnetenkammer weitergeleitet wurden. Zu ihrer Zustimmung ist die Drei-Fünftel-Mehrheit der anwesenden Senatoren notwendig. Nur unter strengen Auflagen können völkerrechtliche Verträge vom Senat im verkürzten Verfahren behandelt werden. Diese sind geknüpft an die Tatsache, dass entweder „auf eine grundsätzliche Weise Grundrechte und Grundfreiheiten der Bürger oder die Staatssicherheit unter Bedrohung sind" oder dass „dem Staat beachtliche wirtschaftliche Schäden drohen" (§ 118 a Abs. 1 der Geschäftsordnung). Über das Vorhandensein dieser Voraussetzungen entscheidet alleine der Senat (§ 118 a Abs. 3 der Geschäftsordnung).

Eine spezifische Auslegungsfrage, die Auswirkungen auf den Status von Verträgen, die vor dem Inkrafttreten der Verfassungsänderung für die Tschechische Republik in Kraft getreten sind, hätte haben können, ist während der Arbeiten am Text der Verfassungsänderung entstanden: Nach Art. 10 Verf. neue Fassung muss „das Parlament" den entsprechenden Verträgen zustimmen. Im Tschechischen bedeutet der große Buchstabe im Wort „Parlament", dass es sich um ein konkretes Parlament handeln muss, nicht um ein abstraktes Gesetzgebungsorgan.[64] Das „Parlament" ist jedoch erst durch die Verfassung aus dem Jahre 1993 eingeführt worden, die früheren gesetzgeberischen Organe trugen andere Bezeichnungen.[65] Nach Auffassung einiger Autoren[66] bedeutete diese Tatsache den Ausschluss der vor 1993 durch andere gesetzgeberische Organe gebilligten Verträge aus der Kategorie der inkorporierten Verträge nach Art. 10 Verf. (2001); dieser Ausschluss hätte vor allem die „Abkommen zum Schutz der Menschenrechte und Grundfreiheiten" betroffen, unter denen die Rechtsprechung die EMRK und die beiden UN-Menschenrechtspakte verstanden hat. Nach dieser Auslegung

---

[64] Im Tschechischen lautet Art. 10 Abs. 1 Verf. vor dem Strichpunkt:

„Vyhlášené mezinárodní smlouvy, k jejichž ratifikaci dal Parlament souhlas a jimiž je Česká republika vázána, jsou součástí právního řádu;".

[65] Federální shromáždění, Národní shromáždění.

[66] Z.B. *V. Pavlíček* (Fn. 10), 309 ff.

würden diese Abkommen am Tag des Inkrafttretens der Verfassungsänderung ihre innerstaatliche Wirkung verlieren und blieben nur als völkerrechtliche Verpflichtungen in Kraft.[67]

Der Entwurf der Verfassungsänderung hat diese Auffassung dadurch berücksichtigt, dass in den Text eine Übergangsbestimmung eingeführt wurde, die den Status der vorkonstitutionellen völkerrechtlichen Abkommen klärte. Art. II Abs. 1 Verf. sollte bestätigen, dass die vor dem Inkrafttreten der Verfassungsänderung die Tschechische Republik bindenden Menschenrechtsinstrumente Bestandteil der nationalen Rechtsordnung sind und Vorrang vor den Gesetzen haben; sonstige vorkonstitutionelle Verträge sollten Bestandteil der Rechtsordnung werden, falls dies durch Gesetz festlegt wird (Art. II Abs. 2 Verf.).[68] Das hätte bedeutet, dass die menschenrechtlichen Abkommen ihren Status ausdrücklich behalten hätten. Andere vor dem Inkrafttreten der Änderung die Tschechische Republik bindende Verträge wären in den rechtlichen Verhältnissen weiter nicht anwendbar, es sei denn, der Gesetzgeber hätte ihnen den Charakter des „Bestandteils der Rechtsordnung" durch eine gesetzliche Norm ausdrücklich verliehen.[69]

Während der Arbeiten im Verfassungsausschuss der Abgeordnetenkammer wurde diese Übergangsbestimmung als überflüssig gestrichen. Es wurde damit argumentiert, dass Art. 10 Verf. eindeutig genug sei. Nach einigen Autoren war das eigentliche Ziel des Verzichts auf die genannte Übergangsbestimmung, die bisherige, uneinheitliche Praxis der

---

[67] *V. Pavlíček*, O subjektech práv a svobod v Listině, o principech přirozenoprávních a vztahu k ústavnímu zákonu č. 395/2001 Sb., in: B. Dančák/ V. Šimíček (Hrsg.), Deset let Listiny základních práv a svobod v právním řádu České republiky a Slovenské republiky, Brno 2001, 92 ff.

[68] Art. II des Regierungsentwurfs lautete:

„(1) Die vor dem Inkrafttreten der Verfassungsänderung ratifizierten und verkündeten Abkommen zum Schutz der Menschenrechte und Grundfreiheiten, welche für die Tschechische Republik vor dem Inkrafttreten dieses Verfassungsgesetzes bindend waren, sind Bestandteil der nationalen Rechtsordnung und haben Vorrang vor den Gesetzen.

(2) Sonstige Verträge, die für die Tschechische Republik vor dem Inkrafttreten dieses Verfassungsgesetzes bindend waren, sind Bestandteil der Rechtsordnung, falls dies ein Gesetz bestimmt."

[69] S. Gesetzesmotive (Fn. 5), S. 19.

gesetzlichen Hinweise auszuschließen.[70] Durch die Streichung der Übergangsregelung wurde jedoch dieses Ziel nicht erreicht: Art. 10 Verf. in der geltenden Fassung beschränkt sich nur auf diejenigen Verträge, die vom Parlament gebilligt wurden; seine Bestimmungen enthalten keine Äußerung über die Stellung anderer, z.B. Regierungs- oder Ressortabkommen. In ihrem Falle bleibt nach einigen Autoren[71] die Praxis der gesetzlichen Hinweise als Methode ihrer Überführung in das innerstaatliche Recht verfassungskonform. Als problematisch wird dabei nur die Tatsache angesehen, dass durch die Praxis der Hinweise das Parlament auf seine Ingerenz in den Inhalt der auf diese Weise inkorporierten Verträge verzichte; nach anderen Autoren werde vor allem die Rolle des Senats als der zweiten Kammer umgangen, die sonst den „präsidentialen" Verträgen zustimmen muss, nicht jedoch den üblichen Gesetzen.[72]

Dazu ist anzumerken, dass es zwar richtig ist, dass der Senat bei der Zustimmung zu „präsidentialen" Verträgen durch qualifizierte Mehrheit entscheiden muss, während im allgemeinen legislatorischen Verfahren eine einfache Mehrheit für die Annahme der Gesetzesvorlage genügt (Art. 39 Abs. 2); er kann auch seinen Willen ausdrücken, sich mit einem Gesetzentwurf nicht zu befassen (Art. 48 Verf.). Es kann jedoch nicht behauptet werden, dass die zweite Kammer im Gesetzgebungsverfahren völlig umgangen werden kann. Aufgrund der fehlenden Übergangsbestimmung kann Art. 10 Verf. auf dreierlei Art ausgelegt werden. Erstens, bei konsequenter Respektierung des Verbots der Retroaktivität unterlägen dem Regime von Art. 10 Verf. nur diejenigen Verträge, die nach Inkrafttreten der Verfassungsänderung ratifiziert wurden. Zweitens, das Regime von Art. 10 Verf. würde sich auf diejenigen Verträge beziehen, die vom Parlament seit 1. Januar 1993, dem Tag des Inkrafttretens der Verfassung aus dem Jahre 1992, gebilligt wurden. Drittens, unter das Regime von Art. 10 Verf. wären alle völkerrechtlichen Verträge zu subsumieren, deren Ratifizierung das Parlament sowie seine rechtlichen Vorgänger zugestimmt haben; in diesem Falle handelte es sich um eine „unechte Retroaktivität", nach der seit dem Inkrafttreten der Verfassungsänderung auch die früher nicht direkt anwendbaren völkerrechtlichen Verträge den Charakter der unmittelbar geltenden

70 S. *J. Kysela/ Z. Kühn* (Fn. 4), S. 305.

71 Z.B. *J. Filip* (Fn. 10), S. 5.

72 Z.B. *J. Kysela/ Z. Kühn* (Fn. 4), S. 305.

Normen erwerben können.[73] Unterstützend kann dazu mit dem Argument *ratio constitutionis et legis* operiert werden.[74]

Die zur Verfügung stehenden Dokumente scheinen die dritte Alternative zu unterstützen: Aus den Gesetzesmotiven zum Regierungsentwurf folgt eindeutig, dass die Änderung keinesfalls auf den Ausschluss der menschenrechtlichen Verträge aus dem Geltungsbereich der innerstaatlichen Ordnung zielte.[75] Aussagekräftig sind auch die Protokolle der parlamentarischen *travaux préparatoires*, die unter den Regelungsgegenstand des neuen Art. 10 Verf. alle völkerrechtlichen Verträge einordnen, auch die, die vor 1993 von der Tschechoslowakei ratifiziert wurden, vorausgesetzt, dass diese durch die Tschechische Republik als für sie bindend rezipiert wurden.[76]

Mit Rücksicht auf die Rechtsicherheit könnte noch darauf hingewiesen werden, dass eine folgerichtige Anwendung des dritten Auslegungsmusters dazu führen kann, dass anstelle der Gesetze, die früher eine völkerrechtliche Regelung in das innerstaatliche Recht transformiert haben, in der Praxis ihre völkerrechtlichen Vorbilder in ihrer dynamischen Form angewandt werden müssen; dies könnte unter Umständen unter den Adressaten der entsprechenden Rechtsnormen zur Unsicherheit führen. Diese Fragestellung wurde jedoch bisher nicht in der Praxis, sondern nur in der Literatur thematisiert.[77]

---

[73] *Ibid.*

[74] *J. Malenovský* (Fn. 10), S. 922.

[75] Die Gesetzesmotive führten in diesem Zusammenhang aus: „Durch die vorgeschlagene Regelung kommt es zur Erweiterung der Geltung von Art. 10 Verf., der sich bisher ausschließlich auf die völkerrechtlichen Abkommen zum Schutz der Menschenrechte und Grundfreiheiten bezieht. Der erhöhte Schutz der Abkommen zum Schutz der Menschenrechte und Grundfreiheiten wird zwar durch ihre Billigung durch eine Verfassungsmehrheit berechtigt, gleichzeitig wird jedoch die Übernahme der Verpflichtungen der Tschechischen Republik im Bereich der Menschenrechte erschwert, was politisch inakzeptabel ist."

[76] Digitální knihovna, PČR, PS 1998, Stenoprotokoly, 37. schůze, 28. Juni 2001; Protokoll der 10. Sitzung des Senats, 1. Tag, 18. Oktober 2001.

[77] Auch *J. Malenovský*, Aktuálnost změn „mezinárodních článků ústavy", in: B. Dančák/ V. Šimíček (Hrsg.), Aktuálnost změn Ústavy ČR, Brno 1999, S. 65.

(3) „Bestandteil der Rechtsordnung"

Sind alle vier Voraussetzungen der Hypothese von Art. 10 Verf. (vor dem Strichpunkt) erfüllt, folgt die Disposition: Ein verkündeter, ratifizierter völkerrechtlicher Vertrag, dessen Ratifizierung das Parlament zugestimmt hat, wird automatisch „Bestandteil der Rechtsordnung". Dies erfordert, dass mit den Bestimmungen völkerrechtlicher Verträge grundsätzlich auf dieselbe Weise umgegangen wird, wie mit innerstaatlichen Rechtsnormen, ohne dass es zu ihrer Transformation gekommen wäre. Eine Stellung als „Bestandteil der Rechtsordnung" erwarben nach der neuen Regelung sowohl die direkt anwendbaren (self-executing) als auch die nicht direkt anwendbaren Verträge oder ihre einzelnen Bestimmungen. Die ersten werden im Einklang mit Art. 10 Verf. (nach dem Strichpunkt) direkt angewandt, die übrigen behalten gegenüber den innerstaatlichen Rechtsnormen ihre Rolle als Auslegungsmittel.[78]

(4) Rangregelung

Art. 10 Verf. (nach dem Strichpunkt) legt nach der Verfassungsänderung fest, dass, falls die in der Regelung von Art. 10 Verf. (vor dem Strichpunkt) definierten Verträge etwas Anderes als innerstaatliche Gesetze bestimmen, die Bestimmungen der völkerrechtlichen Verträge angewandt werden. Diese Regelung stellt offenbar die inkorporierten völkerrechtlichen Bestimmungen zwischen die gesetzlichen Normen und die verfassungsrechtlichen Bestimmungen bzw. die Regelungen der einzelnen Verfassungsgesetze. *A fortiori* erwerben die völkerrechtlichen Bestimmungen Vorrang vor den untergesetzlichen Normen.

Eine Voraussetzung zur Anwendung völkerrechtlicher Bestimmungen ist die Tatsache, dass diese „etwas Anderes als ein Gesetz" festlegen; diese Formulierung erinnert an die in Tschechien früher verbreitete Praxis der gesetzlichen Hinweise. Fraglich bleibt jedoch, ob sich aus dieser Regelung die Anwendungspflicht automatisch in den Fällen ergibt, in denen die entsprechende Materie nur durch eine völkerrechtliche Bestimmung geregelt wird, ohne dass es eine gesetzliche Regelung gibt. Die positive Antwort auf diese Frage wird vor allem mit Art. 95

---

[78] Vgl. *J. Kysela/ Z. Kühn* (Fn. 4), S. 309.

Abs. 1 Verf. begründet, wonach die Richter während ihrer Tätigkeit „an Gesetze und völkerrechtliche Verträge" gebunden sind.[79]

Eine weitere Frage stellt sich im Zusammenhang mit der Möglichkeit, dass eine völkerrechtliche Bestimmung einen engeren Umfang eines Rechts garantiert als eine innerstaatliche, gesetzliche Regelung, was insbesondere im Bereich der Grundrechte theoretisch nicht ausgeschlossen ist. Nach der strikten Auslegung der Bestimmung von Art. 10 Verf. müsste in einem solchen Fall die für die Grundrechtsträger weniger vorteilhafte Bestimmung des Vertrags Anwendung finden. Insoweit wird darauf hingewiesen,[80] dass die völkerrechtlichen Menschenrechtsverträge regelmäßig Rückverweise auf die innerstaatliche Ordnung enthalten, die eine solche Rechtsfolge ausschließen.[81] Kein Konflikt würde jedoch entstehen, falls es sich um diejenigen Grundrechte handle, die in der innerstaatlichen Charta der Grundrechte verankert sind. Diese hat Verfassungsrang und kann nicht durch eine völkerrechtliche Bestimmung außer Anwendung gebracht werden.

Die Konstruktion von Art. 10 Verf. geht von einem Anwendungsvorrang völkerrechtlicher Bestimmungen vor den innerstaatlichen Regelungen aus. Im Falle eines Konflikts zwischen einer völkerrechtlichen Regelung und dem Gesetz wird die innerstaatliche Norm nicht automatisch aufgehoben; eine Nichtanwendung der gesetzlichen Bestimmung wird keine unmittelbare Auswirkung in der innerstaatlichen Rechtsordnung haben. Eine wiederholte Nichtanwendung des Gesetzes würde es obsolet werden lassen, nicht aber zu seiner automatischen Aufhebung führen. Die Verfassung überlässt es dem Gesetzgeber, ob er den Konflikt zwischen dem Gesetz und dem völkerrechtlichen Vertrag durch eine Gesetzesänderung löst oder ob er die Lösung den Organen der Rechtsprechung überträgt: Das völkerrechtswidrige Gesetz könnte durch das Parlament, aufgrund eines vom für den jeweiligen Bereich zuständigen Ministerium initiierten Regierungsentwurfs[82] oder vom Verfassungsgericht aufgrund eines Antrags der dafür berechtigten Subjekte aufgehoben werden. Weiter wird vom Gesetzgeber erwartet, dass er im Einklang mit Art. 1 Abs. 2 Verf. keine Gesetze verabschiedet,

---

[79] *J. Malenovský* (Fn. 10), S. 922.

[80] *Ibid.*, S. 927.

[81] Art. 5 Abs. 2 IPbürgR, Art. 5 Abs. 2 IPwirtR, Art. 53 EMRK usw.

[82] Vgl. *J. Kysela/ Z. Kühn* (Fn. 4), S. 304.

welche die Einhaltung der völkerrechtlichen Verpflichtungen der Tschechischen Republik beeinträchtigen.[83]

Die Konstruktion von Art. 10 Verf. erfordert, dass es zur Anwendung völkerrechtlicher Bestimmungen automatisch immer dann kommt, wenn die Voraussetzungen in ihren Hypothesen erfüllt werden. Wird eine völkerrechtliche Bestimmung mit self-executing Charakter nicht angewandt, obwohl dies geschehen müsste, können entsprechende Rechtsmittel eingelegt werden, bis hin zu Entscheidungen des Obersten Gerichtshofs oder des Obersten Verwaltungsgerichts. Erst falls selbst die obersten Gerichtsorgane die Anwendung eines Vertrags unterlassen hätten, bliebe der Weg einer Verfassungsbeschwerde zum Verfassungsgericht. In der Literatur wird vermutet, dass die Verletzung der Pflicht, eine völkerrechtliche Bestimmung anzuwenden, vom Verfassungsgericht als eine Verletzung des Rechts auf gerichtlichen Rechtsschutz nach Art. 36 der Charta der Grundrechte und Grundfreiheiten zu beurteilen wäre. Danach wäre Art. 36 Abs. 2 der Charta in Verbindung mit Art. 10 Verf. als eine Bestimmung auszulegen, die ein subjektives Recht des Beschwerdeführers auf eine Entscheidung nach objektivem Recht begründet.[84] Die Ignoranz gegenüber dem Völkerrecht wäre gleichzeitig als Verstoß gegen Art. 1 Abs. 2 Verf. zu interpretieren.[85]

Zusammenfassend kann festgestellt werden, dass sich der Verfassungsgeber sowohl bei der Formulierung der Verfassung aus dem Jahre 1992 als auch bei ihrer Änderung im Jahre 2001 auf die Regelung der Stellung der völkerrechtlichen Verträge konzentriert hat; die Frage der Position des Gewohnheitsrechts blieb in Art. 1 Abs. 2 Verf. über den Rechtsstaat nur angedeutet.

Im Unterschied zu gewohnheitsrechtlichen Regelungen bilden diejenigen Kategorien des Vertragsrechts, die in Art. 49 Verf. aufgezählt sind, nach ihrer parlamentarischen Zustimmung und Ratifizierung einen Bestandteil der innerstaatlichen Rechtsordnung. Ihr Vorrang vor den gesetzlichen und untergesetzlichen Rechtsnormen ist dadurch bedingt,

---

[83] *J. Malenovský* (Fn. 10), S. 926.

[84] Art. 36 Abs. 2 Satz 1 der Charta der Grundrechte und Grundfreiheiten lautet: „Jeder, der behauptet, durch eine Entscheidung der öffentlichen Gewalt in seinen Rechten verletzt zu sein, kann sich an ein Gericht zur Überprüfung der Rechtmäßigkeit einer solchen Entscheidung wenden, es sei denn, das Gesetz bestimmt etwas anderes." Verfassungsgesetz Nr. 23/1991 Sb.

[85] *J. Filip* (Fn. 10), S. 5.

dass diese „etwas Anderes“ bestimmen. Damit verfolgte der Gesetzgeber den Grundsatz der partiellen Inkorporierung der völkerrechtlichen Normen; der Umfang der ins nationale Recht überführten Rechtsvorschriften ist jedoch im Vergleich mit dem Verfassungstext aus dem Jahre 1992 quantitativ viel breiter. Im Unterschied zur früheren Regelung, wonach nur die menschenrechtlichen Abkommen Vorrang vor den rangniedrigeren Normen erwarben, werden nun z.B. auch alle Verträge, die Rechte und Verpflichtungen von Personen betreffen, Bündnisverträge, Friedensverträge und sonstige politische Verträge, Verträge, aus welchen eine Mitgliedschaft der Tschechischen Republik in einer internationalen Organisation folgt, sowie wirtschaftliche Verträge allgemeiner Natur in die innerstaatliche Rechtsordnung eingeführt.

Die Nichtanwendung der Bestimmungen dieser Verträge durch ein Staatsorgan kann von den Gerichten als Verletzung des Rechtsstaatsprinzips nach Art. 1 Abs. 2 Verf. und des Rechts auf gerichtlichen Rechtsschutz nach Art. 36 Abs. 2 der Charta der Grundrechte und Grundfreiheiten ausgelegt werden. Die nach der Verfassungsänderung abgeschlossenen völkerrechtlichen Verträge, welche die Voraussetzungen „vom Parlament zugestimmt – ratifiziert – verkündet“ erfüllen, wurden dadurch für den Anwender in der nationalen Rechtsordnung ganz klar positioniert, vielleicht im Unterschied zu den mit ihnen kollidierenden Gesetzen, die – wie später untersucht wird – aus der Reichweite der Zuständigkeiten des Verfassungsgerichts herausgenommen wurden.

4. Das gewählte Modell der Einbeziehung des Gemeinschaftsrechts in die innerstaatliche Rechtsordnung

Das Verhältnis der Tschechischen Republik zu den Europäischen Gemeinschaften und der Europäischen Union war insbesondere unmittelbar nach der Wende einer der zentralen Punkte ihrer Außenpolitik. Seit 1990 war sie als eine Teilrepublik der tschechoslowakischen Föderation mit den Gemeinschaften durch ein Netz von rechtlichen Beziehungen verbunden; nach dem Zerfall des gemeinsamen Staates war es ihr Ziel, den Europäischen Gemeinschaften so schnell wie möglich beizutreten. Der Antrag auf Beitritt wurde am 17. Januar 1996 gestellt; der Ministerrat beschloss am 29. Januar 1996 die Einleitung des Verfahrens gem.

Art. O des Vertrags über die Europäische Union.[86] Nach sechs Jahren Vorbereitungen, im Oktober 2002, hat das Dokument der Kommission der Europäischen Gemeinschaften „Auf dem Weg zur erweiterten Union“[87] zwar auf eine Reihe von Bereichen hingewiesen, in denen weitere Handlungen erforderlich sind, insgesamt gelangte die Kommission jedoch zu dem Schluss, dass „angesichts der seit der Stellungnahme erzielten Fortschritte sowie des von der Tschechischen Republik bisher erreichten Stands der Rechtsangleichung und der Verwaltungskapazitäten und seiner Bilanz in Bezug auf die Erfüllung der in den Beitrittsverhandlungen eingegangenen Verpflichtungen die Kommission der Ansicht ist, dass das Land in der Lage sein wird, die aus der Mitgliedschaft erwachsenden Verpflichtungen innerhalb des geplanten Zeitraumes zu erfüllen“.

a) Das Europaabkommen

In der Vorbereitungsphase zum EU-Beitritt war Grundlage der gegenseitigen Beziehungen zwischen den Gemeinschaften und Tschechien vor allem das Europa-Abkommen zur Gründung einer Assoziation zwischen den Europäischen Gemeinschaften sowie ihren Mitgliedstaaten und der Tschechischen Republik[88] (Assoziierungsabkommen bzw. Europaabkommen) vom Oktober 1993, mit dem eine Assoziation zwischen den Europäischen Gemeinschaften, ihren Mitgliedstaaten und der Tschechischen Republik mit Wirkung ab dem 1. Februar 1995 begründet wurde. Die Verspätung, mit der das Abkommen in Kraft trat, kann sicher – ähnlich wie im Falle der EMRK – zu den Folgen der Auflösung der ČSFR gezählt werden, denn ein entsprechendes Abkommen mit der damaligen ČSFR war schon zu dem Zeitpunkt unterzeichnet worden, zu dem auch die Verträge mit Polen und Ungarn geschlossen worden waren. Bis zum Inkrafttreten des Europaabkommens mit der Tschechi-

[86] S. Agenda 2000–Stellungnahme der Kommission zum Antrag der Tschechischen Republik auf Beitritt zur Europäischen Union, S. 5, http://europa.eu.int/comm/enlargement/dwn/opinions/czech/cz-op-de.pdf.

[87] Strategiepapier und Bericht der Europäischen Kommission über die Fortschritte jedes Bewerberlandes auf dem Weg zum Beitritt, SEK (2002) 1400-1412, S. 53.

[88] Nr. 7/1995 Sb., in Kraft seit dem 1.2. 1995.

schen Republik diente das Interimsabkommen über Handel und Handelsfragen,[89] das zwischen der Europäischen Gemeinschaft für Kohle und Stahl und der ČSFR in Brüssel am 16. Dezember 1991 unterzeichnet worden war, als vorläufige Grundlage des Assoziierungsprozesses. Dieses Interimsabkommen regelte die grundsätzlichen Fragen der gemeinsamen Handelsbeziehungen und war gemäß seinem Art. 46 in seiner Gültigkeit zeitlich „bis zum Inkrafttreten des am 16. Dezember 1991 unterzeichneten Europaabkommens und längstens bis zum 31. Dezember 1992“ beschränkt. Durch die Auflösung des gemeinsamen Staates und die Verzögerung aller Ratifikationsverfahren kam dem Interimsabkommen eine neue Bedeutung zu. Im Wege eines Briefwechsels wurde die Verlängerung der Geltungsdauer des Interimsabkommens vereinbart, die am 7. Dezember 1992 durch den Rat der Europäischen Gemeinschaften genehmigt wurde. Inhaltlich beschränkte sich das Interimsabkommen jedoch auf die Problematik des freien Warenverkehrs, der Zahlungsfreiheit und des Wettbewerbs sowie auf einige Fragen über den vorläufigen institutionellen Aufbau zur Erreichung dieser Ziele. Bestimmungen zur Anpassung des Rechtssystems der ČSFR an das Gemeinschaftsrecht sah das Interimsabkommen dagegen nicht vor.[90]

Der Text des am 1. Februar 1995 in Kraft getretenen Europaabkommens vom Oktober 1993 entsprach dem Text des ursprünglichen Abkommens mit der ČSFR, wobei einige Modifizierungen, die den erhöhten Ansprüchen an den Menschenrechtsschutz entsprechen, eingeführt wurden.[91] Unter den Vorschriften des operativen Teils befanden sich – ähnlich wie im Falle der Europaabkommen mit anderen Kandidatenstaaten – Regelungen zur stufenweise Errichtung einer Freihandelszone, zur beschränkten Freizügigkeit der Arbeitnehmer, zur beschränkten Niederlassungsfreiheit der Staatsangehörigen beider Staaten, zur Angleichung der Rechtsvorschriften sowie institutionelle Bestimmungen, auf deren Grundlage ein Assoziierungsrat zur Überwachung der Durchführung des Abkommens eingesetzt wurde.

Eine Reihe rechtlicher Fragen blieb jedoch offen. Vor allem war unklar, ob die einzelnen Bestimmungen nur den Staat als Vertragspartei verpflichten bzw. berechtigen oder ob sich diese Auswirkungen auch auf

---

[89] ABl. EG L 291 vom 23.10. 1990, S. 28.

[90] *M. Hošková*, Die tschechische Perspektive, in: K. Stern (Hrsg.), Zukunftsprobleme der Europäischen Union, 1998, 115 ff.

[91] Vgl. das Kapitel „Die Slowakische Republik“.

natürliche und juristische Personen erstrecken. Das tschechische Parlament hat zwar dieses Abkommen systematisch der Kategorie der völkerrechtlichen Verträge nach Art. 49 Verf. zugeordnet und seiner Ratifizierung gemäß Art. 49 Verf. als „Wirtschaftsvertrag allgemeiner Art" zugestimmt; danach wurde es nach Art. 63 Abs. 1 Verf. vom Staatspräsidenten ratifiziert. Eine Inkorporation in die innerstaatliche Rechtsordnung sah die Verfassung gemäß ihrem Art. 10 Verf. in ihrer ursprünglichen Fassung aus dem Jahre 1992 jedoch nur für ratifizierte und verkündete völkerrechtliche Abkommen „zum Schutz der Menschenrechte und Grundfreiheiten" vor. Ob zumindest einige seiner Bestimmungen diesen Status hatten, war umstritten.

Überwiegend wurde die Auffassung vertreten, dass die Regelungen des Europaabkommens nur die Staaten als seine Vertragsparteien berechtigen bzw. verpflichten.[92] Diese Überzeugung stützte sich vor allem auf Art. 117, wonach die Vertragsparteien verpflichtet waren, alle „allgemeinen oder besonderen Maßnahmen zu treffen, die zur Erfüllung ihrer Verpflichtungen aus dem Abkommen erforderlich sind". Selbst diejenigen Bestimmungen des Vertrags, die theoretisch einen „self-executing" Charakter hätten, müssten in die innerstaatliche Rechtsordnung transformiert werden.

Nur eine Mindermeinung[93] vertrat die Auffassung, dass es im Europaabkommen auch solche Bestimmungen gebe, auf die sich der Einzelne vor Gerichten und Behörden berufen könne, ohne dass diese zuvor in die tschechische Rechtsordnung transformiert worden wären. Dies sollte beispielsweise für die Bestimmungen über die Freiheit des Warenverkehrs, die Niederlassungs- und die Kapitalverkehrsfreiheit sowie den freien Wettbewerb gelten. Die Überzeugung über die unmittelbare Anwendbarkeit zumindest einiger seiner Regelungen wurde bestärkt durch die Rechtsprechung des EuGH, der sich mit seinen Auswirkungen im nationalen Recht in seiner Entscheidung vom 27. September 2001[94] befasste:

---

[92] Z.B. *P. Svoboda*, K právní povaze tzv. Evropských asociačních dohod a sekundárního asociačního práva, Právník 3 (1996), 201 ff.

[93] *M. Pauknerová*, Asociační dohoda – některé teoretické a praktické otázky, Právník 9 (1995), 833 ff.

[94] *Queen v. Secretary of State for Home Department, ex parte: Julius Barkoci and Marcel Malik*, Rechtsache C-257/99.

Der EuGH entschied über die Rechtssache von zwei tschechischen Staatsangehörigen, die ihren Anspruch auf Niederlassungsfreiheit in Großbritannien mit Art. 45 Abs. 3 des Europaabkommens begründet haben. Nach dieser Bestimmung waren die Mitgliedstaaten vom Inkrafttreten dieses Abkommens an verpflichtet, für die Niederlassung tschechischer Gesellschaften und Staatsangehöriger und für die Geschäftstätigkeit der in ihrem Gebiet niedergelassenen tschechischen Gesellschaften und Staatsangehörigen eine Behandlung zu gewähren, die nicht weniger günstig ist als die Behandlung ihrer eigenen Gesellschaften und Staatsangehörigen. Der EuGH hat auf seine ständige Rechtsprechung hingewiesen[95] und festgestellt, dass eine Bestimmung eines von der Gemeinschaft mit Drittländern geschlossenen Abkommens unmittelbar anwendbar sei, wenn sie unter Berücksichtigung ihres Wortlauts und im Hinblick auf Zweck und Wesen des Abkommens eine klare und eindeutige Verpflichtung enthalte, deren Erfüllung oder deren Wirkungen nicht vom Erlass eines weiteren Aktes abhängen. Art. 45 Abs. 3 des Europaabkommens erfülle diese Voraussetzungen und könne deshalb die Rechtslage von Privaten regeln.

b) Die rechtlichen Voraussetzungen zum EU-Beitritt

Eine der zentralen Aufgaben der Verfassungsänderung im Jahre 2001 war es, den Beitritt der Tschechischen Republik zu den Europäischen Gemeinschaften verfassungsrechtlich zu ermöglichen. In die Verfassung wurde als ein klassischer „Integrationsartikel" ein neuer Art. 10 a Verf. eingeführt, dem nach offiziellen Angaben Bestimmungen der Verfassungen der Republik Polen (Art. 90 Abs. 1)[96] und der Republik Österreich (Art. 9 Abs. 2) als Vorbild dienten.[97] Nach dieser Regelung können nun durch einen völkerrechtlichen Vertrag einige Zuständigkeiten der Staatsorgane der Tschechischen Republik auf eine internationale

---

[95] Urteil vom 4.5. 1999 in der Rechtssache C-262/96, *Sürül*, Slg. 1999, I-2685.

[96] Dz.U. 1997, Nr. 78, Pos. 483.

[97] Gesetzesmotive (Fn. 5), S. 10; zum Art. 10 a Verf. im Allgemeinen vgl. etwa *J. Malenovský*, Mezinárodní smlouvy podle čl. 10a Ústavy ČR, Právník 9 (2003), 841 ff.

Organisation oder Institution übertragen werden.[98] Die Gesetzesmotive betonen in diesem Zusammenhang, dass Tschechien als souveräner Staat zum Zeitpunkt des Beitritts zu einer internationalen Institution einen Teil seiner Kompetenzen im Bereich der Gesetzgebung, der Rechtsdurchsetzung, des zentralen Bankwesens usw. übertrage. Tschechien verzichte aber nicht auf die Souveränität als solche, die ein Inbegriff eines Staates sei. Im Gegenteil: Der Staat werte seine Souveränität dadurch auf, dass er sie zusammen mit anderen Staaten mittels eines besonderen völkerrechtlichen Subjekts ausübe.

Als „internationale Institution" sollte weniger die Europäische Union verstanden werden, die bisher eine eindeutige völkerrechtliche Subjektivität vermissen lasse. Eher handelte es sich um die – damals noch drei – Europäischen Gemeinschaften, die Bestandteile der Struktur der Europäischen Union seien. Auf jeden Fall sollte dieser Terminus eine „dauerhafte, stabile" Institution bezeichnen; es sollte vermieden werden, dass die souveränen Kompetenzen auf eine Institution „mit einer ephemeren Existenz übertragen würden".[99]

Der Wortlaut von Art. 10 a Verf. drückte unmissverständlich aus, dass nicht alle, sondern nur „einige" Zuständigkeiten der Staatsorgane auf eine internationale Institution übertragen werden können. Die Übertragung erfolgte aufgrund des Beitrittsvertrags, in einem durch ihn festgelegten Umfang und in dem Ausmaß, das zur Erfüllung des Zieles der europäischen Integration bzw. des Zieles der Mitgliedschaft der Tschechischen Republik in der Union erforderlich ist. Die Beurteilung dieses Zweckes wurde von der Regierung vorgenommen, die den Vertrag verhandelt hat, sowie vom Parlament, das die Möglichkeit hatte, entweder dem Vertrag zuzustimmen oder ein Verfassungsgesetz zu erlassen, das festgelegt hätte, dass das Volk allein diese Zustimmung in einem Referendum aussprechen solle.

Die novellierte Verfassung ließ diese Frage dadurch offen, dass sie beide Alternativen nebeneinander stellte. Der gleichwohl im Rahmen der Verfassungsänderung eingeführte Art. 10 a Abs. 2 Verf. legte fest, dass zur Ratifizierung eines völkerrechtlichen Vertrags nach Art. 10 a Abs. 1 Verf. die Zustimmung des Parlaments erforderlich ist, es sei denn, ein

---

98 Art. 10 a Abs. 1 Verf. (2001) lautet: „Durch einen völkerrechtlichen Vertrag können einige Zuständigkeiten der Staatsorgane der Tschechischen Republik auf eine internationale Organisation oder Institution übertragen werden."

99 Gesetzesmotive (Fn. 5), S. 13.

Verfassungsgesetz bestimmt, dass zur Ratifizierung eine im Referendum ausgesprochene Zustimmung nötig ist.[100] Ausgangspunkt dieser Bestimmung war Art. 2 Abs. 2 Verf., wonach ein Verfassungsgesetz feststellen kann, wann das Volk seine Staatsgewalt direkt ausübt. Die Gesetzesmotive betonten in diesem Zusammenhang, dass der Regelungsgegenstand nicht durch den Beitritt zur EU erschöpft sei. Er erstrecke sich auch auf spätere Verträge, die eine Übertragung von Zuständigkeiten der Staatsorgane betreffen.

Die Arbeiten in beiden Kammern des Parlaments an der Formulierung des Verfassungsgesetzes über das Referendum begannen bereits 1999.[101] Am 17. Oktober 2002 hat die Abgeordnetenkammer nach dritter Lesung den Senatsentwurf des Verfassungsgesetzes über das Referendum[102] verabschiedet, das am 1. März 2003 in Kraft getreten ist.[103] Es trägt den Titel „Verfassungsgesetz über das Referendum über den Beitritt der Tschechischen Republik zur Europäischen Union und über die Änderung des Verfassungsgesetzes Nr. 1/1993 Sb., die Verfassung der Tschechischen Republik“. Sein Art. 1 stellt fest, dass „über den Beitritt der Tschechischen Republik zur Europäischen Union nur durch Referendum entschieden werden kann“. Stimmberechtigt waren alle Staatsbürger über achtzehn Jahre. Dem Beitritt war zugestimmt, falls die absolute Mehrheit der Beteiligten auf seine Frage bejahend antwortete (Art. 5 Abs. 1). Art. 3 des Dokuments regelte die Folgen eines gescheiterten Referendums: Ein Antrag auf Durchführung eines Referendums in derselben Sache kann von der Regierung, mindestens zwei Fünfteln der Abgeordneten oder zwei Fünfteln der Senatoren frühestens nach zwei Jahren gestellt werden. Diese Bestimmung kam jedoch nicht zur Anwendung, da die Voraussetzungen von Art. 5 Abs. 1 des Verfassungsgesetzes erfüllt wurden: Am Referendum, das am 13. und 14. Juni 2003

[100] Art. 10 a Abs. 2 Verf. lautet: „Zur Ratifikation des völkerrechtlichen Vertrags nach Art. 10 a Abs. 1 ist die Zustimmung des Parlaments erforderlich, es sei denn, dass ein Verfassungsgesetz bestimmt, dass zur Ratifikation eine im Referendum ausgesprochene Zustimmung erforderlich ist.“

[101] Gesetzesmotive zum Senatsentwurf des Gesetzes *über das Referendum*, Parlamentsdruck Nr. 50, S. 4.

[102] Parlamentsdruck Nr. 50, http://www.psp.cz/sqw/text/tiskt.sqw?O=4&CT=50&CT1=0.

[103] Verfassungsgesetz Nr. 515/2002 Sb.

stattfand, nahmen 55,21 % der Bürger teil. Von diesen haben 77,33 % für den EU-Beitritt votiert, 22,67 % waren dagegen.

Neben der Regelung des Beitritts als solchem hat die Verfassungsänderung im Jahre 2001 einige Regelungen in den Verfassungstext eingeführt, welche die Rechtslage nach einem Beitritt zu einer internationalen Struktur im Sinne von Art. 10 a betreffen:

Art. 10 b Abs. 1 Verf. regelt die Zusammenarbeit der Regierung und des Parlaments in Angelegenheiten, die mit den Verpflichtungen aus der Mitgliedschaft in einer solchen internationalen Organisation oder Institution zusammenhängen. Darin spiegelt sich vor allem das Bemühen um eine Minderung des demokratischen Defizits in der Europäischen Union wider.[104] Der Regierung wird die Pflicht auferlegt, regelmäßig und im Voraus das Parlament über alle entsprechenden Fragen zu informieren.[105] Diese Pflicht erstreckt sich u.a. auf Informationen über die Entwürfe zu gesetzgeberischen Akten und die Entwürfe der Dokumente für die Verhandlungen der europäischen Organe. Aufgrund der Erfahrungen der „alten" EU-Mitgliedstaaten wurde bei der Vorbereitung dieser Bestimmung geschätzt, dass die Regierung dem Parlament jährlich mehr als ein Tausend Dokumente vorlegen wird.[106]

Die Regelung der Einzelheiten des Verfahrens der Äußerung der parlamentarischen Kammern zu den vorzubereitenden Entscheidungen überlässt Art. 10 b Abs. 2 Verf. ihren Geschäftsordnungen.[107] Darüber hinaus sieht Art. 10 b Abs. 3 Verf. die Möglichkeit eines gemeinsamen Organs beider Kammern vor, das die Aufgaben nach Art. 10 b Abs. 2 Verf. übernehmen würde. Dieses Organ könnte aufgrund eines Gesetzes gegründet werden, das die Beziehungen zwischen beiden Parla-

---

[104] Gesetzesmotive (Fn. 5), S. 14.

[105] Art. 10 b Abs. 1 Verf. lautet: „Die Regierung informiert das Parlament regelmäßig und im Voraus über alle Fragen, die mit den Verpflichtungen aus der Mitgliedschaft der Tschechischen Republik in einer internationalen Organisation oder Institution folgen."

[106] Gesetzesmotive (Fn. 5), S. 15.

[107] Art. 10 b Abs. 2 Verf. lautet: „Die Kammern des Parlaments äußern sich zu den vorzubereitenden Entscheidungen solcher internationalen Organisation oder Institution auf die durch ihre Geschäftsordnungen festgelegte Weise." S. auch das Gesetz Nr. 90/1995 Sb. mit Änderungen, § 109 a – c (Geschäftsordnung der Abgeordnetenkammer) und Gesetz Nr. 107/1999 Sb. mit Änderungen § 119 a – n (Geschäftsordnung des Senats).

mentskammern regeln soll; diese Möglichkeit ist jedoch bisher nicht umgesetzt worden, die Überlegungen befinden sich derzeit typischerweise im Stadium der Suche nach passenden ausländischen Modellen.[108]

Interessanter scheint die Tatsache zu sein, dass in die Verfassung keine Regelung eingeführt wurde, die das Verhältnis zwischen dem durch diese „internationale Organisation oder Institution" geschaffenen Recht, d.h. vor allem dem *acquis communautaire*, und dem innerstaatlichen Recht klärt. Im Entwurfsstadium der Verfassungsänderung wurden in diesem Zusammenhang drei Varianten erörtert. Die erste, die in den endgültigen Änderungsentwurf zwar übernommen, im letzten Stadium aber doch noch verworfen wurde, hätte in den Verfassungstext eine generelle Auslegungsklausel eingeführt, wonach „die Verfassungsordnung, die völkerrechtlichen Verträge, die Bestandteil der Rechtsordnung sind und Vorrang vor den Gesetzen haben, Gesetze und sonstige Rechtsvorschriften nicht auf eine Weise ausgelegt und angewandt werden können, die unvereinbar mit den Verpflichtungen aus der Mitgliedschaft der Tschechischen Republik in einer internationalen Institution nach Art. 10 a sind". Als Inspirationsquelle nannten die Gesetzesmotive die entsprechenden Regelungen der aktualisierten Verfassung der Republik Irland vom 1. Juli 1937.[109]

Die zweite Variante sah eine Regelung vor, wonach – „falls dies aus dem völkerrechtlichen Abkommen nach Art. 10 a Verf. folgt" – das Recht einer solchen internationalen Institution „direkt anwendbar ist und vor dem Recht der Tschechischen Republik Vorrang hat". Die dritte Option ging von der automatischen Geltung des Gemeinschaftsrechts in der innerstaatlichen Rechtsordnung aus. Nach dieser Auffassung sei keine explizite Regelung des Verhältnisses zwischen dem innerstaatlichen Recht und den Verpflichtungen aus der Mitgliedschaft in der Organisation bzw. Institution nach Art. 10 a Verf. erforderlich. Die Eigenschaften des Gemeinschaftsrechts folgen automatisch aus der Tatsache der Übergabe der Zuständigkeiten der Organe der Tschechischen Republik an die Organe der Gemeinschaften, aus ihren Gründungsverträgen und

---

[108] Art. 10 b Abs. 3 Verf. lautet: „Das Gesetz über die Grundsätze des Verfahrens und des Verhältnisses beider Kammern untereinander sowie nach außen kann die Ausübung ihrer Zuständigkeit nach Abs. 2 auf ein gemeinsames Organ beider Kammern übertragen." Zur Diskussion über die Schaffung eines gemeinsamen Organs s. http://www.senat.cz/evropa/eagenda.php?ke_dni=27.05.2008 &O=1.

[109] Gesetzesmotive (Fn. 5), S. 14.

vor allem aus der Rechtsprechung des EuGH. Das Gemeinschaftsrecht werde in Tschechien genau so gelten, wie es in den anderen Mitgliedstaaten gelte, selbst wenn die Verfassung dies nicht ausdrücklich anordne.[110] Diese dritte Variante hat sich eindeutig durchgesetzt.

Zusammenfassend kann festgestellt werden, dass der EU-Beitritt aus innerstaatlicher Sicht durch die Verfassungsänderung im Jahre 2001 vorbereitet wurde. In die Verfassung wurde die Möglichkeit der Übertragung einzelner Kompetenzen der staatlichen Organe an eine „internationale Organisation oder Institution" eingeführt, und das Verfassungsgesetz über das Referendum legte die Voraussetzungen zum rechtlich verbindlichen Ausdruck des Willens der Staatsbürger bezüglich des Beitritts fest. Diese Bedingungen wurden durch den erfolgreich vollzogenen Volksentscheid umgesetzt.

Für eine Redundanz hielt dagegen der Gesetzgeber eine explizite verfassungsrechtliche Regelung des Verhältnisses der innerstaatlichen Rechtsordnung zum *acquis communautaire*. Er ist davon ausgegangen, dass dieses durch das primäre Gemeinschaftsrecht bestimmt wird, das nun in der Form des völkerrechtlichen Vertragsrechts im Sinne von Art. 10 a Verf. Bestandteil der tschechischen Rechtsordnung ist; genauso automatisch wird dadurch den europäischen Rechtsnormen Vorrang vor ggf. kollidierenden gesetzlichen und untergesetzlichen Rechtsnormen verliehen.

Es besteht kein Zweifel darüber, dass aus formeller Sicht durch die Verfassungsänderung alle erforderlichen Voraussetzungen zum EU-Beitritt der Tschechischen Republik geschaffen wurden. Was die Transparenz dieser Regelung betrifft, muss festgestellt werden, dass der Rechtsanwender über gewisse Informationen über die Hintergründe dieser Regelung sowie die Struktur des Gemeinschaftsrechts verfügen sollte, um zu sehen, welche Rechtsnormen eigentlich nun konkret zur Anwendung kommen. Warum der Verfassungsgeber zu solch einer verschlüsselten Form der Regelung griff, ist aus den Gesetzgebungsmaterialien nicht ersichtlich. Die hypothetische Wahrscheinlichkeit, mit der zugunsten dieser Verallgemeinerungsebene argumentiert wurde, dass es nämlich in der näheren Zukunft zur Übertragung souveräner Rechte an eine weitere internationale Institution komme, ist nicht groß. Als einzige Erklärung bleibt dann nur das Vorbild der Regelungen der Verfassungen anderer Staaten oder ein politischer Kompromiss.

---

[110] Gesetzesmotive (Fn. 5), S. 14.

5. Die Anwendung völker- und gemeinschaftsrechtlicher Regelungen in der Rechtsprechung

a) Anwendung völkerrechtlicher Regelungen

Die Frage, ob und wieweit die inkorporierten völkerrechtlichen Normen ihre Wirkung auch in der nationalen Rechtsprechung entfalten können, hat in der Tschechischen Republik eine interessante Entwicklung erlebt. Nachdem es in der Zeit vor der Wende undenkbar gewesen wäre, einer völkerrechtliche Rechtsnorm eine unmittelbare Wirkung vor den Gerichten zu verleihen, ist nach 1990 aus dem Völkerrecht – zumindest im Bereich der Menschenrechte – eine Quelle des unmittelbar anwendbaren Rechts geworden. Trotzdem neigten die Richter der allgemeinen Gerichte – auch wegen ihrer enormen Belastung und mangelnder Vertrautheit mit völkerrechtlichen Instrumenten – zur „Selbstbeschränkung" auf nationale Rechtsquellen.

Im Rahmen der nach der Wende entstandenen Verfassungsgerichtsbarkeit war dagegen die Argumentation mit völkerrechtlichen Vorschriften besonders intensiv; das Verfassungsgericht war auch mit einem entsprechenden verfassungsrechtlichen Instrumentarium ausgestattet.

Die Verfassungsänderung des Jahres 2001 bewirkte wichtige Änderungen im System dieses Konzepts. Während die Bedeutung des Völkerrechts in der allgemeinen Gerichtsbarkeit durch die Novellierung verstärkt wurde, hat die Verfassungsgerichtsbarkeit die explizite Möglichkeit, anhand des Völkerrechts nationales Recht zu prüfen, verloren.

aa) Allgemeine Gerichte

Bis zur Verfassungsänderung im Jahre 2001 konnte, wie oben bereits erwähnt, die Praxis der allgemeinen Gerichte gegenüber völkerrechtlichen Regelungen als zurückhaltend bezeichnet werden. Die Richter waren nur an das „Gesetz" gebunden;[111] so fand die EMRK in der Tätigkeit des Obersten Gerichtshofs z.B. in den Jahren 2000-2001 nur viermal

---

[111] Art. 95 Abs. 1 Verf. Satz 1 lautete: „Die Richter sind in ihrer Entscheidungstätigkeit an Gesetze gebunden." S. *P. Holländer*, Die Gerichtsbarkeit in der Tschechischen Republik, in: J. Marko u.a. (Hrsg.), Revolution und Recht, 2000, 87 ff.

Anwendung, davon dreimal in Strafsachen[112] und einmal in einer Zivilsache.[113]

Die Verfassungsänderung aus dem Jahre 2001 hat die Bedeutung der völkerrechtlichen Regelungen für die Rechtsprechung der allgemeinen Gerichte grundsätzlich bestärkt. Dies geschah auch dadurch, dass sie den völkerrechtlichen Verträgen nach Art. 10 Verf. ausdrücklich den Charakter einer unmittelbaren Quelle des durch die Richter der allgemeinen Gerichte anwendbaren Rechts verliehen hat. Nach der neuen Fassung von Art. 95 Abs. 1 Verf. (vor dem Strichpunkt) sind die Richter bei ihren Entscheidungen an „Gesetze und völkerrechtliche Verträge gebunden".[114] Diese Regelung hat zur Folge, dass die Richter verpflichtet sind, in den konkreten Fällen völkerrechtliche Verträge nach Art. 10 Verf. anzuwenden, ohne dass die konkurrierenden gesetzlichen Normen aufgehoben werden müssten.

Die Richter sind nach Art. 95 Abs. 1 Verf. berechtigt, den Einklang „einer sonstigen Rechtsvorschrift" mit Gesetzen oder völkerrechtlichen Verträgen nach Art. 10 Verf. zu beurteilen.[115] In der Literatur bleibt umstritten, ob diese Bestimmung auch eine solche Auslegung erlaubt, dass auch der Inhalt der „Gesetze" anhand der völkerrechtlichen Verträge durch die allgemeinen Gerichte beurteilt werden kann. Aus dem Text des Entwurfs zur Verfassungsänderung wurde die entsprechende Bestimmung (Art. 95 Abs. 2), die ursprünglich eine solche Möglichkeit ausdrücklich verankert hatte, gestrichen.[116] Einige Autoren halten diese

---

[112] Az. 4 Tz 72/2001, 7 Tvo 114/2000, 3 Tz 106/2000.

[113] 28 Cdo 370/2001.

[114] Art. 95 Abs. 1 Verf. vor dem Strichpunkt lautet: „Der Richter ist bei seiner Entscheidungstätigkeit an Gesetze und völkerrechtliche Verträge, die Bestandteil der Rechtsordnung sind, gebunden."

[115] Art. 95 Abs. 1 Verf. nach dem Strichpunkt lautet: „[...]; sie sind berechtigt, den Einklang einer sonstigen Rechtsvorschrift mit Gesetzen oder solchen völkerrechtlichen Verträgen zu beurteilen."

[116] Art. 95 Abs. 2 des Regierungsentwurfs lautete: „Gelangt der Richter zum Schluss, dass das Gesetz, das bei der Entscheidung angewandt werden soll, im Widerspruch zum völkerrechtlichen Vertrag steht, der Bestandteil der Rechtsordnung ist und Vorrang vor den Gesetzen hat, wendet er bei seiner Entscheidung die Bestimmung dieses völkerrechtlichen Vertrags an."

Überprüfung für ausgeschlossen, da den Gerichten die ausdrückliche Kompetenz dazu fehle.[117]

Nach Meinung anderer Autoren[118] war die eventuelle Redundanz der Grund zur Streichung dieser Bestimmung aus dem Verfassungstext. Art. 10 Verf. verpflichte dazu, völkerrechtliche Bestimmungen anstatt des Gesetzes immer dann anzuwenden, wenn der Vertrag „etwas Anderes als das Gesetz" festlegt. Davon wird überzeugend die Voraussetzung abgeleitet, dass die Richter berechtigt sind, den Einklang nicht nur der untergesetzlichen Normen, sondern auch der anzuwendenden Gesetze mit den völkerrechtlichen Bestimmungen zu beurteilen. Art. 95 Verf. ist im Verhältnis zu Art. 10 Verf. *lex specialis*; er nennt nur die Unterschiede, welche die tschechische Rechtsprechung gegenüber anderen rechtsanwendenden Organen hat. Auf eine andere Weise könnte die entsprechende Bestimmung der Verfassung nicht umgesetzt werden.

bb) Verfassungsgerichtsbarkeit

(1) Lage bis zur Verabschiedung der Verfassungsänderung

(a) Abstrakte Normenkontrolle

Das tschechische Verfassungsgericht war bei seiner Konstituierung im Jahre 1993, die an die Erfahrungen des föderalen, tschechoslowakischen Verfassungsgerichts (1992-1993) anknüpfte,[119] mit einer Reihe von Kompetenzen ausgestattet, die die völkerrechtlichen Instrumente – durch Art. 10 Verf. auf Abkommen zum Schutz der Grundrechte und

---

[117] Z.B. *V. Kratochvíl*, Diskusní poznámky k euronovele Ústavy ČR, Právní zpravodaj 2 (2002), 7 ff.

[118] Z.B. *J. Kysela/ Z. Kühn* (Fn. 4), S. 303.

[119] S. *P. Holländer*, Verfassungsgerichtsbarkeit in der Tschechischen Republik, in: G. Brunner/ M. Hofmann/ P. Holländer, Verfassungsgerichtsbarkeit in der Tschechischen Republik, 2001, 13 ff.

Das föderale Verfassungsgesetz *über das Verfassungsgericht* der Tschechischen und Slowakischen Föderativen Republik, Nr. 92/1991 Sb., widmete der abstrakten Normenkontrolle Art. 2 lit. b: „Das Verfassungsgericht entscheidet über den Einklang der Gesetze der Föderalen Versammlung, der Verfassungsgesetze und sonstigen Gesetze des Tschechischen Nationalrates und des Slowakischen Nationalrates mit den völkerrechtlichen Verträgen über Menschenrechte und Grundfreiheiten, die von der Tschechischen Republik ratifiziert und verkündet wurden."

Grundfreiheiten beschränkt – ausdrücklich zu einem Maßstab der Verfassungsmäßigkeit erhöht haben. Dies war vor allem an dem Konzept der abstrakten Normenkontrolle zu erkennen.

Art. 87 Abs. 1 lit. a) und b) der Verf. in der Fassung aus dem Jahre 1993 verlieh dem Verfassungsgericht u.a. die Zuständigkeit, über die Übereinstimmung von Gesetzen und anderen Rechtsvorschriften sowie ihren einzelnen Bestimmungen mit „menschenrechtlichen" völkerrechtlichen Abkommen gemäß Art. 10 Verf. zu befinden.[120] Das Gesetz *über das Verfassungsgericht*[121] führte diese Bestimmungen im Kapitel zwei, Teil eins „Verfahren über die Aufhebung von Gesetzen und anderen Rechtsvorschriften" (§§ 64-71) auf. Für das Verfahren galt als allgemeiner Grundsatz die Regelung von § 68 Abs. 2 des Gesetzes, wonach das Verfassungsgericht in seiner Entscheidungstätigkeit den Inhalt eines Gesetzes oder einer anderen Rechtsvorschrift unter dem Gesichtspunkt ihres Einklangs mit den Verfassungsgesetzen und völkerrechtlichen Verträgen nach Art. 10 Verf. beurteilen konnte.

Obwohl Art. 87 Abs. 1 und 2 Verf. die Überprüfung der Gesetze und anderer Rechtsvorschriften alternativ, d.h. entweder an einem Verfassungsgesetz „oder" einem völkerrechtlichen Vertrag nach Art. 10 Verf. formulierte, hat sich das Verfassungsgericht in der Praxis bei einer Reihe von Entscheidungen auf das spätere Verfassungsgerichtsgesetz gestützt und das „oder" zwischen beiden Gruppen von Normen[122] kumulativ ausgelegt. Diese Position gegenüber völkerrechtlichen Verträgen hat es in der Entscheidung Nr. 59 vom 30. November 1994 bestätigt.[123]

> „Obwohl der Antragsteller nur auf den Widerspruch der von ihm gerügten Bestimmungen zu den innerstaatlichen Vorschriften hingewiesen hat, beschäftigte sich das Verfassungsgericht, das nur an den Antrag und nicht etwa an seine Begründung gebunden ist, im Sinne von § 68 Abs. 2 des Gesetzes über das Verfassungsgericht Nr.

---

[120] Art. 87 Abs. 1 lit. a Verf. (1993) lautete: „Das Verfassungsgericht entscheidet über die Aufhebung von Gesetzen oder einzelner ihrer Bestimmungen, wenn sie im Widerspruch mit dem Verfassungsgesetz einem völkerrechtlichen Vertrag nach Art. 10 stehen."

[121] Nr. 182/1993 Sb., i.d.F. Nr. 331/1993 Sb. und Nr. 236/1993 Sb.

[122] „[...] unter dem Gesichtspunkt ihres Einklangs mit den Verfassungsgesetzen, internationalen Verträgen gem. Art. 10 Verf. [...]."

[123] Entscheidung Nr. 59 vom 30.11. 1994, Pl. ÚS 5/95, Sbírka nálezů a usnesení 2 (1993, 1994-II. Teil), 155 ff.

182/1993 Sb. auch mit der Frage der Vereinbarkeit der angegriffenen Rechtsvorschriften mit den völkerrechtlichen Abkommen über Menschenrechte und Grundfreiheiten, an welche, falls sie ratifiziert und verkündet wurden, die Tschechische Republik gebunden ist (Art. 10 Verf.)."

§ 64 des Gesetzes *über das Verfassungsgericht* nannte den Kreis der berechtigten Antragsteller in diesem Verfahren. Der Antrag auf Aufhebung von Gesetzen oder ihren Bestimmungen wegen ihres Widerspruchs zu völkerrechtlichen Abkommen nach Art. 10 Verf. konnte vom Staatspräsidenten, einer Gruppe von wenigstens 41 Abgeordneten oder einer Gruppe von mindestens 17 Senatoren gestellt werden; mit einigen Modifizierungen (nicht der Staatspräsident, sondern die Regierung, eine Gruppe von wenigstens 25 Abgeordneten oder 10 Senatoren) erstreckte sich diese Aufzählung auch auf die Stellung eines Antrags auf die Aufhebung untergesetzlicher Rechtsvorschriften.[124]

Als typisches Beispiel der Anwendung völkerrechtlicher Normen als Überprüfungsmaßstab durch das Verfassungsgericht kann die Entscheidung Nr. Pl. ÚS 9/94 vom 12. Oktober 1994 „Zur Frage des Verhältnisses zwischen dem Schutz von Zeugen und dem Grundsatz des fairen Verfahrens sowie zur Frage der Verlängerung der Haft"[125] genannt werden. Von den Antragstellern war die Völkerrechtswidrigkeit der einschlägigen Bestimmungen der damals geltenden Strafprozessordnung gerügt worden. Das Verfassungsgericht beschränkte sich jedoch nicht nur auf den Inhalt der einschlägigen völkerrechtlichen Normen, sondern setzte sich – über den Rahmen des Antrags hinaus – mit der Judikatur des EGMR auseinander (*Kostowski*[126] und *Windisch*[127]).

Die Anwendung völkerrechtlicher Verträge aus dem menschenrechtlichen Bereich als Maßstab der Verfassungsmäßigkeit gesetzlicher Regelungen hat sich in der Entscheidungspraxis des Verfassungsgerichts tief

---

[124] S. *V. Mikule/ V. Sládeček*, Ústavní soudnictví a lidská práva, 1994, 103-104.

[125] Entscheidung Nr. 46 vom 12.10. 1994, Pl. ÚS 4/94, Sbírka nálezů a usnesení 2 (1993, 1994–II. Teil), 57 ff.

[126] *Kostowski ./. Netherlands*, EGMR Series A no. 166.

[127] *Windisch ./. Austria*, EGMR Series A no. 186.

eingeprägt; die meist zitierten völkerrechtlichen Normen stellten die Bestimmungen der EMRK und die Rechtsprechung des EGMR dar.[128]

So hat das Verfassungsgericht in seiner Entscheidung vom 24. September 1994 „Zur Beachtung der Verfassungsgrundsätze in der Verwaltungsgerichtsbarkeit“[129] bei der Begründung der Verfassungswidrigkeit einer Bestimmung der Zivilprozessordnung, die ermöglichte, in bestimmten Fällen das einstufige Verwaltungsgerichtsverfahren ohne Verhandlung abzuschließen, die Sachen *Fredin*,[130] *Pretto*[131] sowie *Håkansson & Sturesson*[132] zitiert. Es hat betont, dass, falls das Oberste Verwaltungsgericht das erste und einzige Gericht darstelle, das in der Sache entschieden hat, eine nicht-öffentliche Verhandlung der Sache eine Verletzung von Art. 6 Abs. 1 EMRK zur Folge habe; die Beurteilung der Rechtsfragen ohne Berücksichtigung der entsprechenden faktischen Fragen sei nicht möglich.

Art. 8 Abs. 2 EMRK half dem Verfassungsgericht bei der Beurteilung der Befugnis des Staatlichen Informationsdienstes, Informationen über natürliche Personen zu sammeln, zu bewahren und zu benutzen.[133] Art. 8 Abs. 2 EMRK erlaube öffentlichen Behörden, unter gesetzlich klar festgelegten Voraussetzungen, in das Recht auf Achtung des Privatlebens einzugreifen.

Auch im Urteil vom 15. Mai 1996[134] wurde Art. 14 EMRK angewandt. Das Erfordernis einer Wahlkaution nach dem Gesetz Nr. 247/95 Sb. über die Wahlen zum Parlament widerspreche nicht dem Gebot nicht-diskriminierender Wahlen und verletze damit weder Art. 14 EMRK noch Art. 3 des 1. Zusatzprotokolls.

---

[128] Die Bestimmungen der EMRK fanden in der Entscheidungstätigkeit des Tschechischen Verfassungsgerichts (seit 1.1. 1993) in mehr als 1570 Fällen Anwendung (Stand 28.4. 2008).

[129] Entscheidung Nr. 85 vom 24.9. 1996, Pl. ÚS 18/96, Sbírka nálezů a usnesení 6 (1996-II. Teil), 109 ff.

[130] *Fredin ./. Sweden*, EGMR Series A no. 283-A.

[131] *Pretto et al. ./. Italy*, EGMR Series A no. 71.

[132] *Håkansson & Sturesson ./. Sweden.*, EGMR Series A no. 171.

[133] Entscheidung Nr. 28 vom 10.4. 1996, Pl. ÚS 34/95, Sbírka nálezů a usnesení 5 (1996-I. Teil), 233 ff.

[134] Entscheidung Nr. 39 vom 15.5. 1996, Pl. ÚS 3/96, Sbírka nálezů a usnesení 5 (1996-I. Teil), 315 ff.

Sein Urteil zur tschechischen Staatsangehörigkeit Nr. 74 Pl. ÚS 5/95[135] begründete das Verfassungsgericht u.a. mit der These, dass die in § 17 des Gesetzes Nr. 40/1993 Sb. zum Ausdruck kommende Zielsetzung, doppelte Staatsangehörigkeit zu vermeiden (durch Erwerb einer fremden Staatsangehörigkeit geht die tschechische Staatsangehörigkeit grundsätzlich *ex lege* verloren), modernen europäischen Tendenzen entspreche. Unterschiede in der rechtlichen Stellung der eigenen und fremden Staatsangehörigen in etlichen Fragen des geltenden Rechts seien hinnehmbar und nicht diskriminierend. Das Diskriminierungsverbot der internationalen menschenrechtlichen Instrumente, vor allem Art. 14 EMRK, greife nur bei einem konkreten Verstoß gegen ein anderes Grundrecht oder eine Grundfreiheit. Die europäische Judikatur verstehe unter „Diskriminierung" solche Fälle, in denen eine bestimmte Gruppe von Menschen schlechter behandelt werde als eine andere, obwohl es für eine solche Behandlung keine objektive und sinnvolle Begründung gebe.

Im Völkerrecht werde – nach der Begründung zur Entscheidung – die doppelte Staatsangehörigkeit allgemein für unerwünscht gehalten. Ihre Verhinderung sei auch Gegenstand der Abkommen zwischen der ČSSR und der UdSSR über die Regelung der Staatsangehörigkeit von Personen mit doppelter Staatsangehörigkeit aus dem Jahre 1958, der ČSSR und Ungarn über die Regelung etlicher Fragen betreffend die doppelte Staatsangehörigkeit von 1961 sowie der ČSSR und der Republik Polen über die Regelung der Fragen betreffend die doppelte Staatsangehörigkeit aus dem Jahre 1966 gewesen. Zur Begründung sei auch das Europarats-Übereinkommen über die Verringerung der Mehrstaatigkeit und über die Wehrpflicht von Mehrstaatern vom 6. Mai 1963 (allerdings war die Tschechische Republik nicht Vertragspartei) relevant, dessen Art. 1 Abs. 1 die Staaten verpflichte, denjenigen Personen, die willentlich eine fremde Staatsangehörigkeit erwerben, ihre frühere Staatsangehörigkeit zu versagen. Auch die Prinzipien des Entwurfs für ein Europäisches Übereinkommen zur Staatsangehörigkeit und den Militärdienst im Falle der mehrfachen Staatsangehörigkeit erlauben dem Staat zu ent-

---

[135] Zu Fragen der Staatsangehörigkeit der Tschechischen Republik s. auch Entscheidung Nr. 40 vom 13.9. 1994, Pl. ÚS 9/94, Sbírka nálezů a usnesení 2 (1993, 1994-II. Teil), 7 ff.

scheiden, dass seine Staatsbürger nur eine Staatsangehörigkeit haben können.[136]

Neben der EMRK kamen die beiden UN-Menschenrechtspakte am häufigsten zur Anwendung.[137] Im Gegensatz zur Europäischen Sozialcharta aus dem Jahre 1961, bei der es das tschechische Parlament im Juni 1999 abgelehnt hat, sie als Abkommen nach Art. 10 Verf. zu klassifizieren, wurden die Bestimmungen des zeitlich späteren und inhaltlich breiteren Internationalen Paktes über wirtschaftliche, soziale und kulturelle Rechte (IPwirtR) aus dem Jahre 1966 vom Verfassungsgericht stets als „menschenrechtlicher Vertrag" angewandt.

Dies war auch die Praxis des föderalen Verfassungsgerichts,[138] das sich z.B. in seiner Entscheidung vom 26. November 1992[139] mit der Frage des Einklangs einiger Bestimmungen des „Lustrationsgesetzes" mit Art. 2, 4, 6 und 7 des Paktes auseinander setzte.

Hinsichtlich des Rechts auf unentgeltliche Bildung in den „höheren Fachschulen" interpretierte das Verfassungsgericht im Urteil vom 19. Dezember 1995[140] u.a. Art. 13 Abs. 2 lit. c IPwirtR. Dieser enthalte die Verpflichtung des Staates zur allmählichen Einführung der Unentgeltlichkeit des Hochschulunterrichts, nicht jedoch zu ihrer sofortigen Gewährleistung im vollen Umfang. Auch Art. 28(1a) des UN-*Übereinkommens über die Rechte des Kindes*[141] formuliere die Gewährleistung des unentgeltlichen Hochschulunterrichts als eine bloße Zielbestimmung.

Zur Beschränkung der Festlegung der Grenzen des Rechts auf unentgeltliche medizinische Versorgung durch Gesetz und nicht durch eine untergesetzliche Norm und zum Umfang der unentgeltlichen medizinischen Versorgung äußerte sich das Urteil vom 10. Juli

---

136 S. *M. Hošková* (Fn. 37), 483 ff.

137 *Ibid.*, 488-489; die beiden UN-Menschenrechtspakte fanden bisher in 78 Fällen Anwendung (Stand 28.4. 2008).

138 *M. Hošková*, Zur Wiederherstellung der Verfassungsgerichtsbarkeit in der Tschechoslowakei, ZaöRV 52 (1992), 334-354.

139 Entscheidung Nr. 14, Pl. ÚS 1/92, Sbírka usnesení a nálezů 1 (1992), 56 ff.

140 Entscheidung Nr. 84, Pl. ÚS 27/95, Sbírka nálezů a usnesení 4 (1995-Teil II), 293 ff., Nr. 13/1996 Sb.

141 BGBl. 1992 II, S. 121.

1996.[142] Danach verpflichte Art. 12 Abs. 2 des IPwirtR den Staat zur Schaffung von Voraussetzungen, die für jedermann den Genuss der ärztlichen Betreuung sicherstellen; diese könne jedoch nicht die Unentgeltlichkeit der medizinischen Pflege als solcher bedeuten.

Die Ausübung dieser Kompetenz des Verfassungsgerichts auf dem Gebiet der abstrakten Normenkontrolle anhand völkerrechtlicher Bestimmungen wurde jedoch nicht immer nur positiv bewertet. Dem Verfassungsgericht wurde von Seiten des Parlaments vorgeworfen, dass es dadurch, dass es in den einzelnen Fällen autonom entscheide, ob eine völkerrechtliche Norm den Charakter eines menschenrechtlichen Abkommens nach Art. 10 Verf. (1993) habe, implizit den Rang dieser Norm in der innerstaatlichen Ordnung festlege.[143] Durch diese Kategorisierung, die sich vor allem auf die vorkonstitutionellen Abkommen beziehe und die bewirke, dass bestimmte völkerrechtliche Normen einen übergesetzlichen Rang erwürben, greife das Verfassungsgericht in den Zuständigkeitsbereich des Parlaments als das für die Gesetzgebung ausschließlich zuständigen Staatsorgans ein.

Aus diesem Grund kam es vor allem im Verfassungsrechtlichen Ausschuss der Parlamentskammer während der Erarbeitung der Verfassungsänderung zu Bemühungen, dem Verfassungsgericht diese Kompetenz zu entziehen. Diese war zwar noch im Regierungsentwurf des Änderungsgesetzes zum Gesetz *über das Verfassungsgericht* enthalten;[144] die verabschiedete Version[145] entspricht in diesem Teil jedoch völlig dem Beschluss des Verfassungsrechtlichen Ausschusses vom 15. November 2001,[146] in dem der Abgeordnetenkammer empfohlen wird, aus dem Katalog der Kompetenzen des Verfassungsgerichts alle Hinweise auf völkerrechtliche Bestimmungen als Maßstab der Verfassungsmäßig-

---

[142] Entscheidung Nr. 64, Pl. ÚS 35/95, Sbírka nálezů a usnesení 5 (1996-Teil I), 487 ff., Nr. 206/1996 Sb.

[143] S. z.B. die Aussage des Abgeordneten *M. Benda* während der parlamentarischen Debatten über die Verfassungsänderung, 6.4. 2001, http://www.psp.cz/eknih/1998ps/stenprot/035schuz/s035137.htm#r2.

[144] Parlamentsdruck Nr. 885, 2000, http://www.psp.cz/sqw/text/tiskt.sqw?O=3&CT=885&CT1=0.

[145] Gesetz Nr. 48/2002 Sb.

[146] Parlamentsdruck Nr. 221, 2001, http://www.psp.cz/sqw/text/text2.sqw?C=2150&T=k1998psp3v.

keit zu streichen; künftig solle sich das Instrumentarium des Verfassungsgerichts auf die verfassungsrechtlichen Normen beschränken.

Dieser Schritt soll unter dem Aspekt betrachtet werden, dass die Zuständigkeiten des Verfassungsgerichts um die präventive Kontrolle der völkerrechtlichen Verträge erweitert wurden; die Streichung völkerrechtlicher Bestimmungen aus dem Katalog der Maßstäbe könnte wahrscheinlich als Mittel zur Balance gegenüber dieser Erweiterung verstanden werden.

(b) Konkrete Normenkontrolle

Die konkrete Normenkontrolle anhand der völkerrechtlichen Regelungen hatte bis zur Verfassungsänderung im Jahre 2001 zwei Formen.

Die erste wurde vom Verfassungsgericht auf der Grundlage von Art. 95 Abs. 2 Verf.[147] ausgeübt, der die allgemeinen Gerichte, die bei der Bearbeitung eines Falles zu dem Schluss gelangten, dass das anzuwendende Gesetz im Widerspruch „zu einem Verfassungsgesetz" steht, verpflichtete, die Angelegenheit dem Verfassungsgericht vorzulegen. Die Vorschrift des § 64 Abs. 7 des Gesetzes *über das Verfassungsgericht* erweiterte diese Bestimmung explizit um den „Widerspruch zu Abkommen nach Art. 10 Verf."[148] D.h. die allgemeinen Gerichte waren, wenn sie bei ihrer Entscheidungstätigkeit zu dem Schluss gelangten, dass ein Gesetz im Widerspruch zu einem menschenrechtlichen Abkommen stand, verpflichtet die Angelegenheit dem Verfassungsgericht vorzulegen.

Das Verfassungsgericht war auch mit der entsprechenden Kompetenz ausgestattet. Nach Art. 87 Verf. war es berechtigt, über die Aufhebung von Gesetzen oder anderen Rechtsvorschriften nicht nur wegen ihres Widerspruchs zu Verfassungsgesetzen, sondern auch zu völkerrechtlichen menschenrechtlichen Abkommen zu entscheiden.

---

[147] Art. 95 Abs. 2 Verf. lautete: „Gelangt das Gericht zum Schluss, dass das bei der Entscheidung anzuwendende Gesetz im Widerspruch zu einem Verfassungsgesetz steht, legt es die Sache dem Verfassungsgericht vor."

[148] Vgl. § 64 Abs. 7 des Gesetzes *über das Verfassungsgericht*, Nr. 182/1993 Sb. mit Änderungen, Satz 2 lautete: „Unter Verfassungsgesetzen sind bei der Antragstellung auf Einleitung eines Verfahrens durch das Gericht in Zusammenhang mit seiner Entscheidungstätigkeit auch internationale Verträge im Sinne von Art. 10 Verf. zu verstehen."

So hat z.B. auf Antrag des Obersten Gerichtshofs das Verfassungsgericht in seiner Entscheidung Nr. 91 vom 2. Juli 1997[149] Art. 5 Abs. 1 EMRK angewandt. In diesem Fall, der Unterschiede in der Fristbestimmung der Haft nach der Strafprozessordnung einerseits und dem damals geltenden Polizeigesetz andererseits betraf, argumentierte das Verfassungsgericht u.a. mit der Vereinbarkeit der Strafprozessordnung mit der EMRK und der damit zusammenhängenden europäischen Judikatur (*Ireland v. United Kingdom*,[150] *De Wilde et al. V. Belgium*,[151] *Engel et al. v. Netherlands*,[152] *De Jong et al. v. Netherlands*[153]).

Im Urteil des Plenums vom 27. November 1996 hat das Verfassungsgericht auf Antrag des Obergerichts in Prag im Zusammenhang mit der damals immer noch nicht vollendeten Struktur der Verwaltungsgerichtsbarkeit in Tschechien Art. 6 Abs. 1 EMRK ausgelegt.[154] Nach seiner Auffassung verpflichte Art. 6 Abs. 1 EMRK die Vertragsstaaten nicht, aus ihren Rechtsordnungen Verwaltungsentscheidungen über Rechte und Pflichten natürlicher und juristischer Personen auszuschließen. Eine Rechtsordnung stehe deshalb nicht im Widerspruch zu Art. 6 Abs. 1 EMRK, weil etwa die EMRK eine Kompetenz der Verwaltungsorgane zur Entscheidung über zivilrechtliche Angelegenheiten, Verpflichtungen oder eine strafrechtliche Anklage eines Bürgers ausschließe. Ein Widerspruch der Rechtsordnung der Tschechischen Republik zu Art. 6 Abs. 1 EMRK könne insoweit in Erwägung gezogen werden, als keine gesetzliche Vorschrift existiere, durch die deutlich und klar das Recht auf vollständige Überprüfung einer erlassenen Entscheidung eines Verwaltungsorgans durch ein unabhängiges, unparteiisches und den Anforderungen von Art. 6 Abs. 1 EMRK entsprechendes Tribunal begründet würde, also durch ein Tribunal, das nicht nur über Fragen der Gesetzmäßigkeit der Verwaltungsentscheidung, sondern auch

---

[149] Entscheidung Nr. 91 vom 2.7. 1997, Pl. ÚS 2/97, Sbírka nálezů a usnesení 8 (1997-II. Teil), 342-343.

[150] *Ireland ./. United Kingdom*, EGMR Series A no. 25.

[151] *De Wilde, Ooms & Versyp ./. Belgium*, EGMR Series A no. 14.

[152] *Engel u.a. ./. Netherlands*, EGMR Series A no. 22.

[153] *De Jong, Baljet & Van den Brink ./. Netherlands*, EGMR Series A no. 77.

[154] Entscheidung Nr. 126 vom 27.11. 1996, Pl. ÚS 28/95, Sbírka nálezů a usnesení 6 (1996-II. Teil), S. 407.

über Tatsachenfragen befinden würde (volle Jurisdiktion). Interessant scheint es, dass das Verfassungsgericht, mit der Begründung, dass diese „den Trend der rechtlichen Regelung in der Tschechischen Republik, die sich um Mitgliedschaft in den europäischen Organen bemüht, zeigt“, sich bei seiner Argumentation auch der Richtlinie 95/62/EG des Europäischen Parlaments und des Rates vom 13. Dezember 1995 zur Einführung des offenen Netzzugangs beim Sprachtelefondienst sowie des Urteils des EGMR in der Sache *Le Compte*[155] bediente. Die abweichende Meinung setzte sich mit den Schlussfolgerungen des Mehrheitsvotums auseinander. Die damals fehlende Möglichkeit, Verwaltungsentscheidungen in voller Jurisdiktion zu überprüfen, führe zum Verstoß gegen Art. 6 Abs. 1 EMRK.

Mit Art. 9 Abs. 2 EMRK argumentierte das Verfassungsgericht – auf Antrag des Bezirksgerichts in Nový Jičín – im Jahre 1999 in der Sache der Verfassungs- und Konventionsvereinbarkeit einer Bestimmung des Gesetzes *über den Zivildienst* aus dem Jahre 1992,[156] welche die verbindliche Äußerung der Entscheidung der Wehrpflichtigen, aus Religionsgründen anstatt Wehrdienst einen Zivildienst zu leisten, an eine sehr kurze präklusive Frist band; den Ablauf dieser Frist verband das Gesetz automatisch mit strafrechtlichen Konsequenzen. Der Charakter und Umfang der Einschränkungen nach Art. 9 Abs. 2 EMRK und ihre Verknüpfung mit Art. 14 EMRK, die auch in der Straßburger Judikatur ihre Widerspiegelung fanden (Sache *Grandrath*[157]), trugen dazu bei, dass das Verfassungsgericht zwar nicht die Frist selbst, aber ihren Präklusionscharakter für verfassungs- und konventionswidrig erklärt hat.

Die zweite Form der konkreten Normenkontrolle stützte sich auf § 74 des Gesetzes *über das Verfassungsgericht*, wonach zusammen mit der Verfassungsbeschwerde von den Beschwerdeführern ein Antrag auf Aufhebung eines Gesetzes oder einer anderen Rechtsvorschrift auch wegen eines Widerspruchs zu einem völkerrechtlichen Vertrag nach Art. 10 Verf. gestellt werden konnte; Voraussetzung dieses Antrags war,

---

[155] *Le Compte, Van Leuven & De Meyere ./. Belgium*, EGMR Series A no. 43.

[156] Entscheidung Nr. 82 vom 2.6. 1999, Pl. ÚS 18/98, Sbírka nálezů a usnesení 14 (1999-II. Teil), 181 ff.

[157] *Grandrath ./. Germany*, EKMR E 2299/64.

dass die Tatsache, die Gegenstand der Verfassungsbeschwerde war, durch die Anwendung dieser Rechtsvorschriften entstanden war.[158] Eine den Beschwerdeführern analoge Befugnis, einen Antrag auf Aufhebung von Gesetzen wegen ihres Widerspruchs zur Verfassung oder zu einem völkerrechtlichen Vertrag nach dem damaligen Art. 10 Verf. zu stellen, besaßen nach § 64 Abs. 2 lit. c des Verfassungsgerichtsgesetzes die Senate des Verfassungsgerichts im Zusammenhang mit der Entscheidung über eine Verfassungsbeschwerde.[159]

So hat z.B. in der Entscheidung Nr. 19 vom 26. April 1994[160] über den Antrag auf Aufhebung der Regelungen der Strafprozessordnung über die Haft wegen Verdunkelungsgefahr, der im Zusammenhang mit einer Verfassungsbeschwerde erhoben worden war, das Verfassungsgericht extensiv mit Art. 5 Abs. 1 lit. c) EMRK argumentiert. Es gelangte im Mehrheitsvotum zu der Überzeugung, dass die Verdunkelungsgefahr einer Straftat unter die Haftgründe nach Art. 5 Abs. 1 einbezogen werden kann. Das Minderheitsvotum setzte sich mit dieser Überzeugung u.a. durch Argumentation mit der Judikatur des EGMR[161] auseinander und unterstrich den „Verdacht auf Begehung einer Straftat“ als eine notwendige Bedingung der Haft nach Art. 5 Abs. 1 lit. c. EMRK.

Art. 5 Abs. 4 EMRK spielte eine entscheidende Rolle bei der Beurteilung der Verfassungs- und EMRK-Vereinbarkeit einer Bestimmung des Polizeigesetzes Nr. 283/1991 Sb. in der Fassung späterer Vorschriften, die nicht verlangte, dass die polizeilichen Entscheidungen über die Verhaftung von unberechtigt auf dem Gebiet der Tschechischen Republik eingetroffenen Personen wegen ihrer Identifizierung „innerhalb kurzer Frist“ gerichtlich überprüft würden. Auch hier wurde der Antrag von einer Einzelperson zusammen mit einer Verfassungsbeschwerde eingereicht. Das Verfassungsgericht

---

[158] § 74 des Gesetzes *über das Verfassungsgericht* (1993), Wortlaut siehe Anhang.

[159] § 64 des Gesetzes *über das Verfassungsgericht* (1993, mit Änderungen), Wortlaut siehe Anhang.

[160] Entscheidung Nr. 19 vom 26.4. 1994, Pl. ÚS 1/94, Sbírka nálezů a usnesení, 19 (1993, 1994), 137 ff.

[161] *Fox, Campbell & Hartley ./. United Kingdom*, EGMR Series A no. 182.

stützte sich in der Entscheidung vom 2. Juni 1999[162] auf die Judikatur des EGMR (*De Wilde, Ooms & Versyp*[163] sowie *De Jong, Baljet & Van den Brink*[164]) und gelangte zu der Überzeugung, dass die angefochtene Bestimmung dem Prinzip des gerichtlichen Rechtsschutzes bei der Freiheitsentziehung widerspreche.

In der Entscheidung vom 24. September 1996[165] hat z.B. das Plenum des Verfassungsgerichts über den Antrag des IV. Senats des Verfassungsgerichts über die Verfassungs- und Völkerrechtswidrigkeit einer Bestimmung der tschechischen Zivilprozessordnung entschieden, die es ermöglichte, im Verfahren im Rahmen der Verwaltungsgerichtsbarkeit keine mündliche Verhandlung anzusetzen, obwohl die Verwaltungssenate aller Gerichtsstufen das erste und einzige Gericht darstellten, bei dem das Recht auf gerichtlichen Rechtsschutz durchgesetzt werden konnte. Das Plenum sah – in Übereinstimmung mit dem Antrag – in dieser Tatsache neben der Verletzung der innerstaatlichen Charta der Grundrechte vor allem einen Verstoß gegen Art. 6 Abs. 1 EMRK. Zur Unterstützung dieser Auffassung wandte es die Judikatur des EGMR in den Sachen *Fredin*,[166] *Pretto*[167] sowie *Håkansson & Sturesson*[168] an.

In der Entscheidung vom 6. März 2002[169] auf Antrag des Senats des Obergerichts Prag hat das Verfassungsgericht u.a. festgelegt, dass das Eigentumsrecht nach Art. 1 Abs. 1 des Zusatzprotokolls zur EMRK einen sozialen Aspekt habe und dass folglich der Staat das Recht habe, Gesetze zu verabschieden, welche die Nutzung des Eigentums in Einklang mit dem öffentlichen Interesse regeln. Auf der anderen Seite hat das Verfassungsgericht betont, dass die im tschechischen Eisenbahngesetz ausschließlich allgemein formulierte Pflicht der Ei-

---

[162] Entscheidung Nr. 83 vom 2.6. 1999, Pl. ÚS 29/98, Sbírka nálezů a usnesení 14 (1999-II. Teil), 195 ff.

[163] S. Fn. 151.

[164] S. Fn. 153.

[165] Entscheidung Nr. 85 vom 24.9. 1996, Pl. ÚS 18/96, Sbírka nálezů a usnesení, 6 (1996-II. Teil), 109 ff.

[166] S. Fn. 130.

[167] S. Fn. 131.

[168] S. Fn. 132.

[169] Entscheidung vom 6.3. 2002, Nr. 144/2002 Sb.

gentümer, auf eigene Kosten Gefahrenquellen zu beseitigen, die ihren Ursprung auf den der Eisenbahn benachbarten Grundstücken haben, verfassungswidrig sei, weil sie nicht ermögliche, zwischen verschiedener Intensität der Gefahr und der Kosten zu differenzieren.

Diese Kompetenz des Verfassungsgerichts, auf Vorlage der allgemeinen Gerichte sowie der Beschwerdeführer im Zusammenhang mit einer Verfassungsbeschwerde über die Aufhebung der gesetzlichen oder untergesetzlichen Rechtsnormen wegen Widerspruchs zu völkerrechtlichen Verträgen zu entscheiden, wurde ihm aus ähnlichen Gründen wie im Falle der abstrakten Normenkontrolle, darüber hinaus jedoch auch aus dem Grund der Verlagerung der Normenkontrolle auf die allgemeinen Gerichte, durch Art. I des Änderungsgesetzes aus dem Jahre 2001 zum Gesetz *über das Verfassungsgericht* entzogen.[170]

(c) Verfassungsbeschwerde

Auch eine der bedeutsamsten Kompetenzen des Verfassungsgerichts, gemäß Art. 87 Abs. 1 lit. d Verf.[171] über Verfassungsbeschwerden zu entscheiden, war ursprünglich implizit mit völkerrechtlichen Normen verknüpft. Nach § 72 des Gesetzes *über das Verfassungsgericht* konnte eine Verfassungsbeschwerde erhoben werden, falls der Beschwerdeführer u.a. die Verletzung seiner Grundrechte oder Freiheiten, die ihm durch das Verfassungsgesetz oder völkerrechtliche Verträge gemäß Art. 10 Verf. garantiert wurden, durch Eingriffe der Organe der öffentlichen Gewalt rügte.[172] Dem entsprechenden Verfahren war Kapitel zwei, Teil zwei des Gesetzes *über das Verfassungsgericht* gewidmet.

So war Art. 8 EMRK das Hauptargument bei der Entscheidung des Verfassungsgerichts vom 21. April 1999[173] über eine Verfassungsbeschwerde gegen ein Urteil des Kreisgerichts in Ústí nad Labem, in der das Gericht in einem Strafverfahren auf die zeitlich unbefristete

---

[170] S. Fn. 145.

[171] Art. 87 Abs. 1 lit. d) Verf. (1993) Wortlaut siehe Anhang.

[172] § 72 des Gesetzes *über das Verfassungsgericht* (1993), Wortlaut siehe Anhang.

[173] Entscheidung Nr. 57 vom 21.4. 1999, II. ÚS 178/98, Sbírka nálezů a usnesení 14 (1999-II. Teil). S. 29.

Ausweisung eines wegen Raub Verurteilten entschieden hatte, der in Tschechien familiäre Bindungen besaß. In der Begründung zu der Entscheidung, in welcher der Verfassungsbeschwerde stattgegeben wurde, stützte sich das Verfassungsgericht insbesondere auf die europäische Judikatur zu Art. 8 Abs. 2 EMRK (*Berrehab*,[174] *Beldjoudi*[175] und *Moustaquim*[176]) und gelangte zu dem Schluss, dass die Prävention gegen Kriminalität zwar ein zulässiges und dadurch legitimes Ziel jeder demokratischen Gesellschaft ist. Falls jedoch als Strafe eine zeitlich unbeschränkte Ausweisung auferlegt werde, ohne dass die Möglichkeit der Besserung des Täters untersucht worden sei, überschreite diese Maßnahme den Grundsatz der Verhältnismäßigkeit.

Durch Art. I des Änderungsgesetzes zum Gesetz *über das Verfassungsgericht* wurde auch die Möglichkeit, Verfassungsbeschwerden anhand völkerrechtlicher menschenrechtlicher Abkommen zu prüfen, aufgehoben.

(2) Aktuelle Rechtslage

Durch die neue Fassung von Art. 10 Verf. hat sich die Tschechische Republik – nach Auffassung der zweiten Kammer des Parlaments (Senat) im Kommentar zu einer Verfassungsbeschwerde – zum Prinzip des „moderaten Monismus" und der Anwendungspriorität völkerrechtlicher Verträge bekannt.[177] Diese Änderung wurde jedoch – wie oben bemerkt – von einer erheblichen Reduzierung der Möglichkeiten des Verfassungsgerichts begleitet, innerstaatliche Rechtsakte anhand völkerrechtlicher Regelungen zu überprüfen.

---

[174] *Berrehab ./. Netherlands*, EGMR Series A no. 138.

[175] *Beljoudi ./. France*, EGMR Series A no. 234-A.

[176] *Moustaquim ./. Belgium*, EGMR Series A no. 193.

[177] Entscheidung Nr. 153 vom 11.2. 2004, Nr. 153/2004 Sb.

(a) Völkerrecht als Prüfungsmaßstab

(aa) Abstrakte Normenkontrolle

Der abstrakten Normenkontrolle sind im aktuellen Wortlaut der Verfassung Art. 87 Abs. 1 und 2 Verf. gewidmet. Nach Art. 87 Abs. 1 Verf. entscheidet das Verfassungsgericht „über die Aufhebung von Gesetzen oder einzelner ihrer Bestimmungen, wenn sie im Widerspruch mit der Verfassungsordnung stehen“;[178] Abs. 2 regelt die Möglichkeit der Aufhebung anderer Rechtsvorschriften im Falle ihres Widerspruchs mit der Verfassungsordnung oder Gesetzen.[179]

Die erste Frage betrifft den Begriff der „Verfassungsordnung“, der durch die Verfassungsänderung im Jahre 2001 eingeführt wurde und der die Funktion ihres Prüfungsmaßstabes erfüllen soll. Die Legaldefinition ist in Art. 112 Abs. 1 Verf. enthalten. Danach besteht die Verfassungsordnung aus der Verfassung, der Charta der Grundrechte und Grundfreiheiten sowie den geltenden Verfassungsgesetzen; das Völkerrecht wird dabei nicht genannt. In Zusammenhang mit der abstrakten Normenkontrolle wollte der Gesetzgeber damit vor allem die Bedeutung der innerstaatlichen Charta der Grundrechte unterstreichen, die in Art. 3 Verf. ausdrücklich nochmals als „Bestandteil der Verfassungsordnung der Tschechischen Republik“ bezeichnet wird.

Im Unterscheid zu diesem Verständnis der „Verfassungsordnung“ enthält die Entscheidung des Verfassungsgerichts Pl. ÚS 36/01 vom 25. Juni 2002 eine breitere, das Völkerrecht einbeziehende Auslegung dieses Begriffs: Hiernach müsse der Umfang des Begriffs „Verfassungsordnung“ mit Rücksicht auf Art. 1 Abs. 2 Verf. (Einhaltung der völkerrechtlichen Verpflichtungen) festgelegt werden. Daraus folge, dass die ratifizierten und verkündeten völkerrechtlichen Verträge über Menscherechte und Grundfreiheiten zum Bestandteil der tschechischen „Verfassungsordnung“ würden.

Diese Unterschiede spiegeln sich in der Frage wider, ob das Völkerrecht nach der vom Gesetzgeber veranlassten Aufgabe des völkerrechtlichen

---

[178] Art. 87 Abs. 1 lit. a Verf. lautet: „Das Verfassungsgericht entscheidet über die Aufhebung von Gesetzen oder einzelner ihrer Bestimmungen, wenn sie im Widerspruch mit der Verfassungsordnung stehen.“

[179] Art. 87 Abs. 1 lit. b Verf. lautet: „Das Verfassungsgericht entscheidet über die Aufhebung von anderen Rechtsvorschriften, wenn sie im Widerspruch mit der Verfassungsordnung oder dem Gesetz stehen.“

Prüfungsmaßstabs dennoch – und ggf. in welcher Intensität – zur abstrakten Normenkontrolle herangezogen werden kann:

Einerseits wird im Schrifttum die Meinung vertreten,[180] dass eine solche Möglichkeit ausgeschlossen sei, und zwar mit der Begründung, dass die Verfassungsänderung den Hinweis auf das Völkerrecht gezielt aufgehoben habe, und sich das Verfassungsgericht daher eine solche Zuständigkeit nicht rückwirkend wieder schaffen könne. Diese Position wird durch die Vorbereitungsarbeiten zur Verfassungsänderung gestützt, die eindeutig das klare Vorhaben des Verfassungsgebers zeigten, das Völkerrecht aus den verfassungsgerichtlichen Maßstäben zu streichen und dadurch der nationalen Charta der Grundrechte und Grundfreiheiten mehr Gewicht zu verschaffen.

Andere Autoren[181] vertreten die Meinung, dass das Verfassungsgericht trotz der Verfassungsänderung seine Zuständigkeit, eine gesetzliche Regelung wegen Widerspruchs zum Völkerrecht aufzuheben, behalten habe; diese ergebe sich aus der Verfassungswidrigkeit der kontinuierlichen innerstaatlichen Anwendung von völkerrechtswidrigen Regelungen. Ein fehlender Auftrag im Verfassungstext, Völkerrecht als Maßstab anzuwenden, bedeute nicht seinen Ausschluss aus einer solchen Rolle. Nichts hindere das Verfassungsgericht daran, eine gesetzliche Bestimmung aufzuheben, falls es zu der Überzeugung gelange, dass die bloße Existenz einer solchen Regelung eine völkerrechtliche Verpflichtung der Tschechischen Republik verletze. Die Tatsache, dass ein Gesetz oder seine einzelnen Bestimmungen gegen völkerrechtliche Verpflichtungen Tschechiens verstoßen, stünde im Widerspruch zu Art. 1 Abs. Verf. (Rechtsstaatsprinzip) und als solche zur „Verfassungsordnung“.

Auf dieser Prämisse beruht grundsätzlich auch die Rechtsprechung des Verfassungsgerichts. In der oben bereits referierten Entscheidung Pl. ÚS 36/01 vom 25. Juni 2002 erklärten die Verfassungsrichter, dass die Verfassungsänderung von 2001 nicht im Sinne des Abbaus der völkerrechtlichen, vor allem der menschenrechtlichen Regelungen als Referenzmaßstab mit Derogationsfolgen ausgelegt werden dürfe. Die Ausgestaltung der konkreten Normenkontrolle, die den Richtern der allgemeinen Gerichte im Unterschied zu anderen Antragstellern explizit ermögliche, nach Art. 95 Abs. 2 Verf. das Verfassungsgericht in Fällen

[180] Z.B. *J. Filip* (Fn. 10), 5 ff.

[181] Z.B. *Z. Koudelka*, Ústavní změny na Slovensku a v Čechách, na Moravě a ve Slezsku, Časopis pro právní vědu a praxi, 3 (2001), 282 ff.

anzurufen, in denen sie im Widerspruch zu dem Völkerrecht stehende gesetzliche Normen anzuwenden haben, könne den anderen Bestandteilen der Staatsgewalt diese Kompetenz nicht verwehren. Eine solche Situation würde eine mit keinem Argument gerechtfertigte Verfassungsungleichheit darstellen.

Trotz dieser ermutigenden Haltung des Verfassungsgerichts werden die völkerrechtlichen Bestimmungen im Rahmen der abstrakten Normenkontrolle in seiner Rechtsprechung nur selten angewandt; im Vergleich mit der Lage vor der Verfassungsänderung ist der Umfang ihrer Inanspruchnahme und Argumentationsfülle marginal geworden:

> Im Urteil vom 18. Juni 2002,[182] das sich ausführlich mit der Frage der Gewaltenteilung und der richterlichen Unabhängigkeit befasste, hat das Verfassungsgericht in der Begründung als Zusatzargument Art. 6 EMRK angewandt. Gegenstand der Überprüfung war das Anfang 2002 verabschiedete Richtergesetz,[183] das in Anknüpfung an die Forderungen der EU eine Reihe von Maßnahmen eingeführt hatte, welche die Qualität der richterlichen Arbeit erhöhen sollten. Das Gesetz hat u.a. eine periodische Überprüfung der fachlichen Eignung der Richter durch die Gerichtspräsidenten eingeführt; falls die Eignung als ungenügend bezeichnet wird, ist sie durch ein spezielles Gremium erneut zu beurteilen – einen Rat, der vom Justizministerium eingesetzt wird und nicht nur aus Richtern zusammengesetzt ist, sondern auch Anwälte und Notare umfasst. Bei einem negativen Spruch dieses Rates könnte der Richter einen Widerspruch beim Obersten Gerichtshof einlegen. Die Folge einer negativen Entscheidung über die fachliche Eignung wäre ggf. die Beendigung des Richteramtes. Als eine obligatorische, dem Justizministerium untergeordnete Einrichtung zur Schulung der Richter wurde durch das Gesetz eine Justizakademie gegründet.
>
> Der Antrag auf Überprüfung der Verfassungsmäßigkeit dieser Maßnahmen wurde vom Staatspräsidenten gestellt. Er sah in diesen Maßnahmen vor allem einen Eingriff in das Prinzip der Gewaltenteilung, das Bestandteil des Rechtsstaatsprinzips sei; weiter hat er in den Maßnahmen eine Verletzung des Grundsatzes der richterlichen Unabhängigkeit gesehen.

---

[182] Nr. 349/2002 Sb.

[183] Nr. 6/2002 Sb.

Das Verfassungsgericht hat dem Antrag stattgegeben und die angegriffenen Bestimmungen aufgehoben. Zunächst hat es sich im Detail mit dem Prinzip der Gewaltenteilung befasst. Es hat betont, dass Art. 81[184] und 82 Verf.[185] die Unabhängigkeit der Richter festlegen. Unter diesem Aspekt hat es vor allem die Tatsache als kritisch angesehen, dass die wichtigsten Gremien, welche die fachliche Fähigkeit der Richter prüfen sollen, durch das Justizministerium ernannt werden; die wichtigsten dieser Prüfer – die Gerichtspräsidenten – können nach dem Richtergesetz ihres Amtes aufgrund ungenauer Kriterien – mangels einer „ordentlichen Erfüllung ihre Pflichten“ – enthoben werden. Auch der Rat, der im Falle einer negativen Beurteilung die Fähigkeiten weiter prüfen soll, wird vom Justizministerium eingesetzt. Diese Gruppe von Maßnahmen bewirke eine exzessive Ingerenz der Exekutive in die Judikative sowie eine Verletzung von Art. 6 EMRK, nach dem jedermann Anspruch auf eine Entscheidung durch ein unparteiisches Gericht hat. Dadurch kamen die Bestimmungen der EMRK – trotz Aufhebung der ausdrücklichen Möglichkeit, das nationale Recht anhand völkerrechtlicher Bestimmungen zu überprüfen – als zusätzliches Argument doch zur Geltung.

(bb) Konkrete Normenkontrolle

Art. 95 Abs. 2 Verf. bestimmt – nach der Verfassungsänderung von 2001 –, dass ein Gericht, falls es zu dem Schluss gelangt, dass das bei der Entscheidung anzuwendende Gesetz im Widerspruch zur „Verfassungsordnung“ steht, die Sache dem Verfassungsgericht vorlegt.[186] Das Problem, was unter dem Begriff „Verfassungsordnung“ zu verstehen ist, ist mit der Fragestellung betreffend die abstrakte Normenkontrolle vergleichbar. Die Verfassung stellt nur fest, dass (auch) die nationale Charta der Grundrechte und Grundfreiheiten Bestandteil der Verfassungsordnung ist (Art. 3 Verf.).

---

[184] Art. 81 Verf. lautet: „Die richterliche Gewalt üben im Namen der Republik unabhängige Gerichte aus.“

[185] Art. 82 Abs. 1 Satz 1 Verf. lautet: „Die Richter sind in der Ausübung ihres Amtes unabhängig.“

[186] Art. 95 Abs. 2 Verf. lautet: „Gelangt das Gericht zum Schluss, dass das Gesetz, das bei der Lösung der Sache angewandt werden soll, im Widerspruch zur Verfassungsordnung steht, legt es die Sache dem Verfassungsgericht vor.“

Eine partielle Antwort kann Art. 95 Abs. 1 Verf. geben, wonach die Richter nun neben den Gesetzen auch explizit an völkerrechtliche Verträge gebunden sind. Nach dem Regierungsentwurf zur Verfassungsänderung bedeutete dies zunächst, dass ein Richter, nachdem er zu dem Schluss gelangt, dass das Gesetz, das bei der Entscheidung angewandt werden soll, im Widerspruch zum völkerrechtlichen Vertrag steht, bei seiner Entscheidung die Bestimmung dieses völkerrechtlichen Vertrags anwenden muss. Die Gesetzesmotive zum Regierungsentwurf betonten jedoch weiter, dass „die Richter künftig nicht das Verfahren unterbrechen und sich an das Verfassungsgericht wenden sollen; falls ein Gesetz wegen seines Widerspruchs mit einer völkerrechtlichen Bestimmung über Menschenrechte auf Dauer nicht mehr angewandt wird, ist es Aufgabe anderer Organe, ein solches Gesetz aufzuheben".[187]

Dieser Bruch der institutionellen Grenze zwischen der Verfassungsgerichtsbarkeit und der allgemeinen Gerichtsbarkeit zusammen mit der Einbeziehung der allgemeinen Gerichte in den verfassungsgerichtlichen Prozess sollte nach einigen Stimmen[188] vor allem mit Rücksicht auf die Integration der Tschechischen Republik in die europäischen Strukturen von Bedeutung sein: Nach dem EU-Beitritt seien die allgemeinen Gerichte verpflichtet, in einschlägigen Situationen anstelle der nationalen Regelungen die Vorschriften des gemeinschaftlichen Primärrechts auch ohne Vorlage zum Verfassungsgericht oder EuGH anzuwenden. Das Modell der spezialisierten und konzentrierten Verfassungsgerichtsbarkeit werde dadurch um die Attribute der diffusen Verfassungsgerichtsbarkeit ergänzt.

In der vom Parlament verabschiedeten Form der verfassungsrechtlichen Bestimmung von Art. 95 Abs. 2 Verf. blieb das Modell der konkreten Normenkontrolle gegenüber der Fassung aus dem Jahre 1993 grundsätzlich unverändert.[189] Eine Änderung brachte jedoch Art. I des Änderungsgesetzes zum Gesetz *über das Verfassungsgericht*,[190] der aus dem bisherigen Katalog der Prüfungsmaßstäbe der konkreten Normenkontrolle die völkerrechtlichen Verträge ausschloss. Der gesetzliche Hin-

---

187 Gesetzesmotive (Fn. 5), S. 18.

188 Z.B. *J. Blahož*, Soudní kontrola ústavnosti: srovnávací pohled, Praha, 2001, 446 ff.

189 In Art. 95 Abs. 2 Verf. wurde bloß der Begriff „Verfassungsgesetz" als Prüfungsmaßstab durch den Begriff „Verfassungsordnung" ersetzt.

190 Fn. 145.

weis auf die völkerrechtlichen Abkommen nach Art. 10 Verf. in § 64 Abs. 7 des Gesetzes *über das Verfassungsgericht*, der früher ermöglichte, einen Antrag auf konkrete Normenkontrolle nicht nur wegen Widerspruchs zur Verfassung und den Verfassungsgesetzen, sondern auch zu den völkerrechtlichen Verträgen über Menschenrechte und Grundfreiheiten zu stellen, wurde durch diese Bestimmung aufgehoben.

Die faktische Auswirkung dieses Schrittes ist nicht völlig klar: Während die Absicht des Gesetzgebers bzw. des Verfassungsrechtlichen Ausschusses der Abgeordnetenkammer, das Völkerrecht aus dem Instrumentarium der konkreten Normenkontrolle auszuschließen, ganz eindeutig war,[191] deutet die Praxis des Verfassungsgerichts auf eine ganz andere Richtung hin:

> Bereits in der aus dieser Sicht grundsätzlichen Sache vom 25. Juni 2002 hat es auf Antrag des Obergerichts Prag §§ 5 und 8 des Gesetzes *über Konkurs und Ausgleich*[192] überprüft, die für den Fall, dass der Konkursantragsteller von der Konkurseinzahlung befreit wurde und keine Konkursmasse zur Verfügung steht, zur Bezahlung der Vergütung des Konkursverwalters keine zusätzliche Maßnahme zu seinen Gunsten vorsah. In der fehlenden Regelung sah es einen Verstoß nicht nur gegen Art. 1 (Gleichheitssatz) und Art. 3 Abs. 1 (Grundrechtsgarantie) der Charta der Grundrechte und Grundfreiheiten, sondern auch Art. 26 IPbürgR (Diskriminierungsverbot).
>
> In seiner Begründung wies das Verfassungsgericht zunächst auf § 109 Zivilprozessordnung und § 224 Strafprozessordnung hin, welche die Richter der allgemeinen Gerichte verpflichten, das Verfahren nicht nur im Falle eines Widerspruchs des anzuwendenden Gesetzes zur Verfassung, sondern auch zu einem „völkerrechtlichen Vertrag, der Vorrang vor den Gesetzen hat", dem Verfassungsgericht vorzulegen. Aus diesen Bestimmungen folge, dass die allgemeinen Gerichte verpflichtet sind, im Falle ihrer Überzeugung von einem Widerspruch der anzuwendenden Vorschrift zu den ratifizierten Abkommen zum Schutz der Grundrechte und Grundfreiheiten die Sache auszusetzen und dem Verfassungsgericht vorzulegen. Hinsichtlich der fortgesetzten Anwendung der völkerrechtlichen Bestimmungen als Prüfungsmaßstab hat es eindeutig erklärt, dass – weil gem. Art. 9

[191] Parlament České republiky, Poslanecká sněmovna, Usnesení ústavně právního výboru z 94. schůze dne 15. listopadu 2001.

[192] Nr. 328/1991 Sb. i.d.F. späterer Vorschriften.

Abs. 2 Verf. „eine Änderung wesentlicher Attribute des demokratischen Rechtsstaates unzulässig ist – keine Verfassungsänderung in dem Sinne ausgelegt werden könne, als ob sie eine Beschränkung des bestehenden verfahrensrechtlichen Schutzes der Grundrechte und Grundfreiheiten nach sich ziehe". Seiner Meinung nach müssen unter diesem Gesichtspunkt auch die Änderungen betrachtet werden, welche die Verfassungsänderung im Jahre 2001 brachte. Die verfassungsrechtliche Verankerung der allgemeinen Auslegungsklausel in Art. 10 Verf. könne nicht im Sinne einer Beseitigung der Referenz auf völkerrechtliche Abkommen zum Schutz der Menschenrechte und Grundfreiheiten bei der Überprüfung der kollidierenden gesetzlichen Bestimmungen interpretiert werden. Diese völkerrechtlichen Abkommen müssten im Sinne von Art. 1 Abs. 2 Verf. unter den Begriff der „Verfassungsordnung" nach Art. 112 Verf. subsumiert werden. Aus diesen Gründen habe „das Verfassungsgericht [...] die Beurteilung der Verfassungsmäßigkeit der angegriffenen gesetzlichen Bestimmungen nicht auf die Untersuchung ihrer Vereinbarkeit mit den Verfassungsgesetzen beschränkt, sondern sich auch mit ihrer Vereinbarkeit mit den ratifizierten und verkündeten völkerrechtlichen Verträgen zum Schutz der Menschenrechte und Grundfreiheiten auseinandergesetzt".[193]

Auch in späteren Entscheidungen werden völkerrechtliche Regelungen als Maßstab – trotz Aufhebung dieser Kompetenz durch das Änderungsgesetz zum Verfassungsgerichtsgesetz – vom Verfassungsgericht angewandt.

So hat es sich z.B. in der Entscheidung vom 11. Februar 2004[194] zur Verfassungsmäßigkeit der Bestimmung, Entscheidungen des Obersten Gerichtshofs über die Zulässigkeit einer Revision im Zivilverfahren ohne Begründung zu erlassen, extensiv auf Art. 6 EMRK und die Judikatur des EGMR zu dieser Frage gestützt. Unter anderem hat es darauf hingewiesen, dass es zwar durchaus im Sinne der Judikatur des EGMR sei, dass jeder Staat seine Gerichtsverfassung selbständig gestalte, eine Unterscheidung zwischen der obligatorischen Begründungspflicht im Strafverfahren einerseits und ihrem Fehlen im Zivilverfahren sei jedoch nicht begründet. Das Fehlen einer Begründung mache auch die Überprüfung der Verfassungsmäßigkeit

[193] Nr. 403/2002 Sb.

[194] Nr. 153/2004 Sb.

der entsprechenden Entscheidung durch das Verfassungsgericht und ihrer Vereinbarkeit mit der EMRK durch den EGMR unmöglich. Die Bestimmung der ZPO,[195] welche diese Praxis bisher ermöglichte (§ 243 c Abs. 2), wurde durch die Entscheidung des Verfassungsgerichts aufgehoben.

In der Entscheidung vom 20. Mai 2008 auf Antrag des Obersten Verwaltungsgerichts hat das Plenum des Verfassungsgerichts Art. 2 des Protokolls Nr. 4 zur EMRK als unmittelbaren Entscheidungsmaßstab im Tenor benutzt: Das Oberste Verwaltungsgericht sah im damals geltenden Gesetz *über Reisepässe*, das den Entzug des Reisepasses eines einer Straftat Verdächtigen durch eine Verwaltungsbehörde ermöglichte, die Verletzung des Rechts auf Freizügigkeit; vor allem hat es gerügt, dass die betroffene Maßnahme gegen den Verhältnismäßigkeitsgrundsatz verstoße. Das Verfassungsgericht hat dem Antrag stattgegeben, die Ausgestaltung des EMRK-konformen rechtlichen Rahmens hat es jedoch dem Gesetzgeber überlassen. Seine Begründung stützte es auf die durch den EGMR unterstrichene Erforderlichkeit, sich stets mit den konkreten Umständen der Fälle auseinanderzusetzen, und eine gerichtliche Überprüfung der Einhaltung des Prinzips der Verhältnismäßigkeit zu garantieren.

Zur Beantwortung der Frage, ob nun das Verfassungsgericht berechtigt ist, Völkerrecht bei der konkreten Normenkontrolle anzuwenden, können ähnliche Argumente wie im Falle der abstrakten Normenkontrolle angeführt werden. Es ist nur schwer vorstellbar, dass ein anderes Organ als das Verfassungsgericht eine Frage nach dem „Anders-Sein" (Art. 10 Verf.) des nach Art. 95 Verf. durch Richter anzuwendenden Völkerrechts und einer gesetzlichen Regelung entscheiden sollte. Darüber hinaus kann die fehlende ausdrückliche Zuständigkeit des Verfassungsgerichts, die nationale Rechtsordnung wie früher am Völkerrecht zu messen, nur mit Schwierigkeiten als ein Verbot einer solchen Überprüfung verstanden werden. Unterstützend kann bemerkt werden, dass sowohl die geltende Zivilprozessordnung (§ 109 Abs. 1, lit. c), Gesetz Nr. 99/1963 Sb.), als auch die Strafprozessordnung (§ 224 Abs. 5, Gesetz Nr. 141/1961 Sb.), diese Möglichkeit einbeziehen und den Vorgang der Aussetzung des entsprechenden Verfahrens bei den allgemeinen Gerichten normieren.

[195] Gesetz Nr. 99/1963 Sb., mit Änderungen.

(cc) Verfassungsbeschwerde

Die Verfassungsänderung aus dem Jahre 2001 hat die Ausgestaltung der Verfassungsbeschwerde nicht geändert. Weiterhin entscheidet das Verfassungsgericht nach Art. 87 Abs. 1 lit. d Verf. über die Verfassungsbeschwerden gegen rechtskräftige Beschlüsse oder andere Eingriffe der Organe der öffentlichen Gewalt in die durch die Verfassung garantierten Grundrechte und Grundfreiheiten. Zur Änderung des Instrumentariums des Verfassungsgerichts kam es in diesem Falle durch Art. I des Änderungsgesetzes zum Gesetz *über das Verfassungsgericht*, der auch hier die ursprüngliche Möglichkeit, Verfassungsbeschwerden nicht nur an der Verfassung, sondern auch anhand völkerrechtlicher Menschenrechtsinstrumente zu prüfen, aufhob.

Auch diese Beschränkung fand – wie im Falle der konkreten Normenkontrolle – in der Rechtsprechung des Verfassungsgerichts wenig Resonanz. In den Begründungen der Entscheidungen über Verfassungsbeschwerden finden sich weiter häufige Hinweise vor allem auf die Bestimmungen der EMRK, aber auch der UN-Menschenrechtspakte, die in der Regel parallel zu verfassungsrechtlichen Bestimmungen Anwendung finden.

So hat das Verfassungsgericht neben Art. 38 Abs. 2 der Charta der Grundrechte und Grundfreiheiten (Anspruch auf gerichtliches Gehör ohne Verzögerung) mit Art. 6 Abs. 1 EMRK in der Entscheidung vom 6. April 2004 betreffend die Verzögerungen im Zivilrechtlichen Verfahren[196] sowie in der Entscheidung vom 25. März 2004 betreffend die Länge des Verfahrens in Strafsachen[197] argumentiert.

In der Sache IV. ÚS 22/03 betreffend die rechtliche Bedeutung der richtigen Bezeichnung des Beklagten im Zivilverfahren kam neben Art. 36 Abs. 1 der Charta (Recht auf gerichtlichen Rechtsschutz) und Art. 6 Abs. 1 EMRK auch Art. 14 IPbürgR zur Anwendung. Das Verfassungsgericht gelangte zu dem Schluss, dass die Entscheidungen der allgemeinen Gerichte, das Verfahren nur aufgrund einer nicht exakten Bezeichnung des Beklagten einzustellen, nicht den oben genannten Anforderungen entsprachen, und hat sie aufgehoben.

---

[196] Entscheidung II. ÚS 504/03.

[197] Entscheidung IV. ÚS 22/03.

Die Entscheidung II. ÚS 2445/07 vom 3. April 2008 hob einen Beschluss des Kreisgerichts Hradec Králové auf, der einen durch den Beschwerdeführer bestimmten Strafverteidiger vom Verfahren mit der Begründung ausschloss, dass dieser später als Zeuge im selben Strafverfahren gehört werden solle. Das Verfassungsgericht betonte, dass sein Referenzmaßstab nicht etwa das einfache Recht sei, sondern die Grundrechte, die durch Verfassungsbestimmungen und „die völkerrechtlichen Verträge über Menschenrechte und Grundfreiheiten" garantiert seien. Im Ausschluss des Verteidigers sah die Entscheidung eine Verletzung des Rechts auf Verteidigung und dadurch des Art. 14 Abs. 3 lit. d IPbürgR und Art. 6 Abs. 3 lit. c EMRK.

In der Entscheidung vom 10. April 2008 wurde das Völkerrecht – Art. 6 Abs. 1 EMRK – unmittelbar im Tenor herangezogen: Das zivilrechtliche Gerichtsverfahren, das im Jahre 1994 eingeleitet und bis zum Erlass der verfassungsrechtlichen Entscheidung nicht annähernd abgeschlossen war, entspreche weder den Kriterien der innerstaatlichen Grundrechtscharta noch den Vorgaben des Art. 6 Abs. 1 EMRK: Die Staaten seien verpflichtet, ihr Gerichtssystem so zu organisieren, dass die Prinzipien beider Rechtsquellen respektiert werden. Die Unvollkommenheiten des Systems könnten nicht zu Lasten der Bürger gehen, die von den Gerichten berechtigterweise den Schutz ihrer Rechte in angemessener Frist erwarten dürfen. Dem betreffenden Kreisgericht hat die Entscheidung die Pflicht auferlegt, in der Sache unverzüglich zu handeln.

In der Entscheidung II. ÚS 234/08 vom 24. April 2008 nutzte das Verfassungsgericht die Gelegenheit, sich wiederholt zur Anwendung des Völkerrechts als Prüfungsmaßstab zu äußern. In der Begründung zur Aufhebung des Beschlusses des Stadtgerichts in Prag, mit dem die Haft des Beschwerdeführers mit der Begründung verlängert worden war, dass er die Verhandlungssprache nicht beherrsche und deswegen das Dolmetschen und Übersetzen zu einer notwendigen Verlängerung des Verfahrens führe, hat es eindeutig das Völkerrecht als Kriterium genannt: Maßstäbe der Verfassungsmäßigkeit seien die einschlägigen Bestimmungen der Charta der Grundrechte und der völkerrechtlichen Verträge über Menschenrechte und Grundfreiheiten.

(b) Völkerrechtliche Verträge als Prüfungsgegenstand

Die Aufhebung der Zuständigkeit der Verfassungsgerichts, anhand des Kriteriums der Vereinbarkeit mit den völkerrechtlichen Instrumenten die allgemein geltenden Rechtsnormen sowie die Einzelakte der Organe der öffentlichen Gewalt aufzuheben, wurde als Voraussetzung dafür formuliert, das Verfassungsgericht mit einer neuen, bedeutsamen Zuständigkeit – der präventiven Kontrolle der völkerrechtlichen Verträge – auszustatten.

> Noch in dem Beschluss des II. Senats des Verfassungsgerichts vom 9. April 1996[198] wurde festgestellt, dass das Verfassungsgericht keine Zuständigkeit betreffend völkerrechtliche Verträge besitze. Seine Tätigkeit beruhe auf der Respektierung des Grundsatzes der Gewaltenteilung in die gesetzgebende, vollziehende und rechtsprechende Gewalt. Unter dem Gesichtspunkt der Gewaltenteilung und der eigenen Kompetenz stehe ihm in den Sachen, die völkerrechtliche Verträge betreffen, nicht zu, in die Zuständigkeit der Regierung einzugreifen, dem Parlament Entwürfe der Zustimmungsbeschlüsse zu völkerrechtlichen Verträgen vorzulegen und völkerrechtliche Verträge abzuschließen.

Dieses Konzept unterlag Änderungen vor allem auf Grund des angestrebten Anwendungsvorrangs der völkerrechtlichen Verträge vor dem Gesetz; das Institut der präventiven Kontrolle der völkerrechtlichen Normen ist mit der Absicht eingeführt worden, das Risiko von Konflikten mit der innerstaatlichen Gesetzgebung zu mindern.[199] Durch die Verfassungsänderung im Jahre 2001 ist in die Verfassung ein neuer Art. 87 Abs. 2 Verf. eingeführt worden; seine detaillierte Ausführung findet sich im neuen Teil II des Gesetzes *über das Verfassungsgericht.*

Nach Art. 87 Abs. 2 Verf. entscheidet nun das Verfassungsgericht vor der Ratifizierung der völkerrechtlichen Verträge, die in die Kategorie der Verträge nach Art. 10 a und 49 Verf. gehören,[200] über ihre Vereinbarkeit mit der Verfassungsordnung.[201] Durch die Formulierung „vor

---

[198] Az. 41/96. Deutsche Übersetzung in: *G. Brunner/ M. Hofmann/ P. Holländer,* Verfassungsgerichtsbarkeit in der Tschechischen Republik, 2001, 412 ff.

[199] Gesetzesmotive (Fn. 5), S. 6 u. 9.

[200] S. Kapitel „Die parlamentarische Zustimmung".

[201] Art. 87 Abs. 2 Verf. lautet: „Das Verfassungsgericht entscheidet weiter über die Vereinbarkeit der völkerrechtlichen Verträge nach Art. 190 a und Art.

ihrer Ratifizierung“ wurden aus dem Gegenstand der Überprüfung die bereits ratifizierten Verträge ausgeschlossen. Der Hinweis auf Art. 10 Verf. schränkt weiter den Umfang der Überprüfung auf diejenigen Verträge ein, die „Bestandteil der Rechtsordnung“ nach Art. 10 sind; andere Verträge, z.B. solche, die mittels eines einfach-gesetzlichen Hinweises im nationalen Recht direkt anwendbar würden, sind aus der Überprüfung auch ausgeschlossen.

Mit der Kompetenz, das Verfahren einzuleiten, wurden alle Beteiligten des innerstaatlichen Ratifikationsverfahrens ausgestattet. Nach § 71 a des novellierten Gesetzes *über das Verfassungsgericht* kann der Antrag von beiden Kammern des Parlaments, von einer Abgeordnetengruppe (mindestens 41) oder einer Gruppe von Senatoren (mindestens siebzehn) und dem Staatspräsidenten gestellt werden. Unter den Berechtigten befindet sich jedoch nicht die Regierung; diese habe – nach den Gesetzesmotiven – durch die Vorlage des Vertrags vor dem Parlament zur Zustimmung ihre Überzeugung über die Verfassungsmäßigkeit des völkerrechtlichen Vertrags bereits geäußert.

Über den Antrag entscheidet nach § 11 Abs. 3 des Verfassungsgerichtsgesetzes das Plenum des Verfassungsgerichts. Bis zur Entscheidung des Verfassungsgerichts kann der Vertrag nicht ratifiziert werden (Art. 87 Abs. 2 Verf.). Falls das Plenum des Verfassungsgerichts zu dem Schluss gelangt, dass der Vertrag die Bestimmungen der Verfassungsordnung nicht verletzt, wird es in seinem Urteil festlegen, dass seine Ratifizierung nicht im Widerspruch zur Verfassungsordnung steht.[202] Falls jedoch das Verfassungsgericht entscheidet, dass der Vertrag im Widerspruch zur tschechischen Verfassungsordnung steht, wird es die verletzenden Bestimmungen der Verfassungsordnung feststellen; ein solches Urteil schließt nach Art. 89 Abs. 3 Verf. die Ratifizierung des Vertrags bis zur „Beseitigung des Widerspruchs“ aus. Unter der „Beseitigung“ des Widerspruchs werden in der Lehre[203] die entsprechenden Änderungen der Verfassungsordnung, eine Vertragsänderung oder ggf. das Anbringen eines Vorbehalts zum Vertrag verstanden.

---

49 mit der Verfassungsordnung, und zwar vor ihrer Ratifizierung. Bis zur Entscheidung des Verfassungsgerichts können die Verträge nicht ratifiziert werden.“

[202] § 71 lit. e des Gesetzes *über das Verfassungsgericht.*

[203] *J. Kysela/ Z. Kühn* (Fn. 4), S. 307.

Bisher kann über die Praxis zu dieser Bestimmung anhand von zwei Fällen berichtet werden:

Der erste Fall betraf die Überprüfung der Verfassungsmäßigkeit des EU-Beitrittsvertrags. Der entsprechende Antrag war von einer Gruppe der Mitglieder der Abgeordnetenkammer des tschechischen Parlaments gestellt worden,[204] die allgemein die Beurteilung seiner Vereinbarkeit mit der „Verfassungsordnung" beantragt hatte. Das Verfassungsgericht erklärte den Antrag für unzulässig, weil er erst zu einem Zeitpunkt gestellt wurde, zu dem das Abkommen vom Staatspräsidenten bereits ratifiziert worden war. § 71 a Abs. 1 lit. b des Verfassungsgesetzes beziehe sich ausschließlich auf solche völkerrechtlichen Verträge, die noch nicht ratifiziert worden seien.

Zumindest vorübergehend abgeschlossen ist die Sache der Überprüfung des Vertrags von Lissabon. Am 24. April 2008 hat der Senat, die zweite Kammer des Parlaments, durch entsprechende Abstimmung (mit 48 zu vier Stimmen) beim Verfassungsgericht beantragt, den Inhalt des Lissabonner Vertrags auf der Grundlage der Verfassung der Tschechischen Republik gem. Art. 87 Abs. 2 Verf. zu überprüfen.[205] Nach § 71 c des Gesetzes *über das Verfassungsgericht* schloss sich der Staatspräsident dem Antrag des Senats am 7. Juni 2008 an. Er hat ihn im vollen Umfang unterstützt und mit einer Reihe kritischer Feststellungen untermauert. In seiner Entscheidung vom 26. November 2008 hat das Verfassungsgericht festgestellt, dass der Vertrag nicht der tchechischen Verfassung widerspricht. Damit ist der Weg zur parlamentarischen Abstimmung über den Vertrag offen.

---

[204] Entscheidung Nr. 11 vom 4.3. 2004, Pl. ÚS 1/04, Sbírka usnesení a nálezů 32 (2004), 519 ff.

[205] Senatsdruck Nr. 379, Entscheidung des Senats vom 24.4. 2008, http://www.senat.cz/xqw/xervlet/pssenat/htmlhled?action=doc&value=46812. Der Antrag ist am 30.4. 2008 gestellt worden, die Sache wird unter Az. Pl. ÚS 19/2008 geführt. Die amtliche Begründung der Entscheidung steht zum Zeitpunkt der Abgabe der Arbeit noch aus.

b) Anwendung gemeinschaftsrechtlicher Regelungen

Bis zum EU-Beitritt war die Achse der gegenseitigen rechtlichen Beziehungen zwischen den Europäischen Gemeinschaften und der Tschechischen Republik das Europaabkommen, dessen Stellung bzw. die Frage seiner direkten Anwendbarkeit in der nationalen Rechtsordnung umstritten war. Entsprechend verschiedener theoretischer Auffassungen war es auch unklar, ob das tschechische Verfassungsgericht seine Regelungen als Prüfungsmaßstab im Sinne von Art. 87 Verf. (1992) anwenden kann. Das Verfassungsgericht hat sich zu dieser Frage in keiner seiner Entscheidungen ausdrücklich geäußert, in seiner Rechtsprechung erwähnte es jedoch seine Vorschriften einzeln bei der Lösung konkreter Fragen.

Das Urteil Nr. 59 vom 11. Oktober 1995[206] hat sich mit der Steuerbegünstigung „kleiner unabhängiger Brauereien" befasst und sie am Recht der Europäischen Union gemessen. Gemäß Art. 90 des Europaabkommens und des Vertrags zur Gründung der Europäischen Gemeinschaft sollen die Parteien den Informationsaustausch u.a. bei der Einführung der steuerlichen Voraussetzungen fördern, die zur Gründung kleinerer und mittlerer Unternehmen notwendig seien. Die angefochtene Steuerbegünstigung folge dem Trend zur Kompatibilität der Rechtsordnung der Tschechischen Republik mit dem Europarecht; sie stütze sich auch auf die Richtlinie Nr. 92/84 des Rates der EG und auf seine Praxis. Danach können die Mitgliedstaaten auf Bier aus kleinen Brauereien eine günstigere Besteuerung anwenden.

Auch in der Entscheidung Nr. 66 vom 29. Mai 1997[207] stützte sich das Verfassungsgericht – auf Antrag anderer Staatsorgane – bei der Auslegung des Begriffs „Missbrauch der marktbeherrschenden bzw. dominanten Stellung des Wettbewerbers" auf Art. 64 des Europaabkommens und darüber hinaus auch auf Art. 86 lit. b) EGV. Es hat vor allem festgestellt, dass, obwohl die Tschechische Republik bis zum Erlass von wettbewerbsregelnden Vorschriften durch den Assoziationsrat die Verhaltensweisen, die mit Art. 64 Abs. 1 des Euro-

[206] Entscheidung Nr. 59, Pl. ÚS 3/95, Sbírka usnesení a nálezů 4 (1995-II. Teil), 91 ff.

[207] Entscheidung Nr. 66 vom 29.5. 1997, III. ÚS 31/97, Sbírka nálezů a usnesení 6 (1996-II. Teil), 149 ff.

paabkommens unvereinbar sind, gemäß ihren jeweiligen Rechtsvorschriften behandeln wird, nicht diejenige Auslegung für verfassungswidrig gehalten werden könne, die sich aus den Wettbewerbsregeln des Vertrags zur Gründung der Europäischen Gemeinschaft ergebe. Als Begründung dazu unterstrich es die Ähnlichkeit der Werte und Prinzipien, auf denen einerseits die europäische Regelung, andererseits die Verfassungsordnung der Tschechischen Republik beruhe.

Nach dem EU-Beitritt der Tschechischen Republik, der zum 1. Mai 2004 vollzogen wurde, trat das Europaabkommen außer Kraft. Aufgrund des EU-Beitrittsvertrags, der in Art. 2 seiner Beitrittsakte die Bindung der neuen Mitgliedsstaaten an den bisherigen Besitzstand erklärt hat,[208] gewannen die Bestimmungen des *acquis communautaire* vor den gesetzlichen und untergesetzlichen Normen Anwendungsvorrang.

Mit den grundsätzlichen Fragen des Verhältnisses beider Rechtsordnungen, die durch die EU-Mitgliedschaft der Tschechischen Republik eine neue Dimension gewonnen haben, hat sich das Verfassungsgericht seit dem EU-Beitritt mehrmals auseinandergesetzt: Die erste und gleichzeitig zentrale Entscheidung betreffend die Beziehung des nationalen Rechts und des *acquis communautaire* war die sog. Zuckerquoten-Entscheidung vom 8. März 2006 (Pl. ÚS 50/04):[209]

Zu den Regelungen, die die Tschechische Republik seit ihrem EU-Beitritt verpflichtet ist anzuwenden, gehören zahlreiche Rechtsakte im Bereich der gemeinsamen Agrarpolitik. Eine dieser gemeinschaftsrechtlichen Regelungen war auch die Verordnung (EG) Nr. 1609/2005 der Kommission vom 30. September 2005 zur Verringerung der im Rahmen der Produktionsquoten garantierten Menge und des angenommenen Höchstversorgungsbedarfs der Raf-

---

[208] Art. 2 der Beitrittsakte lautet: „Ab dem Tag des Beitritts sind die ursprünglichen Verträge und die vor dem Beitritt erlassenen Rechtsakte der Organe und der Europäischen Zentralbank für die neuen Mitgliedsstaaten verbindlich und gelten in diesen Staaten nach Maßgabe der genannten Verträge und dieser Akte."

[209] Entscheidung Nr. 50 vom 8.3. 2006, Pl. ÚS 50/04 (Nr. 154/2006 Sb.); kritisch vor allem *J. Malenovský*, The Relations between Constitutional Law, Community Law and International Law According to the Czech Constitution: Still Ambiguities to be Resolved, in: M. Hofmann (Hrsg.), Europarecht und die Gerichte der Transformationsstaaten, Baden-Baden 2008, 31 ff.

finerien im Rahmen der Präferenzeinfuhren im Zuckersektor im Wirtschaftsjahr 2005/06. Die tschechische Regierung fühlte sich verpflichtet, zu dieser Verordnung eine Umsetzungsvorschrift zu erlassen: Im Jahre 2005 hat sie eine Rechtsverordnung verabschiedet, in der sie auf eine besondere Weise innerstaatliche Quoten für die Zuckerproduktion festgelegt hat. Im Unterschied zu der europäischen Verordnung führte sie zur Festlegung der Quoten zur Verringerung der Zuckerproduktion eine spezifische Referenzperiode ein. Zur Festlegung der Quote sollte die Produktion am Stichtag des 30. Oktobers dienen. Diese Stichtagregelung haben manche Betroffene als willkürlich und folglich den Grundsatz des Rechtstaates verletzend empfunden: Sie wiesen darauf hin, dass in anderen Staaten eine fünfjährige Durchschnittproduktion als Grundlage diene; die Stichtagsregelung diskriminiere diejenigen Produzenten, deren Produktion an dem Stichtag aus verschiedenen Gründen niedrig war.

Im Interesse der Zuckerproduzenten hat eine Gruppe von Abgeordneten des Parlaments bei dem Verfassungsgericht einen Antrag auf abstrakte Normenkontrolle gestellt. In der Regelung der Regierung sahen sie eine Verletzung des Gleichheitsprinzips, des Willkürverbots und der verfassungsrechtlichen Regelung der Kompetenzen der Regierung, die diese Regelung erlassen habe, obwohl sie dafür keine Kompetenz besitze.

Eigentlich hätte dem Verfassungsgericht gereicht, sich mit dem Umfang der Kompetenzen der Regierung zu befassen und festzustellen, dass die Tschechische Republik durch den EU-Beitritt die Ausübung einiger ihrer Kompetenzen auf die Organe der EU übertragen hat. Die durch die Regierung behandelte Verordnung der Kommission (EG) Nr. 1609/2005 vom 30. September 2005 hat als unmittelbar anwendbares Recht Anwendungsvorrang und setzt keine weitere Umsetzung im innerstaatlichen Recht voraus. Das hat das Verfassungsgericht zunächst auch festgestellt und die Regierungsverordnung als verfassungswidrig aufgehoben: „Die Regierung behalte nach dem EU Beitritt keine Zuständigkeit mehr, eine konkrete, detaillierte und direkt anwendbare Rechtsvorschrift der EG weiter umzusetzen: Durch den Beitritt wurde die gesetzgeberische Zuständigkeit in den festgelegten Bereichen vollständig auf die Organe der Gemeinschaft übertragen. Selbst eine Wiederholung einer gemeinschaftsrechtlichen, direkt anwendbaren Vorschrift stehe – auch nach der Judikatur des EuGH – im Widerspruch mit dem Prinzip der direkten Anwendbarkeit der Verordnungen. Die Regierung handelte bei der Verabschiedung ihrer Verordnung eindeutig ultra vires; diese

Rechtsvorschrift könne daher keine Rechtswirkung entfalten. Die angefochtene Bestimmung der nationalen Regierungsverordnung sei aufzuheben."

Das Verfassungsgericht hat jedoch die Gelegenheit genutzt und den Antrag als Anlass genommen, sich zu einigen zentralen Fragen des Verhältnisses der Verfassungsgerichtsbarkeit zum Gemeinschaftsrecht im Allgemeinen und zum EuGH im Besonderen zu äußern.

Seine Argumentation zur eigenen Zuständigkeit, eine nationale Rechtsnorm, die eine Gemeinschaftsregelung umsetzt, zu überprüfen, stützte es zunächst auf den Charakter der angegriffenen Regierungsverordnung: Es ist davon ausgegangen, dass die Ziele und der Zweck der Regulierung der Quoten der Zuckerproduktion durch das Gemeinschaftsrecht festgelegt sind, während die Wahl der Mittel zu ihrer Durchführung Sache der Mitgliedstaaten ist. Obwohl sie an das Gemeinschaftsrecht unmittelbar anknüpfe, sei die angegriffene nationale Regelung unbestritten Bestandteil des nationalen Rechts. Als solche sei sie durch das Verfassungsgericht anhand der nationalen Verfassung überprüfbar. Wäre sie „reines" Gemeinschaftsrecht, wäre das Verfassungsgericht nicht dafür zuständig, ihre Gültigkeit zu überprüfen. Dies gehöre ausschließlich in die Kompetenz des EuGH. Nach seiner Rechtsprechung habe das Gemeinschaftsrecht vor nationalen Rechtsverordnungen Anwendungsvorrang; dieser Vorrang „kann nicht durch das nationale Recht, einschließlich der Kriterien des nationalen Verfassungsrechts, in Frage gestellt werden." „Ohne sich zu dieser Frage äußern zu wollen", könne es jedoch nicht folgende Tatsachen ignorieren: Selbst einige Gründungsmitglieder der EG hätten sich der Doktrin des absoluten Vorrangs des Gemeinschaftsrechts nicht untergeordnet (Italien, Deutschland). Vor allem hätten sie sich eine „Reserve" bei der Auslegung der Grundsätze des demokratischen Rechtsstaates und des Grundrechtsschutzes vorbehalten.

Die Quelle des Anwendungsvorrangs des Gemeinschaftsrechts findet das Urteil im Gemeinschaftsrecht selbst: Das Gemeinschaftsrecht bestimme selbst seine Auswirkungen im nationalen Recht, und zwar im Unterschied zum Völkerrecht. Die Bestimmung von Art. 10 a Verf. wirke somit in zwei Richtungen: Sie bilde die normative Grundlage zur Übertragung der Kompetenzen und gleichzeitig sei sie diejenige Verfassungsregelung, die das tschechische Recht für die Wirkung der gemeinschaftsrechtlichen Bestimmungen öffne.

Das Verfassungsgericht formulierte in diesem Zusammenhang folgende Frage: Erlauben das tschechische Verfassungsrecht und das

Rechtsstaatsprinzip, dass die internationale Organisation, auf die die Tschechische Republik einen Teil der Ausübung ihrer Souveränität übertragen hat, Recht schafft, das auch vor der nationalen Verfassung Anwendungsvorrang hat? Diese Frage beantwortet das Urteil nicht eindeutig. Es stellt fest, dass es sich hier um eine Wechselwirkung zwischen beiden Rechtssystemen handele: Das Gemeinschaftsrecht delegiere an die Mitgliedstaaten die Zuständigkeit, die gemeinschaftsrechtlichen Akte umzusetzen; diese Umsetzung müsse die Prinzipien des Gemeinschaftsrechts respektieren. Andererseits müsse diese nationale Regelung die Voraussetzungen des innerstaatlichen Verfassungsrechts achten. Das Referenzkriterium für das Verfassungsgericht sei dadurch das nationale Verfassungsrecht, das von ihm mit Rücksicht auf die Grundlagen des Gemeinschaftsrechts ausgelegt wird.

Die nächste Frage, mit der sich das Urteil befasste, war, ob das Verfassungsgericht eigentlich nicht verpflichtet gewesen wäre, die Frage dem EuGH gemäß Art. 234 EGV vorzulegen. Diese Frage bezeichnete es selbst als „delikat“ und wies auf die Praxis des österreichischen und der belgischen Cour d'Arbitrage hin, die in vergleichbaren Fällen Anträge auf Vorabentscheidung an den EuGH gestellt hatten. Auf der allgemeinen Ebene verschob es die Lösung dieser Frage in die Zukunft, im konkreten Fall sah es diejenigen Ausnahmen als ausschlaggebend an, die in solchen Fällen von der Judikatur des EuGH formuliert wurden: „Die Vorlage ist nicht erforderlich, falls sich mit der Frage bereits eine frühere Rechtsprechung des EuGH befasst hatte.“ Diese Bedingung sah das Verfassungsgericht als erfüllt an – im Agrarbereich existiere eine langjährige konsolidierte Judikatur, die den nationalen Verfassungsgerichten die Überprüfung der Quotenverteilung aufgrund des nationalen Verfassungsrechts im Lichte des Gemeinschaftsrechts ermöglicht.

Weiter definierte das Verfassungsgericht die Voraussetzungen und Grenzen des freien Ermessens, das den Mitgliedstaaten bei der Durchführung von gemeinschaftsrechtlichen Regelungen zur Verfügung steht: Es erwähnte die EuGH-Entscheidungen Deutsches Milchkontor und Wachauf und gelangte zu dem Schluss, dass im Bereich der Agrarwirtschaft der Grad des freien Ermessens hoch sei – die Mitgliedstaaten seien nur an die Ziele der gemeinsamen Agrarpolitik und allgemeine Grundsätze des Gemeinschaftsrechts gebunden. Es prüfte weiter, ob bei dem Erlass der nationalen Regelung die Prinzipien der Verhältnismäßigkeit und des Grundrechtsschutzes in der Form der legitimen Erwartung, der Rechtssicherheit, des Verbots der Retroaktivität und des Diskriminierungsverbots verletzt wurden. In allen Fällen fiel seine Antwort negativ aus.

Die folgerichtigste Stellungnahme gab das Verfassungsgericht zu den Grenzen der Übertragung der souveränen Kompetenzen der Tschechischen Republik an die Gemeinschaften ab. Es betonte, dass die Tschechische Republik ein souveräner Staat sei. Die Delegation der Zuständigkeiten könne solange fortbestehen, solange diese Zuständigkeiten im Einklang mit der Beibehaltung der Grundlagen der staatlichen Souveränität der Tschechischen Republik ausgeübt werden und nicht die materiellen Grundlagen des demokratischen Rechtstaates bedrohen. Wäre eine dieser Voraussetzungen nicht erfüllt oder würde „die Entwicklung in der EG bzw. EU diese Kriterien gefährden", wäre es notwendig, darauf zu beharren, dass diese Zuständigkeiten wieder von den innerstaatlichen Staatsorganen übernommen würden. Allerdings stellte das Verfassungsgericht fest, dass diese Situation weder im Allgemeinen noch im konkreten Fall vorliege und es deswegen für die tschechische Regierung keinen Grund gab, ihre normschaffende Kompetenz auszuüben.

Zusammenfassend kann festgestellt werden, dass das Verfassungsgericht dem Antrag auf Aufhebung der Regierungsverordnung, welche die Verordnung (EG) Nr. 1609/2005 der Kommission vom 30. September 2005 zur Verringerung der im Rahmen der Produktionsquoten garantierten Menge umgesetzt hat, vor allem aus kompetenzrechtlichen Gründen stattgegeben hat. Gleichzeitig hat es in den Fragen des Anwendungsvorrangs des Gemeinschaftsrechts, seiner Kompetenz, Gemeinschaftsrecht durchführende Rechtsakte zu überprüfen sowie der Grenzen der Übertragung der Kompetenzen staatlicher Organe an die Organe der Gemeinschaft eine eher zurückhaltende Stellung eingenommen, die zahlreiche Parallelen mit der Rechtsprechung des Bundesverfassungsgerichts aufweist. Bezüglich der anderen neuen EU-Mitglieder sind dieses Urteil und seine Begründung am meisten mit der Rechtsprechung des polnischen Verfassungsgerichts zum europäischen Haftbefehl zu vergleichen, das auch auf einer gewissen Skepsis gegenüber einer unbegrenzten Integration beruht.

Die Problematik der Entscheidung Pl. ÚS 37/04 vom 26. April 2006 betraf die Verfassungsmäßigkeit derjenigen Bestimmung der tschechischen ZPO (§ 133 Abs. 2 des Gesetzes Nr. 99/1963 Sb.), die Art. 8 Abs. 1 und 2 der Richtlinie 2000/43/EG vom 29. Juni 2000 zur Anwendung des Gleichbehandlungsgrundsatzes ohne Unterschied der Rasse oder der ethnischen Herkunft (ABl. EG 2000 L 180, S. 22) dadurch umgesetzt hat, dass sie in den einschlägigen Fällen der Diskriminierung die Beweislast vom Kläger auf den Beklagten übertragen hat. Der Antrag des Kreisgerichts Ústí nad Labem sah in dieser Bestimmung eine Verletzung des Grundsatzes der Waffengleichheit (Art. 96 Abs. 1 Verf.). Das Verfassungsgericht hat dem Antrag nicht stattgegeben: In der angegriffenen Bestimmung sah es eine pflichtmäßige und notwendige Umsetzung der europäischen Vorgaben. Auch aus der Sicht des tschechischen Rechts sei diese Regelung verfassungskonform: Sie verfolge das legitime Ziel, Opfer von Diskriminierung zu stärken. Auch der Grundsatz der Verhältnismäßigkeit bleibe gewahrt: Die Übertragung der Beweislast auf den Beklagten habe keinesfalls den Charakter einer unwiderlegbaren Vermutung, der Kläger könne den Eingriff in seine Rechte nicht nur behaupten, sondern müsse ihn auch beweisen.[210] Das Verfassungsgericht hat hier weder die Frage der Überprüfbarkeit des sekundären Gemeinschaftsrechts durch nationale Verfassungsgerichte, noch die bis heute nicht abschließend geregelte Frage, auf welche Gerichte der Tschechischen Republik sich die Vorlagepflicht im Rahmen des Vorabentscheidungsverfahrens gemäß Art. 234 EG erstreckt, thematisiert.[211]

In der Entscheidung zum Europäischen Haftbefehl vom 3. Mai 2006 (Pl. ÚS 66/04)[212] begründete das Verfassungsgericht die innerstaatliche Wirkung des europäischen Unionsrechts mit der in Art. 1 Abs. 2 Verf. formulierten Verpflichtung, das für die Tschechische Republik geltende Völkerrecht zu achten. Die Antragsteller, eine Gruppe von Abgeordneten und Senatoren des Parlaments, sah in den Bestimmungen des Strafgesetzes (§ 21 Abs. 2 des Gesetzes Nr. 140/1961 Sb.) und der Strafprozessordnung (§ 403 Abs. 2 des Gesetzes Nr. 141/1961 Sb.), die den Rahmenbeschluss des Rates vom 13. Juni 2002 über den europäischen Haftbefehl und die Übergabeverfahren (ABl. EG 2002/584/JI) umsetzen, eine Verletzung mehrerer Verfas-

---

[210] Entscheidung Nr. 92 vom 26.4. 2006, Pl. ÚS 37/04 (Nr. 419/2006 Sb.).

[211] Beitrag des Präsidenten des Verfassungsgerichts *P. Rychetský*, „Český Ústavní soud v Evropské unii", Konferenz der Karls Universität zu Prag „Neue Entwicklungen im Recht am Beginn des 21. Jahrhunderts", Prag, 17.-18.4. 2008.

[212] Entscheidung Nr. 93 vom 3.5. 2006, Pl. ÚS 66/04 (Nr. 434/2006 Sb.); zum Europäischen Haftbefehl vgl. von den neueren Entscheidungen z.B. Entscheidung vom 14.2. 2008, II. ÚS 779/07 #1, bzw. Entscheidung vom 7.2. 2008, III. ÚS 2388/07 #1.

sungsbestimmungen, vor allem von Art. 14 Abs. 4 der Charta der Grundrechte: Nach dieser Bestimmung dürfen die Bürger der Tschechischen Republik zum Verlassen ihrer Heimat nicht gezwungen werden.

Hinsichtlich seiner Kompetenz, einen Rahmenbeschluss umsetzende Bestimmungen anhand der Verfassung zu überprüfen, stellte das Verfassungsgericht fest, dass diese Problematik selbst auf der europäischen Ebene nicht abschließend gelöst sei. Einerseits bewirke die Mitgliedschaft in der EU eine Beschränkung der Kompetenzen des Verfassungsgerichts, andererseits bleibe den Mitgliedstaaten im Falle der umzusetzenden europäischen Regelungen ein Raum zur Überprüfung offen. Im Falle des Rahmenbeschlusses gehe es um keine gemeinschaftsrechtliche Regelung, sondern um eine Rechtsquelle der dritten Säule. Diese habe „nur" mittelbaren Effekt und müsse innerstaatlich umgesetzt werden. Das Verfassungsgericht könne hierzu zwar ein Vorabentscheidungsersuchen nach Art. 234 EGV stellen; es gebe aber keinen Grund, auf die Entscheidung des EuGH zu warten: es könne die Frage der Vereinbarkeit der umsetzenden Bestimmungen des nationalen Rechts mit der Verfassung selbst beantworten; Grundlage dafür sei Art. 10 EGV.

Diesem Antrag hat das Verfassungsgericht nicht stattgegeben: Seine Begründung stützte es darauf, dass die europäische Form des Haftbefehls nur eine Vereinfachung der bereist existierenden, auf Völkerrecht beruhenden Auslieferung darstelle. Das Verbot, Staatsangehörige auszuliefern, könne nicht als „Verlassen" der Heimat ausgelegt werden; dem Betroffenen stehen alle Rechtsmittel zur Verfügung und er könne nach dem Verbüßen der Strafe wieder in sein Land zurückkehren.

Die Entscheidung Pl. ÚS 36/05 #1 vom 16. Januar 2007[213] betrifft die Vereinbarkeit des Gesetzes *über die öffentliche Versicherung* (Gesetz Nr. 48/1997 Sb., § 15 Abs. 10 und Abs 5) mit der *Richtlinie 89/105/ EWG des Rates vom 21. Dezember 1988 betreffend die Transparenz von Maßnahmen zur Regelung der Preisfestsetzung bei Arzneimitteln für den menschlichen Gebrauch und ihre Einbeziehung in die staatlichen Krankenversicherungssysteme*. Diese Richtlinie legt Anforderungen an das Verfahren der Preissetzung für Arzneimittel fest, die vor allem auf den Grundsätzen der Transparenz der angewand-

[213] Entscheidung vom 16.1. 2007, Pl. ÚS 36/05 #1 (Nr. 57/2007 Sb.).

ten Kriterien und der gerichtlichen Überprüfbarkeit der Ergebnisse des Verfahrens beruhen. Eine Gruppe von Senatoren sah in der Bestimmung des Gesetzes *über die ordentliche Versicherung*, die es dem Gesundheitsministerium erlaubte, die Höhe des durch die öffentliche Krankenversicherung zu übernehmenden Anteils des Preises der Arzneimittel durch eine Verordnung festzulegen, ohne dass die Hersteller oder Vertreiber die Möglichkeit hatten, diese zu überprüfen oder anzugreifen, eine Verletzung dieser Richtlinie und des Art. 36 der tschechischen Charta der Grundrechte (Recht auf gerichtliche Überprüfung der Verwaltungsakte). Das Verfassungsgericht wiederholte, dass das Gemeinschaftsrecht kein Referenzkriterium der Verfassungsmäßigkeit einer innerstaatlichen Rechtsvorschrift sein kann (was es zuvor schon in seiner Entscheidung zu den Zuckerquoten geurteilt hatte); selbst die Feststellung eines Widerspruches zwischen Gemeinschaftsrecht und der nationalen Rechtsbestimmung könne nicht zur Aufhebung der letzteren führen.

Die Argumente, die zu einer solchen Feststellung führen, können jedoch zur Verstärkung der Argumentation bei der Prüfung der Verfassungswidrigkeit der fraglichen Bestimmung angewandt werden. Dabei müsse die nationale Verfassungsnorm im Einklang mit der einschlägigen Rechtsprechung des EuGH (hier C-424/99 und C-229 00) ausgelegt werden.

Im Ergebnis stellte das Verfassungsgericht fest, dass die rechtsstaatlichen Anforderungen an das Verfahren der Preissetzung für Arzneimittel, die der Richtlinie und Art. 36 der Charta der Grundrechte gemeinsam sind, auch für das Verfahren der Feststellung der Höhe des durch die öffentlichen Krankenversicherung zu übernehmenden Anteils Anwendung finden müssen. Die angegriffene Bestimmung des Gesetzes sei aufzuheben und der Gesetzgeber verpflichtet, das entsprechende Verfahren auf rechtsstaatlicher Grundlage zu regeln.

Der Anwendungsvorrang der gemeinschaftlichen Regelungen betrifft neben den Organen der Exekutive auch die Justiz, die neben bzw. vor den nationalen Rechtsvorschriften den gemeinsamen Besitzstand anwenden muss.

Seit dem EU-Beitritt üben auch die allgemeinen Gerichte der Tschechischen Republik die Rolle von Gemeinschaftsgerichten aus. Die Änderung der tschechischen Rechtsordnung aus dem Jahre 2001 baute eine Brücke zu dieser Rechtsmasse durch die Bindung der Richter – neben den Gesetzen – auch an die völkerrechtlichen Verträge, die Bestandteil der tschechischen Rechtsordnung sind; darunter ist u.a. der EU-Beitrittsvertrag zu verstehen, der in Art. 2 der Beitrittsakte die Bindung der neuen Mitgliedstaaten an den bisherigen Besitzstand erklärt. In diesem Zusammenhang wird als Grundlage der Anwendung des Gemeinschaftsrechts entweder Art. 10 Verf., der dem Vertragsvölkerrecht Anwendungsvorrang vor nationalen Gesetzen sichert,[214] oder Art. 10 a Verf., der die Übertragung der Ausübung eines Teils der souveränen Rechte der Tschechischen Republik ermöglicht und vor allem vom Verfassungsgericht als Öffnung für die Wirkung des Gemeinschaftsrechts interpretiert wird, verstanden.[215] Beide Alternativen hätten unterschiedliche verfassungs- und verfahrensrechtliche Konsequenzen vor allem im Falle eines Austritts der Tschechischen Republik aus der Europäischen Union und der Wirksamkeit des Gemeinschaftsrechts.

Ergänzend zu den genannten Meinungen könnte diese Frage vielleicht unter dem temporären Gesichtspunkt behandelt werden: In der Periode der Erarbeitung der Verfassungsänderung war die Sicherung der künftigen Wirkung des Europarechts qua Völkerrecht sicher die richtige Lösung; nach dem EU-Beitritt hat sie sich zumindest in der ersten Säule vom Völkerrecht weitgehend abgekoppelt und beschreitet ihre Wege weitgehend autonom.

Der Übergang der Richter auf ihre neue Rolle wurde durch die Tatsache erleichtert, dass bereits seit den 1990er Jahren an jedem Gericht mindestens ein Richter auf Fragen mit „internationalem Element“ spezialisiert wurde.[216] Der Vorrang des Gemeinschaftsrechts vor nationalem Recht bedeutete für die Gerichtsbarkeit nämlich einige Modifizierungen ihrer Zuständigkeiten: So hat die Verordnung (EG) Nr. 1347/2000 des Rates vom 29. Mai 2000 über die Zuständigkeit und die Anerkennung und Vollstreckung von Entscheidungen in Ehesachen und in Verfahren betreffend die elterliche Verantwortung für die gemeinsamen Kinder der Ehegatten den Katalog der Rechtsbehelfe vor dem Obersten Gerichtshof um eine Revision (dovolání) erweitert. Im Strafprozessrecht

---

[214] Für alle *J. Malenovský*, The Relations between Constitutional Law, Community Law and International Law According to the Czech Constitution: Still Ambiguities to be Resolved, in: M. Hofmann (Hrsg.), Europarecht und die Gerichte der Transformationsstaaten, Baden-Baden 2008, S. 34.

[215] Vor allem die Entscheidung des Verfassungsgerichts Pl. ÚS 50/04, 8.3. 2006 und Pl. ÚS 19/04, 21.2. 2006; vgl. hierzu auch *M. Bobek*, Ústavní soud České republiky: obecné soudy mají povinnost aplikovat komunitární právo samostatně, Soudní rozhledy 5 (2006), S. 171.

[216] *J. Rakovský*, Der tschechische Richter als Richter für das Europäische Gemeinschaftsrecht, in: EIW Working Paper Series, 2005, S. 11.

machte sich diese Auswirkung am intensivsten an der Ausgestaltung des EU-Haftbefehls bemerkbar (Gesetz Nr. 141/1961 Sb.). Die Verwaltungsgerichte bereiteten sich auf Sachen in Bereichen der Zölle, der Steuern, des Umweltschutzes und der Agrarpolitik vor.[217]

Die bisherige gerichtliche Praxis der Anwendung der gemeinschaftsrechtlichen Regelungen scheint – auch wegen nicht zugänglicher statistischer Daten – eher gering:

> Das Schrifttum berichtet über die Entscheidung eines Kreisgerichts, das im Zivilverfahren eine Bestimmung des Gesetzes Nr. 92/1991 über die Voraussetzungen der Überführung des Staatseigentums auf andere Personen mit den Regelungen der Zweiten Richtlinie 77/91/EWG des Rates vom 13. Dezember 1976 zur Koordinierung der Schutzbestimmungen, die in den Mitgliedstaaten den Gesellschaften im Sinne des Artikels 58 Absatz 2 des Vertrags im Interesse der Gesellschafter sowie Dritter für die Gründung der Aktiengesellschaft sowie für die Erhaltung und Änderung ihres Kapitals vorgeschrieben sind, um diese Bestimmungen gleichwertig zu gestalten, für unvereinbar hielt. Es hat das Verfahren ausgesetzt und die Sache nicht etwa dem EuGH, sondern dem Verfassungsgericht zur Überprüfung im Rahmen der konkreten Normenkontrolle vorgelegt.[218]
>
> Eine weitere Entscheidung betrifft die Rückgabe des im Jahre 1945 aufgrund der Beneš-Dekrete konfiszierten Eigentums. Vor dem Zivilgericht zweiter Instanz hatte ein Kläger seine Argumentation über die Rechtswidrigkeit der Konfiszierung auf Art. 6 EUV gestützt. In seiner Entscheidung hat das Gericht diese Argumentation abgelehnt; es stellte fest, dass das europäische Recht auf dem Grundsatz des Verbots der Retroaktivität als allgemeinem Grundsatzes aufgebaut sei; außerdem stützte es sich auf Art. 295 EGV (Unberührbarkeit der Eigentumsordnungen der Mitgliedsstaaten).

Die Anwendung des *acquis* bedeutet für die Gerichte auch die Möglichkeit bzw. Verpflichtung, im Rahmen des gemeinschaftsrechtlichen Rechtsschutzes dem EuGH Vorabentscheidungsersuchen zu unterbreiten. Der Weg zu Vorabentscheidungen beim EuGH ergibt sich aus dem primären Gemeinschaftsrecht; auf der nationalen Ebene ist er in den

---

[217] *F. Křepelka*, EC Law and Czech Administrative Judiciary – The Earliest Experience, in: EIW Working Paper Series, 2005, 17 ff.

[218] Nach *J. Passer*, European Matters before Czech Courts, in: EIW Working Paper Series, 2005, 21 ff.

Prozessordnungen – der Zivilprozessordnung (§ 109 Abs. 1 lit. d) und der Strafprozessordnung (§ 224 Abs. 5) – geregelt.

Nur nach nationalem Recht wird beurteilt, welches Gericht zur Vorlage berechtigt, und welches – als letztinstanzliches Gericht – dazu verpflichtet ist: Alle Gerichte aller Instanzen haben die Kompetenz, dem EuGH ein Vorabentscheidungsersuchen zu unterbreiten. Zur Vorlage sind nach Art. 234 EGV die letztinstanzlichen Gerichte verpflichtet: Dies werden immer der Oberste Gerichtshof und der Oberste Verwaltungsgerichtshof sein, andere Gerichte in Abhängigkeit von der Art des konkreten Verfahrens. Es ist nicht ausgeschlossen, dass auch ein Bezirksgericht, das über zivile Streitigkeiten in Bagatellfällen nur in einer Instanz (ohne Möglichkeit eines Rechtsmittels) entscheidet, zur Vorlage verpflichtet sein könnte. Auch das Verfassungsgericht wird als Gericht im Sinne von Art. 234 EGV verstanden:[219] Dieses ist in der Tschechischen Republik im Rahmen seiner Kompetenzen als „eininstanzliches" Gericht konzipiert und wird nicht nur als Berechtigter, sondern gleichzeitig als Verpflichteter von Art. 234 EGV angesehen.[220]

Das innerstaatliche Recht ist auch für die Frage einschlägig, welche Rechtsmittel des nationalen Rechts gegen eine Entscheidung noch zulässig sind (Art. 234 EGV). In der tschechischen Rechtsordnung sind es unumstritten die Berufung (odvolání), Beschwerde im Strafverfahren (stížnost, § 141 ff. Strafprozessordnung) und Revision (dovolání). Ausgeschlossen sind z.B. die Begnadigung durch den Staatspräsidenten (milost), Verfassungsbeschwerde (ústavní stížnost) oder eine Individualbeschwerde zum Europäischen Gerichtshof für Menschenrechte.[221]

Der Weg zum EuGH wurde bisher von den tschechischen Gerichten jedoch nur selten beschritten;[222] sie legten dem EuGH insgesamt vier

---

[219] *J. Mucha*, EU-Symposium „National Judges as Judges of EC Law", in: EIW Working Paper Series, 2005, 5 ff.

[220] *M. Bobek*, Porušení povinnosti zahájit řízení o předběžné otázce podle článku 234 (3) SES, Praha, 2004 (in der elektronischen Fassung S. 2).

[221] *Ibid.*, S. 2.

[222] Zu Fragen der Erfahrung der Gerichte neuer Mitgliedsstaaten mit dem Vorabentscheidungsverfahren vgl. *P. Ondrušek*, The Beginning of a Dialogue (The Experience of the First Four Years with Preliminary Rulings from New Member States), in: M. Hofmann (Hrsg.), Europarecht und die Gerichte der Transformationsstaaten, Baden-Baden 2008, S. 133.

Vorabentscheidungsersuchen vor,[223] von denen zwei von besonderer Bedeutung sind:

Im Fall C-437/05 *Vorel*[224] hat das Bezirksgericht *Český Krumlov* den EuGH um die Auslegung des Begriffs „Arbeitszeit" in der Richtlinie 93/104/EG des Rates über bestimmte Aspekte der Arbeitsgestaltung vom 23. November 1993 ersucht. Im Ausgangsverfahren ging es um die Entlohnung der ärztlichen Bereitschaftsdienste, die in Form persönlicher Anwesenheit am Arbeitsplatz geleistet werden. Nach der einschlägigen tschechischen Regelung (Arbeitsgesetzbuch, Gesetz Nr. 65/1965 Sb.) wird der Bereitschaftsdienst nach einem niedrigeren Satz als dem, der für tatsächlich geleistete Arbeit anwendbar ist, vergütet. Der EuGH stellte in seiner Entscheidung vom 11. Januar 2007 fest, dass die Richtlinie keine Zwischenkategorie zwischen Arbeitszeit und Ruhezeit vorsehe. Diese Begriffe seien gemeinschaftsrechtliche Begriffe, die anhand objektiver Merkmale zu bestimmen seien; der Zweck der Richtlinie bestehe darin, Mindestvorschriften zur Verbesserung der Arbeitbedingungen der Arbeitnehmer aufzustellen. Die am Arbeitsplatz in Form der Ärztebereitschaft verbrachte Zeit müsse in vollem Umfang als Arbeitszeit angesehen werden.

Die Sache C-64/06 *Telefonica O2*,[225] entstand auf Vorlage des Bezirksgericht Prag 3. Im Ausgangsverfahren wehrte sich Telefonica O2 gegen eine Anordnung der nationalen Telekommunikationsregulierungsbehörde zur Zusammenschaltung seiner Netze mit denen eines Konkurrenten. Zentral für die Fragestellung war die Tatsache, dass diejenige Bestimmung der Richtlinie des Europäischen Parlaments und des Rates vom 7. März 2002 über den Zugang zu elektronischen Kommunikationsnetzen (Zugangsrichtlinie), die es im Falle von Gesellschaften mit „beträchtlicher Marktmacht" ermöglicht, diese zum Abschluss eines Vertrags über die Zusammenschaltung ihres Netzes mit einem anderen Betreiber zu verpflichten, von der tschechischen Regierung bisher nicht umgesetzt wurde, so dass formell keine rechtliche Grundlage für die Anordnung der Behörde be-

---

223 *S. Fischer*, Der Europäische Gerichtshof nach der Ost-Erweiterung, Diskussionspapier der FG I, 2007/21, November 2007, SWP Berlin, S. 30.

224 C-437/05.

225 C-64/06.

stand.[226] Gleichzeitig hat der EuGH den Einfluss der Tatsache geprüft, dass der Sachverhalt grundsätzlich vor dem EU-Beitritt der Tschechischen Republik stattgefunden hatte. Im Unterscheid zu seiner früheren Rechtsprechung C-261/05 *Lakép*, C-168/06, aber vor allem im Fall C-302/04 *Ynos* begründete der EuGH seine Zuständigkeit in dieser Sache damit, dass die angefochtene Entscheidung nach dem Beitritt ergangen sei, eine Situation für die Zukunft und nicht für die Vergangenheit regele und dass das nationale Gericht den EuGH nach dem auf das Ausgangsverfahren anwendbaren Gemeinschaftsrecht frage. Hinsichtlich der Anwendbarkeit der Richtlinie hat er festgestellt, dass mit dem EU-Beitritt der Tschechischen Republik die entsprechende Richtlinie auch eine Direktwirkung entfalten könne, sollte sie nicht rechtzeitig umgesetzt werden. Somit sei die Regulierungsbehörde berechtigt gewesen, die Verpflichtung der Telefonica O2 „mit beträchtlicher Marktmacht" im Rahmen der (nicht vollständig umgesetzten) Richtlinie zu prüfen.[227]

In der Sache C-161/06 *Skoma-Lux*[228] ersuchte das Kreisgericht *Ostrava* um die Auslegung der einschlägigen Regelungen der EU-Beitrittsakte,[229] die ab dem Tag des Beitritts die Verbindlichkeit der ursprünglichen Verträge und der vor dem Beitritt erlassenen Rechtsakte der Organe festlegt. Für die Verbindlichkeit der Rechtsakte ist nach Verordnung Nr. 1 des Rates vom 15. April 1958 zur Regelung der Sprachenfrage die Veröffentlichung dieser Rechtsakte im Amtsblatt der EU erforderlich. Die Klägerin des Ausgangsverfahrens, eine Importfirma, wehrte sich gegen Bußgelder, die ihr wegen Zollvergehen aufgrund einer nicht im Amtsblatt veröffentlichen Verord-

---

226 Ähnlich wie schon in mehreren Fällen davor: C-261/05 *Lakép*, C-168/06, *Ynos* C-302/04.

227 Vgl. hierzu *Ondrušek* (Fn. 222), S. 3 ff.

228 C-161/06.

229 Akte über die Bedingungen des Beitritts der Tschechischen Republik, der Republik Estland, der Republik Zypern, der Republik Lettland, der Republik Litauen, der Republik Ungarn, der Republik Malta, der Republik Polen, der Republik Slowenien und der Slowakischen Republik zur Europäischen Union und die Anpassungen der die Europäische Union begründenden Verträge (ABl. EG L 236 vom 28.09. 2003, S. 33); s. *F. Merli*, Kommentar zum Beitrittsvertrag und zu den Grundsätzen der Beitrittsakte, in: S. Huster/ F. Merli (Hrsg.), Die Verträge zur EU-Osterweiterung. Kommentar mit systematischen Erläuterungen, Berlin/ Wien, S. 15 ff.

nung (Verordnung Nr. 2454/93 vom 2. Juli 1993, Durchführungsvorschriften zum Zollkodex) von der Zollbehörde auferlegt wurden. Der EuGH hat unmissverständlich festgestellt, dass die einzige Fassung einer Gemeinschaftsordnung, die verbindlich ist, diejenige sei, die im Amtsblatt der EU veröffentlicht ist. Bei der gegenwärtigen Form des Gemeinschaftsrechts sei die elektronische Form der Zugänglichmachung der Gemeinschaftsvorschriften nicht als für ihre Anwendbarkeit gegenüber dem Einzelnen ausreichend anzusehen.[230]

Keine gefestigte Meinung und bisher auch keine Rechtsprechung besteht zur Frage, ob im Falle der Nicht-Vorlage zum EuGH das Verfassungsgericht die Rolle des „gesetzlichen Richters“ aufgrund einer Verfassungsbeschwerde übernehmen kann; die Tätigkeit der Richter der allgemeinen Gerichte in der Rolle der „europäischen Richter“ unterliegt nicht der Kontrolle des Verfassungsgerichts, sondern des EuGH. Das Verhältnis beider Gerichtssysteme beruhe nicht auf einem Hierarchie-, sondern einem Kooperationsverhältnis.[231]

Das Beispiel des Tauziehens um die völkerrechtlichen Regelungen als Maßstab der verfassungsrechtlichen Kontrolle in der Tschechischen Republik zeigt deutlich, dass die Frage der Anwendung des Völkerrechts in der nationalen Rechtsordnung keinesfalls eine bloß rechtstechnische Frage ist, sondern dass sie einen definierbaren rechtspolitischen Hintergrund hat. Das tschechische Parlament war mit der anfänglichen extensiven Anwendung der menschenrechtlichen Regelungen nicht einverstanden; es sah bereits in der Zuständigkeit des Verfassungsgerichts zu entscheiden, welche völkerrechtlichen Instrumente den Charakter der „menschenrechtlichen“ Verträge nach dem ursprünglichen Text von Art. 10 Verf. haben, einen Eingriff in seine Kompetenz, über den Umfang des im Lande anwendbaren Rechts zu entscheiden. Unter seinen Aufrufen, das Verfassungsrecht solle die einzige Quelle der Entscheidungstätigkeit des Verfassungsgerichts sein, ist der Vorwurf nicht zu überhören, dass infolge der Anwendung der internationalen Instrumente die nationale Charta der Grundrechte und Grundfreiheiten bisher zu wenig zur Geltung kam und dass sie durch ihre Ersetzung durch das Völkerrecht in die Bedeutungslosigkeit verschoben werden könnte – die patriotischen Töne ließen sich dabei nur schwer überhören.

---

[230] Vgl. C-161/06, ABl. EG C 51 vom 23.2. 2008, S. 13.

[231] *J. Mucha*, EU-Symposium „National Judges as Judges of EC Law“, in: EIW Working Paper Series, 5-6.

Das Verfassungsgericht hat nachdrücklich zumindest unmittelbar nach der Verfassungsänderung auf seinen vorherigen Zuständigkeiten beharrt, die es eindeutig mit dem Rechtsstaatsprinzip und dem Grundsatz des Schutzes der erworbenen Rechte begründete. Die frühere Intensität der Völkerrechtsanwendung hat es jedoch später nie wieder erreicht und vor allem im Bereich der abstrakten Normenkontrolle markant reduziert. Nur in einigen Entscheidungen zu Verfassungsbeschwerden finden sich Hinweise vor allem auf die Bestimmungen der EMRK, aber auch der UN-Menschenrechtspakte, die in der Regel parallel zu verfassungsrechtlichen Bestimmungen Anwendung finden. Die als Ausgleich zur Reduzierung der Kompetenz des Verfassungsgerichts präsentierte Zuständigkeit zur präventiven Kontrolle der völkerrechtlichen Verträge bleibt bis auf Ausnahmen ungenutzt.

Umso bemerkenswerter ist die Rechtsprechung des Verfassungsgerichts, die sich mit den europäischen Regelungen und seiner eigenen Positionierung im Gefüge der europäischen Gerichtsbarkeit auseinandersetzt. Die vom Verfassungsgericht formulierten Grundsätze können wie folgt zusammengefasst werden:

Nach seiner Judikatur beruhe die Quelle des Anwendungsvorrangs des Gemeinschaftsrechts im Gemeinschaftsrecht selbst: Im Unterschied zum Völkerrecht bestimme alleine das Gemeinschaftsrecht seine Auswirkungen im nationalen Recht. Dieser Vorrang sei jedoch nicht absolut: Er sei begrenzt einerseits durch die nationale Verfassung, die in Wechselwirkung zum Gemeinschaftsrechts steht, andererseits durch den Grundsatz des demokratischen Rechtsstaates und des Grundrechtsschutzes. Wäre eine dieser Voraussetzungen nicht erfüllt oder die Entwicklung in der EG bzw. EU gefährde diese Kriterien, müsste es darauf beharren, dass diese Zuständigkeiten wieder von den innerstaatlichen Staatsorganen übernommen würden.

Die Frage des Umfangs seiner eigenen Verpflichtung, Sachen mit gemeinschaftsrechtlichen Aspekt dem EuGH vorzulegen, bezeichnet es als „delikat“ Eine solche Vorlage sieht es, in Einklang mit der acte claire-Doktrin, als nicht erforderlich, falls sich mit der Frage bereits frühere Rechtsprechung des EuGH befasst hatte. Zur eigenen Zuständigkeit, eine nationale Rechtsnorm, die eine Gemeinschaftsregelung umsetzt, zu überprüfen, stützt es sich auf den Charakter der angegriffenen Regierungsverordnung: Sei die angegriffene nationale Regelung Bestandteil des nationalen Rechts, sei sie durch das Verfassungsgericht anhand der nationalen Verfassung überprüfbar. Das Referenzkriterium ist für das Verfassungsgericht in solchen Fällen das nationale Verfassungsrecht, das von ihm mit Rücksicht auf die Grundlagen des Gemeinschaftsrechts ausgelegt wird.

Im Unterschied zur Rechtsprechung des Verfassungsgerichts, die selbst ihre Rolle im Prozess der Europäisierung definiert, ergibt sich der Weg der allgemeinen Gerichte zu Vorabentscheidungen beim EuGH aus dem primären Gemeinschaftsrecht, auf der nationale Ebene aus den Bestimmungen der Zivilprozessordnung und der Strafprozessordnung. Völlig entscheidend ist das nationale Recht für die Lösung der Frage, welches Gericht zur Vorlage berechtigt, und welches – als letztinstanzliches Gericht – dazu verpflichtet ist, sowie für die Frage, welche Rechtsmittel des nationalen Rechts gegen eine Entscheidung noch zulässig sind. Die Möglichkeit des Vorabenscheidungsersuchens wird bisher von den tschechischen Gerichten jedoch nur selten benutzt. Keine gefestigte Meinung und bisher auch keine Rechtsprechung bestehen zur Frage, ob im Falle der Nicht-Vorlage zum EuGH das Verfassungsgericht die Rolle des „gesetzlichen Richters" aufgrund einer Verfassungsbeschwerde übernehmen kann.

Abschließend kann festgestellt werden, dass der Gerichtsbarkeit durch den EU-Beitritt eine bisher unbekannte Rolle verliehen wurde. Diese Rolle übt das Verfassungsgericht einerseits offensiv mit der Nutzung der Erfahrung anderer Staaten aus, andererseits verteidigt es eigene Positionen, die den nationalen Rechtsanwendern ein Sicherheitsgefühl vermitteln sollen. Nicht anders kann der Grundsatz ausgelegt werden, wonach unter gewissen Kautelen die an die EU übertragenen Kompetenzen wieder zurückgenommen werden sollen. In dieser patriotischen Rolle steht es jedoch in Europa nicht allein. Dagegen befinden sich die Gerichte der allgemeinen Gerichtsbarkeit im Gewöhnungsprozess an das neue System. Dies ist auch weniger erstaunlich, wenn man sich vor Augen führt, dass sie erst seit 1993 andere als rein nationale Rechtsnormen anwenden können.

6. Innerstaatliche Umsetzung der Entscheidungen der internationalen Instanzen

a) Rechtsprechung des EGMR

Ähnlich wie im Falle der Slowakischen Republik wurde der Zeitpunkt des Beitritts Tschechiens zum Europarat durch die Selbstauflösung der Tschechoslowakei maßgeblich beeinflusst.[232] Nachdem die Tschechoslowakei dem Europarat am 21. Februar 1991 beigetreten war, kam am es 1. Januar 1993 zur Teilung des gemeinsamen Staates. Zu demselben Datum haben beide ehemalige Teilrepubliken ihre Bindung an die EMRK erklärt und ihre Aufnahme in den Europarat beantragt. Dieser entschied, dass sie rückwirkend zum 1. Januar 1993 als Parteien der EMRK sowie der von der Tschechoslowakei ratifizierten Zusatzprotokolle und als an deren Erklärungen zu Art. 25 bzw. 46 EMRK gebunden anzusehen seien.[233]

Das Verfahren vor dem Europäischen Gerichtshof für Menschenrechte nach Art. 34 EMRK hat sich im Laufe der Jahre als einer der wichtigen Mechanismen der Überwachung des Standards des Menschenrechtsschutzes entwickelt. So wurden z.B. im Jahre 2007 beim EGMR insgesamt 1941 Individualbeschwerden aus der Tschechischen Republik registriert;[234] in elf Fällen hat er im selben Jahr gegen sie Urteile erlassen, es wurde kein Verfahren durch gütliche Einigung abgeschlossen.

Die Mehrheit der gegen die Tschechische Republik erhobenen Individualbeschwerden richtet sich gegen Verletzungen von Art. 5 und 6 EMRK.[235]

---

[232] S. das Kapitel „Die Slowakische Republik".

[233] Council of Europe, Press Release, 30.6. 1993, Ref. 280 (93).

[234] ECHR, Survey of Activities 2007, S. 60 (http://www.echr.coe.int/NR/rdonlyres/D0122525-0D26-4E21-B9D4-43AEA0E7A1F5/0/SurveyofActivities2007.pdf). Insgesamt wurden vor dem EGMR 12167 Individualbeschwerden aus der Tschechischen Republik registriert; ein Urteil gab es in 128 Fällen, eine gütliche Einigung dagegen in 7 Fällen (Stand 31.12. 2007, vgl. *ibid.*, S. 64).

[235] Aus den aktuellen Entscheidungen vgl. z.B. *Glaser ./. Czech Republic*, Application no. 55179/00, *Drahorád and Drahorádová ./. Czech Republic*, Application no. 10254/03, *Mourek ./. Czech Republic*, Application no. 17999/03, *Houfova ./. Czech Republic*, Application no. 58177/00, *Houfova ./. Czech Re-*

So hat der Gerichtshof im Urteil vom 25. April 2000 *Punzelt* v. Czech Republic[236] die Verletzung von Art. 5 Abs. 3 EMRK festgestellt. Der Beschwerdeführer deutscher Staatsangehörigkeit verbrachte über zwei Jahre in Tschechien in Untersuchungshaft, bevor ein Urteil des Gerichts erster Instanz erlassen wurde. Dadurch wurde sein Anspruch auf „ein Urteil in angemessener Frist" verletzt; die nationalen Gerichte, welche die Anträge des Beschwerdeführers auf Entlassung beurteilt und abgelehnt hatten, hatten sich weder mit der Frage der Angemessenheit der Gründe, die zur Fortsetzung der Festnahme führten, noch mit der Klärung des öffentlichen Interesses an dieser Festnahme ausreichend auseinandergesetzt.

Auch in der Sache *Český* vom 6. Juni 2000[237] hat der EGMR eine Verletzung von Art. 5 Abs. 3 festgestellt. Das Festhalten in Untersuchungshaft wegen einer Strafsache hatte vier Jahre, die § 71 (4) StPO als maximal zulässige Frist der Untersuchungshaft festlegt, überschritten; der Beschuldigte musste schließlich aus diesem Grund aus der Untersuchungshaft entlassen werden. Der EGMR ist zu dem Schluss gekommen, dass die tschechischen Gerichte die wiederholten Anträge des Festgenommenen auf Entlassung aus der Untersuchungshaft ohne „besondere Sorgfalt" behandelt haben; die Freiheitsentziehung in der Untersuchungshaft hat übermäßig lange gedauert.

Im Urteil *Barfuss* vom 31. Juli 2000[238] hat der EGMR zusätzlich zur Verletzung von Art. 5 Abs. 3 EMRK einen Verstoß gegen Art. 6 Abs. 1 festgestellt. In der Urteilsbegründung hat er sich vor allem auf die Frage konzentriert, ob die durch den Beschwerdeführer verschuldeten Verzögerungen des gegen ihn eingeleiteten Strafverfahrens den Staat von seiner Pflicht, die Sache in angemessener Frist zu verhandeln, entbinden. Er hat in diesem Zusammenhang darauf hingewiesen, dass Art. 6 EMRK keine Zusammenarbeit des Beschuldigten mit den gerichtlichen Organen verlangt; dem Beschuldigten können keine Nachteile dafür entstehen, dass er alle Rechtsmittel, die ihm die innerstaatliche Rechtsordnung bietet, genutzt hatte.

---

public, Application no. 58178/00, *Dostal ./. Czech Republic*, Application no. 52859/99, *Beleš and others ./. Czech Republic*, Application no. 49478/99.

[236] *Punzelt ./. Czech Republic*, Application no. 31315/96.

[237] *Český ./. Czech Republic*, Application no. 33644/96.

[238] *Barfuss ./. Czech Republic*, Application no. 35848/97.

Selbst wenn der Beschwerdeführer im konkreten Fall zu einigen Verzögerungen des Verfahrens beigetragen habe, könne die gesamte Frist des Verfahrens von mehr als drei Jahren damit nicht begründet werden. Weil die tschechische Regierung keine überzeugende Erklärung der Verzögerungen darlegen konnte, sei die Anforderung einer Entscheidung in „angemessenen Frist“ nicht erfüllt.[239]

Im Urteil *Krčmář* vom 3. März 2000[240] entschied der EGMR über eine Individualbeschwerde von sieben tschechischen Staatsangehörigen wegen Verletzung von Art. 6 EMRK durch eine Entscheidung des tschechischen Verfassungsgerichts. In seinem Urteil vom 2. Oktober 1996[241] hatte das Verfassungsgericht ihre Verfassungsbeschwerde gegen die gerichtlichen Entscheidungen betreffend die Nachkriegs-Nationalisierung eines Unternehmens zurückgewiesen, deren rechtlich relevanter Zeitpunkt, nämlich ob die Nationalisierung vor oder nach 1948 durchgeführt wurde, bei den Ansprüchen auf Restitutionen die Hauptrolle spielte. Umstritten in diesem Fall war insbesondere die Zahl der Angestellten des Unternehmens zu verschiedenen Zeitpunkten. Hätte es zwischen 1945-1948 mehr als 150 Angestellte gehabt, wäre es höchstwahrscheinlich nach einem der Beneš-Dekrete[242] vor 1948 nationalisiert und als solches nicht restitutionsfähig. Hätte es jedoch in dieser Zeitspanne 150 Angestellte und weniger gehabt, würde die Nationalisierung als erst nach 1948 abgeschlossen gelten und fiele so unter den Regelungsgegenstand des entsprechenden Restitutionsgesetzes.[243] Das Verfassungsgericht hat sich bei seiner Beurteilung der Zahl der Angestellten auf die Angaben der staatlichen Organe, insbesondere der staatlichen Archive gestützt, ohne dass den Beschwerdeführern ermöglicht wurde, sich zu diesen zu äußern. Der EGMR hat der Individualbeschwerde stattgegeben und den Beschwerdeführern Entschädigung zugesprochen. Als Verletzung von Art. 6 Abs. 1 EMRK bezeichnete er vor allem die Tatsache, dass das Verfassungsgericht unterlassen

---

[239] Der Tschechischen Republik ist die Pflicht auferlegt worden, dem Beschwerdeführer 10.000 CZK für immateriellen Schaden zu zahlen.

[240] *Krčmář and others ./. Czech Republic*, Application no. E 35376/97.

[241] Entscheidung Nr. 90 vom 2.10. 1996, II. ÚS 275/95, Sbírka nálezů a usnesení 6 (1996-II. Teil), 157 ff.

[242] Dekret des Staatspräsidenten Nr. 101/1945 Sb.

[243] Gesetz Nr. 87/1991 Sb. i.d.F. späterer Vorschriften.

hatte, den Parteien die Äußerung zu den entsprechen Urkunden zu ermöglichen.

Im Urteil *Malhous* vom 12. Juli 2001[244] hat der EGMR die Verletzung von Art. 6 Abs. 1 EMRK festgestellt. Das gerichtliche Restitutionsverfahren, deren Partei der Beschwerdeführer war, wurde ohne mündliche Verhandlung geführt; das einzige mündliche Verfahren fand vor einem städtischen Bodenamt statt, das – als ein staatliches Verwaltungsorgan – die Voraussetzung eines „unparteiischen Gerichts“ im Sinne von Art. 6 nicht erfülle. Dem während des Verfahrens vor dem EGMR verstorbenen Beschwerdeführer ist durch das Urteil keine Entschädigung zugesprochen worden; allein die Festlegung der Verletzung von Art. 6 EMRK wurde als genügende just satisfaction bezeichnet.

Unter den aktuellen Entscheidungen des EGMR ist besonders erwähnenswert der Fall *D.H. und andere* gegen Tschechische Republik,[245] der sich gegen Verletzungen von Art. 3 und 14 EMRK (Diskriminierungsverbot) und Art. 2 des Zusatzprotokolls zur EMRK (Recht auf Bildung) richtete. Die Kläger, achtzehn Roma-Kinder, wurden von den tschechischen Behörden in sog. „Sonderschulen“, d.h. Schulen für Kinder mit Lernschwierigkeiten, deren Abschluss den Zugang zu „besseren“ Ausbildungsmöglichkeiten versperrte, eingeschult. Die Zustimmung ihrer Eltern zu diesem Schritt hatte entweder gefehlt oder war rein formeller Natur, ohne dass sich die Eltern der negativen Konsequenzen für ihre Kinder bewusst gewesen waren. Die Kläger sahen in der in Sonderschulen gewonnenen „minderwertigen“ Ausbildung Verletzungen von Art. 3 und Art. 14 EMRK i.V.m. Art. 2 des Zusatzprotokolls zur EMRK

Eine direkte Diskriminierung bzw. eine Diskriminierungsabsicht der tschechischen Behörden oder Beweise für die Verletzungen der Rechte der Kläger wurde sowohl vom tschechischen Verfassungsgericht als auch in der ersten Entscheidung des EGMR in dieser Sache[246] nicht nachgewiesen. Die Große Kammer sah jedoch in den nachteiligen Auswirkungen des Ausbildungssystems auf die Roma-

---

[244] *Malhous ./. Czech Republic*, Application no. 33071/96.

[245] *D.H. and others ./. Czech Republic*, Application no. 57325/00, Entscheidung der Großen Kammer vom 13.11. 2007.

[246] *D.H. and others ./. Czech Republic*, Application no. 57325/00, Entscheidung des EGMR vom 7.2. 2006.

Kinder eine indirekte, nicht gerechtfertigte Diskriminierung und bejahte folglich die Verletzung von Art. 14 EMRK i.V.m. Art. 2 Protokoll 1. Von fundamentaler Bedeutung war die ausdrückliche Bekennung der Großen Kammer des EGMR zum Prinzip der Beweislastumkehr in Fällen, in denen der Kläger eine widerlegbare Vermutung aufstellt, durch eine Maßnahme oder ihre Anwendung indirekt diskriminiert worden zu sein.[247] Die Entscheidung ist aber auch wegen ihrer antizipatorischen Auswirkung interessant: Bereits vor dem Urteil der Großen Kammer des EGMR änderte der tschechische Gesetzgeber das einschlägige Schulgesetz mit Wirkung zum 1. Januar 2005 und hob dadurch u.a. das in Frage stehende Institut der „Sonderschulen" auf.[248]

Der Durchführung von Entscheidungen des EGMR sind die Bestimmungen des vierten Kapitels der Verfassung gewidmet. Gemäß Art. 87 Abs. 1 lit. i) Verf. befindet das Verfassungsgericht über unerlässliche Maßnahmen zur Durchführung von für die Tschechische Republik verbindlichen Entscheidungen eines internationalen Gerichts, sofern sie nicht anders durchgeführt werden können.[249] Diese verfassungsrechtliche Bestimmung war – bis zu ihrer Änderung durch das Gesetz *über die Änderung des Gesetzes über das Verfassungsgericht* vom 11. Dezember 2003[250] – in Teil zwei, Kapitel sieben des Gesetzes *über das Verfassungsgericht* umgesetzt worden, jedoch – im Vergleich mit der Verfassung – in einem erheblich reduzierten Umfang.

§ 117 des genannten Gesetzes definierte den Begriff des „internationalen Gerichts" als „ein internationales Organ, das berechtigt ist, über Beschwerden gegen die Verletzungen von Menschenrechten zu entscheiden, dessen Entscheidungen aufgrund verkündeter völkerrechtlicher Verträge bindend sind, deren Ratifizierung das Parlament zugestimmt

---

[247] *D.H. and others ./. Czech Republic*, Application no. 57325/00, Entscheidung der Großen Kammer vom 13.11. 2007, Rn. 189.

[248] Vgl. hierzu auch *J. Malenovský*, Mezinárodní právo veřejné (Fn. 11), S. 522 f.

[249] Art. 87 Abs. 1 lit. i Verf. lautet: „Das Verfassungsgericht befindet über unerlässliche Maßnahmen zur Durchführung von für die Tschechische Republik verbindlichen Entscheidungen eines internationalen Gerichts, sofern sie nicht anders durchgeführt werden können."

[250] Gesetz Nr. 83/2004 Sb.

hat und die für die Tschechische Republik verbindlich sind".[251] Durch diese Definition konnte nur der EGMR eindeutig unter den Begriff des „internationalen Gerichts" subsumiert werden.

§ 118 des Gesetzes *über das Verfassungsgericht* beschrieb die Voraussetzungen der Antragstellung und des Verfahrens in Sachen nach § 117. Hatte nach dieser Bestimmung ein internationales Gericht auf der Grundlage einer bei ihm eingereichten Beschwerde entschieden, dass durch den Eingriff eines Organs der öffentlichen Macht der Tschechischen Republik ein verfassungsmäßig garantiertes Recht oder die Freiheit einer natürlichen oder juristischen Person verletzt worden war, und bestand die Verletzung in einer geltenden Rechtsvorschrift, stellte die Regierung bei dem Verfassungsgericht einen Antrag auf Aufhebung dieser Rechtsvorschrift oder einzelner ihrer Bestimmungen, sofern es seine Aufhebung oder Änderung nicht auf andere Weise sichern konnte.[252] Auch diese Bestimmung hatte einige Lücken. Sie regelte explizit nur den Fall, dass die gerügte Verletzung der Verfassungsrechte in einer geltenden Rechtsvorschrift bestand; sie äußerte sich jedoch nicht zu den – viel wahrscheinlicheren – Situationen, in denen es zur Verletzung der Rechte durch einen „bloßen" Eingriff der Staatsorgane gekommen war.

In der Lehre war der Umfang des Regelungsgegenstands von § 118 in der geltenden Fassung umstritten. Nach einigen Autoren[253] schloss sie eine Wiederaufnahme des Verfahrens vor dem Verfassungsgericht aus, nicht jedoch die Wiederaufnahme vor den Gerichten erster Instanz als Gerichten, die vor allem die Tatsachenfeststellung gewährleisten. Andere Juristen[254] waren der Auffassung, dass, falls die Verletzung der EMRK auf einer Entscheidung des Verfassungsgerichts beruhe, es auch

---

[251] Das Kriterium „[...] deren Ratifizierung das Parlament zugestimmt hat und die für die Tschechische Republik bindend sind" wurde eingefügt durch die Änderung des Gesetzes *über das Verfassungsgericht*, Gesetz Nr. 48/2002 Sb. Der ursprüngliche Maßstab war „[...] ratifizierte und bekannt gemachte internationale Verträge über Menschenrechte und Grundfreiheiten, die in der Tschechischen Republik bindend sind".

[252] § 117 des Gesetzes *über das Verfassungsgericht* Nr. 182/1993 Sb. i.d.F. späterer Änderungen, Wortlaut siehe Anhang.

[253] Z.B. *V. Šimíček*, Obnova řízení před Ústavním soudem, Právník 12 (2001), 1228 ff.

[254] Z.B. *J. Malenovský*, Obnova řízení před Ústavním soudem v důsledku rozsudku Evropského soudu pro lidská práva, Právník 12 (2001), 1241 ff.

für die Wiedergutmachung zuständig sei. Eine Untätigkeit der nationalen gerichtlichen Organe nach der durch den EGMR festgelegten Verletzung der EMRK verursache die internationale Verantwortlichkeit des verurteilten Staates.

In der Praxis des Verfassungsgerichts wurde der Antrag auf Wiederaufnahme des Verfahrens nach dieser Regelung im Fall *Krčmář*, in dem der EGMR mit Urteil vom 3. März 2000[255] eindeutig festgestellt hatte, dass die Verletzung der EMRK durch die Entscheidung des tschechischen Verfassungsgerichts eingetreten war, abgelehnt. In der Entscheidung vom 23. Januar 2001 gelangte es zu dem Schluss, dass der Antrag auf Wiederaufnahme „unzulässig" sei; in einer Polemik gegen das Urteil des EGMR stellte es fest, dass „die im Verfahren vor dem Verfassungsgericht fehlenden Urkunden nicht die materielle Richtigkeit der Entscheidungen der allgemeinen Gerichte in Zweifel stellen konnten, weil es sich in ihrem Falle um vollkommen überflüssige Beweismittel handelte".[256]

Diese Entscheidung des Verfassungsgerichts führte zur wiederholten Beschwerde in dieser Sache zum EGMR[257] und seiner Entscheidung vom 30. März 2004. Dieser hat nun festgestellt, dass zur Überwachung der Durchführung seiner Entscheidungen nach Art. 46 Abs. 2 EMRK das Ministerkomitee zuständig ist; die EMRK gebe ihm keine Möglichkeit, sich mit einer bereits endgültig entschiedenen Sache wiederholt zu befassen. Die Beschwerde hat er als ratione materiae für unvereinbar mit der EMRK und dadurch als unzulässig bezeichnet.

Im Zusammenhang mit der innerstaatlichen Umsetzung der Beschlüsse des EGMR sind die Fälle *Zvolský und Zvolská*[258] und *Běleš* und andere erwähnenswert.[259] In beiden Fällen stellte der EGMR eine Verletzung von Art. 6 Abs. 1 EMRK fest und bemängelte die inkonsistente Rechtsprechung des Verfassungsgerichts in vergleichbaren Fällen, die u.a. zu mangelnder Rechtssicherheit führe. Die Entscheidungen wurden auf zweifache Art umgesetzt: Das Verfas-

---

[255] *Krčmář and others ./. Czech Republic*, EGMR E 35376/97.

[256] Zitiert nach *J. Malenovský* (Fn. 248).

[257] *Krčmář and others ./. Czech Republic*, Application no. 69190/01.

[258] *Zvolský and Zvolská ./. The Czech Republic*, Application no. 46129/99.

[259] *Běleš and others ./. The Czech Republic*, Application no. 47273/99.

sungsgericht reagierte mit einer prompten Bekanntmachung der Änderung seiner Rechtsprechung,[260] der Gesetzgeber regelte das inhaltliche Problem der beiden Fälle durch die Novellierung des Gesetzes *über das Verfassungsgericht*.[261]

Auf die ungeklärte und unbefriedigende innerstaatliche Rechtslage betreffend die Frage der Wiederaufnahme des Verfahrens nach einer „verurteilenden" Entscheidung des EGMR deutete bereits das Arbeitsmaterial des Justizministers der Tschechischen Republik vom 14. Oktober 1999 hin, in dem vorgeschlagen wurde, § 118 des Gesetzes *über das Verfassungsgericht* unmissverständlich um die Zuständigkeit des Verfassungsgerichts, „in begründeten Sachen sein Urteil in derselben Sache aufgrund einer verurteilenden Entscheidung eines internationalen Gerichts aufzuheben oder zu ändern", zu erweitern.

Dieser Entwurf wurde im legislativen Prozess berücksichtigt und führte zur Verabschiedung des Gesetzes *über die Änderung des Gesetzes über das Verfassungsgericht* vom 11. Dezember 2003,[262] das am 1. April 2004 in Kraft getreten ist. Das Änderungsgesetz definiert als „internationales Gericht" ein „internationales Organ, dessen Entscheidungen für die Tschechische Republik nach völkerrechtlichen Verträgen, die Bestandteil der Rechtsordnung sind, verbindlich sind"; damit wurde die bisherige Beschränkung von § 117 auf ein solches Gericht, das sich nur mit „Verletzungen von Menschenrechten" befasst, aufgehoben. Die Regelung, wonach im Falle einer Verletzung der völkerrechtlichen Verpflichtungen der Tschechischen Republik durch eine geltende Rechtsvorschrift die Regierung einen Antrag auf Aufhebung dieser Vorschrift bei dem Verfassungsgericht stellt, blieb erhalten (§ 118 Abs. 1). Darüber hinaus hat das Gesetz eine Regelung eingeführt (§ 119), welche nun die Wiederaufnahme des Verfahrens vor dem Verfassungsgericht aufgrund einer „verurteilenden" Entscheidung eines internationalen Gerichts ermöglicht.

Voraussetzung dafür ist die Tatsache, dass sich die verurteilende internationale Entscheidung auf ein Urteil des Verfassungsgerichts in „einer Strafsache" bezieht. Der Antrag kann von denjenigen Personen gestellt werden, die Parteien des Verfahrens vor dem Verfassungsgericht waren und zu deren Gunsten das internationale Gericht entschieden hat. Zu-

---

260 Bekanntmachung des Verfassungsgerichts Nr. 32/2003 Sb.

261 Fn. 243.

262 Fn. 243.

sammen mit dem Antrag auf Wiederaufnahme des Verfahrens kann ein Antrag auf Aufhebung eines Gesetzes oder einer anderen Rechtsvorschrift gestellt werden, durch deren Anwendung es zur Verletzung der Rechte der Antragsteller kam. Der Antrag auf Wiederaufnahme des Verfahrens vor dem Verfassungsgericht ist gem. § 119 a unzulässig, falls die Konsequenzen der Verletzung nicht mehr andauern oder die Berichtigung auf eine andere Weise erreicht wurde. Dies gilt nicht für die Fälle, in denen das öffentliche Interesse das eigene Interesse des Antragstellers übersteigt. Falls das Verfassungsgericht seine ursprüngliche Entscheidung aufhebt, behandelt es erneut den ursprünglichen Antrag auf Einleitung des Verfahrens der Verfassungsbeschwerde; bei seiner neuen Entscheidung ist es an die Rechtsauffassung des internationalen Gerichts gebunden (§ 119 b Abs. 3).

Weder die Strafprozessordnung[263] noch die Zivilprozessordnung[264] enthalten Bestimmungen, die ein Verfahren der Wiederaufnahme ausdrücklich regeln: Mit Rücksicht auf die Besonderheiten der konzentrierten Verfassungsgerichtsbarkeit in der Tschechischen Republik können diese Verfahrensordnungen keine Anwendung finden; das Verfahren verläuft ausschließlich nach dem geänderten Gesetz *über das Verfassungsgericht* und seiner Verfahrensordnung.[265]

Bisher sind bei dem Verfassungsgericht acht Anträge auf Wiederaufnahme des Verfahrens aufgrund der Entscheidung eines internationalen Gerichts nach § 119-119 b eingereicht worden. Zwei Anträgen wurde stattgegeben, drei sind wegen Unzulässigkeit, einer wegen Mangel an Betroffenheit abgelehnt worden.

In der Sache Pl. ÚS 1/07 *Balšán* hatte das Verfassungsgericht in seiner Ausgangsentscheidung vom 13. November 2001 zunächst keine Verletzung von Art. 6 Abs. 1 und 3 EMRK festgestellt. Das Urteil des EGMR vom 18. Juli 2006 hat jedoch im Strafverfahren gegen den Beschwerdeführer Verstöße gegen diese Bestimmungen gefunden. Am 6. Mai 2008 entschied das Plenum des Verfassungsgerichts in Anlehnung an § 119-119 b des Verfassungsgerichtsgesetzes auf die Zulässigkeit der Wiederaufnahme des Verfahrens.

---

[263] Gesetz Nr. 141/1961 Sb. i.d.F. späterer Änderungen.

[264] Gesetz Nr. 99/1963 Sb. i.d.F. späterer Änderungen.

[265] S. Begründung der Entscheidung Pl. ÚS 1/07#.

Die Entscheidung über die Zulässigkeit der Wiederaufnahme des Verfahrens in der Sache *Chmelíř* (Pl. ÚS 13/06) beruht auf der Entscheidung des EGMR vom 7. Juni 2005. Dieser hat – im Unterschied zur ablehnenden Entscheidung des tschechischen Verfassungsgerichts über die Verfassungsbeschwerde vom 30. Januar 2001 – festgestellt, dass im Strafverfahren gegen den Beschwerdeführer Art. 6 Abs. 1 EMRK, insbesondere hinsichtlich der Kriterien der richterlichen Unparteilichkeit, verletzt wurde. Auch hier hat das Plenum des Verfassungsgerichts auf die Zulässigkeit der Wiederaufnahme des Verfahrens entschieden.

b) Auffassungen des UN-Ausschusses für Menschenrechte

Die Tschechische Republik als einer der Nachfolgestaaten der ČSFR wurde am 1. Januar 1993 durch Staatsnachfolge Partei des IPbürgR und – ohne Vorbehalte – des Fakultativprotokolls. Nach Art. 10 Verf. sind beide Dokumente „Bestandteil der Rechtsordnung"; im Kollisionsfall hätten sie Gesetzesvorrang. Bis zum 9. April 2008 wurden insgesamt 49 Mitteilungen gegen die Tschechische Republik bei dem Ausschuss für Menschenrechte eingereicht, davon wurden sechzehn mit positiven Auffassungen abgeschlossen.[266]

Wie bereits oben erwähnt, wurde der durch die Verfassung garantierte Mechanismus der Umsetzung der Beschlüsse der internationalen Gremien durch die ursprüngliche Definition von § 117 des Gesetzes *über das Verfassungsgericht* („Entscheidungen über Verletzungen von Menschenrechten") auf die Entscheidungen des EGMR reduziert; von den in Frage kommenden Gremien blieben außerhalb dieser Kategorie nicht nur der Internationale Gerichtshof,[267] sondern auch die Kontrollmechanismen nach den beiden UN-Menschenrechtspakten, dem Internationalen Abkommen zur Beseitigung jeder Form von Rassendiskriminierung oder dem Rahmenübereinkommen zum Schutz nationaler Minderheiten. Die Änderung des Gesetzes *über das Verfassungsgericht*

---

[266] Http://www2.ohchr.org/english/bodies/hrc/stat2.htm.

[267] Einige Maßnahmen zur Harmonisierung der tschechischen Rechtsordnung mit den Anforderungen des Statuts des Internationalen Strafgerichtshofs wurden durch das Strafgesetzbuch i.d.F. des Gesetzes Nr. 412/2002 Sb. durchgeführt.

aus dem Jahre 2001 hob zwar die Reduzierung der Möglichkeit der obligatorischen Reaktion auf die menschenrechtlichen Gremien auf. Der Wortlaut von Art. 87 Abs. 1 lit. i Verf., der eindeutig von einem „internationalen Gericht“ spricht, verlangt jedoch ausdrücklich eine verbindliche Form der Beschlüsse des betreffenden Gremiums; dementsprechend behielt auch die Änderung des Verfassungsgerichtsgesetzes die Konditionierung dieses Verfahrens mit dem gerichtlichen Charakter des die umzusetzende Entscheidung erlassenden internationalen Organs (§ 117 des Gesetzes *über das Verfassungsgericht*). Folge dieser Regelung ist, dass der gegenwärtige Charakter der UN-Ausschüsse eindeutig nicht dieser Anforderung entspricht, und jede Analogie mit einem internationalen Gericht ausgeschlossen ist.

Die Praxis des Verfassungsgerichts gegenüber den Auffassungen des Ausschusses für Menschenrechte entspricht diesem Konzept und kann als eher restriktiv bezeichnet werden.

In seiner Entscheidung vom 4. Juni 1997[268] setzte sich das Verfassungsgericht mit der Auffassung des Ausschusses sogar explizit auseinander. Obwohl sich der Antragsteller auf die kritischen Äußerungen des Ausschusses über die Bestimmung des Gesetzes *über die außergerichtliche Rehabilitierung* Nr. 87/1991 Sb. gestützt hatte,[269] das die Rückgabe von nationalisierten Immobilien von der Voraussetzung des Innehabens der tschechischen Staatsangehörigkeit abhängig machte, hat das Verfassungsgericht seinen Antrag auf konkrete Normenkontrolle abgelehnt. In der Begründung hat es zwar betont, dass der Ausschuss in der Unterscheidung der Opfer der Nachkriegs-Nationalisierungen wegen Staatsangehörigkeit eine Verletzung von Art. 26 IPbürgR gesehen habe. Nach Meinung des Verfassungsgerichts sei jedoch die Unterscheidung aufgrund der Staatsangehörigkeit mit dem Willkürverbot sowie mit dem Erfordernis der Erfüllung von „vernünftigen und objektiven Kriterien“ vereinbar – das Gesetz *über die außergerichtliche Rehabilitierung* könne nie eine vollkommene Gerechtigkeit erreichen. Als Gegensatz zu den Auffassungen des UN-Ausschusses nannte das Verfassungsgericht die Berichte der Europäischen Kommission für Menschenrech-

---

[268] Entscheidung Nr. 67 vom 4.6. 1997, Pl. ÚS 33/96, Sbírka nálezů a usnesení 8 (1997-II. Teil), 163 ff.

[269] Sache *Šimůnek*, 19.7. 1995, Nr. 516/1992; *Adam*, 23.7. 1996, Nr. 586/1994.

te,[270] in denen diese festgestellt hatte, dass nach der EMRK kein Recht auf Restitution des Eigentums bestehe. Weil nach Auffassung der Kommission der Verstoß gegen Art. 14 EMRK nur im Zusammenhang mit der Verletzung eines anderen materiellen, in der EMRK anerkannten Rechts erfüllt werden könne, könne die Bedingung der Staatsangehörigkeit als Kriterium der Ansprüche auf Restitution des Eigentums nicht als diskriminierend bezeichnet werden.

Auch in der anderen ablehnenden Entscheidung vom 25. März 1998[271] über einen Antrag auf konkrete Normenkontrolle hat das Verfassungsgericht eine andere Meinung als der UN-Ausschuss für Menschenrechte geäußert. Gerügt wurde diesmal die Verfassungs- und Völkerrechtswidrigkeit der Bestimmung des Gesetzes *über die außergerichtliche Rehabilitierung* Nr. 87/1991 Sb. insofern, als es als Voraussetzung zur Rückgabe des Eigentums festlegt, dass es zu einer „restitutionsfähigen“ Konfiszierung nur in der Zeitspanne zwischen dem 25. Februar 1948 und dem 1. Januar 1990 gekommen sein konnte. Auch in diesem Falle ist das Verfassungsgericht den Auffassungen des Ausschusses über die Verletzung von Art. 26 IPbürgR nicht gefolgt.

In den oben genannten Sachen setzte das Verfassungsgericht die Auffassungen des UN-Menschenrechtsausschusses nicht um und gelangte in seinen Entscheidungen zu einer anderen Auffassung. Nach der Literatur stelle eine solche von der Auffassung des Ausschusses abweichende Entscheidung des Verfassungsgerichts jedoch keine Verletzung der völkerrechtlichen Verpflichtungen der Tschechischen Republik dar. Diese werden dadurch erfüllt, dass das Verfassungsgericht die Auffassung des Ausschusses berücksichtige und ihr eine eigene rechtliche Auffassung entgegenstelle, die schließlich zu einem unterschiedlichen Ergebnis führe.[272]

Es ist nur folgerichtig festzustellen, dass es keine innerstaatlichen verbindlichen Mechanismen gibt, welche auf die Auffassungen des UN-Ausschusses für Menschenrechte verbindlich reagieren würden. Orga-

---

[270] *Brežný & Brežný ./. Slovak Republic*, EKMR E 23131/93; *Petzoldová ./. Czech Republic*, EKMR E 23890/95; *Nohejl ./. Czech Republic*, EKMR E 23899/93; *Jonas ./. Czech Republic*, EKMR E 23063/93.

[271] Entscheidung Nr. 41, 25.3. 1998, Pl. ÚS 45/97, Sbírka nálezů a usnesení 10 (1998-I. Teil), 277 ff.

[272] *J. Malenovský*, Mezinárodní právo veřejné (Fn. 10), S. 517.

nisatorisch wurde der Bereich der Umsetzung der Auffassungen durch das Gesetz *über einige Maßnahmen im System der Staatsorgane*[273] aus dem Jahre 2002 dem Justizministerium anvertraut.

c) Entscheidungen des EuG und EuGH

Durch den Beitritt zur Europäischen Union am 1. Mai 2004 wurden für die Tschechische Republik die Urteile des EuGH im Sinne von Art. 228 EGV verbindlich. Nicht etwa die Verfassung, sondern die gerichtlichen Verfahrensordnungen enthalten die Regelungen über die Verbindlichkeit seiner Urteile: Nach § 9 a Strafprozessordnung sind die Entscheidungen des EuGH im Vorabentscheidungsverfahren für alle Organe der Strafverfolgung verbindlich; eine entsprechende Regelung findet sich in § 261 Abs. 2 Zivilprozessordnung.

Mit einer Reihe von Vertragsverletzungsverfahren vor dem EuGH wurde die Tschechische Republik im Schrifttum als das „säumigste Land unter den neuen Mitgliedstaaten" bezeichnet.[274] Zehn Urteile stellen die Verletzung ihrer Verpflichtungen dadurch fest, dass die diejenigen Rechts- und Verwaltungsvorschriften, die erforderlich sind, um den Verpflichtungen aus dem sekundären Recht nachzukommen, nicht fristgerecht erlassen wurden.[275] Weitere vier Klageschriften sind aus demselben Grund von der Kommission zugestellt worden.[276] Zwei Sachen sind aus dem Register gestrichen, weil die Tschechische Republik ihre Pflichten nach der Einreichung der Klage erfüllt hat.[277]

Im Schrifttum[278] wird darauf hingewiesen, dass „beinahe so oft, wie der tschechische Staat Ziel eines Verfahrens von Seiten der Kommission

---

[273] Gesetz Nr. 517/2002 Sb.

[274] Nach *S. Fischer*, Der Europäische Gerichtshof nach der Ost-Erweiterung, Diskussionspapier der FG I, 2007/21, November 2007, SWP Berlin, S. 29-30.

[275] Http://curia.europa.eu/jurisp/cgi-bin/form.pl?lang=de; es geht um die Rechtssachen C-114/7, C-60/07, C-115/07, C-117/07, C-60/07, C-114/07, C-115/07, C-117/07, C-204/07 und C-203/06.

[276] C-41/08, C-71-08, C-87/08 und C-496/07.

[277] C-140/06 und C-46/06.

[278] Fn. 274, 30 ff.

wurde, sich tschechische Individualkläger gegen Akte der europäischen Organe gewährt haben".

Genannt werden Fälle wie der Markenstreit zwischen der tschechischen Brauerei *Budějovický Budvar* und dem Harmonisierungsamt für den Binnenmarkt in Alicante; in einem der Verfahren wurde der tschechischen Brauerei Recht gegeben,[279] in den anderen sind die Urteile noch nicht ergangen. Zwei weitere Klagen richteten sich gegen die Entscheidung der Kommission, die den Firmen *Kaučuk und Unipetrol* Strafen für unerlaubte Preisabsprachen auferlegte.[280] In einem anderen Verfahren klagte das Unternehmen *Agrofert* Holding gegen die Kommission auf die Herausgabe von Unterlagen zu einem Fusionskontrollverfahren.[281]

Um die Übersicht vollständig zu machen, kann noch bemerkt werden, dass in zwei Fällen die Tschechische Republik gegen die Kommission eine Nichtigkeitsklage erhoben hat.[282]

Die Entscheidungen des EuGH, die legislatorische Schritte erforderlich machen, werden im parlamentarischen Gesetzgebungsverfahren durchgeführt. Dieses verläuft jedoch nicht immer geradlinig und ist durch die tägliche Politik stark beeinflusst. Als Beispiel für alle sei das Verfahren genannt, dass zur Verabschiedung des Antidiskriminierungsgesetzes führen sollte, das die Richtlinie des Rates 2000/78/EG vom 27. November 2000 zur Festlegung eines allgemeinen Rahmens für die Verwirklichung der Gleichbehandlung in Beschäftigung und Beruf und die Richtlinie des Rates 2000/43/EG vom 29. Juni 2000 zur Anwendung des Gleichbehandlungsgrundsatzes ohne Unterschied der Rasse oder der ethnischen Herkunft umsetzen sollte. Am 16. Mai 2008 hat der Staatspräsident – im Einklang mit Art. 50 Verf. – seine Unterschrift unter den vom Parlament verabschiedeten Gesetzestext verweigert und das Gesetz an die Abgeordnetenkammer zurückgeleitet. In der Begründung seines Schrittes hat er den Text als „schädlich" bezeichnet; vor allem fand er in der Umkehr der Beweislast einen Verstoß gegen die tschechische Verfassungsordnung.[283] Über das zurückgeleitete Gesetz

[279] Rechtssachen T-57/04 und T-71/04.

[280] T-44/07 und T-45/07.

[281] T-111/07.

[282] T-248/07 und T-194/07.

[283] Http://www.klaus.cz/klaus2/asp/default.asp?

kann die Abgeordnetenkammer mit einfacher Stimmenmehrheit aller Abgeordneten nochmals abstimmen.

7. Bewertung

Die Rechtsordnung der Tschechischen Republik ist ein interessantes Beispiel für die These, dass die Stellung der überstaatlichen Systeme in der Verfassungsordnung keinesfalls nur einen Bekenntnis-Charakter hat, sondern dass sie Gegenstand einer Spannung zwischen zwei staatlichen Gewalten und ein Politikum sein kann. Dabei kann sie als ein Rechtssystem angesehen werden, welches sich im Laufe seiner Transformation nicht linear für die überstaatlichen Rechtssysteme öffnet, sondern diese Öffnung bereits bedeutsamen inhaltlichen und institutionellen Modifikationen untergeordnet hat.

Keine Zweifel bestehen dabei über die internationale Kooperationswilligkeit der Rechtsordnung der Tschechischen Republik. Die Verfassung bekennt sich zur Einhaltung ihrer völkerrechtlichen Verpflichtungen und ermöglicht nach einer Verfassungsänderung die Übertragung einiger Kompetenzen der staatlichen Organe allgemein auf eine „internationale Organisation“ oder „Institution“, deren Charakter offen bleibt und verfassungsrechtlich nicht definiert ist (Art. 10 a Verf.). Geregelt wurde auch die Form der Zusammenarbeit der Regierung und des Parlaments auf dem Gebiet der „europäischen Angelegenheiten“ (Art. 10 b Verf.).

Das Prozess der Öffnung gegenüber überstaatlichen Regelungen ist dogmatisch interessanter: Zunächst hat sich gezeigt, dass sich der Verfassungsgeber fast ausschließlich auf die Frage der Stellung des internationalen Vertragsrechts konzentriert hat; das internationale Gewohnheitsrecht blieb außerhalb seiner Aufmerksamkeit. Im Rahmen dieses Vertragsrechts verlieh er zunächst den völkerrechtlichen menschenrechtlichen Instrumenten eine privilegierte Stelle. Dieses Modell zeigte sich jedoch im Laufe der Zeit als schwerfällig und der Gesetzgeber entschied sich zur Inkorporierung eines relativ breiten Spektrums von völkerrechtlichen Verträgen, unter der Voraussetzung ihrer parlamentarischen Zustimmung und völkerrechtlicher Ratifizierung, denen er einen übergesetzlichen Anwendungsvorrang garantiert hat (Art. 10 Verf.). Dadurch öffnete er die nationale Rechtsordnung für die unmittelbare Auswirkung zahlreicher internationaler Regelungen, die ohne eine besondere Transformation von dem Rechtsanwender als eine komplementäre Rechtquelle in Anspruch genommen werden können.

Auf die in der Einführung der Arbeit gestellte Frage, ob die formellrechtliche Öffnung des nationalen Rechts gegenüber den externen Rechtsordnungen zur Erweiterung des anwendbaren Rechts beigetragen hat, muss daher im Falle der Tschechischen Republik „positiv mit Vorbehalt“ beantwortet werden. Das vom Parlament gebilligte Völkerrecht – und nur dieses – ist Bestandteil der nationalen Rechtsordnung geworden. Das Parlament behält sich das entscheidende Instrument zu dieser Umwandlung – seine Zustimmung (Art. 49 Verf.) vor.

Die Stellung des Gemeinschaftsrechts in der Rechtsordnung blieb selbst nach der Verfassungsänderung des Jahres 2001 in der Rechtsordnung unerwähnt. Ihre Wirkung wird grundsätzlich vom gemeinschaftlichen Primärrecht abgeleitet, welches durch die verfassungsrechtliche Inkorporationsregelung „Bestandteil“ der nationalen Rechtsordnung wurde. Die gerichtlichen Verfahrensordnungen regeln nun ausdrücklich das Verfahren der Aussetzung des Verfahrens vor den nationalen Gerichten im Falle von Vorabenscheidungsersuchen nach Art. 234 EGV.

Eine einmalige Entwicklung hat sich auf dem Gebiet des nächsten Merkmals der Öffnung der nationalen Rechtsordnung, der Bereitschaft der Gerichte zur Anwendung überstaatlicher Regelungen, gezeigt. Nachdem die erste post-kommunistische Verfassung der Tschechischen Republik das Verfassungsgericht mit der Zuständigkeit, anhand der völkerrechtlichen menschenrechtlichen Instrumente die nationalen Vorschriften zu überprüfen, versehen hatte, gelangte das Parlament anlässlich der Verfassungsänderung des Jahres 2001 zu der Überzeugung, dass die Zuständigkeiten des Verfassungsgerichts in diesem Bereich zu weit gingen und hat die Überprüfbarkeit der nationalen Normen anhand des Völkerrechts beseitigt. Eine ähnliche Entwicklung zeigte sich auch im Falle der Konstruktion der Verfassungsbeschwerde, bei derer die ursprünglich gesetzlich garantierte Möglichkeit, sich auf völkerrechtliche menschenrechtliche Verträge als eine unmittelbare Quelle zu stützen, aufgehoben wurde.

Auf der anderen Seite wurden die Kompetenzen des Verfassungsgerichts um die präventive Kontrolle völkerrechtlicher Verträge ergänzt. Den Richtern der allgemeinen Gerichte wurde die Zuständigkeit verliehen, über den Einklang zumindest untergesetzlicher innerstaatlicher Rechtsvorschriften mit dem Völkerrecht zu entscheiden (Art. 87 Abs. 2 Verf.).

Betreffend die Reaktion auf die Entscheidungen internationaler Instanzen kann festgestellt werden, dass weder die Strafprozessordnung, noch die Zivilprozessordnung eine Standard-Wiederaufnahme des Verfahrens vor den nationalen Gerichten aufgrund einer Entscheidung eines internationalen Gerichts regeln. Diese ist Gegenstand des novellierten Gesetzes *über das Verfassungsgericht* und ermöglicht dem tschechischen Verfassungsgericht, im Falle eines Urteils eines „internationalen Gerichts“ in einer Strafsache eine Wiederaufnahme des verfassungsgerichtlichen Verfahrens (§ 119); gleichzeitig kann es über die Aufhebung der Rechtsvorschrift entscheiden, durch deren Anwendung es zur Verletzung der Rechte der Antragsteller kam. Hinsichtlich der Entscheidungen des EuGH in Vorabentscheidungssachen beinhalten jedoch beide Prozessordnungen entsprechende Bestimmungen über ihre Verbindlichkeit.

Abschließend kann festgestellt werden, dass das Konzept der Öffnung der Rechtsordnung der Tschechischen Republik originell ist: Während die Rechtsordnung sich für überstaatliche Regelungen öffnet und ihnen einen hohen Rang sichert, ist das Beschneiden der Kompetenzen des Verfassungsgerichts in Bezug auf völkerrechtliche Instrumente nach mehreren Jahren Erfahrung eine erstaunliche Entwicklung. Eine ähnliche Entwicklung kann im Verhältnis der nationalen Rechtsordnung gegenüber dem Gemeinschaftsrecht bzw. dem Europarecht beobachtet werden: Von der anfänglichen Akzeptanz von annähernd allem, was „aus Brüssel“ kam, ist heute wenig übrig geblieben: Stellvertretend für alle Fälle sei der Antrag der Zweiten Kammer des Parlaments an das Verfassungsgericht auf die präventive Kontrolle des Lissabonner Vertrags erwähnt, der vom Staatspräsidenten als Partei des Verfahrens unterstützt wird.

Der Umfang dieser Änderungen belegt die am Anfang der Arbeit gestellte Hypothese, dass das Verhältnis der nationalen Rechtsordnung zu überstaatlichen Regelungen keine bloß technische Angelegenheit ist, die keinen rechtspolitischen Hintergrund hat. Im Gegenteil: sie ist für bestimmte Stadien der Beziehung der Selbstdarstellung einer Rechtsordnung ausgesprochen prägend.

III. Die Slowakische Republik

1. Einleitung

„Wir, das slowakische Volk, [...] ausgehend vom natürlichen Recht der Völker auf Selbstbestimmung [...]“, lautet einer der Leitsätze der Präambel der Verfassung der Slowakischen Republik vom 3. September 1992.[1] Nicht nur bei der Entstehung der Slowakischen Republik infolge der Selbstauflösung der ČSFR am 1. Januar 1993[2] spielte das Völkerrecht eine entscheidende Rolle. Das neue Staatsgebilde war zwar mit voller völkerrechtlicher Subjektivität und mit einer kompletten, schon am 3. September 1992 in Kraft getretenen Verfassung ausgestattet, musste sich jedoch mit einer Reihe komplizierter völkerrechtlicher Fragen auseinandersetzen, die mit der Problematik der Staatennachfolge sowie mit seiner Rolle im völkerrechtlichen Netz der gegenwärtigen internationalen und völkerrechtlichen Beziehungen zusammenhingen.[3]

Die *Erklärung des Slowakischen Nationalrates an die Parlamente und Völker der Welt* vom 3. Dezember 1992[4] hat proklamiert, dass „[...] die Slowakische Republik als einer der beiden Nachfolgestaaten der Tschechischen und Slowakischen Föderativen Republik sich ab 1. Januar 1993 im Einklang mit den geltenden völkerrechtlichen Normen durch die multilateralen und bilateralen Verträge für gebunden hält, deren Partei zu diesem Zeitpunkt die Tschechische und Slowakische Republik war“.[5] Nach Art. 153 der slowakischen Verfassung sollten die Rechte und

---

[1] Sbírka zákonů České a Slovenské federativní Republiky Nr. 460/1992. Deutsche Übersetzung: *H. Slapnicka*, Verfassung der Slowakischen Republik, Osteuropa-Recht 39 (1993), 167 ff.

[2] Vgl. *M. Hošková*, Die Selbstauflösung der ČSFR – Ausgewählte rechtliche Aspekte, ZaöRV 53 (1993), 689-733.

[3] *A. Zimmermann,* Staatennachfolge in völkerrechtliche Verträge, Berlin 2000, 351 ff.

[4] Národná obroda, 2.12. 1992.

[5] Auf diesen Schritt hat der Tschechische Nationalrat am 17.12. 1992 mit einer analogen Erklärung reagiert, in der deklariert wurde, dass die Tschechische Republik die Verpflichtungen und Bindungen der ČSFR übernehmen werde.

DOI: 10.1007/978-3-642-00411-7_3,

Pflichten aus den völkerrechtlichen Verträgen, an welche der gemeinsame Staat gebunden war, auf die Slowakische Republik übergehen – in dem Ausmaß, wie es in den Verfassungsgesetzen der ČSFR oder in den Abkommen zwischen beiden Republiken bestimmt wurde. Die Erfüllung beider Bedingungen blieb jedoch oft auf die theoretische Ebene beschränkt. In der Föderation wurde nie ein entsprechendes Verfassungsgesetz im Sinne von Art. 153 Verf. erarbeitet und verabschiedet; die Slowakei sukzedierte in zahlreiche völkerrechtliche Abkommen, ohne dass der Nachfolge ein Vertrag mit der Tschechischen Republik vorangegangen war.[6] Trotz allem Pragmatismus war es in manchen Fällen doch nötig, zwischen der Slowakei und Tschechien bilaterale Regelungen abzuschließen, insbesondere solche, die entweder auf die Übernahme der Verpflichtungen für nur eine der Parteien oder ihre Mitgliedschaft in internationalen Organisationen zielten.[7]

Auch nach der Konstituierung zweier selbständiger Staaten wurde die Frage der rechtlichen Regelung der Beziehungen zwischen diesen Subjekten, ihren Staatsangehörigen, den Justiz- und anderen Staatsorganen eine der dringendsten Aufgaben, die durch die Jahrzehnte des Lebens im gemeinsamen Staat, die Verflechtung von persönlichen, Familien-, Eigentums-, Wirtschafts-, Kultur-, Sozial- und anderen Beziehungen bedingt waren.[8] Vor allem diese außerordentlich intensive völkerrechtliche Aktivität zusammen mit den Vorbereitungen zum Beitritt zur Europäischen Union machte die Frage des Verhältnisses dieser zahlreichen Regelungen zu den innerstaatlichen Rechtsvorschriften besonders bedeutsam.

---

[6] *J. Klučka*, Medzinárodné právo a Ústava Slovenskej Republiky, 1996, S. 41.

[7] *V. Mikule/ Z. Valentovič* (Hrsg.), Mezinárodní smlouvy mezi Českou republikou a Slovenskou republikou, 1995, 335 S.

[8] *V. Mikule/ Z. Valentovič*, *ibid.*, 10 ff.

2. Die Gründe der Öffnung der slowakischen Rechtsordnung für überstaatliche Rechtsordnungen

Das Vorbild für die ursprünglichen verfassungsrechtlichen Konzepte des Verhältnisses der innerstaatlichen Rechtsordnung zu den externen rechtlichen Systemen war in beiden Nachfolgestaaten der ehemaligen Tschechoslowakei § 2 des Einführungsgesetzes zur *Charta der Grundrechte und Grundfreiheiten,*[9] die im Jahre 1991 durch die Föderale Versammlung des gemeinsamen tschechoslowakischen Staates verabschiedet worden war. Über die Gründe der Übernahme der nur auf die Menschenrechte beschränkten Regelung des Verhältnisses der slowakischen Rechtsordnung gegenüber den externen Regelungen durch die slowakische Verfassung aus dem Jahre 1992 finden sich in der Rechtsliteratur nur kursorische Ausführungen. Es kann deswegen nur vermutet werden, dass die ursprüngliche Regelung über die Stellung völkerrechtlicher, menschenrechtlicher Verträge in der slowakischen Rechtsordnung das Ziel der partiellen Inkorporierung des Völkerrechts verfolgte; die direkte Wirkung anderer internationaler Rechtsakte sollte nur über den „Filter" der nationalen parlamentarischen Zustimmung erfolgen. Dieser Ansatz hatte seine Wurzeln in der damaligen dualistischen Doktrin, welche die geltenden völkerrechtlichen Verträge grundsätzlich für nicht direkt anwendbar hielt.

Erst die geänderte politische Atmosphäre in der Slowakei nach den Wahlen im Jahre 1998 führte im Jahre 2001 zur Erarbeitung und Verabschiedung einer umfangreichen Verfassungsänderung,[10] welche die slowakische Rechtsordnung dem internationalen Recht noch grundsätzlicher öffnete.[11] Diese Novelle, deren Schwerpunkt in der Öffnung der

---

[9] Verfassungsgesetz vom 9.1. 1993, Sbírka zákonů České a Slovenské federativní republiky, Nr. 6/1991, § 2 lautete: „Von der Tschechischen und Slowakischen Föderativen Republik ratifizierte und verkündete völkerrechtliche Verträge über Menschenrechte und Grundfreiheiten sind auf ihrem Staatsgebiet allgemein verbindlich und gehen ihren eigenen Gesetzen vor."

[10] Verfassungsgesetz vom 23.2. 2001, das die Verfassung der Slowakischen Republik Nr. 460/1992 Zb.z. i.d.F. späterer Änderungen ändert und ergänzt, Zbierka zákonov (weiter nur Zb.z.) Nr. 90/2001. Vollständige Fassung Nr. 135/2001 Zb.z.

[11] S. *A. Bröstl*, Zu den aktuellen Verfassungsänderungen in der Slowakischen Republik, in: M. Hofmann/ H. Küpper (Hrsg.), Kontinuität und Neubeginn; Staat und Recht in Europa zu Beginn des 21. Jahrhunderts, 2001, 384 ff.;

Rechtsordnung für den EU-Beitritt lag, bedeutete auch bezüglich des Verhältnisses der innerstaatlichen Rechtsordnung zum Völkerrecht einen Wendepunkt, der mit der Abkehr von dem früheren, überwiegend dualistischen Konzept und mit dem Bekenntnis der Slowakischen Republik zur monistischen Lehre der Übernahme des Völkerrechts verbunden wird.

Vor allem wurde unterstrichen, dass der Staat seine Stellung zu völkerrechtlichen Regelungen und die Stabilität seines Verhältnisses zu seinen völkerrechtlichen Verpflichtungen auf der Verfassungsebene zum Ausdruck bringen soll; dadurch sollte die Bedeutung, die er den völkerrechtlichen Regelungen beimisst, betont werden.

Dennoch findet sich in der Verfassung immer noch keine eindeutige Regelung über die Eingliederung der völkerrechtlichen Normen in die innerstaatliche Rechtsordnung; vielmehr beschränkt sich die Verfassung auf die Feststellung, dass diesen Normen ein Anwendungsvorrang vor den nationalen Gesetzen zukomme. Dieser Umstand wird mit unterschiedlichen Gründen erklärt. Während dieses Modell von der Lehre als eine Absicht des Verfassungsgebers erklärt wird,[12] definierten es die Gesetzesmotive zur Verfassungsänderung bereits als die Inkorporation der völkerrechtlichen Verträge, denen vom Parlament zugestimmt wurde.

Die anderen Bestimmungen der Verfassungsänderung, welche die Übertragung eines Teils der souveränen Rechte an die Europäischen Gemeinschaften und die Europäische Union ermöglichen, wurden eindeutig mit dem Ziel geschaffen, einen aus verfassungsrechtlicher Perspektive reibungslosen Beitritt der Slowakischen Republik zu diesen Strukturen zu erlauben; der Verfassungsgeber hat hier seine Inspiration eindeutig in den Verfassungen der bisherigen EU-Mitglieder gesucht und gefunden.

M. Hofmann, Völker- und Europarecht in der geänderten slowakischen Verfassung, *ibid.*, 398 ff.

[12] *J. Klučka* (Fn. 6), 1 ff.

3. Das gewählte Modell der Einbeziehung des Völkerrechts in die innerstaatliche Rechtsordnung

a) Allgemeine Inkorporationsregel und die Einbeziehung des Gewohnheitsrechts

Die Verfassung der Slowakischen Republik aus dem Jahre 1992 beinhaltete keine allgemeine Regelung über das Verhältnis der völkerrechtlichen und der nationalen Rechtsnormen.[13] Diese Rechtslage wurde von der Wissenschaft überwiegend als negativ empfunden[14] und führte zur Erarbeitung von Entwürfen, die ihre Umsetzung in der Erweiterung des bisherigen Art. 1 Verf. um einen neuen Absatz fanden. Nach der neuen Regelung achtet die Slowakische Republik die allgemein geltenden Regeln des Völkerrechts, die völkerrechtlichen Verträge, an die sie gebunden ist, sowie ihre sonstigen Verpflichtungen.[15]

Bei der Interpretation dieser Bestimmung muss vor allem geklärt werden, was sich der Verfassungsgeber unter den „allgemein geltenden Regeln" vorgestellt hat; für die Anwendungspraxis ist wiederum von Relevanz, ob diese Regelung mehr als einen bloßen Auftrag an die Staatsorgane, das Völkerrecht zu respektieren, bedeutet, oder ob sie eine unmittelbare Wirkung auf die sonstigen Subjekte entfalten kann.

Die Gesetzesmotive zum Verfassungsentwurf[16] verstehen unter dem Begriff „allgemein geltende Grundsätze des Völkerrechts" vor allem diejenigen Grundsätze, die in der Präambel des *Wiener Übereinkommens über das Recht der Verträge*[17] aus dem Jahre 1969 sowie in der Charta der Vereinten Nationen verankert sind. Die Präzisierung des Inhalts dieser „Regeln" überließ das Dokument jedoch dem slowakischen Verfassungsgericht; bei der Nennung eines Beispiels dieser Auslegungs-

---

[13] *J. Azud*, Kommentar zu Art. 11 Verf., in: *M. Čič* u.a., Komentár k Ústave Slovenskej Republiky, 1997, 69-70; *J. Jankuv*, Medzinárodné a európske mechanizmy ochrany ľudských práv, Bratislava 2006, 348 ff.

[14] *J. Klučka,* Miesto a úprava noriem medzinárodného práva v ústave Slovenskej republiky, Justičná revue 4 (2002), 381 ff.

[15] Art. 1 Verf., Wortlaut siehe Anhang.

[16] Gesetzesmotive, http://www.nrsr.sk/Slovak/Zakony/Ustava/index.htm., S. 24.

[17] UNTS, vol. 1155, S. 331, BGBl. 1985 II, S. 927 ff.

praxis wird ausdrücklich auf die Tätigkeit des Bundesverfassungsgerichts hingewiesen.[18]

Die Frage, ob es sich bei den „allgemein geltenden Regeln" auch um gewohnheitsrechtliche Regelungen handelt, blieb in der slowakischen Rechtsordnung unbeantwortet. Falls jedoch eine gewohnheitsrechtlich-skeptische Auslegung des Begriffes „allgemein geltende Regeln" zum Ausschluss der Regelungen des internationalen Gewohnheitsrechts aus den genannten Kategorien führen könnte, sind diese zweifellos vom Terminus „sonstige völkerrechtliche Verpflichtungen" erfasst.

Auf der anderen Seite führt die Formulierung, dass „die Slowakische Republik" verpflichtet ist, das Völkerrecht zu respektieren, zu dem Schluss, dass die Regelung von Art. 1 Abs. 2 Verf. Verpflichtungen nur den Staatsorganen – und nicht auch anderen Subjekten – auferlegt; in der Praxis kann sie vor allem als Auftrag an den Gesetzgeber verstanden werden. Die Gesetzesmotive zur Verfassungsänderung erklärten dazu, dass die Gesetze, andere allgemein verbindliche Rechtsvorschriften und auch die völkerrechtlichen Verträge über Menschenrechte und Grundfreiheiten im Einklang mit der Verfassung stehen müssen, d.h. auch mit ihren Bestimmungen über die Grundrechte und Grundfreiheiten. Es könne deswegen weder vorausgesetzt werden, dass ein völkerrechtlicher Vertrag geschlossen wäre, dessen Inhalt der Verfassung widersprechen würde, noch dass der Inhalt eines solchen Vertrags die Anwendung des verfassungsrechtlichen Standards der Slowakischen Republik einschränken würde.[19]

b) Einbeziehung völkerrechtlicher Verträge in die innerstaatliche Ordnung

Bis zu der Verfassungsänderung im Jahre 2001 wurde die Inkorporierung der völkerrechtlichen Verträge nur auf eine ihrer Kategorien – die Verträge über Menschenrechte und Grundfreiheiten – beschränkt; über die anderen Kategorien der Verträge enthielt die Verfassung keine Äußerung.[20] Die Unterscheidung zwischen den menschenrechtlichen und

[18] BVerfGE 23 (317 ff.).

[19] Gesetzesmotive (Fn. 16), 32-33.

[20] Art. 11 Verf. aus dem Jahre 1992, Wortlaut siehe Anhang.

den anderen völkerrechtlichen Verträgen spielte in dem ursprünglichen Verfassungstext aus dem Jahre 1992 eine entscheidende Rolle. Im Einklang mit § 2 des Einführungsgesetzes der föderalen *Charta der Grundrechte und Grundfreiheiten* inkorporierte sein Art. 11 in die innerstaatliche Rechtsordnung diejenigen internationalen Abkommen, die Menschenrechte und Grundfreiheiten betrafen und die von der Slowakischen Republik ratifiziert und verkündet wurden, unter der Bedingung, dass sie weiterreichende Grundrechte und Grundfreiheiten garantieren;[21] solche Abkommen hatten Vorrang vor den Gesetzen. Eine analoge Konstruktion – nur ohne die Beschränkung auf die „weiterreichenden Grundrechte" – befand sich bis zur Verfassungsänderung aus dem Jahre 2002 in Art. 10 Verf. der Tschechischen Republik aus dem Jahre 1992.[22]

Ein slowakischer Kommentar zur Verfassung aus dem Jahre 1997[23] wies auf die Probleme hin, welche die Anwendung dieser Regelung mit sich bringen konnte. Diese partielle Lösung ignoriere vor allem die sonstigen völkerrechtlichen Quellen, die in Art. 38 des Statuts des Internationalen Gerichtshofs aufgeführt sind. Auf der anderen Seite wurde diese Konstruktion von demselben Kommentator als „originell" bezeichnet. Art. 11 respektiere völlig die völkerrechtlichen Verpflichtungen der Slowakischen Republik im Sinne des *Wiener Übereinkommens über das Recht der Verträge*; der slowakische Staat könne freiwillig einen breiteren Umfang der Grundrechte gewährleisten, als er in den völkerrechtlichen Normen festgelegt sei.

Bezüglich der anderen als den menschenrechtlichen völkerrechtlichen Regelungen hat die slowakische Lehre verlangt, dass diese durch das nationale Recht transformiert werden; die Form dieser Transformation unterscheide sich aber von Fall zu Fall.[24] Für eine allgemeine, (ein-

---

[21] Vgl. *J. Klučka* (Fn. 6), 78 ff.; *ders.*, Miesto a postavenie smlúv o lidských právach a základných slobodách v právnom poriadku SR, Právny Obzor 76 (1993), 317 ff.; *M. Posluch/ L. Cibulka*, Štátne právo Slovenskej republiky, 1994, 48 ff.

[22] Nr. 1/1993 Sb.; nach Art. 10 Verf. waren die ratifizierten und verkündeten völkerrechtlichen Abkommen zum Schutz der Menschenrechte und Grundfreiheiten, durch welche die Tschechische Republik gebunden ist, unmittelbar verbindlich und hatten Vorrang vor den Gesetzen.

[23] *J. Azud* (Fn. 13), 68 ff.

[24] *J. Klučka* (Fn. 6), S. 56.

fach)gesetzliche Transformationsregelung wurde § 6 des Gesetzes *über die Gesetzessammlung* aus dem Jahre 1992[25] gehalten. Danach wurden diejenigen Verträge obligatorisch veröffentlicht, die vom Staatspräsidenten ratifiziert wurden, sowie andere Verträge, falls sie eine Regelung enthielten, welche die Rechte der natürlichen und juristischen Personen betraf. Bereits die Veröffentlichung der Verträge – auch ohne entsprechende verfassungsrechtliche Regelung – bewirkte eine automatische Einbeziehung der völkerrechtlichen Regelungen in die innerstaatliche Rechtsordnung. Diese Konstruktion löste jedoch nicht die damit verbundenen Unklarheiten betreffend der Anwendbarkeit und des Rangs der auf diese Weise transformierten völkerrechtlichen Regelungen.

Als andere Mechanismen zur Transformation völkerrechtlicher Bestimmungen galten die Prioritätsklauseln, die in zahlreiche einfache Gesetze eingegliedert waren. Nach ihrem Wortlaut fanden die Bestimmungen des innerstaatlichen Gesetzes Anwendung, falls ein Vertrag, dessen Partei die Slowakische Republik ist, nicht eine abweichende Regelung enthielt. Als Beispiel für gesetzliche Regelungen, die solche Klauseln enthielten, konnten das Gesetz *über die Staatsangehörigkeit der Slowakischen Republik* aus dem Jahre 1993,[26] das *Ausländergesetz* aus dem Jahre 1995[27] sowie das *Devisengesetz* aus dem Jahre 1995[28] genannt werden.

Die Probleme mit der Anwendung dieser Bestimmung, vor allem die Schwierigkeiten mit der Feststellung, ob es sich in den konkreten Fällen um einen „menschenrechtlichen" oder einen „anderen" Vertrag handelte, führten, ähnlich wie in der Tschechischen Republik, zur Aufgabe dieses Konzepts und zur Einbeziehung einer breiteren Kategorie der völkerrechtlichen Regelungen in die innerstaatliche Ordnung (Art. 7 Abs. 5 Verf.). Nach dieser Vorschrift erwarben alle Verträge über Menschenrechte und Grundfreiheiten, die Verträge, zu deren Umsetzung kein Gesetz notwendig ist, und die Verträge, die direkt Rechte oder Verpflichtungen der natürlichen oder juristischen Personen schaffen

---

[25] Nr. 1/1993 Zb.z.; das Gesetz ist durch Gesetz Nr. 275/2002 Zb.z. grundsätzlich geändert worden.

[26] Nr. 40/1993 Zb.z.

[27] Nr. 73/1995 Zb.z.

[28] Nr. 202/1995 Zb.z.

und in der vom Gesetz vorgeschriebenen Weise ratifiziert und verkündet wurden, Vorrang vor dem Gesetz.[29]

c) Rangregelung

aa) Kriterium: Der Inhalt des Vertrags

Die ursprüngliche Fassung der Rangregelung in der Verfassung aus dem Jahre 1992 (Art. 11 Verf.) räumte den menschenrechtlichen Verträgen den „Vorrang vor den Gesetzen, sofern sie einen größeren Umfang an Grundrechten und Grundfreiheiten gewährleisten", ein. Der Verfassungsgeber hat dadurch die Regelung der Einbeziehung völkerrechtlicher Verträge in die innerstaatliche Rechtsordnung auf dem Grundsatz der „alternativen Priorität des Rechts" oder „der Priorität des vorteilhafteren Rechts" bzw. „der bedingten Priorität völkerrechtlicher Verträge" aufgebaut.[30]

Der Verfassungskommentar aus dem Jahre 1997[31] wies jedoch auf die Probleme hin, welche die Auslegung dieser Regelung mit sich bringt. Schwierigkeiten könnten bei der Beurteilung des „größeren Umfangs" der Grundrechte entstehen, die zur Anwendung einer völkerrechtlichen Regelung Voraussetzung waren. Weiter war unklar, wie der Begriff „Gesetz" auszulegen ist. Ein Teil der Wissenschaft[32] tendierte zu einer engen Interpretation dieses Begriffs. Ein Argument dafür fand er in der Verbindung der damaligen Fassung von Art. 144 Abs. 1 Verf., wonach die Richter in ihren Entscheidungen nur an das Gesetz gebunden waren, mit Art. 144 Abs. 2 Verf., wonach die Richter an die völkerrechtlichen Verträge gebunden waren, wenn es alternativ die Verfassung oder „ein Gesetz" bestimmt. Andere Autoren[33] vertraten einen breiteren An-

---

29 Art. 7 Abs. 5 Verf., Wortlaut siehe Anhang. S. auch *J. Svák/ L. Cibulka*, Ústavné právo Slovenskej Republiky, 2006.

30 *J. Azud* (Fn. 13), 69-70.

31 *Ibid.*, 69-70.

32 Z.B. *J. Klučka*, Medzinárodné právo a právny poriadok Slovenskej republiky, Právny obzor 4 (1993), 317 ff.

33 Z.B. *Valentovič, Vršanský, Šebesta, Strážnická, Azud,* in: Medzinárodné zmluvy o ľudských právach a základných slobodách, Právny obzor 2 (1992), 469 ff.

satz und verstanden unter „Gesetz“ grundsätzlich auch die verfassungsrechtlichen Bestimmungen.

Die Verfassungsänderung im Jahre 2001 erweiterte prinzipiell die Kategorie der Verträge, die Gesetzesvorrang haben, und beseitigte das Kriterium des „größeren Umfangs“. Nach der seither geltenden Regelung (Art. 7 Abs. 5 Verf.) haben Gesetzesvorrang die in der Verfassung aufgezählten Kategorien der völkerrechtlichen Verträge – die Verträge über Menschenrechte und Grundfreiheiten, die Verträge, zu deren Umsetzung kein Gesetz notwendig ist, und die Verträge, die direkt Rechte oder Verpflichtungen der natürlichen oder juristischen Personen schaffen und die ratifiziert und verkündet wurden.

In ihrem Entwurfsstadium[34] war selbst diese Lösung nicht frei von der Gefahr einiger Feststellungsprobleme.[35] Die Person oder Institution, die nach dieser Konstruktion eine völkerrechtliche Bestimmung anwenden möchte, müsste zunächst feststellen, ob es sich im konkreten Fall um eine der in Art. 7 Abs. 5 erwähnten Kategorien der Verträge handelt. Schon die Antwort auf die erste Frage, ob es sich um einen „menschenrechtlichen Vertrag“ handelt, könnte – wie auch früher – Schwierigkeiten mit sich bringen. Es reicht, an dieser Stelle auf die unscharfen Konturen der bilateralen Nachbarschaftsverträge oder des bis zum Beitritt der Slowakischen Republik zur Europäischen Union geltenden *Europaabkommens*[36] hinzuweisen. Die Gesetzesmotive zur Verfassungsänderung gingen an dieser Stelle von einem sehr breiten Ansatz aus. Unter den „menschenrechtlichen“ Verträgen verstand das Dokument alle völkerrechtlichen Verträge „dieser Art“, ohne Rücksicht auf ihre Benennung – als Beispiel wurde die EMRK, der IPbürgR und „einige weitere“ genannt. Rechtsvergleichend wird darauf hingewiesen, dass z.B. in der Tschechischen Republik etwa 170 völkerrechtliche Verträge in Kraft sind, die in der Literatur als „menschenrechtlich“ bezeichnet wurden.[37]

---

[34] Abgeordnetenentwurf, Parlamentsdruck Nr. 643, Mai 2000.

[35] S. *J. Klučka*, K dvom otázkám medzinárodného práva v návrhu ústavného zákona poslancov Národnej rady Slovenskej republiky, Justičná revue 53 (2001), 1-5.

[36] Europaabkommen zur Gründung einer Assoziation zwischen den Europäischen Gemeinschaften und ihren Mitgliedstaaten einerseits und der Slowakischen Republik andererseits, ABl. EG L 359 vom 31.12. 1994, 2-210.

[37] Gesetzesmotive (Fn. 16), S. 31.

Nicht weniger kompliziert konnte sich diese Frage im Zusammenhang mit den Verträgen, zu deren Umsetzung kein Gesetz notwendig ist, und den Verträgen, die direkt Rechte oder Verpflichtungen der natürlichen oder juristischen Personen schaffen, auswirken. Die Literatur[38] wies darauf hin, dass es wegen der Rechtssicherheit unbedingt notwendig sei, diese Qualität zweifellos festzustellen; es sei auch unabdingbar, dass den Adressaten der Rechte und Verpflichtungen diese Tatsache vor dem Inkrafttreten des Vertrags, spätestens zum Zeitpunkt seines Inkrafttretens, bekannt sei.

Diese Kritik trug dazu bei, dass in die endgültige Fassung der Verfassungsänderung ein mit der parlamentarischen Zustimmung zu identischen Kategorien der Verträge eng verbundenes Verfahren eingeführt wurde (Art. 86 Abs. d Satz 2 Verf.). Die Kompetenz, über die Eingliederung völkerrechtlicher Verträge in diese Kategorie zu entscheiden, besitzt nach der neuen Regelung das Parlament – der Nationalrat der Slowakischen Republik.[39] Entsprechend wurde auch das Gesetz Nr. 1/1993 Zb.z. *über die Gesetzessammlung*[40] modifiziert. Nach seinem neu gefassten § 6 Abs. 2 ist bei den Verträgen, die Vorrang vor den Gesetzen haben, die vorherige Entscheidung des Nationalrates über diese Tatsache ein Bestandteil der offiziellen Mitteilung über den Abschluss des Vertrags; eine Klausel über den Vorrang vor den Gesetzen des Vertrags ist hierzu obligatorisch beizufügen.[41] Eine Zustimmung des Parlaments in der Form eines Gesetzes wird von der Verfassung nicht verlangt.

Der durch die Verfassung deklarierte Vorrang bestimmter Kategorien völkerrechtlicher Verträge vor den Gesetzen wirft die Frage seiner Folgen auf. In der slowakischen Rechtswissenschaft wird die Meinung ver-

---

[38] S. *J. Klučka* (Fn. 35), S. 2.

[39] Art. 86 Abs. d Satz 2 Verf., Wortlaut siehe Anhang.

[40] Änderungsgesetz Nr. 275/2002 Zb.z., i.d. Fassung des Gesetzes Nr. 100/2003 Zb.z.

[41] § 6 Abs. 2 des Gesetzes Nr. 1/1993 Zb.z. i.d.F. der Gesetze Nr. 275/2002 und 100/2003 Zb.z. lautet: „Falls ein völkerrechtlicher Vertrag Vorrang vor den Gesetzen hat, ist eine Entscheidung des Nationalrates über diese Tatsache Bestandteil der Mitteilung über die Veröffentlichung des völkerrechtlichen Vertrags; eine Klausel über den Vorrang vor den Gesetzen des Vertrags ist Anlage dieser Mitteilung."

treten,[42] dass dieser Vorrang nicht automatisch eine höhere Position der fraglichen Verträge in der nationalen Rechtsordnung bewirke. Die Vorschrift über den Vorrang bestimme bloß die Reihenfolge der Anwendung der rechtlichen Regelungen. Die Gesetzesmotive versuchten wahrscheinlich in den Parlamentsdebatten geäußerte Bedenken gegen die automatische Einbeziehung völkerrechtlicher Regelungen in die nationale Rechtsordnung auszuräumen. Der Vorrang der direkt anwendbaren völkerrechtlichen Verträge vor den Gesetzen bedeute nicht, dass der Standard des Grundrechtsschutzes nach Kapitel II. Verf. bedroht sei. Dem Verfassungstext – der Verfassung der Slowakischen Republik und den Verfassungsgesetzen – werde nämlich weiter Vorrang selbst vor dem Text der direkt anwendbaren völkerrechtlichen Verträge über Menschenrechte und Grundfreiheiten zuerkannt.

Zum Rang der völkerrechtlichen Regelungen erläutern die Gesetzesmotive weiter, dass der Verfassungsgeber ihnen die Position zwischen der Verfassung und den Verfassungsgesetzen einerseits und den einfachen Gesetzen andererseits zugeteilt hat. Der Begriff „Gesetz" solle im engeren Sinne ausgelegt werden. Er bezeichne konkrete allgemein verbindliche Rechtsregelungen, die Ergebnis der gesetzgeberischen Tätigkeit des Nationalrates seien.[43]

Eine interessante Lösung wählte der Verfassungsgeber im Verhältnis zu solchen völkerrechtlichen Verträgen, die bereits vor dem Inkrafttreten der Verfassungsänderung für die Slowakische Republik verbindlich waren. Nach Art. 154 lit. c Abs. 1 Verf. in der Fassung aus dem Jahre 2001 (Übergangs- und Schlussbestimmungen) sind die völkerrechtlichen Verträge über Menschenrechte und Grundfreiheiten, welche die Slowakische Republik vor dem Inkrafttreten der Verfassungsänderung ratifiziert hat und die verkündet wurden, „Bestandteil ihrer Rechtsordnung und haben Vorrang vor den Gesetzen", falls sie einen „größeren Umfang an Verfassungsrechten" gewährleisten.[44] Die Gesetzesmotive erklären diesen Schritt mit dem Bemühen, den Status der vorkonstitutionellen Verträge aus Gründen der Rechtssicherheit nicht ändern zu müssen;[45] auffallend ist allerdings, dass zum ersten Mal in einem slowakischen Verfassungstext eine Kategorie der Verträge als „Bestandteil der

---

42 *J. Klučka* (Fn. 35), S. 2.

43 Gesetzesmotive (Fn. 16), S. 33.

44 Art. 154 lit. c Abs. 1 Verf., Wortlaut siehe Anhang.

45 Gesetzesmotive (Fn. 16), S. 33.

Rechtsordnung" – wahrscheinlich aus Versehen – bezeichnet wurde, ohne dass dieser Begriff in der Fassung des Verfassungstextes von 1992 oder in der Verfassungsänderung erhalten ist. Ähnlich ungewöhnlich klingt auch die Regelung dieser Bestimmung, dass solche Verträge Vorrang haben, die einen größeren Umfang der „Verfassungsrechte" garantieren – der Verfassungsgeber meinte wahrscheinlich doch die Grundrechte und Grundfreiheiten.

Für die „übrigen" anderen als menschenrechtliche Verträge, die vor dem Inkrafttreten der Verfassungsänderung ratifiziert und verkündet wurden, gilt Art. 154 lit. c Abs. 2 Verf.[46] Danach sind andere völkerrechtliche Verträge „Bestandteil der slowakischen Rechtsordnung, falls dies ein Gesetz bestimmt." Auffallend ist hier wieder die Einbeziehung dieser Verträge in die innerstaatliche Rechtsordnung als ihr „Bestandteil" sowie eine fehlende Spezifizierung des entsprechenden „Gesetzes"; nach allem Anschein soll es sich wahrscheinlich um die zahlreichen Gesetze handeln, welche die Prioritätsklauseln enthalten.

bb) Kriterium: Die Ratifikation

Art. 7 Abs. 5 Verf. verbindet den Vorrang der dort aufgezählten Kategorien der völkerrechtlichen Verträge mit ihrer Ratifikation. Diese wird verstanden als die völkerrechtlich bindende Beendigung eines innerstaatlichen Verfahrens, das im Abschluss des Vertrags seinen Anfang und gemäß dem nationalen Recht in einer eventuellen parlamentarischen Zustimmung seine Fortsetzung hat.

Die Zuständigkeit zum Abschluss völkerrechtlicher Verträge hat Art. 102 lit. a Verf. dem Staatspräsidenten anvertraut.[47] Im Falle derjenigen völkerrechtlichen Verträge, die nicht der Zustimmung des Nationalrates bedurften (Art. 86 lit. e Verf.), konnte der Staatspräsident nach dem Verfassungstext aus dem Jahre 1993 (Art. 102 lit a) Verf.)[48] diese Zuständigkeit auf die Regierung oder mit ihrer Zustimmung an einzelne Regierungsmitglieder übertragen. Diese Möglichkeit hat er genutzt und sie in seiner Entscheidung vom 30. August 1993 *über die Übertragung der Zuständigkeit zum Abschluss einiger völkerrechtlicher Verträge* auf

---

[46] Art. 154 lit. c Abs. 2 Verf., Wortlaut siehe Anhang.

[47] Art. 102 Abs. 1 lit. a Halbsatz 2 Verf., Wortlaut siehe Anhang.

[48] Art. 102 lit. a) Satz 2, Wortlaut siehe Anhang.

die Regierung übertragen; die Kompetenz, solche Verträge abzuschließen, die den gesetzlichen Rahmen der Kompetenz des Zentralorgans der Staatsverwaltung nicht überschritten, wurde von ihm im Einklang mit dem Regierungsbeschluss Nr. 560 vom 17. August 1993 auf die Mitglieder der Regierung, die mit der Leitung dieses Zentralorgans beauftragt wurden, übertragen.

In der Praxis hatte diese Konstruktion ihren Schwachpunkt in der Tatsache, dass strikt nach dem Wortlaut von Art. 86 lit. e[49] der Staatspräsident alle diejenigen Verträge, für welche die parlamentarische Zustimmung nach Art. 86 lit. e Verf. erforderlich war, selbst abschließen und ratifizieren müsste. Diese Regelung wurde in der Praxis jedoch oft ignoriert und zog Fragen über die Verfassungsmäßigkeit des einen oder anderen Vertragsabschlusses nach sich.[50] Aus diesen Gründen hat die Verfassungsänderung im Jahre 2001 auf das Kriterium der obligatorischen parlamentarischen Zustimmung verzichtet; nach der gültigen Fassung kann der Staatspräsident die Zuständigkeit zum Abschluss aller Verträge auf die Regierung oder mit ihrer Zustimmung auf ihre einzelnen Mitglieder nach seinem Ermessen übertragen.[51]

Als ein weiteres Problem wurde jedoch die Tatsache empfunden, dass der Verfassungstext aus dem Jahre 1992 keine Regelung darüber beinhaltete, ob die Regierung die Übertragung dieser Zuständigkeit akzeptieren musste oder ob sie ggf. ablehnend reagieren konnte. Die einzige anwendbare Regelung war nämlich Art. 119 lit. f Verf., wonach „[...] die Regierung als Kollegium [...] über völkerrechtliche Verträge der Slowakischen Republik“ zu entscheiden hatte. Diese Unklarheit führte zur Erarbeitung und Verabschiedung der neuen Regelung von Art. 119 lit. f und g Verf. Danach entscheidet die Regierung nicht nur „über“ die völkerrechtlichen Abkommen, deren Abschluss auf die Regierung durch den Staatspräsidenten übertragen wurde[52] (lit. f); darüber hinaus entscheidet sie gemäß Art. 119 g Verf. „über ihre Zustimmung mit der Übertragung der Zuständigkeit zum Abschluss völkerrechtlicher Abkommen gem. Art. 102 Abs. 1 lit. a auf ihre einzelnen Mitglieder“;[53] aus

---

49 Art. 86 lit. e Verf. (1993), Wortlaut siehe Anhang.

50 S. Gesetzesmotive (Fn. 16), S. 78.

51 Art. 102 Abs. 1 lit. a Satz 2 Verf., Wortlaut siehe Anhang.

52 Art. 119 lit. f Verf., Wortlaut siehe Anhang.

53 Art. 119 lit. g Verf., Wortlaut siehe Anhang.

dieser Bestimmung kann abgeleitet werden, dass eine ablehnende Position der Regierung durchaus möglich ist.

Die Zulässigkeit der Ratifikation der in Art. 7 Abs. 4 Verf. aufgeführten Verträge ist mit ihrer parlamentarischen Zustimmung bedingt. Es handelt sich um völkerrechtliche Verträge über Menschenrechte und Grundfreiheiten, politische Verträge, völkerrechtliche Militärverträge, völkerrechtliche Verträge, welche die Mitgliedschaft der Slowakischen Republik in internationalen Organisationen bewirken, völkerrechtliche Wirtschaftsverträge allgemeiner Natur, Verträge, zu deren Durchführung es eines Gesetzes bedarf, sowie Verträge, die direkt Rechte oder Verpflichtungen von natürlichen oder juristischen Personen regeln.[54] Ein Spiegelbild zu Art. 7 Abs. 4 Verf. bildet Art. 86 lit. d Verf., wonach der Nationalrat (das Parlament) vor ihrer Ratifikation seine Zustimmung mit den genannten Kategorien von Verträgen äußern muss.[55] Der Vergleich der in Art. 7 Abs. 4 und Art. 7 Abs. 5 Verf. aufgeführten Kategorien der Verträge führt zu dem Schluss, dass im Falle von zwei der drei Gruppen der Verträge, die Gesetzesvorrang erlangen, vor ihrer Ratifikation das Parlament zugestimmt haben muss (Verträge über Menschenrechte und Grundfreiheiten sowie Verträge, die unmittelbar Rechte und Pflichten von Personen regeln); der dritten Kategorie – den Verträgen, für die keine gesetzliche Umsetzung erforderlich ist – muss das Parlament vor ihrer Ratifikation theoretisch nicht zugestimmt haben. Für die Zustimmung zu den früher genannten Verträgen ist gemäß Art. 84 Abs. 3 Verf. die Mehrheit aller Abgeordneten notwendig. Neben der Bewilligung des Ratifikationsvorhabens ist eine der Folgen dieser Zustimmung – nach dem Wortlaut von Art. 7 Abs. 4 – eine „Geltung" dieser Kategorien der Verträge.

In der Literatur[56] stieß diese Formulierung jedoch auf Kritik. Die „Geltung" könne nicht mit der innerstaatlichen „Anwendbarkeit" gleichgesetzt werden, sondern müsse als ein völkerrechtlicher Begriff ausgelegt werden. In diesem Sinne könne die völkerrechtliche „Geltung" eines Vertrags nicht von der Zustimmung des innerstaatlichen Parlaments abhängig gemacht werden; diese richte sich ausschließlich nach den Grundsätzen des internationalen Vertragsrechts. Die Zustimmung des Parlaments – des Nationalrates – könne nur eine innerstaatliche Voraus-

---

[54] Art. 7 Abs. 4 Verf., Wortlaut siehe Anhang.

[55] Art. 86 lit. d Verf., Wortlaut siehe Anhang.

[56] *J. Klučka* (Fn. 14), 381 ff.

setzung zur Ratifikation des Vertrags durch den Staatspräsidenten sein. Diese Bedenken fanden wahrscheinlich ihren Ausdruck in der späteren Formulierung der entsprechenden Bestimmungen des Änderungsgesetzes zum Gesetz *über die Gesetzessammlung* aus dem Jahre 2002,[57] in dem ausdrücklich die völkerrechtlichen Regelungen als Grundlage für die Geltung der völkerrechtlichen Verträge erwähnt werden.[58]

In diesem Fall bedeutet die vorgeschriebene Quote eine Verschärfung der Voraussetzungen zur Ratifikation der genannten völkerrechtlichen Verträge – der ursprüngliche Verfassungstext rechnete mit einer einfachen Mehrheit der anwesenden Abgeordneten (Art. 84 Abs. 2 Verf. vom 1993). Diese Verschärfung wurde nach den Gesetzesmotiven aus dem Grund der Rechtssicherheit eingeführt. Künftig werden die vom Nationalrat verabschiedeten Verträge Bestandteil der innerstaatlichen Rechtsordnung und manche haben sogar Vorrang vor den innerstaatlichen Rechtsvorschriften; aus diesem Grund sei eine Garantie der Mitwirkung des nationalen Parlaments bei der Normschaffung unabdingbar.[59]

Die Ratifikation als Erfüllung einer der Voraussetzungen zum Vorrang völkerrechtlicher Verträge nach Art. 7 Abs. 5 Verf. erfolgt nach Art. 14 des *Wiener Übereinkommens über das Recht der Verträge*; sie wird als eine der Formen verstanden, in welcher der Staatspräsident die Zustimmung zur Bindung durch einen völkerrechtlichen Vertrag äußern kann.[60]

Abschließend kann festgestellt werden, dass die Verknüpfung der Voraussetzung des Gesetzesvorrangs der völkerrechtlichen Verträge mit ihrer Ratifikation eine der Garantien dafür ist, dass nur die wichtigsten

---

[57] Gesetz Nr. 275/2002 Zb.z.

[58] § 3 Abs. 3 des Gesetzes Nr. 275/2002 Zb.z. i.d.F des Gesetzes Nr. 100/2003 Zb.z. lautet: „Ein völkerrechtlicher Vertrag wird in der Weise und an dem Tag, wie es in seinem Text festgelegt ist, oder nach den völkerrechtlichen Regelungen geltend. Ein völkerrechtlicher Vertrag wird unmittelbar nach seiner Überreichung zur Veröffentlichung in der Sammlung der Gesetze verkündet (§ 10 Abs. 3), spätestens am Tag seines Inkrafttretens für die Slowakische Republik. Falls in dem Vertrag nicht ein späterer Tag seines Inkrafttretens festgelegt ist, ist er mit seiner Verkündung für die natürlichen und juristischen Personen bindend.“

[59] S. Gesetzesmotive (Fn. 16), 70 ff.

[60] S. Gesetzesmotive (Fn. 16), 76 ff.

völkerrechtlichen Verträge im innerstaatlichen Recht ihre Anwendung finden. Die Ratifikation wird in der Verfassung grundsätzlich an die parlamentarische Zustimmung zu den Verträgen gebunden; die Gründe, warum der Verfassungsgeber nicht alle Kategorien der mit Gesetzesvorrang anzuwendenden Verträge dieser Zustimmung untergeordnet hat, bleiben jedoch unklar.

4. Das gewählte Modell der Einbeziehung des Gemeinschaftsrechts in die innerstaatliche Rechtsordnung

Die eigenständige Beziehung zu den Europäischen Gemeinschaften und der Europäischen Union stand sehr hoch in den Prioritäten der leitenden slowakischen Politiker der neunzigen Jahre und war sogar eines der Hauptmotive des Prozesses der Erlangung der eigenen Staatlichkeit im Jahre 1992-1993.

Am 27. Juni 1995 hat die Slowakische Republik ihren Antrag auf Beitritt zur Europäischen Union gestellt und der Ministerrat hat am 17. Juni 1995 die Einleitung des Verfahrens gemäß Art. O des Vertrags über die Europäische Union beschlossen.[61] Wegen Nichterfüllung der politischen Aspekte der Kopenhagener Kriterien während der Regierung von Ministerpräsident *Mečiar* wurde zunächst die Slowakei im Jahre 1997 vorläufig nicht zur Eröffnung der EU-Beitrittsverhandlungen eingeladen.[62] Nach den Parlamentswahlen im September 1998 und der Änderung der politischen Landschaft konnte jedoch der Europäische Rat von Helsinki (10.-11. Dezember 1999) über den umfassenden Charakter des Beitrittsprozesses entscheiden, an dem die dreizehn beitrittswilligen Länder, d.h. auch die Slowakei, gleichberechtigt teilnehmen sollten.[63] Als Ergebnis dieser Entwicklung wurde im März 1998 die erste

---

[61] Agenda 2000-Stellungnahme der Kommission zum Antrag der Slowakei auf Beitritt zur Europäischen Union, http://europa.eu.int/comm/enlargement/dwn/opinions/slovakia/sk-op-de.pdf.

[62] Vgl. Všeobecná pozícia Slovenskej republiky k rokovaniam o vstupe do Európskej únie (Brusel 15. februára 2000), http://www.foreign.gov.sk/slovak/index.htm.

[63] Erweiterung: Die Heranführung an den Beitritt – Derzeitiger Stand und Ausblick. Die Erweiterung um die Länder Mittel- und Osteuropas, um Zypern,

Beitrittspartnerschaft für die Slowakei beschlossen, die im Dezember 1999 erstmals aktualisiert wurde.[64]

Die analytische Durchsicht des gemeinschaftlichen Besitzstands (*Screening*) wurde für die Slowakei Ende 1999 abgeschlossen und die EU-Beitrittsverhandlungen offiziell auf der bilateralen Regierungskonferenz im Februar 2000 eröffnet. Im April 2000 legte die slowakische Regierung der Kommission die dritte Fassung des Nationalen Programms zur Übernahme des gemeinschaftlichen Besitzstands vor;[65] auf der Beitrittskonferenz, die im Juni 2000 stattfand, wurde beschlossen, vorläufig sechs Kapitel abzuschließen. In der zweiten Jahreshälfte 2000 wurden die Verhandlungen für weitere acht Kapitel eröffnet.[66] In ihrer Erklärung zu den Ergebnissen des Europäischen Rats in Nizza (Dezember 2000) hat die Regierung ihre Absicht bestätigt, zum 1. Januar 2004 „die Slowakische Republik in die Europäische Union einzugliedern".[67]

Ähnlich wie bei den anderen Kandidaten sah die EU-Kommission Probleme weniger in der Übernahme des Besitzstands. Komplizierter stellte sich das Problem der Stärkung der für deren Um- und Durchsetzung verantwortlichen Institutionen dar.[68] Der Regelmäßige Bericht über die Fortschritte der Slowakei auf dem Weg zum Beitritt aus dem Jahre 2002[69] konnte jedoch bereits feststellen, dass angesichts der erzielten Fortschritte sowie des von der Slowakei bisher erreichten Stands der Rechtsangleichung, ihrer Verwaltungskapazitäten und ihrer Bilanz in

---

Malta und um die Türkei: Geschichtlicher Überblick, Vorgehensweise und Akteure, http://europa.eu.int/scadplus/leg/de/lvb/e40001.htm.

64 Accession Partnership, November 13, 2001. Der Volltext der in der Beitrittspartnerschaft 1999 festgelegten kurzfristigen und mittelfristigen Prioritäten findet sich im Beschluss des Rates 853/99/EG, ABl. EG L 335 vom 28.12. 1999, S. 22.

65 Regelmäßiger Bericht der Kommission über die Fortschritte der Slowakei auf dem Weg zum Beitritt, 8.11. 2000, http://europa.eu.int/comm/enlargement/dwn/report_11_00/pdf/de/sk.pdf, S. 8.

66 *Ibid.*, S. 13.

67 Vyhlásenie Vlády SR k Európskej rade v Nice (7.-11.12. 2000), http://www.foreign.gov.sk/slovak/index.htm.

68 Regelmäßiger Bericht der Kommission über die Fortschritte der Slowakei auf dem Weg zum Beitritt, 8.11. 2002, http://europa.eu.int/comm/enlargement/dwn/report_11_00/pdf/de/sk.pdf.

69 KOM(2002) 700 endgültig, Brüssel, 9.10. 2002, SEK(2002) 1410.

Bezug auf die Erfüllung der in den Beitrittsverhandlungen eingegangenen Verpflichtungen die Kommission der Ansicht ist, dass das Land in der Lage sein wird, die aus der Mitgliedschaft erwachsenden Verpflichtungen innerhalb des geplanten Zeitrahmens zu erfüllen.

Der hohe Stellenwert der Mitgliedschaft in der Europäischen Union zeigte sich in den Ergebnissen des Referendums zum EU-Beitritt, an dem am 16.-17. Mai 2003 52,15 % der Wahlberechtigten teilnahmen. 92,46 % der Abstimmenden sprachen sich für den Beitritt aus,[70] was die höchste Zustimmungsquote in den damaligen EU-Kandidatenstaaten darstellte.[71]

a) Das Europaabkommen

Die rechtlichen Beziehungen mit den Europäischen Gemeinschaften gehen auf das am 7. Mai 1990 damals noch von der Tschechischen und Slowakischen Föderativen Republik unterzeichnete Abkommen *über den Handel und die handelspolitische und wirtschaftliche Zusammenarbeit zwischen der Europäischen Gemeinschaft und der Tschechischen und Slowakischen Föderativen Republik*[72] sowie das am 16. Dezember 1991 unterzeichnete *Interimsabkommen zwischen der Europäischen Gemeinschaft für Kohle und Stahl und der Tschechischen und Slowakischen Föderativen Republik*[73] zurück.[74] Das *Europaabkommen zwischen der Europäischen Gemeinschaft und der Tschechischen und Slowakischen Föderativen Republik* wurde zwar schon am 16. Dezember 1991 unterzeichnet, die Auflösung der Föderation mit Wirkung vom 1. Januar 1993 und damit vor dem Inkrafttreten des Abkommens machte

70 Http://www.europa.sk/test/index_sk.htm.

71 Http://www2.ukie.gov.pl.

72 Das Abkommen trat am 1.11. 1990 in Kraft; ABl. EG L 291/28 vom 23.10. 1990.

73 Das Abkommen trat am 1.3. 1992 in Kraft; ABl. EG L 115/2 vom 30.4. 1992.

74 S. *M. Hošková*, Legal Aspects of the Integration of the Czech Republic and Slovakia into European Security and Economic Structures, GYIL 37 (1994), 68 ff.

es jedoch erforderlich, getrennte Europaabkommen mit beiden Nachfolgestaaten zu schließen.[75]

Das schon selbständige *Europaabkommen zur Gründung einer Assoziation zwischen den Europäischen Gemeinschaften und ihren Mitgliedstaaten einerseits und der Slowakischen Republik andererseits* wurde im Juni 1993 paraphiert, im Oktober 1993 unterzeichnet und ist am 1. Februar 1995 in Kraft getreten.[76] In diesem Abkommen hat sich die Slowakische Republik insbesondere verpflichtet, „auf die Erfüllung der notwendigen Voraussetzungen für die schrittweise Integration hinzuarbeiten“ (Art. 1). Da gemäß Art. 69 eine „wesentliche Voraussetzung“ für die wirtschaftliche Integration der Slowakei in die Gemeinschaft die Angleichung der bestehenden und künftigen Rechtsvorschriften der Slowakischen Republik an das Gemeinschaftsrecht darstellt, sollte sich die Slowakische Republik „darum bemühen“, dass ihre Rechtsvorschriften schrittweise mit dem Gemeinschaftsrecht vereinbar gemacht werden.

Der Text des Europaabkommens entsprach in seinem operativen Teil dem ursprünglichen Abkommen mit der damaligen ČSFR, wobei folgende Neuerungen zu verzeichnen waren: In die Präambel wurde ein neuer Absatz über die Achtung der Menschenrechte einschließlich der Rechte von Minderheiten aufgenommen. Ferner wurde ein neuer Artikel 6 eingefügt, der bestätigte, dass die Wahrung der demokratischen Grundsätze und die Achtung der Menschenrechte sowie der Grundsatz der Marktwirtschaft wesentliche Bestandteile des Abkommens sind. Geändert wurde auch die Bestimmung, die den Fall der Nichterfüllung des Abkommens regelt, um die sofortige Aussetzung des Abkommens „im Falle besonderer Dringlichkeit“ zu ermöglichen (Art. 117); dazu wurde eine gemeinsame Erklärung aufgenommen, die diesen „Fall besonderer Dringlichkeit“ näher definiert. Hiernach sollte ein solcher Fall dann vorliegen, wenn von einer der Parteien wesentliche Bestandteile des Abkommens, insbesondere Art. 6, verletzt würden.

Die wichtigste Rolle des Europaabkommens lag vor allem in seiner Aufgabe als völkerrechtlicher Rahmen zur Heranführung der slowaki-

---

[75] S. Präambel zum Europaabkommen zur Gründung einer Assoziation zwischen den Europäischen Gemeinschaften und ihren Mitgliedstaaten einerseits und der Slowakischen Republik andererseits, ABl. EG L 359 vom 31.12. 1994, S. 2-210.

[76] Http://europa.eu.int/comm/enlargement/slovakia/index.htm.

schen Rechtsordnung an den *acquis communautaire*. Weiter war sein institutionelles Gefüge von Bedeutung, das regelmäßige Treffen der slowakischen und europäischen Vertreter im Rahmen des Assoziierungsausschusses und anderer gemeinsamer Institutionen ermöglichte.

Während die Bedeutung des Europaabkommens als völkerrechtlicher Vertrag nie in Zweifel gezogen wurde, blieb seine Stellung in der slowakischen nationalen Rechtsordnung letztlich ungeklärt. In der einschlägigen Literatur[77] wird in diesem Zusammenhang darauf hingewiesen, dass der Text des Abkommens in der offiziellen Gesetzessammlung nie veröffentlicht wurde und dadurch eine der unabdingbaren Voraussetzungen, ein Bestandteil der slowakischen Rechtsordnung zu sein, nicht erfüllt worden sei. Das hatte letztlich zur Konsequenz, dass sich die Subjekte des slowakischen Rechts vor den nationalen Institutionen auf seine Bestimmungen eindeutig nicht berufen konnten; ob dies ein absichtlicher Schritt war oder ein legislatorisches Versehen, ergibt sich aus den zugänglichen Unterlagen jedoch nicht.

Anderer Auffassung betreffend die unmittelbare Auswirkung einiger Bestimmungen des Europaabkommens mit der Slowakischen Republik war der EuGH in seiner Entscheidung vom 8. Mai 2003.[78] In der Sache *Kolpak* hat der Gerichtshof Art. 38 des betreffenden Europaabkommens, der den im Gebiet eines Mitgliedstaates rechtsmäßig beschäftigten Arbeitnehmern eine Inlandbehandlung gewährt hat, für unmittelbar wirksam erklärt, mit der Folge, dass die slowakischen Staatsangehörigen diese Bestimmung auch vor den Gerichten des Aufnahmemitgliedstaates geltend machen können.[79] Bezüglich der Frage der Auswirkungen des Europaabkommens auf dem Gebiet der Slowakischen Republik als damaligem (Noch-)Nicht-Mitgliedstaat der EG konnte diese Wertung des EuGH jedoch keinen direkten Einfluss entfalten. Zur Auslegung seiner Bestimmungen und der Beilegung eventueller Streitigkeiten hatte das Europaabkommen – wie auch andere Assoziationsabkommen mit den postsozialistischen Staaten – einen eigenen Mechanismus, den paritätisch zusammengesetzten Assoziationsrat (Art. 107 des Europaabkommens), vorgesehen; dieser hat sich zu dieser Problematik jedoch nicht geäußert.

---

[77] *J. Drgonec*, Vzťah medzinárodného a ústavného práva, Justičná revue 4 (2000), S. 389.

[78] Urteil vom 8.5. 2003 in der Rechtssache C-438/00, *Kolpak*.

[79] *Ibid.*, Rn. 30.

b) Die rechtlichen Voraussetzungen des Beitritts zur Europäischen Union

Die Verfassung aus dem Jahre 1992 hatte – verständlicherweise – nur vage Bestimmungen über den Beitritt der Slowakischen Republik zu internationalen Strukturen enthalten. Art. 7 Verf. der damaligen Fassung bot den verfassungsrechtlichen Rahmen nur für den Eintritt der Republik in einen „Staatenverband“ mit anderen Staaten.[80] Das Recht des Austritts aus einem solchen Verband durfte nicht beschränkt werden; über den Ein- oder Austritt sollte durch ein Verfassungsgesetz mit anschließendem Referendum entschieden werden. Die Erteilung einer Genehmigung zu diesen Schritten (mit einer Dreifünftelmehrheit aller Abgeordneten) fiel in die Zuständigkeit des Slowakischen Nationalrats.[81] Der Begriff „Staatenverband“ *(„štátny zväzok“)* wurde sehr breit verstanden. Nach dem Verfassungskommentar aus dem Jahre 1997[82] erstreckt er sich auf eine Föderation, eine „faktische Union“ oder eine „moderne Union“; als Beispiel der entsprechenden Föderation wird die „Tschecho-Slowakei“ der Jahre 1969-1992 genannt. Ausdrücklich wird in diesem Zusammenhang auch die Europäische Union erwähnt, die als eine überstaatliche Verbindung der Staaten mit einem konföderativen Charakter bezeichnet wird. Eindeutig äußert sich der Kommentar zum Verfahren des slowakischen Beitritts zu diesen Formen eines „Staatenverbands“. Unabhängig von seiner Form müsste er durch Verabschiedung eines Verfassungsgesetzes mit anschließendem Referendum stattfinden.

Der Nationalrat der Slowakischen Republik wurde in Art. 72 Verf. als „das einzige“ gesetzgebende Organ der Slowakischen Republik bezeichnet, ohne dass die Alternative erwähnt wäre, dass z.B. die Europäischen Gemeinschaften eine rechtsetzende Kompetenz besitzen; diese Überlegung wäre jedoch in der Zeit der Verabschiedung der Verfassung am Ende des Jahres 1992 auch zu früh gekommen.[83] Da nach Art. 13 Verf. den Bürgern Pflichten nur auf Grund eines Gesetzes auferlegt

---

[80] S. *M. Čič* u.a. (Fn. 13), 63-64.

[81] Art. 7 Verf. (1992), Wortlaut siehe Anhang.

[82] *M. Čič* u.a. (Fn. 13), 63-64.

[83] Diese Bestimmung (Art. 72 Verf.) blieb auch in dem geänderten Text unberührt.

werden konnten, hätten EG-Verordnungen keine unmittelbare Wirkung in der slowakischen Rechtsordnung haben können.

Nach der Erklärung der Absicht der Slowakischen Regierung aus dem Jahre 2000, im Jahre 2004 der Europäischen Union beizutreten,[84] wurden intensive Schritte unternommen, damit zu diesem Zeitpunkt auch die Verfassung für den Beitritt bereit sein und ihn nicht hindern würde. Um den Beitritt auch verfassungsrechtlich zu ermöglichen, wurde durch die Verfassungsänderung im Jahre 2001[85] ein neuer Art. 7 Abs. 2 Verf. geschaffen. Nach dieser Bestimmung (Satz 1) kann die Slowakische Republik durch einen Vertrag oder auf seiner Grundlage einen Teil ihrer Hoheitsrechte explizit auf die Europäischen Gemeinschaften oder die Europäische Union übertragen.[86] Die ausdrückliche Verankerung dieser Möglichkeit verdankt die Verfassung der unterschiedlichen formell-rechtlichen Stellung der Europäischen Gemeinschaften und der Europäischen Union. Wie die Gesetzesmotive – im Gegensatz zum Verfassungskommentar aus dem Jahre 1997 – erklären, könnte ein Beitritt zu diesen Subjekten nicht als Eintritt in einen „Staatenverband" nach Art. 7 Abs. 1 Verf. interpretiert werden.[87] Die Europäischen Gemeinschaften seien zwar Rechtssubjekte, die jedoch in den internationalen Beziehungen nur so viel Rechtspersönlichkeit genössen, wie zur Erreichung ihrer Ziele notwendig sei; an dieser Rechtslage habe selbst der EU-Vertrag keine Änderungen vorgenommen. Dies führe zur Notwendigkeit, verfassungsrechtlich einen Beitritt der Slowakischen Republik auch zu einer „lockereren" Form der Vereinigung von Staaten als zu dem in Art. 7 Abs. 1 Verf. verankerten „Staatenverband" zu ermöglichen.

Der Unterschied zwischen einem Eintritt in einen Staatenverband und der Schließung eines eine internationale Organisation betreffenden völkerrechtlichen Vertrags spiegelt sich auch in der Form des entsprechenden Verfahrens wider. Während der Eintritt in einen Staatenverband kumulativ ein Verfassungsgesetz und ein Referendum verlangt, ist ge-

---

[84] Vyhlásenie Vlády SR k Európskej rade v Nice (7.-11.12. 2000), http://www.foreign.gov.sk/slovak/index.htm.

[85] Vollständige Fassung der Verfassung der Slowakischen Republik s. Zbierka zákonov Nr. 135/2001 Zb.z., i.d.F. Nr. 104/2004 Zb.z., Nr. 323/2004 Zb.z., Nr. 463/2005 Zb.z., Nr. 92/2006 Zb.z. und Nr. 210/2006 Zb.z.

[86] Art. 7 Abs. 2 Satz 1 Verf. (2001), Wortlaut siehe Anhang.

[87] Gesetzesmotive (Fn. 16), S. 26.

mäß Art. 84 Abs. 4 Verf. zur Zustimmung zu einem solchen Vertrag nur die Dreifünftelmehrheit aller Abgeordneten des Nationalrats erforderlich. Ein Referendum war nach dieser Regelung fakultativ[88] und könnte vom Staatspräsidenten verkündet werden, wenn dies durch eine Petition von wenigstens 350.000 Bürgern beantragt oder vom Nationalrat der Slowakischen Republik beschlossen würde (Art. 95 Verf.); in derselben Sache könnte ein Referendum frühestens nach Ablauf von drei Jahren nach seiner Durchführung wiederholt werden (Art. 99 Abs. 2). Hinsichtlich des EU-Beitritts war eine Wiederholung jedoch nicht erforderlich.

Der gleichwohl im Jahre 2001 in die Verfassung eingegliederte Art. 7 Abs. 2 Satz 2 Verf. schuf eine weitere verfassungsrechtliche Voraussetzung zum EU-Beitritt, indem er die direkte Anwendbarkeit des *acquis communautaire* im slowakischen innerstaatlichen Recht nach dem Beitritt sichert. Nach dieser Bestimmung haben die rechtlich verbindlichen Akte der Europäischen Gemeinschaften und der Europäischen Union Vorrang vor den Gesetzen der Slowakischen Republik.[89] Damit wurde auch die eindeutige Bestimmung über den Nationalrat als „das einzige" gesetzgebende Organ der Slowakischen Republik relativiert; durch die Erweiterung von Art. 13 Verf., wonach den Bürgern Pflichten nicht nur auf Grund eines Gesetzes, sondern auch der völkerrechtlichen Verträge nach Art. 7 Abs. 4 Verf. auferlegt werden können, hat auch die unmittelbare Wirkung der EG-Verordnungen eine verfassungsrechtliche Grundlage erhalten.[90]

Nicht uninteressant ist in diesem Zusammenhang die Tatsache, dass der Entwurf der Verfassungsänderung[91] nicht ausdrücklich mit der Übertragung eines Teiles der Hoheitsrechte der Slowakei auf die europäischen Strukturen, sondern allgemein auf „eine internationale Organisation, deren Mitglied sie ist", gerechnet hat; auch sollten nach dem ursprünglichen Entwurf die Rechtsakte dieser allgemein bezeichneten „internationalen Organisation" direkt anwendbar sein und Vorrang vor den Gesetzen haben. Zur Abkehr des Gesetzgebers von dieser Formulierung und zur Wahl der eindeutigen Begriffe „Europäische Gemein-

---

88 Nach Art. 93 Abs. 2 „kann durch Referendum auch über andere wichtige Fragen von öffentlichem Interesse entschieden werden."

89 Art. 7 Abs. 2 Satz 2 Verf. (2001), Wortlaut siehe Anhang.

90 Art. 13 Verf. Abs. 1, Wortlaut siehe Anhang.

91 Http://www.nrsr.sk/Slowak/Zakony/Ustava/index.htm.

schaften“ oder „Europäische Union“ enthalten die Gesetzesmotive keine Erklärung.

Zur Umsetzung des EU-Beitrittsvertrags nach Art. 7 Abs. 2 Verf. ist nach Art. 120 Abs. 2 Verf. die Regierung berechtigt, Verordnungen zu erlassen;[92] damit wird die Umsetzung des *acquis communautaire* gesichert.

Abschließend kann festgestellt werden, dass die Verfassungsänderung der Slowakischen Republik in ihrer novellierten Fassung für die Öffnung gegenüber der Europäischen Union und dem Gemeinschaftsrecht eine transparente Grundlage bietet. Die Verfassung spricht ausdrücklich von der Übertragung von Hoheitsrechten an die Europäischen Gemeinschaften und die Europäische Union. Dieses unverschlüsselte Bekenntnis zu den europäischen Strukturen war auch unter den neuen Mitgliedstaaten eine Ausnahme; eine ähnliche Wendung hatte bis dahin nur die Verfassung der Republik Ungarn gekannt;[93] erst später erschien sie in der Verfassung Rumäniens[94] (Art. 148 ff. Verf.) und Bulgariens[95] (Art. 85 Verf.). Ungewöhnlich war damals auch die verfassungsrechtliche Verankerung des eindeutigen Vorrangs der Rechtsakte der europäischen Strukturen vor den nationalen Gesetzen. Dieses Bekenntnis des Willens der slowakischen Führung, den europäischen Anforderungen möglichst maximal entgegenzukommen, bedeutete nach der Periode, in der das slowakische Europaabkommen zwar völkerrechtlich verbindlich war, aber in der Slowakei wegen seiner unterlassenen Veröffentlichung aufgrund des Prinzips *pacta sunt servanda* nur völkerrechtlich respektiert wurde, einen wichtigen Wendepunkt.

---

[92] Art. 120 Abs. 2 Verf., Wortlaut siehe Anhang.

[93] Art. 2 Abs. 1 der Verfassung der Republik Ungarn aus dem Jahre 1949, mit Änderungen aus dem Jahre 2003, Wortlaut siehe Anhang.

[94] Verfassung Rumäniens aus dem Jahre 1991, mit Änderungen aus dem Jahre 2003, Official Gazette of Romania Nr. 233 vom 21. November 1991 und. Nr. 429/1993.

[95] Verfassung der Republik Bulgarien aus dem Jahre 1991, mit Änderungen aus dem Jahre 2005, DV Nr. 56 vom 13.7. 1991 und DV Nr. 18 vom 25.2. 2005; vgl. auch *E. Evtimov*, Die bulgarische Verfassung im Lichte des Beitritts zur Europäischen Union, Zeitschrift für öffentliches Recht 59 (2004), 53-100.

5. Die Anwendung völker- und gemeinschaftsrechtlicher Regelungen in der Rechtsprechung

Die Voraussetzungen der Anwendung der völker- und der gemeinschaftsrechtlichen Regelungen in der gerichtlichen Praxis sind in der geltenden Fassung der Verfassung der Slowakischen Republik weit gefasst. Die Richter der allgemeinen Gerichte sowie des Verfassungsgerichts sind nicht nur an das Völkerrecht und dadurch an das Gemeinschaftsrecht gebunden; sogar bei ihrer Vereidigung schwören beide Kategorien der Richter ihre Treue nicht nur der Verfassung und den Gesetzen, sondern ausdrücklich auch den völkerrechtlichen Verträgen der Slowakischen Republik.

a) Anwendung völkerrechtlicher Regelungen

aa) Allgemeine Gerichte

Art. 144 Abs. 2 Verf. in der Fassung aus dem Jahre 1992 räumte den völkerrechtlichen Verträgen in der Entscheidungstätigkeit der Richter der allgemeinen Gerichte eine subsidiäre Stellung als Rechtsquelle ein. Zusammen mit den Gesetzen (Art. 144 Abs. 1 Verf.) waren die Richter, unter der Bedingung, dass es die Verfassung oder ein Gesetz vorschrieben, auch an die völkerrechtlichen Verträge gebunden. Die Frage, wann diese Bedingungen eintreten, war im Falle der Verfassung mit dem Wortlaut von Art. 11 Verf. (völkerrechtliche Verträge über Menschenrechte und Grundfreiheiten, die weiterreichende Grundrechte und Freiheiten als innerstaatliche Gesetze garantieren) zu beantworten.

Im Falle der die Anwendung des Völkerrechts vorschreibenden „Gesetze" war diese Feststellung komplizierter. In der Regel stellten mehrere Gesetze zwar fest, dass ihre Bestimmungen Anwendung finden, „falls ein völkerrechtlicher Vertrag nichts anderes festlegt" – um welchen Vertrag es sich konkret handelt, blieb jedoch oft offen.[96] Nach dem Herausfinden des entsprechenden Vertrags lag eine weitere Schwierigkeit in der Entscheidung, ob der Vertrag etwas „anderes" als das Gesetz bestimmt. Zu dieser Feststellung waren ausschließlich Gerichte befugt. Gelangte das Gericht zur Überzeugung, dass ein Gesetz

---

[96] S. *M. Čič* u.a. (Fn. 13), S. 548.

nicht nur etwas „anderes“ bestimmte, sondern im Widerspruch zu einem anzuwendenden völkerrechtlichen Vertrag stünde, stand ihm der Mechanismus der konkreten verfassungsgerichtlichen Kontrolle zur Verfügung.

Ohne in den Gesetzesmotiven dazu eine Erklärung zu bieten, wurde im Verfassungstext aus dem Jahre 2001 diese relativ komplizierte Konstruktion der Festlegung, wann von einem Richter eine völkerrechtliche Bestimmung anzuwenden wäre, abgeschafft und durch eine etwas transparentere ersetzt. Nach Art. 144 Abs. 1 Verf. sind künftig die Richter allgemein bei der Entscheidung an die Verfassung, die Verfassungsgesetze, die völkerrechtlichen Verträge nach Art. 7 Abs. 2 (Vertrag über die Übertragung des Teiles der Kompetenzen an die Europäische Union oder die Europäischen Gemeinschaften) und Abs. 5 (Verträge, die Vorrang vor den Gesetzen haben) und an die Gesetze gebunden.[97]

Auch hier steht den Gerichten der Mechanismus der Normenkontrolle zur Verfügung. Gelangt das Gericht zu der Überzeugung, dass eine allgemein verbindliche Rechtsvorschrift zu u.a. den völkerrechtlichen Verträgen gemäß Art. 7 Abs. 5 Verf. im Widerspruch steht, stellt es einen Antrag auf Einleitung des Verfahrens nach Art. 125 Abs. 1 Verf. (Normenkontrolle).[98] Fast wörtlich deckt sich diese Bestimmung mit § 109 lit. b ZPO,[99] wonach ein gerichtliches Verfahren unterbrochen wird, falls das Gericht vor der Entscheidung in der Sache zu der Überzeugung gelangt, dass eine allgemein verbindliche Vorschrift, welche die Sache betrifft, im Widerspruch zu einem die Slowakische Republik bindenden Vertrag steht. In diesem Fall wird die Sache an das Verfassungsgericht mit dem Antrag auf Stellungnahme übertragen.

In der Praxis spielte die Bindung der Richter der allgemeinen Gerichte an die völkerrechtlichen Regelungen jedoch nur eine geringe Rolle. In der Zeitspanne zwischen der Entstehung der Slowakischen Republik und der Verfassungsänderung des Jahres 2001 konnte in der Literatur nur über einzelne ausdrückliche Hinweise z.B. auf die EMRK berichtet werden.[100]

---

97 Art. 144 Abs. 1 Verf., Wortlaut siehe Anhang.

98 Art. 144 Abs. 2 Verf., Wortlaut siehe Anhang.

99 Gesetz Nr. 99/1963 Zb.z. i.d.F. späterer Änderungen.

100 *M. Blaško*, Slovakia, in: R. Blackburn/ J. Polakiewicz (Hrsg.), Fundamental Rights in Europe. The European Convention on Human Rights and its Member States, 1950-2000, Oxford 2001, S. 765: „However, during the period

bb) Verfassungsgerichtsbarkeit

(1) Lage bis zur Verabschiedung der Verfassungsänderung (2001)

Das im Jahre 1993 entstandene Verfassungsgericht der Slowakischen Republik wurde als ein unabhängiges Organ der verfassungsrechtlichen Kontrolle konzipiert.[101] Seine Zuständigkeiten wurden in den Artikeln 125-130 Verf. aus dem Jahre 1993 festgelegt und im Verfassungsgesetz Nr. 7/1992 Zb.z. *über das Verfassungsgericht der Slowakischen Republik*[102] präzisiert. Das Verfahren vor dem Verfassungsgericht wurde zunächst durch Gesetz Nr. 8/1992 Zb.z. *über die Organisation des Verfassungsgerichts und das Verfahren vor ihm* geregelt; dieses wurde im Jahre 1993 durch das Änderungsgesetz[103] Nr. 38/1993 Zb.z. aufgehoben und ersetzt.

Nach dem Verfassungstext (Art. 125 lit. e) sollte seine Beziehung zu den völkerrechtlichen Bestimmungen[104] nur auf die abstrakte Normenkontrolle beschränkt bleiben; diese bot die Möglichkeit, die Vereinbarkeit der „allgemein verbindlichen Rechtsvorschriften" mit den verkündeten völkerrechtlichen Verträgen zu überprüfen.[105] In der Entscheidungstätigkeit des Verfassungsgerichts war diese Praxis relativ häufig.

So hat es z.B. in der Entscheidung 2/2001[106] vom 6. September 2001 das Verbot der Mitgliedschaft in unterschiedlichen politischen Parteien anhand Art. 11 EMRK überprüft. Die Antragsteller – eine parlamentarische Abgeordnetengruppe – hatte gerügt, dass § 6 des Ge-

under consideration only sporadic express references were made to the provisions of the Convention in judgments delivered by the general courts."

[101] *P. Kresák* (Hrsg.), Rozhodovacia činnosť Ústavného súdu Slovenskej republiky 1993-1997, Bratislava, 1999, S. 25.

[102] Nr. 7/1992 Zb.z.

[103] Nr. 38/1992 Zb.z.

[104] S. *M. Hošková*, Das Völkerrecht als Maßstab verfassungsrechtlicher Entscheidungen in einigen ost- und mitteleuropäischer Staaten, in: J.A. Frowein/T. Marauhn (Hrsg.), Grundlagen der Verfassungsgerichtsbarkeit in Mittel- und Osteuropa, 1998, 463 ff.

[105] S. *A. Bröstl*, Zur Spruchpraxis des Verfassungsgerichts der Slowakischen Republik im Verfahren der Normenkontrolle (1993-1997), ZaöRV 59 (1999), 109-140.

[106] PL. ÚS 3/2001.

setzes Nr. 424/1991 Zb.z. *über die politischen Parteien*[107] Art. 29 Abs. 3 Verf.[108] widerspreche. Gegenstand des Antrags war § 6 Abs. 2 lit. b Pkt. 4 des Änderungsgesetzes Nr. 404/2001 Zb.z. zum *Parteigesetz*, der den Parteien und politischen Bewegungen die Pflicht auferlegt hatte, in ihre Statuten eine Bestimmung über die Unzulässigkeit einer Mitgliedschaft in einer anderen Partei oder Bewegung aufzunehmen. Diese Pflicht erstreckte sich auf die bestehenden politischen Parteien; für die erst entstehenden Parteien galt die Nichterfüllung dieser Pflicht als Hinderungsgrund bei ihrer Registrierung. Die Antragsteller stützten sich neben den verfassungsrechtlichen Bestimmungen auf Art. 11 EMRK, der sich – mit Rücksicht auf die Entscheidung des EGMR zum Verbot der Vereinigten Kommunistischen Partei der Türkei aus dem Jahre 1998[109] – auf die politischen Parteien erstrecke; vor allem Art. 11 Abs. 2 finde bei der Beurteilung der Zulässigkeit der gerügten Beschränkung Anwendung.

Das Verfassungsgericht hat dem Antrag stattgegeben. Es hat sich vor allem mit der Frage der „Notwendigkeit" der gesetzlichen Einschränkungen befasst und allgemein auf die Judikatur des EGMR in diesen Sachen hingewiesen – dieser lege diesen Begriff im Sinne eines unvermeidbaren gesellschaftlichen Bedarfs, Einschränkungen eines Rechts oder einer Freiheit aufzuerlegen, aus. Diese Einschränkung sei dann unvermeidbar, wenn das Ziel der Einschränkung nicht mit anderen Mitteln erreicht werden könne.[110]

In der Entscheidung vom 30. Mai 2001 Nr. 1/2001[111] war ein bedeutsamer Bestandteil des Antrags die gerügte Verletzung des 1. Zusatzprotokolls zur EMRK. Die Vereinbarkeit des neuen Eigentumsregimes in den Kleingartenkolonien wurde auf Antrag einer Abgeordnetengruppe und des Generalstaatsanwalts mit Art. 12 Abs. 2,[112]

---

[107] Gesetz Nr. 424/1991 Zb.z. i.d.F. des Gesetzes Nr. 468/1991 Zb.z., Nr. 47/1993 Zb.z., Nr. 43/1994 Zb.z., und Nr. 404/2000 Zb.z.

[108] Art. 29 Abs. 1-3 Verf., Wortlaut siehe Anhang.

[109] *The United Communist Party of Turkey and others ./. Turkey*, Reports 1998-I.

[110] Zbierka nálezov a uznesení Ústavného súdu Slovenskej Republiky 2001, Košice, 2002, S. 84.

[111] PL. ÚS 17/2000.

[112] Art. 12 Abs. 2 Verf., Wortlaut siehe Anhang.

13 Abs. 4,[113] 20 Abs. 1[114] und 4[115] Verf. und mit Art. 1 des Zusatzprotokolls zur EMRK untersucht. Gegenstand der abstrakten Normenkontrolle waren vor allem diejenigen Bestimmungen des Gesetzes Nr. 64/1997 Zb.z. *über die Nutzung der Grundstücke in den Kleingartenkolonien und ihr Eigentum*, die infolge der Restitution des privaten Bodeneigentums zwischen den Grundstückseigentümern und den Kleingärtnern *ex lege* Pachtverträge eingeführt hatten; auch zahlreiche Merkmale dieser Pachtverträge waren durch das Gesetz auf eine die Rechte der Grundstückseigentümer sehr beschränkende Weise festgelegt. Das Verfassungsgericht hat dem Antrag vor allem mit Rücksicht auf die verfassungsrechtlichen Bestimmungen stattgegeben. In den Leitsätzen[116] hat es jedoch festgestellt, dass die „Auslegung und Anwendung der Verfassung der Slowakischen Republik, durch die das Verfassungsgericht der Slowakischen Republik die Erfüllung der geltenden völkerrechtlichen Verpflichtungen der Slowakischen Republik einschränken bzw. ausschließen würde, im Widerspruch zu dem Grundsatz stehen würden, dass das Verfassungsgericht der Slowakischen Republik die Verfassung der Slowakischen Republik auf eine die völkerrechtlich geltenden Verpflichtungen der Slowakischen Republik respektierende Weise auslegt und anwendet". Das Genannte bezieht sich auch auf Art. 1 Zusatzprotokoll zur EMRK, der jeder seiner Vertragsparteien ermöglicht, Gesetze zu verabschieden, die sie für die Regelung der Nutzung des Eigentums im Einklang mit dem öffentlichen Interesse für notwendig halten. Infolgedessen muss zwischen einem solchen Gesetz unterschieden werden, das die Benutzung des Eigentums im öffentlichen Interesse regelt (wenngleich dadurch die Ausübung der Eigentumsrechte beeinflusst wird), und einem solchen Gesetz, das die Benutzung des Eigentums im öffentlichen Interesse nicht regelt, sondern die Eigentumsrechte einschränkt.

Die Verabschiedung eines Gesetzes, durch das die Nutzung des Eigentums geregelt wird, ist deswegen ohne Weiteres nicht als nichtübereinstimmend mit Art. 1 Zusatzprotokoll zur EMRK zu be-

---

[113] Art. 13 Abs. 4 Verf., Wortlaut siehe Anhang.

[114] Art. 20 Abs. 1 Verf., Wortlaut siehe Anhang.

[115] Art. 20 Abs. 4 Verf., Wortlaut siehe Anhang.

[116] Zbierka nálezov a uznesení Ústavného súdu Slovenskej Republiky 2001, Košice 2002, S. 24-25; offizielle deutsche Übersetzung S. 743-745.

trachten, solange die weiteren Bedingungen erfüllt sind, d.h. „der Nachweis des Gemeininteresses bezüglich der Annahme eines solchen Gesetzes sowie ein gerechtes Gleichgewicht zwischen der Forderung des öffentlichen Interesses und den Forderungen des Schutzes des individuellen Rechts der Einzelperson." Weiter hat das Verfassungsgericht festgestellt: „Auch bei der Anerkennung einer breiten Erwägungsmöglichkeit, die den Vertragsparteien des Zusatzprotokolls zur EMRK bei der Verabschiedung von Gesetzen, welche die Nutzung des Eigentums im Gemeininteresse regeln, zur Verfügung steht, dürfen aber die ‚begleitenden' Einflüsse solcher Gesetze (vor allem die Einschränkung des Eigentumsrechts) nicht eine solche Intensität und ein solches Ausmaß an Enteignung erreichen, zu der ausschließlich nur unter der Erfüllung der in Art. 1 Zusatzprotokoll zur EMRK genannten Bedingungen gegriffen werden darf."

Bei der konkreten Normenkontrolle nach Art. 144 Abs. 3 Verf. war es – zumindest theoretisch – von Bedeutung, dass nach Art. 144 Abs. 2 Verf. die Richter der allgemeinen Gerichte bei ihren Entscheidungen auch an die „menschenrechtlichen" völkerrechtlichen Abkommen gebunden waren. Dadurch wurde auch die aus der tschechischen Gesetzgebung bekannte Auslegungsbrücke geschaffen. Unter „Gesetz" als Prüfungsmaßstab nach Art. 144 Abs. 3 Verf. konnten die Gerichte auch die völkerrechtlichen Instrumente einbeziehen; vom Verfassungsgericht wurde diese extensive Interpretation akzeptiert und in der Praxis angewandt, wie z.B. in der Entscheidung Nr. 15/95 vom 24. Mai 1995:[117]

Diese betraf die Freiheit des Einzelnen zum Wechsel der Religion oder der Weltanschauung und die Folgen eines solchen Übertritts während des Wehrdienstes. Obwohl es sich um eine konkrete Normenkontrolle handelte, beinhaltete die Begründung der Entscheidung zu völkerrechtlichen Regelungen zahlreiche Ausführungen. Das Verfassungsgericht kam unter anderem zu dem Schluss, dass nach Art. 9 Abs. 1 EMRK zwar dieses Recht in seinen Aspekten des *forum internum* absolut geschützt sei, hinsichtlich des *forum externum* könne jedoch nach Art. 9 Abs. 2 EMRK die Umsetzung seiner „externen" Ausübung bestimmten Beschränkungen unterliegen. Die Freiheit, die Gründe zur Verweigerung der militärischen Dienstpflicht zu beurteilen, werde durch Art. 4 Abs. 3 EMRK den Staaten überlassen. In der Praxis des EGMR werden jedoch die Beschwer-

[117] PL. ÚS 18/95.

den betreffend diese Freiheit regelmäßig in den breiten Rahmen des Rechts auf die Gedanken-, Gewissens- und Religionsfreiheit eingeordnet.[118] Die Verbindung zwischen den Beschränkungen nach Art. 9 Abs. 2 und Art. 14 EMRK (Diskriminierungsverbot) sei von der Kommission im Fall *Grandrath*[119] definiert worden. Die Regelung, wonach in der Slowakischen Republik das Recht auf Verweigerung der militärischen Dienstpflicht aus Gewissensgründen auch bei Konvertiten in den durch das Gesetz bestimmten Fristen geltend gemacht werden muss, entspreche der Judikatur der EKMR.

Der Umfang der individuellen Verfassungsbeschwerde war in der Slowakischen Republik wegen der Formulierung von Art. 127 Verf. eingeschränkt.[120] Danach wurde über die Beschwerden gegen rechtskräftige Entscheidungen der Zentralorgane der Staatsverwaltung, der örtlichen Organe der Staatsverwaltung und der Organe der Gebietsverwaltung, durch die Grundrechte und -freiheiten der Bürger verletzt wurden, entschieden, sofern nicht über den Schutz dieser Rechte und Freiheiten ein „anderes Gericht" befindet. Durch Art. 11 Verf. konnten jedoch in diesen Fällen auch völkerrechtliche Abkommen über Menschenrechte und Grundfreiheiten, die von der Slowakischen Republik ratifiziert und in der vom Gesetz festgesetzten Art kundgemacht waren, soweit sie weiterreichende Grundrechte und Freiheiten garantieren, Maßstab der Überprüfung werden. Diese Möglichkeit wurde von den Beschwerdeführern häufig genutzt.

Ähnliches galt für das spezifische Verfahren nach Art. 130 Abs. 3 Verf. „auf Veranlassung juristischer oder natürlicher Personen".[121] Im Unterschied zum Verfahren über die Verfassungsbeschwerde nach Art. 127 Verf. war sein Gegenstand irgendeine „weitere Art und Weise der eingewandten Verletzung von Grundrechten und Grundfreiheiten – abweichend von einer rechtskräftigen Entscheidung des Organs der staatlichen Verwaltung oder der territorialen Selbstverwaltung – zu der es infolge des Verfahrens, des Versäumnisses bzw. der Untätigkeit oder der

---

118 Z.B. *X ./. Austria*, Coll. E 5591/72; *X ./. Germany*, E 7005/76; *N ./. Sweden*, 10410/83; *A ./. Switzerland*, E 10640/83.

119 *Grandrath ./. Germany*, E 2299/66.

120 Vgl. *G. Fečková*, Článok 127 Ústavy Slovenskej Republiky – Konanie o ústavnej sťažnosti, in: P. Kresák u.a. (Hrsg.), Rozhodovacia činnosť Ústavného súdu Slovenskej republiky (1999), 263 ff.

121 Art. 130 Abs. 3 Verf. aus dem Jahre 1992, Wortlaut siehe Anhang.

Entscheidung eines staatlichen Organs der Slowakischen Republik kam";[122] im Gegensatz zu den verbindlichen Wirkungen der Entscheidungen über die Beschwerden hatte jedoch die Entscheidung „auf Veranlassung" nur eine deklaratorische Wirkung.[123]

In der Rechtsprechung des Verfassungsgerichts im Rahmen dieses Verfahrens fanden sich vor allem zahlreiche Hinweise auf die EMRK und ihre Bestimmungen:

> In der Entscheidung Nr. 40/2001[124] vom 18. Oktober 2001 qualifizierte das Verfassungsgericht diese Praxis wie folgt: „Selbst dann, wenn es (das Verfassungsgericht) nicht gezwungen wurde, sich direkt zur Verletzung eines Vertrags oder eines anderen völkerrechtlichen Abkommens über Menschenrechte und Grundfreiheiten zu äußern, hat es immer – falls die Verfassung dies nicht ausgeschlossen hat – bei der Bestimmung des Inhalts der verfassungsrechtlichen Grundrechte und Grundfreiheiten den Wortlaut dieser Verträge sowie die sich darauf beziehende Rechtsprechung berücksichtigt."[125]
>
> In der Entscheidung Nr. 51/2001[126] vom 13. Dezember 2001 hat das Verfassungsgericht jedoch auf die Subsidiarität der inhaltlich mit der Verfassung übereinstimmenden völkerrechtlichen Regelungen gegenüber der Verfassung hingewiesen. Nachdem der Antragsteller die Verletzung von Art. 48 Abs. 2 Verf.[127] und von Art. 6 EMRK rügte, hat es sich auf die Feststellung der Verletzung von Art. 48 Abs. 2 Verf. beschränkt. In den Leitsätzen hat es dies folgendermaßen erklärt: „Die Verfassung der Slowakischen Republik hat den Charakter einer Grundrechtsquelle, die gegenüber allen anderen Rechtsquellen übergeordnet ist. Falls das Verfassungsniveau der Regelung

[122] Nach *J. Mazák*, Verfahren vor dem Verfassungsgericht der Slowakischen Republik, in: A. Bröstl u.a., Das Verfassungsgericht der Slowakischen Republik, 2001, 149 ff.

[123] *Ibid.*, S. 158.

[124] II. ÚS 55/1998.

[125] Zbierka nálezov a uznesení Ústavného súdu Slovenskej Republiky 2001, Košice 2002, S. 388.

[126] I. ÚS 28/2001.

[127] Art. 48 Abs. 2 Verf. Satz 1 lautet: „Jeder hat Anspruch darauf, dass seine Angelegenheiten öffentlich, ohne überflüssige Verzögerung in seiner Anwesenheit verhandelt wird und dass er sich zu allen durchgeführten Beweisen äußern kann."

die Verpflichtung aus den völkerrechtlichen Verträgen über die Menschenrechte und Grundfreiheiten in die innerstaatliche Ordnung treu ‚überträgt', wird die Verfassungsregelung als Basis für deren praktische Anwendung in der Rechtspraxis der Slowakischen Republik dienen. Beantragt der Antragsteller, gleichzeitig die Verletzung der in der Verfassung der Slowakischen Republik garantierten Grundrechte und -freiheiten und der im völkerrechtlichen Vertrag über die Menschenrechte und Grundfreiheiten, durch den die Slowakische Republik gebunden ist, garantierten Menschenrechte und Grundfreiheiten auszusprechen, und gibt es in dem Inhalt dieser Rechte und Freiheiten keinen bedeutsamen Unterschied, so wird durch die Feststellung und durch das Aussprechen der Verletzung des Grundrechts oder der Freiheit gemäß der Verfassung der Slowakischen Republik in diesen Fällen auch der Zweck des Schutzes erfüllt, den das Verfassungsgericht der Slowakischen Republik den Rechten oder Freiheiten gemäß dem völkerrechtlichen Vertrag über die Menschenrechte und Grundfreiheiten gewähren kann, deren Verletzung eingewandt wird. Das Verfassungsgericht der Slowakischen Republik hat sich bei der Auslegung des in Art. 48 Abs. 2 der Verfassung der Slowakischen Republik garantierten Rechts auf ‚Erörterung der Sache ohne unnötige Verzögerung' die Rechtsprechung des EGMR zu Art. 6 Abs. 1 EMRK angeeignet, soweit es sich um das ‚Recht auf Erörterung der Sache in einer angemessenen Frist' handelt, deswegen kann im Inhalt dieser Rechte kein prinzipieller Unterschied gesehen werden."[128]

Dieser Ansatz wurde auch in der Entscheidung Nr. 56/2001[129] bestätigt: In den Gründen stellte das Verfassungsgericht fest, dass bei der Auslegung der Verfassung die Rechte und Freiheiten nach den völkerrechtlichen Verträgen eine Hilfsfunktion haben; auf der anderen Seite könne die Verfassung nicht auf eine völkerrechtswidrige Weise ausgelegt werden. Bei der Feststellung des Inhalts der verfassungsrechtlichen Grundrechte berücksichtige das Verfassungsgericht die entsprechenden völkerrechtlichen Regelungen und die dazu gehörende Rechtsprechung; die Auslegung der vertraglichen Bestimmungen und die Judikatur des EGMR sei eine der Orientierungshil-

[128] Zbierka nálezov a uznesení Ústavného súdu Slovenskej Republiky 2001, Košice, 2002, S. 482; deutsche Übersetzung S. 763.

[129] I. ÚS 49/2001.

fen, mit denen es den normativen Inhalt der verfassungsrechtlichen Rechte und Freiheiten feststellt.[130]

Art. 5 Abs. 1 lit. c EMRK und die relevante Rechtsprechung des EGMR war in der Entscheidung des Verfassungsgerichts Nr. 39/ 2001 vom 11. Oktober 2001[131] maßgeblich, in der ein tschechischer Staatsangehöriger im Verfahren nach Art. 130 Verf. gegen die Beschlüsse des Kreisgerichts *Trnava* klagte, die über seine Haft entschieden hatten. Die Notwendigkeit einer Haft sah das Kreisgericht in der Tatsache, dass es sich um einen ausländischen Staatsangehörigen handelte, bei dem aus diesem Grund eine Fluchtgefahr drohte und er sich dem Strafverfahren gegen ihn entziehen würde. Das Verfassungsgericht sah in den Beschlüssen des Kreisgerichts vor allem eine Verletzung von Art. 17 Abs. 5 Verf.[132] Die Auslegung des Inhalts dieser verfassungsrechtlichen Bestimmung müsse auch die völkerrechtlichen Verpflichtungen der Slowakischen Republik berücksichtigen, einschließlich der Rechte des Einzelnen auf Freiheit und Sicherheit. Neben Art. 5 Abs. 1 EMRK sei auch die Empfehlung des Ministerkomitees des Europarats an die Mitgliedstaaten vom 27. Juni 1980 *über die Untersuchungshaft*[133] von Bedeutung sowie die einschlägige Judikatur des EGMR, vor allem die Entscheidung *Wemhoff* gegen Bundesrepublik Deutschland vom 27. Juni 1968,[134] *Neumeister* gegen Österreich vom 27. Juni 1968,[135] *Stögmüller* gegen Österreich vom 10. November 1969[136] und *Letellier* gegen Frankreich vom 26. Juni 1991.[137] Diese Entscheidungen unterstreichen die Tatsache, dass die Gründe der Haft bedeutsam und ausreichend sein

---

[130] Zbierka nálezov a uznesení Ústavného súdu Slovenskej Republiky 2001, Košice, 2002, S. 518.

[131] III. ÚS 38/2001.

[132] Art. 17 Abs. 5 Verf. lautet: „Eine Verhaftung kann nur auf Grund gerichtlicher Entscheidung aus Gründen und für einen Zeitraum erfolgen, die vom Gesetz bestimmt werden."

[133] Empfehlung Nr. R. (80) 11 vom 27.6. 1980, authentische Texte und deutsche Übersetzung in: *Miehsler/ Petzold*, European Convention on Human Rights, Texts and Documents, Bd. II.

[134] *Wemhoff ./. Germany*, Series A no. 7.

[135] *Neumeister ./. Austria*, Series A no. 8.

[136] *Stögmüller ./. Austria*, Series A no. 9.

[137] *Letellier ./. France*, Series A no. 207.

müssen; die Gerichte seien verpflichtet, die Gründe für und gegen das öffentliche Interesse abzuwägen und in ihrer Entscheidung zu nennen. Nach der Empfehlung Nr. 80/11, die eine Quelle für die Auslegung der EMRK sei, müsse die Haft immer eine Ausnahmemaßnahme sein, dürfe nie pauschal sein und zum Zweck einer Bestrafung missbraucht werden. Ein abstrakter Grund – eine ausländische Staatsangehörigkeit – entspreche diesen Voraussetzungen nicht.

Mit Art. 6 Abs. 1 EMRK und den Urteilen in den Sachen *Pierazzini*, *Casciaroli*, *Taiuti* und *Bock*, die vom EGMR entschieden waren,[138] hat das Verfassungsgericht im Urteil Nr. 7/95 vom 25. Oktober 1995[139] „auf Veranlassung einer natürlichen Person" argumentiert, dessen Gegenstand der Anspruch auf gerichtliche Verhandlung innerhalb einer angemessenen Frist war. Für entscheidend hielt das Gericht die Feststellung, dass der zuständige Richter für die Vorbereitung des Verfahrens und die schnelle Beurteilung der Sache verantwortlich sei (unter Hinweis auf die Urteile des EGMR in den Fällen *Capuano*[140] und *Pierazzini*[141]). Die Zahl der nicht entschiedenen Sachen befreie den Staat nicht von seiner Verantwortung für ein zu langes Verfahren (unter Hinweis auf das Urteil im Falle *Eckle*[142]).

Die Grenze des Schutzes der persönlichen Angaben im Zusammenhang mit Petitionslisten hat die Entscheidung Nr. 9/95 vom 29. November 1995[143] festgelegt. Nach Art. 8 Abs. 1 EMRK hat jedermann Anspruch auf Achtung seines Privat- und Familienlebens, seiner Wohnung und seines Briefverkehrs. Nach der Judikatur der EKMR und des EGMR ist der Schutz der persönlichen Angaben ein Bestandteil des Rechts auf die Achtung des Privatlebens (unter Hinweis auf das Urteil im Fall *Leander*[144]). Die Slowakische Republik ist ebenfalls Partei des IPbürgR; unter den Geltungsbereich von Art. 17 Abs. 1 IPbürgR falle auch der Schutz der persönlichen Angaben.

---

[138] *Pierazzini ./. Italy*, Series A no. 231-C; *Casciaroli ./. Italy*, Series A no. 229-C; *Taiuti ./. Italy*, Series A no. 229-I; *Bock ./. Germany*, Series A no. 150.

[139] II. ÚS 26/95.

[140] *Capuano ./. Italy*, Series A no. 119.

[141] *Pierazzini ./. Italy*, Series A no. 231-C.

[142] *Eckle ./. Germany*, Series A no. 51.

[143] I. ÚS 33/95.

[144] *Leander ./. Sweden*, Series A no. 116.

Allerdings könne dieser Schutz nicht absolut sein; die staatlichen Organe haben Anspruch auf einen Eingriff in dieses Recht unter der Voraussetzung, dass er im Einklang mit Art. 19 Abs. 3 Verf.[145] gerechtfertigt sei.

Auch in der Sache Nr. 26/2001[146] spielte Art. 8 EMRK bei der Argumentation der Verfassungsrichter eine bedeutsame Rolle. Das Verfahren nach Art. 130 Verf. wurde durch eine Frau „veranlasst", die sich gegen die Urteile der allgemeinen Gerichte wehrte, die sie aufgefordert hatten, die Gemeindewohnung ihres verstorbenen Vaters, mit dem sie mehrere Jahre einen gemeinsamen Haushalt führte, ohne Ersatz zu räumen. Das Verfassungsgericht hat in seiner Entscheidung vom 10. Juli 2001 eine Verletzung von Art. 19 Abs. 2[147] und 21 Abs. 3[148] Verf. festgestellt. Bei der Auslegung der Begriffe „Privat- und Familienleben" sowie „Wohnung" hat es sich völlig auf die Rechtsprechung des EGMR gestützt. Es hat zunächst konstatiert, dass die Verfassung diese Begriffe nicht näher definiert. Da jedoch die Grundrechte und Grundfreiheiten im Sinne und im Geiste der völkerrechtlichen Verträge über die Menschenrechte und Freiheiten ausgelegt und angewandt werden müssen, habe das Verfassungsgericht die Judikatur des EGMR berücksichtigt. Die „Wohnung" hat es entsprechend den Entscheidungen *Gillow* gegen Großbritannien vom 24. November 1986[149] und *Niemietz* gegen Bundesrepublik Deutschland vom 16. Dezember 1992,[150] die Bedingung „notwendig

---

[145] Art. 19 Abs. 3 Verf. lautet: „Jeder hat ein Recht auf Schutz vor unberechtigter Sammlung, Veröffentlichung oder sonstigem Missbrauch von Daten über seine Person."

[146] I. ÚS 13/2000.

[147] Art. 19 Abs. 2 Verf. lautet: „Jeder hat ein Recht auf Schutz gegenüber unberechtigten Eingriffen in sein Privat- und Familienleben."

[148] Art. 21 Abs. 3 Satz 1 Verf. lautet: „Andere Eingriffe in die Unantastbarkeit der Wohnung können durch Gesetz nur gestattet werden, wenn dies in einer demokratischen Gesellschaft zum Schutz des Lebens, der Gesundheit oder des Vermögens von Personen, zum Schutz der Rechte und Freiheiten anderer oder zur Abwendung einer ernsten Bedrohung der öffentlichen Sicherheit und Ordnung unerlässlich ist."

[149] *Gillow ./. United Kingdom*, Series A no. 109.

[150] *Niemietz ./. Germany*, Series A no. A 251-B.

in einer demokratischen Gesellschaft" nach der Entscheidung *Gillow* bzw. *Matter* gegen Slowakei vom 5. Juli 1999[151] definiert.

Die Möglichkeit einer präventiven Normenkontrolle völkerrechtlicher Verträge vor ihrer Ratifizierung sowie Mechanismen zur Umsetzung von Entscheidungen internationaler Gremien waren in der Verfassung nicht vorgesehen.

(2) Aktuelle Rechtslage

Im Zusammenhang mit dem neuen Konzept des Verhältnisses zum Völkerrecht wurden auch die Zuständigkeiten des slowakischen Verfassungsgerichts neu geordnet und ihm neue Kompetenzen zuerkannt; diese Änderungen sind grundsätzlich am 1. Juli 2001 in Kraft getreten; die Bestimmungen betreffend die neu konzipierte Verfassungsbeschwerde traten am 1. Januar 2002 in Kraft.

(a) Völkerrechtliche Verträge als Prüfungsgegenstand

Durch den neuen Art. 125 a Verf. hat das slowakische Parlament die präventive Kontrolle völkerrechtlicher Verträge in die Verfassungsordnung eingeführt. Gemäß Art. 125 a Verf. kann seither das Verfassungsgericht über die Vereinbarkeit der abgeschlossenen völkerrechtlichen Verträge, für die eine Zustimmung des Nationalrates der Slowakischen Republik erforderlich ist, mit der Verfassung und den Verfassungsgesetzen entscheiden. Ein entsprechender Antrag kann vom Staatspräsidenten oder der Regierung vor der Erörterung des Vertrags im Nationalrat gestellt werden. Wenn das Verfassungsgericht einen Widerspruch des Vertrags zu der Verfassung oder einem Verfassungsgesetz feststellt, kann seine Ratifizierung gemäß Abs. 3 erst nach einer entsprechenden Verfassungsänderung erfolgen.[152]

Die Gesetzesmotive zur Verfassungsänderung aus dem Jahre 2001 sehen in der Einführung der präventiven Kontrolle der völkerrechtlichen Verträge ein bedeutsames Mittel gegen die Blockierung der Anwendung der nicht verfassungskonformen völkerrechtlichen Verträge und die damit verbundene Gefahr des Entstehens der völkerrechtlichen Ver-

---

[151] *Matter ./. Slovakia*, Application no. 31534/96.

[152] Art. 125 a Verf. (2001), Wortlaut siehe Anhang.

antwortlichkeit der Slowakei.[153] In diesem Zusammenhang betont der Bericht den Grundsatz in Art. 27 des *Wiener Übereinkommens über das Recht der Verträge* sowie im *Gutachten des Ständigen Internationalen Gerichtshofs über die Rechtsstellung der polnischen Staatsangehörigen und anderer Personen polnischer Herkunft und Sprache im Danziger Staatsgebiet* vom 4. Februar 1932,[154] wonach sich die Vertragsparteien nicht auf ihr innerstaatliches Recht berufen können, um die Nichterfüllung eines Vertrags zu rechtfertigen.

Nach den Informationen des Verfassungsgerichts wurde Art. 125 a in seiner Entscheidungspraxis bisher nicht angewandt.[155]

(b) Völkerrecht als Prüfungsmaßstab

(aa) Abstrakte Normenkontrolle

Im Rahmen der abstrakten Normenkontrolle erweiterte Art. 125 Abs. 1 Verf. den Umfang der Maßstäbe, anhand derer die allgemein geltenden Rechtsvorschriften seither geprüft werden sollen. Das Verfassungsgericht entscheidet u.a., ob Gesetze (lit. a), Ministerial- oder Regierungsverordnungen (lit. b), allgemein verbindliche Verordnungen der Gemeinden (lit. c) sowie allgemein verbindliche Verordnungen der Organe der lokalen Selbstverwaltung (lit. d) nicht nur verfassungskonform sind, sondern – explizit – auch, ob sie mit den völkerrechtlichen Verträgen nach Art. 7 Abs. 5 Verf. in Einklang stehen.

Art. 125 Abs. 3 Verf. regelt die Folgen der festgestellten Verfassungsverletzung. Falls das Verfassungsgericht einen Widerspruch zwischen diesen Rechtsnormen erkennt, verlieren die betreffenden Vorschriften oder ihre Teile ihre Wirksamkeit (*účinnosť*). Die Organe, die diese Vorschriften erlassen haben, sind verpflichtet, diese binnen sechs Monaten nach Verkündung der Entscheidung des Verfassungsgerichts mit dem von diesem angewandten Maßstab in Einklang zu bringen. Andernfalls verlieren die überprüften Vorschriften, ihre Teile bzw. einige ihrer Bestimmungen sechs Monate nach der Verkündung der entsprechenden verfassungsgerichtlichen Entscheidung ihre Gültigkeit (*platnosť*).[156]

[153] Gesetzesmotive (Fn. 16), S. 5.

[154] PCIJ, Series A/B, no. 44 (1932), 4-63.

[155] Http://www.concourt.sk/result.

[156] Art. 125 Verf. (2001) Abs. 1-4, Wortlaut siehe Anhang.

Nach dem Inkrafttreten des entsprechenden Teils der Verfassungsänderung am 1. Juli 2002 kann als Beispiel der abstrakten Normenkontrolle bei der Anwendung völkerrechtlicher Regelungen die Entscheidung des Verfassungsgerichts vom 17. Mai 2004 (Pl. ÚS 38/03) genannt werden. In § 80 k des Änderungsgesetzes Nr. 13/2003 Zb.z. zum Gesetz *über das Gesundheitswesen* aus dem Jahre 1994 sah das Verfassungsgericht eine Verletzung der EMRK: Der komplizierte Umbau des Gesundheitswesens, der u.a. die Übertragung der medizinischen Einrichtungen von den Gemeinden und höheren territorialen Einheiten, auf die sie nach der Wende organisatorisch und eigentumsrechtlich vom Staat überführt worden waren, auf andere Strukturen stelle nach dieser Entscheidung eine Form von Enteignung dar, die durch Art. 1 des Zusatzprotokolls in Verbindung mit Art. 14 EMRK verboten sei.

Auch in der Entscheidung PL. ÚS 14/05 vom 18. Oktober 2006 wurde eine gesetzliche Regelung, § 49 des slowakischen *Familiengesetzes*,[157] für unvereinbar mit dem Völkerrecht, konkret mit Art. 9 des UN-*Übereinkommens über die Rechte des Kindes*,[158] erklärt. Hier handelte es sich um die Berechtigung der zuständigen Behörden, über Ersatzpflege für diejenigen Kinder, die sich in staatlicher Pflege befanden, ohne gerichtliche Entscheidung und ohne die Zustimmung der Eltern zu entscheiden.[159]

(bb) Konkrete Normenkontrolle

Bei der konkreten Normenkontrolle nach Art. 144 Verf. hat die Auslegungsbrücke, nämlich die Einbeziehung völkerrechtlicher Verträge unter „Gesetz", ihre Bedeutung verloren. Der neu formulierte Art. 144 Abs. 2 Verf. stellt nun ausdrücklich fest, dass, falls ein Gericht zu der Ansicht gelangt, dass eine allgemein verbindliche Rechtsvorschrift nicht nur der Verfassung, einem Verfassungsgesetz oder einem Gesetz, sondern auch einem „völkerrechtlichen Vertrag nach Art. 7 Abs. 5" widerspricht, es das Verfahren aussetzt und die Einleitung eines Verfahrens

---

157 Gesetz Nr. 36/2005 Zb.z.

158 GAOR 4th Sess., Resolutions, S. 166.

159 Als weitere Beispiele der abstrakten Normenkontrolle mit der Anwendung des Völkerrechts als Prüfungsmaßstabs s. Entscheidungen des Verfassungsgerichts PL. ÚS 20/02 vom 10.1. 2005 oder PL. ÚS 2/04 vom 31.3. 2005.

vor dem Verfassungsgericht beantragt. Die Rechtsauffassung des Verfassungsgerichts ist für das Gericht verbindlich.[160]

Seit dem Inkrafttreten der Verfassungsänderung haben die Gerichte insgesamt achtzehn Anträge an das Verfassungsgericht im Rahmen der konkreten Normenkontrolle gestellt, davon betraf jedoch nur ein Antrag eine Verletzung von völkerrechtlichen Regelungen, die vom Verfassungsgericht bestätigt wurde:

> Die Entscheidung PL. ÚS 25/01-45 vom 7. November 2002 betraf die Vereinbarkeit von § 200 lit. i Abs. 4 ZPO,[161] wonach die Gerichte in den Sachen des Persönlichkeitsschutzes verpflichtet waren, spätestens binnen eines Jahres nach der Klageerhebung zu entscheiden, mit Art. 6 EMRK. Der Antrag wurde vom Bezirksgericht Bratislava III („okresný súd") gestellt; im Einklang mit der Verfassung hat das Gericht das Eingangsverfahren ausgesetzt. Das Verfassungsgericht gelangte zu dem Schluss, dass die Grundlage für die Beurteilung des Begriffs „angemessene Frist" im Sinne von Art. EMRK nicht eine abstrakte Überlegung über diese Angemessenheit, sondern immer die konkreten Gegebenheiten eines jeden Falles sein müssten. Eine vom Gesetzgeber vorgeschrieben abstrakte kurze Frist könne in ihren Konsequenzen das Recht auf faires Verfahren verletzen und widerspreche dadurch den Anforderungen von Art. 6 EMRK.

Auffallend ist, dass die Verfassung, obwohl die Richter nach Art. 144 Abs. 1 Verf. sowohl an die völkerrechtlichen menschenrechtlichen Verträge (Art. 7 Abs. 5 Verf.) als auch ausdrücklich die Verträge nach Art. 7 Abs. 2 Verf. (EU-Beitrittsvertrag) gebunden sind, den EU-Beitrittsvertrag aus dem Katalog der Prüfungsmaßstäbe der konkreten Kontrolle ausgeklammert und als Prüfungsmaßstab nur die Verträge nach Art. 7 Abs. 5 Verf. definiert hat. Mit diesem Schritt hat der Verfassungsgeber den Weg zu Vorabentscheidungsverfahren vor dem EuGH nach Art. 234 EGV vorbereitet.

---

160 Art. 144 Abs. 2 Verf., Wortlaut siehe Anhang.

161 Gesetz Nr. 93/1963 Zb.z. i.d.F. späterer Änderungen.

(cc) Verfassungsbeschwerde

Einen wichtigen Schritt brachte auch die Änderung von Art. 127 Verf., indem sie die beiden bisherigen Formen des verfassungsrechtlichen Schutzes der Grundrechte – die beschränkt ausgestattete Beschwerde nach Art. 127 der Verfassung aus dem Jahre 1992 und das nur mit deklaratorischer Wirkung endende Verfahren „auf Veranlassung juristischer und natürlicher Personen" nach Art. 130 dieser Verfassung – in ein klassisches Modell der Verfassungsbeschwerde zusammengefügt hat. Die Stellung der völkerrechtlichen Regelungen als einer der Prüfungsmaßstäbe wurde dabei ausdrücklich verstärkt.

Nach Art. 127 des geltenden Verfassungstextes[162] haben die Beschwerdeführer – die natürlichen wie auch juristischen Personen – die explizite Möglichkeit, auch die Verletzung ihrer durch völkerrechtliche Verträge garantierten Menschenrechte durch die slowakischen staatlichen Organe zu rügen. Voraussetzung dafür ist, dass die Slowakische Republik Partei des entsprechenden Vertrags ist und dass dieser Vertrag ratifiziert und verkündet wurde.

Die von der Verfassung vorgesehenen Folgen der vom Verfassungsgericht festgestellten Verletzung der Verfassung oder der völkerrechtlichen Regelungen sind einerseits die Möglichkeit, die betroffene Entscheidung, Maßnahme oder Eingriff durch das Urteil aufzuheben. Andererseits, falls die Verletzung der Rechte oder Freiheiten nach Abs. 1 durch Untätigkeit entstanden ist, kann das Verfassungsgericht denjenigen, der diese Rechte oder Freiheiten verletzt hat, anweisen, in der Sache zu handeln. Das Urteil kann gleichzeitig die Sache zu einer weiteren Verhandlung zurückweisen, eine weitere Verletzung der Grundrechte oder Freiheiten oder der Menschenrechte und Grundfreiheiten aus völkerrechtlichen Verträgen untersagen oder, falls möglich, denjenigen, der die Rechte oder Freiheiten nach Abs. 1 verletzt hat, anweisen, den Stand vor der Verletzung wiederherzustellen.

Für die Praxis bei der Anwendung von Art. 127 Verf. ist relevant, dass die Mehrheit der menschenrechtlichen völkerrechtlichen Verträge durch die Slowakische, bzw. Tschechische und Slowakische, bzw. Tschechoslowakische Republik ratifiziert wurde. Mit dieser Frage setzt sich Art. 154 lit. c Abs. 1 Verf. auseinander. Nach dieser Regelung bleibt weiter das ursprüngliche Kriterium, dass die anzuwendenden völkerrechtli-

---

[162] Art. 127 Verf., Wortlaut siehe Anhang.

chen Menschenrechtsinstrumente im Vergleich mit der Verfassung einen „größeren Umfang“ der Rechte garantieren müssen, von Bedeutung.

Die bisherige Praxis bei den Entscheidungen der Verfassungsbeschwerden hat gezeigt, dass am häufigsten die Bestimmungen der EMRK, weniger des IPbürgR und sonstiger völkerrechtlichen Instrumente Anwendung finden. Unmittelbar auf diese Dokumente stützten sich z.B. in der Periode zwischen 1. Januar 2002 und 16. Mai 2007 von insgesamt 5.358 getroffenen Entscheidungen im Verfahren einer Verfassungsbeschwerde 731 auf die EMRK,[163] wobei besonders häufig die Verletzung von Art. 6 Abs. 1 EMRK festgestellt wurde,[164] drei auf den IPbürgR[165] und eine auf das UN-*Übereinkommen über die Rechte des Kindes.*[166] Weiter kann festgestellt werden, dass in denjenigen Fällen, in denen die Verfassungsrichter den Beschwerden, in denen neben den verfassungsrechtlichen Bestimmungen auch eine Verletzung der EMRK gerügt wurde, stattgegeben haben, der Hinweis auf die verletzte Regelung der EMRK direkt im Tenor der Entscheidung formuliert wird:

> So hat das Verfassungsgericht z.B. auf den Antrag der Beschwerdeführerin in der Entscheidung III. ÚS 17/02-35 vom 30. Mai 2002 reagiert, in dem sie zusammen mit Art. 48 Abs. 2 Verf. (Verhandlung einer Sache ohne überflüssige Verzögerung) einen Verstoß gegen Art. 6 Abs. 1 EMRK gerügt hatte. Im Tenor stellte es die Verletzung beider Regelungen durch die allgemeinen Gerichte fest, das erstinstanzliche Gericht wies es an, in der Sache ohne unnötige Verzögerung zu handeln und sprach der Beschwerdeführerin eine angemessene finanzielle Kompensation zu. In den Gründen hat es darauf hingewiesen, dass im Einklang mit der EMRK die große Zahl der Sachen, in denen der Staat die gerichtliche Verhandlung sichern muss, ihn nicht der Verantwortlichkeit für Verzögerungen entbinde. Der Einwand der unzureichenden Zahl der Richter sowie der Einwand der Zahl der nichtentschiedenen Sachen hätten nicht den Cha-

---

[163] Http:www.concourt.sk.

[164] Die Verletzung von Art. 6 Abs. 1 EMRK wurde vom Verfassungsgericht in 682 Verfassungsbeschwerdeverfahren in dem genannten Zeitraum festgestellt; vgl. http://www.concourt.sk/S/s_index.htm.

[165] Vgl. Entscheidung des Verfassungsgerichts III. ÚS 79/04-101 vom 21.10. 2004; Entscheidung des Verfassungsgerichts I. ÚS 230/03-56 vom 31.3. 2004 und Entscheidung des Verfassungsgerichts II. ÚS 85/02-58 vom 12.3. 2003.

[166] Vgl. Entscheidung des Verfassungsgerichts I. ÚS 4/02-51 vom 9.7. 2003.

rakter von Umständen, welche die Verantwortung des sachlich und örtlich zuständigen Gerichts, an das sich der Bürger gewandt hat, ausschlössen.

In der Entscheidung II. ÚS 85/02 vom 12. März 2003 gelangten die Verfassungsrichter zu dem Schluss, dass nicht nur Art. 6 EMRK, sondern auch Art. 14 Abs. 1 IPbürgR zusammen mit der Verfassung verletzt wurden. Gegenstand der Beschwerde war der Umstand, dass das Oberste Gericht der Slowakischen Republik es bei der Verkündung seines Urteils unterlassen hatte, die Parteien über den Termin dieser Verkündung zu informieren; dadurch wurde die Umsetzung des Rechts auf rechtliches Gehör in Verbindung mit dem Grundsatz der obligatorischen öffentlichen Verkündung des Urteils unmöglich gemacht. Im Wege eines *Obiter dictum* hat das Verfassungsgericht betont, dass die Verfassung den Charakter der obersten Rechtsquelle in der slowakischen Rechtsordnung habe; die völkerrechtlichen Verträge über Menschenrechte und Grundfreiheiten haben vor Gesetzen der Slowakischen Republik Vorrang, nicht jedoch vor der Verfassung.

Das UN-*Übereinkommen über die Rechte des Kindes* fand Anwendung in der Entscheidung I. ÚS 4/02-51 vom 9. Juli 2003, in der das Verfassungsgericht die Vereinbarkeit der Unterlassung der allgemeinen Gerichte, durch ihre Entscheidung minderjährige Kinder vor schlechter Behandlung durch ihren Vater zu schützen, mit der Verfassung und Art. 19 des Übereinkommens geprüft hat. Es kam zu dem Ergebnis, dass die Regelungen des Kinder-Übereinkommens die Staatsorgane nicht nur verpflichten, nicht selbst diese Regelungen zu verletzen, sondern auch Maßnamen zu treffen, damit ihre Standards auch unter Privatpersonen gewährleistet seien. Die allgemeinen Gerichte hatten durch ihre Untätigkeit diese Verpflichtung verletzt; die Judikatur des EGMR verpflichte die Staatsorgane eindeutig dazu, zum Schutz der Einzelnen, insbesondere der Kinder, auch positive Maßnahmen zu treffen.

Eine wichtige Entscheidung des Verfassungsgerichts vom 13. Dezember 2007 III. ÚS 194/06 betraf die Verfassungs- und Völkerrechtsmäßigkeit der operativen Sterilisation dreier Roma-Frauen unmittelbar nach der Geburt ihrer Kinder. Die Beschwerdeführerinnen sahen in den Eingriffen, die in den staatlichen Gesundheitseinrichtungen ohne ihre vorherige Zustimmung (ohne *„prior informed consent“*) in den Jahren 1999 – 2003 durchgeführt wurden, u.a. die Erfüllung des Strafbestands „Genozid“ nach § 251 1 b des slowakischen Strafgesetzbuches und die Verletzung von Art. 3 und 8

EMRK. Die Einrichtungen haben die Eingriffe mit der akuten medizinischen Notwendigkeit, die sich infolge der durchgeführten Kaiserschnitte ergeben hatte, verteidigt. Das Verfassungsgericht hat in den Eingriffen der Mediziner keine Merkmale des Genozids gefunden: Es hat keine Indizien festgestellt, die auf die Absicht, die umstrittenen Maßnahmen nur gegen Angehörige der Gruppe der Roma anzuwenden, zielen würden. Der Eingriff in die Rechte der Beschwerdeführerinnen nach Art. 3 und 8 EMRK wurde dagegen vom Verfassungsgericht bejaht: Ohne dass über das materielle Recht der Beschwerdeführerinnen entschieden wurde, stellte das Verfassungsgericht fest, dass die mangelhafte Untersuchung der Vorfälle durch die slowakischen Strafverfolgungsorgane gegen die verfahrensrechtlichen Garantien, die diesen Bestimmungen der EMRK immanent seien, verstoßen habe. Die Entscheidung mündete, neben einer partiellen Entschädigung der Beschwerdeführerinnen, in die Aufhebung der Beschlüsse der Organe der Strafverfolgung (der Prokuratura) und die Wiederaufnahme der strafrechtlichen Ermittlungen gegen die Mitarbeiter der Gesundheitseinrichtungen.

Es kann zusammengefasst werden, dass die Voraussetzungen zur Anwendung völkerrechtlicher Regelungen in der Rechtsprechung der allgemeinen Gerichte sowie des slowakischen Verfassungsgerichts ausgesprochen weit gefasst sind. Die Richter der allgemeinen Gerichte sind ausdrücklich an die völkerrechtlichen Verträge gebunden, für den Fall von Zweifeln über die Vereinbarkeit der anzuwendenden innerstaatlichen Rechtsvorschriften mit völkerrechtlichen Regelungen steht ihnen der Mechanismus der konkreten Normenkontrolle zur Verfügung.

Das Verfassungsgericht verfügt nicht nur über die Zuständigkeit, völkerrechtliche Verträge zu überprüfen. Es kann Völkerrecht sowohl als Maßstab der abstrakten Normenkontrolle anwenden als auch Verfassungsbeschwerden an den völkerrechtlichen Regelungen messen.

In der Praxis des Verfassungsgerichts bleiben diese Zuständigkeiten keine bloß theoretischen Konstruktionen. Zahlreiche seiner Entscheidungen erwähnen völkerrechtliche Vorschriften als zusätzliches, manche als zentrales Argument. Die Ausstattung mit Zuständigkeiten sowie seine Entscheidungspraxis können aus diesen Gründen als beispielhaft völkerrechtsfreundlich bezeichnet werden.

b) Anwendung gemeinschaftsrechtlicher Regelungen

aa) Allgemeine Gerichte

Vor dem Beitritt zur Europäischen Union war für die slowakische Gerichtsbarkeit der *acquis communautaire* ein Faktum.

Das die Slowakei bindende *Europaabkommen* hätte theoretisch von den Gerichten angewandt werden können. Die weitreichende Befugnis der Gerichte, Völkerrecht in ihrer Entscheidungstätigkeit anzuwenden, hätte die Anwendung seiner Bestimmungen spätestens nach der Verfassungsänderung im Jahre 2001 sicher ermöglicht. Dies wurde jedoch durch die Unsicherheit gehindert, die allgemein über den Charakter seiner Normen als self-executing herrschte, was seinen Ausdruck auch in der unterlassenen offiziellen Veröffentlichung des Textes fand;[167] dadurch konnten seine Regelungen nicht als eine Quelle des slowakischen Rechts dienen.

Nach dem 1. Mai 2004 änderte sich die Frage der Anwendbarkeit des gemeinsamen Besitzstandes grundsätzlich. Die Gerichte der Slowakischen Republik sind seither verpflichtet, die direkt anwendbaren Regelungen des *acquis communautaire* anzuwenden. Dazu hat die Verfassung bereits Voraussetzungen geschaffen. Nach Art. 144 Verf. sind die Richter ausdrücklich an völkerrechtliche Verträge nach Art. 7 Abs. 5 Verf. – d.h. den EU-Beitrittsvertrag und die damit verbundenen Konsequenzen des Anwendungsvorrangs der gemeinschaftsrechtlichen Regelungen – gebunden. Wie bereits an anderer Stelle erwähnt wurde, sicherte der Verfassungsgeber die Transparenz dieser Verhältnisse zusätzlich durch die ausdrückliche Regelung, dass die Rechtsakte der Europäischen Union und der Gemeinschaften Anwendungsvorrang vor den slowakischen Gesetzen genießen (Art. 7 Abs. 2 Satz 2).

§ 109 *Zivilprozessordnung*[168] enthält Regelungen über die Aussetzung des Verfahrens vor den allgemeinen Gerichten im Falle von Vorabentscheidungsgesuchen zum EuGH gemäß Art. 234 EGV. Diese Möglichkeit wurde bisher jedoch nicht sehr oft genutzt.

---

[167] *J. Drgonec*, Vzťah medzinárodného a ústavného práva, Justičná revue 4 (2000), S. 389.

[168] Gesetz Nr. 99/1963 Zb.z.

Die einzige Sache, die bisher vom EuGH, und zwar am 25. Januar 2007, aufgrund dieses Verfahrens beschlossen wurde,[169] wurde eingereicht vom Kreisgericht Prešov und betraf die Frage der Entschädigungen für die Errichtung von der Stromversorgung dienenden Bauten auf Privatgrundstücken. Sie betraf die Auslegung von Art. 6 EU und Art. 1 des Zusatzprotokolls zur EMRK. Das Verfahren wurde, nicht weiter verwunderlich, durch einen Beschluss über die „offensichtliche Unzuständigkeit" des EuGH beendet.

bb) Das Verfassungsgericht

Ähnlich wie die allgemeinen Gerichte hätte das slowakische Verfassungsgericht die Regelungen des *Europaabkommens* theoretisch anwenden können, wären sie offiziell verkündet gewesen. Weil dies nicht der Fall war und weil sich auch kein Antragsteller an die Verfassungsrichter mit dem Antrag auf Überprüfung entweder seiner Bestimmungen oder der Regelungen des nationalen Rechts auf seiner Grundlage gewendet hatte, kann über keinen Fall referiert werden, in dem es zu seiner Anwendung gekommen wäre.

Die Frage des Verhältnisses des Verfassungsgerichts zum EuGH nach dem EU-Beitritt der Slowakischen Republik löst die Verfassung nicht ausdrücklich. Die Konstruktion der konkreten Normenkontrolle nach Art. 144 Verf., nach der die Richter der allgemeinen Gerichte, obwohl sie ausdrücklich an völkerrechtliche Verträge einerseits, aber auch an das europäische Primärrecht andererseits gebunden sind, das Verfassungsgericht aber nur im Falle von Zweifeln über die Vereinbarkeit der nationalen Rechtsnorm mit einem allgemeinen völkerrechtlichen Vertrag nach Art. 7 Abs. 5 Verf., nicht aber über die Vereinbarkeit mit dem europäischen Primärrecht nach Art. 7 Abs. 2 Verf. anrufen sollen, signalisiert, dass sich die Autoren der Verfassungsänderung mit dieser Problematik bereits auseinandergesetzt haben und ein bestimmtes Konzept des Verhältnisses der slowakischen Gerichtsbarkeit zum EuGH hatten.

---

[169] Rechtssache C-302/06.

Im Schrifttum[170] werden in diesem Zusammenhang folgende Punkte thematisiert bzw. präzisiert: Hinsichtlich der Vorlage zum EuGH besteht die Meinung, dass das Verfassungsgericht der Slowakischen Republik als „Gericht" im Sinne von Art. 234 EG-Vertrag zu verstehen sei, das berechtigt bzw. verpflichtet sei, im Rahmen des Vorabentscheidungsverfahrens Fragen an den EuGH zu richten. Grund dafür sei die Tatsache, dass es ein einziger Bestandteil der spezialisierten, eininstanzlichen Gerichtsbarkeit, nämlich der Verfassungsgerichtsbarkeit, sei. Dieses Recht bzw. Verpflichtung beziehe sich jedoch nur auf spezifische Verfahren; es müsse berücksichtigt werden, dass das Verfahren der abstrakten Normenkontrolle vor dem Verfassungsgericht nach Art. 125 Verf. keine Aussetzung des Verfahrens ermöglicht. Offen bleibe auch die Möglichkeit der Überprüfung von Regierungsverordnungen, die den EG-Beitrittsvertrag umsetzen, durch das Verfassungsgericht: Theoretisch bestehe doch die Möglichkeit, den Beitrittsvertrag als „völkerrechtlichen Vertrag" im Sinne von Art. 7 Abs. 5 einzustufen. Hier wird die Grenze zwischen solchen Regierungsverordnungen gezogen, die das Gemeinschaftsrecht „absolut implementieren" und keinen Raum zum Ermessen lassen, und solchen, bei denen ein gewisses Ermessen möglich ist. Im erstgenannten Fall müsste das Verfassungsgericht auf eine eigene Überprüfungskompetenz nach Art. 125 Verf. verzichten und den Fall dem EuGH vorlegen; nur im zweiten Fall wäre seine Zuständigkeit gegeben.

Im Falle von Individualbeschwerden nach Art. 127 Verf. scheint unklar zu sein, ob das Verfassungsgericht ohne Vorlage an den EuGH das Gemeinschaftsrecht anwenden kann, auch wenn seine Anwendung unklar oder strittig ist. Einerseits ergebe sich die Pflicht des Verfassungsgerichts, das Gemeinschaftsrecht anzuwenden, aus dem durch Art. 46 Verf. garantierten Recht auf Gerichtsschutz: Falls die allgemeinen Gerichte das Gemeinschaftsrecht nicht anwenden, obwohl sie es anwenden müssten, kann das Verfassungsgericht nach der Erschöpfung des Rechtsweges die Verletzung des Rechts auf Gerichtschutz feststellen und die Sache an das entsprechende allgemeine Gericht zurückleiten. Fraglich ist aber, ob das allgemeine Gericht an eine solche Auslegung des Gemeinschaftsrechts durch das Verfassungsgericht gebunden ist.

---

[170] Vgl. *J. Mazák/ M. Karabin*, 1 Jahr EU Mitgliedschaft: Eine Bilanz aus der Sicht der slowakischen Höchstgerichte, EIF Working Paper Series, Working Paper Nr. 18, 2005. Ján Mazák war in den Jahren 2000-2006 Präsident des Verfassungsgerichts.

Die Antworten auf diese Fragen sollten von Fall zu Fall gegeben werden, immer unter dem Gesichtspunkt des Zieles, die richtige Anwendung des Gemeinschaftsrechts in der Slowakischen Republik zu garantieren.

In der Rechtssprechung des Verfassungsgerichts im Zusammenhang mit dem Gemeinschaftsrecht sind drei Entscheidungen aus letzter Zeit vom besonderen Interesse.

Die Entscheidung PL. ÚS 8/04-202 vom 6. Oktober 2005 betraf die Vereinbarkeit von § 8 Abs. 8 des slowakischen *Antidiskriminierungsgesetzes,*[171] das die Richtlinie 2000/43/EG in das slowakische Recht umsetzte, mit Art. 1 und 12 Abs. 1. Verf. Der Antragsteller, die Regierung der Slowakischen Republik, sah in der umstrittenen Regelung, die im Falle der Beeinträchtigungen von Personen aufgrund ihrer Rasse oder ethnischen Herkunft die Möglichkeit von nicht näher spezifizierten positiven Maßnahmen verankert hatte, vor allem die Verletzung des Rechtsstaatsprinzips (Art. 1 Verf.) und des Gleichheitssatzes (Art. 12 Verf.). Trotz der Tatsache, dass der Text der angegriffenen Bestimmung aus der Richtlinie wortwörtlich übernommen wurde, wurde er vom Verfassungsgericht für verfassungswidrig erklärt. Das Hauptargument des Verfassungsgerichts war die Nichtexistenz des vorübergehenden Charakters solcher positiver Maßnahmen und die Gefahr der Bevorzugung einer Gruppe der Bevölkerung selbst nach der Angleichung ihrer Lebensbedingungen.

In der Entscheidung II. ÚS 90/05-26 vom 30. Mai 2005 hatte das Verfassungsgericht im Rahmen einer Verfassungsbeschwerde gemäß Art. 127 I Verf. zu entscheiden, ob das Landgericht Bratislava zutreffend seine Zuständigkeit unter Berufung auf die Verordnung des Rates 44/2001 vom 22. Dezember 2000 *über die gerichtliche Zuständigkeit, Anerkennung und Ausführung von Urteilen in privatrechtlichen und gesellschaftsrechtlichen Sachen* verneint hatte. Die Verfassungsbeschwerde wurde vom Verfassungsgericht als unzulässig abgewiesen, da das Erfordernis der Subsidiarität der Verfassungsbeschwerde nicht beachtet worden sei, da der Antragssteller noch nicht alle innerstaatlichen Rechtsbehelfe vor dem Gang zum Verfassungsgericht in Anspruch genommen hatte.

---

[171] Nr. 365/2004 Zb.z.

In der Entscheidung vom 14. Juli 2005 hat das Verfassungsgericht die Vollziehbarkeit des Beschlusses 1596 des slowakischen Parlaments über die Zustimmung zum Vertrag über eine Verfassung für Europa bis zu seiner endgültigen Entscheidung ausgesetzt. Die Beschwerdeführer, eine Gruppe von dreizehn natürlichen Personen, hatten u.a. verlangt, dass der angegriffene Beschluss des Parlaments vom Verfassungsgericht aufgehoben wird, weil es sich bei dem Vertrag über eine *Verfassung für Europa* um einen Vertrag im Sinne des Art. 7 Abs. 1 Verf. (Eintritt in einen Staatenverband) und nicht gemäß Art. 7 Abs. 4 und 5 Verf. (qualifizierte völkerrechtliche Verträge) handele und deshalb vor seiner Ratifikation ein Referendum durchgeführt werden müsse. Diese Entscheidung hat die Ratifikation des Vertrags durch den Staatspräsidenten blockiert.

Zwei weitere Entscheidungen des Verfassungsgerichts tangierten die Frage der Verfassungsmäßigkeit des Europäischen Haftbefehls. Wegen Versäumung der Antragsfrist wurden beide Verfassungsbeschwerden ohne nähere Auseinandersetzung mit dem Sachverhalt als unzulässig zurückgewiesen.[172]

6. Innerstaatliche Umsetzung der Entscheidungen der internationalen Instanzen

a) Rechtsprechung des EGMR

Nicht nur die Entstehung der selbständigen Slowakischen Republik, auch ihr Beitritt zum Europarat und die Ratifizierung der EMRK waren durch die Teilung der Tschechoslowakei gekennzeichnet. Der föderative Staat war dem Europarat schon am 21. Februar 1991 beigetreten; seine Mitgliedschaft dauerte bis zum 31. Dezember 1992. Schon am 1. Januar 1993 – zum Zeitpunkt der Selbstauflösung der ČSFR – hatten beide neue Staaten ihre Bindung an die EMRK erklärt und auch formell ihre Aufnahme in den Europarat beantragt. Nach komplizierten politischen Vorgängen[173] erfolgte die Aufnahme beider Nachfolgestaaten am 30. Juni 1993. Das Ministerkomitee des Europarats entschied in diesem

---

[172] Entscheidung des Verfassungsgerichts I. ÚS 174/05-12 vom 7.9. 2005; Entscheidung des Verfassungsgerichts III. ÚS 3/06-14 vom 4.1. 2006.

[173] Vgl. *M. Hošková* (Fn. 2), 722-723.

Zusammenhang, dass beide – die Tschechische wie auch die Slowakische Republik – rückwirkend zum 1. Januar 1993 als Parteien der EMRK sowie ihrer von der ČSFR ratifizierten Zusatzprotokolle und an deren Erklärungen zu Art. 25 bzw. 46 EMRK gebunden anzusehen seien.[174] Diese Lösung *sui generis* ermöglichte, dass die Slowakische Republik Vertragspartei der EMRK wurde, ohne dass diese von ihr ratifiziert oder unterzeichnet wurde.[175]

Dieser Vorgang hat jedoch das Recht der Personen unter der Jurisdiktion der Slowakischen Republik, sich mit Individualbeschwerden an die europäischen Organe für den Schutz der Menschenrechte zu wenden, nicht beeinträchtigt. Verfahren gemäß dem damaligen Art. 25 EMRK (heute Art. 34 EMRK) wurden gegen die Slowakei relativ häufig eingeleitet. Nach dem aktuellen Bericht des Vertreters der Slowakischen Republik in Verfahren vor dem EGMR[176] hat der EGMR in 181 Fällen gegen die Slowakische Republik Entscheidungen erlassen; die Beschwerdeführer verlangten als Entschädigung insgesamt einen Betrag von 871 112 352,10 Sk, die Entscheidungen haben ihnen 30 229 215,42 Sk aus dem slowakischen Staatsbudget zugesprochen.[177] Die Mehrheit der Verfahren betraf die Vereinbarkeit von innerstaatlichen Rechtsakten mit Art. 6 EMRK; bedeutsam für das slowakische Rechtssystem sind auch Entscheidungen zu anderen Konventionsrechten, z.B. dem Recht auf freie Meinungsäußerung.

In der Sache *Lauko*[178] gegen Slowakei hatte der Beschwerdeführer die Verletzung von Art. 6 Abs. 1 EMRK in der Tatsache gesehen, dass ihm der Zugang zur gerichtlichen Überprüfung der Auferlegung eines Bußgeldes verweigert wurde. Der EMGR hat seiner Beschwerde stattgegeben. Er hat unterstrichen, dass, obwohl die konkrete Übertretung nach dem slowakischen Gesetz Nr. 372/1990 Zb.z. *über die Übertretungen* nicht als „strafrechtlich" zu klassifizieren sei (Störung der öffentlichen Ordnung), die Strafe einen punitiven Charakter habe und nach den Kriterien von Art. 6 Abs. 1 EMRK zu beurteilen sei. Außerdem erfüllten die lokalen Organe,

---

[174] Council of Europe, Press Release, 30.6. 1993, Ref. 280(93).

[175] *M. Blaško* (Fn. 100), S. 759.

[176] Übersicht der Entscheidungen des EGMR zu Lasten der Slowakischen Republik, Stand: 15.2. 2008, http://www.justice.gov.sk/dwn/h0/h05.

[177] Der Wechselkurs betrug am 27.6. 2008 1 EUR = 30,34 SK.

[178] *Lauko ./. Slovakia*, Application no. 4/1998/907/1119.

die das Bußgeld auferlegt haben, nicht die Voraussetzung eines „unabhängigen, unparteiischen Gerichts“; dies wäre mit der EMRK nur dann vereinbar, falls ihre Entscheidung durch ein solches Gericht überprüft werden könnte.[179]

In der Sache *Feldek* gegen Slowakei vom 12. Juli 2001[180] wurde die Slowakische Republik wegen der Verletzung von Art. 10 EMRK verurteilt. Der Beschwerdeführer, ein Journalist, deutete in der slowakischen Tagespresse auf die angebliche faschistische Vergangenheit des damaligen Kultusministers hin. Dieser klagte im Zivilverfahren nach § 11 Zivilgesetzbuch[181] wegen Verletzung seines guten Rufes; das Gericht der ersten Instanz hatte der Klage stattgegeben, die Gerichte der höheren Instanzen hatten diese Entscheidung bestätigt. Der Beschwerdeführer sah in diesen Entscheidungen der slowakischen Gerichte einen Verstoß gegen Art. 10 EMRK. Der EGMR hat der Beschwerde wegen Verletzung von Art. 10 Abs. 2 EMRK stattgegeben. Im Rahmen der Beurteilung, ob die Einschränkung des Rechts auf freie Meinungsäußerung im konkreten Falle „notwendig in einer demokratischen Gesellschaft“ war, hat er darauf hingewiesen, dass unter den Schutz von Art. 10 Abs. 2 EMRK auch „Informationen“ oder „Ideen“ einzuordnen seien, die schockierend oder beleidigend sind. Die Freiheit der Meinungsäußerung unterliege zwar auch den Ausnahmen nach Art. 10 Abs. 2 EMRK, diese müssen jedoch sehr restriktiv ausgelegt werden. Weiter hat er unterstrichen, dass im Falle von Politikern die Grenzen der zulässigen Kritik breiter als im Falle von Privatpersonen seien. Für jegliche Einschränkung der Freiheit der Meinungsäußerung müsse vor allem überzeugend ihre „Notwendigkeit“ festgestellt werden. Gerade im Falle der Presse müssen die nationalen Organe bei ihrem Ermessen von der Bedeutung der Existenz und der Garantie der freien Presse ausgehen. Im konkreten Falle reagierte die veröffentlichte Äußerung direkt auf die politische Situation – auf die Ergebnisse der Parlamentswahlen und die Gefahr, dass sich die Slowakei durch die Unterstützung von Personen mit faschistischer Vergangenheit in Isolation bringe. Selbst das Kassationsgericht konnte keinen dringenden

[179] Analog *Kadubec ./. Slovakia*, Application no. 5/1998/908/1120.

[180] *Feldek ./.* Slovakia, Application no. 29032/95.

[181] Gesetz Nr. 40/1964 Zb.z. i.d.F. späterer Vorschriften.

gesellschaftlichen Grund für den gerügten Eingriff in die Meinungsäußerungsfreiheit nennen.

Bis zum Inkrafttreten der Verfassungsänderung, insbesondere der Bestimmungen über die neu gestaltete Verfassungsbeschwerde nach Art. 127 Verf. (1. Januar 2002), lag für den EGMR bei der Beurteilung der Zulässigkeit mehrerer Beschwerden aus der Slowakei eine der Schwierigkeiten in der Frage der Erfüllung der Voraussetzung der „Erschöpfung aller innerstaatlichen Rechtsbehelfe“ nach Art. 35 EMRK. Das bisherige Konzept der Verfassungsbeschwerde nach Art. 127 Verf. war sehr begrenzt und die Ergebnisse des Verfahrens „auf Veranlassung natürlicher oder juristischer Personen“ nach Art. 130 Abs. 3 Verf. hatten nur eine deklaratorische Wirkung.

In mehreren Zulässigkeitsentscheidungen hat der EGMR vor allem aus dem letztgenannten Grund – entgegen der Meinung der slowakischen Regierung – die Nichterschöpfung des Verfahrens vor dem Verfassungsgericht nach Art. 130 Abs. 3 Verf. als „kein Hindernis“ der Zulässigkeit bezeichnet.

In der Sache *Bánošová* gegen Slowakei vom 27. April 2000[182] war der EGMR der Auffassung, dass das Verfahren nach Art. 130 Abs. 3 Verf. wegen des bloß empfehlenden Charakters seiner Folgen kein effektives Rechtsmittel sei, das von den Beschwerdeführern erschöpft werden müsse, um ein Verfahren wegen Verletzung der EMRK vor den Straßburger Organen einleiten zu können.[183] Zum

---

[182] *Bánošová ./. Slovakia*, Application no. 38798/97.

[183] *Ibid.*: „The Government contend that the applicant failed to exhaust domestic remedies as required by Article 35 § 1 of the Convention as she failed to lodge a petition to the Constitutional Court pursuant to Article 130 (3) of the Constitution. They refer to several cases in which the Constitutional Court's finding of a violation of the petitioner's right to a hearing within a reasonable time resulted in an acceleration of the proceedings before the general courts or administrative authorities. The Government consider it therefore irrelevant that similar Constitutional Court's findings are of a purely declaratory nature and that the Constitutional Court lacks jurisdiction to provide direct redress to the persons concerned. The Government maintain that the effectiveness of this remedy should be always examined *in concreto*. [...] The Court recalls that the European Commission of Human Rights earlier found that a petition pursuant to Article 130 (3) of the Constitution was not an effective remedy which the applicants should be required to exhaust before introducing their application under the Convention in similar cases (see Eur. Comm. HR, No. 25006/94, Dec. 4. 3. 97, D.R. 88-A, pp. 34 and 39). The Court finds no reason for reaching

identischen Schluss kam er auch in den Sachen *Stančiak* gegen Slowakei vom 31. August 2000[184] und *Remšíková* gegen Slowakei vom 7. Dezember 2000.[185]

Die Verfassungsänderung hat dieses Hindernis beseitigt. Die Verfassungsbeschwerde nach Art. 127 Verf. bildet einen effektiven Rechtsbehelf mit verbindlichen Rechtsfolgen; das Verfassungsgericht kann auch völkerrechtliche Regelungen als Prüfungsmaßstab anwenden. Für die Beschwerdeführer bedeutet dies, dass sie vor Anrufung der europäischen, die Menschenrechte schützenden Organe das slowakische Verfassungsgericht nicht nur in Anspruch nehmen können, sondern in den meisten Fällen auch in Anspruch nehmen müssen.

Eine weitere Komplikation im Verhältnis zwischen der Entscheidungstätigkeit des EGMR und dem slowakischen Verfassungsgericht lag in einem spezifischen Verfahren zur Umsetzung bzw. Vermeidung der verurteilenden Entscheidungen des EGMR, das im Änderungsgesetz Nr. 226/2000 Zb.z. zum Gesetz Nr. 38/1993 Zb.z. *über das Verfassungsgericht* festgelegt wurde. Es führte ein Verfahren zur Beachtung von Zulässigkeitsentscheidungen der Überwachungsorgane völkerrechtlicher Menschenrechtsverträge in Verfahren ein (§ 75), in denen von den Betroffenen gerügt wurde, sie seien durch die Slowakische Republik in einem der ihnen durch diese völkerrechtlichen Verträge gewährten Rechte verletzt (§ 75 Abs. 2). Würde nämlich durch den EGMR auf die Zulässigkeit einer Individualbeschwerde gemäß der EMRK erkannt, so würde für die Zwecke des Verfahrens vor dem Verfassungsgericht die Mitteilung der slowakischen Regierung an das Verfassungsgericht über die Zulässigkeit der Individualbeschwerde verfassungsprozessual als eine Verfassungsbeschwerde gewertet, die zum weiteren Verfahren vor dem Verfassungsgericht zugelassen ist; das Verfassungsge-

---

a different conclusion. In particular, it has not been established that the remedy in question is capable of providing a direct protection of the rights guaranteed by Article 6 § 1 of the Convention and that it offers reasonable prospects of success as required by the Court's case-law (see the *Deweer v. Belgium* judgment of 27 February 1980, Series A no. 35, pp. 16-17, § 29 and the *Akdivar and others v. Turkey* judgment of 16 September 1996, Reports of Judgments and Decisions 1996-IV, p. 1211, § 68). Accordingly, the application cannot be declared inadmissible for non-exhaustion of domestic remedies."

[184] *Stančiak ./. Slovakia*, Application no. 40345/98.

[185] *Remšíková ./. Slovakia*, Application no. 46843/99.

richt müsste den Beschwerdeführer und andere Betroffene über die Einleitung des vor ihm nun anhängigen Verfahrens informieren.[186]

Das Verfassungsgericht, das nach einer persönlichen Information zu den Überlegungen über die Erarbeitung des Entwurfs des Änderungsgesetzes Nr. 226/2000 Zb.z. nicht konsultiert, sondern vor vollendete Tatsachen gestellt wurde, und das in diesem Verfahren die Gefahr einer theoretischen Möglichkeit der Wiederholung eines Verfahrens in einer von ihm bereits entschiedenen Sache (Verfassungsgericht – EGMR – Regierung – Verfassungsgericht) sowie in einer konkurrierenden parallelen Rechtsprechung beider Organe (allgemeines Gericht – EGMR – Regierung – Verfassungsgericht) sah, reagierte in mehreren seiner Entscheidungen auf diese Form von Mitteilungen anstatt mit der vorgeschriebenen Einleitung des Verfahrens mit dessen Einstellung.

In den Sachen ES 2/01 vom 23. August 2001, ES 5/01 oder ES 4/01-17 vom 11. Oktober 2001 hat es folgendermaßen argumentiert: Die Slowakische Republik müsse den Grundsatz der Vermeidung einer Konkurrenz verschiedener Jurisdiktionen beim Schutz der Rechte oder Freiheiten nach der EMRK respektieren. Die Einleitung des Verfahrens vor dem Verfassungsgericht über eine Sache, die der EGMR für zulässig erklärt hat, schaffe die Gefahr eines Konflikts im Rahmen des Systems dieses Schutzes, das auf dem Prinzip der subsidiären Anwendung des Völkerrechts im Verhältnis zum innerstaatlichen Recht beruht und das sich auch im Prinzip der Erschöpfung aller innerstaatlichen Rechtsbehelfe nach Art. 35 Abs. 1 EMRK und des innerstaatlichen Grundrechtsschutzes widerspiegele. In seiner Folge trage das Verfahren nach dem Gesetz Nr. 226/2000 Zb.z. weder zur Stärkung des innerstaatlichen noch des völkerrechtlichen Menschenrechtsschutzes bei; ferner sei das Verhältnis des Verfassungsgerichts zum EGMR auf gegenseitiger Zusammenarbeit, nicht auf Konkurrenz beider gerichtlichen Organe aufgebaut. Nach der Verfassung sei das Verfahren über die Verfassungsbeschwerden zum Schutz der Betroffenen bestimmt und werde auf ihren Antrag hin eingeleitet; das Verfahren nach § 75 Abs. 3 des Gesetzes Nr. 226/2000 Zb.z. werde dagegen aufgrund der Mitteilung der Regierung und nicht des betroffenen Subjekts eingeleitet und stehe deswegen mit der Verfassung nicht im Einklang.

---

[186] Vgl. *M. Hofmann*, Völkerrecht in der Rechtsprechung des tschechischen Verfassungsgerichts, in: G. Brunner/ M. Hofmann/ P. Holländer (Hrsg.), Verfassungsgerichtsbarkeit in der Tschechischen Republik (2001), 94 ff.

Der Gesetzgeber reagierte im Februar 2002 mit der Verabschiedung einer weiteren Gesetzesänderung zum Gesetz *über das Verfassungsgericht* Nr. 38/1993 Zb.z., dem Gesetz Nr. 124/2002 Zb.z. In dieser Fassung wurde § 75 Abs. 2 des Gesetzes Nr. 226/2000 Zb.z. bzw. Nr. 38/1993 Zb.z. ersatzlos gestrichen.

Die slowakische Rechtsordnung enthält gesetzliche Bestimmungen, welche die Entscheidungen des EGMR umsetzen: § 394 *Strafprozessordnung*[187] hält die Entscheidungen des EGMR, die eine Konventionsverletzung feststellen und deren Folgen nicht anders berichtigt werden können, für „Tatsachen, die früher unbekannt waren" und die zur Wiederaufnahme des Strafverfahrens führen. § 135 *Zivilprozessordnung*[188] stellt fest, dass die allgemeinen Gerichte an die Entscheidungen des EGMR gebunden sind; nach § 228 kann ein rechtskräftiges Urteil eines slowakischen Gerichts auch dann angegriffen werden, falls der EGMR Verletzung der Menschenrechte des Betroffenen festgestellt hat und diese Verletzung nicht durch angemessene finanzielle Entschädigung beseitigt wurde.

b) Auffassungen des UN-Ausschusses für Menschenrechte

Die Slowakische Republik als einer der Nachfolgestaaten der früheren Tschechoslowakei ist am 1. Januar 1993 u.a. in den IPbürgR sowie in das Fakultativprotokoll ohne Vorbehalt[189] sukzediert.[190] Die Verfassung (Art. 7 Abs. 5 Verf.) sichert beiden Dokumenten einen übergesetzlichen Anwendungsvorrang; sie enthält jedoch keine Regelung, wie die nationale Rechtsordnung auf eventuelle Mitteilungen des UN-Ausschusses für Menschenrechte reagieren soll.

Zusammen mit der Regelung der Reaktion auf Entscheidungen des EGMR (§ 75 Abs. 2) wurde durch die Änderung des Gesetzes Nr. 38/1993 Zb.z. *über das Verfassungsgericht*[191] auch für die Mitteilungen des

---

[187] Gesetz Nr. 301/2005 Zb.z.

[188] Gesetz Nr. 99/1963 Zb.z.

[189] Http://www.unhchr.ch/html/menu3.

[190] Status of Ratifications of the Principal International Human Rights Treaties, http://www.unhchr.ch/pdf/report.pdf.

[191] Gesetz Nr. 226/2000 Zb.z.

UN-Menschenrechtsausschusses ein besonderes Verfahren eingeführt. Aufgrund seines § 75 Abs. 1 müsste jede Mitteilung des UN-Ausschusses über die Zulässigkeit einer Beschwerde über die angebliche Verletzung der Opfer durch die slowakischen Staatsorgane von der Regierung an das Verfassungsgericht geleitet werden, das sie als eine bereits zulässige Verfassungsbeschwerde weiter behandeln sollte.[192] Weil dieses Verfahren jedoch – spätestens nach der Einführung der Verfassungsbeschwerde im Jahre 2001 – zu Verletzungen des *res iudicata*-Grundsatzes führen könnte, wurde seine Regelung (§ 75 Abs. 1), zusammen mit der Bestimmung über das Verfahren aufgrund der Mitteilungen über die Zulässigkeit der Beschwerden vor dem EGMR (§ 75 Abs. 2), durch eine im Jahre 2002 erlassene Änderung des Gesetzes *über das Verfassungsgericht*[193] aufgehoben.

Die slowakische Rechtsordnung enthält derzeit keine gesetzlichen Regelungen, welche die Form der Reaktion auf die Mitteilungen des UN-Ausschusses für Menschenrechte bestimmen würden. Weder die *Strafprozessordnung*[194] noch *die Zivilprozessordnung* befassen sich mit dieser Frage. Der Ausschuss und sein Mechanismus werden auch nicht allzu oft in Anspruch genommen. Insgesamt hat er fünf Sachen gegen die Slowakische Republik abgeschlossen, davon endete nur eine mit einer Mitteilung über eine Verletzung der durch den IPbürgR garantierten Rechte:[195]

---

[192] § 75 Abs. 1 des geänderten Gesetzes Nr. 226/2000 Zb.z. lautete: „Falls der Ausschuss für Menschenrechte die Regierung darauf aufmerksam macht, dass er zum weiteren Verfahren eine Mitteilung für zulässig erklärt hat, in der behauptet wird, dass durch eine Maßnahme, Entscheidung oder einen sonstigen Eingriff der öffentlichen Gewalt der Slowakischen Republik das Recht des Beschwerdeführers nach dem Internationalen Pakt über bürgerliche und politische Rechte verletzt wurde, legt die Regierung diese Mitteilung ohne Verzögerung dem Verfassungsgericht vor, das gemäß Teil drei, zweites Kapitel des vierten Abschnittes dieses Gesetzes verfahren wird."

[193] Gesetz Nr. 124/2002 Zb.z.

[194] Gesetz Nr. 301/2005 Zb.z.

[195] Statistical survey of individual complaints dealt with by the Human Rights Committee under the Optional Protocol to the International Covenant on Civil and Political Rights, 3 May 2004, http://www.unhchr.ch/html/menu2.

Die Sache *Mátyus* gegen Slowakei[196] vom 28. März 2001 betraf das Wahlrecht nach Art. 25 IPbürgR; der Betroffene sah in der Tatsache, dass in einigen Wahlbezirken der Slowakischen Republik im Unterschied zu anderen Bezirken die Zahl der Vertreter nicht der Zahl der Bewohner entsprach, eine Verletzung dieser Bestimmung. Der UN-Ausschuss hat die Verletzung von Art. 25 IPbürgR bejaht, vor allem wegen fehlender Erklärung dieser Unterschiede durch den Staat (Para 9.2 der Mitteilung). Die slowakische Regierung hat die Sache dann im Einklang mit dem damals geltenden § 75 Abs. 1 an das slowakische Verfassungsgericht zum weiteren Verfahren geleitet. Dieses hat den Antrag für unzulässig erklärt: Nach der slowakischen Verfassung könne die Verfassungsbeschwerde nur von natürlichen oder juristischen Personen erhoben werden; eine andere Form der Einleitung des entsprechenden Verfahrens sei unzulässig.[197]

c) Entscheidungen des EuG und des EuGH

Die Verfassung der Slowakischen Republik stellt in ihrem Art. 7 Abs. 2 fest, dass die rechtlich verbindlichen Akte der Europäischen Gemeinschaften und der Europäischen Union Gesetzesvorrang haben. Im Kommentar zur Verfassungsänderung aus dem Jahre 2001, die diese Bestimmung eingeführt hat, wird ausdrücklich betont, dass sich diese Regelung u.a. auch auf die Rechtsprechung des EuGH erstreckt.[198]

Die Umsetzung der Entscheidungen beider Gerichte kann u.a. auf der Grundlage der auch durch die Verfassungsänderung von 2001 eingeführten Bestimmung von Art. 7 Abs. 2 Satz 3 Verf. erfolgen, wonach die Implementierung der Rechtsakte der Union, soweit erforderlich, durch Gesetz oder Regierungsanordnung stattfinden soll.[199]

Die einzige Entscheidung, die vom EuGH bisher gegen die Slowakische Republik erlassen wurde, betrifft die Sache C-114/06: Nach

---

[196] Communication no. 923/2000, U.N. Doc. A/57/40 (Vol. II) at 257 (2002).

[197] Entscheidung ES 6/2001, 25.6. 2001.

[198] Gesetzesmotive (Fn. 16), S. 27.

[199] Art. 7 Abs. 2 Satz 3 Verf. lautet: „Die Umsetzung der rechtlich verbindlichen Akte, die eine Implementierung erfordern, erfolgt durch Gesetz oder Regierungsanordnung nach Art. 120 Abs. 2.“

durchgeführtem Vertragsverletzungsverfahren hat der EuGH festgestellt, dass die Slowakische Republik die Richtlinie 96/48/EG des Rates vom 23. Juli 1996 *über die Interoperabilität des transeuropäischen Hochgeschwindigkeitsbahnsystems* (ABl. EG L 235, S. 6) nicht fristgesetzt umgesetzt hat, da sie nicht die erforderlichen Rechts- und Verwaltungsvorschriften erlassen hat, um dieser Richtlinie nachzukommen. Auf diese Entscheidung des EuGH reagierte die Regierung mit der Verabschiedung der Regierungsanordnung Nr. 594/2006 Zb.z., welche den Anforderungen der betreffenden Richtlinie entspricht.

Die Regelung der *Zivilprozessordnung*[200] über die Vollstreckbarkeit der Entscheidungen des EuG und des EuGH entsprechen Art. 256 EGV: Nach ihrem § 275 lit. a gelten die „Entscheidungen der Organe der Europäischen Union“ als vollstreckbare Titel; im Falle der Entscheidungen des EuG und des EuGH werden die Vollstreckungsklauseln vom slowakischen Justizministerium erteilt; die Prüfung der Titel durch das Ministerium darf sich dabei nicht auf den Inhalt, sondern nur auf die Echtheit des Titels erstrecken.

7. Bewertung

Die selbständige Bindung des neu entstandenen Staates und seiner Rechtsordnung an die internationalen, vor allem europäischen Strukturen war *raison d' étre* der Trennung von der Tschechischen Republik. Es war dann nur folgerichtig, dass die Slowakische Republik die Öffnung für überstaatliche Mechanismen als ein konsequentes Rechtskonzept verfolgt hat. Dies hat sich gezeigt vor allem während der Verfassungsänderung des Jahres 2001, infolge derer sich die slowakische Rechtsordnung in der Richtung einer immer stärker sich öffnenden Rechtsordnung entwickelte und in einigen Aspekten monistische Züge erreichte.

Eine klare Kooperationswilligkeit der Slowakischen Republik zeigte sich bereits im Jahre 1992, als in die Verfassung eine Bestimmung eingegliedert wurde, die den Eintritt der Republik in einen Staatenverband ermöglichen sollte (Art. 7 Abs. 1 Verf.). Die Verfassungsänderung des Jahres 2001 hat diese Ausrichtung noch verstärkt. Die Integrationsklau-

---

[200] Gesetz Nr. 99/1963 Zb.z., i.d.F. des Gesetzes 40/2006 Zb.z.

sel nennt nun ausdrücklich die Übertragung von Hoheitsrechten an die Europäischen Gemeinschaften und die Europäische Union, wodurch der Verfassungstext seine eindeutige „Europäisierung“ erlebte (Art. 7 Abs. 2 Verf.).

Auch die Bindung der Slowakischen Republik an die völkerrechtlichen Regelungen hat in der Rechtsordnung eine progressive Tendenz.[201] Während im ursprünglichen Verfassungstext nur die internationalen menschenrechtlichen Vertragsregelungen in Bezug genommen wurden, erstreckte die Verfassungsnovelle die Inkorporierung der völkerrechtlichen Regelungen auf die wichtigsten Kategorien des internationalen Vertragsrechts, unter der Voraussetzung ihrer parlamentarischen Zustimmung und Ratifizierung. Diesen Regelungen wurde ausdrücklich Gesetzesvorrang verliehen (Art. 7 Abs. 5 Verf.). Auch die Position des Völkergewohnheitsrechts wurde durch die Verfassungsnovelle gestärkt (Art. 1 Abs. 2 Verf.), auch wenn sie immer noch nicht abschließend geklärt ist.

Der Bedeutung der Eingliederung der Slowakischen Republik in die europäischen Strukturen entspricht die Tatsache, dass die Verfassung explizit die Stellung des *acquis communautaire* in der Rechtsordnung regelt: Der Gemeinschaftsrechtsordnung wurde nicht nur ihre direkte Anwendbarkeit in der Slowakei gesichert, sondern es wurde ihr ausdrücklich Gesetzesvorrang garantiert (Art. 7 Abs. 2 Verf.). Damit relativiert sich die Bestimmung der slowakischen Verfassung, die das slowakische Parlament – den Nationalrat – als den einzigen Gesetzgeber auf dem Gebiet der Slowakei bezeichnet (Art. 72 Verf.).

Auch die Voraussetzungen der Anwendung der völker- und gemeinschaftsrechtlichen Regelungen in der gerichtlichen Praxis sind in der Rechtsordnung sehr weit gefasst. Die Richter schwören ihre Treue nicht nur der Verfassung und den Gesetzen, sondern auch den völkerrechtlichen Verträgen der Slowakischen Republik, was sich auch in der Ausgestaltung ihres Messinstrumentariums widerspiegelt (Art. 144 Abs. 1 Verf.). Im Falle von Zweifeln über die Anwendbarkeit einer völkerrechtlichen Regelung steht ihnen der Mechanismus der konkreten verfassungsgerichtlichen Normenkontrolle zur Verfügung.

---

[201] Zu weiteren Perspektiven des Verhältnisses „Völkerrecht – nationales Recht“ in der Slowakei s. *Š. Šebesta*, K prognózám vývoja medzinárodného práva (verejného) ako súčasti medzinárodného prostredia Slovenskej republiky, Právny obzor 3 (2007), 260 ff.

Das vom Parlament gebilligte und ratifizierte Völkervertragsrecht ist ausdrücklich Maßstab der verfassungsrechtlichen abstrakten Normenkontrolle (Art. 125 Verf.) sowie der – durch die Verfassungsänderung im Jahre 2001 neu konzipierten – Verfassungsbeschwerde (Art. 127 Verf.). Beide Mechanismen sichern dem internationalen Vertragsrecht gegenüber der nationalen Rechtsordnung eine wichtige Korrekturfunktion zu. Gleichzeitig wurde durch die Verfassungsnovelle die Möglichkeit einer präventiven Kontrolle der völkerrechtlichen Verträge eingeführt (Art. 125 a Verf.).

In der Beziehung zu den Entscheidungen der internationalen Instanzen kam es in der slowakischen Rechtsordnung zu einer gewissen Vereinfachung. Während früher die „verurteilenden" Entscheidungen des EGMR automatisch als wiederholte Verfassungsbeschwerde vom Verfassungsgericht behandelt werden mussten, gibt es gegenwärtig sowohl in der Strafprozessordnung als auch der Zivilprozessordnung verbindliche Mechanismen zur Umsetzung der Entscheidungen des EGMR und Wiederaufnahme des entsprechenden Verfahrens. Auch über die Umsetzung der Entscheidungen des EuGH finden sich in der slowakischen Zivilprozessordnung ausdrückliche Bestimmungen; ihre Verbindlichkeit wird von derjenigen verfassungsrechtlichen Bestimmung abgeleitet, wonach die rechtlich verbindlichen Akte der Europäischen Gemeinschaften Gesetzesvorrang haben.

Abschließend kann festgestellt werden, dass die Verfassung der Slowakischen Republik insbesondere nach der Verfassungsnovelle im Jahre 2001 über ein durchdachtes, transparentes System zur Inkorporation der völkervertraglichen Regelungen in die nationale Rechtsordnung verfügt. Ihre Anwendung ist faktisch nur durch die Voraussetzung der parlamentarischen Zustimmung zu den völkerrechtlichen Verträgen und ihrer Ratifizierung bedingt; nach diesen Schritten erfolgt die Übernahme der überstaatlichen Regelungen in vollem Ausmaß. Das gleiche Maß an Offenheit kennzeichnet das Verhältnis der slowakischen Rechtsordnung zur Anwendung des *acquis communautaire*. Der Katalog der anwendbaren Rechtsquellen wurde durch diese beiden Schritte ohne Zweifel vergrößert. Damit stellt die Rechtsordnung der Slowakischen Republik eines der für überstaatliche Regelungen am weitesten geöffneten Rechtssysteme dar.

IV. Die Republik Slowenien

1. Einleitung

Die Entwicklung Sloweniens als eines damaligen Bestandteils Jugoslawiens wurde von zahlreichen völkerrechtlichen Akten begleitet, die bis heute Einfluss auf seine Haltung zu wichtigen politischen Fragen der Gegenwart haben.[1] Auch nach der Proklamierung der Selbständigkeit des Landes am 25. Juni 1991[2] stellte das Völkerrecht eine wichtige Grundlage der Existenz und eine bedeutsame Inspirationsquelle der Rechtsordnung des neuen Staates dar. Dies zeigte sich bereits an der Formulierung von Art. III der *„Grundlegenden Verfassungsurkunde über die Selbständigkeit und Unabhängigkeit der Republik Slowenien"*,[3] wonach „allen Personen im Gebiet der Republik Slowenien, ungeachtet ihrer nationalen Angehörigkeit, ohne jegliche Diskriminierung, in Einklang mit der Verfassung der Republik Slowenien und den geltenden völkerrechtlichen Verträgen der Schutz der Menschenrechte und Grundfreiheiten" gewährleistet wurde.[4] Unter den ersten Rechtsakten, die im Zusammenhang mit der Verfassungsurkunde verabschiedet wurden, war auch das Gesetz *über die auswärtigen Angelegenheiten.*[5]

Der Versuch der jugoslawischen Bundesregierung, die Verselbständigung Sloweniens mit militärischen Mitteln zu verhindern, scheiterte, und im Oktober 1991 verließen die letzten Einheiten der Jugoslawi-

---

[1] *M. Tratnik*, Regelungen und Rechte für die italienische und ungarische Minderheit in der slowenischen Verfassung, in: D. Blumenwitz/ G.H. Gornig/ D. Murswiek (Hrsg.), Fortschritte im Beitrittsprozeß der Staaten Ostmittel-, Ost- und Südosteuropas zur Europäischen Union, 73 ff.

[2] S. Website des Auswärtigen Amtes, http://www.auswaertiges-amt.de/ www/de/ aenderinfos/laender/laender_ausgabe_html?type_id=14&land_id=155.

[3] Uradni list Republike Slovenije (weiter nur Ur.l.RS), Nr. 1/1991-I und Nr. 19/1991-I.

[4] Deutsche Übersetzung in: *A. Kimmel* (Hrsg.), Die Verfassungen der EU-Mitgliedstaaten, 6. Aufl., München 2005, 759 ff.

[5] Ur.l.RS, Nr. 1/1991-I. Ersetzt durch das Gesetz *über die auswärtigen Angelegenheiten,* Ur.l.RS, Nr. 45/2001, 78/2003, 20/2006.

M. Hofmann, *Von der Transformation zur Kooperationsoffenheit?*,
DOI: 10.1007/978-3-642-00411-7_4,

schen Volksarmee das Territorium Sloweniens. Am 23. Dezember 1991 ist die neue *Verfassung,*[6] welche die Verfassung aus dem Jahre 1974 außer Kraft setzte, zusammen mit dem Verfassungsgesetz *über ihre Durchführung*[7] verabschiedet worden. In ihrer Präambel hat sich Slowenien zu grundlegenden Prinzipien des Völkerrechts bekannt und den Schutz der Menschenrechte und Grundfreiheiten sowie das Selbstbestimmungsrecht der Völker auf dem Weg zur eigenen staatlichen Souveränität hervorgehoben.

Im Laufe des Jahres 1992 ist der neue Staat von den meisten Staaten anerkannt worden.[8] Am 22. Mai 1992 wurde er Mitglied der Vereinten Nationen[9] und ein Jahr später, am 14. Mai 1993, Mitglied des Europarats. Damit hatte er die ersten Schritte in die internationale Gemeinschaft getan.

---

[6] Ur.l.RS, Nr. 33/1991-I, 42/1997, 66/2000, 24/2003, 69/2004, 69/2004, 69/2004, 68/2006.

[7] Ur.l.RS, Nr. 33/1991-I, 21/1994.

[8] S. *M. Tratnik*, Der Immobilienerwerb durch Ausländer in Slowenien und die Annäherung an die Europäische Union, WGO 40 (1998), 411 ff. Zur Frage der Staatennachfolge s. *A. Zimmermann*, Staatennachfolge in völkerrechtliche Verträge, 2000, 303 ff.

[9] Http://www.uno.de/presse/2002/unic535.htm: „Die Sozialistische Bundesrepublik Jugoslawien war bis zu ihrer Auflösung eines der Gründungsmitglieder der Vereinten Nationen, das die Charta am 26. Juni 1945 unterzeichnet und am 19. Oktober 1945 ratifiziert hatte. Nach der Auflösung der Sozialistischen Bundesrepublik Jugoslawien kam es zur Neugründung der Staaten Bosnien und Herzegowina, Kroatien, Slowenien, der Ehemaligen Jugoslawischen Republik Mazedonien und der Bundesrepublik Jugoslawien. Die Republik Slowenien wurde am 22. Mai 1992 als neues Mitglied in die Vereinten Nationen aufgenommen."

2. Die Gründe der Öffnung der slowenischen Rechtsordnung für überstaatliche Rechtsordnungen

Die Verfassung der Republik Slowenien gehört zu den ältesten der Transformationsstaaten und konnte sich daher nicht auf deren, sondern nur auf die Erfahrungen der traditionellen demokratischen Staaten stützen. Auf der anderen Seite entstand sie in einer Zeit, in welcher die nationale Rechtsordnung noch nicht vollständig sein konnte; die Inkorporierung der qualifizierten internationalen Instrumente und ihre Einführung als Maßstäbe der nationalen Verfassungsgerichtsbarkeit diente als ein willkommenes Instrument, um einige ihrer damaligen Unvollkommenheiten überbrücken zu können. Die Überzeugung von der Erforderlichkeit der Anwendung dieser Methode der Ausfüllung der nationalen Rechtsordnung durch völkerrechtliche Regelungen wird jedoch nicht von allen geteilt. In der Literatur wird auch die Meinung geäußert, dass die slowenische Verfassung einen „viel breiteren Umfang der Garantien [...] als die internationalen Instrumente, einschließlich der EMRK, gewährleistet".[10]

Für manche stand im Zentrum des innenpolitischen Interesses die neu gewonnene Souveränität. Vielleicht typisch ist in diesem Zusammenhang die Äußerung des slowenischen Autors *B. Mahnič*, der im Jahre 1996 betont hat, dass Slowenien seit seiner Unabhängigkeit seine Beziehungen mit anderen Staaten und internationalen Organisationen mittels völkerrechtlicher Verträge unabhängig regelt.[11] Diese Aussage, die eine Selbstverständlichkeit zu sein scheint, hängt eng mit der geschichtlichen Entwicklung der slowenischen Staats- und Rechtsordnung zusammen. Weil das Recht, Verträge abzuschließen, ein typisches Merkmal der Staatlichkeit ist, gewann nach dem Erreichen der Selbständigkeit die Problematik der auswärtigen Beziehungen schnell einen hohen Stellenwert. Auf diesem Hintergrund soll auch die Verabschiedung schon eines zweiten Gesetzes *über die auswärtigen Angelegenheiten*[12] seit der

---

[10] *A. Mavčič*, Slovenia, in: R. Blackburn/ J. Polakiewicz (Hrsg.), Fundamental Rights in Europe. The European Convention on Human Rights and its Member States, 1950-2000, Oxford 2001, S. 782.

[11] *B. Mahnič*, The Republic of Slovenia, the Concluding of International Treaties, and the Succession Regarding International Treaties, Journal of International Relations 1-4 (1996), 45 ff.

[12] Ur.l.RS, Nr. 45/2001, 78/2003, 20/2006.

Unabhängigkeit Sloweniens gesehen werden, das u.a. eine ungewöhnlich detaillierte Regelung des Abschlusses völkerrechtlicher Verträge bringt.

Das entstandene und sich vor allem durch den EU-Beitritt und die Notwendigkeit der Gewährleistung der direkten Anwendbarkeit des *acquis communautaire* entwickelnde Modell der Stellung der slowenischen Rechtsordnung zu den überstaatlichen Rechtssystemen stellt eine Kombination seiner Öffnung für die überstaatlichen Rechtsordnungen mit einem starken Einfluss des Parlaments bzw. der Regierung bei der Auswahl der inkorporierten völkerrechtlichen Regelungen in die nationale Rechtsordnung dar.

3. Das gewählte Modell der Einbeziehung des Völkerrechts in die innerstaatliche Rechtsordnung

a) Allgemeine Inkorporationsregel und die Einbeziehung des Gewohnheitsrechts

Die Verfassung der Republik Slowenien von 1991 baut auf dem Prinzip der Öffnung gegenüber den völkerrechtlichen Regelungen auf, was sich vor allem in Art. 8 Verf. widerspiegelt.[13] Nach dieser Regelung sind die ratifizierten und verkündeten völkerrechtlichen Verträge unmittelbar anwendbar; Gesetze und andere Vorschriften müssen mit den allgemein geltenden Grundsätzen des Völkerrechts und mit den für Slowenien verbindlichen Verträgen in Einklang stehen.

Der Begriff der „allgemein geltenden Grundsätze" wird in der Lehre[14] entweder dem internationalen Gewohnheitsrecht gleichgestellt oder wird um „rechtliche Grundsätze, die in der Judikatur aller zivilisierten Völker Anwendung finden", erweitert. Der verfassungsrechtlichen Verankerung der allgemein geltenden Grundsätze wird die Wirkung eines

---

[13] Art. 8 Verf. lautet: „Gesetze und andere Vorschriften müssen mit den allgemein geltenden Grundsätzen des Völkerrechts und den für Slowenien verbindlichen völkerrechtlichen Verträgen in Einklang stehen. Die ratifizierten und verkündeten völkerrechtlichen Verträge sind unmittelbar anwendbar."

[14] *M. Škrk*, The European Law and the Constitutional Order of Slovenia, European Law in the Case-Law of Constitutional Courts, Bratislava 2001, S. 70.

Teiles der *lex fori* zugemessen, ohne dass sie eines weiteren innerstaatlichen Rechtsaktes bedürfen.[15] Diese Funktion wird auch vom Gesetz *über die auswärtigen Angelegenheiten* bestätigt, das ihnen in seinem § 1 Abs. 2 die Rolle einer komplementären, im innerstaatlichen Recht unmittelbar geltenden Rechtsquelle zuweist.[16]

Die Konformität der innerstaatlichen Rechtsnormen mit den allgemeinen Grundsätzen des Völkerrechts sowie den völkerrechtlichen Verträgen wird vor allem in einem formalisierten Verfahren von dem slowenischen Verfassungsgericht geprüft (Art. 160 Verf.).[17]

b) Einbeziehung völkerrechtlicher Verträge

Nach Art. 8 Satz 2 Verf. sind die ratifizierten und verkündeten Verträge unmittelbar anwendbar.[18] Dieser Grundsatz, zusammen mit dem Prinzip des obligatorischen Einklangs der innerstaatlichen Rechtsnormen mit den verbindlichen völkerrechtlichen Verträgen, wird als eine *de facto*-Inkorporierung der ratifizierten völkerrechtlichen Verträge in die slowenische Rechtsordnung dargestellt.[19]

Unter „Verträgen" versteht das Gesetz *über die auswärtigen Angelegenheiten* – fast wortgleich mit Art. 2 Abs. 1 lit. a des *Wiener Übereinkommens über das Recht der Verträge* – vom Völkerrecht bestimmte, in Schriftform geschlossene Übereinkünfte zwischen der Republik Slowenien und einem oder mehreren Staaten oder internationalen Organisati-

---

[15] S. Z.B. *M. Pogačnik*, Veljavnost mednarodnih pogodb v Republiki Sloveniji, Právnik 51 (1996), S. 37.

[16] § 1 Abs. 2 des Gesetzes *über die auswärtigen Angelegenheiten* lautet: „Die Angelegenheiten, die in diesem Gesetz nicht geregelt sind, werden durch andere Vorschriften sowie durch die Regelungen des internationalen Gewohnheitsrechts und die völkerrechtlichen Verträge geregelt, welche die Slowenische Republik binden."

[17] S. das Kapitel „Die Voraussetzungen der Anwendung völker- und gemeinschaftsrechtlicher Regelungen in der Rechtsprechung und ihre Umsetzung in der gerichtlichen Praxis".

[18] Art. 8 Satz 2 Verf. lautet: „Ratifizierte und verkündete völkerrechtliche Verträge sind unmittelbar anwendbar. "

[19] *M. Pogačnik* (Fn. 15), S. 3.

onen, unabhängig davon, ob sie in einer oder mehreren zusammengehörigen Urkunden enthalten sind und welche Bezeichnung sie haben.

Die direkte Anwendbarkeit der völkerrechtlichen Verträge ist in Art. 8 Satz 2 Verf. an zwei Voraussetzungen geknüpft – erstens, dass sie ratifiziert, und zweitens, dass sie verkündet wurden. Es muss jedoch gesehen werden, dass unter dem Begriff der „Ratifikation völkerrechtlicher Verträge“ die slowenische Rechtsordnung die durch das Parlament (die Staatsversammlung) oder die Regierung ausgesprochene Zustimmung zu völkerrechtlichen Verträgen versteht, die dem Erstellen von Ratifikationsurkunden durch den Staatspräsidenten nach Art. 107 Verf. vorhergeht.

aa) Kriterium: Die Zustimmung

Nach Art. 86 Verf. verabschiedet die Staatsversammlung Gesetze, fasst andere Beschlüsse und „ratifiziert völkerrechtliche Verträge“.[20] Zu diesem Schritt ist im Allgemeinen die Mehrheit der abgegebenen Stimmen der anwesenden Abgeordneten notwendig.

Der Umfang der Kategorie der durch das Parlament einerseits und die Regierung andererseits zustimmungspflichtigen Verträge ist in der Verfassung nicht näher bestimmt.[21] Diese Abgrenzung befindet sich in einer einfach-gesetzlichen Norm, nämlich in § 75 des Gesetzes *über die auswärtigen Angelegenheiten.* Nach dieser Bestimmung werden alle Verträge durch die Staatsversammlung ratifiziert, mit Ausnahme derjenigen, die nach dem Gesetz von der Regierung ratifiziert werden. Daraus ergibt sich, dass es keinen geltenden völkerrechtlichen Vertrag gibt, der in der Zeit der Geltung des Gesetzes *über die auswärtigen Angelegenheiten* von Slowenien abgeschlossen wurde, der nicht entweder vom Parlament oder der Regierung gebilligt wurde.

Die parlamentarische Zustimmung zu völkerrechtlichen Verträgen hat die Form eines Gesetzes, das nach den Regeln für das Eilverfahren ver-

[20] Art. 86 Verf., Wortlaut siehe Anhang.

[21] Eine Ausnahme hierzu stellte der im Jahre 1997 eingeführte Art. 68 Abs. 2 Verf. dar, der den Erwerb von Boden durch Ausländer regelt: Danach müsste einem völkerrechtlicher Vertrag, der diesen Erwerb zulassen würde, eindeutig die Staatsversammlung zugestimmt haben, und zwar mit einer Zwei-Drittel-Mehrheit aller Abgeordneten.

abschiedet wird.[22] Das „Ratifikationsverfahren“ wird vom Minister für auswärtige Angelegenheiten auf Antrag des Organs eingeleitet, welches die Verhandlungen über den Abschluss des Vertrags durchgeführt hat (§ 75 des Gesetzes *über die auswärtigen Angelegenheiten*). Nach § 144 *Parlamentsverordnung* werden alle drei Phasen der parlamentarischen Verhandlungen in einer Sitzung konzentriert.

Die zweite Form der Ratifikation völkerrechtlicher Verträge erfolgt durch die Regierung. Nach § 75 Abs. 5 des Gesetzes *über die auswärtigen Angelegenheiten* werden von der Regierung diejenigen Verträge „ratifiziert“, die nach dem nationalen Recht in ihrer Zuständigkeit stehen, weiter Verträge, die zur Durchführung von für Slowenien bindenden Entscheidungen internationaler Organisationen oder zur Umsetzung der abgeschlossenen internationalen Verträge dienen, die von den entsprechenden Ressortministern Sloweniens und anderer Staaten abgeschlossen wurden, die diplomatische und konsularische Angelegenheiten sowie die internationale Zusammenarbeit Sloweniens im Bereich der Verteidigung und der internen Angelegenheiten regeln oder die internationale Kultur-, Wissenschafts- und Ausbildungskooperation betreffen. Die gesetzliche Voraussetzung zu dieser Form der Zustimmung ist die Bedingung, dass diese Verträge weder die Verabschiedung eines neuen Gesetzes noch eine Änderung der schon geltenden Gesetze erforderlich machen (§ 75 Abs. 6). Die Regierung entscheidet durch Beschluss.

Die Erfüllung der Voraussetzung der Zustimmung zu einer völkerrechtlichen Übereinkunft als Kriterium seiner Eigenschaft als „Vertrag“ war Gegenstand der Entscheidung des slowenischen Verfassungsgerichts vom 23. September 1998.[23] Der Antrag auf Überprüfung der Verfassungsmäßigkeit einer Vereinbarung zwischen dem Verteidigungsministerium Sloweniens und der israelischen Regierung über die Koordinierung des Verkaufs von Waffen und die Zusammenarbeit von slowenischen und israelischen Firmen im Bereich der Waffenproduktion wurde von einer Abgeordnetengruppe gestellt; sie hatte gerügt, dass diese Vereinbarung weder von der Staatsversammlung noch von der Regierung „ratifiziert“ worden war (Art. 86 und 153 Verf.). Eine weitere Verletzung der Verfassung hatte sie in der Nichterfüllung der Verpflichtung der Verkündung völ-

---

[22] § 213 Abs. 3 der Parlamentsverordnung, Ur.l.RS, 35/2002, 60/2004.

[23] Entscheidung Nr. U-I-128/98.

> kerrechtlicher Verträge nach Art. 8 Satz 2 Verf. gesehen. Das Verfassungsgericht hat zwar betont, dass die Übereinkunft alle Attribute eines völkerrechtlichen Vertrags nach dem internationalen Vertragsrecht besitze – es handele sich um eine Übereinkunft zwischen zwei völkerrechtlichen Subjekten, die für sie Rechte und Pflichten erzeugt. Weil sie jedoch nie Gegenstand einer innerstaatlichen Ratifikation war und nur durch Unterzeichnung in Kraft trat, konnte sie nicht Bestandteil der slowenischen Rechtsordnung sein. Die fehlende Verkündung bestärke nur diese Auffassung. Aus diesen Gründen konnte der Inhalt des Vertrags in die innerstaatliche Ordnung Sloweniens nicht aufgrund eines entsprechenden innerstaatlichen Rechtsaktes inkorporiert werden.[24]

In der Voraussetzung der obligatorischen Zustimmung des Parlaments oder der Regierung zur unmittelbaren Anwendbarkeit der Bestimmungen völkerrechtlicher Verträge nach Art. 8 Satz 2 Verf. sehen mehrere Autoren ein Zeichen dafür, dass die slowenische Rechtsordnung zu einer „milden Form“ des Dualismus tendiert.[25] Mit einem Zustimmungsgesetz oder einem Regierungsbeschluss werde ein völkerrechtlicher Vertrag in die innerstaatliche Rechtsordnung einzeln inkorporiert. Erst nach diesem Schritt werde die völkerrechtliche Regelung Bestandteil des nationalen Rechts, erst dann könne sie innerstaatlich angewandt werden.

In der Literatur werden diese Spezifika des Ratifikationsverfahrens in Slowenien kritisch bewertet.[26] Das Konzept, alle völkerrechtlichen Verträge dem innerstaatlichen Ratifikationsverfahren unterzuordnen, wird als „unüblich“ und in seinen Konsequenzen als ineffektiv angesehen. Im Unterschied zu zahlreichen anderen Staaten Europas, deren Verfassungen das Erfordernis der Ratifikation nur auf die wichtigsten Verträge beschränken, erlaube die slowenische Rechtsordnung nämlich nicht, selbst die für die Allgemeinheit weniger bedeutsamen Verträge – z.B. Verwaltungs- oder Ressortabkommen – durch eine bloße Unterzeichnung in Kraft treten zu lassen. Auf der anderen Seite darf nicht übersehen werden, dass dieses Modell theoretisch allen von Slowenien abge-

---

[24] Analog die Entscheidung Nr. U-I-265/98.

[25] S. *P. Vehar/ T. Ilešič*, International Agreements in the Legal Orders of the Candidate Countries. Slovenia, in: A. Ott/ K. Inglis (Hrsg.), Handbook of European Enlargement, Hague 2002, S. 331.

[26] *B. Mahnič* (Fn. 11), S. 48.

schlossenen Verträgen innerstaatlich unmittelbare Anwendbarkeit verleiht.

bb) Kriterium: Die Verkündung

Die Veröffentlichung der Verträge erfolgt nach § 77 des Gesetzes *über die auswärtigen Angelegenheiten* vor ihrem völkerrechtlichen Inkrafttreten im Amtsblatt der Republik Slowenien. Die Verkündung muss in der slowenischen Sprache und in der jeweiligen Originalsprache erfolgen.

cc) „Unmittelbare Anwendbarkeit"

Die Eindeutigkeit der Regelung von Art. 8 Satz 2 Verf., die ausnahmslos allen ratifizierten und verkündeten Verträgen das Attribut der direkten Anwendbarkeit verleiht, wirkt in der Praxis nicht nur positiv. In der Lehre[27] wird betont, dass nicht alle Bestimmungen der ratifizierten und verkündeten Verträge in solcher Weise konzipiert und formuliert sind, dass sie die direkte Anwendbarkeit erlauben oder ermöglichen. Als ein typisches Beispiel eines völkerrechtlichen Vertrags, der neben direkt anwendbaren auch solche Regelungen enthält, die eindeutig nur die Staaten als seine Parteien binden, wurde im Schrifttum das *Europaabkommen zur Gründung einer Assoziation zwischen den im Rahmen der Europäischen Union handelnden Europäischen Gemeinschaften und ihren Mitgliedstaaten einerseits und der Republik Slowenien andererseits*[28] genannt.

Den Effekt der unmittelbaren Anwendbarkeit nach Art. 8 Satz 2 Verf. entfalten die völkerrechtlichen Verträge ab dem Tag, der in dem Vertrag festgelegt ist; enthält der Vertragstext keine solche Feststellung, tritt er an dem Tag in Kraft, an dem alle Unterzeichneten über das Inkrafttreten übereingestimmt haben (§ 78 des Gesetzes *über die auswärtigen Angelegenheiten*).

Das Konzept einer von der Regierung vorgeschlagenen Änderung von Art. 8 Satz 2 Verf.[29] und dem Ersetzen des Prinzips der „direkten An-

---

[27] S. *P. Vehar/ T. Ilešič* (Fn. 25), S. 335.

[28] ABl. EG L 51/1999, 3-206.

[29] Parliamentary Reports, No. 69, 6.8. 2001, 36-37.

wendbarkeit“ durch die Feststellung, dass die ratifizierten und verkündeten Verträge „Bestandteil der slowenischen Rechtsordnung“ seien,[30] ist bisher gescheitert; damit wäre der Zwang der unmittelbaren Anwendbarkeit erheblich reduziert gewesen.

dd) Rangregelung

Die Regelung von Art. 8 Verf. über die Übereinstimmung von innerstaatlichen Rechtsakten mit Völkerrecht wird durch Art. 153 Verf. ausgeführt. Danach müssen Gesetze mit den allgemein geltenden Grundsätzen des Völkerrechts und mit den geltenden, von der Staatsversammlung ratifizierten völkerrechtlichen Verträgen übereinstimmen. Die Rechtsverordnungen und andere allgemein geltende Regelungen müssen nach dieser Bestimmung dagegen „auch“ mit anderen, d.h. von der Regierung „ratifizierten“ völkerrechtlichen Verträgen übereinstimmen.[31]

Die Regelung über die obligatorische Übereinstimmung der Gesetze nach Art. 153 Abs. 1 Satz 1 Verf. wird in der Lehre[32] im Sinne eines Völkerrechtsvorrangs interpretiert; als Folge können im Falle eines Konflikts die Grundsätze *lex specialis derogat legi generali* oder *lex posterior derogat legi priori* keine Anwendung finden. Dieser Struktur entspricht auch die Konstruktion der Zuständigkeiten des slowenischen Verfassungsgerichts. Nach Art. 160 Verf. ist es u.a. berechtigt, über die Übereinstimmung der Gesetze und anderer Vorschriften mit den ratifizierten völkerrechtlichen Verträgen und den allgemeinen Grundsätzen des Völkerrechts zu entscheiden.

Eine weitere Kontrolle wird von der Staatsversammlung bzw. der Regierung im Rahmen des Ratifikationsverfahrens ausgeübt. Eine Restkompetenz in Bezug auf die Umsetzung völkerrechtlicher Verträge wurde der Regierung auferlegt. Im Falle eines Konflikts zwischen den Bestimmungen eines völkerrechtlichen Vertrags und eines Gesetzes oder anderer Vorschriften ist sie nach § 87 des Gesetzes *über die auswärtigen Angelegenheiten*[33] verpflichtet, im Parlament ein Verfahren

---

[30] Art. 8 Satz 2 Verf. würde dann lauten: „Die ratifizierten und verkündeten Verträge sind Bestandteil der Rechtsordnung Sloweniens.“

[31] Art. 153 Verf., Wortlaut siehe Anhang.

[32] *M. Škrk* (Fn. 14), S. 73.

[33] S. Fn. 5.

zur Änderung der entsprechenden innerstaatlichen Regelung oder zur Änderung oder Kündigung des Vertrags zu initiieren.[34] Mit Rücksicht auf eine eventuell eintretende Staatenverantwortlichkeit wegen der Nichterfüllung völkerrechtlicher Verpflichtungen stellt das Gesetz *über die auswärtigen Angelegenheiten* (§ 87 Satz 2) fest, dass vor dem Abschluss dieses Verfahrens der völkerrechtliche Vertrag angewandt wird.[35]

Diese Regelung ließ jedoch einige Fragen offen. Unerwähnt blieb in der Verfassung die Frage des Verhältnisses zwischen den untergesetzlichen Normen und den Verträgen, die durch die Staatsversammlung ratifiziert wurden. Es scheint jedoch, dass, da nach der verfassungsrechtlichen Regelung die Gesetze mit den allgemein geltenden Grundsätzen des Völkerrechts und den durch das Parlament ratifizierten völkerrechtlichen Verträgen übereinstimmen müssen, diese Regel *a maiori ad minus* auch für die untergesetzlichen Normen gelten muss.

Nicht angesprochen wurde in der Verfassung das aus anderen Ländern bekannte Problem des Rangs der völkerrechtlichen Verträge gegenüber den verfassungsrechtlichen Bestimmungen. Nach einer der früheren Entscheidungen des Verfassungsgerichts[36] gebe es keinen Vorrang der völkerrechtlichen Bestimmungen vor der Verfassung. Auch in seiner Entscheidung aus dem Jahre 1997, welche die Übereinstimmung des *Europaabkommens* mit der slowenischen Verfassung betraf, hat das Verfassungsgericht festgestellt, dass die „Standards des Völkerrechts" Vorrang vor allen subkonstitutionellen Normen des nationalen Rechts haben;[37] weiter hat es unterstrichen, dass die slowenische Rechtsordnung keinen Vorrang der völkerrechtlichen Regelungen gegenüber den verfassungsrechtlichen Regelungen akzeptiere.[38] An dieser Stelle zitierte

---

[34] § 87 Satz 1 des Gesetzes *über die auswärtigen Angelegenheiten*, Wortlaut siehe Anhang.

[35] § 87 Satz 2 des Gesetzes *über die auswärtigen Angelegenheiten*, Wortlaut siehe Anhang.

[36] U-I-147/94 vom 30.11. 1995.

[37] Rm 1/97, Ur.l.RS, Nr. 40/1997, para 12. „Thus, in the hierarchy of legal acts in Slovenia, international agreements rank above statutory provisions."

[38] *Ibid.*: „Our legal system, however, does not recognize the primacy of international law over constitutional provisions."

die Entscheidung einige französische Autoren,[39] die in denjenigen Rechtsordnungen, in denen es keine Hierarchie der völkerrechtlichen Regelungen über die verfassungsrechtlichen Normen gibt, ein Koexistenz-Verhältnis zwischen diesen zwei Systemen sehen. Einen Konflikt zwischen ihnen halten sie für ausgeschlossen.[40]

Interessante Folgen hat auch die Unterscheidung zwischen zwei Kategorien der völkerrechtlichen Verträge nach Art. 153 Abs. 1 Verf., welche die Frage nach dem Verhältnis zwischen den durch das Parlament ratifizierten völkerrechtlichen Verträgen und den verabschiedeten Gesetzen einerseits und den durch die Regierung ratifizierten völkerrechtlichen Verträgen andererseits aufwirft. Das Verfassungsgericht hat sich in seiner Rechtsprechung mit dieser Problematik bisher nicht auseinandergesetzt. Die Lehre[41] tendiert hier zur Auffassung, dass durch die Übereinstimmungsregelung von Art. 153 Abs. 1 Verf. den Gesetzen eigentlich ein höherer Rang als den durch die Regierung ratifizierten Abkommen verliehen würde. Auf diese Weise würden nicht nur die innerstaatlichen und völkerrechtlichen Regelungen, sondern auch die völkerrechtlichen Verträge hierarchisiert; im Extremfall könnte in solcher innerstaatlicher Abstufung völkerrechtlicher Normen eine Verletzung des internationalen Vertragsrechts gesehen werden.

Es kann zusammengefasst werden, dass die slowenische Rechtsordnung dem Völkerrecht gegenüber prinzipiell offen ist. Den allgemein geltenden Grundsätzen des Völkerrechts wird automatisch das Attribut der *lex fori* verliehen, die nationalen Rechtsakte müssen sowohl mit diesen Grundsätzen als auch mit den Slowenien bindenden völkerrechtlichen Verträgen im Einklang stehen.

Allen durch Parlament oder Regierung gebilligten (in der Terminologie der Verfassung „ratifizierten") völkerrechtlichen Verträgen hat der Verfassungsgeber Anwendungsvorrang verliehen. Weil sich aus der Verfassung und den entsprechenden gesetzlichen Bestimmungen ergibt, dass

---

39 *L. Favoreu/ L. Philipp*, Les grandes décisions du Conseil constitutionnel, 7ième édition, Paris 1993, S. 813.

40 *Ibid.*: „In the opinion of some French theoreticians of constitutional law, in countries in which norms of international law are not at hierarchical level above constitutional norms, there is a relationship of coexistence between these two types of norms. Thus, between these norms, the question of hierarchy of these norms cannot even be posed."

41 *M. Škrk* (Fn. 14), S. 73.

alle völkerrechtliche Verträge auf diese Weise gebilligt werden müssen, bedeutet dies einerseits eine sehr breite inhaltliche Inkorporierung völkerrechtlicher Regelungen, andererseits aber auch, dass sich der Gesetzgeber oder die Exekutive vor dem eigentlichen völkerrechtlichen Inkrafttreten der Verträge ein Mittel vorbehalten hat, mit dem er den Umfang der inkorporierten Regelungen kontrollieren kann. Die Beschreibung des Systems als „milder Dualismus" scheint aus diesem Grund treffend zu sein.

4. Das gewählte Modell der Einbeziehung des Gemeinschaftsrechts in die innerstaatliche Rechtsordnung

Das Verhältnis zu den Europäischen Gemeinschaften steht von Anfang an im Zentrum der selbständigen slowenischen Außenpolitik. Schon am 5. April 1993, d.h. weniger als zwei Jahre nach dem Zerfall Jugoslawiens im Juni 1991, wurden mit einem *Kooperationsabkommen zwischen der Europäischen Wirtschaftsgemeinschaft und der Republik Slowenien*[42] sowie einem *Abkommen zwischen den Mitgliedstaaten der Europäischen Gemeinschaft für Kohle und Stahl und der Europäischen Gemeinschaft für Kohle und Stahl einerseits und der Republik Slowenien andererseits*[43] die ersten offiziellen Beziehungen zwischen Slowenien und der Gemeinschaft aufgenommen. Die Verhandlungen über die assoziierte EU-Mitgliedschaft begannen 1995 und bald darauf, im Jahre 1996, hat Slowenien den Antrag auf eine EU-Vollmitgliedschaft gestellt.

Slowenien gehörte zu den Ländern, die sich sehr intensiv auf den EU-Beitritt vorbereitet hatten.[44] Im Dezember 1997 entschied der Rat der EU, dass die Republik in den ersten Kreis der Beitrittskandidaten aufgenommen werden solle. Am 1. Mai 2004 ist für Slowenien – zusammen mit neun anderen Staaten – der EU-Beitrittsvertrag in Kraft getreten.

---

[42] ABl. EG L 189 vom 29.7. 1993, S. 2-151.

[43] ABl. EG L 287 vom 22.11. 1993, S. 2-36.

[44] *V. Gogala*, Der EU-Beitritt aus slowenischer Sicht, Südosteuropa 49 (2000), 345 ff.

a) Das Europaabkommen

Das *Europaabkommen zur Gründung einer Assoziation zwischen den im Rahmen der Europäischen Union handelnden Europäischen Gemeinschaften und ihren Mitgliedstaaten einerseits und der Republik Slowenien andererseits*[45] (das Assoziierungsabkommen), das bis zum EU-Beitritt im Jahre 2004 die Achse der gegenseitigen Beziehungen zwischen Slowenien und den europäischen Strukturen war, wurde in Luxemburg am 10. Juni 1996 unterzeichnet und in Slowenien im Jahre 1997 innerstaatlich „ratifiziert".[46]

Die Beziehungen zu seinen Nachbarstaaten und die spezifische Beziehung Sloweniens zu den Staaten des ehemaligen Jugoslawiens prägten sowohl den Prozess des Abschlusses des Europaabkommens als auch seinen Inhalt.

Sein Abschluss wurde von den diplomatischen Schwierigkeiten zwischen Slowenien und Italien überschattet: 1995 hatte Italien gedroht, durch sein Veto die Unterzeichnung des Assoziierungsabkommens zu verhindern. Seine Repräsentanten machten die Unterzeichnung von der Lösung einiger für sie offener Fragen aus dem italienisch-jugoslawischen Vertrag von *Osimo* vom 3. April 1977[47] abhängig, konkret von der Änderung der bisherigen restriktiven Gesetzgebung über den Erwerb von Immobilien durch Ausländer.[48] Die slowenische Seite akzeptierte den sog. spanischen Kompromiss,[49] der in Form eines Notenwechsels die slowenische Seite verpflichtete, unter bestimmten Voraussetzungen den Unionsbürgern den Erwerb von Liegenschaften zu ermöglichen.[50] Dieses Ergebnis wurde unterschiedlich bewertet. Während

---

[45] S. Fn. 28.

[46] Ur.l.RS 44/1997.

[47] Ur.l. Socialistične Federativne Republike Jugoslavije. Mednerodne pogodbe Nr. 1/1977; s. Kapitel „Völkerrechtliche Verträge als Prüfungsgegenstand".

[48] Mehr zu slowenisch-italienischen Beziehungen s. *M. Drčar-Murko*, Some Legal Aspects of Relations between Slovenia and Italy, Journal of International Relations 1-4 (1996), 70 ff.

[49] *Ibid.*

[50] Dazu *D. Rupel*, Slovenia and Central Europe's March Towards the EU: the Restrictive Role of the European Great Powers, Journal of International Relations 1-4 (1996), 137 ff.

einige Autoren in der entstandenen Rechtslage diskriminierende Elemente gegenüber den Zuwanderern aus den südslawischen Staaten bzw. anderen Staaten des ehemaligen Jugoslawiens sahen, für die diese Rechtslage eine schlechtere Behandlung gegenüber den Unionsbürgern bedeuten könnte,[51] betonten andere Autoren,[52] dass das Recht, im Prozess des Abschlusses der Assoziierungsabkommen ein Veto einzulegen, zu den legitimen Reaktionsmöglichkeiten jedes EU-Mitglieds gehöre; eine Unterzeichnung zu erzwingen sei rechtlich nicht möglich, diese liege eindeutig im Ermessen der Parteien.

Auch der Text des slowenischen Europaabkommens weist im Vergleich zu den Abkommen mit anderen Transformationsstaaten einige Unterschiede auf. Die Präambel erwähnte ausdrücklich den Vertrag von *Osimo*, deren Nachfolge Slowenien angetreten hat, sowie das slowenisch-italienische Abkommen zur Förderung der wirtschaftlichen Zusammenarbeit zwischen den beiden Ländern;[53] diese Verträge wurden im Teil X des Abkommens „Bestimmungen betreffend die Abkommen von *Osimo* über die wirtschaftliche Zusammenarbeit zwischen Slowenien und Italien" in Bezug genommen. Ein weiteres Spezifikum waren die Regelungen im Anhang XIII, die den Briefwechsel zum Erwerb von unbeweglichem Eigentum durch die Unionsbürger, den „spanischen Kompromiss", enthielten.

Ähnlich wie in den anderen „neuen" Demokratien, wie etwa in der Tschechischen Republik,[54] war die Frage der direkten Anwendbarkeit der Regelungen des slowenischen Europaabkommens umstritten. In der Lehre[55] wurde betont, dass es, obwohl die slowenischen Gerichte bisher keinen Fall lösen mussten, in dem das Europaabkommen Anwendung gefunden hätte, kein Hindernis gebe, warum ein Gericht nicht seine di-

---

[51] *M. Tratnik* (Fn. 1), 73 ff.

[52] Z.B. *M. Pogačnik*, in: Some International Aspects of the Integration into the European Union, Journal of International Relations 1-4 (1966), S. 135.

[53] „[...] eingedenk der Ziele der im November 1975 in Osimo unterzeichneten Abkommen zwischen der Italienischen Republik und der Sozialistischen Föderativen Republik Jugoslawien, deren Nachfolge die Republik Slowenien angetreten hat, insbesondere des Abkommens zur Förderung der wirtschaftlichen Zusammenarbeit zwischen den beiden Ländern, [...]."

[54] Vgl. *M. Pauknerová*, Evropská dohoda o přidružení, volný pohyb průmyslových výrobků a technická harmonizace, Právník 12 (1996), 1013 ff.

[55] S. *P. Vehar*/ *T. Ilešič* (Fn. 25), S. 335.

rekte Anwendbarkeit anerkennen sollte. Eine Voraussetzung wäre jedoch, dass die entsprechende Bestimmung einen self-executing Charakter hätte. Als Beispiel einer eindeutig nicht self-executing Regelung wurde dagegen Art. 70 des Abkommens genannt, in dem sich Slowenien verpflichtet, „sich darum zu bemühen", dass seine Rechtsvorschriften schrittweise mit dem Gemeinschaftsrecht vereinbar werden.[56]

Eine im slowenischen innerstaatlichen Recht nicht näher definierte Position hatten auch die Beschlüsse, die der Assoziationsrat nach Art. 112 des Europaabkommens fassen konnte und die für alle Parteien verbindlich waren.[57] Nach einigen Autoren[58] blieb ihre Verbindlichkeit nur auf die Parteien beschränkt, sie könne nicht die Ebene des Völkerrechts verlassen. Solange alle völkerrechtlichen Regelungen zu ihrer direkten Anwendbarkeit durch die Staatsversammlung „ratifiziert" werden müssen, müsse dies auch für die Beschlüsse des Assoziationsrates gelten. Eine unmittelbare Auswirkung dieser Beschlüsse auf die slowenischen natürlichen und juristischen Personen habe in der geltenden Verfassung keine Stütze. Um direkt anwendbar zu sein, müssten die Beschlüsse des Assoziierungsrates u.a. verkündet werden. Auch dies geschehe nur sporadisch; dadurch könnten die slowenischen Gerichte ihre Regelungen gar nicht anwenden; im Extremfall könnten diese Beschlüsse sogar für nicht-existent gehalten werden. Zu diesem Schluss müsste ggf. auch das slowenische Verfassungsgericht gelangen, falls es die Frage der Verfassungsmäßigkeit dieser Abschlüsse überprüfen sollte.

Der größte Vorwurf an die Adresse der Beschlüsse des Assoziierungsrates war jedoch, dass diese Entscheidungen eigentlich Änderungen des Vertragstexts darstellten, die das verfassungsrechtliche Verfahren umgingen. Nach den obengenannten Autoren handelte es sich eindeutig um einen Verstoß gegen das Mandat des Assoziierungsrates;[59] jegliche Vertragsänderung müsse von der Staatsversammlung im vorgeschriebenen Verfahren verabschiedet werden.

---

[56] Art. 70 des Europaabkommens, Wortlaut siehe Anhang.

[57] Artikel 112 des Europaabkommens, Wortlaut siehe Anhang. Analoge Bestimmungen befanden sich in allen Europaabkommen, s. z.B. Art. 106 des Europaabkommens mit Tschechien.

[58] *P. Vehar/ T. Ilešič* (Fn. 25), S. 336.

[59] Artikel 110 und 111 des Europaabkommens, Wortlaut siehe Anhang.

Kritisch wurden auch die Bestimmungen von Art. 65 Abs. 2 des Europaabkommens bewertet,[60] die für die Beurteilung der Verhaltensweisen, die im Gegensatz zu den Bestimmungen über Wettbewerb stehen, als Kriterium die Bestimmungen von Art. 85, 86 und 92 des Vertrags zur Gründung der Europäischen Gemeinschaft nahmen. Die slowenischen Autoren[61] stießen auf dieselben Probleme wie sowohl die ungarischen und tschechischen Theoretiker[62] als auch das ungarische Verfassungsgericht in seiner Entscheidung vom 25. Juni 1998.[63] Im Einklang mit jenen wurde in Slowenien gemahnt, dass durch die Einbeziehung der Kriterien des geltenden Gemeinschaftsrechts noch vor dem EU-Beitritt auf eine verfassungswidrige Weise das nicht-slowenische Recht einschließlich einschlägiger Judikatur des EuGH zur Anwendung komme, ohne dass die Staatsversammlung die Möglichkeit habe, sich zu diesen Kriterien einzeln zu äußern. In dieser Rechtslage wurde vor allem eine Verletzung von Art. 3 Verf. gesehen, die dem Volk die oberste Gewalt gewährt,[64] um die Konformität dieser Regelung mit der Verfassung zu gewährleisten, müsste die Verfassung geändert werden.

b) Die rechtlichen Voraussetzungen des EU-Beitritts

Der Regierungsentwurf der verfassungsrechtlichen Bestimmungen, die den Beitritt Sloweniens zur Europäischen Union ermöglichen sollten, wurde der Staatsversammlung im Jahre 2001 vorgelegt:[65] die entsprechende Verfassungsänderung wurde am 7. März 2003 verabschiedet.[66]

---

[60] Art. 65 Abs. 2 des Europaabkommens, Wortlaut siehe Anhang.

[61] *P. Vehar/ T. Ilešič* (Fn. 25), S. 337.

[62] S. das Kapitel „Die Tschechische Republik".

[63] Magyar Közlöny 1998/4565 ff.; in deutscher Übersetzung von *A. Masing*, GRUR Int. 1999, 1 ff.

[64] Art. 3 Verf., Wortlaut siehe Anhang.

[65] Fn. 29, 36-37.

[66] Ur.l.RS, Nr. 24/03. Vgl. *C. Ribičič*, Implementing European Standards into the Case-Law of the Constitutional Court of the Republic of Slovenia, Zeitschrift für öffentliches Recht 60 (2005) 3, S. 413; *A. Mavčič*, The Republic of Slovenia, in: V. Kortmann/ J.W.A Fleuren/ W. Voermans/ M. Kindlová (Hrsg.), Constitutional Law of 10 EU Member States: The 2004 Enlargement, Deventer 2006, X/1-X/60.

Bezüglich der Übertragung der souveränen Rechte auf die EU hat die Verfassungsänderung Art. 3 Verf. um Art. 3 a Abs. 1 erweitert. Dieser stellt fest, dass aufgrund eines Vertrags, der mit einer Zwei-Drittel-Mehrheit aller Abgeordneten der Staatsversammlung „ratifiziert“ wird, Slowenien die Ausübung eines Teils seiner souveränen Rechte auf internationale Organisationen übertragen kann, welche die in der Verfassung festgelegten Merkmale – die Achtung der Menschenrechte und Grundfreiheiten, der Demokratie und der Prinzipien des Rechtsstaates – erfüllen.[67]

Die Regierung wählte in ihrem Entwurf bewusst den Begriff „internationale Organisationen“ und mied die Erwähnung der Europäischen Gemeinschaften bzw. der Europäischen Union; der Grund dafür waren die Beispiele der Verfassungen anderer Staaten, die auf eine abstrakte Weise diesen Transfer erlaubten. Im Unterschied zum Regierungsentwurf von 2001 hat die Verfassungsänderung das Attribut der „Supranationalität“ der Organisation aufgegeben und es durch die Kriterien der Achtung der Menschenrechte und Grundfreiheiten, der Demokratie und der Prinzipien des Rechtsstaates ersetzt; an dieser Stelle scheint der Einfluss der „Struktursicherungsklausel“ des Art. 23 Grundgesetz offenkundig zu sein.

Die Formulierung „Übertragung der Ausübung eines Teils seiner souveränen Rechte“ wurde gewählt, obwohl sich der Gesetzgeber der Schwierigkeiten mit der Auslegung des Begriffs „Souveränität“ bewusst war. Dieser Terminus sei jedoch in der slowenischen Rechtsordnung üblich, er wurde in zahlreichen Dokumenten zur Unabhängigkeit Sloweniens und der Auflösung Jugoslawiens angewandt. Er sei auch in ausländischen Rechtsordnungen bekannt.

Die vorgeschriebene Hürde von zwei Dritteln aller Abgeordneten, die zur Billigung des EU-Beitrittsvertrags erforderlich waren, entspricht den quantitativen Anforderungen an eine Verfassungsänderung nach Art. 169 Verf.[68] Gegenstand der Diskussionen war für längere Zeit die Frage der Erforderlichkeit eines Referendums. Schließlich haben sich die Regierung und das Parlament verpflichtet, nach der Beendigung der Verhandlungen über die Mitgliedschaft ein Referendum abzuhalten, in

---

[67] Artikel 3 a Abs. 1 Verf., Wortlaut siehe Anhang.

[68] Art. 169 Verf. lautet: „Die Verfassungsänderung wird von der Staatsversammlung mit einer Mehrheit von zwei Dritteln der Stimmen aller Abgeordneten beschlossen.“

dem sich die Staatsbürger zu den angestrebten Prozessen äußern könnten. Vor allem aber war jedoch unklar, ob es sich um ein beratendes oder verbindliches Referendum handeln sollte oder welche Folgen ein negatives Ergebnis haben würde. Hinsichtlich der Verbindlichkeit des Ergebnisses des Referendums waren zwei Alternativen möglich.

Die Verfassung kannte ursprünglich zwar nur das sog. gesetzgebende Referendum (Art. 90),[69] das von der Staatsversammlung ausgeschrieben werden konnte; darüber hinaus eröffnete der durch die Entscheidung des Verfassungsgerichts U-I-47/94-12 modifizierte § 10 des Gesetzes *über Referendum und Volksinitiative* aus dem Jahre 1994[70] auch die Möglichkeit eines Referendums zur Frage der Zustimmungsgesetze zu völkerrechtlichen Verträgen. Im Falle dieser Form wäre das Parlament an sein Ergebnis gebunden (§ 25 des Gesetzes). Neben dieser verbindlichen Form enthielt § 26 ff. des Gesetzes *über Referendum* die Kategorie eines beratenden Referendums; an sein Ergebnis wäre die Staatsversammlung nicht gebunden.

Die Folgen eines negativen Ergebnisses des Referendums wären von der Form des ersten Referendums abhängig gewesen. Wäre als erstes ein gesetzgebendes, verpflichtendes Referendum durchgeführt worden, könnte ein neues verbindliches Referendum nach § 25 des Gesetzes *über Referendum und Volksinitiative* frühestens nach einem Jahr stattfinden. Die Alternative wäre, nach dem gescheiterten ersten Referendum ein beratendes auszuschreiben; für diese Form legte das Gesetz keinen verbindlichen Zeitabstand fest. Hätte als erstes ein beratendes Referendum stattgefunden, bräuchte das Parlament sein Ergebnis – zumindest theoretisch – nicht zu berücksichtigen; zu seiner Heilung könnte es innerhalb einer beliebigen Frist ein neues beratendes oder auch verpflichtendes Referendum ausschreiben.

Die Verfassungsänderung im Jahre 2003 hat eindeutig das verbindliche Referendum vorgezogen. Art. 3 a Abs. 2 Verf. stellte fest, dass vor der Ratifizierung eines entsprechenden Abkommens die Staatsversammlung ein Referendum ausschreiben kann, an dessen Ergebnis sie gebunden ist. Der Vorschlag gilt als angenommen, wenn sich für ihn die Mehrheit der abgegebenen Stimmen ausgesprochen hat;[71] ein nächstes, gesetzge-

---

[69] Art. 90 Verf., Wortlaut siehe Anhang.

[70] Ur.l.RS, Nr. 15/1994, 13/1995, 38/1996, 43/1996, 57/1996, 82/1998, 59/2001, 11/2003, 11/2003, 48/2003, 83/2004, 24/2005, 139/2006.

[71] Art. 3 a Abs. 2 Verf., Wortlaut siehe Anhang.

bendes Referendum zur innerstaatlichen Billigung des Vertrags wäre unzulässig gewesen. Die Kriterien dieser Regelung wurden jedoch problemlos erfüllt. Bei dem am 23. März 2003 stattgefundenen Referendum haben sich 89,61 % der 60,29 % teilnehmenden Bürger für den Beitritt ausgesprochen; nur 10,39 % waren dagegen.[72]

Wie in mehreren anderen Beitrittsländern, so sah es auch in Slowenien der Gesetzgeber als notwendig an, die Stellung des *acquis communautaire* nach dem EU-Beitritt in der Verfassung zu klären. Der Regierungsentwurf der Verfassungsänderung sah ursprünglich vor, Art. 8 Verf. über die Stellung des Völkerrechts um einen dritten Satz zu erweitern; die Verfassungsänderung hat die entsprechende Bestimmung in Art. 3 a eingegliedert.[73] Nach dieser Regelung werden die Rechtsakte und Entscheidungen, die durch qualifizierte internationale Organisationen erlassen wurden, in Slowenien im Einklang mit den Regelungen dieser Organisationen angewandt werden. Damit wurde die Tatsache auch innerstaatlich bestätigt, dass seit dem 1. Mai 2004 in Slowenien der gemeinsame Besitzstand im Einklang mit den Regelungen der Gemeinschaften und der EU gilt; dasselbe Prinzip erstreckt sich theoretisch auf das Recht anderer internationaler Organisationen, auf welche Slowenien einen Teil seiner souveränen Rechte übertragen hat oder übertragen wird.

Die Kommentare zu diesem Schritt unterscheiden sich. Während die Gesetzesmotive zum Entwurf betonten, dass durch die neue Regelung die direkte Anwendbarkeit der Rechtsakte und Entscheidungen der supranationalen Organisationen sinnvoll definiert sei, fanden sich in der Literatur[74] einzelne skeptische Stimmen zu der Notwendigkeit dieser Regelung. Die Übernahme des *acquis* erfolge nach dieser Meinung schon durch die Ratifikation der EG-Verträge sowie durch den Anschluss an die Institutionen der EU, einschließlich den EuGH. Im Hinblick auf das Gebot der Transparenz der Rechtsordnung als Bestandteil des Rechtstaatsprinzips und des Umfangs des anzuwendenden Besitzstands ist die ausdrückliche Festlegung der Position des *acquis* jedoch sicher von Vorteil.

Einer der Schritte, die unternommen wurden, um die slowenische Verfassungsordnung mit dem *acquis* konform zu machen, war der Versuch

---

72 Http://www.rvk.si/referendum/eu-nato/eng.

73 Art. 3 a Abs. 3 Verf., Wortlaut siehe Anhang.

74 Z.B. bei *M. Škrk* (Fn. 14), S. 11.

um die Lösung der Frage des Eigentums an Liegenschaften durch Ausländer. Der Regierungsentwurf[75] der Verfassungsänderung rechnete damit, dass die bisherige Regelung in Art. 68 Verf., die den Ausländern das Eigentum an unbeweglichen Sachen zwar unter durch Gesetz oder völkerrechtlichen Vertrag festgelegten Bedingungen, jedoch unter der Voraussetzung der Reziprozität, ermöglichte, geändert wird. Nach der vorgeschlagenen Fassung würden die Ausländer das Recht auf Erwerb von Immobilien zwar weiterhin unter gesetzlichen oder vertraglichen Bedingungen haben; die Beschränkung durch die Reziprozität und durch die vorgeschriebene bisherige parlamentarische Zwei-Drittel-Mehrheit für die Verabschiedung des entsprechenden Gesetzes würde jedoch entfallen. Die Gesetzesmotive[76] sahen in der Änderung eine weitere, notwendige Annäherung an das Regime der Freizügigkeit der Personen und den freien Warenverkehr. Nach dem EU-Beitritt könnte die Bedingung der Reziprozität nur auf die Staatsangehörigen der Nicht-EU Staaten angewandt werden; sie sollte eventuell in bilateralen Abkommen mit den einzelnen Staaten geregelt werden.

Der Regierung ist es jedoch nicht gelungen, diese Änderungen der Verfassung durchzusetzen. Selbst nach der Verfassungsänderung aus dem Jahre 2003[77] ist die Voraussetzung der Reziprozität wie auch der Zwei-Drittel-Mehrheit bei der Verabschiedung des entsprechenden Gesetzes oder völkerrechtlichen Vertrags in der Verfassung unverändert geblieben.[78] Den Übergang zum freien Kapitalverkehr hat Slowenien im Rahmen der EU-Beitrittsverhandlungen mit einer bis sieben Jahre dauernden Übergangsperiode gelöst; spätestens nach dieser Zeit wird jedoch die erforderliche Verfassungsänderung wahrscheinlich erfolgen müssen.

Eine weitere Verfassungsänderung betraf die Auslieferung von slowenischen Staatsangehörigen an andere Staaten der EU. Das ursprüngliche eindeutige Auslieferungsverbot (Art. 47 Verf.) wurde durch eine zusätzliche Bestimmung relativiert: Danach gilt dieses Verbot nicht, falls die Pflicht zur Auslieferung oder Übergabe aus einem internationalen Abkommen hervorgeht, mit dem Slowenien nach Art. 3 a Verf. einen Teil der Ausübung seiner souveränen Rechte auf eine internationale Organi-

---

75 Fn. 29, 36-37.

76 *Ibid.*

77 Ur.l. Nr. 24/03.

78 S. das Kapitel „Präventive Kontrolle völkerrechtlicher Verträge".

sation übertragen hat – damit öffnete die Verfassung den Weg zur innerstaatlichen Umsetzung des Rahmenbeschlusses des Rates vom 13. Juni 2002 über den Europäischen Haftbefehl und die Übergabeverfahren zwischen den Mitgliedstaaten.

Zusammenfassend kann festgestellt werden, dass die slowenische Verfassung – mit dem Vorbehalt der durch eine Übergangsperiode provisorisch gelösten Frage des Erwerbs von Immobilien durch Unionsbürger – alle erforderlichen Schritte zum EU-Beitritt vollzogen hat. Sie ermöglicht den Transfer eines Teiles der Ausübung der souveränen Rechte an die internationalen Organisationen, die mit den rechtsstaatlichen Merkmalen ausgestattet sind. Ausdrücklich geregelt wurde die Stellung der Rechtsakte und Entscheidungen dieser Organisationen, die in der nationalen Rechtsordnung Anwendung finden. Die Frage der Hierarchie zwischen den nationalen und den überstaatlichen Rechtsnormen wurde durch den Hinweis auf die Regelungen dieser Organisationen gelöst.

Die angenommene Regelung gewährt genug Transparenz und unterscheidet sich grundsätzlich nicht von den Lösungen der meisten Verfassungen der bisherigen EU-Staaten.

5. Die Anwendung völker- und gemeinschaftsrechtlicher Regelungen in der Rechtsprechung

a) Anwendung völkerrechtlicher Regelungen

aa) Allgemeine Gerichte

Die Gerichtsbarkeit in Slowenien hat eine vierstufige Struktur, an deren Spitze der Oberste Gerichtshof steht. Gemäß Art. 125 der slowenischen Verfassung sind die Richter bei der Ausübung ihres Amtes an die Verfassung und an das „Gesetz" gebunden, nicht etwa an die Bestimmungen der ratifizierten völkerrechtlichen Verträge; durch Art. 8 Verf., der die direkte Anwendbarkeit ratifizierter Verträge festlegt, zusammen mit Art. 153 Verf., der die Rangregelungen enthält, projizieren sich jedoch die völkerrechtlichen Regelungen in das innerstaatliche Recht und bilden auf diese Weise eine der Quellen der nationalen Rechtsordnung.

Diese Tatsache findet ihre explizite Äußerung auf der einfach-gesetzlichen Ebene. Das Gesetz *über die Gerichte* aus dem Jahre 1994[79] stellt in § 3 ausdrücklich fest, dass die Richter bei der Ausübung ihres Amtes neben der Verfassung und den Gesetzen „an die allgemeinen Grundsätze des Völkerrechts sowie die ratifizierten und verkündeten Verträge gebunden sind".

In der Tätigkeit der Gerichte erster Instanz ist die Anwendung völkerrechtlicher Regelungen – ähnlich wie in anderen Transformationsstaaten – eher unüblich. In der Rechtsprechung der höheren Gerichte kam es vor allem in den 90er Jahren des 20. Jahrhunderts vereinzelt zur Anwendung völkerrechtlicher Bestimmungen,[80] wobei am häufigsten die Vorschriften der EMRK angewandt wurden.

So hat sich das Appellationsgericht in seiner Entscheidung Nr. Kp 309/94 vom 19. Juli 1994 mit der Rechtmäßigkeit der Untersuchungshaft wegen Verdunkelungsgefahr nach § 191 Abs. 2 (2) *Strafprozessordnung*[81] befasst, wobei Art. 5 EMRK die zentrale Rolle spielte. Es ist davon ausgegangen, dass trotz der Tatsache, dass Art. 5 EMRK die Kollusionshaft nicht erwähne, sie Bestandteil der Rechtsordnungen aller europäischer Staaten sei. Auch in der Judikatur des EGMR werde sie als Basis für die Haftverhängung und ihre Verlängerung akzeptiert. Die Gründe, die das Gericht erster Instanz in seiner Entscheidung über die Haftverlängerung wegen Verdunklungsgefahr aufgeführt hatte, seien jedoch so unpräzise, dass sie jegliche Überprüfung der Haftgründe ausschließen. Aus diesem Grund hat das Appellationsgericht die Entscheidung des Gerichts erster Instanz aufgehoben und die Sache an die erste Instanz zurückverwiesen.

In der Entscheidung Nr. Kp 132/95 vom 17. Mai 1995 hat das Appellationsgericht judiziert, dass ein elf Stunden dauerndes Festhalten auf einer Polizeistation keine Verletzung von Art. 5 Abs. 3 EMRK darstelle, der verlangt, dass jede festgenommene Person unverzüglich einem Richter oder einer anderen gesetzlich zur Wahrnehmung richterlicher Aufgaben ermächtigten Person vorgeführt werde.

---

[79] Gesetz Ur.l.RS, Nr. 45/1995, 26/1999, 38/1999, 45/1999, 28/2000, 26/2001, 56/2002, 16/2004, 73/2004, 72/2005, 49/2006, 127/2006.

[80] Nach *A. Mavčič* (Fn. 10), 804 ff.

[81] Ur.l.RS, Nr. 63/1994 und Nr. 70/1994.

Obwohl zum Zeitpunkt der Entscheidung Nr. II Cp 642/94 vom 20. März 1993 die EMRK von Slowenien zwar unterzeichnet, aber noch nicht in Kraft getreten war, hat sich das Appellationsgericht mit ihrem Art. 8 auseinandergesetzt. In seiner Entscheidung hat es festgestellt, dass die Sammlung und Verbreitung von Daten, die den Einzelnen betreffen, wie z.B. die Erwähnung seines Berufs, seiner Mitgliedschaft in Klubs, Gesellschaften, Vereinigungen und anderen Organisationen, sowie von Informationen über seine Familie in den Medien, mit dem Recht auf Privatleben nach Art. 8 EMRK nicht übereinstimme. Weil die Einmischung in Privatleben einen nicht umkehrbaren moralischen und materiellen Schaden verursachen könne und weil das Risiko als bewiesen gelte, dass der Beschuldigte seine Tätigkeit fortsetzen könne, hielt das Gericht den Erlass einer vorübergehenden Anordnung, die solche Tätigkeit bis zur endgültigen Entscheidung unterbindet, für begründet.

Eine argumentative Hilfsfunktion hatten die völkerrechtlichen Regelungen auch in der Rechtsprechung des Obersten Gerichtshofs.[82]

In der Entscheidung Nr. II Ips 393/96 vom 17. Juli 1996, in der er sich mit den rechtlichen Voraussetzungen der Freiheitsentziehung in den psychiatrischen Anstalten befasste, hat er betont, dass nach Art. 19 Verf. das Recht auf persönliche Freiheit garantiert sei; niemandem dürfe außer in den gesetzlich festgelegten Fällen die Freiheit entzogen werden. Darüber hinaus sei dieses Recht auch durch Art. 5 EMRK und Art. 9 IPbürgR geschützt. Dies bedeute, dass ein Festhalten in psychiatrischen und vergleichbaren Anstalten nur dann erlaubt sei, wenn ein Gericht entschieden habe, dass die gesetzlichen Voraussetzungen erfüllt sind. *Mutatis mutandis* müssen die gleichen Standards auch auf die Verlängerung solcher Freiheitsentziehungen angewandt werden.

Art. 8 EMRK, insbesondere das Recht auf Achtung des Familienlebens, sowie Art. 3 des *Übereinkommens über die Rechte des Kindes*[83] spielten eine entscheidende Rolle in der Entscheidung Nr. II Ips 494/93 vom 28. Oktober 1993. Der Oberste Gerichtshof hat hier betont, dass der Inhalt der Maxime „die vorrangige Berücksichtigung des Wohls des Kindes" (Art. 3 Abs. 1 des Übereinkommens) in jedem einzelnen Fall vom Gericht konkret bestimmt werden muss.

---

[82] Nach *A. Mavčič* (Fn. 10), S. 803.

[83] BGBl. 1992 II, S. 121.

Das Gericht müsse dabei die Einhaltung der gesetzlichen Einschränkungen überprüfen, welche die familiären Beziehungen im Allgemeinen und die Elternrechte im Einzelnen regeln, weil ihr Inhalt indirekt die Erfüllung des Kindeswohls beeinflusse. Im Prinzip sollen die Eltern für ihre Kinder sorgen; die Beziehungen zu anderen Verwandten, z.B. den Großeltern, spiele jedoch im Leben eines Kindes auch eine bedeutsame Rolle und unterliege dem Schutz des Familienlebens nach Art. 8 EMRK. Auch diese Beziehungen müssen bei der Anwendung des Kriteriums des Kindeswohls berücksichtigt werden.

In der Entscheidung Nr. U 584/94-6 vom 6. Oktober 1995 wurde Art. 8 EMRK in Verbindung mit dem *Übereinkommen über die Rechte des Kindes* vom Obersten Gerichtshofs angewandt. Nach dem *Ausländergesetz* aus dem Jahre 1991[84] mussten die Ausländer, die sich länger als gesetzlich festgelegt im Lande aufhalten wollen, einen vertretbaren Grund nennen, warum ein solcher Aufenthalt nötig ist. Das Übereinkommen sowie Art. 8 EMRK leisten für die Familie einen besonderen Schutz. Die Tatsache, dass der Kläger in einer unehelichen Gemeinschaft mit der Mutter seiner zwei Kinder zusammen lebt, sei ein solcher vertretbarer Grund. Der Aufenthalt des Klägers auf dem Territorium der Republik Slowenien sei notwendig, weil die Mutter und die beiden Kinder die slowenische Staatsangehörigkeit besitzen.

Auch in der Entscheidung Nr. II Ips 133/2005 fanden die Bestimmungen der EMRK in Verbindung mit dem *Übereinkommen über die Rechte des Kindes* Anwendung: Der geschiedene Kläger hatte die gerichtliche Entscheidung angegriffen, die seinen minderjährigen, sechsjährigen Sohn der elterlichen Sorge seiner ehemaligen Ehefrau und Mutter des Sohnes unterstellt hatte. Seiner Meinung nach wurde dadurch, dass das Kind nicht vor Gericht persönlich oder durch seinen Vertreter nach seiner Wahl zwischen beiden Elternteilen gefragt wurde, Art. 1, 3, 4 und 6 der EMRK sowie Art. 12 des *Übereinkommens über die Rechte des Kindes* verletzt. Der Oberste Gerichtshof hat die Einschlägigkeit beider völkerrechtlichen Verträge auf den Fall bestätigt. Gleichzeitig hat er betont, dass diese Instrumente auf dem Grundsatz beruhten, dass die Meinung der Kinder angemessen und entsprechend ihrem Alter und ihrer Reife berücksichtigt wer-

---

84 Ur.l.RS, Nr. 1/1991.

den müsse. Dies ermögliche, dass die Minderjährigen nicht unmittelbar durch Gericht, sondern durch eine „geeignete Stelle“ angehört würden. Diesen Anforderungen sei das angewandte Verfahren, wonach der Sohn von einem „Zentrum für soziale Angelegenheiten“ detailliert nach seiner Meinung gehört, diese protokolliert und er über das Ergebnis des gerichtlichen Verfahrens ausführlich informiert wurde, gerecht geworden, weshalb es mit den genannten völkerrechtlichen Instrumenten im Einklang stehe.

Art. 26 IPbürgR zusammen mit Art. 14 EMRK wurde vom Obersten Gerichtshof in der Entscheidung Nr. U 11160/93-4 vom 23. Juni 1994 zur Frage der Restitutionen des nationalisierten Eigentums genannt. Nach beiden völkerrechtlichen Bestimmungen sowie nach Art. 14 Verf.[85] sei zwar Diskriminierung unter Menschen verboten. Auch die Staatsangehörigkeit sei nach den genannten völkerrechtlichen Instrumenten kein Kriterium, das zur Differenzierung unter Menschen führen dürfe. Die Frage, ob eine Person, deren Eigentum nationalisiert wurde, zur Restitution berechtigt ist, obwohl sie ihre Staatsangehörigkeit in eine nicht-slowenische geändert hat, hat der Oberste Gerichtshof jedoch nicht beantwortet. Er hat festgelegt, dass ihre Antwort oder ggf. ihre gesetzliche Regelung nicht in seine Zuständigkeit falle; die Überprüfung von gesetzlichen Regelungen anhand völkerrechtlicher Verträge gehöre nach Art. 160 Verf. in die Zuständigkeit des slowenischen Verfassungsgerichts.

bb) Verfassungsgerichtsbarkeit

Die Geschichte des slowenischen Verfassungsgerichts geht auf das Jahr 1963 zurück. Die Verfassung der Republik Slowenien aus dem Jahre 1963[86] als einer der Bestandteile der Föderativen Republik Jugoslawien hatte seine Konstituierung vorgesehen; das Gesetz *über das Verfassungsgericht* aus dem Jahre 1963[87] regelte seine Zuständigkeiten und Zusammensetzung. Nachdem das slowenische Parlament den ersten Präsidenten und acht seiner Richter am 6. Juni 1963 gewählt hatte, konnte

85 Art. 14 Verf., Wortlaut siehe Anhang.

86 Ur.l.SRS, Nr. 10/1963.

87 Ur.l.SRS, Nr. 39/1963 and Nr. 1/1964.

am 23. Februar 1965 seine Geschäftsordnung verabschiedet werden.[88] Die gesellschaftlichen und politischen Veränderungen haben mehrere Änderungen seiner Kompetenzen gebracht, insbesondere die Verfassung im Jahre 1974[89] hat sich auf sein Profil ausgewirkt.

Die Wende der 90er Jahre hat für die Rolle des Verfassungsgerichts im staatlichen Gefüge Sloweniens als eines selbständigen Staates eine Systemänderung gebracht; das Verfassungsgericht wurde das oberste Staatsorgan zur Kontrolle der Verfassungsmäßigkeit der allgemein geltenden Rechtsnormen, zum Schutz der Verfassungsmäßigkeit und Gesetzmäßigkeit sowie zum Schutz der Grundrechte und Grundfreiheiten.[90]

Seit 1991 sind seine Zuständigkeiten in Art. 160 Verf. verankert. Die völkerrechtlichen Normen werden in diesem Zusammenhang an zwei Stellen genannt. Zunächst wird die Kompetenz des Verfassungsgerichts im Rahmen der abstrakten Normenkontrolle formuliert, wonach es über die Übereinstimmung von Gesetzen und anderen Vorschriften mit den völkerrechtlichen Instrumenten entscheidet. Im zweiten Fall wird das Völkerrecht nicht als Maßstab, sondern als Objekt der präventiven Kontrolle genannt. Nicht erwähnt werden auf der anderen Seite die Bestimmungen des internationalen Rechts in dem Teil von Art. 160 Verf., der die Verfassungsbeschwerde normiert. Die Einzelheiten der entsprechenden Verfahren werden gem. Art. 162 Verf. durch Gesetz geregelt; diese Funktion wird derzeit vom Gesetz *über das Verfassungsgericht* aus dem Jahre 1994[91] ausgeübt.

---

[88] *A. Mavčič* (Hrsg.), Constitutional Court of the Republic of Slovenia, Ljubljana 1995, 7 ff.

[89] Ur.l.SRS, Nr. 6/1974.

[90] § 1 Abs. 1 des Verfassungsgerichtsgesetzes von 1994; Ur.l.RS, Nr. 15/1994, 64/2001; englische Übersetzung in: *A. Mavčič* (Fn. 88), 19 ff.

[91] Ur.l.RS, Nr. 15/1994, 64/2001; englische Übersetzung in: *A. Mavčič* (Hrsg.) (Fn. 88).

(1) Völkerrechtliche Verträge als Prüfungsmaßstab

(a) Abstrakte und konkrete Normenkontrolle

Art. 160 Abs. 1 Verf. ermöglicht dem Verfassungsgericht, u.a. über die Übereinstimmung von Gesetzen und anderen Vorschriften mit den ratifizierten völkerrechtlichen Verträgen und den allgemeinen Grundsätzen des Völkerrechts zu entscheiden; im Gesetz *über das Verfassungsgericht* (§ 21 Abs. 1) wird diese Regelung wörtlich wiederholt.[92]

Der Gegenstand der Überprüfung ergibt sich aus dem Wortlaut dieser Regelungen. Nicht nur gesetzliche, sondern auch untergesetzliche Regelungen können vom Verfassungsgericht anhand völkerrechtlicher Bestimmungen überprüft werden. Keine der genannten Rechtsquellen legt fest, wie der Begriff „anderen Vorschriften" („drugih predpisov") ausgelegt werden soll. Aufgrund der sprachlichen Interpretation kann jedoch vermutet werden, dass diese untergesetzlichen Regelungen einen relativ unbestimmten Adressatenkreis ansprechen, d.h. dass es sich in ihrem Falle um allgemein normative und nicht etwa individuelle Rechtsakte handelt.

Der Kreis der zur Stellung des Antrags auf Einleitung der Normenkontrolle Befugten ist nach § 23 des Gesetzes *über das Verfassungsgericht* sehr breit; durch die Erwähnung der allgemeinen Gerichte unter den Antragstellern fügt er faktisch die abstrakte und konkrete Normenkontrolle in ein Rechtsinstitut zusammen. Der Antrag kann von der Staatsversammlung, mindestens einem Drittel seiner Abgeordneten, dem Staatsrat, der Regierung, den Gerichten, dem Staatsanwalt, der slowenischen Staatsbank und dem Rechnungshof gestellt werden, und zwar unter der Voraussetzung, dass die Frage der Verfassungsmäßigkeit und der Legalität im Zusammenhang mit einem von ihnen geführten Verfahren entstanden ist; weiter kann sich der Ombudsmann mit einer solchen Frage im Zusammenhang mit individuellen Fällen, die er behandelt, an das Verfassungsgericht wenden; dieses Recht haben auch die repräsentativen Organe der lokalen Gemeinden und die Vertreter der Gewerkschaften, falls ihre Rechte bedroht sind.

§ 24 des Gesetzes *über das Verfassungsgericht* erweitert diesen Kreis um die Möglichkeit einer *actio popularis*, nachdem er festlegt, dass jede Person einen Antrag auf Einleitung eines solchen Verfahrens stellen kann; die einzige Beschränkung dieses Rechts ist die Voraussetzung, dass die-

92 Art. 160 Abs. 1 Satz 2 Verf., Wortlaut siehe Anhang.

se Person ein berechtigtes Interesse an der Lösung der Frage nachweist. Dies wird angenommen, falls ein allgemein geltender Rechtsakt in die Rechte, ihre rechtlichen Interessen oder die „rechtliche Stellung" der betroffenen Person unmittelbar „eingreift" („neposredno posega").

Mit dem Umfang der *actio popularis* im Zusammenhang mit den völkerrechtlichen Regelungen hat sich das Verfassungsgericht in seiner Entscheidung U-I-87/99 vom 8. Juli 1999 befasst. Antragsteller war eine politische Partei, die in der Zustimmung der slowenischen Regierung, den slowenischen Luftraum für die militärischen Flugzeuge der NATO im Laufe der NATO-Operation über dem Territorium der Föderativen Republik Jugoslawien zu öffnen, eine Verletzung von Art. 3 des *Abkommens über Internationale Zivilluftfahrt (Chicago Convention)* vom 7. Dezember 1944[93] gesehen hatte; dieser verlangt, dass für die Überflüge der militärischen Flugzeuge anderer Staaten über das Hoheitsgebiet des unterliegenden Staates eine besondere Vereinbarung geschlossen oder eine auf andere Weise erteilte Ermächtigung erlassen wird. Das Verfassungsgericht hat den Antrag abgelehnt. Als Schlüsselargument hat es angeführt, dass eine politische Partei nur dann das Recht auf Stellung eines Antrags auf Überprüfung der Verfassungsmäßigkeit einer rechtlichen Vorschrift habe, falls diese unmittelbar ihre eigenen Interessen oder die Interessen ihrer Mitglieder betreffe. Allein das Interesse einer Partei für das demokratische System, seine Verfassungsmäßigkeit und Gesetzlichkeit gäbe ihr dieses Recht nicht.

Als Prüfungsmaßstab erwähnt die Verfassung (Art. 160 Satz 2) an erster Stelle die ratifizierten völkerrechtlichen Verträge; durch den Grundsatz, dass alle völkerrechtlichen Verträge entweder durch die Staatsversammlung oder die Regierung innerstaatlich „ratifiziert" werden müssen (§ 75 des Gesetzes *über die auswärtigen Angelegenheiten*), können alle Slowenien bindenden Verträge die Eigenschaft eines solchen Maßstabs erwerben. Spezifisch für das slowenische Verfassungsgericht ist die Tatsache, dass nach dem Text der Verfassung neben diesen Verträgen auch die allgemeinen Grundsätze des Völkerrechts angewandt werden können; diese Möglichkeit wurde vom Verfassungsgericht bisher nicht in Anspruch genommen.

§ 161 Verf. und § 43 ff. des Gesetzes *über das Verfassungsgericht* regeln die Folgen seiner Entscheidungen über die Verfassungswidrigkeit der

---

[93] BGBl. 1956 II, S. 411 mit Änderungen.

Rechtsnormen. Auch in den Verfahren, in denen als Prüfungsmaßstab Völkerrecht benutzt wurde, kann das Verfassungsgericht das angegriffene Gesetz völlig oder teilweise aufheben (§ 43 des Gesetzes) oder eine deklaratorische Entscheidung treffen, in der es den Gesetzgeber oder einen anderen Normgeber zur Aufhebung der verfassungswidrigen Vorschrift auffordert (§ 48 des Gesetzes).

Die Rechtsprechung des slowenischen Verfassungsgerichts enthält eine Reihe von Entscheidungen, in denen völkerrechtliche Normen, vor allem die internationalen Menschenrechtspakte, die EMRK und das UN-*Übereinkommen über die Rechte des Kindes* als Prüfungsmaßstab angewandt wurden:

> Eines der ersten Beispiele solcher Anwendung ist die Entscheidung Nr. U-I-27/92-16 vom 9. Juli 1992,[94] in der Art. 14 Abs. 7 des IPbürgR zentrale Bedeutung für die Aufhebung einer Bestimmung der slowenischen *Strafprozessordnung* zukam. Gegenstand des von einem ordentlichen Gericht gestellten Antrags war § 404 Abs. 1 Pkt. 6 der von der föderalen (SFRJ) Rechtsordnung übernommenen Strafprozessordnung,[95] der unter bestimmten Voraussetzungen die Wiederaufnahme des Strafverfahrens in derselben Sache auch zum Nachteil der verurteilten Person ermöglichte. Das Verfassungsgericht hat diese Bestimmung mit der Begründung für ungültig erklärt, sie widerspreche neben Art. 31 Verf. (*ne bis idem*) auch Art. 14 Abs. 7 IPbürgR, wonach niemand wegen einer strafbaren Handlung, wegen der er bereits nach dem Gesetz und dem Strafprozessrecht des jeweiligen Landes rechtskräftig verurteilt oder freigesprochen worden ist, erneut verfolgt oder bestraft werden kann. Diese Argumentation wurde damit begründet, dass „durch die Verabschiedung der *Grundlegenden Verfassungsurkunde über die Selbständigkeit und Unabhängigkeit der Republik Slowenien* vom 25. Juni 1991 und aufgrund ihres Art. 3 [...] die völkerrechtlichen Verträge" – und das oben genannte Abkommen ist ein solcher Vertrag – „Bestandteil des Rechtssystems der Republik Slowenien wurden".

---

[94] Ur.l.RS, Nr. 38/92 (corr. 50/92).

[95] Ur.l.RS, Nr. 63/1994, 63/1994, 70/1994, 25/1996, 39/1996, 5/1998, 49/1998, 66/1998, 72/1998, 6/1999, 42/2000, 66/2000, 111/2001, 32/2002, 3/2003, 21/2003, 44/2003, 56/2003, 92/2003, 114/2003, 43/2004, 68/2004, 83/2004, 101/2005, 14/2007.

Aufgrund eines Antrags des Menschenrechtsbeauftragten hat das Verfassungsgericht in der Sache U-I-103/95 vom 24. Oktober 1996[96] über die Übereinstimmung der Normen der Strafprozessordnung (§ 473 Abs. 1 und 2) und der Regeln über die Untersuchungshaft[97] (§ 16 Abs. 2) mit Art. 10 IPbürgR sowie mit Art. 23, 24 und 37 des *Übereinkommens über die Rechte des Kindes* entschieden. Nach Auffassung des Verfassungsgerichts könnten die angegriffenen Bestimmungen, die erlauben, dass in bestimmten Fällen jugendliche Beschuldigte in der Untersuchungshaft nicht von Erwachsenen getrennt sind, zwar als mit Art. 10 IPbürgR kollidierend angesehen werden, allerdings enthielten die genannten Artikel des Übereinkommens über die Rechte des Kindes, insbesondere sein Art. 37c, eine Möglichkeit, unter der Voraussetzung der Beachtung des Wohls des Kindes bzw. des Jugendlichen auf diese Trennung zu verzichten. Weil das Übereinkommen im Vergleich zum IPbürgR eine neuere und spezielle Regelung darstellt, wird die angefochtene Regelung nicht auf die Vereinbarkeit mit dem Pakt, sondern nur mit dem Übereinkommen von 1989 *über die Rechte des Kindes* überprüft. Dieser Vorgang führte zur Feststellung der Vereinbarkeit der einschlägigen Normen mit Völkerrecht.

Der *Internationale Pakt über wirtschaftliche, soziale und kulturelle Rechte* zusammen mit der *Allgemeinen Erklärung der Menschenrechte* waren u.a. Überprüfungsmaßstäbe in der Sache U-I-19/94, in der diejenigen Bestimmungen des slowenischen *Steuergesetzes*[98] angefochten wurden, die u.a. das zur Erziehung der unterhaltsberechtigten Kinder notwendige Existenzminimum der Besteuerung unterzogen haben. Das Verfassungsgericht ist in seiner Begründung zu dem Schluss gekommen, dass „[...] die Signatare des IPwirtR, den Jugoslawien 1971 ratifiziert hat, u.a. darin übereingestimmt haben, dass die Familie [...] größtmöglichen Schutz und Beistand genießen soll, insbesondere [...] solange sie für die Betreuung und Erziehung unterhaltsberechtigter Kinder verantwortlich ist“. Die angefochtenen Bestimmungen des Steuergesetzes wurden aufgrund der Entscheidung aufgehoben.

---

[96] Ur.l.RS, Nr. 64/1996.

[97] Ur.l. SRS, Nr. 22/1981.

[98] Ur.l.RS, Nr. 71/1993 und 7/1995.

Eine grundlegende Entscheidung zur Rechtmäßigkeit der Haft traf das Verfassungsgericht am 11. April 1996 in der Sache U-I-18/93, die sich primär mit der Verfassungsmäßigkeit der Verhaftung aus dem Grunde der Wiederholungsgefahr auseinandersetzte. Das Verfassungsgericht hat den Einwand der Beschwerdeführer, dass Art. 5 Abs. 1 lit. c EMRK eine solche Haft ausschließe, zurückgewiesen. In der Begründung hat es ausgeführt, dass diese Bestimmung erlaube, den Betreffenden in Haft zu nehmen, falls dies zur Verhinderung einer Straftat notwendig ist. „Zahlreiche Entscheidungen [...]“, so das Verfassungsgericht, „[...] des Europäischen Gerichtshofs für Menschenrechte zeigen, dass der Haftgrund der Wiederholungsgefahr nicht der EMRK widerspricht, selbstverständlich vorausgesetzt, dass die anderen verfassungsrechtlichen Anforderungen erfüllt sind“.

Das Recht auf faires Verfahren im Zusammenhang mit Art. 6 EMRK und den einschlägigen Entscheidungen der Europäischen Kommission und des Europäischen Gerichtshofs für Menschenrechte interpretierte der Gerichtshof in der Entscheidung vom 26. Dezember 1996 (U-I-27/95). Im Tenor entschied er, dass die angefochtene Bestimmung der slowenischen *Strafprozessordnung* (§ 177), die dem Gericht erlaubt, einen vom Angeklagten vorgeschlagenen Zeugen unter bestimmten Voraussetzungen abzulehnen, nicht Art. 6 EMRK widerspricht. Art. 6 EMRK Abs. 1 enthalte zwar das Recht auf faires Verfahren, dieses Recht werde dort jedoch nicht definiert, sondern in einzelnen Ausformungen spezifiziert. Zu den Mindestanforderungen gehöre nach Abs. 2 lit. d das Recht des Angeklagten, Fragen an die Belastungszeugen zu stellen oder stellen zu lassen und die Ladung und Vernehmung der Entlastungszeugen unter denselben Bedingungen wie die der Belastungszeugen zu erwirken. Nach den Entscheidungen der Europäischen Kommission für Menschenrechte sei der Zweck dieser Bestimmung, Waffengleichheit zwischen der Anklage und der Verteidigung zu erzielen.[99] Dieses Recht des Angeklagten, Zeugen zu benennen, sei allerdings nicht unbeschränkt.[100] Sei das Gericht nicht überzeugt, dass der Zeuge zur Klärung der Wahrheit beiträgt, könne es diesen ablehnen. Weiter stützt sich das Verfassungsgericht auf Urteile des Europäischen Gerichtshofs für

[99] EKMR E 8375/78, EKMR E 1134/61.

[100] EKMR E 617/59.

Menschenrechte in Sachen *Engel*, *Bricmont* und *Vidal*,[101] wonach die Bestimmungen des Art. 6 EMRK nicht die Anwesenheit und Befragung aller Entlastungszeugen erfordern; der Sinn des Art. 6 EMRK sei es, die „Gleichheit der Waffen" zu sichern. Er überlasse es der zuständigen staatlichen Behörde, über die Bedeutung des Beweises zu entscheiden.

Auch in der Entscheidung vom 21. März 2002[102] stand die *Strafprozessordnung* im Mittelpunkt des Verfahrens über die nachträgliche Normenkontrolle. Zwei allgemeine Gerichte hatten einen Antrag auf Überprüfung von § 83.3 *Strafprozessordnung* gestellt. Diese Regelung verhindere nicht, dass die Richter in der Hauptverhandlung Zugang zu Informationen aus der Untersuchungsphase der strafrechtlichen Sache haben. Das Verfassungsgericht hat dem Antrag stattgegeben und die Staatsversammlung aufgefordert, die angefochtene Bestimmung in Einklang mit Art. 23 Verf. zu bringen, der das Recht auf Gerichtsschutz verankert. Neben den verfassungsrechtlichen Bestimmungen widerspreche diese Regelung auch Art. 6 EMRK und der Judikative des EGMR, die verlangen, dass über die erhobene strafrechtliche Anklage ein unparteiisches Gericht in einem fairen Verfahren entscheide.

Auf Antrag einer natürlichen Person überprüfte das Verfassungsgericht in der Entscheidung vom 9. März 1995[103] die Übereinstimmung der Bestimmungen von § 106 des slowenischen Gesetzes *über die eherechtlichten und familiären Verhältnisse*[104] hauptsächlich mit Art. 9 des *Übereinkommens über die Rechte des Kindes* von 1989. Dabei stellte es fest, dass die slowenische Regelung, wonach der Elternteil, der mit dem Kind nicht zusammenlebt, Anspruch auf Kontakt mit seinem Kind hat und der andere Elternteil verpflichtet ist, die Umsetzung dieses Rechts zu ermöglichen, mit der völkerrechtlichen Regelung in Einklang stehe. Gemäß Art. 3 Abs. 1 sei bei allen Maßnahmen, die Kinder betreffen, das Kindeswohl vorrangig zu berücksichtigen; nach Art. 9 Abs. 3 des Übereinkommens achten seine Vertragsstaaten das Recht des Kindes, das von einem oder beiden El-

---

[101] *Engel u.a. ./. Netherlands*, EGMR Series A no. 22; *Bricmont ./. Belgium*, EGMR Series A no. 158; *Vidal ./. Belgium*, EGMR Series A no. 235-B.

[102] U-I-92/96.

[103] U-I-53-93.

[104] Ur.l.SR, Nr. 151/979 und Nr. 1/1989.

ternteilen getrennt ist, den Kontakt zu beiden Eltern zu pflegen, soweit dies nicht dem Wohl des Kindes widerspricht. § 106 des slowenischen Gesetzes widerspreche nicht dieser Intention; durch die Auferlegung der Pflicht auf den einen Elternteil und des Rechts auf den anderen unterstütze es die Kontakte zwischen den Eltern und dem Kind. Das Gegenteil, nämlich einen Elternteil zum Kontakt mit dem Kind zu zwingen, könnte dem Wohl des Kindes widersprechen.

Die Entscheidung U-I-406/06 vom 29. März 2007 tangierte diejenigen Bestimmungen des *Übereinkommens über den Zugang zu Informationen, die Öffentlichkeitsbeteiligung an Entscheidungsverfahren und den Zugang zu Gerichten in Umweltangelegenheiten* aus dem Jahre 1998 (Aarhus Konvention), die die Beteiligung der Öffentlichkeit bei umweltbezogenen Plänen (Art. 7) und während der Vorbereitung exekutiver Vorschriften (Art. 8) regeln. Die Antragsteller – natürliche Personen, die Eigentümer von Liegenschaften waren, die an das staatliche *Lipica Gut* grenzen – griffen vor dem Verfassungsgericht die Bestimmungen des Gesetzes *über das Lipica Gestüt* (Gesetz Nr. 79/2006) an, die für die Schaffung eines Raumplans für diese Gegend die üblichen nationalen verwaltungs- und umweltrechtlichen Mechanismen ausgeschlossen haben (§ 5.5 des Gesetzes): Dies hätte zur Folge, dass der einschlägige Raumplan ohne Beteiligung der Öffentlichkeit hätte erarbeitet werden können. Das Verfassungsgericht hat dem Antrag stattgegeben: Es stellte fest, dass die volle Autonomie der Planung der Entwicklung der besagten Räume die Regelungen der Aarhus Konvention verletze, die durch ihre Ratifikation für Slowenien verbindlich ist. Der Ausschluss der Mitwirkung der Öffentlichkeit an der Vorbereitung und Verabschiedung des Raumplans durch das Gesetz *über das Lipica Gestüt* widerspreche ihren Artikeln 7 und 8; die betroffene Bestimmung sei aufgehoben.

(b) Verfassungsbeschwerde

Das Institut der Verfassungsbeschwerde in der slowenischen Rechtsordnung geht zurück auf das Konzept der *actio popularis* der Verfassung Sloweniens aus dem Jahre 1963. Eines ihrer Spezifika waren die unscharfen Konturen der Anträge auf die Einleitung des entsprechenden Verfahrens. Vor dem damals konstituierten Verfassungsgericht war – zumindest theoretisch – jedermann befugt, das Verfahren über die Kontrolle der verfassungsrechtlichen Rechte und Freiheiten einzuleiten, ohne jegliche Beschränkung durch das eigene rechtliche oder sachliche

Interesse an der zu verhandelnden Sache. Gleichzeitig war das Verfassungsgericht berechtigt, aus eigener Initiative zu handeln. Diese Befugnis nutzte es in der Praxis nicht selten dazu, den Umfang der vorgetragenen Petition *proprio motu* zu erweitern.[105] Dieses Modell der Beschwerde blieb auch nach der Verabschiedung der nächsten Verfassung im Jahre 1974 in Kraft.

Nach der Wende fand die slowenische Rechtswissenschaft ein Vorbild in der Konstruktion der Verfassungsbeschwerde vor allem in der Bundesrepublik Deutschland. Das Institut der *actio popularis* ist zwar weiterhin in Kraft geblieben, wurde jedoch durch die Voraussetzung des obligatorischen Nachweises des rechtlichen Interesses beschränkt (Art. 162 Verf.). Parallel zu dieser Kategorie ist jedoch in die Verfassung aus dem Jahre 1991 (Art. 160 Abs. 1) die „klassische" Verfassungsbeschwerde eingeführt worden, die ermöglicht, die „Verletzung von Menschenrechten und Grundfreiheiten durch Individualakte" zu überprüfen.[106]

In §§ 50-60 des Gesetzes *über das Verfassungsgericht* werden die Details des entsprechenden Verfahrens spezifiziert. Ihr Gegenstand sind individuelle Rechtsakte der Staatsorgane, der Organe der lokalen Selbstverwaltung oder sonstiger Träger der öffentlichen Gewalt (§ 50), die § 21 des Gesetzes als gerichtliche und verwaltungsrechtliche Einzelakte definiert.

Als Kontrollmaßstab nennen die Verfassung und das Gesetz *über das Verfassungsgericht* „die Menschenrechte oder Grundfreiheiten" des Beschwerdeführers; zu diesem Kriterium findet sich weder in der Verfassung noch im Gesetz eine ausdrückliche Spezifikation. Diese kann jedoch von den Regelungen über die Normenkontrolle abgeleitet werden, die nach § 49 des Gesetzes analog auf die anderen Verfahren angewandt werden sollen. Weil für die Normenkontrolle als Maßstab vor allem die verfassungsrechtlichen Regelungen vorgeschrieben sind (z.B. in § 43 des Gesetzes), müssen unter „Menschenrechten und Grundfreiheiten" zunächst diejenigen verstanden werden, die im Kapitel II Verf. formuliert sind. Da jedoch Art. 160 Verf. für die Normenkontrolle als Prüfungs-

---

[105] *A. Mavčič*, Slovenia. International Encyclopedia of Laws, The Hague 1998, 162 ff.

[106] Art. 160 Abs. 1 Satz 6 Verf. lautet: „Das Verfassungsgericht entscheidet [...] über die Verfassungsbeschwerden wegen Verletzung von Menschenrechten und Grundfreiheiten durch Individualakte; [...]."

maßstab auch die völkerrechtlichen Regelungen vorsieht, müssen sie *per analogiam* auch für das Beschwerdeverfahren zumindest subsidiär anwendbar sein. Diese Argumentation findet ihre Unterstützung auch in der Rechtsprechung des Verfassungsgerichts:

So hat sich das Verfassungsgericht im Februar 1995[107] aufgrund einer Verfassungsbeschwerde, in der sich der Beschwerdeführer u.a. auf Art. 5 Abs. 3 EMRK stützte, mit der Auslegung des „Anspruchs auf Aburteilung innerhalb einer angemessenen Frist" im Kontext der slowenischen innerstaatlichen Gesetzgebung befasst. Die Bestimmung einer „angemessenen Frist" im Rahmen von Art. 5 EMRK könne unter Berücksichtigung des innerstaatlichen Rechts des jeweiligen Staates im Einzelfall erfolgen. Die Tatsache, dass nach der Erhebung der Anklage die Sache zur weiteren Ermittlung an den Staatsanwalt zurückgeleitet war und dann die durch Art. 20 Verf. festgelegte Zweimonatsfrist für die Untersuchungshaft, die das ordentliche Gericht anordnen kann, überschritten wurde, bedeutet nach Auffassung des Verfassungsgerichts keine Verlängerung der Untersuchungshaft, über die das Oberste Gericht entscheiden müsste.

Art. 5 EMRK wurde als Maßstab auch in der Entscheidung vom 24. Oktober 1996[108] über eine Verfassungsbeschwerde angewandt, die sich mit der Frage der Erfüllung der Voraussetzungen der Haftanordnung wegen Fluchtgefahr befasst hatte. Der Beschwerdeführer hatte vorgetragen, dass die allgemeinen Gerichte grundlos über seine Haft entschieden hatten. Das Verfassungsgericht hat die Beschwerde abgewiesen. Zunächst hat es sich auf Art. 20 Verf. gestützt, der die Festnahme einer Person aufgrund einer gerichtlichen Verfügung gestattet, falls gegen sie ein begründeter Verdacht einer Straftat besteht, und zwar nur, falls dies „für den Verlauf des Strafverfahrens" oder „für die Sicherheit der Menschen" unumgänglich ist; dabei sei unter den Oberbegriff „Verlauf des Verfahrens" auch die Anwesenheit des Verdächtigen zu subsumieren. Die Einzelheiten dieser Voraussetzungen seien in der *Strafprozessordnung*[109] geregelt. Unter diesen

---

[107] Up-9-95.

[108] Up-185/95.

[109] Gesetz Ur.l.RS, Nr. 19-779/1994, geändert durch das Gesetz Ur.l.RS, Nr. 45-2161/1995, Ur.l.RS, Nr. 26-1210/1999, Ur.l.RS, Nr. 38-1874/1999, Ur.l.RS,

Voraussetzungen sind solche Umstände zu verstehen, dass der Verdächtige sich versteckt, dass es unmöglich ist, seine Identität festzustellen, oder „andere Indizien", die auf eine Fluchtgefahr deuten. Die Behauptung, dass eine solche Gefahr existiert, müsse dabei auf bewiesenen Tatsachen beruhen. Keine Person könne nur wegen der Ernsthaftigkeit der Straftat oder der zu erwartenden Höhe der Strafe in Haft gehalten werden. Nur wenn diese zusammen mit dem Charakter der Person, ihrer Umgebung, ihrem Beruf, ihren familiären Beziehungen usw. die Annahme einer Fluchtgefahr begründen, müsse ein Gericht entscheiden, ob diese Gefahr größer ist als die Unsicherheiten, denen der Einzelne bei der Flucht ausgesetzt wäre. Erst die Intensität aller Merkmale insgesamt begründe – auch nach Art. 5 Abs. 1 lit. c EMRK – die Verhängung der Haft. Dieser Schluss sei auch mehrmals von der Rechtsprechung des EGMR bestätigt worden.[110] Diese Voraussetzungen seien im Falle des Beschwerdeführers erfüllt; die allgemeinen Gerichte haben die Haft im Einklang mit den verfassungsrechtlichen Bestimmungen verhängt. Das Recht des Beschwerdeführers auf Freiheit würde nicht verletzt.

In einer Verfassungsbeschwerde vom 18. März 1995, der das Verfassungsgericht in seiner Entscheidung vom 7. Juli 1995 stattgegeben hat,[111] hatte der Beschwerdeführer gerügt, dass durch die Haftverhängung gegen seine Person Art. 22 Verf.[112] und Art. 6 EMRK verletzt worden seien. Die Gerichte, welche diese Entscheidung getroffen hatten, hatten die Haftverhängung damit begründet, dass der Beschwerdeführer ein Drogenkonsument sei und gegen ihn ein Strafverfahren wegen Drogenhandel eingeleitet würde. In der letzten Instanz unterstützte der Oberste Gerichtshof seine Begründung mit dem Hinweis auf Art. 5 Abs. 1 lit. e EMRK, der die Freiheitsentzie-

---

Nr. 28-1254/2000, Ur.l.RS, Nr. 26-1582/2001, Ur.l.RS, Nr. 26-2759/2002 und Ur.l.RS, Nr. 67-3232/2002.

[110] Das Verfassungsgericht nennt die Entscheidungen *Wemhoff ./. Germany*, ECHR Series A, Vol. 8; *Neumeister ./. Austria*, ECHR Series A, Vol. 8; *B ./. Austria*, ECHR Series A, Vol. 175; *Letellier ./. France*, ECHR Series A, Vol. 207.

[111] Up-57/95.

[112] Art. 22 Verf. lautet: „Jedermann hat das Recht auf gleichen Schutz seiner Rechte in Gerichtsverfahren und in Verfahren vor anderen staatlichen Organen, Organen der lokalen Gemeinschaften und Trägern öffentlicher Befugnisse, die über seine Rechte, Pflichten und rechtliche Interessen entscheiden."

hung von Rauschgiftsüchtigen ermöglicht. Das Verfassungsgericht hat dieser Begründung nicht zugestimmt. Der regelmäßige Freiheitsentzug nach Art. 5 Abs. 1 lit. e EMRK sei zwar zum Zweck der Prävention einer Verbreitung ansteckender Krankheiten sowie bei psychisch Kranken, Alkohol- oder Rauschgiftsüchtigen und Landstreichern möglich, auch dieser sei jedoch von der Erfüllung der von der EMRK vorgeschriebenen Voraussetzungen abhängig. Der Grund für die Zulässigkeit der Freiheitsentziehung liege in der Gefährdung anderer und damit der öffentlichen Sicherheit. Allein der Drogenkonsum des Verdächtigen sei jedoch zur Haftverhängung kein ausreichender Grund.

In der Entscheidung vom 8. März 2001[113] über eine Verfassungsbeschwerde hat sich das Verfassungsgericht mit der Entscheidung des Obersten Gerichtshofs befasst, der in der letzten Instanz die Klage eines slowenischen Staatsangehörigen gegen die Bundesrepublik Deutschland abgelehnt hatte. Dieser hatte mit seiner Klage vor den slowenischen Gerichten von der Bundesrepublik Entschädigung dafür verlangt, dass er während des Zweiten Weltkrieges von seinen Eltern gewaltsam getrennt und nach Deutschland transportiert wurde, um der „Germanisierung" unterworfen zu werden; nach dem Verlust seiner Eltern habe er im Konzentrationslager gesundheitlichen und seelischen Schaden erlitten. Darüber hinaus sei auf dem Gebiet Sloweniens seiner Familie von der deutschen Okkupationsmacht entschädigungslos Eigentum entzogen worden.

Das Verfassungsgericht hat die Verfassungsbeschwerde abgewiesen. Die allgemeinen Gerichte entschieden auf der Grundlage der slowenischen *Zivilprozessordnung*[114] aus dem Jahre 1977, nach deren § 26 auf die gerichtlichen Verfahren gegen andere Staaten in Slowenien das Völkerrecht Anwendung findet. Es gebe jedoch keinen völkerrechtlichen Vertrag, der in diesem Fall Slowenien binden würde; es gebe auch keine völkerrechtliche Konvention, welche die Frage der Staatenimmunität abschließend regele. Die Staatenpraxis gehe von dem Prinzip der differenzierten Staatenimmunität aus, die einen Un-

---

[113] Up-13/99.

[114] Ur.l. Socialistične Federativne Republike Jugoslavije, Nr. 4/1977, 36/1977, 6/1980, 36/1980, 43/1982, 68/1982, 74/1987, 14/1988, 57/1989, 20/1990, 27/1990; Ur.l.RS, Nr. 17/1991, 55/1992, 66/1993, 19/1994 mit späteren Änderungen.

terschied zwischen dem Handeln des Staates *iure imperii* (hoheitlich) und *iure gestionis* (geschäftlich) mache. Die Kriterien und Ausnahmen von diesen Regeln, auf die sich der Beschwerdeführer berufe, haben einen gewohnheitsrechtlichen Charakter und befinden sich in kodifizierter Form im *Europäischen Abkommen über die Staatenimmunität* vom 16. Mai 1972 (Art. 11)[115] sowie im Entwurf der *International Law Commission über Immunität der Staaten und deren Eigentums vor Gerichten*[116] (Art. 12). Nach diesem Konzept seien zwar aus der Staatenimmunität diejenigen Handlungen ausgenommen, welche das Verfahren über den Ersatz eines Personen- oder Sachschadens beträfen, falls das schädigende Ereignis im Gerichtsstaat eingetreten sei und der Schädiger sich bei Eintritt des Ereignisses in diesem Staat aufgehalten habe, ihre Anwendung werde jedoch im konkreten Fall aufgrund Art. 31 des *Europäischen Abkommens über Staatenimmunität* ausgeschlossen, wonach von den genannten Ausnahmefällen nicht diejenigen Immunitäten oder Vorrechte berührt seien, welche die Vertragsstaaten für alle Handlungen oder Unterlassungen genießen, die von ihren Streitkräften oder im Zusammenhang mit diesen im Hoheitsgebiet eines anderen Staates begangen wurden.

Mit den Bestimmungen des Haager *Übereinkommens über die zivilrechtlichen Aspekte der Kindesentführung* vom 25. Oktober 1980 argumentierte das Verfassungsgericht in der Sache vom 4. Oktober 2001.[117] Der Beschwerdeführer, ein slowenischer Staatsangehöriger, hatte seinen zweijährigen Sohn aus den USA gegen den Willen seiner in den USA lebenden Mutter nach Slowenien gebracht. Das Kreisgericht in Ljubljana entschied infolge der Entscheidungen der US-Gerichte aufgrund des genannten Haager Übereinkommens, dass das Kind bis zur endgültigen Entscheidung der zuständigen Gerichte über das Sorgerecht in die USA zurückgebracht werden solle, wo sein Lebensschwerpunkt liege. Der Beschwerdeführer hatte die Entscheidung des Kreisgerichts mit der Begründung angegriffen, dass dieses nicht die Entscheidungen der US-Gerichte berück-

---

[115] BGBl. 1990 II, S. 34 ff.

[116] ILC Draft Articles on Judicial Immunities of States and their Property, Yearbook of the International Law Commission, 1991, Volume II, Part 2, 13 ff.

[117] Up-377/01.

sichtigen durfte, weil der Beschwerdeführer u.a. keine Möglichkeit hatte, an dem Verfahren in den USA teilzunehmen.

Das Verfassungsgericht hat die Beschwerde abgewiesen; die Entscheidung des Kreisgerichts beruhe auf den Regelungen des Haager Übereinkommens, das für Slowenien bindend und nach Art. 8 Verf. auch direkt anwendbar sei. Sein Zweck sei nicht etwa, eine Entscheidung über den endgültigen Status des Kindes zu treffen; Ziel sei vielmehr, provisorisch, d.h. bis zur Entscheidung der zuständigen Gerichte, zu garantieren, dass sich das Kind in der ihm vertrauten Umgebung befinde (Art. 19 des Übereinkommens). Aus dieser Sicht sei die Entscheidung des Kreisgerichts richtig, da das Kind bis zu seinem Aufenthalt in Slowenien in den USA aufgewachsen sei. Die Umstände des Falles gäben gleichzeitig keinen Grund zur Anwendung der Ausnahmeregelungen nach Art. 13 und 20 des Übereinkommens. In der Fußnote machte das Verfassungsgericht auf die Tatsache aufmerksam, dass das deutsche Bundesverfassungsgericht in analogen Sachen einen vergleichbaren Standpunkt vertreten habe.[118]

Während die völkerrechtlichen Instrumente in den neunziger Jahren sehr häufig als Maßstab der Verfassungsbeschwerden angewandt wurden, scheint der Bezug auf ihre Bestimmungen in der letzten Zeit seltener geworden zu sein.[119]

Als ein solches Beispiele der späteren Anwendung von Art. 6 der EMRK und Art. 14 IPbürgR in Verbindung mit Art. 29 der slowenischen Verfassung kann die Entscheidung Up-124/04 vom 9. November 2006 genannt werden. Diese betraf die Völkerrechts- und Verfassungsmäßigkeit der Regelungen zur strafprozessualen Hauptverhandlung *in absentia*. Der Beschwerdeführer war nur im Untersuchungsverfahren gehört worden, zum Hauptverfahren hatte er sich entschuldigt und war nicht erschienen. Trotzdem hatte das Hauptverfahren stattgefunden, wobei der Staatsanwalt während des Verfahrens seine früher erhobene Anklage geändert hatte; ferner waren

---

118 Nr. 2 BvR 1206/98 vom 29.10. 1988 und Nr. 2 BvR 233/96 vom 15.2. 1996.

119 S. http://www.us-rs.si/en/index. Unter den Ausnahmen vgl. die abweichenden Meinungen des Richters Ribičič in der Sache Up-138/03 und der Richterin Škrk in der Sache Up-1299/06.

die Zeugen gehört worden, ohne dass sich der Angeklagte zu ihren Aussagen äußern konnte.

Das Verfassungsgericht hat der Beschwerde nicht stattgegeben: Es hat zwar das grundsätzliche Recht des Angeklagten, bei der Verhandlung anwesend zu sein, nicht nur aus den einschlägigen völkerrechtlichen Instrumenten, sondern auch aus der Rechtsprechung des EGMR abgeleitet. In dem konkreten Fall sah es jedoch eine Ausnahme von dieser Regel gerechtfertigt: Diese Ausnahme sei zulässig, wenn der Angeklagte Gelegenheit hatte, nach der Klageerhebung gehört zu werden. Diese Bedingung fand das Verfassungsgericht durch die Anhörung im Untersuchungsverfahren erfüllt. Auch das Recht, Zeugen Fragen zu stellen, sei durch Aussage in Abwesenheit des Angeklagten nicht verletzt: Der Angeklagte hätte sein Recht nutzen können, die Gründe seiner Abwesenheit lagen ausschließlich bei ihm.

Dieser Entscheidung ist eine abweichende Meinung des Richters *Ribičič* beigefügt. Er sieht die Voraussetzungen für das Stattfinden des Hauptverfahrens *in absentia* nicht erfüllt: Art. 6 EMRK erlaube nicht, dass der Angeklagte auf die (modifizierte) Anklage im Hauptverfahren nicht reagieren und seine Rechte aus Art. 6 Abs. 3 lit. d) EMRK – Befragung der Belastungszeugen – nicht geltend machen könne. Die abweichende Meinung schließt mit grundsätzlichen Zweifeln an der Einhaltung der Grundsätze des *fairen* Verfahrens in der Sache und der Feststellung, dass das Verfassungsgericht von den früheren verfassungsgerichtlichen Standards abgewichen sei.

(2) Völkerrechtliche Verträge als Prüfungsgegenstand

(a) Präventive Kontrolle völkerrechtlicher Verträge

Offenbar inspiriert von der französischen und der spanischen Rechtsordnung,[120] hat der slowenische Gesetzgeber die präventive Kontrolle der völkerrechtlichen Verträge in den Katalog der Zuständigkeiten des slowenischen Verfassungsgerichts bereits im Jahre 1991 eingeführt. Nach Art. 160 Abs. 2 Verf. entscheidet das Verfassungsgericht vor ihrer Ratifikation über die Übereinstimmung der völkerrechtlichen Verträge mit der Verfassung. Antragsbefugt sind neben dem Staatspräsidenten

---

[120] *M. Škrk* (Fn. 14), S. 5.

die Regierung oder ein Drittel der Abgeordneten der Staatsversammlung. Die Entscheidung des Verfassungsgerichts ist für die Staatsversammlung bindend.[121] Das Gesetz *über das Verfassungsgericht* wiederholt diese Bestimmung in § 21 Abs. 2; darüber hinaus bestimmt § 70 dieses Gesetzes, dass die entsprechende Entscheidung als Senatsentscheidung zu treffen ist.[122]

Die bisher umfangreichste Entscheidung des Verfassungsgerichts im Rahmen der präventiven Kontrolle völkerrechtlicher Verträge war die Entscheidung vom 5. Juni 1997,[123] welche die Übereinstimmung einiger Bestimmungen des im Jahre 1996 unterzeichneten *Europaabkommens*[124] mit der slowenischen Verfassung betraf. Neben der Entscheidung in der Sache trug sie zur Klärung der Aufgabe der präventiven Normenkontrolle in der slowenischen Rechtsordnung bei. Diese sei die Vorbeugung des Abschlusses völkerrechtlicher Verträge, deren Inkrafttreten eine Einführung verfassungswidriger Normen in die innerstaatliche Rechtsordnung bedeuten würde oder zu deren Umsetzung in das innerstaatliche Recht eine Verabschiedung verfassungswidriger Rechtsakte erforderlich wäre. Das Ziel der präventiven Kontrolle sei es, den Staat an der Umsetzung solcher völkerrechtlichen Verpflichtungen zu hindern, welche die verfassungsrechtlichen Bestimmungen verletzen.

In der Sache bezog sich der Regierungsantrag auf die Frage der Verfassungsmäßigkeit derjenigen Bestimmungen des *Europaabkommens* und des Anhangs Nr. XIII zu diesem Abkommen, welche das Recht der Staatsangehörigen der Mitgliedstaaten der Gemeinschaft auf Erwerb von Boden in Slowenien betroffen haben. Die Regierung sah in der Inländerbehandlung der Gemeinschaftsangehörigen eine Verletzung von Art. 68 Abs. 2 Verf., der ein ausdrückliches Verbot des Erwerbs des Bodens durch Ausländer formuliert hat; als einzige

---

[121] Art. 160 Abs. 2 Verf., Wortlaut siehe Anhang.

[122] § 70 des Gesetzes *über das Verfassungsgericht*, Wortlaut siehe Anhang.

[123] Rm 1/97, Ur.l.RS, Nr. 40/1997, s. *M. Škrk*, The Role of the Constitutional Court of the Republic of Slovenia Following Integration into European Union, International Conference The Position of Constitutional Courts Following Integration into the European Union, Bled, Slovenia 30 September - 2 October 2004, Proceedings, Nova revija Ljubljana, 2005, S. 137.

[124] Fn. 28, 3 ff.

Ausnahme hat er damals den Erwerb aufgrund Erbfolge unter Voraussetzung der Gegenseitigkeit zugelassen.[125]

Unproblematisch fand das Verfassungsgericht Art. 45 Abs. 7 lit. b des Europaabkommens[126] betreffend das Recht der slowenischen Tochtergesellschaften von Gesellschaften aus der Gemeinschaft, Immobilien zu erwerben und zu verkaufen. Dies stehe in Einklang mit Art. 68 Abs. 2 Verf., solange diese Tochtergesellschaften entsprechend der slowenischen Rechtsordnung in Slowenien registriert seien.[127] Die Bestimmung von Art. 45 Abs. 7 lit. c[128] des Abkommens, die dieses Recht auf die Staatsangehörigen der Gemeinschaft und ihre Zweiggesellschaften erstreckt hat, sei jedoch mit Art. 68 Abs. 2 offensichtlich unvereinbar, obwohl die Wirkung dieser Regelung bis Ende Januar 2003 aufgeschoben sei.[129]

Als weitere Verstöße gegen Art. 68 Abs. 2 Verf. bezeichnete die Entscheidung Pkt. I und II des Anhangs XIII zum Europaabkommen – Ergebnis eines Notenwechsels zwischen den Europäischen Gemeinschaften unter damaligem spanischem Vorsitz und den Regierungen der EU-Staaten einerseits und der slowenischen Regierung andererseits, der unter dem Titel „spanischer Kompromiss“ bekannt ist. Diese Punkte verpflichteten – auch im Widerspruch zu Art. 64 des Europaabkommens[130] – zunächst die Republik Slowenien, alle notwendigen Maßnahmen zu treffen, damit die Staatsangehörigen der Mitgliedstaaten der Europäischen Union nach Ablauf des vierten Jahres ab dem Zeitpunkt seines Inkrafttretens, d.h. ab 1. Februar 2003, in Slowenien Eigentum erwerben können (Pkt. I).[131] Denjeni-

---

[125] Art. 68 Abs. 2 Verf. (1991) lautete: „An Grundstücken können Ausländer kein Eigentumsrecht erwerben, außer im Wege der Erbfolge aufgrund der Gegenseitigkeit.“

[126] Art. 45 Abs. 7 lit. b des Europaabkommens, Wortlaut siehe Anhang.

[127] Nach dem Gesetz *über die Wirtschaftsgesellschaften,* Ur.l.RS, Nr. 30/1993 waren die Tochtergesellschaften der Gemeinschaftsgesellschaften als slowenische Gesellschaften zu betrachten.

[128] Art. 45 Abs. 7 lit. c des Europaabkommens, Wortlaut siehe Anhang.

[129] S. *M. Tratnik* (Fn. 8): „Bestimmt wird bis zum Ende der ersten Stufe der Übergangszeit, die gem. Art. 3 Europaabkommen voraussichtlich vier Jahre dauern soll.“

[130] Art. 64 des Europaabkommens, Wortlaut siehe Anhang.

[131] Pkt. I. des Anhangs XIII zum Europaabkommen, Wortlaut siehe Anhang.

gen Staatsangehörigen der EU-Mitgliedstaaten, die zum Zeitpunkt des Inkrafttretens des Europaabkommens ihren ständigen Wohnsitz drei Jahre lang im Hoheitsgebiet der Republik Slowenien hatten, wurde im Pkt. II des Anhangs XIII. das Recht eingeräumt, auf der Grundlage der Gegenseitigkeit[132] bereits vom Zeitpunkt des Inkrafttretens des Abkommens, d.h. ab 1. Februar 1999, unbewegliches Eigentum zu erwerben.[133] Diese Regelung stellte eine Konzession Sloweniens vor allem gegenüber den italienischen Staatsangehörigen dar, die entweder nach dem Zweiten Weltkrieg aus dem slowenischen *Istrien* vertrieben wurden oder nach 1975 aufgrund des Vertrags von *Osimo*[134] aus diesem Gebiet ausgewandert sind.[135]

Wegen der negativen Entscheidung des Verfassungsgerichts konnte das Europaabkommen ohne entsprechende Änderung von Art. 68 Abs. 2 Verf. nicht ratifiziert werden. Aus diesen Gründen erfolgte schon etwa einen Monat nach dem Erlass der Entscheidung am 15. Juni 1997 die Erarbeitung des Entwurfs der Verfassungsänderung, die vom Parlament am 14. Juli 1997 verabschiedet wurde;[136] am 15. Juli 1997 konnte das Assoziierungsabkommen ratifiziert werden.[137] Nach der erfolgten Verfassungsänderung ermöglicht Art. 68 Verf. den Ausländern, Eigentum an Immobilien „unter durch Gesetz oder völkerrechtlichen Vertrag festgelegten Bedingungen" und unter der Voraussetzung der Reziprozität (Abs. 1)[138] zu erwerben. Einem entsprechenden Gesetz oder völkerrechtlichem Vertrag müsste von der Staatsversammlung mit einer Zwei-

[132] Die Voraussetzungen der Gegenseitigkeit wurden durch das Gesetz *über die Gegenseitigkeit*, Ur.l.SR, Nr. 9/1999 festgelegt. Ob die Gegenseitigkeit im konkreten Falle besteht, entscheidet das Justizministerium aufgrund eines Antrags des Ausländers, der eine Immobilie erwerben möchte.

[133] Pkt. II. des Anhangs XIII zum Europaabkommen, Wortlaut siehe Anhang.

[134] S. Fn. 47.

[135] S. *M. Tratnik* (Fn. 8), S. 417.

[136] Ur.l. SR, Nr. 42/1997.

[137] Ur.l. SR, MP, Nr. 13/1997.

[138] Bis zum 10. Februar 2000 hatten Staatsangehörige aus EU-Staaten 39 Anträge zur Feststellung der Gegenseitigkeit gestellt, davon zwanzig Deutsche, elf Österreicher, sieben Italiener und ein Grieche. Bis zum selben Zeitpunkt wurden vier positive Bescheide erteilt – an zwei Österreicher und zwei Italiener. Eine negative Bescheidung war zu diesem Zeitpunkt nicht erfolgt. In: *M. Tratnik* (Fn. 8), S. 420.

Drittel-Mehrheit aller Abgeordneten zugestimmt werden (Abs. 2);[139] diese Voraussetzungen blieben auch nach der Verfassungsänderung im Jahre 2003 bestehen.

Als ein anderes Beispiel der präventiven Kontrolle nach Art. 160 Abs. 2 Verf. kann die Entscheidung vom 19. April 2001[140] genannt werden, in der das Verfassungsgericht auf Antrag eines Drittels der Abgeordneten die Verfassungsmäßigkeit des Vertrags zwischen der Republik Slowenien und der Republik Kroatien *über den grenzüberschreitenden Verkehr und die Zusammenarbeit,* der am 28. April 1997 unterzeichnet wurde, überprüft hat:

> Um die territoriale Geltung des Vertrags zu bestimmen, bezeichnete sein Art. 1 Abs. 1 als „Landesgrenzgebiet" diejenigen Ortschaften, die in den Anlagen A und B des Vertrags aufgelistet sind. Betreffend „Meeresgrenzgebiet", gab Art. 1 Abs. 3 genaue geometrische Angaben zur Festlegung dieses Territoriums an.[141] In diesen Bestimmungen sahen die Antragsteller einen Verstoß gegen die *Grundlegende Verfassungsurkunde* aus dem Jahre 1991. Ihrer Meinung nach präjudizieren die erwähnten Regelungen in einer unzulässigen Weise den Verlauf der Staatsgrenzen, der zuerst durch einen Grenzvertrag festgelegt werden muss. Dadurch verletze er die Regelungen von Art. II der *Grundlegenden Verfassungsurkunde*, die feststellt, dass die Staatsgrenzen der Republik Slowenien die völkerrechtlich anerkannten Staatsgrenzen der bisherigen SFRJ mit der Republik Österreich, der Republik Italien und der Republik Ungarn in jenem Teil sind, in dem diese Staaten an die Republik Slowenien grenzen, sowie die Grenze zwischen der Republik Slowenien und der Republik Kroatien im Rahmen der bisherigen SFRJ; die Ausarbeitung eines Ausführungsvertrags sei bisher von beiden Parteien nicht abgeschlossen worden.
>
> Die Regierung, verantwortlich für die Aushandlung des angegriffenen Vertrags, hat jeden Zusammenhang zwischen dem Vertrag und der geplanten Demarkation der Staatsgrenze bestritten. Diese sei Aufgabe der gemeinsamen Organe, die zu diesem Zweck aufgrund des *Regierungsabkommens über die Gestaltung und Zuständigkeiten der gemeinsamen Institutionen zur Demarkation und Delimitation*

---

[139] Art. 68 Verf., Wortlaut siehe Anhang.

[140] R-1/2000.

[141] Art. 1 Abs. 3 des Vertrags, Wortlaut siehe Anhang.

der Staatsgrenzen zwischen der Republik Slowenien und der Republik Kroatien vom 30. Juli 1993 geschaffen wurden.[142] Außerdem hat sie die Schwierigkeiten betont, welche die Teilung des föderalen Staates für die Lebensverhältnisse der im Grenzgebiet lebenden Menschen brachte. Der Zweck des Vertragsabschlusses war es, die Bedingungen der Eigentümer der Immobilien auf beiden Seiten der Staatsgrenze, der Schulkinder, pendelnder Arbeiter und der Angehörigen der italienischen Minderheit in beiden Staaten zu verbessern sowie die Transportmöglichkeiten gemeinsam zu regeln. Mit dem Vertragsabschluss wollten beide Regierungen auch präventiv ein Grenzgebietsregime schaffen, das auch nach dem Beitritts Sloweniens zum *Schengen*-Abkommen bestehen könnte. Ein Abkommen über ein Grenzgebietsregime mit einem Nicht-EU-Staat würde die Zustimmung aller Mitgliedstaaten erfordern. Die Praxis der Aufnahme von Österreich und Italien in das Schengen-System habe jedoch gezeigt, dass andere Mitglieder ihre Grenzgebietsverträge mit Slowenien als „gegebene Tatsache" akzeptiert haben.

Im Verfahren nach Art. 160 Abs. 2 Verf. ist das Verfassungsgericht zu dem Schluss gelangt, dass dieser Vertrag den Anforderungen der *Grundlegenden Verfassungsurkunde* aus dem Jahre 1991 nicht widerspricht. Es hat betont, dass der angegriffene Vertrag zur Kategorie der „territorialen Verträge" gehöre, die gezielt bestimmte Fragen der Zusammenarbeit zwischen den Staaten in gegebenen Gebieten, insbesondere Grenzgebieten, regeln. Dadurch unterschieden sie sich von denjenigen Verträgen, die den Verlauf der Staatsgrenzen bestimmten. Nach Art. 11 des *Wiener Übereinkommens über das Recht der Staatennachfolge in Verträge*[143] dürfe in ihrem Fall der Zerfall des vorher bestehenden, selbständigen Staates in keinem Falle den Wegfall von Grenzverträgen und Grenzziehungen gegenüber Drittstaaten zur Folge haben (*clausula rebus sic stantibus*).

Im Einklang mit der Regierung sah das Verfassungsgericht das Hauptargument gegen die Verfassungswidrigkeit des bestrittenen bilateralen Vertrags im Zweck und Ziel, unter denen er beschlossen wurde. Nach seiner Präambel beziehe er sich auf die Verbesserung des Personenverkehrs im Grenzgebiet sowie auf die wirtschaftliche Zusammenarbeit. Er solle nur auf vier Jahre geschlossen werden, mit

[142] Ur.l.RS, Nr. 55-IT, Nr. 16/1993.

[143] UN Doc. A./CONF. 80(31).

einer periodischen Verlängerungsmöglichkeit. Die Gesamtheit aller dieser Komponenten schließe die Feststellung aus, dass die im Vertrag festgelegte Regelung die genaue Grenzziehung und einen künftigen Staatsgrenzenvertrag präjudiziere; er verletze dadurch nicht Art. II der Grundlegenden Verfassungsurkunde. Nach dem durchgeführten Verfahren ist der Vertrag am 5. September 2001 in Kraft getreten.[144]

In der Entscheidung vom 12. Mai 2002 über die präventive Kontrolle des weiteren bilateralen *Abkommens zwischen der Republik Slowenien und der Republik Kroatien über den Rechtsstatus und andere rechtliche Fragen im Zusammenhang mit den Investitionen in das Atomkraftwerk Krško* hat das Verfassungsgericht seine Vereinbarkeit mit Art. 72.1[145] und 72.2[146] Verf. überprüft, die dem slowenischen Staat Pflichten im Bereich des Umweltschutzes auferlegen. Im Gegensatz zum Antrag fand das Verfassungsgericht das Abkommen mit diesen Bestimmungen vereinbar. Der Staat habe nach der Verfassung einen hohen Grad an Verantwortung im Bereich der nuklearen Sicherheit. Ein bilateraler Vertrag oder eine Ausführungsnorm, die diesem Auftrag widersprechen würde, wäre sicher verfassungswidrig. Dies sei im Falle des angegriffenen bilateralen Abkommens nicht der Fall: Slowenien – als dem Staat, auf dessen Territorium das Werk liegt – bleibe die aus der Verfassung abgeleitete Verpflichtung, während des Betriebs des Kraftwerkes die Abfallentsorgung zu planen; sie sei auch für die Einhaltung der höchsten Sicherheitsstandards verantwortlich. Nach dem Ablauf der Lebensdauer des Kraftwerks sei sie auch für die Ausführung der Demontage des Werkes verantwortlich; sie sei nicht verpflichtet, die Annahme einer gemeinsamen bilateralen Lösung abzuwarten. Dem stünde nicht die Bestimmung von Art. 11 des Abkommens entgegen, die den finanziellen Aufwand für all diese Tätigkeiten zwischen beiden Parteien des Abkommens aufteile.[147]

---

[144] Republic of Croatia, Ministry of Foreign Affairs, http://www.mvp.hr/eng.

[145] Art. 72 Verf., Wortlaut siehe Anhang.

[146] Art. 73 Verf., Wortlaut siehe Anhang.

[147] S. Fn. 143.

(b) Nachträgliche Kontrolle völkerrechtlicher Verträge

Die Möglichkeit einer nachträglichen Kontrolle völkerrechtlicher Verträge ist in der slowenischen Rechtsordnung nicht geregelt. In der Praxis des Verfassungsgerichts wird diese seine Zuständigkeit jedoch von Art. 160 Verf. abgeleitet, der die abstrakte Kontrolle der Gesetze und anderer Rechtsvorschriften verankert. Als Gegenstand der Überprüfung wird hier nicht etwa der Text des Vertrags, sondern die entsprechende Zustimmungsnorm – ein Gesetz im Falle der Zustimmung durch das Parlament und ein Beschluss im Falle der Regierungszustimmung – überprüft.

Die Begründung dieser Brücke findet sich z.B. in der Entscheidung vom 30. November 1995,[148] die sich mit der Frage der Verfassungsmäßigkeit des Abkommens zwischen der Republik Slowenien und der Republik Kroatien *über die Pensionen im Militär* vom 1. November 1992 auseinandersetzte. In der Begründung zu dieser Entscheidung, in der das Verfassungsgericht keine Verletzung der slowenischen Verfassungsordnung festgestellt hat, ist es von seiner Kompetenz ausgegangen, nach Art. 160 Verf. die Verfassungsmäßigkeit der gesetzlichen und untergesetzlichen Vorschriften zu überprüfen.

> Im konkreten Falle war Gegenstand der Überprüfung der Regierungsbeschluss über die Ratifikation des Abkommens; durch die Normenkontrolle des Beschlusses wurde jedoch mittelbar auch die Verfassungsmäßigkeit des Abkommens überprüft. Sein Vorbild sah hier das Verfassungsgericht ausdrücklich in der Praxis des italienischen Verfassungsgerichts und des deutschen Bundesverfassungsgerichts.

Dieses Konzept erläuterte es später in der Begründung zur im vorigen Kapitel erwähnten Entscheidung zur Verfassungsmäßigkeit einiger Bestimmungen des *Europaabkommens.*[149] Es legte fest, dass zu seinen Kompetenzen nach Art. 160 Verf. die Entscheidung über die Verfassungsmäßigkeit der Ratifikationsgesetze gehöre. Komme das Verfassungsgericht während der Überprüfung zu dem Schluss, dass die völkerrechtliche Bestimmung im Widerspruch zur Verfassung stehe, könne es das Gesetz *über die Ratifikation* aufheben. Diese Entscheidung habe jedoch Wirkung nur im innerstaatlichen Recht. Sie entfalte keine Wir-

[148] U-I-147/94, Ur.l.RS, Nr. 3/1996.

[149] Entscheidung Rm 1/97.

kungen auf die völkerrechtlichen Verpflichtungen Sloweniens aus dem Vertrag; diese blieben in einem solchen Falle unverändert.

In der Literatur[150] wird die Aufhebung des Ratifikationsaktes im innerstaatlichen Sinne als problematisch angesehen, da sie zur Verletzung der völkerrechtlichen Verpflichtungen führen könne. In diesem Zusammenhang wird daran erinnert, dass § 87 des Gesetzes *über die auswärtigen Angelegenheiten*[151] eine Regelung enthalte, wonach die Regierung im Falle eines Konflikts zwischen dem ratifizierten Vertrag und dem Gesetz oder einer anderen nationalen Rechtsvorschrift verpflichtet ist, ein Verfahren zu initiieren, das zur Änderung der innerstaatlichen Vorschrift oder zur Änderung oder Beendigung des völkerrechtlichen Vertrags führen würde.

b) Anwendung gemeinschaftsrechtlicher Regelungen

Bis zum Beitritt Sloweniens zur Europäischen Union war die Grundlage der gegenseitigen Beziehungen das *Europaabkommen*[152] von 1996. Wie bereits oben erwähnt, war seine Position in der slowenischen Rechtsordnung nicht eindeutig klar; vor allem war umstritten, ob seine Bestimmungen self-executing Charakter haben oder ob sie sich nur auf die Staaten als seine Parteien beziehen.[153] Diese Frage wäre vor allem im Falle eventueller Verfassungsbeschwerden von Relevanz gewesen, die jedoch nicht erhoben wurden, so dass das Problem auf der hypothetischen Ebene blieb. Dem Verfassungsgericht wurde bis zum vollzogenen EU-Beitritt keine solche Beschwerde gestellt.

Im Falle des Antrags der Nationalbank Sloweniens auf die Überprüfung der Vereinbarkeit des Gesetzes *über die nationale Wohnungsplanung* mit Art. 70 des Europaabkommens,[154] das Slowenien verpflichtet, sich „darum zu bemühen, dass seine Rechtsvorschriften schrittweise mit dem Gemeinschaftsrecht vereinbar werden“, han-

---

[150] S. *M. Škrk* (Fn. 14), S. 8.

[151] S. Fn. 12.

[152] S. Fn. 28.

[153] S. das Kapitel „Das gewählte Modell der Einbeziehung des Gemeinschaftsrechts in die innerstaatliche Rechtsordnung“.

[154] Artikel 70 des Europaabkommens, Wortlaut siehe Anhang.

delte es sich um einen Antrag auf eine Normenkontrolle, über die das Verfassungsgericht am 13. September 2001[155] entschieden hat. Die Verfassungsrichter haben zwar einige Bestimmungen des Gesetzes für verfassungswidrig erklärt, bezüglich Art. 70 Europaabkommen jedoch keinen Verstoß festgestellt. Die Unterlassung der Annäherung der slowenischen innerstaatlichen Gesetzgebung könne zwar grundsätzlich als Verletzung des Europaabkommens eingestuft werden, zu berücksichtigen sei aber andererseits, dass, wenn ein einzelnes Gesetz bisher nicht an das Gemeinschaftsrecht angepasst wurde, diese Unterlassung keinen Verstoß gegen das Europaabkommen zur Folge habe: Das Gemeinschaftsrecht stelle derzeit für Slowenien keine bindende Rechtsquelle im Sinne von Art. 8 Verf. dar.

Seit 1. Mai 2004 stellt der gemeinsame Besitzstand in Slowenien eine unmittelbare Rechtsquelle dar. Die Voraussetzungen seiner Anwendbarkeit legt der durch die Verfassungsänderung im Jahre 2003 eingeführte Art. 3 a Verf. fest,[156] wonach die Rechtsakte der internationalen Organisationen im Einklang mit ihren Rechtsordnungen in der slowenischen Rechtsordnung Anwendung finden. Das mehrmals geänderte Gesetz *über die Gerichte* aus dem Jahre 1994[157] verpflichtet nicht nur die Richter, bei der Ausübung ihres Amtes neben der Verfassung und den Gesetzen die ratifizierten und verkündeten Verträge anzuwenden (§ 3), sondern eröffnet im Einklang mit Art. 234 EGV den Weg für Ersuchen auf Vorabentscheidungen durch slowenische Gerichte. Die Mehrzahl der Entscheidungen, die das Gemeinschafts- bzw. Europarecht tangieren, stammt jedoch bisher von dem slowenischen Verfassungsgericht; dieses nutzte die Gelegenheit, sich vor allem zu Fragen der Grenzen seiner eigenen Zuständigkeit gegenüber gemeinschaftsrechtlichen Belangen zu äußern.

In der Entscheidung vom 8. Juli 2004 zum *Bankrottverfahren* (Up-328/04 und U-I-186/04), die auf eine Verfassungsbeschwerde reagierte, hat das Verfassungsgericht den Grundsatz der direkten Anwendung des Gemeinschaftsrechts unterstrichen: Art. 3 Verf. bedeute, dass das Gemeinschaftsrecht auch innerstaatlich im Einklang mit den europäischen Vorgaben angewandt werden muss. Das Gebot der direkten Anwendung erstrecke sich auf alle verbindlichen ge-

---

[155] U-I 238/00.

[156] S. Fn. 71.

[157] Fn. 79.

meinschaftsrechtlichen Regelungen – die Gründungsverträge, Regelungen des Sekundärrechts und internationale Verträge, die von der EG abgeschlossen wurden. Damit wird dieser Grundsatz vom Verfassungsgericht sehr breit verstanden und schließt nicht die direkte Anwendung von Richtlinien aus.

Der Beschwerdeführer – eine ausländische juristische Person – hatte in dem Verfahren vor dem slowenischen Insolvenzgericht, das das nationale Prozessrecht und nicht etwa die Bestimmungen der Verordnung (EG) Nr. 1346/2000 des Rates vom 29. Mai 2000 über Insolvenzverfahren angewandt hatte, eine Verletzung von Art. 22 Verf. (Gleicher Schutz der Rechte) gesehen. Das Verfassungsgericht hat die Beschwerde aus temporären Gründen zurückgewiesen: Das angegriffene Verfahren war bereits vor dem EU-Beitritt Sloweniens abgeschlossen.

Die Entscheidung bestätigte zunächst den direkten und verbindlichen Charakter der Verordnung (EG) Nr. 1346/2000. In einem zweiten Schritt wies sie jedoch darauf hin, dass in Fällen, in denen eine nationale Rechtsnorm im Konflikt mit Bestimmungen einer Verordnung steht, der Grundsatz des Vorrangs bzw. des Primats des Gemeinschaftsrechts eine Nichtanwendung der kollidierenden innerstaatlichen Norm bewirkt. Es sei daher nicht notwendig, die Verfassungswidrigkeit der angegriffenen Norm festzustellen: Eine Kollision des nationalen Gesetzes *über das Bankrottverfahren* mit der Verordnung bedeute nicht unbedingt auch seine Kollision mit der Verfassung (Art. 22). Weil die Verordnung kein völkerrechtlicher Vertrag im Sinne von Art. 8 Verf. sei, könne sie nicht als Maßstab der Verfassungsmäßigkeit von nationalen Rechtsnormen Anwendung finden.

Nach der Entscheidung (Up-328/04 und U-I-186/04) bildet ausschließlich die Regelung von Art. 3 a Verf. – „im Einklang mit der Rechtsordnung dieser Organisationen" – eine Grundlage für die Behandlung der sekundär- und primärrechtlichen gemeinschaftsrechtlichen Regelungen in der slowenischen Rechtsordnung, mit Ausnahme der Änderungsverträge zu den EG-Gründungsverträgen und der EU-Beitrittsverträge. Damit kann das Verfassungsgericht auf die immer mühsame Überprüfung der hierarchischen Verhältnisse zwischen dem Gemeinschaftsrecht und anderen Rechtsquellen verzichten, was sonst aufgrund von Art. 153

Verf. (Übereinstimmung von Rechtsakten, Vorrang der ratifizierten völkerrechtlichen Verträge vor den Gesetzen) erforderlich wäre.[158]

Als Meilenstein der Formulierung des Ansatzes zum sekundären Gemeinschaftsrecht gilt in Slowenien die Entscheidung vom 8. Juli 2004 (U-I-113/04) über Mischfuttermittel für Nutztiere. Prüfungsgegendstand war die untergesetzliche *Regelung über die Qualität, Bezeichnung und Verpackung der Mischfuttermittel*, die von der slowenischen Regierung zur Durchführung der Richtlinie 2002/2/EG des Europäischen Parlaments und des Rates vom 28. Januar 2002 (ABl. EG L 63/23) erlassen worden war. Die Antragsteller sahen in den Bestimmungen der nationalen Regelung die Verletzung mehrerer Verfassungsbestimmungen, darunter Art. 60 (Urheberrechte), Art. 33 (Recht auf privates Eigentum) oder Art. 67 (Schutz des Eigentums). Zu demselben Zeitpunkt waren die gleichlautenden Bestimmungen der Richtlinie Gegenstand mehrerer Vorlageverfahren vor dem Europäischen Gerichtshof (Rechtssachen C-453/03, C-11/04, C-12/04 und C-194/04). Das Verfassungsgericht hat das Verfahren bis zur Entscheidung des EuGH ausgesetzt. Die Begründung seiner Entscheidung über die Aussetzung hat es auf Art. 3 a Verf. gestützt; dabei stellte es fest, dass durch das Angreifen der nationalen Regelung die Antragsteller eigentlich die gleichlautende Richtlinie angriffen, für deren Kontrolle der EuGH zuständig sei.

Nach der Entscheidung des EuGH vom 6. Dezember 2005 (*ABNA* u.a.) und der entsprechenden Anpassung der slowenischen Regelung befasste sich das Verfassungsgericht doch noch mit der Durchführungsvorschrift. In seiner Entscheidung U-I-113/04 vom 7. Februar 2007 hat es bestätigt, dass es sich im Falle dieser Regelung um eine Durchführungsregelung handelt, für deren Form das Gemeinschaftsrecht (Art. 249 EGV) keine Vorgaben aufstelle. Aus dieser Tatsache leitete das Verfassungsgericht seine Zuständigkeit zur Prüfung der Regelung ab: Die Tatsache, dass die Regelung eine Durchführungsregelung sei, schließe die Zuständigkeit des Verfassungsgerichts weder aus noch beschränke sie seine Befugnis, diese zu überprüfen. Auch im Falle von Durchführungsregelungen müssen sowohl die Verfassung als auch das Prinzip der Gewaltenteilung respektiert werden: Es wäre z.B. ausgeschlossen, dass die Exekutive au-

[158] S. *M. Škrk*, European Law and the Constitutional Court of the Republic of Slovenia, in: M. Hofmann (Hrsg.), Europarecht und die Gerichte der Transformationsstaaten, Baden-Baden 2008, S. 54.

tonom diejenigen Bereiche regeln würde, die ausschließlich zum Kompetenzbereich der Gesetzgebung gehören. Die angegriffene Regelung habe jedoch eine gesetzliche Grundlage (Gesetz *über Futter für Nutztiere*); auch im Bereich der Grundrechte seien die Vorgaben der Verfassung und der gemeinschaftsrechtlichen Grundrechte respektiert worden. Die Verfassungsbeschwerde ist vom Verfassungsgericht als unsubstantiiert abgewiesen worden.

Hinsichtlich seiner Kompetenzen zur Überprüfung der gemeinschaftsrechtlichen Regelungen stellte das Verfassungsgericht auf diese Weise seine Zuständigkeit zur Überprüfung der Verfassungsmäßigkeit der Durchführungsregelungen zu gemeinschaftsrechtlichen Richtlinien fest; in anderen seiner Entscheidungen (Entscheidung U-I-125/05 vom 8. Dezember 2005, Entscheidung U-I-188/04 vom 8. September 2005) sah es hingegen keine Möglichkeit, die slowenischen Gesetze aufgrund des sekundären Gemeinschaftsrechts zu überprüfen – dafür fehle in Art. 160 Verf. die entsprechende Zuständigkeit.

Als Leitprinzip der Auslegung der nationalen Rechtsakte bezeichnete es den Grundsatz der loyalen Interpretation des nationalen Rechts, wonach das nationale Recht im Lichte des Gemeinschaftsrechts ausgelegt werden muss (Entscheidung U-I-321/02). Dieser Ansatz zeigte sich schon in der Entscheidung zum slowenischen *Asylgesetz* (U-I-238/06 vom 7. Dezember 2006), dessen einzelne Bestimmungen vom Verfassungsgericht als Verletzung von Art. 18 Verf. (Folterverbot) bezeichnet wurden:

> Das Verfassungsgericht hat eine Verletzung von Art. 18 Verf. festgestellt und den Gesetzgeber aufgefordert, die angegriffenen Bestimmungen nicht nur mit der Verfassung, sondern auch mit den einschlägigen Bestimmungen der Richtlinie 2004/83/EG des Rates vom 29. April 2004 *über Mindestnormen für die Anerkennung und den Status von Drittstaatsangehörigen oder Staatenlosen als Flüchtlinge oder als Personen, die anderweitig internationalen Schutz benötigen, und über den Inhalt des zu gewährenden Schutzes* (ABl. EG L 304 vom 30.09. 2004) in Einklang zu bringen.

Zusammenfassend kann festgestellt werden, dass der slowenische Gesetzgeber die völkerrechtlichen Instrumente in den Katalog der Maßstäbe der Gerichtsbarkeit auf allen ihren Stufen in beachtlichem Umfang einbezogen hat. Die Intensität ihrer Anwendung in der Praxis ist jedoch recht unterschiedlich. Während die Richter der allgemeinen Gerichte – trotz der einfach-gesetzlichen Verankerung des Völkerrechts als Prüfungsmaßstab – nur ausnahmsweise zum Völkerrecht greifen, stützte sich vor allem das Verfassungsgericht sehr häufig auf die Bestimmungen der EMRK, der UN-Pakte sowie des UN-Kinderrechtsübereinkommens. Dazu verfügt es über ein verfassungsrechtliches Gebot, Völkerrecht bei der Normenkontrolle anzuwenden, das *per analogiam* auch auf das Institut der Verfassungsbeschwerde übertragen wird. Für die Stellung des gemeinsamen Besitzstands in der Gerichtsbarkeit nach dem 1. Mai 2004 ist Art. 3 a Verf. maßgeblich, der die Anwendung der europarechtlichen Regelungen mittels des Hinweises auf die Rechtsordnung der jeweiligen internationalen Organisation regelt. Dabei spielt die Verfassungsgerichtsbarkeit eine bedeutsame Rolle, die aufgrund ihrer Rechtsprechung die Grenzen ihrer Zuständigkeit gegenüber den europäischen Belangen Schritt für Schritt definiert.

Eine wichtige Rolle spielte die Möglichkeit der in der Verfassung vorgesehenen präventiven Kontrolle der völkerrechtlichen Verträge, während die nur durch Interpretation der verfassungsrechtlichen Bestimmungen geschaffene Möglichkeit ihrer nachträglichen Kontrolle einige Fragen nach ihrer Vereinbarkeit mit dem Grundsatz *pacta sunt servanda* aufwirft.

Durch diese Öffnung der Gerichtsbarkeit für die überstaatlichen Rechtsordnungen hat der slowenische Verfassungsgeber alle Voraussetzungen geschaffen, um die eigene Rechtsordnung dem Vergleich mit diesen äußeren Systemen auszusetzen; die Auswirkungen dieses Prozesses sind vor allem an zahlreichen Änderungen der slowenischen Strafprozessordnung bemerkbar. Auf der anderen Seite soll nicht übersehen werden, dass neben den allgemeinen Grundsätzen des Völkerrechts die durch das Parlament oder die Regierung gebilligten – „ratifizierten" – völkerrechtlichen Verträge die Rolle von Maßstäben für die Gerichtsbarkeit spielen; die Letztentscheidung über die anzuwendenden Maßstäbe liegt weiterhin in der Hand der slowenischen Staatsorgane, welche die Ratifizierung und dadurch auch die Möglichkeit der Anwendung des Völkerrechts als Prüfungsmaßstab verhindern können. Durch den Grundsatz, dass alle völkerrechtlichen Verträge innerstaatlich gebilligt werden müssen, ist jedoch der Umfang dieser Maßstäbe sehr groß.

6. Innerstaatliche Umsetzung der Entscheidungen der internationalen Instanzen

a) Rechtsprechung des EGMR

Die Republik Slowenien ist Mitgliedstaat des Europarats seit 14. Mai 1993, dem Tag, an welchem das Statut des Europarats für sie in Kraft trat. Die EMRK wurde am 31. Mai 1994 innerstaatlich ratifiziert, das Gesetz *über die Ratifikation der EMRK*, einschließlich Artikel 25, 46, Protokoll Nr. 1 und Protokolle Nr. 4, 6, 7, 9 und 11, trat am 28. Juni 1994 in Kraft.[159] Mit völkerrechtlichen Auswirkungen wurde die EMRK von Slowenien am 28. Juni 1994 durch Hinterlegung der Ratifikationsurkunde bei dem Generalsekretär[160] für Slowenien verbindlich; ferner wurde das Protokoll Nr. 14 zur EMRK am 29. Juni 2005 ratifiziert. Die Literatur betont die Tatsache, dass Slowenien keine Vorbehalte zur EMRK geltend gemacht hatte. Die Rechtsordnung würde frühzeitig genug einer tiefen Analyse unterzogen, damit der Einklang der innerstaatlichen Rechtsvorschriften mit ihren Regelungen gesichert wäre.[161] Weiter wird hervorgehoben, dass Slowenien überhaupt der erste Staat war, der das Protokoll Nr. 11 ratifiziert hat.[162]

Für eine „unbestimmte Zeit“ erkannte Slowenien die Zuständigkeit der Europäischen Kommission und des Europäischen Gerichtshofs für Menschenrechte (Art. 25 resp. 46 EMRK in der ursprünglichen Fassung)[163] an; in der entsprechenden Erklärung wurde jedoch betont, dass sich beide Kompetenzen nur auf diejenigen Tatsachen erstrecken, die nach dem 28. Juni 1994 entstanden sind, d.h. nach dem Inkrafttreten der EMRK für Slowenien. Der Beitritt zur EMRK ermöglichte allen Personen unter der Jurisdiktion Sloweniens, sich mit Beschwerden an die europäischen Organe für Menschenrechte zu wenden.

---

159 Ur.l.RS, Nr. 33/1994.

160 Http://www.coe.int/Portal.asp.

161 S. z.B. *P. Jambrek*, Slovensko Ustavno sodišče pod okriljem evropskih standardov in mehanizmov zar varovanje človekovih pravic, Temeljne pravice (Cankarjeva Založba), 340 ff.

162 S. *S. Devetak*, The Development of the Protection of Minorities in Europe with Special Reference to Slovenia, Journal of International Relations 1-4 (1996), S. 111.

163 Council of Europe, Information Sheet No. 34, January-June 1994, S. 2.

Im Jahre 2001 hatte der Europäische Gerichtshof für Menschenrechte erst 251, im Jahre 2007 schon 1012 Beschwerden gegen Slowenien registriert. Damit steht Slowenien nach der *„Analysis of Statistics 2007"* an der Spitze der Liste, die die Zahl der Beschwerden im Verhältnis zur Bevölkerungszahl der Mitgliedstaaten berücksichtigt. In der Periode zwischen dem 11. November 1998 und dem 31. Dezember 2007 hat der EGMR insgesamt 210 Entscheidungen erlassen, in denen Slowenien Partei war, davon eine im Rahmen der gütlichen Einigung.[164] Im Jahre 2007 handelte es sich um fünfzehn Urteile gegen Slowenien, von denen dreizehn die Verletzung von Art. 6 EMRK hinsichtlich einer der zentralen Probleme in den postkommunistischen Staaten (wenn auch nicht nur dort, wie das Beispiel etwa Italiens nachdrücklich beweist) – der Länge des gerichtlichen Verfahrens – festgestellt haben.

Im Falle *Majarič*[165] vom 8. Februar 2000 wurde der Beschwerdeführer im Jahre 1991 wegen sexueller Belästigung beschuldigt. Das Verfahren begann im Juni 1992; die verurteilende Entscheidung wurde erst im Jahre 1997 getroffen. Nach der Erschöpfung aller zulässigen Rechtsmittel legte er im Jahre 1998 eine Verfassungsbeschwerde ein, die in demselben Jahr abgewiesen wurde. Obwohl die Zuständigkeit des EGMR erst ab dem 28. Juni 1994 für Slowenien besteht, dauerte es allein ab diesem Zeitpunkt bis zur Entscheidung des Verfassungsgerichts länger als vier Jahre. Der EGMR hat in dieser Verzögerung eine Verletzung von Art. 6 EMRK – Recht auf faires Verfahren innerhalb einer angemessenen Zeit – gesehen. Diese Tatsache sei den slowenischen Gerichten völlig zuzurechnen und ihre Hinweise auf ihre schwere Arbeitslast seien abzulehnen. Art. 6 Abs. 1 verpflichte die Staaten, die Parteien der EMRK, ihr gerichtliches System auf eine solche Weise zu organisieren, dass die Gerichte ihre Aufgaben erfüllen können.

Keine Verletzung von Art. 6 EMRK dagegen hat der Gerichtshof in der Sache *Tričković* in seiner Entscheidung vom 27. März 2003 festgestellt. Der Beschwerdeführer, slowenischer Staatsangehöriger serbischer Nationalität, klagte wegen seiner Rentenansprüche vor dem slowenischen Verfassungsgericht. Das verfassungsgerichtliche Verfahren dauerte zwei Jahre und sieben Monate. Der EGMR ist davon ausgegangen, dass die Angemessenheit der Fristen vor dem Verfas-

---

[164] Council of Europe, Survey of Activities, 2007, S. 57.

[165] *Majarič ./. Slovenia*, Application no. 28400/95.

sungsgericht mit Rücksicht auf die besonderen Umstände des Verfahrens betrachtet werden müsse. Das Verfassungsgericht befand sich in einer kritischen Periode des Übergangs von der sozialistischen zur demokratischen Rechtsordnung. Gleichzeitig litt die Rechtslage in dieser Zeit unter den Folgen des Zerfalls des ehemaligen Jugoslawiens, unter Absenz eines völkerrechtlichen Nachfolgevertrags. In diesem Stadium war das Verfassungsgericht berechtigt, anderen Themen wie Denationalisierung, Referendum und lokaler Selbstverwaltung Priorität zu gewähren. Nach der Rechtsprechung des EGMR ziehe ein vorübergehender Rückstau der Sachen nicht die völkerrechtliche Verantwortlichkeit des entsprechenden Staates nach sich, falls der Staat unmittelbare Schritte gegen diesen Stau unternommen hat. Solche Maßnahmen seien vom Verfassungsgericht eindeutig getroffen worden, um die Zahl der unerledigten Fälle zu reduzieren. Die Anforderungen an die „angemessene Frist" nach Art. 6 EMRK wurden in diesem Fall daher nicht überschritten.[166]

Art. 6 Abs. 1 EMRK war Prüfungsmaßstab auch in der Sache *Belinger*, die am 13. Juni 2002 durch gütliche Einigung abgeschlossen wurde:

Die Beschwerdeführerin, die Gesundheitsschäden infolge einer Operation erlitten hat, verklagte das Krankenhaus, das die Operation ausgeführt hat. Die Klage wurde im Jahre 1991 eingereicht, das Zivilverfahren wurde 1993 eingeleitet. Das Urteil wurde nach verschiedenen Prozess-Schritten bzw. Gutachten erst im Jahre 2000 ausgesprochen, beide Parteien haben gegen das Urteil Berufung eingelegt. Die Beschwerde der Geschädigten und ihres Ehemanns wurde bereits im Jahre 1995 vor der Europäischen Kommission für Menschenrechte eingereicht. In Oktober 2001 wurde die Sache durch den EGMR für zulässig erklärt. Im Sinne von Art. 38 Abs. 1 lit. b wurde den Parteien ein Vorschlag auf eine gütliche Einigung unterbreitet, die im Januar bzw. April 2002 erreicht wurde. Die slowenische Regierung war mit der Auszahlung der von den Beschwerdeführern vorgeschlagenen Summe einverstanden. Der EGMR stellte in seinem Urteil fest, dass die gütliche Einigung den Anforderungen an Achtung der Menschenrechte, wie sie in der Konvention und den Protokollen anerkannt sind, entspreche (Art. 37 Abs. 1 *in fine*

166 *Tričković ./. Slovenia*, Application no. 39914/98.

EMRK und Art. 62 Abs. 3 der *Verfahrensordnung* des EGMR[167]); die Sache konnte aus dem Register gestrichen werden.

Von Bedeutung war hier vor allem die Tatsache, dass der EGMR seine Zweifel über das Vorhandensein von innerstaatlichen Rechtsmitteln geäußert hat, die eine Erhebung einer wirksamen Beschwerde für die Verletzung von Art. 6 bei nationalen Instanzen ermöglichen.

In seinem Urteil *Lukenda* (Nr. 23032/02) vom 6. Oktober 2005 ging der EGMR noch weiter, indem er festgestellt hat, dass die nationalen Rechtsbehelfe gegen die Verzögerungen im Verfahren den Anforderungen der EMRK nicht entsprechen, und Slowenien die Pflicht auferlegt hat, diese gemäß seinen Vorgaben zu gestalten:

Die Mängel der slowenischen Rechtsbehelfe bezüglich der Verletzungen von Art. 6 wurden während der Prüfung der Zulässigkeit der Beschwerde thematisiert. Der EGMR stellte fest, dass diese Rechtsbehelfe den Kriterien eines wirksamen Rechtsmittels nach Art. 35 Abs. 1 bzw. Art. 13 EMRK nicht entsprechen. Um ein EMRK-konformes Rechtsmittel handelt es sich nur dann, falls dieses vorhanden ist und genügt, eine Wiedergutmachung der Verletzung zu erlangen. Das Vorhandensein eines solchen Behelfes muss nicht nur theoretisch gesichert sein, sondern muss sich auch in der Praxis als zugänglich und effektiv erweisen. Dabei braucht es sich nicht um einen einzigen Rechtsbehelf zu handeln, sondern es kann auch eine Kombination unterschiedlicher Rechtsmittel ausreichen, selbst wenn diese einzeln den Kriterien nicht genügten.

Weiter stellte das Urteil fest, dass die überlange Verfahrensdauer in Slowenien ein systemisches Problem darstelle, das aus einer mangelhaften Gesetzgebung und ineffektiver Verwaltung der Justiz resultiere. Da Art. 46 EMRK dem EGMR ermögliche, nicht nur Entschädigungen, sondern auch Erlass anderer geeigneter Maßnahmen allgemeiner oder individueller Natur aufzuerlegen, sei Slowenien aufgefordert, entweder die bestehenden Behelfe zu verbessern oder neue entsprechend den Kriterien des Urteils zu schaffen.

Slowenien reagierte auf das Urteil mit der Verabschiedung des Gesetzes *über den Schutz des Rechts auf faires Verfahren ohne unnötige Verzögerungen* (Nr. 9/2006), das am 1. Januar 2007 in Kraft getreten ist. Den

[167] Europäischer Gerichtshof für Menschenrechte: Verfahrensordnung, 1.11. 1998, öBGBl. III 13/2000, S. 81/133.

Kern des Gesetzes bildet die Möglichkeit der gerechten Wiedergutmachung, die durch die Auszahlung einer Entschädigung für den durch die Verzögerungen entstandenen Schaden in der Höhe von 300 bis 5000 Euro erfolgen kann. Der entsprechende Antrag muss binnen neun Monaten nach der bestandskräftigen Entscheidung bei der Staatsanwaltschaft gestellt werden; in einer dreimonatigen Frist kann zwischen dem Staat und der betroffenen Partei eine außergerichtliche gütliche Einigung erreicht werden. Beim Scheitern dieser Möglichkeit kann die Partei – spätestens achtzehn Monate nach einer bestandskräftigen Entscheidung – eine Klage bei dem zuständigen Amtsgericht einreichen.

Eine Übergangsregelung des Gesetzes bezieht sich auf die vor dem EGMR bereits anhängigen Fälle: Auch hier muss die Staatsanwaltschaft versuchen, mit den Beschwerdeführern eine außergerichtliche gütliche Einigung zu erreichen. Erst falls es binnen vier Monaten zu keiner Einigung kommt, kann der Beschwerdeführer in dem durch das Gesetz geschaffenen Verfahren vor dem nationalen Gericht entsprechende Klage erheben.

Im Urteil *Grzinčič* vom 3. Mai 2007 hat der EGMR diesem gesetzlichen Rahmen eine grundsätzlich positive Bewertung erteilt:

> Der Beschwerdeführer hat eine Verletzung seines Rechts auf Verfahren in angemessener Frist und wirksame Beschwerde in zwei Verfahren geltend gemacht: In einem bereits abgeschlossenen Zivilverfahren, das acht Jahre gedauert hatte, und in einem noch anhängigen Strafverfahren, dass im Juli 1999 eingeleitet worden war. Während bezüglich des ersten Verfahrens der EGMR eine Verletzung festgestellt und eine Entschädigung anerkannt hat, prüfte er im Rahmen der Zulässigkeit der Beschwerde das Gesetz *über den Schutz des Rechts auf faires Verfahren ohne unnötige Verzögerungen*. Er gelangte zu dem Schluss, dass das Gesetz Rechtsbehelfe zur Verfügung stellt, die grundsätzlich geeignet sind, eine weitere Verletzung der Regelungen über die Verfahrensdauer zu verhindern und eine angemessene Entschädigung zu gewähren. Der Beschwerdeführer müsse zuerst von diesen Mitteln Gebrauch machen, obwohl er sie schon vor Inkrafttreten des neuen Gesetzes eingelegt hat und es noch keine relevante Praxis zu dem neuem Gesetz gebe. Dies entlasse aber die slowenische Regierung nicht von der Beweislast bezüglich der Wirksamkeit der neuen Rechtsbehelfe für die Zukunft.

Von den anderen, nicht Art. 6 EMRK betreffenden Entscheidungen des EGMR ist vor allem das Urteil in der Sache *Rehbock*[168] vom 28. November 2000 von Bedeutung, das einen Verstoß gegen Art. 3 und 8 EMRK durch die slowenische Polizei festgestellt hat:

> Der Beschwerdeführer, deutscher Staatsangehöriger, wurde wegen Verdachts des Drogenhandels in Slowenien verhaftet. Im Laufe der Verhaftung wurde er von den Polizeibeamten ernsthaft verletzt; diese Tatsache wurde von der slowenischen Regierung nicht bestritten. Es gilt weiter als bewiesen, dass diese Festnahme lange geplant war und es sich dabei keinesfalls um eine überraschende Situation handelte, in der die Gewaltanwendung in dieser Intensität vielleicht unter die gesetzlichen Ausnahmen subsumiert werden könnte. Die Polizeibeamten waren in einer sichtlichen Überzahl gegenüber den Festzunehmenden (dreizehn zu drei); während der Festnahme habe der Beschwerdeführer die Polizisten nicht bedroht. Die Kommission, die den Vorfall untersuchen sollte, war aus Personen zusammengesetzt, die an der Festnahme beteiligt waren; das Ergebnis ihrer Untersuchung war, dass sich der Beschwerdeführer durch einen Sturz auf einen eingeparkten PKW verletzt habe, während ein früherer Polizeibericht einen anderen Vorgang schilderte. Der EGMR ist zu dem Schluss gelangt, dass die Regierung keine plausible Erklärung der umstrittenen Vorgänge präsentiert hat; im Hinblick auf die Ernsthaftigkeit der Verletzungen kam er zu dem Ergebnis, dass die Gewaltanwendung unangemessen und unrechtmäßig war und Art. 3 EMRK verletzt wurde.
>
> Neben Art. 3 hatte der Beschwerdeführer auch Verstöße gegen Art. 8 EMRK geltend gemacht. Er führte aus, dass während seiner Festnahme seine Korrespondenz mit den Straßburger Organen ohne gesetzliche Legitimierung kontrolliert wurde. Die Regierung stützte sich bei der Erklärung dieser Vorfälle auf § 211 *Strafprozessordnung*, der unter bestimmten Voraussetzungen die Öffnung der Korrespondenz der Festgenommenen ermöglicht. Der EGMR hat jedoch betont, dass § 213 b *Strafprozessordnung*, der seit 23. Oktober 1998 in Kraft sei, die Korrespondenz zwischen den Festgenommenen und dem EGMR von dieser Regelung ausgenommen habe. Aus diesem Grund hat der EGMR auch die Verletzung von Art. 8 EMRK festgestellt.

---

[168] *Rehbock ./. Slovenia*, Application no. 29462/95.

Obwohl es sich im Falle Sloweniens bisher um keine hohe Zahl von Sachen handelt, in denen der EGMR auf eine Verletzung der EMRK im strafrechtlichen Bereich erkannt hat, wurden durch die *Strafprozessordnung*[169] Voraussetzungen zum Wiederaufnahmeverfahren auf der Grundlage der Entscheidungen des EGMR in den strafrechtlichen Sachen geschaffen. Nach § 416 StPO können Urteile des EGMR eine Grundlage zur Wiederaufnahme des Strafverfahrens bilden; in solchen Fällen werden *per analogiam* Regelungen über die Wiederaufnahme (§§ 410-415) angewandt. Diese Möglichkeit bleibt auf das Strafverfahren beschränkt. Weder die *Zivilprozessordnung* vom 25. März 1995 noch das Gesetz *über das Verfassungsgericht* enthalten analoge Bestimmungen.

b) Auffassungen des UN-Ausschusses für Menschenrechte

Die Republik Slowenien als einer der Nachfolgestaaten des ehemaligen Jugoslawiens sukzedierte in den IPbürgR am 25. Juni 1991 und am 16. Oktober 1993 wurde sie Partei des Fakultativprotokolls.[170] Bei der Ratifikation des Protokolls hat sie eine Erklärung abgegeben, welche die Zuständigkeit des UN-Ausschusses für Menschenrechte für Mitteilungen der Einzelpersonen unter der slowenischen Jurisdiktion auf die Zeit nach dem Inkrafttreten des Protokolls für Slowenien beschränkt, sowie einen Vorbehalt angebracht, der seine Zuständigkeit für diejenigen Mitteilungen ausschließt, die Gegenstand eines anderen internationalen Streitbeilegungsverfahrens sind oder bereits wurden.[171]

---

[169] Gesetz Ur.l.RS, Nr. 19-779/1994, geändert durch das Gesetz Ur.l.RS, Nr. 45-2161/1995, Ur.l.RS, Nr. 26-1210/1999, Ur.l.RS, Nr. 38-1874/1999, Ur.l.RS, Nr. 28-1254/2000, Ur.l.RS, Nr. 26-1582/2001, Ur.l.RS, Nr. 26-2759/2002 und Ur.l.RS, Nr. 67-3232/2002.

[170] Status of Ratifications of the Principal International Human Rights Treaties as of 2 November 2003, Office of the United Nations Commissioner for Human Rights, S. 9.

[171] Http://www.unhchr.ch/html/menu3/b/treaty.

Aus den offiziellen Statistiken[172] ergibt sich, dass sich der UN-Ausschuss für Menschenrechte bisher mit keiner Mitteilung von Einzelpersonen unter slowenischer Jurisdiktion befassen musste; es ist daher nicht überraschend, dass § 416 StPO, der das Wiederaufnahmeverfahren in Strafsachen aufgrund internationaler Entscheidungen regelt, ausdrücklich auf die Entscheidungen des EGMR beschränkt ist und die Auffassungen des UN-Ausschusses als Wiederaufnahmegrund nicht erwähnt.

c) Entscheidungen des EuG und des EuGH

Die slowenische Rechtsordnung enthält keine Bestimmung, welche ausdrücklich die direkte Wirkung der Entscheidungen des EuGH erwähnen würde. Diese ist jedoch durch die Regelung von Art. 3 a Verf. gesichert, wonach nicht nur die Rechtsakte der internationalen Organisationen, auf welche Slowenien einen Teil der Ausübung ihrer Zuständigkeiten übertragen hat, sondern auch ihre „Entscheidungen" im Einklang mit den Regelungen dieser Organisationen angewendet werden.[173]

Ihre mittelbare Wirkung zeigte die Rechtsprechung des EuGH bereits achtzehn Tage nach dem Beitritt Sloweniens zur Europäischen Union. Am 18. Mai 2004 hat ein slowenisches Berufungsgericht die Entscheidung eines Gerichts erster Instanz aufgehoben und die Bestimmungen des slowenischen Gesetzes *über das industrielle Eigentum* aus dem Jahre 2001[174] „im Einklang mit der Rechtsprechung des EuGH" ausgelegt.

> Im Gegensatz zur erstinstanzlichen Entscheidung gelangte es zu dem Schluss, dass – falls ein Transit durch Slowenien eine unabdingbare Voraussetzung zur Einführung der gefälschten Zigaretten auf

---

[172] Statistical survey of individual complaints dealt with by the Human Rights Committee under the Optional Protocol to the International Covenant on Civil and Political Rights (16 February 2004), http://www.unhchr.ch/ /html/menu2.

[173] Vgl. *W.L. Dragica*, The Position of the Constitutional Court of the Republic of Slovenia in Relation to European Community Law, Round Table II on Consequences of Membership in the EU for Constitutional Courts, Vienna 17 October 2006.

[174] Ur.l.SR, Nr. 45/2001.

den Markt war – auch die Verfrachter der Ware Verantwortung für die Verletzung der Markenrechte tragen.[175]

Slowenien hatte bisher nur wenige Verfahren vor dem EuGH anhängig.[176]

In der Sache C-414/04, die die Netzzugangsbedingungen für den grenzüberschreitenden Stromhandel betraf, trat Slowenien dem Verfahren zwischen dem Europäischen Parlament und dem Rat der Europäischen Union nicht als Streithelfer bei. Die Rechtsache C-519/04 P betraf ein Revisionsverfahren einer Individualklage gegen ein Urteil des Gerichts erster Instanz über ein Verfahren aus dem Jahre 2002. Die dritte Sache, C-267/07, die die Frage der Interoperabilität des konventionellen und des Hochgeschwindigkeitsbahnsystems in Slowenien betraf, wurde durch Beschluss des Präsidenten des Gerichtshofs vom 14. Dezember 2007 aus dem Register gestrichen.

Durch die Änderung des Gesetzes *über die Gerichte*[177] wurde eine rechtliche Grundlage für Vorabentscheidungsersuchen zum EuGH geschaffen: Sein Art. 113 a stellt nun fest, dass im Falle, dass die Entscheidung eines slowenischen Gerichts von der Vorabentscheidung hinsichtlich der Geltung oder Auslegung des Gemeinschaftsrechts abhängig ist, dieses Gericht ein Vorabentscheidungsersuchen im Einklang mit Art. 234 an den EuGH stellen kann. Falls von der Vorabentscheidung eine Entscheidung des Obersten Gerichtshofs oder eines anderen slowenischen Gerichts, die nicht mehr mit Rechtsmitteln angefochten werden kann, abhängig ist, wird von diesen Gerichten das Vorabentscheidungsersuchen an den EuGH gestellt.

Offen bleibt jedoch die Frage, ob auch das Verfassungsgericht, das in der Regelung nicht explizit genannt ist, ggf. zu einem Vorabentscheidungsersuchen verpflichtet werden kann: Die Literatur äußert sich zu dieser Perspektive sehr vorsichtig,[178] schließt sie jedoch nicht pauschal aus: Diese Situation könne nicht nur eintreten, wenn das Verfassungsge-

---

175 Major Ruling on Counterfeiting in Slovenia, http://www.petosevic.com/resources/news/2004/05.

176 *S. Fischer*, Der Europäische Gerichtshof nach der EU-Osterweiterung, Diskussionspapier der FG 1, 2007/21, November 2007, SWP Berlin, S. 34.

177 Gesetz Ur.l.RS, Nr. 45/1995, 26/1999, 38/1999, 45/1999, 28/2000, 26/2001, 56/2002, 16/2004, 73/2004, 72/2005, 49/2006, 127/2006.

178 *M. Škrk* (Fn. 158), S. 39.

richt mit der Frage der Kontrolle der Rechtsakte befasst wird, die die europäischen Richtlinien und Rahmenbeschlüsse nach Art. 34 EUV durchführen. Sie könne vor allem bei der Lösung der Individualbeschwerden entstehen, weil hier das Verfassungsgericht als Gericht der höchsten Instanz agiert. Eine Nicht-Vorlage an den EuGH könnte daher eine Verletzung der Grundrechte bzw. des Rechts auf den gesetzlichen Richter darstellen.[179]

Es kann zusammengefasst werden, dass zur innerstaatlichen Umsetzung der – verbindlichen – Entscheidungen des EGMR vom Gesetzgeber durch die Änderung der Strafprozessordnung die notwendigen Schritte unternommen wurden. Das Gesetz *über den Schutz des Rechts auf faires Verfahren ohne unnötige Verzögerungen* (Nr. 9/2006), das am 1. Januar 2007 in Kraft getreten ist, führte neue innerstaatliche Rechtsbehelfe ein, die die Überlastung des EGMR mit slowenischen Sachen betreffend das Recht auf Abschluss eines Verfahrens in angemessener Frist verhindern sollen. Mit der Auswirkung der empfehlenden Auffassungen des UN-Ausschusses für Menschenrechte hat sich das slowenische Parlament bisher nicht befasst. Dies wurde auch dadurch ermöglicht, dass bisher keine Mitteilung von Einzelpersonen unter slowenischer Jurisdiktion vom Ausschuss als zulässig erklärt wurde.

Die Wirkung der Entscheidungen des EuGH wurde durch die Verfassungsänderung im Jahre 2003 gewährleistet. In der nationalen Rechtsordnung werden neben den Rechtsakten der qualifizierten internationalen Organisationen im Einklang mit ihren Regelungen auch ihre Entscheidungen angewandt.

7. Bewertung

Die slowenische Rechtordnung hat sich den überstaatlichen Regelungen und Einflüssen weit geöffnet. Dies war vor allem die Folge der Erforderlichkeit, das neu entstandene internationale Subjekt Slowenien in das Netz der internationalen Beziehungen einzufügen. Begleitend hat sich der pragmatische Ansatz durchgesetzt, dass einige legislatorische Lücken, vor allem im menschenrechtlichen Bereich, durch völkerrechtliche Instrumente gefüllt werden können. Bei der Anknüpfung Slowe-

[179] *W.L. Dragica* (Fn. 173), 96-98.

niens an die überstaatlichen rechtlichen und institutionellen Strukturen haben sich einige Besonderheiten gezeigt.

Die grundsätzliche Kooperationsbereitschaft der Republik Slowenien war einer der Hauptgrundsätze der Außenpolitik des Landes und wurde durch die Verfassungsänderung im Jahre 2003 weiter gestärkt. Diese hat nicht nur die erforderlichen Voraussetzungen zur Übertragung eines Teils der souveränen Rechte Sloweniens auf die Europäische Union geschaffen, sondern ließ gleichzeitig die Möglichkeit offen, anderen überstaatlichen Strukturen beizutreten, welche mit den verfassungsrechtlich definierten Merkmalen – Achtung der Menscherechte und Grundfreiheiten, der Demokratie und der Prinzipien des Rechtsstaates – ausgestattet sind (Art. 3 a Abs. 1 Verf.).

Die slowenische Rechtsordnung ist den überstaatlichen Rechtssystemen gegenüber prinzipiell offen. Den allgemeinen Grundsätzen des Völkerrechts wird das Attribut der *lex fori* zuerkannt (§ 1 Abs. 2 des Gesetzes *über die auswärtigen Angelegenheiten)*, die ratifizierten und verkündeten völkerrechtlichen Verträge haben vor den nationalen gesetzlichen und untergesetzlichen Normen Anwendungsvorrang (Art. 153 Abs. 1 Satz 1 Verf.). Diese breite Öffnung wird nur durch die Tatsache relativiert, dass alle völkerrechtlichen Verträge innerstaatlich – entweder durch das Parlament oder die Regierung – gebilligt werden müssen. Damit behält der Staat die Letztentscheidung über die Inkorporation der völkervertraglichen Regelungen in das nationale Recht in der eigenen Hand, was die Beschreibung des Systems als „milder Dualismus" rechtfertigt.

Die direkte Wirkung des *acquis communautaire* einschließlich der Urteile des EuGH wird nicht nur durch den Anwendungsvorrang der völkerrechtlichen Verträge einschließlich des europäischen Primärrechts vorausgesetzt, sondern durch eine explizite verfassungsrechtliche Regelung über die Wirkung der Akte und Entscheidungen der internationalen Organisationen im Einklang mit ihren Statuten geregelt (Art. 3 a Verf.).

Auch bei der Ausübung der Gerichtsbarkeit kommt den überstaatlichen Regelungen eine erhebliche Bedeutung zu. Den völkerrechtlichen Regelungen, einschließlich der allgemeinen Grundsätze des Völkerrechts, wurde die Rolle eines Prüfungsmaßstabs sowohl in der allgemeinen Gerichtsbarkeit (§ 3 des Gesetzes *über die Gerichte*) als auch der Verfassungsgerichtsbarkeit (Art. 160 Verf.). verliehen. Auf die Verfassungsbeschwerde wird das Völkerrecht in der Praxis *per analogiam* übertragen, was früher zu einer recht intensiven Anwendung seiner Regel, gegenwärtig eher zu einer Reduzierung seiner Bedeutung führte.

Außerdem können völkerrechtliche Verträge im Rahmen der präventiven Normenkontrolle auf ihren Einklang mit der Verfassung überprüft werden (160 Abs. 2 Verf.). Für die Anwendung des *acquis communautaire* vor den slowenischen Gerichten gilt die Bemerkung über die Stellung des gemeinsamen Besitzstands in der nationalen Ordnung: Sie erfolgt aufgrund der Regelung, wonach die Rechtsakte der internationalen Organisationen in Slowenien im Einklang mit ihren Rechtsordnungen angewandt werden. Die bisherige Rechtsprechung des Verfassungsgerichts zu europäischen Fragen wurde von ihm vor allem zu einer stufenweisen Definition seiner Zuständigkeiten gegenüber Gemeinschafts- und Europarecht genutzt.

Neben den allgemein verbindlichen völkerrechtlichen Regelungen reagiert die slowenische Rechtsordnung auf die Entscheidungen der überstaatlichen Strukturen. Die Urteile des Europäischen Gerichtshofs für Menschenrechte gelten in der Strafprozessordnung als „neue Tatsachen“, die zur automatischen Wiederaufnahme des Verfahrens zugunsten des Verurteilten führen. Interessant wird in der Zukunft sein, die Wirkung des im Jahre 2007 in Kraft getretenen Gesetzes *über den Schutz des Rechts auf faires Verfahren ohne unnötige Verzögerungen* zu beobachten, dessen Kern die Möglichkeit einer gerechten Wiedergutmachung für Schäden aus Verzögerungen der gerichtlichen Verfahren bildet. Die direkte Wirkung der Entscheidungen des EuGH ist in der Rechtsordnung zwar nicht explizit angesprochen, auch hier wird sie durch die Regelungen über die Verbindlichkeit der Rechtsakte und der Entscheidungen der internationalen Strukturen, auf welche die Republik Slowenien einen Teil der Ausübung ihrer Rechte übertragen hat, vermittelt.

Die Antwort auf die Frage, ob die formell-rechtliche Öffnung des slowenischen Rechts gegenüber den überstaatlichen Rechtsordnungen zur Erweiterung des anwendbaren Rechts beigetragen hat, lautet – insbesondere nach der Untersuchung der Rechtsprechung der slowenischen Gerichte – sicher positiv. Gerade diese Rechtsprechung, vor allem des slowenischen Verfassungsgerichts, trägt zur Bereicherung der Auslegung der völkerrechtlichen Instrumente und dadurch zur Erweiterung der nationalen Dimension der überstaatlichen Rechtssysteme bei.

V. Die Russische Föderation

1. Einleitung

Auf dem Territorium der ehemaligen Sowjetunion war die Frage des Umgangs des sozialistischen Staates mit seinen Verpflichtungen vor allem aus den internationalen menschenrechtlichen Dokumenten besonders schwierig. Dies ist mit der Länge der Periode des Sozialismus zu erklären, in der das Bild des „neuen sozialistischen Menschen", der die Interessen der Gemeinschaft ganz in den Vordergrund und sich selbst und seine Rechte völlig in den Hintergrund stellt bzw. stellen sollte, nicht nur den Inhalt der damaligen politischen Dokumente prägte, sondern sich auch im Inhalt der sowjetischen Gesetzgebung und der damaligen Rechtswissenschaft widerspiegelte. Der Einfluss dieses Konzepts blieb nicht auf das Gebiet der UdSSR beschränkt, sondern erstreckte sich nach der Entstehung des Ostblocks in hohem Maße auch auf die Gesetzgebung und die Rechtstheorie der anderen Staaten des damaligen sozialistischen Lagers.

Um eine „ungestörte" Entwicklung der sozialistischen Gesellschaft zu ermöglichen, wurden politische und rechtliche Instrumente entwickelt, die als Schutzmantel gegen zu große Aufmerksamkeit und zu intensive Eingriffe der „Außenwelt" dienen sollten. Es war nur folgerichtig, dass die sowjetische Rechtswissenschaft auf dem Gebiet des völkerrechtlichen Menschenrechtsschutzes Argumente gegen die unmittelbare Geltung der entsprechenden Normen entwickelte, deren unabdingbarer Kern die Theorie der unbedingten staatlichen Souveränität und der Nicht-Einmischung in die inneren Angelegenheiten anderer Staaten war. Die Vorstellung, dass Individuen Träger einiger Attribute von Völkerrechtssubjektivität und damit partielle Völkerrechtssubjekte sein könnten, galt als unannehmbar. Eine der logischen Folgen dieses Systems war die Tatsache, dass die Bürger als Adressaten völkerrechtlicher Bestimmungen völlig außerhalb der Reichweite der internationalen Menschenrechtsinstrumente blieben.

Im Jahre 1949 formulierte *S.B. Krylov* diese Auffassung mit den Worten, dass „das Völkerrecht nicht unmittelbar den Einzelnen schützt, sondern der Einzelne nur durch das innerstaatliche Recht geschützt

M. Hofmann, *Von der Transformation zur Kooperationsoffenheit?*,
DOI: 10.1007/978-3-642-00411-7_5,

werden kann".[1] Auch im offiziösen Völkerrechtslehrbuch aus dem Jahre 1970 betonte *G.I. Tunkin*, dass „die Einzelnen keine Subjekte des Völkerrechts sind und ihre Rechtslage sich nach innerstaatlichem Recht, nicht jedoch nach dem Völkerrecht richtet".[2] *A.P. Movčan* erklärte in seinem Buch „Menschenrechte und internationale Beziehungen" aus dem Jahre 1982,[3] dass „die Juristen aus den sozialistischen und einer Reihe anderer europäischer Staaten davon ausgehen, dass die Staaten Gesetze und Verwaltungsakte erlassen müssen, die der Bevölkerung alle konkreten Rechte und Freiheiten garantieren, die in den internationalen Dokumenten verkündet und festgelegt sind [...]. Die im Rahmen der Vereinten Nationen ausgearbeiteten wichtigsten internationalen menschenrechtlichen Dokumente [...] gehen strikt davon aus, dass die Sicherung effektiver Mittel des Menschenrechtsschutzes und seine Umsetzung ausschließlich eine interne Sache jedes Staates ist."[4]

2. Die Gründe der Öffnung der russischen Rechtsordnung für überstaatliche Rechtsordnungen

Nach dem Zerfall der Sowjetunion entstanden die Vorstellungen über die Öffnung der nationalen Rechtsordnung für die überstaatlichen Systeme vor allem als Reaktion auf die frühere restriktive Haltung des sowjetischen Staates und der Rechtswissenschaft gegenüber völkerrechtlichen, insbesondere menschenrechtlichen Regelungen. Der Verfassungsgeber fühlte sich aufgrund der Erfahrungen mit der massenhaften Verletzung der Menschenrechte in der Sowjetzeit[5] gezwungen, die besondere Stellung der menschenrechtlichen Regelungen in der Verfassung sogar mehrmals zu gewährleisten.

---

[1] *S.B. Krylov*, Materialy k istorii Organizacii Objedinennych Nacij, Moskva 1949, S. 255.

[2] *G.L. Tunkin*, Teoria meždunarodnogo prava, Moskva 1970, 91-95.

[3] *A.P. Movčan*, Prava čeloveka i meždunarodnyje otnošenija, Moskva 1982, S. 4.

[4] *Ibid.*, S. 23.

[5] Z.B. *G.M. Danilenko*, International Law in the Russian Legal System, in: International Law in Domestic Legal Orders: A Comparative Perspective, ASIL Proceedings, 1997, S. 295.

Nachdem schon im Jahre 1992 – im Rahmen einer der Änderungen der Verfassung aus dem Jahre 1978[6] – die Bedeutung des Grundrechtsschutzes zum ersten Mal betont worden war, gliederte die Verfassungsänderung vom 9. Dezember 1992[7] das Bekenntnis zur Priorität der Menschen- und Bürgerrechte in ihre Präambel ein und Art. 4 des Verfassungstextes stellte fest, dass der Staat und seine Organe auf der Grundlage u.a. der Menschenrechte, der Bürgerrechte und der Freiheiten handelten.[8]

Auch während der ersten Diskussionen über die Entwürfe der neuen Verfassung wurde der Akzent auf die Inkorporierung vor allem völkerrechtlicher Menschenrechtsinstrumente sowie ihren Vorrang vor den einfachen Gesetzen gelegt. Der Entwurf der Arbeitsgruppe um *S.M. Šachraj* räumte der entsprechenden Regelung sogar Abs. 2 des ersten Artikels ihres Verfassungsprojekts ein, nach welchem die allgemein geltenden Grundsätze des Völkerrechts in Bezug auf die Menschenrechte Vorrang vor der Gesetzgebung haben.[9] Der Entwurf sah weiter vor, „falls ein völkerrechtlicher Vertrag der Russischen Föderation andere Regeln vorsieht, als die durch das Gesetz festgelegten, so werden die Regeln dieses internationalen Vertrags angewandt" (Art. 56).

Im Konzept von *A.A. Sobčak* und seiner Arbeitsgruppe fand sich eine Bestimmung zur völkerrechtsfreundlichen Auslegung der russischen Verfassung in Art. 3 Abs. 5.[10] Den Bürgern sollte hiernach das Recht eingeräumt werden, sich an die „internationalen Gerichte für Menschenrechte zu wenden, um ihre Rechte und Freiheiten zu schützen"; die Entscheidungen dieser Gerichte wurden für alle Organe und Amtspersonen des Russischen Staates in Art. 20 Abs. 1 für verbindlich erklärt. Auch die übrigen Entwürfe der Arbeitsgruppe unter *D.A. Čegodajev,*[11] der Verfassungskommission der Russischen Föderation,[12] des

[6] Vedomosti Verchovnogo Soveta RSFSR, 1978, Nr. 15. Pos. 407.

[7] Vedomosti Sjezda narodnych deputatov Rossijskoj Federacii i Verchovnogo Soveta Rossijskoj Ferderacii, 1993, Nr. 2, Pos. 5.

[8] Vgl. *D. Frenzke*, Die russischen Verfassungen von 1978 und 1993, 1995, Berlin, S. 28.

[9] *J.Ch. Traut* (Hrsg.), Verfassungsentwürfe der Russischen Föderation, Baden-Baden 1994, S. 81; Art. 1 Abs. 2 des Entwurfs, Wortlaut siehe Anhang.

[10] *Ibid.,* S. 118; Art. 3 Abs. 5 des Entwurfs, Wortlaut siehe Anhang.

[11] *Ibid.*, S. 155; Art. 25 des Entwurfs, Wortlaut siehe Anhang.

[12] *Ibid.*, S. 254; Art. 3 Abs. 4 des Entwurfs, Wortlaut siehe Anhang.

damaligen Staatspräsidenten *B.N. Jelzin*[13] und der Verfassungsgebenden Versammlung[14] formulierten Bestimmungen über die Einbeziehung völkerrechtlicher Prinzipien und Normen in die innerstaatliche Ordnung, wobei der letztgenannte Vorschlag zur Grundlage für Art. 15 Abs. 4 der geltenden *Verfassung* aus dem Jahre 1993[15] wurde. Der Entwurf des Staatspräsidenten beschränkte sich auf die Frage der Übereinstimmung innerstaatlicher grundrechtlicher Regelungen mit dem Völkerrecht; diese in der Literatur diskutierte Lösung[16] findet sich nun in Art. 17 Abs. 1 Verf. wieder. Typischerweise enthielt nur der Verfassungsentwurf der Russischen Kommunistischen Arbeiterpartei nicht eine einzige Bestimmung, die sich mit der Stellung völkerrechtlicher Normen in der russischen Rechtsordnung beschäftigte; die höchste Stellung in der Rechtsordnung sollte nach diesem Entwurf der eigenen Verfassung zukommen.[17]

3. Das gewählte Modell der Einbeziehung des Völkerrechts in die innerstaatliche Rechtsordnung

a) Allgemeine Inkorporierungsregel und die Einbeziehung des Gewohnheitsrechts

Die am 12. Dezember 1993 durch ein Referendum angenommene *Verfassung*[18] stellt eine umfassende formelle Öffnung der russischen Rechtsordnung gegenüber dem Völkerrecht dar. Die Vorschriften zur Inkorporierung der völkerrechtlichen Regelungen finden sich an mehreren Stellen des Verfassungstextes.

---

[13] *Ibid.*, S. 307; Art. 8 Satz 1 des Entwurfs, Wortlaut siehe Anhang.

[14] *Ibid.*, S. 341; Art. 15 Satz 4 des Entwurfs, Wortlaut siehe Anhang.

[15] Rossijskaja Gazeta vom 11. November 1993, in deutscher Übersetzung von *T. Oertner*, EuGRZ 1994, 519-533.

[16] Vgl. *V.I. Andrianov*, Kommentar zu Art. 17 Verf., in: Ju.V. Kudrjavcev (Hrsg.), Kommentarij k Konstitucii Rossijskoj Federacii, Moskva 1996, 82-84.

[17] *J.Ch. Traut* (Fn. 9), S. 58; Art. 5 Abs. 1 Verf., Wortlaut siehe Anhang.

[18] S. *T. Schweisfurth*, Die Verfassung Russlands vom 12. Dezember 1993, EuGRZ 1994, 473 ff.; weiter Rossijskaja Gazeta vom 11. November 1993, deutsche Übersetzung von *T. Oertner*, EuGRZ 1994, 519-533.

Art. 15 Abs. 4 Satz 1 Verf., der aus dem Entwurf der Verfassungsgebenden Versammlung übernommen wurde, erklärt zunächst die allgemein geltenden Grundsätze und Normen des Völkerrechts und die völkerrechtlichen Verträge der Russischen Föderation zu „Bestandteilen der innerstaatlichen Rechtsordnung".[19] In der Literatur[20] wird betont, dass in Russland – im Unterschied zu zahlreichen Verfassungen anderer Transformationsstaaten – durch diesen Grundsatz nicht alternativ entweder völkerrechtliche Verträge oder das Gewohnheitsrecht, sondern das Völkerrecht als Ganzes inkorporiert wird. Um die Bedeutung dieser allgemeinen Regelung über die Stellung des Völkerrechts stärker zu betonen, wurde Art. 15 Abs. 4 Satz 1 Verf. in Teil 1, Kapitel 1 über die Grundlagen der Verfassungsordnung eingegliedert; aus systematischer Sicht ist für dieses Kapitel maßgeblich, dass die dort enthaltenen Vorschriften nur in dem durch die Verfassung selbst in Art. 135 Verf. vorgeschriebenen Verfahren geändert werden können (Art. 16 Abs. 1 Verf.). Danach müssen solche Änderungen letztlich entweder von einer eigens einberufenen Verfassungsversammlung oder auf deren Vorschlag in einer Volksabstimmung angenommen werden, wobei jeweils besonders qualifizierte Mehrheiten erforderlich sind.

Der normative Inhalt eines der zentralen Begriffe der Inkorporierungsregel – der „allgemein geltenden Grundsätze und Normen des Völkerrechts" – ist in der russischen Rechtsordnung nicht definiert. In der Literatur werden diese Prinzipien vor allem von ihrer quantitativen Seite verstanden: Es seien solche Grundsätze, die von einer überwiegenden Mehrheit von Staaten akzeptiert werden. In einigen wissenschaftlichen Arbeiten kommt es sogar zu Versuchen, diese Mehrheit näher zu quantifizieren. Als Beispiel kann die Zahl von 122 aus der Zahl von 166 Staaten (73,55 %) genannt werden, die im Jahre 1999 von *J.S. Romanov* berechnet wurde.[21] Die „überwiegende Mehrheit" der diese Grundsätze respektierenden Staaten solle alle Großmächte einschließen, und zwar nicht etwa aus der Sicht ihrer geographischen Größe, sondern je nach

[19] Art. 15 Abs. 4 Satz 1 Verf. lautet: „Die allgemein anerkannten Grundsätze des Völkerrechts und die völkerrechtlichen Verträge der Russischen Föderation sind Bestandteil ihres Rechtssystems."

[20] Z.B. *G. Danilenko* (Fn. 4), S. 295.

[21] *J.S. Romanov*, Ob uslovijach formirovanija obščepriznannych norm, Moskovskij žurnal meždunarodnogo prava 2 (1999), S. 38.

Intensität ihrer internationalen Beziehungen und ihrem Beitrag für die Entwicklung des Völkerrechts.

Auf der anderen Seite legen einige Autoren die „allgemeinen Grundsätze" qualitativ, als völkerrechtliche Normen *ius cogens*, aus,[22] die vor allem im internationalen Gewohnheitsrecht ihren Ausdruck finden. Einige Arbeiten weisen in diesem Zusammenhang zusätzlich auf die „allgemeinen Grundsätze" des Art. 38 I 2 c IGH Statut hin.[23] Die russische Jurisprudenz, vor allem das Verfassungsgericht, versteht unter diesem Begriff hingegen vor allem die Regelungen der *Allgemeinen Erklärung der Menschenrechte* aus dem Jahre 1948.[24]

Eine weitere Verfassungsbestimmung, welche die allgemeinen Grundsätze des Völkerrechts erwähnt, ist Art. 17 Abs. 1 Verf.,[25] wonach „die Rechte und Freiheiten des Menschen und des Bürgers gemäß den allgemein geltenden Grundsätzen und Normen des Völkerrechts und in Übereinstimmung mit der vorliegenden Verfassung anerkannt und garantiert" werden. Formell gesehen wurde diese Bestimmung in das Kapitel mit dem Titel „Rechte und Freiheiten des Menschen und des Bürgers" eingegliedert und unterliegt daher nicht dem strikten Änderungsverfahren nach Art. 16 Abs. 1 i.V.m. Art. 135 Verf.

Der normative Inhalt von Art. 17 Abs. 1 Verf. sowie sein Verhältnis zu Art. 15 Abs. 4 Verf. sind umstritten.[26] Obwohl diese Vorschrift auf den ersten Blick zusätzliche Aspekte der Inkorporierung völkerrechtlicher Normen zu regeln scheint, ist ihr Inhalt unklar. Höchstwahrscheinlich

---

22 *T.N. Nešatajeva*, Arbitražnyje sudy i nekotoryje voprosy primenenija meždunarodnogo prava v Rossijskoj Federacii, Rossijskij ježegodnik meždunarodnogo prava 1998-1999, 218 ff.

23 *I.I. Lukašuk*, Normy meždunarodnogo prava v meždunarodnoj normativnoj sisteme, Moskva 1997, S. 237.

24 Dazu s. *V.S. Vereshchetin*, Some Reflection on the Relationship between International Law and National Law in the Light of New Constitution, in: R. Müllerson (Hrsg.), Constitutional Reform and International Law in Central and Eastern Europe, The Hague 1998, S. 12.

25 Art. 17 Abs. 1 Verf. lautet: „In der Russischen Föderation werden die Rechte und Freiheiten des Menschen und des Bürgers gemäß den allgemein anerkannten Grundsätzen und Normen des Völkerrechts und in Übereineinstimmung mit der vorliegenden Verfassung anerkannt und garantiert."

26 S. *V.I. Andrianov* (Fn. 16), 82-83.

ist sie als ein verstärkter Auftrag an die staatlichen Organe, insbesondere an den Gesetzgeber, zu verstehen.

Auch in der Entscheidungspraxis des Verfassungsgerichts befinden sich über das Verhältnis zwischen Art. 15 Abs. 4 und Art. 17 Abs. 1 Verf. keine Aussagen. So hat das Verfassungsgericht in seiner Entscheidung über die Überprüfung der Verfassungsmäßigkeit von § 42 Abs. 2 des Gesetzes der Tschuwaschischen Republik *über die Wahlen der Abgeordneten des Staatssowjets der Tschuwaschischen Republik* vom 10. Juli 1995[27] beide Regelungen nebeneinander genannt. Es hat festgestellt, dass die Rechte und Freiheiten des Menschen und des Staatsbürgers im Einklang mit der Verfassung der Russischen Föderation und den Normen des Völkerrechts (Art. 17 Verf.), die gemäß Art. 15 Abs. 4 Verf. Bestandteil ihrer Rechtsordnung sind, anerkannt und garantiert werden.

Die nächste sich indirekt auf die „allgemein anerkannten Rechte" berufende Bestimmung befindet sich in Art. 55 Abs. 1 Verf., wonach „die Aufzählung der Grundrechte und Freiheiten in der Verfassung der Russischen Föderation [...] nicht als Negierung oder Schmälerung anderer allgemein anerkannter Rechte und Freiheiten des Menschen und des Bürgers ausgelegt werden" darf. Diese Regelung signalisiert, dass neben den durch die Verfassung garantierten Grundrechten noch andere, „allgemein anerkannte Rechte und Freiheiten" bestehen, mit anderen Worten, dass ihre Aufzählung in der Verfassung nicht abschließend ist. Die Schwierigkeit liegt, ähnlich wie im Falle der „allgemein anerkannten Prinzipien", in der genauen Begrenzung dieser „allgemeinen Anerkennung" und folglich des Umfangs der Kategorie dieser Rechte.

Ihre Verbindung mit den völkerrechtlichen Instrumenten wird vor allem von der Literatur geschaffen. Der Kommentar zur Russischen Verfassung aus dem Jahre 1996[28] betont, dass es das Ziel der Bestimmung von Art. 55 Abs. 1 Verf. sei zu garantieren, dass nicht nur die in der Verfassung formulierten Grundrechte Gegenstand des gerichtlichen Schutzes sein können, sondern dass auch andere, z.B. sich im Völkerrecht entwickelnde Menschenrechte, diesen gerichtlichen Schutz genießen. Das Fehlen einer verfassungsrechtlichen Bestimmung über ein solches Grundrecht oder einer solchen Freiheit oder ihre nur kursorische

---

[27] Vestnik Konstitucionnogo suda 1995, Nr. 4, s. auch http://www.panorama.ru/ks/d9509.shtml.

[28] *L.V. Lazarev*, Kommentar zu Art. 55 Verf., in: Ju.V. Kudrjavcev (Hrsg.), Kommentarij k Konstitucii Rossijskoj Federacii, Moskva 1996, 245 ff.

Erwähnung in der Verfassung seien kein Grund dafür, ein allgemein anerkanntes Recht oder eine Freiheit vom gerichtlichen Rechtsschutz auszuschließen.

Als Beispiel einer solchen Erweiterung der menschenrechtlichen Standards durch völkerrechtliche Regelungen wird die Anwendung von Art. 6 Abs. 5 IPbürgR genannt,[29] der die Verhängung der Todesstrafe über Jugendliche unter achtzehn Jahren und ihre Vollstreckung an schwangeren Frauen verbietet. Die Verfassung der Russischen Föderation enthält in ihrem Art. 20 Abs. 2 solche Beschränkungen nicht. Wegen der Inkorporierung völkerrechtlicher Bestimmungen in das innerstaatliche Recht und der entsprechenden Regulierung im früheren § 23, nun § 59 Abs. 2 *Strafgesetzbuch*,[30] sei die Verhängung der Todesstrafe gegen diese Personen trotz des Fehlens eines entsprechenden verfassungsrechtlichen Verbots ausgeschlossen.

In einem ähnlichen Fall, in dem wieder die Bestimmungen des IPbürgR zu einer Erweiterung des Katalogs der Grundrechte führten, wurde Art. 55 Abs. 1 Verf. ausdrücklich genannt. In seiner Entscheidung vom 2. Februar 1996 über die Folgen der strafrechtlichen Fehlurteile hat das Verfassungsgericht festgestellt, dass Art. 14 Abs. 6 IPbürgR im Vergleich zur bis zum 1. Januar 2002 geltenden *Strafprozessordnung*[31] breitere Möglichkeiten für die Aufhebung von Fehlurteilen aufgrund neuer oder neu bekannt gewordener Tatsachen enthalte. Gemäß Art. 15 Abs. 4 i.V.m. Art. 55 Abs. 1 Verf. sei die genannte Regelung des IPbürgR Bestandteil der russischen Rechtsordnung und habe Vorrang vor dem innerstaatlichen Gesetz; als solche müsse sie auch entsprechend angewandt werden. Eine fehlerhafte Gerichtsentscheidung könne nicht als

---

[29] *Ibid.*, S. 247.

[30] Sobranije zakonodatel'stva Rossijskoj Federacii 1996, Nr. 25, Pos. 2954, letzte Änderung 8.12. 2003, Text s. http://graph.garant.ru:8080/SESSION/S__BM64pbTC/PILOT/main.html.

[31] Das föderale Gesetz *über das Inkrafttreten der Strafprozessordnung* der Russischen Föderation, http://www.akdi.ru/gd/proekt. Die neue russische Strafprozessordnung löste grundsätzlich mit Wirkung vom 1.1. 2002 die nicht mehr zeitgemäße StPO von 1960 ab; letzte Änderung 4.7. 2003, Text s. http://graph.garant.ru:8080/SESSION/S__BM64pbTC/PILOT/main.html. *S. Solotych*, Chronik der Rechtsentwicklung in Osteuropa, Russland, WiRO 3/2002.

ein rechtskräftiger Akt der Gerichtsbarkeit betrachtet werden und müsse berichtigt werden.[32]

Die Frage bleibt, ob die Einbeziehung der Bestimmungen des IPbürgR durch Art. 55 Abs. 1 Verf. in den konkreten Fällen passend und notwendig war. Zweifellos hat der IPbürgR einen völkervertraglichen Charakter; seine angebliche Eigenschaft als „allgemein anerkannt“ wurde jedoch in der russischen Rechtsordnung nirgendwo auch nur ansatzweise ausgesprochen. Andererseits wurden seine Bestimmungen bereits durch Art. 15 Abs. 4 Satz 1 Verf. in die russische Rechtsordnung inkorporiert und haben Vorrang vor innerstaatlichen Normen – hier dem Strafgesetzbuch und der Strafprozessordnung – gewonnen. Mindestens genauso gut hätte sich das Verfassungsgericht daher auf Art. 15 Abs. 4 Verf. stützen können.

Abschließend kann festgestellt werden, dass vor allem Art. 15 Abs. 4 Satz 1 Verf. eine ungewöhnlich breite und bedingungslose Öffnung der russischen nationalen Rechtsordnung für die völkerrechtlichen Regelungen darstellt. Die Redundanz von Art. 17 Abs. 1 und Art. 55 Abs. 1 Verf., zweier Bestimmungen auf dem Gebiet des Grundrechtsschutzes, lässt sich wohl mit deren früheren Missachtung und mit der Suche nach einem Kompromiss während der Erarbeitung des Verfassungstextes erklären. Auch ohne diese zwei Regelungen würde nämlich Art. 15 Abs. 4 Satz 1 Verf. die Inkorporierung aller Russland bindender oder verpflichtender menschenrechtlicher Regelungen ermöglichen.

b) Die Einbeziehung völkerrechtlicher Verträge

Art. 15 Abs. 4 Verf. inkorporiert in die Rechtsordnung der Russischen Föderation neben den „allgemeinen Grundsätzen und Normen des Völkerrechts“ auch pauschal die „Verträge der Russischen Föderation“; diese Regelung wird im Gesetz *über die völkerrechtlichen Verträge der Russischen Föderation* vom 15. Juli 1995[33] wörtlich wiederholt (§ 5 Abs. 1 und 2).

---

[32] Sobranije zakonodatel'stva Rossijskoj Federacii 1996, Nr. 7, Pos. 701. Vestnik Konstitucionnogo suda 1996, Nr. 2, 8-9.

[33] Sobranije zakonodatel'stva Rossijskoj Federacii 1995, Nr. 29, Pos. 2757. Text des kommentierten Gesetzes auch in: V.P. Zvekov u.a. (Hrsg.), Federal'nyj zakon o meždunarodnych dogovorach Rossijskoj federacii: Kommentarij,

Die Verfassung enthält keine Definition des Begriffs „völkerrechtlicher Vertrag der Russischen Föderation"; diese befindet sich im oben genannten Gesetz und ist mit Art. 2 Abs. 1 lit. a des *Wiener Übereinkommens über das Recht der Verträge*[34] fast identisch. Nach § 2 lit. a des Gesetzes ist ein solcher Vertrag eine in Schriftform geschlossene und vom Völkerrecht bestimmte internationale Übereinkunft, die zwischen Russland und einem anderen Staat (Staaten) oder einer internationalen Organisation abgeschlossen wurde, ungeachtet ob sie in einer oder in mehreren zusammengehörigen Urkunden enthalten ist und welche besondere Bezeichnung sie hat.

Die Wortverbindung „zwischen Russland und einem anderem Staat oder einer internationalen Organisation" bedeutet, dass diejenigen Verträge aus dem Anwendungsbereich dieser Vorschrift ausgeschlossen sind, deren Partei andere Subjekte der Föderation sind.

Nach Art. 71 j) Verf. gehören zwar die Außenpolitik und die internationalen Beziehungen der Russischen Föderation sowie der Abschluss ihrer völkerrechtlichen Verträge in die Kompetenz der Föderation. Dieser Grundsatz wurde von Art. 1 des Vertrags *„über die Abgrenzung der Gegenstände, der Kompetenzen und der Befugnisse zwischen den föderalen Organen der Staatsmacht der Russischen Föderation und den Organen der Staatsgewalt der souveränen Republiken im Bestand der Russischen Föderation"* vom 31. März 1992 („Föderaler Vertrag")[35] übernommen und in § 3 Abs. 1 des Gesetzes *über die völkerrechtlichen Verträge* wörtlich wiederholt. Allein die Umsetzung der internationalen Verträge der Russischen Föderation fällt dagegen gemäß Art. 72 Abs. 1 n) Verf. in die gemeinsame Zuständigkeit der Föderation und ihrer Subjekte. Diese Regelung bedeutet auf den ersten Blick, dass die Subjekte der Russischen Föderation keine Vertragsabschlusskompetenz besitzen.[36]

Moskva 1996; *D.A. Šljancev*, O meždunarodnych dogovorach Rossijskoj Federacii, Moskva 2006; dazu *T. Beknazar*, Das neue Recht der völkerrechtlichen Verträge in Russland, ZaöRV 56 (1996), 406 ff.

[34] UNTS, vol. 1155, 331 ff.

[35] Rossijskaja Gazeta 18.3. 1992, S. 2; http://www.constitution.garant.ru/DOC_70280.htm.

[36] Vgl. *S. Beliaev*, Die Durchsetzung internationaler Vereinbarungen in den Subjekten der Russischen Föderation (Beispiel: die Republik Tatarstan), ROW 6, 1994, 246 ff.

In der Literatur wird jedoch die Eindeutigkeit dieser Bestimmung in Zweifel gezogen. Die einschlägigen Vorschriften bedeuteten nichts anderes, als dass sich die ausschließliche föderale Vertragsabschlussgewalt nur auf diejenigen Verträge erstrecke, welche die Föderation verpflichten, nicht jedoch auf diejenigen, die von den Gliedstaaten geschlossen werden.[37] Diese Auffassung scheint auch in Art. 3 des *Föderalen Vertrags* Unterstützung zu finden. Diese Bestimmung legt fest, dass die „Koordinierung der internationalen und außenwirtschaftlichen Beziehungen der Republiken im Bestand der Russischen Föderation [...] von den föderalen Organen der Staatsgewalt gemeinsam mit den Republiken der Russischen Föderation durchgeführt [...]“ wird.

Die Verfassungen der Subjekte der Föderation sowie weitere Verträge zwischen den Subjekten und den Organen der Föderation enthalten eigene Regelungen zu dieser Problematik. So betrachtet z.B. die *Verfassung der Republik Tatarstan* vom 12. Dezember 1992[38] in seinem Art. 24 Abs. 4 *Tatarstan* als Subjekt des Völkerrechts;[39] nach ihrem Art. 4 Abs. 2 haben „die Gesetze der *Republik Tatarstan* [...] Vorrang auf ihrem ganzen Territorium, sofern sie nicht den internationalen Verpflichtungen der *Republik Tatarstan* widersprechen“.[40] Die internationalen Verpflichtungen der Russischen Föderation würden nach Art. 24 Abs. 4 dieser Verfassung auf dem Territorium der *Republik Tatarstan* gelten, wenn ein Vertrag zwischen ihr und der Russischen Föderation dies feststellt. Dies geschah durch den Vertrag zwischen der Russischen Föderation und der Republik Tatarstan *über die Abgrenzung von Gegenständen, Befugnissen und die gegenseitige Delegierung von Kompetenzen zwischen den Organen der Staatsmacht der Russischen Föderation und den Organen der Staatsmacht der Republik Tatarstan* vom 15. Februar

---

[37] S. *T. Beknazar* (Fn. 33), S. 409.

[38] Sovetskaja Tatarija, 12.12. 1992; s. auch http://www.tatar.ru/?DNSID=8b63d58f418b5bf3f2078b09ab07e84e&node_id=222.

[39] Art. 24 Abs. 4 der Verfassung der Republik Tatarstan lautet: „Die allgemein anerkannten Prinzipien und Normen des Völkerrechts sind Bestandteil der Rechtsordnung der Republik Tatarstan.“

[40] Art. 4 Abs. 2 der Verfassung der Republik Tatarstan lautet: „Im Falle eines Widerspruchs von einem Gesetz der Föderation und einem Rechtsakt der Republik Tatarstan, der im Rahmen der der Republik Tatarstan zugewiesenen Kompetenzen ergangen ist, findet der Rechtsakt der Republik Tatarstan Anwendung.“

1994.[41] Sein Art. 2 Abs. 11 legt fest, dass die Organe der Staatsgewalt der *Republik Tatarstan* an den internationalen Beziehungen teilnehmen, Beziehungen zu ausländischen Staaten herstellen und internationale Abkommen unterzeichnen können; diese Abkommen dürfen jedoch der Verfassung der Russischen Föderation, den internationalen Verpflichtungen der Russischen Föderation, der Verfassung der *Republik Tatarstan* und dem Vertrag nicht widersprechen.

Auch die Verfassung der *Udmurtischen* Republik vom 7. Dezember 1994[42] enthält in ihrem Art. 7 Abs. 5 und 6[43] die Regelung, dass auch die ratifizierten Verträge der *Udmurtischen Republik* neben den allgemein anerkannten Normen des Völkerrechts und den ratifizierten Verträgen der Russischen Föderation Bestandteil ihrer Rechtsordnung sind.

In der Praxis wurden Verträge mit ausländischen Staaten trotz der ungeklärten Rechtslage von mehreren Republiken der Föderation geschlossen.[44] Als Beispiele können die zwischen der Republik *Marij El* und Ungarn,[45] Estland und Litauen, zwischen der Republik *Tatarstan* und Georgien, Abchasien und der Türkei,[46] zwischen der Republik *Baškortostan* und Bulgarien, Rumänien und Abchasien, zwischen der Republik *Komi* und der Tschechischen Republik und der Slowakei ab-

---

[41] Rossijskaja Gazeta, 17.2. 1994, S. 6. Der neue Vertrag zwischen der Föderation und der Republik Tatarstan wurde am 26.6. 2007 unterzeichnet, Text s. http://www.tatar.ru/?DNSID=8b63d58f418b5bf3f2078b09ab07e84e&node_id=251.

[42] Letzte Änderung am 16.10. 2003, s. http://www.udmurt.ru/ru/official/constitution.php.

[43] Art. 7 Abs 5 lautet: „Die Verfassung der Russischen Föderation, föderale Gesetze, die Verfassung der Udmurtischen Republik und die Gesetzte der Republik Udmurtien unterliegen dem staatlichen Schutz auf dem Territorium der Udmurtischen Republik." Abs. 6 lautet: „In der Udmurtischen Republik gelten und finden ihre Anwendung die allgemein anerkannten Prinzipien und Normen des Völkerrechts und völkerrechtliche Verträge der Russischen Föderation."

[44] *J. Fjodorov*, O pravosubjektnosti členov Federatii v meždunarodnom prave, Moskovskij žurnal meždunarodndogo prava 4 (1994), 108 ff. Diese Angaben sind ohne Quellennachweise. Zitiert nach *V. I. Adrianov* (Fn. 16).

[45] Http://www.ln.mid.ru/.

[46] Bilaterales Handels-, Wirtschafts- und Kulturabkommen vom Mai 1995.

geschlossenen Verträge genannt werden.[47] Ohne ihre völkerrechtliche Verbindlichkeit anhand der verfassungsrechtlichen und sonstigen Bestimmungen zu prüfen, kann festgestellt werden, dass sie nicht als Verträge „der Russischen Föderation" im Sinne von Art. 15 Verf. und so als „Bestandteil ihrer Rechtsordnung" bezeichnet werden können.

Zum Abschluss der völkerrechtlichen Verträge der Russischen Föderation führt ein Verfahren, das im Gesetz *über die völkerrechtlichen Verträge*[48] niedergelegt ist. Zur Einleitung des Verfahrens sind zwei Formen von Vertragsinitiativen vorgesehen – die Empfehlungen (*rekommendacii*) und die Vorschläge (*predloženija*). Die Empfehlungen können entweder beim Staatspräsidenten oder der Regierung eingereicht werden. Vorlageberechtigt sind beide Kammern des Parlaments, die Subjekte der Föderation, der Oberste Gerichtshof, das Oberste Schiedsgericht, der Generalstaatsanwalt, die Zentralbank und der Bevollmächtigte für Menschenrechte; ein umfassendes Vorschlagsrecht steht nach § 8 des Gesetzes dem Ministerium für Auswärtige Angelegenheiten zu. Auch „andere föderale Exekutivorgane" sind laut § 9 Abs. 2 des Gesetzes *über die völkerrechtlichen Verträge*, soweit der Vertragsgegenstand in ihre fachliche Zuständigkeit fällt, berechtigt, Vertragsabschlussvorschläge einzubringen, dies allerdings nur unter der Beteiligung des Außenministeriums oder nach Abstimmung mit diesem.[49]

Die Vorschläge über den Abschluss eines völkerrechtlichen Vertrags, der andere Regelungen enthält, als von der innerstaatlichen Gesetzgebung vorgesehen, können nach § 10 des Gesetzes *über die völkerrechtlichen Verträge* erst nach der Äußerung des Justizministeriums weitergeleitet werden.

---

[47] S. die Internetadresse des Auswärtigen Amtes der Russischen Föderation, http://www.ln.mid.ru/swebsite/sbor.nsf.

[48] Fn. 33.

[49] *T. Beknazar* (Fn. 33), 412-413.

c) „Bestandteil der Rechtsordnung“

Mit der Tatsache, dass die allgemein geltenden Grundsätze, die Normen des Völkerrechts und die völkerrechtlichen Verträge der Russischen Föderation „Bestandteil“ der Rechtsordnung sind, verbindet die russische Lehre die Konsequenz, dass schon durch die „Annahme“ einer völkerrechtlichen Norm ihr normativer Kern in das innerstaatliche Rechtsgefüge eingegliedert werde; von diesem Moment an besitze diese Norm die Fähigkeit, Einfluss auf die Rechtsverhältnisse der natürlichen und juristischen Personen auszuüben. Für die staatlichen Organe bildeten die in diesen Bestimmungen enthaltenen völkerrechtlichen Rechtsvorschriften zumindest theoretisch eine unmittelbare Rechtsquelle.

Als Beispiel für die Anwendung dieses Ansatzes wird in der Literatur[50] die *Verordnung über die Tätigkeit der Föderalen Abwehr* aus dem Jahre 1994[51] genannt, in der wörtlich festgelegt wird, dass sich die Abwehr während ihrer Tätigkeit neben den innerstaatlichen Vorschriften auch von den völkerrechtlichen Verträgen leiten lässt.

Das Prinzip der unmittelbaren Bindung der staatlichen Organe an die völkerrechtlichen Regelungen wurde auch vom Russischen Verfassungsgericht in seinem Urteil vom 31. Juli 1995[52] unterstrichen. Es hat festgestellt, dass die Organe der Staatsgewalt in Übereinstimmung mit den Grundsätzen des Rechtsstaats, die in der Verfassung festgelegt seien, während ihrer Tätigkeit nicht nur an das innerstaatliche Recht, sondern auch an das Völkerrecht gebunden seien.

Der Terminus „Rechtsordnung“ oder „Rechtssystem“ ist nach der Literatur aus dem Grunde gewählt worden, um zu vermeiden, dass nur das Verhältnis völkerrechtlicher Bestimmungen zu den Gesetzen relevant ist. Im Unterschied zum ursprünglich erwogenen Begriff „Gesetzgebung“ ermögliche das Wort „Rechtsordnung“ auszudrücken, dass sich die Auswirkung der völkerrechtlichen Normen in der Rechtsordnung ggf. auch auf andere als gesetzliche, d.h. auch auf untergesetzliche, Normen erstrecke.[53]

---

[50] *I.I. Lukašuk*, Meždunarodnoje pravo; Obščaja čast’, Moskva 1996, 236 ff.

[51] S. auch das geltende Gesetz *über die Föderale Abwehr* vom 31.5. 1996, Originaltext http://www.mchs.gov.ru/article.html?id=8331.

[52] Rossijskaja Gazeta, 11.8. 1995 (Urteil zu Tschetschenien).

[53] *I.I. Lukašuk*, Konstitucija Rossii i meždunarodnoje pravo, Rossijskij ježegodnik meždunarodnogo prava 1995, S. 171.

Es muss gesehen werden, dass eine dem Art. 100 GG der Bundesrepublik Deutschland analoge Regelung in der Rechtsordnung Russlands fehlt, die den Gerichten ermöglicht, sich im Falle der Zweifel, ob eine Bestimmung des Völkerrechts „Bestandteil" des Bundesrechts ist und ob sie unmittelbar Rechte und Pflichten für den Einzelnen erzeugt, an das Bundesverfassungsgericht zu wenden. Die Verfassung Russlands bietet in Art. 125 Abs. 5 nur dem Staatspräsidenten, dem Föderationsrat, der Staatsduma, der Regierung und den Organen der gesetzgebenden Gewalt der Subjekte der Russischen Föderation die Möglichkeit, sich an das Verfassungsgericht mit dem Ersuchen um eine „Auslegung der Verfassung der Russischen Föderation" zu wenden. Die vom Verfassungsgericht getroffene Auslegung ist authentisch und für alle in § 106 des Gesetzes *über das Verfassungsgericht der Russischen Föderation*[54] genannten, vor allem legislative, exekutive und judikative, Organe bindend.

d) Rangregelung

aa) Rang der „allgemein geltenden Grundsätze und Normen des Völkerrechts"

Die Verfassung der Russischen Föderation enthält zur Stellung der „allgemein geltenden Grundsätze und Normen des Völkerrechts" in der innerstaatlichen Rechtsordnung im Gegensatz zur Stellung der völkerrechtlichen Verträge keine Aussage. Diese Tatsache wird in der Literatur im Allgemeinen kritisch bewertet. *I.I. Lukašuk* sieht in der Begrenzung der verfassungsrechtlichen Rangregelung auf die Verträge eine „Ignoranz gegenüber den Erfahrungen anderer Staaten"; auch aus der Sicht der Völkerrechtspraxis hält er sie für unbegründet.[55] *G. Danilenko* erklärt sie mit einer ungenügenden Präzision der gewohnheitsrechtlichen Bestimmungen und dem Fehlen jeglichen parlamentarischen Einflusses bei ihrer Schaffung.[56]

---

[54] Sobranije zakonodatel'stva Rossijskoj Federacii, 1994, Nr. 13, Pos. 1447. Deutsche Übersetzung in EuGRZ 1996, 219; letzte Änderung 5.4. 2005, Text s. http://www.ksrf.ru/doc/law/10003000/fkz.htm.

[55] *I.I. Lukašuk* (Fn. 53), S. 173.

[56] *G4. Danilenko* (Fn. 4), S. 295.

Unterschiedlich bewertet werden auch die Konsequenzen dieser Lücke. In der Literatur finden sich Überlegungen, dass diese Regelungen trotz dieses Umstandes auf jeden Fall höheren Rang als einfache Gesetze hätten. Von der Regelung des Art. 17 Abs. 1 Verf., wonach „die Rechte und Freiheiten des Menschen und des Bürgers in Übereinstimmung mit den allgemein geltenden Grundsätzen und Normen des Völkerrechts sowie in Übereinstimmung mit dieser Verfassung" garantiert werden, wird von einigen Autoren abgeleitet, dass die allgemeinen Prinzipien sogar einen überverfassungsrechtlichen Rang besitzen;[57] andere meinen, dass dadurch, dass die allgemeinen Grundsätze auf eine Ebene mit der Verfassung gestellt würden, diesen ein Rang zukomme, der mit dem der Verfassung vergleichbar sei.[58]

Einige Entscheidungen des Verfassungsgerichts scheinen diese Theorie zu unterstützen, z.B. die vom 4. April 1996 *über das Verfahren der Registrierung der Bürger,*[59] die auf die Verfassungsbeschwerde mehrerer Bürger sowie auf den Normenkontrollantrag des Gouverneurs der *Stadt Moskau*, der *Region Moskau* sowie der *Region Stavropol* erging.

> Diese hatten mit Zuzugsquoten sowie einem besonderen Erlaubnisvorbehalt zur Registrierung der Bewohner versucht, das schon durch eine frühere Entscheidung des Verfassungsgerichts[60] abgeschaffte sog. *Propiska* (Wohnerlaubnis)-System zu ersetzen. Das Verfassungsgericht hat festgestellt, dass örtliche Rechtsvorschriften, die spezielle Wohnerlaubnisse oder andere Formen einer Genehmigung verlangten, nicht nur wegen der Verletzung der menschenrechtlichen völkerrechtlichen Verträge, sondern auch wegen der „allgemeinen Grundsätze und Normen des Völkerrechts" verfassungswidrig seien.

Nachdem der Verfassungsgeber die allgemeinen Grundsätze zu einem Bestandteil der innerstaatlichen Rechtsordnung erklärt hat, scheint aus systematischer Sicht das Unterlassen, ihren Rang festzulegen, nicht ganz nachvollziehbar zu sein. Vielleicht liegt jedoch die Erklärung hierfür im Fehlen eines zuverlässigen Mechanismus zur Feststellung der Existenz und des Inhalts der „allgemeinen Grundsätze" in konkreten

---

57 *I.I. Lukašuk* (Fn. 23), 236 ff.; ähnlich *T.N. Nešatajeva* (Fn. 22), S. 221.

58 S. *V.I. Andrianov* (Fn. 16), 82-83.

59 Sobranije zakonodatel'stva Rossijskoj Federacii, 1996, Nr. 16, Pos. 1909.

60 Sobranije zakonodatel'stva Rossijskoj Federacii, 1995, Nr. 18, Pos. 1708.

Fällen und einer sich hieraus ergebenden Befürchtung einer geschwächten Rechtssicherheit.

bb) Rang der völkerrechtlichen Verträge

Art. 15 Abs. 4 Satz 2 Verf. enthält die Regelung des Anwendungsvorrangs der völkerrechtlichen Verträge vor dem innerstaatlichen Recht.[61] Nach dieser Bestimmung werden die Vorschriften eines von der Russischen Föderation ratifizierten Vertrags angewandt, wenn dieser andere als im Gesetz enthaltene Regelungen vorsieht. Außer in der Verfassung finden sich vergleichbare Vorschriften in verschiedenen zwischenstaatlichen Instrumenten, u.a. der *Satzung der Gemeinschaft Unabhängiger Staaten (GUS)* aus dem Jahre 1993[62] (Art. 3) und des *Abkommens über die Gründung der wirtschaftlichen Union der GUS-Staaten* aus dem Jahre 1995[63] (Art. 25 und 26). Andere Abkommen im Rahmen der GUS, z.B. Art. 11 der *GUS-Flüchtlingskonvention*[64] aus dem Jahre 1995 verlangen, dass die Gesetzgebung im Regelungsbereich des Vertrags in Einklang mit dem Völkerrecht gebracht wird.

Mit der Auslegung der Bestimmung von Art. 15 Abs. 4 Satz 2 Verf. sind einige Fragen verbunden. Die erste Frage, die beantwortet werden muss, ist die zeitliche Auswirkung dieser Regelung. In der Literatur wird die Meinung vertreten, dass sich diese Bestimmung mangels einer *lex posteriori*-Regelung in zeitlicher Sicht auf alle normativen Akte der Russischen Föderation erstrecke, und zwar unabhängig davon, ob sie vor oder nach dem Abschluss des entsprechenden völkerrechtlichen Vertrags in Kraft getreten seien.[65] Dies scheint auch im Lichte von § 22 des Gesetzes *über die völkerrechtlichen Verträge*[66] haltbar zu sein, der

---

[61] Art. 15 Abs. 4 Satz 2 Verf. lautet: „Wenn ein völkerrechtlicher Vertrag der Russischen Föderation andere als im Gesetz enthaltene Regelungen vorsieht, werden die Vorschriften des völkerrechtlichen Vertrags angewendet."

[62] Rossijskaja Gazeta, 12.2. 1993; Bjulleten meždunarodnych dogovorov, 1 (1994), 4-14; s. auch http://www.eccis.org/main.aspx?uid=180.

[63] Rossijskaja Gazeta, 28.1. 1995; s. auch http://www.eccis.org/main.aspx?uid=334.

[64] Bjulleten meždunarodnych dogovorov, 9 C (1995), S. 8.

[65] Vgl. *V.I. Andrianov* (Fn. 16), S. 80.

[66] Fn. 33; § 22 des Gesetzes *über die völkerrechtlichen Verträge* lautet: „Soweit ein völkerrechtlicher Vertrag Regelungen enthält, welche die Änderung

die Kollision einer früheren innerstaatlichen Regelung mit einem späteren völkerrechtlichen Vertrag behandelt; dieser bezieht sich jedoch nur auf Konflikte der völkerrechtlichen Normen mit der Verfassung, nicht mit den einfachen Gesetzen.

In der Literatur[67] wird weiterhin betont, dass auch das Inkrafttreten eines völkerrechtlichen Vertrags zum Vorrang der Verträge über die innerstaatliche Gesetzgebung notwendig ist. Es sei nur schwer vorstellbar, dass ein Übereinkommen, das zwar von der Russischen Föderation ratifiziert, z.B. aufgrund der fehlenden Ratifikation durch die andere Partei jedoch noch nicht in Kraft getreten sei, dieselben Rechtsfolgen wie ein in Kraft getretener Vertrag haben könne.

In der Rechtswissenschaft wurde ferner intensiv darüber diskutiert, ob auch diejenigen Verträge, die ausdrücklich nur Staaten und nicht etwa Einzelne als Adressaten verpflichten oder berechtigen, vor den innerstaatlichen Gesetzen, die Rechte und Pflichten von Personen regeln, Vorrang haben. Auch für diese Frage enthält die Verfassung selbst keinen Anhaltspunkt. Das Gesetz *über die völkerrechtlichen Verträge* unterscheidet jedoch in § 5 Abs. 3 zwischen denjenigen verkündeten Verträgen, die „keiner innerstaatlichen Ausführungsakte" bedürfen, und den übrigen Verträgen. Die erstgenannten, d.h. nicht-ausführungsbedürftigen Normen, „gelten" laut Abs. 3 Satz 1 unmittelbar, während eine Übernahme durch entsprechende Rechtsakte für die innerstaatliche Umsetzung der sonstigen Regelungen nach Abs. 3 Satz 2 erforderlich ist. In der Literatur wird die Frage gestellt, ob diese Vorschrift nicht schon als ein „Erfüllungsvorbehalt" interpretiert werden sollte.[68]

In der Praxis bzw. in der Tätigkeit des Verfassungsgerichts ist der Unterschied zwischen diesen zwei Kategorien der Verträge wenig bemerkbar. Auch den nur die Staaten verpflichtenden vertraglichen Normen wurde grundsätzlich der Vorrang vor den Bestimmungen der nationalen Gesetze verliehen.

---

von Verfassungsbestimmungen notwendig machen, ist die Entscheidung über die Abgabe der Bindungserklärung in der Form eines föderalen Gesetzes nur nach vorheriger Revision der Verfassung im festgelegten Verfahren zulässig."

67 Vgl. *B.L. Zimněnko*, Meždunarodnyje dogovory v suděbnoj sistěme Rossijskoj Federacii, Moskovskij žurnal meždunarodnogo prava 2 (1999), 110-111.

68 *T. Beknazar* (Fn. 33), S. 411.

So hat sich das Verfassungsgericht in seiner Entscheidung aus dem Jahre 1993[69] betreffend einige Bestimmungen des *Arbeitsgesetzbuches,*[70] in der eine auf dem Gesetz beruhende Diskriminierung aus Altersgründen im Arbeitsverhältnis für verfassungswidrig erklärt wurde, neben Art. 2 *IPwirtR* auf Art. 2 des *ILO-Übereinkommens Nr. 111 über die Diskriminierung in Beschäftigung und Beruf* vom 25. Juni 1958 gestützt,[71] und dies ungeachtet der Tatsache, dass diese beiden Vorschriften eindeutig nur die Staaten als Parteien dieser Verträge zu einem bestimmten Verhalten verpflichten.[72]

Auch im Verfahren zur Überprüfung der Anordnung des Obersten Gerichtshofs der Russischen Föderation *über die Zeitung Izvestija* vom 19. Mai 1993 hat das Verfassungsgericht die direkte Wirkung von verfassungsrechtlichen Normen, die Rechte und Freiheiten enthalten, einschließlich des Rechts auf gerichtlichen Rechtsschutz,[73] von Art. 32 der Verfassung der Russischen Föderation und Art. 2 IPbürgR abgeleitet. Diese Normen begründeten unmittelbar Rechte und Pflichten der Bürger der Russischen Föderation, deren Schutz nach Art. 8 der *Allgemeinen Erklärung der Menschenrechte* den zuständigen nationalen Gerichten obliege. Aus den allgemein anerkannten völkerrechtlichen Normen, aus der Verfassung der Russischen Föderation sowie aus § 66 des Gesetzes *über das Verfassungsgericht* folge unmittelbar, dass die verfassungsrechtlichen Rechte und Freiheiten dem gerichtlichen Schutze im Sinne von Art. 2 IPbürgR unterliegen. Auch hier muss jedoch angemerkt werden, dass Art. 2 IPbürgR den Einzelnen keine unmittelbaren Rechte ge-

---

69 Vestnik Konstitucionnogo suda Rossijskoj Federacii, 1993, Nr. 3, Pos. 29.

70 Vedomosti Verchovnogo Soveta, 1971, Nr. 50, Pos. 973 i.d.F. des Gesetzes RF vom 25.9. 1992, Vedomosti VS 1992, Nr. 41, Pos. 2254; am 30.12. 2001 trat das neue russische Arbeitsgesetzbuch in Kraft und ersetzte das Arbeitsgesetzbuch vom 9.12. 1971 sowie die nachfolgenden Novellen.

71 BGBl. 1961 II, S. 97.

72 Art. 2 des Übereinkommens lautet: „Jedes Mitglied, für das dieses Übereinkommen in Kraft ist, verpflichtet sich, eine innerstaatliche Politik festzulegen und zu verfolgen, die darauf abzielt, mit Methoden, die den innerstaatlichen Verhältnissen und Gepflogenheiten angepasst sind, die Gleichheit der Gelegenheiten und der Behandlung in Bezug auf Beschäftigung und Beruf zu fördern, um jegliche Diskriminierung auf diesem Gebiet auszuschalten."

73 Vestnik Konstitucionnogo suda Rossijskoj federacii, 1994, Nr. 2-3.

währt, sondern die Vertragsstaaten verpflichtet, entsprechende Maßnahmen zu treffen.

Ein nur geringes Bewusstsein hinsichtlich der Differenzierung zwischen den direkt anwendbaren und den übrigen völkerrechtlichen Regelungen zeigte sich auch in der Entscheidung vom 31. Juli 1995 betreffend die Prüfung der Verfassungsmäßigkeit des Erlasses des Staatspräsidenten vom 30. November 1994 Nr. 2137 *über die Maßnahmen zur Wiederherstellung der verfassungsmäßigen Gesetzlichkeit und eines verfassungsmäßigen Rechtszustands auf dem Gebiet der Tschetschenischen Republik* und anderer damit zusammenhängender Präsidialdekrete:[74] Obwohl es das Verfassungsgericht abgelehnt hatte, die im Zuge des bewaffneten Konflikts getroffenen Maßnahmen direkt auf die Einhaltung des Völkerrechts hin zu überprüfen, hat es trotzdem festgestellt, dass das Fehlen entsprechender innerstaatlicher Regelungen, welche die Bestimmungen des *Zusatzprotokolls zu den Genfer Abkommen vom 12. August 1949 über den Schutz der Opfer in nicht-internationalen bewaffneten Konflikten* vom 8. Juni 1977 in die innerstaatlichen Rechtsvorschriften transformiert und umgesetzt hätten, einer der Gründe der Missachtung dieser Bestimmungen war: Der Auftrag an den Ministerrat der UdSSR, einen Vorschlag über die entsprechenden Änderungen in der Gesetzgebung auszuarbeiten und dem Obersten Sowjet der UdSSR vorzulegen, sei bis zum Ausbruch des Konflikts nicht umgesetzt worden. Diese – geschichtlich vielleicht teilweise richtige, rechtlich aber bedenkliche These – wird nur in groben Zügen relativiert: Zahlreiche Bestimmungen des Zusatzprotokolls (über die menschliche Behandlung aller Personen, die nicht unmittelbar oder nicht mehr an den Feindseligkeiten teilnehmen, über Verwundete und Kranke, den Schutz der Zivilbevölkerung und der für die Zivilbevölkerung lebensnotwendigen Objekte, der Anlagen und Einrichtungen, die gefährliche Stoffen enthalten, sowie über den Schutz von Kulturgütern und Kultsstätten) seien durch beide Seiten des bewaffneten Konflikts anzuwenden gewesen.[75]

---

[74] Vestnik Konstitucionnogo suda Rossijskoj Federacii, 1995, Nr. 5, Pos. 3; Sobranije zakonodatel'stva Rossijskoj Federacii 1995, Nr. 33, Pos. 3424 u. Nr. 35, S. 6589 ff.

[75] Zum Tschetschenien-Urteil s. *W. Rückert*, Das Völkerrecht in der Rechtsprechung des Russischen Verfassungsgerichts, Berlin 2005, 211 ff.; *A. Nußber-*

Schließlich ist die Frage zu beantworten, was der Verfassungsgeber unter dem Begriff „Gesetz", gegenüber dem ein völkerrechtlicher Vertrag Priorität hat, verstanden hat. In räumlicher Hinsicht wird unter „Gesetz" üblicherweise ein normativer Akt des innerstaatlichen Rechts verstanden, unabhängig davon, ob es sich um einen Akt der Föderation, einer Republik oder eines sonstigen Gebiets handelt.[76] Unklar bleibt jedoch, ob unter „Gesetz" auch die sog. Verfassungsgesetze[77] zu subsumieren sind. Nach Ansicht einiger Autoren schließe die besondere Stellung der Verfassungsgesetze, denen gemäß Art. 76 Abs. 3 Verf. die (einfachen) Gesetze nicht widersprechen dürften, nicht aus, sie in diesem Zusammenhang trotzdem eher den „üblichen" Gesetzen als der Verfassung zuzuordnen und sie so vom Vorrang der völkerrechtlichen Verträge nicht auszuschließen.[78]

Zusammenfassend kann festgestellt werden, dass sich die Vorrangregelung auf alle, auch vorkonstitutionelle Gesetze erstreckt; für eine zeitliche Begrenzung gibt es in der russischen Rechtsordnung keinen Anhaltspunkt. Auch der Begriff der „gesetzlichen Vorschriften", die durch die Bestimmungen des betreffenden völkerrechtlichen Vertrags unanwendbar werden, ist so allgemein formuliert, dass er alle kollidierenden gesetzlichen Normen miteinschließt. Den Vorrang vor den gesetzlichen Bestimmungen gewinnen sowohl die direkt als auch die nicht direkt anwendbaren völkerrechtlichen Verträge.

(1) Kriterium: Die Einbeziehungsnorm

Weder die Verfassung der Russischen Föderation noch das Gesetz *über die völkerrechtlichen Verträge* enthalten eine Vorschrift, die den Anwendungsvorrang der völkerrechtlichen Verträge aufgrund der Existenz

---

ger, Rechts- und Verfassungskultur in der Russischen Föderation, Jahrbuch des öffentlichen Rechts der Gegenwart, N.F. 54 (2006), 42 ff.

76 *G. Danilenko* (Fn. 4), S. 295.

77 Nach Art. 108 Verf. werden Föderationsverfassungsgesetze zu den Fragen erlassen, die in der Verfassung der Russischen Föderation dafür vorgesehen sind. Ein Föderationsverfassungsgesetz gilt als angenommen, wenn es von einer Mehrheit von drei Vierteln der Stimmen der gesetzlichen Mitglieder des Föderationsrates und mindestens zwei Dritteln der Stimmen der gesetzlichen Mitglieder der Staatsduma gebilligt wurde.

78 *I.I. Lukašuk* (Fn. 53), S. 175.

oder des Rangs ihrer Einbeziehungsnormen differenzieren würde. Eine überraschende Reduzierung dieses sehr weit gefassten Anwendungsvorrangs völkerrechtlicher Verträge liefert der Beschluss Nr. 8 Art. 5 des Plenums des Obersten Gerichtshofs der Russischen Föderation „*Zu einigen Fragen der Anwendung der Verfassung der Russischen Föderation durch Gerichte*“ vom 31. Oktober 1995, in welchem erklärt wird, dass die vom innerstaatlichen Gesetz abweichenden völkerrechtlichen Regelungen nur dann angewendet werden können, wenn die Zustimmung zu ihrer Verbindlichkeit in der Form eines Gesetzes geäußert wurde.

Dazu muss angeführt werden, dass alle Verträge, die einer Ratifikation im Sinne der russischen Gesetzgebung unterliegen, nach § 14 des Gesetzes *über die völkerrechtlichen Verträge* vor der Ratifikation durch ein Gesetz gebilligt werden müssen. Die Frage nach der Unterscheidung der Intensität des Anwendungsvorrangs aufgrund der Existenz und des Rangs der Einbeziehungsnorm des zustimmenden Gesetzes kann und soll daher mit der Frage nach ihrer Differenzierung aufgrund des Merkmals der Ratifikation verbunden werden.

(2) Kriterium: Die Ratifikation

Auch in der Rechtswissenschaft wird die Frage gestellt, ob nur die ratifizierten oder auch die nicht-ratifizierten Verträge einen Anwendungsvorrang haben;[79] diese Frage geht auf die Regelung dieses Vorrangs im früheren Entwurf der Verfassungskommission zurück, die diese Eigenschaft ausdrücklich auf die ratifizierten Völkerrechtsverträge beschränkt hatte.

Zunächst muss betont werden, dass der Begriff „Ratifikation“ eine umfassendere Bedeutung in der russischen Rechtsordnung hat und nicht auf die eigentlichen völkerrechtlich relevanten Schritte reduziert ist. Im Allgemeinen wird er im Sinne eines Verfahrens verstanden, das mit der parlamentarischen Zustimmung zum Text des völkerrechtlichen Vertrags anfängt, die Vertragsunterzeichnung umfasst und in den Austausch von Ratifikationsurkunden einmündet.[80]

---

[79] Z.B. *I.I. Lukašuk* (Fn. 50), 236 ff.

[80] Vgl. Art. 106 d) Verf.

Die Kategorien der Verträge, die „ratifiziert" werden müssen, werden in § 15 des Gesetzes *über die völkerrechtlichen Verträge* aufgezählt. Dazu gehören u.a. solche Verträge, deren Gegenstand Grundrechte und Freiheiten sind, Verträge über die territoriale Abgrenzung einschließlich Grenzverträge, Verträge über die Grundlagen zwischenstaatlicher Beziehungen, Friedensverträge, Verträge über Mitgliedschaft in internationalen Bündnissen und Organisationen, sonstige Verträge, bei deren Abschluss die Ratifizierung vereinbart worden ist, sowie Verträge, zu deren Durchführung eine Gesetzesänderung notwendig ist, und schließlich Verträge, die vom bestehenden Gesetzesrecht abweichen.

Einen wichtigen Bestandteil von § 15 des Gesetzes bilden die Verträge, welche die Teilnahme der Russischen Föderation an zwischenstaatlichen Strukturen, wie Organisationen, Unionen oder sonstigen internationalen „Vereinigungen", ermöglichen, wenn ihre Gründungsverträge die Übertragung eines Teils der Zuständigkeiten der Föderation an diese Strukturen voraussehen oder wenn sie mit der rechtlichen Verbindlichkeit der Entscheidungen ihrer Organe rechnen. Als Beispiel einer solchen „zwischenstaatlichen Vereinigung", die über eigene Normsetzung verfügt und deren Gründungsabkommen daher von Russland ratifiziert werden musste, kann das GUS-Oberkommando der Vereinigten Militärkräfte genannt werden. Es entstand aufgrund des GUS-Protokolls *über die Satzung des Oberkommandos der Vereinigten Militärkräfte der GUS* vom 9. Oktober 1992[81] als ein Organ, auf das von der Russischen Föderation, wie auch von anderen Teilnehmern, bedeutsame Kompetenzen im Bereich der Verteidigung und der Nutzung der Streitkräfte übertragen wurden. Auf der Grundlage des Protokolls (Art. 4.1) ist z.B. dieses Oberkommando berechtigt, für seine Mitglieder verbindliche Rechtsakte zu erlassen, völkerrechtliche Regelungen anzuwenden, die Nichtübereinstimmung der innerstaatlichen Vorschriften mit Völkerrecht festzustellen sowie das innerstaatliche Recht der Teilnehmer auszulegen (Art. 4.2).

Am stärksten wird die Meinung vertreten, dass die nicht-ratifizierten Verträge im Sinne der russischen Rechtsordnung keinen Vorrang haben können.[82] Diese Auslegung stützt sich vor allem auf die erwähnte Wortwendung von § 15 Abs. 1 des Gesetzes, der diejenigen Verträge, die „vom Gesetz abweichende Vorschriften enthalten", sowie Verträge,

---

81 Bjulleten meždunarodnych dogovorov 4 (1992), S. 3.

82 *I.I. Lukašuk* (Fn. 50), 236 ff.

zu deren Durchführung eine „Gesetzesänderung notwendig ist", als „ratifikationsbedürftig" bezeichnet.

Ob dieses Argument die gestellte Frage erschöpfend beantworten kann, bleibt fraglich. Vorstellbar ist eine Situation, in welcher der Gesetzgeber eine spätere gesetzliche Regelung trifft, die einem bereits geltenden völkerrechtlichen Vertrag nur teilweise widerspricht. Nach Art. 15 Abs. 4 Satz 2 Verf. müssten die Regelungen des Vertrags angewandt werden, ohne dass es notwendigerweise sofort zur Verabschiedung eines berichtigenden Gesetzes kommen müsste. Die Frage, ob eine Verabschiedung eines neuen föderalen Gesetzes oder eine Gesetzesänderung im Sinne von § 15 Abs. 1 a) „notwendig" ist, überlässt dem Gesetzgeber und eventuell dem Verfassungsgericht einen gewissen Ermessensraum. Selbst die Bestimmungen über die Veröffentlichung der Verträge im Sinne des § 30 des Gesetzes *über die völkerrechtlichen Verträge*, wonach nur die in Kraft getretenen Verträge, die in der Form eines föderalen Gesetzes verabschiedet wurden, in der offiziellen *Gesetzessammlung der Russischen Föderation* veröffentlicht werden, während die übrigen in anderen amtlichen Periodika verkündet werden, verbinden mit dieser Abstufung keine rechtlichen Folgen.

Es kann daher festgestellt werden, dass die Unterscheidung der Intensität des Anwendungsvorrangs aufgrund der Einbeziehungsnorm – des Gesetzes – und dadurch vermittelt der vollzogenen Ratifikation, wie sie sich im Beschluss Nr. 8 des Plenums des Obersten Gerichtshofs der Russischen Föderation *„Zu einigen Fragen der Anwendung der Verfassung der Russischen Föderation durch Gerichte"* vom 31. Oktober 1995 befindet, keine Stütze in der Verfassung hat. Die Folge dieser Überlegung ist die Tatsache, dass auch die nicht-ratifizierten, d.h. die nicht von einem Gesetz gebilligten völkervertraglichen Regelungen, zumindest theoretisch Anwendungsvorrang haben können.

4. Die Teilnahme an „zwischenstaatlichen Strukturen"

Nach dem Vorbild mehrerer europäischer Staaten wurde in die Verfassung der Russischen Föderation eine Regelung eingefügt, welche die Übertragung eines Teils der staatlichen Kompetenzen an eine internationale Struktur ermöglicht. Nach Art. 79 Verf. kann sich die Russische Föderation aufgrund völkerrechtlicher Verträge an so genannten „zwischenstaatlichen Vereinigungen" beteiligen und ihnen einen Teil ihrer Kompetenzen übertragen; Voraussetzung dafür ist, dass „dies keine

Einschränkungen der Rechte und Freiheiten des Menschen und des Bürgers nach sich zieht" und „den Grundlagen der Verfassungsordnung der Russischen Föderation nicht widerspricht".[83]

Nach dem Kommentar zur Verfassung aus dem Jahre 1996[84] bedeute diese Bestimmung nur eine Bestätigung des unabdingbaren Rechts der Föderation – als Recht eines jeden unabhängigen Staates –, an den internationalen Beziehungen teilzunehmen. Der Begriff „Vereinigungen" (*objediněnija*) wurde gewählt, um die breiteste Palette der rechtlichen Formen der internationalen Institutionen zu erfassen – eine völkerrechtliche Union, internationale Konferenz, internationale universale wie regionale Regierungsorganisationen, Nicht-Regierungsorganisationen, verschiedene internationale Ausschüsse und Kommissionen usw. Die Konstruktion in Art. 79 Verf. ermögliche der Russischen Föderation auch die Teilnahme an solchen internationalen Institutionen, die supranationale Elemente aufweisen.

Die „Übertragung der Kompetenz" wird als ein freiwilliger Verzicht auf einen Teil eigener Zuständigkeiten und ihre Überführung an die Organe der völkerrechtlichen „Vereinigung" auf der Grundlage eines völkerrechtlichen Vertrags verstanden, der die entsprechende Struktur gründet. Zum Inkrafttreten eines solchen Gründungsvertrags ist nach § 15 Abs. 1 lit. d des Gesetzes *über die völkerrechtlichen Verträge* seine Ratifizierung obligatorisch. Ausdrücklich müssen diejenigen völkerrechtlichen Verträge der Russischen Föderation ratifiziert werden, die die Teilnahme Russlands an internationalen Vereinigungen, internationalen Organisationen und Regierungsorganisationen betreffen, falls ihre Gründungsverträge die Übertragung eines Teiles ihrer Kompetenzen an diese Institutionen oder die rechtliche Verbindlichkeit der Entscheidungen ihrer Organe für die Russische Föderation vorsehen.

---

[83] Art. 79 Verf. lautet: „Die Russische Föderation kann sich in Übereinstimmung mit völkerrechtlichen Verträgen an zwischenstaatlichen Vereinigungen beteiligen und ihnen einen Teil ihrer Befugnisse übertragen, wenn dies keine Einschränkungen der Rechte und Freiheiten des Menschen und des Bürgers nach sich zieht und den Grundlagen der Verfassungsordnung der Russischen Föderation nicht widerspricht."

[84] *V.I. Andrianov*, Kommentar zu Art. 79 Verf., in: Ju.V. Kudrjavcev (Hrsg.), Kommentarij k Konstitucii Rossijskoj Federacii, Moskva 1996, 361 ff.

a) Das Partnerschaftsabkommen mit der EU

Die Europäische Union ist für 52 Prozent des russischen Außenhandelsumsatzes verantwortlich und mit über 60 Prozent der ausländischen Direktinvestitionen wichtigster Investor des Landes. Umgekehrt ist Russland – nach den USA und China – der drittgrößte Handelspartner der EU.[85]

Die Grundlage der Beziehungen zwischen der Russischen Föderation und den Europäischen Gemeinschaften bildet das im Juni 1994 in Korfu unterzeichnete *Abkommen über Partnerschaft und Zusammenarbeit zur Gründung einer Partnerschaft zwischen den Europäischen Gemeinschaften und ihren Mitgliedstaaten einerseits und der Russischen Föderation andererseits* (Partnerschaftsabkommen), das zum 1. Dezember 1997 in Kraft getreten ist.[86] Eines der Motive zum Abschluss des Abkommens war es, die Beziehungen auszubauen, die insbesondere mit dem im Dezember 1989 unterzeichneten und durch den Beschluss 90/116/EWG genehmigten *Abkommen zwischen der Europäischen Wirtschaftsgemeinschaft und der Europäischen Atomgemeinschaft und der Union der Sozialistischen Sowjetrepubliken über den Handel und die handelspolitische und wirtschaftliche Zusammenarbeit*[87] aufgenommen wurden. Die Geltungsdauer des Partnerschaftsabkommens wurde ursprünglich auf zehn Jahre, d.h. bis Ende 2007 begrenzt (Art. 106); ohne einseitige Kündigung mit sechsmonatiger Frist verlängert sich seine Geltung automatisch um jeweils ein weiteres Jahr.

Die Präambel betont die Bedeutung der Rechtsstaatlichkeit und der Achtung der Menschenrechte, insbesondere der Minderheitenrechte, des Aufbaus eines Mehrparteiensystems mit freien und demokratischen Wahlen sowie der wirtschaftlichen Liberalisierung mit dem Ziel der Einführung der Marktwirtschaft. Russland wird nicht mehr wie früher als „Staatshandelsland“, sondern als ein Land mit einer „Übergangswirtschaft“ bezeichnet.

---

[85] *P.W. Schulze*, Vom Nichtverhältnis zur vorsichtigen Annäherung. Russland und die Europäische Union, Osteuropa 51 (2001), 4/5, S. 451. Aktuelle Angaben s. http://www.eu2007.de/de/News/Press_Releases/May/0518AA Samara.html.

[86] ABl. EG L 327 vom 28.11. 1997, 3 ff.

[87] ABl. EG L 68 vom 15.3. 1990, S. 1.

Eines der wichtigsten Ziele des Abkommens ist es, die notwendigen Voraussetzungen für die künftige Errichtung einer Freihandelszone zwischen der Gemeinschaft und Russland, die im Wesentlichen den gesamten Handel zwischen ihnen umfassen soll, sowie für die Niederlassungsfreiheit von Gesellschaften, für den grenzüberschreitenden Dienstleistungsverkehr und für den Kapitalverkehr zu schaffen. Die diese Ziele umsetzenden Bestimmungen des operativen Teils des Abkommens sind jedoch nur sehr vage formuliert. Die Parteien verpflichten sich bloß, eine Weiterentwicklung der Ziele dieses Abkommens „zu erwägen, wenn die Umstände dies erlauben" (Art. 3); unter den „Umständen" wird vor allem der angestrebte, allerdings bis jetzt immer noch nicht erfolgte Beitritt Russlands zur WTO verstanden (Art. 4).

Der politische Dialog im Sinne von Art. 6 des Partnerschaftsabkommens soll die Annäherung der Parteien ermöglichen. Zwischen dem Präsidenten des Rates der Europäischen Union und dem Präsidenten der Kommission der Europäischen Gemeinschaften einerseits und dem Staatspräsidenten Russlands andererseits sollen grundsätzlich zweimal jährlich Treffen stattfinden (Art. 7); durch die Klausel „grundsätzlich" ist der Weg zu einer weniger strikten Auslegung offen.

Auf Ministerebene findet der Dialog in einem Kooperationsrat statt (Art. 7 Abs. 2), der aus den Mitgliedern des Rates der Europäischen Union und den Mitgliedern der Kommission der Europäischen Gemeinschaften einerseits und aus Mitgliedern der Regierung der Russischen Föderation andererseits besteht (Art. 91 Abs. 1). Die Kompetenzen dieses Rates sind relativ weit. Gemäß Art. 90 kann er alle wichtigen Fragen prüfen, die sich aus dem Abkommen ergeben, sowie „alle sonstigen bilateralen oder internationalen Fragen, die zur Erreichung der Ziele dieses Abkommens von beiderseitigem Interesse sind". Eine wichtige Rolle könnte er auch bei der eventuellen Streitbeilegung haben. Gemäß Art. 101 kann jede Vertragspartei den Kooperationsrat mit jeder Streitigkeit über die Anwendung oder die Auslegung dieses Abkommens befassen. Nach Vereinbarung der Vertreter der Vertragsparteien kann der Rat jedoch lediglich „geeignete Empfehlungen aussprechen" (Art. 90, Art. 101 Abs. 2).[88]

[88] Art. 101 Abs. 3 regelt weitere Schritte des Streitbeilegungsverfahrens wie folgt: „Kann die Streitigkeit nicht gemäß Abs. 2 beigelegt werden, so kann die eine Vertragspartei der anderen Vertragspartei notifizieren, dass sie einen Schlichter bestellt hat; die andere Vertragspartei ist dann verpflichtet, binnen zwei Monaten einen zweiten Schlichter zu bestellen. Für die Anwendung dieses

Im Abschnitt, der den Titel „Warenverkehr“ trägt (Titel III),[89] gewähren sich die Parteien grundsätzlich die in Art. I Abs. 1 des GATT beschriebene allgemeine Meistbegünstigung (Art. 10 Abs. 1). Auf die Waren aus dem Gebiet der einen Vertragspartei, die in das Gebiet der anderen Vertragspartei eingeführt werden, wird das Prinzip der Inlandbehandlung angewandt (Art. 11). Auf diese Waren werden weder unmittelbar noch mittelbar höhere interne Steuern oder sonstige interne Abgaben erhoben, als sie unmittelbar oder mittelbar auf gleichartige inländische Waren angewandt werden; eine Auferlegung von Zöllen ist nach der geltenden Fassung jedoch weiterhin möglich. Als eine wesentliche Voraussetzung für die Erreichung der Ziele dieses Abkommens wird der Grundsatz der freien Durchfuhr bezeichnet (Art. 12 Abs. 1), auf welche die GATT-Regeln angewendet werden sollen (Art. 12 Abs. 2).

Den Kern des Regimes des Warenverkehrs bildet Art. 15 des Abkommens. Nach dieser Bestimmung können in die Gemeinschaft Waren mit Ursprung in Russland – und umgekehrt – frei von mengenmäßigen Beschränkungen eingeführt werden; die Regelung nennt jedoch eine Reihe Ausnahmen von dieser Vorschrift, die vor allem Textilien (Art. 20) und Stahlerzeugnisse (Art. 21) betreffen. Zusätzlich zu diesen Ausnahmen regelt Art. 17 eine Reihe von Schutzmaßnahmen für den Fall, dass eine Ware „in derart erhöhten Mengen und unter solchen Bedingungen in das Gebiet einer Vertragspartei eingeführt wird, dass den inländischen Herstellern gleichartiger oder unmittelbar konkurrierender Waren ein erheblicher Schaden zugefügt“ oder drohen würde. Diese Maßnahmen umfassen Konsultationen, Beschränkung der Einfuhr der Ware sowie „sonstige geeignete Maßnahmen, soweit und solange dies zur Abwendung oder Behebung des Schadens erforderlich ist. Ergreift eine Partei eine Schutzmaßnahme, so steht der anderen Partei das Recht auf Abweichung von ihren Verpflichtungen gegenüber der ersten Vertragspartei zur Verfügung“ (Art. 17 Abs. 6).

Verfahrens gelten die Gemeinschaft und ihre Mitgliedstaaten als eine Streitpartei. Der Kooperationsrat bestellt einen dritten Richter. Die Empfehlungen der Schlichter ergehen mit Stimmenmehrheit. Diese Empfehlungen sind für die Vertragsparteien nicht bindend.“ Im Unterschied hierzu verpflichteten die vergleichbaren Bestimmungen der Assoziierungsabkommen jede Partei, die zur Durchführung des Schiedsspruchs erforderlichen Maßnahmen zu treffen (vgl. z.B. Art. 107 des Assoziierungsabkommens mit Tschechien).

[89] Systematisch entspricht er dem Titel „Freier Warenverkehr“ in den Assoziierungsabkommen.

Titel IV „Bestimmungen über Geschäftsbedingungen und Investitionen“[90] bringt mit Rücksicht auf die Arbeitsbedingungen (Kapitel I) eine Inländerbehandlung; diese erstreckt sich jedoch nur auf diejenigen Staatsangehörigen Russlands, die im Gebiet eines Mitgliedstaates bereits rechtmäßig beschäftigt sind und umgekehrt, d.h. sie schafft kein Recht, sich um angebotene Stellen zu bewerben oder sich im Hoheitsgebiet der Mitgliedstaaten frei zu bewegen. Dieser Ausgangspunkt wird durch die Einführungsklausel der Regelung betont, dass diese Inländerbehandlung „vorbehaltlich der in den Mitgliedstaaten geltenden Rechtsvorschriften, Bedingungen und Verfahren“ gewährt wird; diese Regelung kopiert dadurch die entsprechenden Vorschriften der Assoziierungsabkommen mit den ehemaligen EU-Beitrittskandidaten aus Mittel- und Osteuropa.[91]

Das auf die Gründung von Tochtergesellschaften und Zweigniederlassungen (Art. 30) beschränkte Niederlassungsrecht (Kapitel II, Art. 28), das sich auf die Bank- und Versicherungsdienstleistungen (Art. 29 Abs. 1), nicht jedoch auf den Luft-, Binnenschiffs- und Seeverkehr (Art. 35) erstreckt, ist als ein Anspruch auf eine Drittlandsbehandlung konzipiert (Art. 28); an dieser Stelle ist der Unterschied zwischen diesem Abkommen und dem Regime der assoziierten Staaten vielleicht am deutlichsten zu merken.[92] Die Parteien verpflichten sich lediglich, keine neuen Rechtsvorschriften oder Maßnahmen zu ergreifen, die für die Niederlassung von Gesellschaften in ihrem Gebiet gelten, eine Diskriminierung gegenüber ihren eigenen Gesellschaften begründen oder verstärken (Art. 29 Abs. 2).

[90] Entspricht systematisch dem Titel „Freizügigkeit der Arbeitnehmer, Niederlassungsrecht, Dienstleistungsverkehr“ in den Assoziierungsabkommen.

[91] Vgl. z.B. Art. 38 des Europa-Abkommens zur Gründung einer Assoziation zwischen den Europäischen Gemeinschaften und ihren Mitgliedern einerseits und der Tschechischen Republik andererseits vom 4.10. 1993, Sbírka zákonů České republiky Nr. 2, 1.2. 1995, Pos. 7.

[92] Vgl. zur Gruppe der Entscheidungen des Europäischen Gerichtshofs vom 27.9. 2001 *The Queen v. Secretary of State for the Home Department, ex parte: Wieslaw Gloszczuk and Elzbieta Gloszczuk*, Rs. C-63/99, ABl. EG C 17, 19.1. 2002, 3 ff.; *The Queen v. Secretary of State for the Home Department, ex parte: Eleanora Ivanova Kondova*, Rs. C-235/99, ABl. EG C 3, 5.1. 2002, 7-8; und *The Queen v. Secretary of State for the Home Department, ex parte: Julius Barkoci and Marcel Malik*, Rs. C-257/99, ABl. EG C 331, 24.11. 2001.

Das Kapitel III ist mit dem Titel „Grenzüberschreitender Dienstleistungsverkehr“ bezeichnet.[93] Auch in diesem Bereich rechnet der Vertrag mit einer Drittlandsbehandlung, es fehlt jede Erwähnung einer „Liberalisierung“, die in den gewöhnlichen Assoziierungsabkommen enthalten ist. Anhang 5[94] des Abkommens enthält weitere Sektoren, in welchen jede Partei die Bedingungen für die grenzüberschreitende Erbringung von Dienstleistungen auf ihrem Gebiet selbst regelt.

Die Umsetzung der Bestandteile des Teils über die Geschäftsbedingungen und Investitionen unterliegt weiteren Beschränkungen. Die im Abkommen genannten Vorteile gelten vorbehaltlich der Beschränkungen, die aus Gründen „der öffentlichen Ordnung, Sicherheit oder Gesundheit gerechtfertigt sind“ (Art. 46 Abs. 1); sie erstrecken sich nicht auf Tätigkeiten, die im Gebiet einer Vertragspartei mit der Ausübung hoheitlicher Befugnisse verbunden sind (Art. 46 Abs. 2). Art. 50 stellt mit aller Deutlichkeit klar, dass die Bestimmungen dieses Kapitels nicht so auszulegen sind, als verliehen sie den Staatsangehörigen der EU-Mitgliedstaaten oder Russlands das Recht, nach Russland bzw. in die Gemeinschaft einzureisen oder sich dort aufzuhalten sowie Staatsangehörige Russlands oder der Gemeinschaft zu beschäftigen oder beschäftigen zu lassen.

In Art. 55 betreffend die „Zusammenarbeit auf dem Gebiet der Gesetzgebung“ „erkennen“ die Vertragsparteien an, dass die Angleichung der Rechtsvorschriften eine „wesentliche Voraussetzung für die Stärkung der Wirtschaftsbeziehungen“ darstellt; Russland wird sich darum „bemühen, seine Rechtsvorschriften schrittweise mit dem Gemeinschaftsrecht in Einklang zu bringen“.[95]

Bei der Bewertung des Partnerschaftsabkommens muss eine Grenze zwischen den wichtigen politischen und strategischen Prinzipien einerseits und dem schwachen operativen Teil andererseits gezogen werden, für den Formulierungen wie „Schaffung eines günstigen Klimas für inländische und ausländische Investoren“ (Art. 58) oder „Austausch von Informationen über geltende oder geplante Rechtsvorschriften“ (Art.

---

[93] Das entsprechende Kapitel der Assoziierungsabkommen heißt „Dienstleistungsverkehr zwischen der Gemeinschaft und [...]“.

[94] S. z.B. http://ec.europa.eu/external_relations/ceeca/pca/pca_russia.pdf.

[95] Die vergleichbaren Bestimmungen der Assoziierungsabkommen sprechen von „wesentlicher Voraussetzung für die wirtschaftliche Integration“. Vgl. z.B. Art. 69 des Abkommens mit der Tschechischen Republik.

72) prägend sind. Auch die Literatur sieht die Bedeutung des Abkommens eher kritisch: Das Abkommen bleibe „hinter den Erwartungen zurück.“[96] Erst die Osterweiterung der Europäischen Union, ihre dadurch entstandene enge geographische Nähe zu Russland sowie der steigende Energiebedarf Europas haben die Bedeutung des rechtlichen Rahmens der gegenseitigen Beziehungen gezeigt.

Aus formell-rechtlicher Sicht ist das Partnerschaftsabkommen ein multilateraler völkerrechtlicher Vertrag, der, trotz der Möglichkeit, Art. 79 Verf. auszunutzen, keine Übertragung souveräner Rechte Russlands auf eine „zwischenstaatliche Vereinigung“ vorsieht. Aus der Sicht des russischen Rechts bleibt das Gemeinschaftsrecht, trotz der Verpflichtung, nach Art. 55 des Partnerschaftsabkommens die russischen Rechtsvorschriften schrittweise mit dem *acquis communautaire* in Einklang zu bringen,[97] mit der Ausnahme der Russland bindenden Instrumente ein externes Rechtssystem. Auch findet sich in keinem der Verfassungskommentare ein Hinweis darauf, dass Art. 79 Verf. in die Verfassung der Russischen Föderation eingefügt worden wäre, um die Mitgliedschaft der Russischen Föderation in der Europäischen Union zu ermöglichen. Aus dieser Sicht ist die Feststellung aus einem russischen Lehrbuch zum Europarecht aus dem Jahre 1998[98] sicher zutreffend, dass es nämlich „von der Partnerschaft zur Assoziierung, ganz zu schweigen zur vollen Mitgliedschaft Russlands in der Europäischen Union, ein sehr langer Weg ist“.

Nach dem Ablauf der Geltungsdauer des Partnerschafts-Abkommens im Jahre 2007 sollte es durch ein Nachfolgeabkommen ersetzt werden, das die Beziehung zur Russischen Föderation auf die Ebene einer privilegierten Partnerschaft heben sollte. Einigung bestand bezüglich der Tatsache, dass es sich bei dem neuen Partnerschaftsabkommen um ein Rahmenabkommen handeln solle, das auf dem Fundament der gemeinsamen Werte und gemeinsamen Interessen beruhen müsse. Es solle alle Bereiche der Zusammenarbeit umfassen, gleichzeitig dürfe es aber nicht zu detailliert formuliert werden, damit den Parteien die Möglichkeit eröffnet bleibe, weitergehende Verträge zu bestimmten Bereichen zu schließen.

---

96 *P.W. Schulze* (Fn. 85), S. 443.

97 *B.N. Topornin*, Jevropejskoje pravo, Moskva 1998, S. 257.

98 *Ibid.*, S. 253 ff.

Die Arbeiten, die zur Erarbeitung und Abschluss des neuen Partnerschaftsabkommens führen sollten, stießen auf eine Reihe von Schwierigkeiten.[99] Ihr Kern liegt in den unterschiedlichen Interessen der beiden Parteien: Während die Mitgliedstaaten der EU den Abschluss des Abkommens grundsätzlich mit der Ratifizierung des *Energiecharta-Vertrags* aus dem Jahre 1994[100] durch Russland und dem damit verbundenen verbindlichen Investitionsschutz im Energiebereich verknüpfen, scheint diese Voraussetzung für die russische Seite eher eine Hürde darzustellen. Folge dieser Sackgasse, in welche die Verhandlungen gerieten, ist die automatische Weitergeltung des Partnerschaftsabkommens aus dem Jahre 1994 (1997).

b) Die Gemeinschaft Unabhängiger Staaten[101]

Eine der wichtigsten regionalen zwischenstaatlichen „Vereinigungen", an der Russland beteiligt ist, ist die Gemeinschaft Unabhängiger Staaten (GUS). Sie entstand aufgrund der am 8. Dezember 1991 in *Belovežskaja Pušča* in der Republik Belarus unterzeichneten *Übereinkunft über die Auflösung der Sowjetunion und die Gründung der Gemeinschaft Unabhängiger Staaten (GUS).*[102] Nach dem *Protokoll* zu diesem Gründungsabkommen, das von den Repräsentanten von elf der fünfzehn Republiken der ehemaligen UdSSR (alle außer den baltischen Staaten und Georgien)[103] in *Almaty* in Kasachstan am 21. Dezember 1991 unter-

---

[99] Vgl. *M. Franco,* Gemeinsame Standpunkte der Europäischen Union und der Russischen Föderation zum künftigen neuen Abkommen, in: M. Entin/ L. Galenskaya/ N. Kaweschnikow (Hrsg.), Auf dem Wege zum Vertag über eine Strategische Partnerschaft zwischen Russland und EU, Europäisches Wissenschaftsinstitut des MGIMO(U), Ministerium des Inneren, Russische Föderation, Sankt-Petersburg 2007.

[100] Vertrag über die Energiecharta und Energiechartaprotokoll vom 17.12. 1994, BGBl. 1997 II, S. 4, 102 ff., für Deutschland in Kraft seit dem 16.4. 1998.

[101] S. auch die offizielle Website http://www.eccis.org/main.aspx.

[102] Soglašenije o sozdanii Sodružestva Nezavisimych Gosudarstv, Diplomatičeskij vestnik 1 (1992), 3-6; Originaltext http://www.eccis.org/main.aspx?uid=176; s. auch die sog. Almaty Erklärung im Originaltext http://www.eccis.org/ main.aspx?uid=178.

[103] Georgien trat im Jahre 1993 der GUS bei; am 14.08. 2008 hat es den Gründungsvertrag gekündigt.

zeichnet wurde,[104] liegt der Hauptgrundsatz ihres Aufbaus in der Gleichheit ihrer Mitglieder. Nach Art. 7 ihres Statuts vom 22. Januar 1993 ist die Mitgliedschaft für diejenigen Staaten offen, die die Ziele und Grundsätze der Gemeinschaft anerkennen und die durch den Beitritt die im Statut genannten Verpflichtungen übernehmen.

Die genannten Dokumente haben auf eine eindeutige Definition des rechtlichen Charakters der Gemeinschaft verzichtet. Das Gründungsabkommen besagt, dass die Gemeinschaft „weder ein Staat noch eine überstaatliche Formation" sei. Die Gründungsmitglieder haben weiter erklärt, dass die neu entstehende Organisation kein Sukzessor der UdSSR ist; sie kamen überein, dass Nachfolger der UdSSR die einzelnen Mitgliedstaaten der UdSSR sind. Im Gegensatz zu den anderen ehemaligen Republiken der UdSSR hat sich die Russische Föderation jedoch dafür entschieden, sich selbst als „Fortsetzer" der UdSSR zu betrachten. Der russische Staat hat zu keiner Zeit seine Trennung von der UdSSR erklärt;[105] auch betreffend der Nachfolge in die völkerrechtlichen Verträge hat die Russische Föderation am 13. Januar 1992 notifiziert, dass sie alle völkerrechtlichen Verträge der UdSSR fortsetze.[106]

Das Gründungsabkommen der GUS vom Dezember 1991 kann nur im „gegenseitigen Einvernehmen" geändert werden; nach seinem Art. 10 hat jedoch jedes GUS-Mitglied das Recht, „die Gültigkeit dieses Abkommens oder einzelner seiner Artikel zu suspendieren, nachdem es die Vertragsparteien ein Jahr zuvor davon in Kenntnis gesetzt hat". Diese Bestimmung steht im Einklang mit dem Prinzip, höchstmögliche Flexibilität bei der Gestaltung des rechtlichen Rahmens der Tätigkeit der GUS zu gewährleisten; sie soll u.a. den Vertragsparteien ermöglichen, unterschiedlich große Verpflichtungen zu übernehmen.

Die Gegenseite dieser hohen Flexibilität ist die nun schon traditionelle Unübersichtlichkeit der rechtlichen Verhältnisse der Gemeinschaft. So wurde z.B. schon die *Satzung der Gemeinschaft* aus dem Jahre 1993[107] von Moldawien, Turkmenistan und der Ukraine nicht unterzeichnet.

---

104 *O. Alexandrova*, Schwierige Restauration alter Abhängigkeiten, Osteuropa 4-5/2001, 455 ff.

105 *B. Meissner*, Das politische Paktsystem innerhalb der GUS, Osteuropa-Recht 3 (1994).

106 *A. Zimmermann*, Staatennachfolge in völkerrechtliche Verträge, Berlin u.a. 2000, 372 ff.

107 Fn. 62.

Ein anderes Dokument, die *Konvention über die Zwischenparlamentarische Versammlung*, ist ursprünglich von zehn Staaten (inzwischen ist auch die Ukraine der Zwischenparlamentarischen Versammlung der GUS beigetreten) und der *Vertrag über die Gründung der Wirtschaftsunion*[108] lediglich von neun Staaten unterzeichnet worden. Dem *Taschkenter Vertrag über die kollektive Sicherheit* gehörten bis April 1999 neun GUS-Staaten an; im April 1999 haben sich jedoch Aserbeidschan, Georgien und Usbekistan geweigert, den Taschkenter Vertrag zu verlängern. Somit umfasst das System der kollektiven Sicherheit heute nur noch sechs von zwölf GUS-Staaten – Armenien, Kasachstan, Kirgistan, Russland, Tadschikistan und Belarus.

Auch zahlreiche andere multilaterale Verträge wurden nur von einem Teil der GUS-Staaten unterzeichnet und sind wegen fehlender Ratifizierung nicht in Kraft getreten. In der Literatur wird in diesem Zusammenhang darauf hingewiesen, dass die Wirkung von 41 Verträgen und 122 Entscheidungen des Rates der Staatschefs auf dem GUS-Gipfeltreffen im Dezember 2000 für „erloschen" erklärt wurde.[109] Im Jahre 2001 wurde berichtet, dass zwar mehr als fünfzig GUS-Organe und Institutionen entstanden und weit über 100 Verträge und Abkommen in ihrem Rahmen vereinbart, von diesen jedoch lediglich 7-10 % umgesetzt worden seien.

Diese Lage führt bei einigen Autoren[110] zu einer eher kritischen Wertung. Danach bilde das regionale System keine Einheit, sondern eine Sammlung von Verträgen, quasi-rechtlichen Abkommen, Strukturen, Zusammenschlüssen und Institutionen. Viele regionale Zusammenschlüsse seien nach wie vor rechtlich fiktiv. Eine Reihe von Abkommen und Institutionen existiere nur „auf dem Papier". Zwar habe der „harte Kern" (Russland, Kasachstan, Belarus und Tadschikistan) eine Vielzahl multilateraler Vereinbarungen unterzeichnet, aber die Praxis zeige, dass die Mehrzahl davon nicht ausgeführt werde.

---

[108] Fn. 63.

[109] *O. Alexandrova* (Fn. 104), S. 456; Vstreči rukovoditelej gosudarstv-učastnikov SNG, http://www.cis.minsk.by/russian/cis-meet.htm.

[110] Nach *O. Alexandrova*, (Fn. 104), 456-457.

Andere Arbeiten[111] gelangen zu unterschiedlichen Ergebnissen. Die Fülle von verschiedenen völkerrechtlichen Dokumenten, multilateralen wie bilateralen, bindenden wie auch unverbindlichen, schaffe nach dieser Sicht ein komplexes System völkerrechtlicher Regelungen im Rahmen der GUS. Dieses Gefüge wird als vorteilhaft empfunden, die reiche Normsetzung als „eine Sicherung der Schaffung eines komplexen Systems der Quellen in einzelnen Rechtsgebieten im Rahmen der GUS" eingestuft.[112] Als Beispiel einer besonders gelungenen Regelung nennen diese Autoren den Bereich der Arbeitsmigration im Rahmen der GUS. Auf dem Gebiet der Freizügigkeit der Arbeitnehmer diene als Grundlage Art. 19 der *Satzung der Gemeinschaft*, weiter Art. 2, 3 und 4 des *Abkommens über die Gründung der Wirtschaftsgemeinschaft* vom 24. September 1993.[113] Auf dieser Basis sei ein komplexes System weiterer völkerrechtlicher Dokumente konzipiert worden. Erwähnt wird das unverbindliche Dokument *„Das Konzept der wirtschaftlichen Integration und Entwicklung"* vom 28. März 1997 zusammen mit dem *Regierungsabkommen der Mitgliedstaaten der GUS über die Arbeitsmigration und den sozialen Schutz der Migranten* vom 15. April 1994,[114] dessen zahlreiche Bestimmungen Hinweise auf weitere multilaterale und bilaterale Verträge enthalten, welche die Einzelheiten dieser Materie regeln.[115]

Für einen außenstehenden Beobachter scheint die Fülle der sich überlappenden oder nicht umgesetzten Regelungen im Rahmen der GUS für die Adressaten der Rechte eher hinderlich zu sein. Der rechtliche „Aktivismus" drohte auch den Weg von Beschwerdeführern aus Russland zum Europäischen Gerichtshof für Menschenrechte zu erschweren, nachdem im Jahre 1995 vier von zwölf Mitgliedstaaten der GUS eine *Konvention über Grundrechte und Grundfreiheiten* abgeschlossen hatten, zu deren Inkrafttreten drei Ratifikationen erforderlich waren: Diese

---

[111] Vgl. *R.Š. Davletgildějev*, Meždunarodno-pravovoje regulirovanije trudovoj migracii v ramkach SNG: Opredejenije obščich podchodov, Rossijskij ježegodnik meždunarodnogo prava 1989-1999, 256-266.

[112] *Ibid.*, S. 261.

[113] Fn. 62.

[114] Bjulleten meždunarodnych dogovorov, 2 (1997), S. 3.

[115] Z.B. Abkommen über den visafreien Verkehr der Staatsangehörigen der GUS aus dem Jahre 1992; Abkommen über das Ausreiseverfahren der Staatsangehörigen der GUS-Mitgliedstaaten in die Staaten, die nicht Mitglieder der GUS sind, und ihre Rückkehr aus dem Jahre 1997 u.a.

Voraussetzung erfüllten als erste Russland, Tadschikistan sowie Belarus, und so konnte die Konvention am 11. August 1998 in Kraft treten.[116]

Der Inhalt der Konvention hat seine Vorbilder in der EMRK, dem IPbürgR und auch der *Amerikanischen Menschenrechtskonvention* aus dem Jahre 1969; sie führte einen eigenen quasi-gerichtlichen Mechanismus der Behandlung von Beschwerden vor einer Kommission ein, deren Mitglieder Vertreter der jeweiligen Mitgliedstaaten sind; diese sind nicht gewählt, sondern von diesen Staaten ernannt.

Nach ihrem Inkrafttreten hätte die inhaltliche Überlappung der GUS-Konvention und der EMRK eine Reihe rechtlicher Schwierigkeiten bereiten können. Die Parlamentarische Versammlung des Europarats hat bereits im Jahre 1998 darauf hingewiesen, dass der Europäische Gerichtshof für Menschenrechte sich nach Art. 35 Abs. 2 lit. b) EMRK mit keinen Individualbeschwerden befassen kann, die im Wesentlichen schon einer internationalen Untersuchungs- oder Vergleichsinstanz unterbreitet worden sind. Die Folge dieser Regelung wäre gewesen, dass die Stellung eines Antrags vor der Kommission nach der GUS-Menschenrechtskonvention eine spätere Beschwerde vor dem Europäischen Gerichtshof für Menschenrechte ausschließen würde. Aus diesen Gründen hat die Parlamentarische Versammlung empfohlen, dass diejenigen Beschwerdeführer, die nach dem Inkrafttreten der GUS-Konvention eine Beschwerde vor dem Europäischen Gerichtshof für Menschenrechte einreichen würden, einen eventuell vor der GUS-Kommission gestellten Antrag zurückziehen.[117]

Die Resolution 1249 der Parlamentarischen Versammlung des Europarats *„Koexistenz der Konvention zum Schutze der Menschenrechte und Grundfreiheiten der Gemeinschaft unabhängiger Staaten und der Europäischen Menschenrechtskonvention“* aus dem Jahre 2001 stellte fest, dass die GUS-Konvention einen geringeren Schutz bietet als die EMRK: Die Kritik bezog sich vor allem auf die GUS-Kommission, die

---

[116] Russland ratifizierte im Jahre 1998, Tadschikistan 1998, Belarus 1998, Kirgisien als vierter Staat im Jahre 2003. Eine Unterzeichnung liegt seitens Armenien, Georgien und Moldawien vor. Aserbaidschan, Kasachstan, Turkmenistan, Ukraine und Usbekistan nehmen an der Konvention nicht teil. S. auch *F. Glienicke*, Regionaler Menschenschutz in Asien, MRM 3(2007), 326.

[117] Vgl. Legal Problems arising from the Coexistence of the Commonwealth of Independent States Convention on Human Rights and Fundamental Freedoms and the European Convention on Human Rights, Doc. 8226, 6.10. 1998.

im Vergleich mit dem Europäischen Gerichtshof für Menschenrechte geringere Unparteilichkeit und Unabhängigkeit garantiere und deren Empfehlungen nicht den gleichen vollstreckbaren Charakter wie die vom Gerichtshof erlassenen Urteile hätten. Die Resolution 1249 empfahl den Mitglied- oder Beitrittsstaaten des Europarats, die gleichzeitig Mitglieder der GUS sind, die GUS-Menschenrechtskonvention nicht zu unterzeichnen oder zu ratifizieren. Die am gleichen Tag verabschiedete Resolution 1519 der Versammlung empfahl dann dem Ministerkomitee, sich aufgrund von Art. 47 EMRK an den Europäischen Gerichtshof für Menschenrechte mit dem Antrag auf ein Gutachten zur Vereinbarkeit beider Regelungswerke zu wenden.

Der Europäische Gerichtshof für Menschenrechte hat sich in seiner Entscheidung vom 2. Juni 2004 in dieser Sache für unzuständig erklärt. Der Antrag des Ministerkomitees sei zwar mit Art. 47 Abs. 1 EMRK vereinbar, der seine Zuständigkeit auf die Möglichkeit eines Gutachtens über „Rechtsfragen" beschränkt: In der Ausgangsfrage gehe es aber darum festzustellen, ob eine individuelle Beschwerde vor der GUS-Kommission eine „schon einer anderen internationalen Untersuchungs- oder Vergleichsinstanz unterbreitete" Individualbeschwerde im Sinne von Art. 35 Abs. 2 lit. b darstelle. Den Grund für seine mangelnde Zuständigkeit fand der Europäische Gerichtshof für Menschenrechte in Art. 47 Abs. 2 EMRK: Es sei nicht ausgeschlossen, dass in der Zukunft ein konkreter Fall gelöst werden müsse, der die Frage der Zulässigkeit einer Individualbeschwerde betreffe, mit dessen Sachverhalt sich bereits die GUS-Kommission befasst hätte. Diese Situation erfülle aber nach Auffassung des Europäischen Gerichtshofs für Menschenrechte die Voraussetzungen von Art. 47 Abs. 2 (Ausschluss von „Fragen, die der Gerichtshof aufgrund eines nach der EMRK eingeleiteten Verfahrens zu entscheiden haben könnte") und führe zu seiner Unzuständigkeit.

Bisher ist die Kommission nach der GUS-Menschenrechtskonvention nicht gebildet worden, dementsprechend ist auch keine Kollision zwischen den Individualbeschwerden entstanden. Keine Umsetzung fanden auch zahlreiche andere menschenrechtliche Dokumente, etwa in den Bereichen des sozialen Lebens, des Minderheitenrechts, der Diskriminierungsprävention sowie der Kinderrechte, die auf der GUS-Ebene erlassen wurden.[118]

---

[118] S. insbesondere die Konvention über die Standards der demokratischen Wahlen vom 7.10. 2002 mit 7 Unterzeichnungen und 5 Teilnehmern; Konvention über die Rechte der nationalen Minderheiten vom 21.10. 1994 mit 9 Unter-

c) Die Union mit der Republik Belarus (Weißrussland)

Die weitere Form einer „zwischenstaatlichen Vereinigung" nach Art. 79 Verf. ist die Union zwischen der Russischen Föderation und der Republik Belarus,[119] die auf dem am 8. Dezember 1999 geschlossenen zwischenstaatlichen *Übereinkommen über die Gründung eines Unionsstaates* beruht, das am 26. Januar 2000 in Kraft getreten ist.[120] Dieser Vertrag setzt die Existenz von obersten Institutionen der Union voraus – eines Obersten Staatsrats, der sich aus den Präsidenten, den Vertretern der Parlamente und der Regierungen zusammensetzt, und eines Ministerrats, der aus den jeweiligen Regierungsmitgliedern gebildet werden soll. Ein weiteres Organ sollte „in Kürze" entstehen – ein Ständiger Ausschuss des Unionsstaates als sein permanentes Arbeitsorgan. Das Übereinkommen rechnet weiter mit der Existenz eines Parlaments des sich bildenden Staates. Seine obere Kammer soll auf paritätischer Grundlage von beiden Parlamenten, die untere auf der Grundlage direkter Wahlen gebildet werden.[121]

Im November 2000 hat Russland das schon früher unterzeichnete *Abkommen mit der Republik Belarus über die Währungsunion*[122] beider Staaten ratifiziert. Es sollte ermöglichen, dass ab 2005 der Rubel als allgemeine Währung in beiden Staaten benutzt werden kann. Ab 2008 hätte ein gemeinsames Zahlungsmittel des Unionsstaates eingeführt werden sollen, was jedoch bisher nicht geschehen ist. Gegenwärtig werden auch keine Fortschritte in dieser Richtung berichtet.[123]

---

zeichnungen und 5 Teilnehmern; Konvention über Auslieferung der zur Inhaftierung Verurteilten vom 6.3. 1998 mit 10 Unterzeichnungen und 7 Teilnehmern; Übereinkunft zur Bekämpfung des Menschenhandels vom 25.11. 2005 mit 9 Unterzeichnungen und 5 Teilnehmern. Für eine vollständige Übersicht s. „Ausgewählte Dokumente zu Menschenrechten" auf der offiziellen Website der GUS http://www.eccis.org/main.aspx?uid=8.

[119] S. auch die Satzung des Unionsstaates vom 23.5. 1997 unter http://www.lawmix.ru/abro.php?id=6278.

[120] Sobranije zakonodatel'stva Rossijskoj Federacii 2000, Nr. 2, Pos. 146; Originaltext s. http://www.embassybel.ru/commonwealth/low_base/.

[121] Mehr zu den Organen des Unionsstaates s. http://www.embassybel.ru/commonwealth/organs/.

[122] Sobranije zakonodatel'stva Rossijskoj Federacii 2001, Nr. 13, Pos. 1141.

[123] S. auch die offizielle Website http://www.embassybel.ru/commonwealth/.

Weiter wurden bisher zwischen Russland und der Republik Belarus über 180 zwischenstaatliche und ministerielle Abkommen, einschließlich des *Abkommens über die gleichen Rechte der Bürger* und des *Abkommens über die gleichen Bedingungen der wirtschaftlichen Subjekte,*[124] abgeschlossen.[125]

Zusammenfassend kann festgestellt werden, dass Art. 79 Verf. die wichtigsten Voraussetzungen für die Teilnahme Russlands an verschiedenen Formen internationaler Strukturen schafft und hypothetisch sogar die Mitgliedschaft Russlands in der Europäischen Union ermöglichen würde. Bis jetzt dient er als Grundlage der Teilnahme Russlands an anderen „zwischenstaatlichen Strukturen", wie der GUS oder der Union mit der Republik Belarus.

Interessant ist, dass die Organe dieser „zwischenstaatlichen Strukturen" nach dem Gesetz *über die völkerrechtlichen Verträge* aufgrund ihrer Gründungsverträge ausdrücklich eine rechtssetzende Kompetenz erlangen können. Zwar befindet sich in der Verfassung oder dem Gesetz keine Bestimmung über den Rang der auf diese Weise geschaffenen Rechtsnormen. Wie die Erfahrungen der Rechtssysteme einiger EU-Mitgliedstaaten gezeigt haben, muss eine solche Lücke aber kein Hindernis für eine effektive Teilnahme an solchen Strukturen darstellen.

---

[124] Nach dem Dokument: Das Auswärtige Amt der Russischen Föderation: Integracionnyje aspekty otnošenija, 28.4. 2001, http//www.ln.mid/. Zur Wertung der rechtlichen Instrumente der gegenseitigen Beziehungen s. *M. Geistlinger*, Der Vertrag über die Gründung eines Unionsstaates Russländische Föderation-Republik Weißrussland, WGO Monatshefte für Osteuropäisches Recht 1 (2000), 9 ff.

[125] S. das Kapitel „Die Republik Belarus".

5. Die Anwendung völkerrechtlicher Regelungen in der Rechtsprechung

a) Allgemeine Gerichte

Art. 46 Verf. garantiert jedermann das Recht auf gerichtlichen Schutz seiner Rechte und Freiheiten. Die Rechtsprechung wird nach Art. 118 Verf. ausschließlich durch die Gerichte ausgeübt. Bei der Ausübung ihrer Tätigkeit unterstehen die Richter nach Art. 120 Abs. 1 Verf. und nach § 1 Abs. 4 des Gesetzes *über den Status der Richter* aus dem Jahre 1992[126] nur der Verfassung und den föderalen Gesetzen. Es stellt sich die Frage, ob diese Kategorie von Rechtsnormen auch die in die nationale Rechtsordnung durch Art. 15 Abs. 4 Verf. inkorporierten völkerrechtlichen Regelungen einbezieht und dadurch die Richter auch zur Anwendung völkerrechtlicher Normen berechtigt bzw. verpflichtet. In der Praxis kann sich die Antwort auf diese Frage vor allem auf die Fälle inhaltlicher Kollisionen völkerrechtlicher und innerstaatlicher Bestimmungen auswirken. So wird z.B. im *Zusatzprotokoll zu den Genfer Abkommen* vom 12. August 1949 das Söldnertum enger als im russischen Strafgesetzbuch (§ 359)[127] definiert; dadurch wird für eine und dieselbe Gruppe von Personen ein dennoch unterschiedliches Regime geschaffen.

Klarheit in dieser Frage versuchte der an anderer Stelle bereits erwähnte Beschluss Nr. 8 des Plenums des Obersten Gerichtshofs der Russischen Föderation „*Zu einigen Fragen der Anwendung der Verfassung der Russischen Föderation durch Gerichte*“ vom 31. Oktober 1995 zu schaffen. Im Rahmen seiner Rolle nach Art. 126 Verf., wonach er Erläuterungen „zu Fragen der gerichtlichen Praxis […] gibt“,[128] hat das Plenum

---

[126] VVS 1992, Nr. 30, Pos. 1792, mit späteren Änderungen; letzte Änderung 5.4. 2005, Text s. http://www.hro.org/docs/rlex/statsud/index_1.php.

[127] § 359 StGB, Anmerkung: „Als Söldner gilt eine Person, die in der Absicht der Erlangung einer materiellen Entlohnung handelt und kein Bürger des Staates ist, der an dem bewaffneten Konflikt oder den kriegerischen Handlungen beteiligt ist, nicht ständig auf seinem Territorium wohnt und auch keine Person ist, die zur Wahrnehmung offizieller Pflichten entsandt wurde.“

[128] *V.N. Solovjev,* O někotorych voprosach praktiki priměnĕnija norm meždunarodnogo prava sudami Rossijskoj federacii, Rossijskij ježegodnik meždunarodnogo prava 1998-1999, 267 ff.

für die Gerichte verbindlich erklärt, dass die allgemein anerkannten Prinzipien und Normen des Völkerrechts, die in den internationalen Pakten, Konventionen und sonstigen Dokumenten sowie völkerrechtlichen Verträgen der Russischen Föderation enthalten sind, Bestandteil der Rechtsordnung sind. Die sich vom innerstaatlichen Gesetz unterscheidenden völkerrechtlichen Regelungen können jedoch nach Art. 5 von Gerichten nur dann angewandt werden, wenn die parlamentarische Zustimmung zu ihnen in der Form eines Gesetzes gegeben wurde. Dadurch soll gesichert werden, dass die Gerichte nicht das Völkerrecht als Ganzes, sondern nur diejenigen Normen anwenden, zu denen sich das Parlament im vorgeschriebenen Verfahren äußern konnte.[129] Dieser Ansatz wurde vom Beschluss des Plenums des Obersten Gerichtshofs vom 10. Oktober 2002 *über die Anwendung allgemeiner Prinzipien und Normen des Völkerrechts und der völkerrechtlichen Verträge der Russischen Föderation* bestätigt. Darüber hinaus stellte es fest, dass eine nicht richtige Anwendung der völkerrechtlichen Bestimmung, worunter aber auch ihre Nichtanwendung verstanden werden kann, zur Aufhebung des gerichtlichen Aktes führen kann (Para 9).

Es darf auch nicht übersehen werden, dass auch die Anwendung der innerstaatlichen gesetzlichen Bestimmungen, bei deren Entstehung völkerrechtliche Regelungen berücksichtigt wurden, was formell gesehen höchstens als „Adaptation" völkerrechtlicher Dokumente angesehen werden kann, im Schrifttum als „Anwendung des Völkerrechts" gilt. Dies ist typisch etwa für das *Strafgesetzbuch* der Russischen Föderation[130] von 1997, in dessen Teil „Aufgaben und Grundsätze" besonders intensiv die Bestimmungen der *Allgemeinen Erklärung*, des IPbürgR und der EMRK zum Ausdruck kommen. Dazu muss jedoch bemerkt werden, dass der normative Inhalt dieser „Grundsätze und Aufgaben" und ihre Bedeutung in der Rechtsprechung nicht ganz geklärt sind.[131]

In der Lehre wird betont, dass es keine Statistiken gibt, welche die Anwendung völkerrechtlicher Normen durch die Gerichte aufzeigt. Es wird jedoch erwartet, dass sich die Gerichte bei ihrer Entscheidungstä-

---

[129] *I.I. Lukašuk,* Primenĕnije norm meždunarodnogo prava sudami, in: Meždunarodnyje normy o pravach čeloveka i primenĕnije ich sudami Rossijskoj Federacii, Moskva 1996, S. 9.

[130] Sobranije zakonodatel'stva Rossijskoj Federacii, 1996, Nr. 25, Pos. 2954.

[131] *F.-Ch. Schroeder*, Das neue russische Strafgesetzbuch, in: F.-Ch. Schroeder (Hrsg.), Die neuen Kodifikationen in Russland, Berlin 1999, 222-223.

tigkeit, z.B. in Haftsachen, außer von innerstaatlichen Bestimmungen auch von internationalen Dokumenten, insbesondere von der *Allgemeinen Erklärung der Menschenrechte* oder den *UN-Pakten* leiten lassen.[132] Im Falle der *Allgemeinen Erklärung* wird jedoch betont, dass die allgemeinen Gerichte Schwierigkeiten mit der Feststellung ihres Inhalts haben können;[133] gerade in ihrem Fall fehlt es an der Erfüllung der Voraussetzung der parlamentarischen Zustimmung, die die Beschlüsse des Obersten Gerichtshofs (1995, 2002) zur innerstaatlichen Anwendung verlangen.

Dagegen werden nur vereinzelt Fälle erwähnt, in denen es zu einer „unmittelbaren" Anwendung völkerrechtlicher Bestimmungen durch die allgemeinen Gerichte kommt.

Als ein solcher Fall wird im Schrifttum die Entscheidung des Zivilkollegiums des Obersten Gerichtshofs genannt,[134] das über die Klage der Bürgervereinigung „*Otčizna*" gegen den Beschluss der gesetzgebenden Versammlung des Gebiets *Nižnegorod* entschieden hat, in dem sie u.a. den Zeitpunkt der Wahlen der Abgeordneten dieser Versammlung um zwei Jahre verschoben und gleichzeitig die Wahlperiode der früher gewählten Abgeordneten auf vier Jahre verlängert hatte. Das Zivilkollegium des Obersten Gerichtshofs hat die Entscheidung des Gebietsgerichts, in dem der Beschluss für unwirksam erklärt wurde, bestätigt. In der Begründung stützte es sich neben Art. 32 Verf. (Wahlrecht) auf Art. 21 der Allgemeinen Erklärung der Menschenrechte und Art. 25 IPbürgR.

Auf dem Gebiet des Zivilrechts ist die Grundlage der unmittelbaren Anwendung völkerrechtlicher Bestimmungen § 7 *Zivilgesetzbuch* aus dem Jahre 1994,[135] der den Titel „Zivilgesetzgebung und Völkerrecht" trägt. Sein § 7 Abs. 1 wiederholt zunächst wörtlich die Bestimmung von Art. 15 Abs. 4 Verf. und auch seine Rangregelung in Abs. 2 Satz 2 ist von Art. 15 Abs. 2 Verf. genau übernommen worden. Die Regelung

---

[132] *V.N. Solovjev* (Fn. 128), S. 278.

[133] *V.S. Vereshchetin*, Some Reflection on the Relationship between International Law and National Law in the Light of New Constitution, in: R. Müllerson (Hrsg.), Constitutional Reform and International Law in Central and Eastern Europe, The Hague 1998, S. 12.

[134] Zitiert nach *V.N. Solovjev* (Fn. 128), S. 271.

[135] Sobranije zakonodatel'stva Rossijskoj Federacii 1994, Nr. 32, Pos. 3301; letzte Änderung 1.1. 2008, Text s. http://www.gk-rf.ru/.

über die Anwendung völkerrechtlicher Verträge wurde dagegen im Unterschied zum späteren Gesetz *über die völkerrechtlichen Verträge* offener gefasst. Auf die im Zivilgesetzbuch aufgeführten Verhältnisse sollten nach § 7 Abs. 2 völkerrechtliche Verträge pauschal unmittelbar angewandt werden, außer in den Fällen, für die aus diesen Verträgen folge, dass für ihre Anwendung der Erlass eines innerstaatlichen Aktes erforderlich ist.[136] § 15 des Gesetzes *über die völkerrechtlichen Verträge* als späteres und spezielles Gesetz hat jedoch diese Möglichkeit auf die ratifizierten und daher vom Parlament in der Form eines Gesetzes gebilligten Verträge beschränkt.

Die verfassungsrechtliche Anwendungsregelung von Art. 15 Abs. 4 Verf. ist auch Bestandteil des *Schiedsgerichtsverfahrens*[137] (Art. 11 Abs. 3), in dem die Schiedsgerichte gemäß den Bestimmungen des Föderalen Verfassungsgesetzes *über die Schiedsgerichte der Russischen Föderation* vom 25. April 1995[138] in wirtschaftlichen und sonstigen Sachen entscheiden, die ihnen die Verfassung und andere Rechtsvorschriften zuweisen. Die Anwendung der völkerrechtlichen Bestimmungen in den konkreten Fällen ist jedoch auch hier nicht häufig.

In der Literatur[139] wird von einer Streitigkeit berichtet, in welcher sich eine der Parteien auf das bilaterale *Handelsprotokoll zwischen der UdSSR und Malta für die Periode 1991-1995* stützte. Dieses war am Tag seiner Unterzeichnung, d.h. ohne Ratifizierung, in Kraft getreten und regelte einen Sachverhalt anders als das einschlägige innerstaatliche Gesetz. Nachdem das Schiedsgericht den Widerspruch zwischen den beiden Regelwerken festgestellt hatte, entstand die Frage der Anwendung des Protokolls, da § 15 Abs. 1 des Gesetzes *über die völkerrechtlichen Verträge* „diejenigen Verträge, welche an-

---

[136] „Falls durch einen internationalen Vertrag der Russischen Föderation andere Regelungen aufgestellt worden sind, als die durch die bürgerlichen Gesetze vorausgesehenen, finden die Regelungen des internationalen Vertrages Anwendung." Deutsche Übersetzung *G. Lenga/ M. Wipplinger*, Handbuch Wirtschaft und Recht in Osteuropa, Loseblattsammlung, Pos. 200.

[137] Sobranije zakonodatel'stva, 1995, Nr. 19, Pos. 1709.

[138] Sobranije zakonodatel'stva, 1995, Nr. 18, Pos. 1589. Das frühere Gesetz *über die Schiedsgerichte* wurde mit dem Gesetz *über die Schiedsgerichte der Russischen Föderation* vom 24.7. 2002 ersetzt; s. http://www.orenburg-cci.ru/arbitration/legislation/federal_law/.

[139] *T.N. Nešatajeva* (Fn. 22), 218 ff.

dere als im Gesetz enthaltene Vorschriften vorsehen", als ratifikationsbedürftig bezeichnet. Das Schiedsgericht hat dazu den Standpunkt vertreten, dass das Prinzip *pacta sunt servanda* verlange, auch ein nicht ratifiziertes vertragliches Dokument vor dem mit ihm in Kollision stehenden Gesetz anzuwenden. Die Lehre kommentierte die Entscheidung damit, dass der obligatorische Bedarf der „Ratifizierung" einer völkerrechtlichen Regelung nur in einem „prinzipiellen" Konflikt beider Regelungen entstehe.[140]

Die Möglichkeit der direkten Anwendung völkerrechtlicher Regelungen im Strafrecht der Russischen Föderation ist viel restriktiver. § 1 Abs. 2 *Strafgesetzbuch* legt zwar fest, dass „das vorliegende Gesetzbuch [...] sich auf die Verfassung der Russischen Föderation und auf die allgemein anerkannten Prinzipien und Normen des Völkerrechts [...] gründet".[141] Diese Bestimmung wird als eine Feststellung der Inkorporierung einschlägiger völkerrechtlicher Normen interpretiert. Die Anwendung der völkerrechtlichen Regelungen auf dem Gebiet des materiellen Strafrechts, vor allem bei der Formulierung neuer Tatbestände, wird jedoch in der Literatur[142] ausgeschlossen. Einer solchen Anwendung stehe u.a. das Kodifikationsprinzip vom § 1 Abs. 1 *Strafgesetzbuch* entgegen. Danach müssen alle neuen Gesetze, die strafrechtliche Verantwortung begründen, in das Strafgesetzbuch eingefügt werden.[143] Im materiellen Sinne ist das Strafgesetzbuch nach dieser Konstruktion eine ausschließliche Quelle des russischen Strafrechts und kann auch nicht durch völkerrechtliche Bestimmungen erweitert werden, solange diese nicht in das Strafgesetzbuch eingegliedert sind.

In Betracht kämen lediglich solche völkerrechtlichen Regelungen, die keinen materiellen, sondern einen verfahrensrechtlichen Charakter haben.

Als Beispiel einer solchen Anwendung kann hier der Fall einer Revision des Strafurteils eines russischen Militärgerichts gegen einen Staatsangehörigen der Russischen Föderation, der ein ehemaliger

---

[140] *G.M. Danilenko*, Puť v carstvo prava i spravedlivosti, Moskovskij žurnal meždunarodnogo prava 1 (1997), 82-90.

[141] S. *F.-Ch. Schroeder/ T. Bednarz*, Strafgesetzbuch der Russischen Föderation, Freiburg im Breisgau 1998, S. 41.

[142] *B.L. Zimnĕnko* (Fn. 68), S. 108.

[143] *F.-Ch. Schroeder*, Einführung, in: *F.-Ch. Schroeder/ T. Bednarz* (Fn. 141), 22-23.

> Angehöriger der in Usbekistan stationierten Streitkräfte war, angeführt werden. Das Militärgericht hatte diesen Mann auf der Grundlage des usbekischen Strafgesetzbuches zu zwölf Jahren Freiheitsstrafe verurteilt. Das RGW-Abkommen vom 19. Mai 1978 *über die Übergabe zu Freiheitsstrafen verurteilter Personen zum Vollzug der Strafe in dem Staat, dessen Staatsbürger sie sind,*[144] das von der UdSSR am 3. April 1979 ratifiziert wurde, ermöglicht u.a., die strafbare Handlung des Verurteilten nach dem Strafgesetzbuch des Staates neu zu beurteilen, dessen Staatsangehöriger er ist. Der Richter des Militärgerichts hat von der erwähnten Möglichkeit Gebrauch gemacht, den Sachverhalt nach dem Strafgesetzbuch der Russischen Föderation erneut beurteilt und das Strafmaß auf zehn Jahre Freiheitsstrafe gesenkt.[145]

Abschließend kann zusammenfasst werden, dass die Anwendung völkerrechtlicher Regelungen in der Rechtsprechung der allgemeinen Gerichte in Russland wie in einer Reihe anderer post-kommunistischer Staaten nicht weit verbreitet ist. Im Schrifttum der Russischen Föderation wird auch die Anwendung derjenigen innerstaatlichen Rechtsnormen, bei deren Entstehung völkerrechtliche Bestimmungen bloß berücksichtigt wurden, nicht selten als Anwendung des Völkerrechts bezeichnet. Auf dem Gebiet des Zivilrechts wäre eine weite Anwendung völkerrechtlicher Regelungen zwar möglich, diese wurde jedoch durch die spezielle Regelung des Gesetzes *über die völkerrechtlichen Verträge* auf die ratifizierten und vom Parlament durch ein Gesetz gebilligten Verträge beschränkt. Dies bedeutet nicht, dass die Anwendung nichtratifizierter Verträge ausgeschlossen wäre; solche Fälle stellen jedoch noch eine Ausnahme dar. Im Bereich des materiellen Strafrechts steht der Anwendung der völkerrechtlichen Normen grundsätzlich das Kodifikationsprinzip des Strafgesetzbuches entgegen.

Die Frage, ob die Kategorie „Verfassung und föderale Gesetze", an welche die Richter der allgemeinen Gerichte gebunden sind, auch das Völkerrecht umfasst, muss daher zurückhaltend beantwortet werden. Zumindest die ratifizierten Verträge der Russischen Föderation können von den Gerichten angewandt werden; von den Richtern der allgemeinen Gerichte wird diese Anwendung als bloße Möglichkeit und nicht als zwingend geboten empfunden. In dieser Wahlmöglichkeit werden

---

[144] UNTS, vol. 1211, No. 19505, 59-76.

[145] Zitiert nach *B.L. Zimněnko* (Fn. 57), S. 108.

die Richter – im Unterschied zu den Beschlüssen des Obersten Gerichtshofs – vom Verfassungsgericht der Russischen Föderation bestätigt: In seiner Entscheidung vom 21. Dezember 2004 hat es betont, dass die Auswahl von Rechtsnormen, die bei der Entscheidung in einer konkreten Streitigkeit einschlägig sind, nach Maßgabe von Art. 120 Abs. 2 i.V.m. Art. 118, 125, 126 Verf. allein Sache der zur Entscheidung berufenen Gerichte ist.[146]

b) Verfassungsgerichtsbarkeit

Das Verfassungsgericht der Russischen Föderation ist ursprünglich, im Jahre 1991, auf der Grundlage des Gesetzes *über das Verfassungsgericht der RSFSR*[147] entstanden und begriff sich als Nachfolger des Parlamentarischen Komitees für die Verfassungsaussicht der Sowjetunion aus dem Jahre 1990.[148] Im Unterschied zu diesem Komitee war es ein Verfassungsgericht im eigentlichen Sinne, das mit weitreichenden Befugnissen ausgestattet war und sich durch eine intensive Rechtsprechung auszeichnete. Die Annahme der neuen Verfassung im Jahre 1993 und des darauf folgenden Gesetzes *über das Verfassungsgericht* vom 12. Juli 1994[149] bewirkte jedoch eine gewisse Reduzierung seiner Kompetenzen.

Das gegenwärtige Verfassungsgericht[150] ist nach § 1 des Gesetzes *über das Verfassungsgericht* „das Gerichtsorgan der Verfassungskontrolle"; es übt die richterliche Gewalt selbständig und unabhängig mittels der Verfassungsrechtsprechung aus.[151] Zu seinen Kompetenzen[152] nach Art.

---

[146] Z.B. Beschluss des Verfassungsgerichts vom 21.12. 2004, Nr. 472-O.

[147] VSND RSFSR und VS RSFSR 1991, Nr. 30, Pos. 1017.

[148] Vgl. *A. Nußberger,* Verfassungskontrolle in der Sowjetunion und in Deutschland, Baden-Baden 1994.

[149] Deutsche Übersetzung in EuGRZ 1996, 219 ff.

[150] Zum Charakter der Entscheidungen des Verfassungsgerichts s. *A. Nußberger,* Verfassungsgerichtsentscheidungen als Gegenstand der Rechtsvergleichung. Russland im Kontext der internationalen Entwicklung, in: A. Trunk (Hrsg.), Festschrift für Mark Moiseevič Boguslavskij, Berlin 2004, 545 ff.

[151] *T. Morshchakova*, Die Verfassungsgerichtsbarkeit im System der Gewaltenteilung in Russland, in: M. Hofmann/ H. Küpper (Hrsg.), Kontinuität und Neubeginn. Staat und Recht in Europa zu Beginn des 21. Jahrhunderts, 2001, S. 198.

125 Verf. gehört es, neben der abstrakten Normenkontrolle, über Beschwerden und Kompetenzstreitigkeiten zu entscheiden; außerdem kann es auf Antrag die Verfassung authentisch auslegen und hat bestimmte Prüfungskompetenzen im Verfahren der Präsidentenanklage. Schließlich besitzt es ein Gesetzgebungsinitiativrecht.[153]

Das Völkerrecht spielt im Katalog seiner Zuständigkeiten keine bedeutsame Rolle; trotzdem wurden seine Regelungen vor allem in den 1990er Jahren in zahlreichen seiner Entscheidungen angewandt. Die spätere Abkehr von dieser Praxis mag mit der Wandlung seiner Position im staatlichen Machtgefüge im Allgemeinen zusammenhängen: Im Zuge der Zentralisierung der Staatsmacht in Russland verliert es allmählich an politischer Bedeutung.[154]

aa) Völkerrecht als Prüfungsgegenstand

Um die Priorität der Verfassung zu garantieren bzw. zu verteidigen,[155] wurde das Verfassungsgericht mit der Zuständigkeit zur präventiven Normenkontrolle ausgestattet. Nach Art. 125 Abs. 2 lit. d Verf. kann es über die Vereinbarkeit von noch nicht in Kraft getretenen Verträgen der Russischen Föderation mit der Verfassung entscheiden. Zur Stellung des entsprechenden Antrags sind nach § 88 des Gesetzes *über das Verfassungsgericht* der Staatspräsident, der Föderationsrat, die Staatsduma, ein Fünftel der Abgeordneten des Föderationsrates oder der Abgeordneten der Staatsduma, die Regierung der Russischen Föderation, der Oberste Gerichtshof, das Oberste Schiedsgericht und die Organe der gesetzgebenden und der ausführenden Gewalt der Subjekte der Föderation berechtigt.

Die Stellung eines Antrags zur Überprüfung der Verfassungsmäßigkeit eines noch nicht in Kraft getretenen völkerrechtlichen Vertrags ist nach

---

[152] Siehe *T. Schweisfurth*, Die Verfassung Russlands vom 12. Dezember 1993, EuGRZ 1994, 473 ff.

[153] Im Einzelnen siehe *M. Hartwig*, Verfassungsgerichtsbarkeit in Russland – Der dritte Anlauf, EuGRZ 23 (1996) 7/8, 177 ff.; *A. Nußberger*, Die Grundrechte in der Rechtsprechung des russischen Verfassungsgerichts, EuGRZ 25 (1998) 5/6, 105 ff.

[154] *A. Nußberger*, Ende des Rechtsstaats in Russland? Köln 2007, S. 49.

[155] S. *V.A. Krjažkov/ L.V. Lazarev*, Verfassungsgerichtsbarkeit in der Russischen Republik, Berlin 2001, S. 75.

§ 89 des Gesetzes *über das Verfassungsgericht* zulässig, wenn der im Antrag genannte Vertrag entsprechend der Verfassung von der Staatsduma ratifiziert oder von einem anderen Föderationsorgan der staatlichen Gewalt bestätigt werden muss und der Antragsteller der Auffassung ist, dass er wegen seiner Verfassungswidrigkeit nicht in Kraft gesetzt und angewandt werden kann.

Eine vom Verfassungsgericht festgestellte Kollision völkerrechtlicher Bestimmungen mit der Verfassung hat zur Folge, dass der Vertrag als Ganzes oder einzelne seiner Bestimmungen nicht in Kraft gesetzt oder angewandt werden können;[156] die Ratifizierung eines solchen Vertrags oder seine sonstige amtliche Bestätigung sind in solchem Fall ohne eine Verfassungsänderung ausgeschlossen (§ 91 Abs. 2 des Gesetzes *über das Verfassungsgericht).*

Trotz der relativ detaillierten Regelung der präventiven Überprüfung völkerrechtlicher Verträge ist aus der Praxis nur ein Fall bekannt, in dem das Verfassungsgericht in einem solchen Verfahren entschieden hat:

> Am 12. Februar 1999 wandte sich eine Gruppe von Abgeordneten der Staatsduma an das Verfassungsgericht mit dem Antrag auf Überprüfung der Verfassungsmäßigkeit des russisch-ukrainischen *Übereinkommens über Freundschaft, Zusammenarbeit und Partnerschaft* aus dem Jahre 1997.[157] Zu diesem Zeitpunkt war das Abkommen von der ukrainischen Seite schon ratifiziert worden; während der Überprüfung war auch das Ratifikationsverfahren in Russland im Gange. Am 1. April 1999 tauschten beide Staaten ihre Ratifikationsurkunden aus und das Übereinkommen trat in Kraft. Dem Verfassungsgericht blieb nichts anderes übrig, als den Antrag wegen seiner fehlenden Kompetenz zur Überprüfung bereits in Kraft getretener Verträge durch eine Zulässigkeitsentscheidung abzuweisen.

---

[156] Art. 125 Abs. 6 Verf. lautet: „Akte oder einzelne ihrer Bestimmungen, die für verfassungswidrig erklärt wurden, verlieren ihre Gültigkeit; nicht mit der Verfassung der Russischen Föderation übereinstimmende internationale Verträge der Russischen Föderation dürfen nicht in Kraft gesetzt oder angewendet werden."

[157] Übernommen aus: *B.R. Tuzmuchamedov*, Pravo i meždunarodyje otnošenija. Meždunarodnoje pravo v dejateľnosti Konstitucionnogo suda Rossijskoj federacii, Diplomatičeskij vestnik, Oktober 2000, http://www.ln.mid.ru/.

bb) Völkerrecht als Prüfungsmaßstab

Die ursprünglichen Entwürfe der Verfassung Russlands hatten mit dem Völkerrecht als Prüfungsmaßstab verfassungsgerichtlicher Entscheidungen ausdrücklich gerechnet.[158] Im Laufe der legislatorischen Arbeiten überwog jedoch die Auffassung, die als einzigen legalen Maßstab die Bestimmungen der Verfassung sieht und völkerrechtliche Normen höchstens als ein komplementäres Mittel zulässt. Dieser Ansatz in der Rechtsprechung des Verfassungsgerichts hat sich – nach einer Periode intensiver Auseinandersetzung mit völkerrechtlichen Vorgaben in den 1990er Jahren – allmählich durchgesetzt.

Weder die Verfassung noch das Gesetz *über das Verfassungsgericht* aus dem Jahre 1995 erwähnen das Völkerrecht unter den Maßstäben der Verfassungsmäßigkeit. Art. 125 Abs. 2 Verf., der die abstrakte Normenkontrolle regelt, spricht von der „Vereinbarkeit mit der Verfassung", und Art. 125 Abs. 4 Verf., der sich auf die konkrete Normenkontrolle und die individuelle Beschwerde bezieht, von einer „Verfassungsmäßigkeit". Auch die Verfassungsrichter sind nach § 10 des Gesetzes *über das Verfassungsgericht* nur an die Verfassung der Russischen Föderation gebunden. Die Auslegungsbrücke durch Art. 15 Abs. 4 Verf., wonach Völkerrecht Bestandteil des Rechtssystems der Russischen Föderation ist, scheint nicht eindeutig genug zu sein, um die Rolle völkerrechtlicher Normen als obligatorischen Prüfungsmaßstabs zu bestimmen.

Trotz dieser Tatsache wurden die völkerrechtlichen Regelungen in der Rechtsprechung des Verfassungsgerichts vor allem in den 1990er Jahren häufig, in der Regel parallel zu den verfassungsrechtlichen Bestimmungen, als Maßstab der Verfassungsmäßigkeit der angefochtenen innerstaatlichen Regelungen genannt. Diese in Russland teilweise umstrittene Praxis[159] hatte sich schon vor dem Inkrafttreten der Verfassungsänderung im Jahr 1992 durchgesetzt; in den Fällen der Nichtexistenz einer entsprechenden verfassungsrechtlichen Norm schuf das Verfassungsgericht damals eine Argumentationsbrücke aus den Hinweisen auf das

[158] S. *M. Hartwig* (Fn. 153), S. 182: „Das Völkerrecht war als Kontrollmaßstab noch in dem Gesetz über das Komitee für Verfassungsaufsicht vorgesehen, Art. 21 Abs. 3, Vedomosti Verchovnogo Sovieta SSSR 1989, Nr. 29, Pos. 572".

[159] S. z.B. *O.I. Tiunov*, O roli meždunarodno-pravovych norm v formirovanii pravovoj pozicii Konstitucionnogo suda Rossijskoj Federacii, kasajuščejsja prava każdogo na suděbnuju zaščitu i ravnenstva vsech pered zakonom i sudom, Rossijskij ježegodnik meždunarodnogo prava 2000, 27 ff.

Völkerrecht in der Verfassung aus dem Jahre 1978.[160] In der Periode zwischen 1995 und 1999 zitierte das Gericht völkerrechtliche Normen in etwa einem Drittel der Urteile neben den „allgemeinen Prinzipien und Normen des Völkerrechts“ vor allem die Vorschriften des IPbürgR, der Allgemeinen Erklärung der Menschenrechte sowie der EMRK und ihrer Protokolle,[161] die zusammen mit der Judikatur des EGMR als „europäisches Recht“ bezeichnet werden.[162] Die inhaltliche Breite der völkerrechtlichen Bestimmungen, die dem Verfassungsgericht als Maßstab dienten, war umfassend und schloss auch solche Abkommen wie das UN-Übereinkommen vom 11. April 1980 *über den internationalen Warenkauf* (Art. 79)[163] oder verschiedene Abkommen aus dem Bereich des internationalen Verkehrs ein:

> In der Sache betreffend die Verfassungsmäßigkeit einiger Bestimmungen des *Zollgesetzes,*[164] insbesondere die Frage der Möglichkeit der gerichtlichen Überprüfung der Entscheidungen der Zollorgane über Übertretungen des Zollgesetzes durch bestimmte Kategorien von Rechtssubjekten, hat das Verfassungsgericht das UN-Übereinkommen vom 11. April 1980 *über den internationalen Warenkauf* (Art. 79),[165] das Abkommen vom 12. Oktober 1929 *zur Vereinheitlichung von Regeln über die Beförderung im internationalen Luftverkehr* (Art. 16),[166] das Übereinkommen vom 19. Mai 1956 *über den Beförderungsvertrag im internationalen Straßengüterverkehr (CMR)* (Art. 11),[167] die Anlage des Übereinkommens vom 9. April 1965 *zur Erleichterung des Internationalen Seeverkehrs* (Regeln 5.2 und

---

[160] Vestnik Konstitucionnogo suda Rossijskoj Federacii, 1993, Nr. 3, Pos. 29 und Vedomosti Rossijskoi Federaciji Nr. 3, 1992, Pos. 669.

[161] Siehe *J. V. Kutter/ T. Schröder*, Die Rechtsprechung des russischen Verfassungsgerichts 1995-1999, 2000, S. 12.

[162] *V.A. Krjažkov/ L.V. Lazarev* (Fn. 155), S. 81.

[163] UNTS, vol. 1489, 3 ff.

[164] Vedomosti Verchovnogo Soveta, 1992, No. 11, Pos. 521. http//www.akdi.ru/ks/post/112 htm.

[165] UNTS, vol. 1489, 3 ff.

[166] LNTS, vol. 137, Nr. 3145, 44-59; http://www.schlichtungsstelle-mobilitaet.org/uploads/media/Warschauer-Abkommen.pdf.

[167] UNTS, vol. 399, Nr. I-5742, 189-238; http://www.transportrecht.de/transportrecht_content/1142261017.pdf.

5.3)[168] sowie das Abkommen vom 3. November 1923 *zur Vereinfachung der Zollförmlichkeiten*[169] in der Fassung des Protokolls aus dem Jahre 1999 (Anlage N) angewandt. Diese Vorschriften waren für das Verfassungsgericht maßgeblich für die Bestätigung des Konzepts des Zollgesetzes, wonach die betroffenen Personen die negativen Folgen von Verstößen gegen die Zollvorschriften zu tragen hätten, ohne dass ihre Schuld zuvor von den staatlichen Organen bewiesen werden müsste, sofern sie nur die Möglichkeit haben, ihre Unschuld – eben nachträglich – zu beweisen.

Eine zentrale Rolle spielten völkerrechtliche Erwägungen bei der Überprüfung des Gesetzes *über die infolge des Zweiten Weltkriegs in die UdSSR verbrachten und sich im Hoheitsgebiet der Russischen Föderation befindenden Kulturgüter.*[170] Der Antragsteller, der Präsident der Russischen Föderation, hatte gerügt, dass die Bestimmungen des Gesetzes, die auf Ansprüchen der Sowjetunion und später der Russischen Föderation auf sog. kompensatorische Restitution beruhten, einer Reihe von völkerrechtlichen Regelungen widersprechen – der *UN Charta*, der *UNESCO Konvention zum Schutz von Kulturgut bei bewaffneten Konflikten aus dem Jahre 1954,*[171] dem *UNESCO Übereinkommen über Maßnahmen zum Verbot und Verhütung der unzulässigen Einfuhr, Ausfuhr und Übereignung von Kulturgut* aus dem Jahre 1970, sowie den im Zusammenhang mit dem Beitritt der Russischen Föderation zum Europarat übernommenen Verpflichtungen, insbesondere der Pflicht, mit den europäischen Ländern Verhandlungen über die Rückgabe von Kulturgut aufzunehmen. Aus diesen Gründen entspreche das Gesetz nicht Art. 15 Abs. 4 Verf.[172]

Das Verfassungsgericht ist in seiner Entscheidung vom 20. Juli 1999 Nr. 12[173] der Argumentation des Antrags nicht gefolgt: Es war der

---

[168] UNTS, vol. 591, Nr. I-8564, 265-325; s. auch unter http://www. admin.ch/ch/d/as/2005/1297.pdf.

[169] LNTS, vol. 30, Nr. 775, 371-412; http://www.admin.ch/ch/d/sr/i6/0.631.121.1.de.pdf.

[170] Http://www.libfl.ru/restitution/law/law3.html.

[171] BGBl. 1967 II, S. 1233.

[172] Deutsche Übersetzung s. *A. Nußberger*, EuGRZ 25 (1998) 5/6, 423 ff.

[173] Http://www.ksrf.ru/doc/postanpdf/p12_99.pdf.

Auffassung, dass das einschlägige Eigentumsrecht der Russischen Föderation gemäß den völkerrechtlichen Vorgaben und daher im Einklang mit Art. 15 Abs. 4 und Art. 17 Verf. konzipiert wurde. Auf die Rüge hinsichtlich des Konzepts der „kompensatorischen Restitution" antwortete es mit seiner Ableitung von völkerrechtlichen Übereinkünften, die in der Zeit des Zweiten Weltkrieges und nach seiner Beendigung geschlossen wurden, sowie dem Konzept vom Prinzip der völkerrechtlichen Haftung eines Aggressorstaates für die Entfesselung eines Angriffskrieges: Die ehemaligen Feindstaaten hätten ihr Eigentumsrecht an den ihnen gehörenden Kulturgütern, die rechtmäßig konfisziert und in Ausübung des Rechts auf kompensatorische Restitution aus ihrem Hoheitsgebiet in das Hoheitsgebiet der Sowjetunion verbracht worden sei, verloren. Die Substanz des Gesetzes sei daher verfassungsgemäß.

Die Kritik der Literatur an diesem Urteil konzentriert sich auf die fehlende Begründung, dass die „kompensatorische Restitution" ein völkerrechtlich zulässiges Mittel der Wiedergutmachung für Kriegsschäden an Kulturgütern sei und dass sie eine Form der materiellen völkerrechtlichen Haftung eines Staates im Falle der Unmöglichkeit einer gewöhnlichen Restitution illegal verbrachter Gegenstände auch durch den einseitigen Einzug von Gegenständen der gleichen Art durch den geschädigten Staat darstelle.[174] Weiter wird gerügt, dass sich die Entscheidung (wie aber auch der Antrag) nicht mit den einschlägigen Regelungen des zwischen der Bundesrepublik Deutschland und der UdSSR abgeschlossenen bilateralen *Vertrags über gute Nachbarschaft, Partnerschaft und Zusammenarbeit* von 1990[175] und deutsch-russisches Regierungsabkommen über kulturelle Zusammenarbeit[176] auseinandersetzte.[177] Ohne auf die Einzelheiten einzugehen, kann jedenfalls festgestellt werden, dass dieser An-

---

[174] Für alle *W. Rückert*, Das Völkerrecht in der Rechtsprechung des Russischen Verfassungsgerichts, Berlin 2005, 219 ff.; *M. Hartwig*, Vae victis – Völkerrechtliche Fragwürdigkeiten in der Argumentation des Russischen Verfassungsgerichts zum Beutekunst-Gesetz, EuGRZ 26 (1999) 19/20, 553 ff.; *T. Schröder*, Wem gehört die Beutekunst? – Zum zweiten Beutekunst-Urteil des russischen Verfassungsgerichts, Osteuropa 46 (2000) 1, 29 ff.

[175] BGBl. 1991 II, S. 708.

[176] BGBl. 1993 II, S. 1258.

[177] *A. Nußberger*, Rechts- und Verfassungskultur in der Russischen Föderation, Jahrbuch des öffentlichen Rechts der Gegenwart, 54 (2006), S. 47.

satz des Verfassungsgerichts in der Tat grundsätzlich vom Inhalt des durch die International Law Commission erarbeiteten Entwurfs zum Recht der Staatenverantwortlichkeit abweicht.

Verhältnismäßig häufig war die Praxis des Verfassungsgerichts, auch bloß empfehlende völkerrechtliche Normen anzuwenden. Die Position der Literatur zu dieser Praxis war jedoch gespalten. Nach der Überzeugung einiger Autoren[178] spiele es keine Rolle, ob das Verfassungsgericht bei der Interpretation der Verfassung juristisch bindende oder empfehlende Normen des Völkerrechts anwende. Die letzteren werden sogar als eine der Ausdrucksformen des internationalen Rechtsbewusstseins gewertet. Durch die ausschließliche Orientierung an bindenden Völkerrechtsnormen würde die rechtliche Palette der Entscheidungen des Verfassungsgerichts geschmälert. Andererseits[179] findet sich in der Lehre nicht nur vereinzelt Kritik daran, dass das Verfassungsgericht in seinen Beschlüssen nicht immer eine ausreichend klare Abgrenzung zwischen bindenden und empfehlenden Völkerrechtsnormen trifft.[180] Es wird betont, dass es tatsächlich auch die Resolutionen und Deklarationen internationaler Organisationen, in erster Linie der Generalversammlung der Vereinten Nationen und deren Sonderorganisationen, wie verbindliche vertragliche Völkerrechtsnormen heranziehe. Gleichzeitig wird unterstrichen, dass es für die genauere rechtliche Orientierung der Organe und Personen, an die das Verfassungsgericht seine Entscheidungen richtet, zweckmäßig wäre, „diese Abgrenzung unter der Berücksichtigung der praktischen Bedeutung für den Gesetzgeber und für den Rechtsanwender einzuführen".

Als Beispiel der Anwendung empfehlender Dokumente kann die „*Tatarstan*-Entscheidung" des Verfassungsgerichts vom 13. März 1993 genannt werden. Ausgangspunkt dieses Normenkontrollverfahrens war der Antrag des Obersten Sowjets der Russischen Föderation vom 5. März 1992 auf Überprüfung der Verfassungsmäßigkeit von vier Rechtsakten der Republik Tatarstan.[181] Das Verfassungsge-

---

[178] *V.A. Krjažkov/ L.V. Lazarev* (Fn. 155), S. 81.

[179] *V.A. Krjažkov/ L.V. Lazarev* (Fn. 155), 79-80.

[180] Z.B. *G. Danilenko*, Primenenije meždunarodnogo prava vo vnutrennej pravovoj sisteme Rossii: praktika Konstitucionnogo suda, Gosudarstvo i pravo 11 (1995), 115-125.

[181] Beschluss des Obersten Sowjets der Russischen Föderation und Wortlaut des Antrags in Vedomosti Rossijskoj Federacii Nr. 12, 1992, Pos. 617.

richt gab dem Antrag teilweise statt.[182] Im Zusammenhang mit den gerügten Rechtsakten nahm es auch Stellung zur Reichweite des Selbstbestimmungsrechts und gelangte, indem es neben den beiden UN-Menschenrechtspakten auch die „*Deklaration über die Prinzipien des Völkerrechts betreffend die freundschaftliche Beziehungen und die Zusammenarbeit zwischen den Staaten in Übereinstimmung mit der Charta der Vereinten Nationen*“ aus dem Jahre 1970 und verschiedene KSZE-Dokumente in Bezug nahm, zu dem Ergebnis, dass das Selbstbestimmungsrecht durch das Prinzip der territorialen Integrität und die Menschenrechte begrenzt werden kann. Die Verfassung der Russischen Föderation sehe kein Sezessionsrecht vor, eine Änderung des nationalstaatlichen Aufbaus gehöre zur ausschließlichen Zuständigkeit des föderalen Staates und erfordere eine Änderung seiner Verfassung. Als integraler Bestandteil der Russischen Föderation könne Tatarstan nicht einseitig über die Frage seines staatsrechtlichen Status entscheiden.[183]

In der Praxis des Verfassungsgerichts diente das Völkerrecht vor allem zur Bestätigung nationaler Verfassungsbestimmungen bzw. zur zusätzlichen Argumentation.[184] Interessant erscheint die formelle Unterscheidung des Ortes dieser Argumentation in den Urteilen des Verfassungsgerichts.[185] In der eigentlichen Entscheidung kann das Verfassungsgericht nur die Vereinbarung oder einen Widerspruch zur Verfassung feststellen, nicht jedoch zu völkerrechtlichen Regelungen. Die völkerrechtlichen Normen konnten daher nicht im Tenor der Entscheidungen erwähnt werden, sondern ausschließlich in ihren Gründen.[186]

Interessante Ausführungen zu völkerrechtlichen Fragen finden sich vereinzelt auch in den Sondervoten der Urteile.

---

[182] Im Einzelnen siehe *T. Schweisfurth*, Der Start der Verfassungsgerichtsbarkeit in Rußland, EuGRZ 1992, 296 ff.

[183] Nach *T. Schweisfurth*, *ibid.*, S. 297.

[184] *M. Hošková*, Das Völkerrecht als Maßstab verfassungsrechtlicher Entscheidungen in einigen ost- und mitteleuropäischen Staaten, in: J.A. Frowein/T. Marauhn (Hrsg.), Grundfragen der Verfassungsgerichtsbarkeit in Mittel- und Osteuropa, Berlin u.a. 1998, S. 475.

[185] Zur Ortung der Heranziehung völkerrechtlicher Bestimmungen s. *W. Rückert* (Fn. 75), 321 ff.

[186] B. *O.I. Tiunov* (Fn. 159), S. 47.

So hat das Verfassungsgericht z.B. in der Entscheidung über die Erlasse betreffend den Einsatz bewaffneter Kräfte in Tschetschenien vom 31. Juli 1995[187] zwar die Pflicht aller staatlichen Organe betont, völkerrechtliche Verpflichtungen zu beachten, andererseits hat es, entsprechend der dargestellten Praxis, in Punkt 5 des Beschlussteils seiner Entscheidung die Überprüfung der angegriffenen Maßnahmen anhand der Genfer Konventionen abgelehnt.[188] Hingegen wies Richter *Kononov* in seinem Sondervotum betreffend die Regelung des Landesverrats im Strafgesetzbuch darauf hin, dass diese Vorschrift Möglichkeiten zu einer willkürlichen Auslegung biete und daher dem Punkt 5.18 des *Abschlussdokuments des Kopenhagener Treffens der Konferenz über die menschliche Dimension der KSZE* sowie Art. 14 Abs. 1 des IPbürgR widerspreche.[189]

Nur vereinzelt unterstützt das Verfassungsgericht seine Argumentation mit Entscheidungen der Europäischen Kommission für Menschenrechte oder Urteilen des Europäischen Gerichtshofs für Menschenrechte.

Eine Bemerkung zur Wirkung der europäischen Judikatur hat das Verfassungsgericht in seine Entscheidung vom 25. Januar 2001[190] eingefügt. Gegenstand der Normenkontrolle war in diesem Verfahren § 1070 des *Zivilgesetzbuches*,[191] der die Haftung für Schäden regelt, die durch gesetzwidrige Handlungen der Organe der Ermittlung, der Voruntersuchung, der Staatsanwaltschaft und der Gerichte zugefügt werden. Überprüft wurde vor allem Abs. 2 dieser Bestimmung, wonach der „Schaden, der bei der Ausübung der Rechtsprechung zugefügt wird, ersetzt wird, soweit die Schuld des Richters

---

[187] Sobranije zakonodatelstva Rossijskoi federacii 1995, Pos. 3424, 6293 (6302).

[188] Englische Übersetzung der Entscheidung siehe Council of Europe, European Commission for Democracy through Law, Doc.CDL-INF (96)1, 10.1. 1996, S. 7.

[189] Nach *M. Hartwig* (Fn. 135), 177 ff.; für eine Analyse bestimmter Aspekte der Entscheidung vgl. *P. Gaeta*, The Armed Conflict in Chechnya before the Russian Constitutional Court, European Journal of International Law 7 (1996), 563 ff.; *T. Gazzini*, Some Considerations on the Conflict in Chechnya, Human Rights Law Journal 17 (1996), 93 ff.

[190] Http://www.akdi.ru/ks/post/91.htm vom 25.1. 2001.

[191] Sobranije zakonodatel'stva Rossijskoj Federacii 1996, Nr. 5, Pos. 411 (Fn. 135).

durch ein rechtskräftiges Gerichtsurteil festgestellt ist". Diese Bestimmung wurde im Antrag als zu eng und so als Verletzung von Art. 46 Verf. (Recht auf gerichtlichen Schutz) und 53 Verf. (Recht auf staatlichen Ausgleich für den Schaden durch ungesetzliche Handlungen oder Untätigkeit von Organen der Staatsgewalt oder ihren Amtspersonen) gerügt – Vorschriften, die kein Gerichtsurteil bzw. keine Schuld des Richters voraussetzen. Das Verfassungsgericht hat die angefochtene Regelung für verfassungsmäßig erklärt, dem Gesetzgeber jedoch den Auftrag gegeben, auch die rechtlichen Folgen der Schäden durch richterliche Handlungen, die nicht durch ein rechtskräftiges Urteil, sondern andere gerichtliche Entscheidungen festgestellt wurden, zu regeln. In den Gründen hat es ausgeführt, dass der Sinn einer Norm gemäß § 74 des Gesetzes *über das Verfassungsgericht* im Hinblick auf ihre Stellung in der Rechtsordnung einschließlich der völkerrechtlichen Verträge ausgelegt werden müsse.[192] Die Fragen der Entschädigung für Schäden, die unter Verletzung des Rechts auf gerichtlichen Rechtsschutz zugefügt wurden, seien in Art. 6 und 41 EMRK geregelt. Auf Fehlurteile in Strafsachen sei Art. 3 des Protokolls Nr. 7 zur EMRK anwendbar; dagegen verpflichte die EMRK nicht ausdrücklich, auch den Schaden zu ersetzen, der im Zusammenhang mit Zivilverfahren entstanden ist. Durch die Ratifizierung der EMRK und die Anerkennung der Jurisdiktion des EGMR habe sich Russland verpflichtet, seine Entscheidungen umzusetzen. Dieser gehe bei der Beurteilung, ob es in den konkreten Fällen zur Überschreitung von vorgeschriebenen Fristen im innerstaatlichen Verfahren gekommen sei, davon aus, dass in jedem Fall die konkreten Gegebenheiten der Sache, ihre Komplexität und Bedeutung berücksichtigt werden müssen. Auch die Richter in Russland, die Klagen auf Schadenersatz infolge gesetzwidriger Tätigkeit (oder Untätigkeit) der Gerichte oder der Richter im Zivilverfahren beurteilen, sollten sich nicht auf die Tatsache der Schuld der Richter beschränken, weil schon die Schritte, die zu diesen Schäden führten – wie z.B. die Überschreitung von Fristen oder die zum Ver-

---

[192] § 74 Abs. 2 Verfassungsgerichtsgesetz enthält jedoch keinen Hinweis auf völkerrechtliche Verträge. Er lautet: „Das VerfGRF fällt eine Sachentscheidung, indem es von dem wörtlichen Sinn des verhandelten Aktes sowie von dem Sinn, der ihm in der offiziellen und in sonstigen Auslegung oder der festen Rechtsanwendungspraxis gegeben wird, und von seiner Stelle im System der Rechtsakte ausgeht."

fall weiterer Fristen führende verspätete Übergabe von Urkunden und Dokumenten –, im Zusammenhang mit Art. 6 und 41 EMRK als Verletzung des Rechts auf *faires* Verfahren interpretiert werden könnten. Wegen seines Zusammenhangs mit Art. 6 und 41 EMRK dürfe § 1070 *Zivilgesetzbuch* nicht als Grundlage zur Ablehnung eines staatlichen Schadenersatzes für Schäden dienen, die infolge gesetzwidriger richterlicher Handlungen im Zivilverfahren verursacht wurden, und dies selbst dann, wenn die Schuld des Richters nicht durch ein gerichtliches Urteil, sondern durch eine „sonstige gerichtliche Entscheidung" festgelegt werde; eine klare nationale Regelung dieser Problematik, die in dieser Frage Rechtssicherheit herstellt, sei deswegen nötig.

Ein kurzer Hinweis auf die Entscheidung der Europäischen Kommission für Menschenrechte vom 10. März 1981 über die Zulässigkeit der Beschwerde Nr. 8988/90 in der Sache *Ch. ./. Belgien* galt als Zusatzargument in der Entscheidung vom 12. März 2001,[193] in der sich das Verfassungsgericht mit der Frage der Anwendbarkeit der verfassungs- sowie völkerrechtlichen Grundsätze des Rechts auf *faires* Verfahren auseinandergesetzt hat. Gegenstand der Überprüfung waren diejenigen Bestimmungen des Gesetzes *über Bankrott* aus dem Jahre 1992,[194] die eine gerichtliche Kontrolle der schiedsgerichtlichen Entscheidungen ausschlossen. Das Verfassungsgericht hat betont, dass sowohl die Verfassung, als auch die durch die Russische Föderation anerkannten Normen des Völkerrechts verlangten, dass die Grundsätze des gerechten Verfahrens auch von den Schiedsgerichten in den Verfahren über Bankrott angewandt werden. Art. 6 EMRK finde auf diese Verfahren in dem Ausmaß Anwendung, in welchem die Zivilrechte der Antragsteller durch vorläufige Entscheidungen der Schiedsgerichte betroffen seien; diese Entscheidungen müssten im vollen Umfang überprüfbar sein.

Die Meinungen über die Bedeutung der komplementären Anwendung völkerrechtlicher Regelungen in der Verfassungsgerichtsbarkeit sind unterschiedlich. Nach Auffassung einiger Autoren[195] ist eine solche

---

[193] Http://www.akdi.ru/ks/post/99.htm.

[194] Vedomosti Verchovnogo Soveta, 1993, Nr. 1, Pos. 6; das geltende Gesetz *über Bankrott* stammt aus dem Jahre 2002, s. Originaltext http://www.consultant.ru/popular/bankrupt/58_1.html.

[195] S. *V.A Krjažkov/ L.V. Lazarev* (Fn. 155), 75-76.

Rolle mit der russischen Rechtslage unvereinbar. Es wird dagegen aber auch betont, dass das Verfassungsgericht durch seine Beschlüsse, die auf völkerrechtlichen Prinzipien und Normen beruhten, auf die tatsächliche Einbeziehung des Völkerrechts in das Rechtssystem und in die Praxis der Rechtssetzung und Rechtsanwendung sowie auf die Erhöhung des Ansehens des Völkerrechts und das Verständnis der Notwendigkeit „einer gewissenhaften Erfüllung der völkerrechtlichen Verpflichtungen des Landes" hinwirke. Diese Praxis verfolge keinen Selbstzweck. Unter Berücksichtigung der Besonderheiten und der Rechtsnatur und Zuständigkeit des Verfassungsgerichts nutze es völkerrechtliche Normen als ergänzende Argumentation für die Begründung einer Rechtsposition zum tieferen Rechtsverständnis der entsprechenden Verfassungsprinzipien und Normen. Jedoch, selbst wenn völkerrechtliche Normen in einzelnen Fällen als selbständige Grundlage einer Entscheidung erschienen, sei die eigentliche Grundlage in solchen Fällen doch noch die Verfassung.

Dagegen hatte nach der deutschsprachigen Literatur zu diesem Thema[196] die Erwähnung des Völkerrechts keine spezifisch juristische Funktion, seine Verwendung sei wohl eher aus politischen Gesichtspunkten begründet werden. Ein Verweis auf völkerrechtliche Normen solle bloß die Legitimität der Entscheidungen des Gerichts im Inland erhöhen und dem Ausland das Bestreben deutlich machen, in Russland einen dem internationalen Standard entsprechenden Grundrechtsschutz zu etablieren. Einige Autoren sehen diese Praxis noch kritischer:[197] Diese wird grundsätzlich als eklektizistische Anwendung bezeichnet. Es wird bemängelt, dass „in einer Reihe von Verfassungsentscheidungen [...] Zitate völkerrechtlicher Normen und Gerichtsentscheidungen so in die Argumentation eingebaut" werden, dass ihr ursprünglicher Aussagegehalt zumindest verfremdet, wenn nicht in sein Gegenteil verkehrt werde. Als Beispiel werden die „Tschetschenien-Entscheidung" von 1993[198] sowie die nicht sachgemäße Zitierung eines Urteils des Europäischen Gerichtshofs für Menschenrechte genannt.

---

[196] Vgl. *F.-Ch. Schroeder*, Völkerrecht als Prüfungsmaßstab? – Zur Bedeutung des Völkerrechts in der Rechtsprechung des russischen Verfassungsgerichts seit 1995, Kieler Ostrechts-Notizen 1999, Nr. 2, 22-24. Zitiert nach *J. V. Kutter/ T. Schröder* (Fn. 161), S. 13.

[197] *A. Nußberger*, Rechts- und Verfassungskultur in der Russischen Föderation, Jahrbuch des öffentlichen Rechts der Gegenwart, 54 (2006), 45 ff.

[198] S. oben.

In der Entscheidung des Verfassungsgerichts vom 30. Oktober 2003[199] wurde das Urteil des Europäischen Gerichtshofs für Menschenrechte im Fall *Bowman v. United Kingdom* vom 19. Februar 1992[200] angeführt, um Einschränkungen der Meinungs- und Pressefreiheit vor den Wahlen zu rechtfertigen. Bei dem Straßburger Urteil handelte sich jedoch nicht um eine Einschränkung dieser Freiheiten, sondern um die Finanzierung der Flugblattaktion einer Abtreibungsgegnerin.

Der Grund für diese Praxis wird einerseits in der aus der Vergangenheit übernommenen, nur ausschnittsweisen Rezeption, andererseits in der Absicht des Anwenders gesehen, eine autoritative Absicherung der auf der Grundlage der Auslegung der russischen Verfassung gewonnenen Ergebnisse zu liefern; zusätzlich wird auf den Mangel an kritischer Auseinandersetzung mit dieser Praxis in der juristischen Literatur hingewiesen.[201]

Die Bedeutung der Hinweise auf die völkerrechtlichen Bestimmungen in den Entscheidungen des Verfassungsgerichts richtig einzuschätzen, ist nicht ganz einfach. Vor allem muss gesehen werden, dass die völkerrechtlichen Regelungen an keiner Stelle der russischen Rechtsordnung als Prüfungsmaßstab genannt werden. Die Bestimmung von Art. 15 Abs. 4 Verf., wonach Völkerrecht Bestandteil des Rechtssystems der Russischen Föderation ist, ist bei seiner heutigen Interpretation zu allgemein, um den völkerrechtlichen Normen diese Rolle zu verleihen. Die relativ häufige Anwendung der völkerrechtlichen Regelungen in der verfassungsgerichtlichen Rechtsprechung der 1990er Jahre scheint daher nicht aus rechtlichen, sondern vor allem aus pragmatischen Gründen geschehen zu sein; eine „schädigende" Absicht dahinter zu sehen, scheint jedoch zu weit zu gehen. Dafür spricht auch die Palette der völkerrechtlichen Regelungen, die in den Entscheidungen in Bezug genommen wird; sie umfasst, neben den wichtigen menschenrechtlichen Instrumenten, z.B. auch bloß empfehlende völkerrechtliche Normen. Als das Verfassungsgericht seine verfassungsrechtliche Argumentation verstärken wollte, griff es offenbar zu denjenigen völkerrechtlichen Regelungen, die am ehesten seinen Bedürfnissen entsprachen. Dabei ent-

---

[199] VKS RF 2003 Nr. 6, S. 3-30.

[200] ECHR 1998-I, 175, HRLJ 1998, 84.

[201] *A. Nußberger* (Fn. 197), 46-47 ff.

standen einige zwar unkodifizierte, jedoch bereits stabilisierte Begründungsmuster.

(1) Abstrakte Normenkontrolle

Art. 125 Abs. 2 Verf. regelt die abstrakte Normenkontrolle der föderalen Gesetze, der normativen Akte des Staatspräsidenten, der Verfassungen der Republiken und anderer allgemein verbindlicher Akte; ihr Prüfungsmaßstab ist ausschließlich die Verfassung. Dieselbe Regelung befindet sich in § 3 des Gesetzes *über das Verfassungsgericht.*

Trotz dieser Rechtslage wurden in der Rechtsprechung des Verfassungsgerichts – wie bereits oben erwähnt – völkerrechtliche Regelungen zur Überprüfung der normativen Akte hinzugezogen. Am häufigsten wurden die Bestimmungen der EMRK und ihrer Protokolle angewandt.

So fand Art. 13 EMRK in der Entscheidung vom 3. Juli 2001[202] Anwendung, welche die Folgen der Gesetze *über die Restrukturierung der Kreditorganisationen*[203] und *über den Bankrott der Kreditorganisationen*[204] betraf. Nach Auffassung des Verfassungsgerichts setze das Recht auf gerichtlichen Rechtsschutz als eines seiner Bestandteile die Möglichkeit voraus, die verletzten Rechte der Bürger wiederherzustellen. Die Notwendigkeit konkreter Garantien dieses Rechts und der Wiederherstellung der Gerechtigkeit entspreche völlig Art. 13 EMRK, der das Recht auf wirksame Beschwerde verankere. Als verfassungswidrig seien daher diejenigen Bestimmungen der genannten Gesetze einzustufen, in denen die Mechanismen fehlen, welche einen gerichtlichen Schutz der Anleger im Falle einer Restrukturalisierung oder des Bankrotts der Kreditorganisation ermöglichen.

Mit den Grundsätzen des (Ersten) Zusatzprotokolls zur EMRK – insbesondere dem Prinzip, dass zwar jede natürliche Person das Recht auf Achtung ihres Eigentums hat, dass jedoch unter den durch Gesetz oder durch die allgemeinen Grundsätze des Völker-

---

[202] Http://www.akdi.ru/ks/post/118.htm.

[203] Das Gesetz mit der letzten Änderung vom 8.12. 2003 trat am 11.8. 2004 ausser Kraft, s. http://www.kodeks.ru/noframe/com-pus-FullLegRF?d&nd=901738475&prevDoc=901904279.

[204] S. Originaltext http://dpo-group.ru/legislation/fz-40.asp?viewtype=print.

rechts vorgesehenen Bedingungen das Eigentum oder sein Teil entzogen werden darf – argumentierte das Verfassungsgericht in der Sache betreffend die Verfassungsmäßigkeit der Bestimmungen des Gesetzes *über die materielle Verantwortlichkeit der Dienenden beim Militär*.[205] Weiter hat es Art. 8 des ILO-Abkommens Nr. 95 *über den Lohnschutz* aus dem Jahre 1949 angewandt, wonach Abzüge vom Lohn unter der Respektierung gesetzlicher Bestimmungen und im Umfang, der durch nationale Gesetze festgelegt ist, nicht als Diskriminierung des Rechts auf Lohn ausgelegt werden können.

Nicht selten wurden in der Rechtsprechung des Verfassungsgerichts die Bestimmungen der UN-Menschenrechtspakte genutzt.

So hat sich das Verfassungsgericht in den Gründen seiner Entscheidung vom 27. März 1996 über die Verfassungsmäßigkeit von § 1 und 2 des Gesetzes aus dem Jahre 1993 *über das Staatsgeheimnis*[206] auf Art. 14 IPbürgR gestützt. Es hat festgestellt, dass „[...] im Zusammenhang mit Art. 14 IPbürgR, der Bestandteil der Rechtsordnung der Russischen Föderation ist, [...] jeder Beschuldigte in jedem Stadium der Ermittlungen das Recht auf Kontakt mit seinem Verteidiger und auf die Verteidigung durch ihn" habe. Auch aus diesem Grund bewirke die Ablehnung eines Verteidigers mit der Begründung, dass er nicht die Voraussetzungen des Gesetzes *über das Staatsgeheimnis* erfülle, und der damit verbundene, auf den Beschuldigten ausgeübte Zwang, seinen Verteidiger aus der ihm vorgelegten Liste der Rechtsanwälte, welche die Befugnis des Zugangs zu Staatsgeheimnissen haben, auszuwählen, einen verfassungswidrigen Eingriff in das Recht auf Verteidigung nach Art. 48 Verf. und Art. 14 IPbürgR.

Auch im Urteil vom 14. April 1999[207] betreffend die Verfassungsmäßigkeit von § 325 Abs. 1 *Zivilprozessordnung*,[208] der den Gerichten

---

[205] Text der Entscheidung s. http://www.akdi.ru/ks/post/104.htm; Gesetzestext s. http://www.businesspravo.ru/Docum/DocumShow_DocumID_66192.html.

[206] Vestnik Konstitucionnogo suda Rossijskoj federaciji, 1996, 34 ff. Sobranije zakonodatel'stva Rossijskoj Federacii, 1996, Nr. 15, Pos. 1768; letzte Änderung vom 6.10. 1997 s. http://www.fsb.ru/under/secret.html.

[207] Sobranije zakonodatel'stva Rossijskoj Federacii, 1999, Nr. 16, Pos. 2080. Zitiert aus *J. V. Kutter/ T. Schröder* (Fn. 161), 209 ff.

in der Aufsichtsinstanz das Recht gegeben hatte zu entscheiden, ob und welche Beteiligte des Verfahrens – darunter der Staatsanwalt – über den Ort und die Zeit einer Untersuchung des Verfahrens benachrichtigt werden sollen,[209] stützte sich das Gericht subsidiär auf völkerrechtliche Bestimmungen. Es hat darauf hingewiesen, dass das Recht auf gerichtlichen Rechtsschutz zu den grundlegenden Rechten und Freiheiten der Menschen und Bürger gehört. Die Möglichkeit, dass nur einige der Prozessbeteiligten über die Zeit und den Ort der Untersuchung eines Verfahrens informiert werden, wodurch die anderen Prozessbeteiligten ihres Rechts beraubt werden, an der gerichtlichen Verhandlung teilzunehmen, vor Gericht Einsprüche geltend zu machen, Anträge und Ersuchen zu stellen, die mit der Untersuchung des Verfahrens in der Aufsichtsinstanz zusammenhängen, und Erklärungen abzugeben, verstoße gegen Art. 19, 46 und 123 Verf. Darüber hinaus hat es betont, dass diese Rechte in der Russischen Föderation entsprechend den allgemein geltenden Prinzipien und Normen des Völkerrechts und in Übereinstimmung mit der Verfassung anerkannt und geschützt werden: „Im Internationalen Pakt über bürgerliche und politische Rechte (Art. 14), in der Allgemeinen Erklärung der Menschenrechte (Art. 7, 8 und 10) und in der Konvention zum Schutz der Menschenrechte und Grundfreiheiten (Art. 6) wird bestimmt, dass vor Gesetz und Gericht alle gleich sind und dass jedermann bei der Feststellung seiner Rechte und Pflichten das Recht hat, dass sein Verfahren innerhalb einer angemessenen Frist gerecht und öffentlich vor einem zuständigen, unabhängigen und unparteiischen Gericht verhandelt wird, das auf gesetzlicher Grundlage errichtet wurde; eine Unterscheidung unter

[208] Vedomosti Verchovnogo Soveta, 1964, No. 24, Pos. 407, mit späteren Änderungen.

[209] Zivilprozessordnung vom 14.11. 2002, Originaltext s. http://www.consultant.ru/popular/gpkrf/; § 325 Abs. 1 Zivilprozessordnung in der damals gültigen Fassung lautete: „Benachrichtigung von am Verfahren beteiligten Personen und Zusendung einer Abschrift des Protests an sie:

Einer Partei und einer anderen am Verfahren beteiligten Person werden Abschriften des in ihrem Verfahren eingelegten Protests zugesandt. In den erforderlichen Fällen werden die Partei und eine andere am Verfahren beteiligte Person von Zeit und Ort der Untersuchung des Verfahrens benachrichtigt." Zitiert aus *J. V. Kutter/ T. Schröder* (Fn. 164), S. 180.

den Prozessbeteiligten sei deswegen verfassungs- und völkerrechtswidrig."

Im Urteil vom 17. Mai 1995[210] betreffend die Prüfung der Verfassungsmäßigkeit von § 12 des Gesetzes vom 9. Oktober 1989 *über das Verfahren der kollektiven Arbeitsstreitigkeiten (Konflikte),*[211] soweit er die Durchführung von Streiks der Angestellten der zivilen Luftfahrt verbot, hat das Verfassungsgericht zwar betont, dass das Streikrecht nach Art. 8 Abs. 1 lit. d IPwirtR durch die Staaten gewährleistet werden muss, dass diese aber zu seiner Ausübung den entsprechenden gesetzlichen Rahmen schaffen können und müssen.

Als ein typisches komplementäres Auslegungsmittel wurden die völkerrechtlichen Normen z.B. auch in der Sache 1141/1993[212] angewandt, in der das Gericht Bestimmungen des *Arbeitsgesetzbuches*[213] und des Gesetzes *über die Staatsanwaltschaft*[214] überprüfte, die den Mitarbeitern der Staatsanwaltschaft im Falle von Disziplinarmaßnahmen den gerichtlichen Rechtsschutz versagten. In dieser Regelung hat das Verfassungsgericht, neben einem Verstoß gegen innerstaatliche gesetzliche Regelungen, auch eine Verletzung der Allgemeinen Erklärung der Menschenrechte sowie beider UN-Menschenrechtspakte gesehen.

Zusammenfassend kann festgestellt werden, dass das Völkerrecht im Rahmen der abstrakten Normenkontrolle eine komplementäre Rolle spielte. Zwar war seine Anwendung nicht eindeutig durch die entsprechenden Rechtsnormen geboten, seine Normen wurden jedoch zur Stärkung der verfassungsrechtlichen Argumentation hinzugezogen.

---

[210] Vestnik Konstitucionnogo suda Rossijskoj Federacii, 1995, 2/3, Pos. 45; Sobranije zakonodatel'stva Rossijskoj Federacii 1995, Nr. 21, Pos. 1976.

[211] Vedomosti Sjezda narodnych deputatov SSSR a Verchovnogo Soveta SSSR, 1991, Nr. 23, Pos. 654; gegenwärtig gilt das Gesetz *über das Verfahren der kollektiven Arbeitsstreitigkeit,* s. http://www.onby.ru/eaksenovaupravlenie/33/a746/.

[212] Vedomosti Rossijskoj Federaciji Nr. 29, 1993, Pos. 1141.

[213] Vedomosti Verchovnogo Soveta, 1971, Nr. 50, Pos. 973 i.d.F. des Gesetzes RF vom 25.9. 1992, Vedomosti VS 1992, Nr. 41, Pos. 2254 (Fn. 71).

[214] Sobranije zakonodatel'stva, 1995, Nr. 18, Pos. 1589; aktuelle Fassung s. http://www.consultant.ru/popular/prosec/.

(2) Konkrete Normenkontrolle und individuelle Beschwerde

Art. 125 Abs. 4 Verf. führte ein Verfahren zur Überprüfung der Verfassungsmäßigkeit von Gesetzen ein, die in den konkreten Fällen anzuwenden sind. Dabei werden zwei Formen dieser Kontrolle unterschieden. Einerseits kann das Verfassungsgericht dieses Verfahren auf Ersuchen von Gerichten einleiten (konkrete Nomenkontrolle), andererseits auf Beschwerden von natürlichen und juristischen Personen reagieren (individuelle Beschwerde). Dabei muss unterstrichen werden, dass das Verfassungsgericht zumindest theoretisch nicht berechtigt ist, die Verfassungsmäßigkeit eines konkreten Einzelaktes zu überprüfen; diese Kompetenz wurde den allgemeinen Gerichten zugewiesen.

Als Maßstab dieser Formen der Kontrolle durch das Verfassungsgericht ist ausschließlich „die Verfassung" genannt. Auch hier befinden sich Hinweise auf die Bestimmungen der völkerrechtlichen Regelungen.

So hat sich z.B. das Verfassungsgericht in der Begründung zum Urteil aus dem Jahre 1993 über eine individuelle Beschwerde neben Art. 2 *IPwirtR* auf Art. 2 des *ILO-Übereinkommens Nr. 111 über die Diskriminierung in Beschäftigung und Beruf* vom 25. Juni 1958[215] sowie eine Reihe empfehlender Normen, wie Art. 2 der Allgemeinen Erklärung der Menschenrechte, gestützt. Diese Beschwerde bezog sich auf eine nach dem *Arbeitsgesetzbuch*[216] zugelassene Möglichkeit, Arbeitsverträge mit Menschen, die das Ruhestandsalter erreicht haben, in einem Kurzverfahren zu kündigen.

Nicht selten beschränkt sich das Verfassungsgericht auf die Erwähnung der „allgemeinen Prinzipien und Normen des Völkerrechts" anstelle der Benennung konkreter völkerrechtlicher Bestimmungen.

So hat es in einem Urteil zu einer individuellen Beschwerde wegen der Verletzung des Rechts auf gerichtlichen Rechtsschutz am 4. Juni 1998[217] entschieden, dass die Bestimmung der alten russischen *Zivilprozessordnung* (§ 122 Abs. 1), die erlaubte, eine Sache, die von einem Gericht entschieden werden soll, „zum Zwecke der schnelleren und genaueren Verhandlung" an ein anderes Gericht zu verweisen,

---

[215] BGBl. 1961 II, S. 97.

[216] Vedomosti Verchovnogo Soveta, 1971, Nr. 50, Pos. 973 i.d.F. des Gesetzes RF vom 25.9. 1992, Vedomosti VS 1992, Nr. 41, Pos. 2254.

[217] Sobranije zakonodatel'stva Rossijskoj Federacii, 1998, Nr. 30, Pos. 3799. Zitiert aus *J. V. Kutter/ T. Schröder* (Fn. 161), S. 205.

insbesondere an das am „Ort der Mehrzahl der Beweismittel“,[218] verfassungswidrig ist. In der Begründung hat es Art. 46 Verf., wonach jedem der gerichtliche Schutz seiner Rechte und Freiheiten gewährleistet wird, pauschal mit den „allgemein anerkannten Grundsätzen und Normen des Völkerrechts“ verknüpft.

Es kann festgestellt werden, dass die Tatsache, dass die russische Rechtsordnung auch bei dieser Form der verfassungsgerichtlichen Kontrolle das Völkerrecht nicht als Prüfungsmaßstab explizit erwähnt, für das Verfassungsgericht nicht notwendigerweise einen Verzicht auf seine Anwendung bedeutet. Da es sich in den Verfahren der konkreten Normenkontrolle und der individuellen Beschwerden überwiegend um Verletzungen der Grundrechte handelt, war nur folgerichtig, dass hier vor allem die internationalen menschenrechtlichen Instrumente Anwendung fanden. Diese wurden in den Gründen der Entscheidungen parallel zu den entsprechenden verfassungsrechtlichen Bestimmungen als unterstützende Argumentation angeführt.

(3) Auslegung der Verfassung

Nach Art. 125 Abs. 5 Verf. gibt das Verfassungsgericht auf Ersuchen des Staatspräsidenten, des Föderationsrats, der Staatsduma, der Regierung der Russischen Föderation und der Organe der gesetzgebenden Subjekte der Föderation eine Auslegung der Verfassung der Föderation. Zur Methodik der Auslegung geben – außer der Regelung, dass die Verfassungsrichter nur an die Verfassung gebunden sind – weder die Verfassung noch das Gesetz *über das Verfassungsgericht* (§ 105-106) irgendwelche Vorgaben. So könnten theoretisch der Auslegung u.a. alle Bestimmungen der Verfassung unterzogen werden, die sich mit den völkerrechtlichen Regelungen befassen.

---

[218] § 122 Abs. 1 ZPO lautet: „Verweisung eines Verfahrens, das von einem Gericht zur Verhandlung angenommen wurde, an ein anderes Gericht:

Ein Verfahren, das von einem Gericht unter Beachtung der Regeln über die Zuständigkeit zur Verhandlung angenommen wurde, muss von ihm in der Sache entschieden werden, auch wenn später ein anderes Gericht dafür zuständig wird. Das Gericht verweist das Verfahren zur Verhandlung an ein anderes Gericht: wenn es erkennt, dass das betreffende Verfahren schneller und richtiger bei dem anderen Gericht verhandelt werden wird, insbesondere an dem Ort, an dem sich die Mehrzahl der Beweismittel befindet.“ Zitiert aus *J.V. Kutter/T. Schröder* (Fn. 161), S. 179.

Mit einem solchen Antrag befasste sich das Verfassungsgericht im Jahre 1999.[219] Die Duma des Autonomen Gebiets *Čukotka* wandte sich an das Verfassungsgericht mit dem Antrag auf eine Auslegung der Bestimmung der Verfassung, wonach „die Russische Föderation die Rechte der kleinen indigenen Völker in Übereinstimmung mit den allgemein geltenden Grundsätzen und Normen des Völkerrechts und den völkerrechtlichen Verträgen der Russischen Föderation" garantiert (Art. 69 Verf.). Die Antragsteller haben vor allem eine verbindliche Erklärung des Gerichts sowie eine genaue Benennung der Rechte der indigenen Völker begehrt, welche nach den allgemeinen Prinzipien und Normen des Völkerrechts bestehen, welche Stellung diese in der innerstaatlichen Ordnung haben und wie sie angewandt werden sollen. Das Verfassungsgericht hat den Antrag zurückgewiesen. Es hat festgestellt, dass es im Falle der Beantwortung der gestellten Fragen gezwungen wäre, substantielle konkrete Rechtsnormen zu formulieren, die den Status dieser Völker bestimmen würden; damit würde es in die Zuständigkeit des Gesetzgebers eingreifen.

c) Verfassungsgerichtsbarkeit der Subjekte der Russischen Föderation

Im Zusammenhang mit der Verfassungsgerichtsbarkeit der Russischen Föderation muss erwähnt werden, dass auch einige ihre Subjekte[220] eigene Verfassungsgerichte konstituiert haben.[221] Die Verfassung der Russischen Föderation nimmt zur Schaffung der Verfassungs- und „Statutengerichte" der Subjekte keine Stellung. Die rechtliche Grundlage der Existenz der Verfassungsgerichte der Subjekte ist deswegen Art. 27 Abs. 1 des föderalen Verfassungsgesetzes *über das Gerichtssystem der*

---

[219] Übernommen aus: *B.R. Tuzmuchamedov* (Fn. 157), S. 3.

[220] Nach Art. 65 Verf. gehören zur Russischen Föderation 89 Subjekte der Russischen Föderation.

[221] Verfassungsgerichte der Republiken Tatarstan, Tyva, Baškortostan, Sacha (Jakutien), Dagestan, Kabardino-Balkarien, Marij-Él, Burjatien, Komi, Karelien; Verfassungskammer der Republik Adygeja; Statutgericht bzw. -kammer der Gebiete Voroněž, Sverdlovsk, Tjumeň; s. *V.A. Krjažkov/ L.V. Lazarev* (Fn. 155), S. 297.

Russischen Föderation.[222] Dieser stellt fest, dass die Subjekte ihre Verfassungs- bzw. Statutengerichte konstituieren können; die Tätigkeit dieser Organe wird aus den Budgets dieser Subjekte finanziert (Art. 27 Abs. 2).[223] Nach Art. 27 Abs. 4 des Gesetzes dürfen die Entscheidungen dieser Gerichte von anderen Gerichten nicht überprüft werden.

Die Zuständigkeit der Verfassungsgerichte der Subjekte der Föderation ist in Art. 27 Abs. 1 des oben genannten Verfassungsgesetzes geregelt. Danach sind sie berechtigt zur Überprüfung der Übereinstimmung ihrer Gesetze, der normativen Akte ihrer Staatsorgane und ihrer Selbstverwaltung mit ihren Verfassungen bzw. Statuten sowie zur Auslegung ihrer Verfassungen. Diese Liste wird nicht als abschließend betrachtet und auch die Rechtsordnungen der Subjekte gehen nicht selten weit über die Grenzen dieser Bestimmung hinaus. Im Zusammenhang mit der Erweiterung der durch Art. 27 Abs. 1 festgelegten Kompetenzen kommt es vereinzelt auch zur Anwendung völkerrechtlicher Regelungen.

In der Literatur[224] wird berichtet, dass z.B. die entsprechenden Gerichte in *Baškortostan, Burjatien, Kabardino-Balkarien, Marij-Él, Tyva* und *Tatarstan* die Vereinbarkeit ihrer völkerrechtlichen Verträge mit der Verfassung bzw. den Statuten der Subjekte überprüfen können. In *Adygeja, Baškortostan, Kabardino-Balkarien* und *Marij-Él* kann die Verfassungsmäßigkeit der Verträge zwischen den Subjekten und der Russischen Föderation geprüft werden; das Verfassungsgericht *Dagestans* kann über die Verfassungsmäßigkeit der Verträge, die im Verfahren nach Art. 11 Abs. 3 Verf. geschlossen wurden, Gutachten erstellen. Eine vergleichbare Zuständigkeit steht nach Art. 101 der Verfassung der Republik *Sacha (Jakutien)* aus dem Jahre 1992[225] dem Verfassungsgericht *Jakutiens* zu, das gleichzeitig die Kontrolle über die Einhaltung dieser

---

[222] Sobranije zakonodatel'stva Rossijskoj Federacii 1997, Nr. 1, Pos. 1, letzte Änderung 5.4. 2005, Text s. http://www.kodeks.ru/noframe/free-urbib?d&nd=9034926&prevDoc=9004937.

[223] *V.V. Gošuljak*, Konstitucionnoe pravosudie v subjektach Rossijskoj Federacii. Moskva 2006, S. 8.

[224] *M.A. Mitjukov*, Konstitucionnoje pravosudije v subjektach Rossijskoj Federacii, Moskva 1997, 3 ff.

[225] Konstitutcija (Osnovnoj zakon) Respubliki Sacha (Jakutija), 4.4. 2002, in: *M.A. Mitjukov* (Fn. 224), 304 ff.; letzte Änderung 25.4. 2006, Originaltext s. http://www.sakha.gov.ru/main.asp?c=1636.

Verträge ausüben kann; dieses kann außerdem die Verfassungsmäßigkeit völkerrechtlicher Verträge der Russischen Föderation, die auf seinem Gebiet gelten, überprüfen.

Während die Verträge über die Abgrenzung der Zuständigkeiten und Vollmachten zwischen den Organen der Staatsgewalt der Föderation und der Subjekte (Art. 11 Abs. 3 Verf.) aus der völkerrechtlichen Sicht einen innerstaatlichen Charakter haben und als solche nicht die Frage der Heranziehung völkerrechtlicher Regelungen stellen können, wirft die Kompetenz vor allem des Verfassungsgerichts *Jakutiens*, die Verfassungsmäßigkeit völkerrechtlicher Regelungen der Russischen Föderation zu überprüfen, einige auch in der russischen Literatur behandelte Fragen auf.[226] Nach Art. 71 lit. j Verf. gehöre der Abschluss völkerrechtlicher Verträge in den Kompetenzbereich der Föderation. Sie seien gem. Art. 15 Abs. 4 Verf. Bestandteil der russischen Rechtsordnung. Darüber hinaus unterlägen die in Kraft getretenen völkerrechtlichen Verträge gem. Art. 125 Abs. 2 lit. d Verf. nicht der Kontrolle des Verfassungsgerichts der Föderation. In einer solchen Situation untergrabe die Überprüfung solcher völkerrechtlicher Verträge durch ein Verfassungsgericht eines Subjekts der Föderation nicht nur die Souveränität der Föderation und den Vorrang des föderalen Rechts, sondern habe auch keine unmittelbare rechtliche Wirkung. Ein Verfassungsgericht eines Subjekts könne einen föderalen völkerrechtlichen Vertrag weder außer Kraft setzen noch suspendieren; auch könne seine Entscheidung über die Verletzung seiner Verfassung durch den Vertrag nicht Voraussetzung für irgendwelche Verfahren zur Erklärung seiner Verfassungswidrigkeit sein.[227]

Die Zuständigkeit der Verfassungsgerichte einiger Subjekte der Russischen Föderation, die Vereinbarkeit ihrer völkerrechtlichen Verträge mit der Verfassung bzw. dem Statut der Subjekte zu überprüfen, kann als ein bedeutsamer Faktor ihrer Selbständigkeit angesehen werden, der sich aus der Existenz ihrer Zuständigkeit, völkerrechtliche Verträge zu schließen, ergibt. Die Kompetenz des Verfassungsgerichts *Jakutiens*, die Verfassungsmäßigkeit völkerrechtlicher Verträge der Russischen Föderation, die auf seinem Gebiet gelten, zu überprüfen, muss jedoch als Verletzung von Art. 15 Abs. 4 der Verfassung der Russischen Föderati-

---

[226] S. z.B. *V.E. Čirkin* (Hrsg.), Sravnitel'noe konstitucionnoe pravo, Moskva 1996, S. 216.

[227] Nach *V.A. Krjažkov/ L.V. Lazarev* (Fn. 155), 312-313.

on gesehen werden, wonach die völkerrechtlichen Verträge der Russischen Föderation Bestandteil ihrer Rechtsordnung sind. Es ist nämlich nur schwer vorstellbar, dass die Erklärung des jakutischen Verfassungsgerichts, die Verfassung der Republik Jakutien sei durch einen völkerrechtlichen Vertrag der Russischen Föderation verletzt worden, zur Unwirksamkeit dieses Vertrags auf dem Gebiet Jakutiens führen könnte

In der Praxis spielt dieser Konflikt jedoch nur eine theoretische Rolle. Es ist kein Fall bekannt, in dem ein Verfassungsgericht des Subjekts der Föderation in deren Zuständigkeit im völkerrechtlichen Bereich auf diese Weise eingegriffen hätte.

6. Innerstaatliche Umsetzung der Entscheidungen der internationalen Instanzen

Für den effektiven Schutz der Menschenrechte sind nicht nur ihre materielle Seite von Bedeutung, sondern auch die Garantien des Verfahrens, das zur Umsetzung dieser Rechte führt. Neben Art. 46 Verf., der den gerichtlichen Schutz der Rechte und Freiheiten garantiert, ist Art. 46 Abs. 3 Verf. aus diesem Grunde in die Verfassung eingeführt worden, wonach jeder das Recht hat, sich, nachdem alle bestehenden innerstaatlichen Mittel des Rechtsschutzes erschöpft sind und in Übereinstimmung mit den völkerrechtlichen Verträgen der Russischen Föderation, an die zwischenstaatlichen Organe für den Schutz der Menschenrechte zu wenden.[228]

Es handelt sich um ein typisches „Jedermann-Recht", beschränkt nur durch die Bedingung des Aufenthalts auf dem Territorium der Russischen Föderation.[229] Grundlage zur Ausübung dieses Rechts ist die Tatsache, dass Russland Partei des entsprechenden völkerrechtlichen Vertrags ist, der diesen Mechanismus vorsieht.

---

[228] Art. 46 Verf. lautet: „Jeder das Recht hat, sich in Übereinstimmung mit den völkerrechtlichen Verträgen der Russischen Föderation an die zwischenstaatlichen Organe für den Schutz der Rechte und Freiheiten des Menschen zu wenden, wenn alle bestehenden innerstaatlichen Mittel des Rechtsschutzes ausgeschöpft sind."

[229] *V.I. Andrianov* (Fn. 16), S. 215.

Die Antwort auf die Frage der Vereinbarkeit der Voraussetzung der Ausschöpfung „aller bestehenden innerstaatlichen Mittel des Rechtsschutzes" mit § 79 des Gesetzes *über das Verfassungsgericht*, wonach die Entscheidungen des Verfassungsgerichts „abschließend und unanfechtbar" sind, wurde bisher von der Entscheidungspraxis nicht endgültig beantwortet.[230] Unklar scheint vor allem die Lage in denjenigen Fällen zu sein, in denen eine gesetzliche Norm alternativ ermöglicht, die Akte der staatlichen Organe entweder vor den Organen des internen amtlichen Instanzenzugs oder vor den Gerichten zu beanstanden. Die Lehre[231] neigt dazu, die Antragstellung an die internationalen Organe auch hier von der letztinstanzlichen gerichtlichen Abweisung des Antrags abhängig zu machen. Auch eine erfolglose Anrufung des russischen Bevollmächtigten für Menschenrechte[232] wird innerstaatlich als Voraussetzung der Beschwerde an die entsprechenden internationalen Instanzen verstanden. Die Mittel der staatsanwaltschaftlichen Kontrolle[233] sowie die Möglichkeit der Wiederaufnahme des gerichtlichen Verfahrens aufgrund neuer Tatsachen, die unabhängig vom Willen des Antragstellers durchgeführt wird, fallen dagegen nach der Rechtswissenschaft nicht mehr in diese Kategorie.[234]

---

[230] Z.B. *V.A. Krjažkov/ L.V. Lazarev* (Fn. 155), S. 82.

[231] Vgl. *V.I. Andrianov* (Fn. 16), S. 217.

[232] Gem. Art. 3 des Föderalen Verfassungsgesetzes vom 26.2. 1997 *über den Bevollmächtigten für Menschenrechte* ergänzt die Tätigkeit des Bevollmächtigten die bestehenden Mittel des Schutzes der bürgerlichen Rechte und Freiheiten; die Zuständigkeiten der staatlichen Organe, die den Schutz der bürgerlichen Rechte und Freiheiten garantieren, hebt sie weder auf noch revidiert sie sie.

[233] Gem. Art. 1 Abs. 2 des Föderalen Gesetzes vom 17.11. 1995 *über die Staatsanwaltschaft*, Svod zakonov RSFSR, Tom 47, 4472, gehört zu den Aufgaben der Staatsanwaltschaft u.a. die Aufsicht über die Einhaltung der Grundrechte und -freiheiten durch die Ministerien und Behörden, die repräsentativen (gesetzgebenden) und exekutiven Organe der Subjekte der Russischen Föderation, die Organe der lokalen Selbstverwaltung, die Organe der Kontrolle, ihre Amtspersonen, sowie die Organe der Führung und die Leiter der kommerziellen und nicht-kommerziellen Organisationen.

[234] S. *F.-Ch. Schroeder*, Die Rechtsordnung Russlands und die Anforderungen der Europäischen Menschenrechtskonvention, Vorträge, Reden und Berichte aus dem Europa-Institut Nr. 347 (1996), S. 19.

a) Rechtsprechung des EGMR

Die Mitgliedschaft der Russischen Föderation im Europarat und die Ratifikation der EMRK mit ihren Protokollen haben ihren Einwohnern ermöglicht, den Mechanismus des Europäischen Gerichtshofs für Menschenrechte in Anspruch zu nehmen.

Russland wurde Mitglied des Europarats am 28. Februar 1996.[235] Seine Mitgliedschaft wurde durch die Voraussetzungen der Stellungnahme Nr. 193(96) der Parlamentarischen Versammlung vom 25. Januar 1996 bedingt. Eine dieser Voraussetzungen war, dass es die EMRK und die Protokolle Nr. 1, 2, 4, 7 und 11 binnen eines Jahres nach dem Beitritt ratifiziert; das Unterzeichnen von Protokoll Nr. 6 sollte binnen eines Jahres und die Ratifizierung binnen drei Jahren nach dem Beitritt erfolgen. Dies geschah mit Hinsicht auf die EMRK und die Protokolle Nr. 1, 4, 7 und 11 erst am 5. Mai 1998.[236]

Die EMRK ist durch Art. 15 Abs. 4 Verf. Satz 1 in die innerstaatliche Rechtsordnung Russlands inkorporiert worden; nach der Rangregelung von Art. 15 Abs. 4 Satz 2 genießt sie gegenüber Gesetzen Anwendungsvorrang. Durch ihre Ratifizierung verpflichtete sich Russland gleichzeitig, in allen Rechtssachen, in denen es Partei ist, das endgültige Urteil des Europäischen Gerichtshofs für Menschenrechte zu befolgen.[237]

Bei der Hinterlegung seiner Ratifikationsurkunde hat es in Übereinstimmung mit Art. 57 EMRK Vorbehalte zu Art. 5 angebracht;[238] diese betreffen vor allem die Voraussetzungen der Untersuchungshaft,[239] die in der damals noch geltenden *Strafprozessordnung* aus dem Jahre 1960[240] niedergelegt waren. Am 18. Dezember 2001 ist jedoch die neue

---

[235] Council of Europe, Chart of signatures and ratifications, http.//conventions.coe.int/treaty.

[236] Dates of Ratification, 19.3. 2001, http://www.echr.coe.int/Eng.

[237] Zur Wirkung der Urteile des Europäischen Gerichtshofs für Menschenrechte s. *J. Polakiewicz*, Die Verpflichtungen der Staaten aus den Urteilen des Europäischen Gerichtshofs für Menschenrechte, Berlin u.a. 1993.

[238] Http://conventions.coe.int.

[239] Zu den Vorbehalten Russlands s. *M. Ferschtman*, Russia, in: R. Blackburn/ J. Polakiewicz (Hrsg.), Fundamental Rights in Europe, Oxford 2001, 731 ff.

[240] Vedomosti Verchovnogo Sověta RSFSR, Nr. 40, 1960, 593 ff.

Strafprozessordnung verabschiedet worden,[241] die zu ihrem größten Teil am 1. Juli 2002 in Kraft getreten ist[242] und auf die Kritik des Europarats in den meisten Punkten reagiert.

Das Protokoll Nr. 6 wurde von Russland zwar am 16. April 1997 unterzeichnet, der Ratifizierung steht jedoch grundsätzlich der Verbleib der im Strafgesetzbuch aus dem Jahre 1997 verankerten Todesstrafe im Wege. Diese kann zwar nur bei den schwersten Verbrechen verhängt werden[243] und wurde seit dem Beitritt zum Europarat nicht mehr vollstreckt, bisher waren jedoch keine gesetzgeberischen Schritte zu ihrer formell-rechtlichen Abschaffung erfolgreich.[244]

Schwierigkeiten bereitet auch die Weigerung Russlands, das Protokoll Nr. 14 *über die Änderung des Kontrollsystems der Konvention* zu ratifizieren; als einziger Mitgliedstaat des Europarats blockiert es sein Inkrafttreten und dadurch die Einführung der notwendigen Verfahrensreformen. Brisant ist diese Tatsache vor allem deswegen, weil die Russland betreffenden Beschwerden die größte Zahl der vor dem Europäischen Gerichtshof für Menschenrechte anhängigen Sachen darstellen. Im Jahre 2007 hat es sich z.B. um 20.296 Verfahren gehandelt, was insgesamt 26 % aller nicht-erledigter Sachen gleichkommt.[245]

Den Weg zum Europäischen Gerichtshof für Menschenrechte wählten zwischen 1. Januar 1998 und Dezember 2007 46.685 Personen aus Russland (*applications allocated to a decision body*).[246] Insgesamt hat der Gerichtshof bis 31. Dezember 2007 192 Entscheidungen in der Sache getroffen; in 175 von ihnen hat er die Verletzung mindestens eines der Konventionsrechte festgestellt. Die ganz überwiegende Mehrheit, nämlich 127 Entscheidungen, betrifft Art. 6 EMRK.

---

[241] Ugolovno-processual'nyj kodeks Rossijskoj federacii, Rossijskaja Gazeta Nr. 174-FZ wysiwyg://main.43/http://rg.r.cial/doc/codexes.

[242] Federal'nyj zakon o vvedĕnii v dĕjstvie Ugolovno-processual'nogo kodeksa Rossijskoj Federacii, verabschiedet von der Staatsduma am 22.11. 2001, gebilligt vom Föderationsrat am 5.12. 2001, http://www.akdi.ru/gd/proekt/079044GD.SHTM.

[243] § 105 Abs. 2 Strafgesetzbuch, Wortlaut siehe Anhang.

[244] *A. Nußberger*, Das „Jein" zur Todesstrafe in Russland, Osteuropa-Recht, 53 (2007) 1/2, 9-20.

[245] Survey of Activities 2007, http://www.echr.coe.int.

[246] Survey of Activities 2007, http://www.echr.coe.int.

In seinem Urteil vom 24. Juli 2004[247] (Fall *Ryabkin*) hat der Europäische Gerichtshof für Menschenrechte das Verfahren für unvereinbar mit Art. 6 EMRK erklärt, das dem Staatsanwalt ermöglicht, aufgrund seines „Protests" eine rechtskräftige Entscheidung anzugreifen. Diese einseitige Möglichkeit entspreche nicht dem aus Art. 6 EMRK abgeleiteten Rechtsstaatsprinzip, insbesondere nicht dem Grundsatz der Rechtssicherheit.

Als eines der wichtigsten Urteile gegen Russland gilt das Urteil im Fall *Kalashnikov* vom 15. Juli 2002, dessen Gegenstand die Haft und der Freiheitsentzug des Beschwerdeführers war. Der Europäische Gerichtshof für Menschenrechte sah eine Verletzung von Art. 3 EMRK in ihren unwürdigen Bedingungen, einen Verstoß gegen Art. 5 Abs. 3 EMRK in ihrer Dauer von über vier Jahren und eine Verletzung von Art. 6 Abs. 1 EMRK in der Länge des Strafverfahrens, das länger als fünf Jahre gedauert hatte.

Im Urteil im Fall *Ismoilov* vom 24. April 2008[248] hat der Europäische Gerichtshof für Menschenrechte eine Verletzung von Art. 3 EMRK festgestellt: Die Weigerung der russischen Behörden, den aktiven Teilnehmern an den Unruhen in Andijan im Jahre 2005 Flüchtlingsstatus zu gewähren, und ihre erzwungene Rückkehr nach Usbekistan, wo ihnen die ernsthafte Gefahr von Folter oder unmenschlicher oder erniedrigender Behandlung droht, stelle einen Verstoß gegen das Folterverbot dar.

Politisch brisant war der Fall *Gusinskii* vom 7. September 2004, der die Verletzung von Art. 18 EMRK betraf. Als Regimekritiker wurde er wegen angeblichen Betrugs verhaftet. Im Laufe seiner Haft war ihm von den zuständigen staatlichen Behörden angeboten worden, die Suspendierung seines strafrechtlichen Verfahrens gegen Verkauf seines Unternehmens zu einem vom Staat bestimmten Preis zu erreichen.[249] Der Europäische Gerichtshof für Menschenrechte hat in diesem Schritt einen Missbrauch des russischen Strafrechts „als Teil einer Verkaufsstrategie im Wirtschaftsverkehr" und eine Verletzung

---

[247] Beschwerde Nr. 52854/99, Urteil vom 24.7. 2003.

[248] Beschwerde Nr. 2947/06.

[249] Mehr dazu s. http://www.gazeta.ru/2004/05/19/oa_121255.shtml; s. auch Sache *Aleksanjan* unter http://www.khodorkovsky.ru/international/docs/7995.html.

von Art. 18 EMRK gesehen, der Einschränkungen der Rechte der EMRK nur zu den vorgesehenen Zwecken zulässt.

Längere Zeit war nicht geklärt, wie die russische Rechtsordnung auf die Entscheidungen des Europäischen Gerichtshofs für Menschenrechte reagieren soll. Die Rechtswissenschaft[250] hielt sie grundsätzlich für „neue Tatsachen", die allein zur Wiederaufnahme des gerichtlichen oder eines anderen als gerichtlichen Verfahrens ausreichend sein sollen. Für den Obersten Gerichtshof der Russischen Föderation sollte dies zur Folge haben, dass sein Vorsitzender – nach der Zustellung der Entscheidung des Europäischen Gerichtshofs für Menschenrechte – eine Sitzung des entsprechenden Gerichtskollegiums oder des Präsidiums des Obersten Gerichtshofs einzuberufen hätte, ohne dass er einen staatsanwaltschaftlichen Antrag oder eine Entscheidung des Staatsanwalts über die Untersuchung dieser neuen Tatsachen abwarten müsste. Die Beurteilung der innerstaatlichen Entscheidungen durch den Europäischen Gerichtshof für Menscherechte als konventionswidrig sollte zu ihrer Aufhebung oder Änderung führen.

Diese Diskussionen führten zur Erarbeitung und Verabschiedung von §§ 413-415 *Strafprozessordnung* der Russischen Föderation vom 18. Dezember 2001,[251] die am 1. Juli 2002 in Kraft traten. § 413 Abs. 4 bestätigte eindeutig, dass die Urteile des Europäischen Gerichtshofs für Menschenrechte, die entweder im Zusammenhang mit der Anwendung eines föderalen Gesetzes, das nicht der EMRK entspricht, oder mit sonstigen Verletzungen der EMRK erlassen wurden, „neue Tatsachen" darstellen. Als Tag des Beginns des Wiederaufnahmeverfahrens gilt gem. § 414 Abs. 4 der Tag der Rechtskraft der Entscheidung des Europäischen Gerichtshofs für Menschenrechte. Das Präsidium des Obersten Gerichtshofs ist in solchem Falle verpflichtet, die strafrechtliche Entscheidung in Einklang mit dem Urteil des EGMR aufzuheben oder zu ändern (§ 415 Abs. 5). Für die Entscheidungen im zivilrechtlichen Bereich gibt es bisher keine vergleichbare Regelung.

---

[250] *V.I. Andrianov* (Fn. 16), 217-218.

[251] Fn. 31.

b) Auffassungen des UN-Ausschusses für Menschenrechte

Die Sowjetunion ratifizierte den IPbürgR am 23. März 1976 und das Fakultativprotokoll zum Pakt am 1. Januar 1992; zu beiden wurde Russland Partei durch die Regelungen über die Staatennachfolge betreffend die ehemalige Sowjetunion.[252] Durch Vorbehalt bei seiner Ratifizierung hat es die Zuständigkeit des Ausschusses für diejenigen Situationen und Fälle anerkannt, die (erst) nach dem Inkrafttreten für die UdSSR entstanden sind; von seiner Kompetenz hat es diejenigen Sachen ausgenommen, die bereits in einem anderen internationalen Untersuchungs- oder Streitbeilegungsverfahren geprüft werden.

Vor allem der zweite Vorbehalt und die Präferenz, den Europäischen Gerichtshof für Menschenrechte anzurufen, dessen Entscheidungen im Unterschied zu den Stellungnahmen des UN-Ausschusses für Menschenrechte für die Staaten verbindlich sind, führt dazu, dass dieser Mechanismus relativ selten in Anspruch genommen wird. Bis zum 1. Mai 2008 wurden von dem Ausschuss insgesamt nur 23 Auffassungen zu Beschwerden aus Russland verfasst:[253]

> In seiner Stellungnahme von 20. Juli 2000[254] in der Sache *Gridin* hat der Ausschuss mehrere Verletzungen von Art. 14 IPbürgR durch die russischen Staatsorgane festgestellt. Der Beschwerdeführer wurde ohne gerichtliche Entscheidung in Untersuchungshaft genommen, diese gerichtliche Entscheidung erfolgte erst nach drei Tagen. Während des gerichtlichen Verfahrens war das Gericht nicht in der Lage, die feindselige Atmosphäre und das Verlangen der Öffentlichkeit nach Verhängung der Todesstrafe zu verhindern; lange vor der Verurteilung wurde der Beschwerdeführer in den öffentlichen Medien als der angebliche Täter bezeichnet.
>
> Die Sache *Lantsova* betraf das Recht auf Leben (Art. 6 Abs. 1 IPbürgR) und das Recht auf Würde desjenigen, dem die Freiheit entzogen ist, (Art. 10 IPbürgR). Wie der UN-Ausschuss in seiner Stellungnahme vom 26. März 2002[255] festgestellt hat, starb der Sohn der Beschwerdeführerin innerhalb eines Monats nach seiner Frei-

---

[252] Bjulleten meždunarodnych dogovorov, 1993, Nr. 1.

[253] Http://tb.ohchr.org/default.aspx.

[254] CCPR/C/69/D/770/1997.

[255] CCPR/C/74/D/763/1997.

heitsentziehung an den Folgen der katastrophalen Bedingungen in der Untersuchungshaft; als er krank wurde, sorgten die zuständigen Organe nicht für die notwendige medizinische Hilfe.

Die Einhaltung des Grundsatzes *ne bis idem* war Schwerpunkt der Stellungnahme vom 3. April 2008. In der Mitteilung Nr. 1310/2004 rügte der Betroffene, dass er – im Rahmen eines umfangreichen Verfahrens gegen ihn für mehrere noch schwerere Straftaten – zweimal in derselben Sache wegen Betrugs bestraft wurde; diese Tatsache wurde sogar vom Obersten Gerichtshof der Russischen Föderation bestätigt. Der Ausschuss sah in diesem Sachverhalt eine Verletzung von Art. 14 Abs. 7 IPbürgR, der verbietet, wegen einer strafbaren Handlung, wegen der die betroffene Person bereits rechtskräftig verurteilt wurde, erneut bestraft zu werden.

Die Rechtsordnung der Russischen Föderation enthält keinen Mechanismus, der auf die Stellungnahmen des UN-Ausschusses für Menschenrechte reagieren würde; die Bestimmungen der §§ 413-415 *Strafprozessordnung*, welche die Wiederaufnahme des Verfahrens in Strafsachen regeln, beziehen sich ausschließlich auf die Entscheidungen des Europäischen Gerichtshofs für Menschenrechte.

Die einzige offizielle Stellungnahme allgemein zu Entscheidungen der „zwischenstaatlichen Organe“ befindet sich in der Entscheidung des Verfassungsgerichts vom 2. Februar 1996[256] betreffend die Folgen strafrechtlicher Fehlurteile. Das Verfassungsgericht hat festgestellt, dass die Entscheidungen dieser Organe zur erneuten Prüfung der innerstaatlich bereits entschiedenen Sachen führen „können“.

Während auf dem Gebiet des Strafrechts die Reaktion auf die Entscheidungen des Europäischen Gerichtshofs für Menschenrechte verbindlich gelöst wurde, bleibt die Frage nach der Wirkung der das Zivilrecht betreffenden Entscheidungen des Europäischen Gerichtshofs für Menschenrechte und ganz allgemein die Reaktion auf Beschlüsse anderer internationaler Gremien unbeantwortet. Es ist nicht bekannt, dass die genannte Entscheidung des Verfassungsgerichts in diesen „übrigen“ Bereichen auf eine breitere Resonanz stoßen würde. Damit unterscheidet sich jedoch die Rechtsordnung der Russischen Föderation nicht von der Mehrheit der Rechtsordnungen der anderen hier untersuchten Staaten.

[256] Sobranije zakonodatel'stva Rossijskoj Federacii 1996, Nr. 7, Pos. 701.

7. Bewertung

Das allgemeine Konzept der Öffnung der Rechtsordnung der Russischen Föderation für die überstaatlichen Rechtssysteme, das in ihre Verfassung aus dem Jahre 1993 eingearbeitet wurde, war eng mit den Idealen des Aufbaus einer demokratischen Gesellschaft nach dem Zerfall der Sowjetunion verbunden. Diese Verfassung zeichnete sich neben der breiten Verankerung der innerstaatlichen Grundrechte auch durch das Bekenntnis zu den völkerrechtlichen Menschenrechtsinstrumenten, deren innerstaatliche Umsetzung in der Sowjet-Ära besonders schwach ausgeprägt gewesen war, sowie durch eine weite formell-rechtliche Öffnung der nationalen Rechtsordnung für die überstaatlichen Rechtsysteme aus. Die einfach-gesetzlichen Regelungen dieser Fragen bewirken jedoch nicht nur die Konkretisierung der verfassungsrechtlichen Regelungen, sondern tragen auch zu einer gewissen Modifizierung der verfassungsrechtlichen Grundsätze bei.

Die formelle Kooperationsbereitschaft der russischen Verfassungsordnung ist hoch. Nach dem Vorbild mehrerer europäischer Staaten wurde in die Verfassung eine Regelung eingefügt, welche die Übertragung eines Teils der staatlichen Kompetenzen an eine internationale Struktur ermöglicht, die nach einer gesetzlichen Regelung eine rechtsetzende Kompetenz besitzen kann (Art. 79 Verf.). Die Merkmale dieser „Struktur“ werden in der Verfassung definiert: Sie darf weder zu einer Reduzierung der Menschenrechte führen noch den Grundlagen der Verfassungsordnung der Russischen Föderation widersprechen. Bis jetzt dient diese Regelung als Grundlage zur Teilnahme Russlands an der Gemeinschaft Unabhängiger Staaten und der Union mit der Republik Belarus, aus einer rein formell-rechtlichen Sicht könnte sie auch als Regelung für einen Beitritt zur Europäischen Union fungieren.

Das entstandene und in der Verfassung verankerte Modell der Inkorporierung völkerrechtlicher Normen in die innerstaatliche Rechtsordnung erscheint auf den ersten Blick dem Völkerrecht gegenüber als ausgesprochen offen. Die Verfassung enthält eine Vielzahl von Regelungen, die sich auf völkerrechtliche Regelungen berufen. Die allgemeine Inkorporationsregel bezieht in die nationale Rechtsordnung nicht nur die allgemeinen Grundsätze des Völkerrechts, sondern auch pauschal alle völkerrechtlichen Verträge ein (Art. 15 Abs. 4 Satz 1 Verf.). Eine andere Verfassungsbestimmung erklärt die Übereinstimmung des innerstaatlichen Grundrechtsschutzes mit den internationalen Rechtsnormen (Art. 17 Verf.) und eine weitere signalisiert die Möglichkeit der Erweiterung der Zahl der verfassungsrechtlich garantierten Grundrechte aufgrund völkerrechtlicher Regelungen (Art. 55 Abs. 1 Verf.).

Bei der Antwort auf die Frage, ob dieser Rahmen zur Erweiterung des anwendbaren Rechts beiträgt, ergibt sich jedoch ein anderes Bild. Die Zusammenhänge zwischen den zahlreichen Regelungen, die sich auf das Völkerrecht beziehen, bleiben unklar. Die allgemeine Inkorporationsregel bezieht zwar die allgemeinen Grundsätze des Völkerrechts in die Rechtsordnung ein, an keiner Stelle findet sich jedoch eine genaue Bestimmung des Inhalts dieser Kategorie; es besteht auch kein Mechanismus, um in konkreten Fällen besteht diesen Inhalt feststellen zu können. Die Verfassung inkorporiert zwar alle völkerrechtlichen Verträge in die nationale Rechtsordnung, nach den als verbindlich konzipierten Beschlüssen des Obersten Gerichtshofs aus den Jahren 1995 und 2002 sollen jedoch nur ratifizierte Verträge von den Gerichten angewandt werden. Der Umfang der obligatorisch zu ratifizierenden Verträge ist nicht verfassungsrechtlich festgelegt, sondern ist Gegenstand einer einfach-gesetzlichen Regelung (§ 15 des Gesetzes *über die völkerrechtlichen Verträge)* und kann dementsprechend verhältnismäßig leicht geändert werden.

Die Richter der allgemeinen Gerichte wie auch die Verfassungsrichter sind nur an die Verfassung gebunden (Art. 120 Abs. 1 Verf.), keines der Gerichte verfügt über die Zuständigkeit, bei der Prüfung der normativen und individuellen Akte die völkerrechtlichen Regelungen als Maßstab anzuwenden. Die allgemeinen Gerichte berufen sich auf das Völkerrecht nur ausnahmsweise; das Verfassungsgericht wandte es gelegentlich aus eigener Initiative an, jedoch nicht im Tenor seiner Entscheidungen, sondern in ihren Gründen; diese Anwendung beschränkt sich lediglich auf die argumentative Unterstützung seiner verfassungsrechtlichen Überlegungen. Diese sehr pragmatische und wenig konsistente Praxis ist in den letzen Jahren noch seltener geworden; dies kann wohl mit der allgemeinen politischen Zentralisierung Russlands und dem Rückgang der Bedeutung des Verfassungsgerichts im System der Staatsgewalten erklärt werden.

Auch aus diesen Gründen ist von Bedeutung, dass den Bewohnen Russlands der Zugang zu internationalen Instanzen garantiert ist und die Entscheidungen einer von ihnen – des EGMR – im Bereich des Strafrechts aufgrund einer Bestimmung der Strafprozessordnung (§§ 413-415 *Strafprozessordnung)* als Wiederaufnahmegrund gelten, die vom Präsidium des Obersten Gerichtshofs einzuleiten und durchzuführen ist.

Abschließend lässt sich zusammenfassen, dass die Mehrzahl der Bestimmungen der Rechtsordnung Russlands mit völkerrechtlichem Bezug letztlich eher ein Auftrag an die Staatsorgane, insbesondere den Gesetzgeber, zu sein scheint, d.h. sie sind nicht so konstruiert, dass sie bereits heute für die russischen Rechtssubjekte eine unmittelbare Bedeutung haben können. Bei der Beantwortung der Frage, wie sich das gewählte Modell auf die Entwicklung der überstaatlichen Rechtsordnungen auswirkt, darf nicht übersehen werden, dass die Rechtsordnung Russlands für eine Reihe der Staaten der ehemaligen Sowjetunion als Vorbild dient. Aus diesem Grund wird das russische Verständnis vom Völkerrecht und dem Recht der zwischenstaatlichen Strukturen in diesem Gebiet – trotz aller seiner Spezifika – immer eine gewichtige Rolle spielen.

VI. Die Republik Belarus

1. Einleitung

Die rechtliche und politische Ordnung der Republik Belarus unterscheidet sich von den anderen in dieser Studie untersuchten Transformationsstaaten in mehreren Aspekten. Das gegenwärtige politische System weist ganz erhebliche autoritäre Züge auf. Die Rechtsordnung ist nicht frei von Unvollkommenheiten, die von der Möglichkeit allgemein-verbindlicher Rechtsetzung durch die Exekutive bis hin zu zahlreichen normativen Rechtslücken reichen. Ihre Besonderheiten betreffen auch ihr Verhältnis zu völkerrechtlichen Regelungen. Statt über eine intensive und wirksame Anwendung völkerrechtlicher Rechtsnormen und eine aktive Mitgliedschaft der Republik in den internationalen Organisationen muss vor allem über die Kritik des Europarats und der OSZE wegen Missachtung zahlreicher völkerrechtlicher Standards berichtet werden.

Im Unterschied zu den anderen Staaten Osteuropas und Zentralasiens, die nach dem Zerfall der Sowjetunion ihre frühere einst verlorene Selbständigkeit zurück gewonnen haben und diese lediglich neu definieren mussten, hatte sich Belarus in der Vergangenheit nie als ein selbständiger Staat konstituiert. Vom 14. Jahrhundert bis zu den Teilungen Polens hatte das heute als Republik Belarus bezeichnete Gebiet zu Litauen gehört, danach zum russischen Zarenreich.

Am 25. März 1918 wurde zwar die Unabhängigkeit der Belarussischen Volksrepublik proklamiert, diese war vom Ausland jedoch nicht anerkannt und wurde 1920 durch die von der Bolschewistischen Partei gegründete Belarussische Sowjetrepublik, die 1922 einer der Gründer der Sowjetunion wurde, ersetzt. In der Folge der kriegerischen Auseinandersetzungen nach der Oktoberrevolution und dem Ende des Ersten Weltkriegs musste Belarus im Frieden von Riga vom 18. März 1921 seine Westgebiete an Polen abtreten. Im Jahre 1924 wurde sein Gebiet um die östlichen Teile der Gouvernements Witebsk, Smolensk und Gomel vergrößert und am 2. November 1939, nach dem Zusammenbruch Polens, im Rahmen des *Molotow-Ribbentrop-Paktes* wurden die 1921 abgetretenen Westgebiete wieder eingegliedert. In den Jahren 1941-1943, nach dem Überfall auf die Sowjetunion, war der größte Teil von Belarus von der deutschen Wehrmacht besetzt. Nach dem Ende des Zweiten

M. Hofmann, *Von der Transformation zur Kooperationsoffenheit?*,
DOI: 10.1007/978-3-642-00411-7_6, © Springer-Verlag Berlin Heidelberg 2009.

Weltkrieges wurde die Belarussische Sozialistische Sowjetrepublik im Rahmen der Sowjetunion wiederhergestellt, genoss aber in gewisser Weise eine Sonderstellung, die sich – wie auch im Fall der Ukraine – in ihrer eigenständigen Mitgliedschaft in der Organisation der Vereinten Nationen widerspiegelte. Dieses „Privileg" änderte aber nichts an der Tatsache, dass Belarus seit 1945 mehr als vierzig Jahre ein integraler Teil der Sowjetunion war. Im Unterschied zu vielen anderen Sowjetrepubliken hat seine Bevölkerung die Eingliederung in die Sowjetunion in großem Ausmaß akzeptiert und sogar unterstützt.[1]

Am 27. Juli 1990 verabschiedete der Oberste Sowjet der Belarussischen Sozialistischen Sowjetrepublik die sog. *Erklärung der Souveränität,*[2] die ein bedeutsamer Schritt in Richtung auf die spätere Unabhängigkeit des Staates war. In diesem Akt, dem am 25. August 1991 die rechtliche Qualität eines Verfassungsgesetzes zugesprochen wurde, erklärte sich Belarus als souveräner und einheitlicher Rechtsstaat, der auf dem Grundsatz der Souveränität des Volkes und dem Schutz der Menschenrechte beruht. In der Präambel der Erklärung findet sich eine ausdrückliche Berufung auf die Grundsätze der *Allgemeinen Erklärung der Menschenrechte* sowie die allgemein anerkannten Völkerrechtsgrundsätze. Ferner legte die Erklärung die Neutralität des Staates fest und beauftragte den Obersten Sowjet, eine neue Verfassung auszuarbeiten.

Dieser Erklärung vom 27. Juli 1990 folgten bald weitere rechtliche Schritte, welche die Unabhängigkeit von Belarus vorbereiten sollten. Zu den wichtigsten gehörte das Gesetz *über die politische und wirtschaftliche Selbständigkeit der Belarussischen Sozialistischen Sowjetrepublik* vom 26. Juni 1991.[3]

Nach der formellen Verkündung der Unabhängigkeit durch den Obersten Sowjet am 25. August 1991 wurden, neben dem Gesetz *über die Staatsangehörigkeit der Republik Belarus* vom 18. Oktober 1991,[4] zahl-

---

1 *V. Bílková*, Formování a podoba politického systému nezávislého Běloruska, Ústav politologie FF UK Praha 2000, S. 6.

2 Sobranije zakonodatel'stva BSSR, 1990, Nr. 22, Pos. 436.

3 Vedomosti Verchovnogo Soveta Respubliki Belarus, 1991, Nr. 28, Pos. 424.

4 Vedomosti Verchovnogo Soveta Respubliki Belarus, 1991, Nr. 32, Pos. 581. Das Gesetz wurde am 28. Juni 2002 durch ein Gesetz *über die Staatsangehörigkeit der Republik Belarus* ersetzt. S. auch http://soderkoping.org.ua/page11543.html.

reiche weitere gesetzliche Akte erlassen, die für die selbständige Existenz des neuen Staates unabdingbar waren.[5] Die Regierungsform dieser Zeit stellte sich als eine Mischung aus Parlamentarismus und Kabinettform dar. Die Literatur erwähnt in diesem Zusammenhang die Tatsache, dass die Bevölkerung diese Änderungen ohne großes Interesse angenommen hat. Diese Passivität wurde vom Obersten Sowjet als Zustimmung zu diesen Maßnahmen und als ein Grund verstanden, kein Referendum über die Änderungen abzuhalten.[6]

Trotz innenpolitischer Schwierigkeiten, welche die Entwicklung der jungen Republik seit ihrer Entstehung begleitet haben,[7] gelang es dem Obersten Sowjet, am 15. März 1994 die *Verfassung*[8] des neuen Staates zu verabschieden. Sie beruhte auf den Grundsätzen der Gewaltenteilung, der Rechtsstaatlichkeit und dem kontinentalen Modell der Präsidialdemokratie. In Art. 8 Verf. wurde der Vorrang der allgemein anerkannten Rechtsgrundsätze des Völkerrechts anerkannt und dem Gesetzgeber die Pflicht auferlegt sicherzustellen, dass die innerstaatlichen Gesetze mit diesen allgemein anerkannten völkerrechtlichen Rechtsgrundsätzen übereinstimmen.

Im gleichen Jahr fanden in Belarus die ersten freien Präsidentschaftswahlen statt, aus denen *A.G. Lukašenko* als Sieger hervorging. Im ersten von ihm initiierten Referendum, das am 12. Mai 1995 stattfand und von der Opposition als verfassungswidrig bezeichnet wurde, wurden seine Vorschläge für die Gründung einer Wirtschaftsunion mit Russland, die Einführung seiner Befugnis, das Parlament aufzulösen, und die Rückkehr zu den alten sowjetischen Staatssymbolen von der Bevölkerung gebilligt. Trotz der deutlichen Reorganisation des Staatssystems, das auf die Stärkung der Rolle des Staatspräsidenten zielte, war die antipräsidentiale Opposition im Parlament stark vertreten. 1996 leitete das Parlament ein Impeachment-Verfahren gegen den Staatspräsidenten ein.

---

[5] Z.B. das Gesetz *über die Aufteilung der Organe der Staatsgewalt und die Führung von Belarus*, Vedomosti Verchovnogo Soveta Respubliki Belarus, 1991, Nr. 28, Pos. 424; das Gesetz *über die Staatsgrenzen der Republik Belarus*, Vedomosti Verchovnogo Soveta Respubliki Belarus, 1991, Nr. 31, Pos. 509.

[6] *V. Bílková* (Fn. 1), S. 13.

[7] Gemeint ist vor allem der politische Kampf um die Machtenthebung des Präsidenten des Obersten Sowjets.

[8] Geänderte Fassung auf der Internetseite des belarussischen Staatspräsidenten, http://www.president.gov.by/press10669.html.

Als Gegenschlag initiierte der Staatspräsident am 24. November 1996 ein zweites Referendum, in dem sich die Bürger zum Entwurf einer Verfassungsänderung aussprechen sollten. Diese sollte die präsidialen Kompetenzen maßgeblich erweitern, u.a. um das Recht, unbeschränkt allgemein-verbindliche Rechtsakte zu erlassen, den Tag der Parlamentswahlen zu bestimmen und den Präsidenten des Verfassungsgerichts zu ernennen. Die Amtsperiode des Staatspräsidenten sollte von fünf auf sieben Jahre verlängert werden. Trotz des Widerstands des Parlaments, des Verfassungsgerichts[9] sowie aller oppositionellen Parteien wurden diese Änderungen von 70,45 % der teilnehmenden Wähler gebilligt. Der Staatspräsident nutzte seinen Sieg zur Auflösung des „unbequemen" Verfassungsgerichts und des Obersten Sowjets. Im November 1996 unterzeichnete er die geänderte Verfassung und rief ein neues Parlament, die sog. „Nationalversammlung", bestehend aus zwei Kammern, ein. Auf die schwerwiegenden Unregelmäßigkeiten bei dem Referendum und die Erklärung seiner Ergebnisse als verbindlich reagierte u.a. die Europäische Union mit Beschlüssen des Europäischen Rates zur Einschränkung der Beziehungen zu Belarus. Der Inhalt der Verfassungsänderung wurde auf mehreren internationalen Foren deutlich als undemokratisch kritisiert. Der OSZE-Gipfel äußerte sich dazu am 3. Dezember 1996 in Lissabon und die Venedig-Kommission ließ einen Kommentar zu diesem Text erarbeiten, der in der Verfassungsänderung eine vollkommene Systemänderung der staatlichen Struktur sah.[10]

Im Unterschied zur Verfassung aus dem Jahre 1994 führte die Verfassungsänderung des Jahres 1996 ein praktisch unbeschränktes Präsidialsystem ein.[11] Vom Präsidenten sind letztlich sowohl die gesetzgebende als auch die rechtsprechende Gewalt abhängig. Das Parlament besteht aus zwei Kammern – dem Repräsentantenhaus und dem – einem Senat vergleichbaren – Republikrat; acht von den vierundsechzig Mitgliedern

---

[9] Das Verfassungsgericht erklärte in seiner Entscheidung vom 4.11. 1996 die Regelungen des Dekrets des Obersten Sowjets *über das nationale Referendum in der Republik Belarus und die Maßnahmen zu seiner Verwirklichung* vom 6.9. 1996 für verfassungswidrig. Text der Entscheidung auf Englisch s. http://www.venice.coe.int/docs/1977/CDL(1997)009-e.html.

[10] Kommentar zur Verfassungsänderung s. *G. Malinverni*, Comments on the Amendments and Addenda to the Constitution of the Republic of Belarus as Proposed by the President of the Republic, Venice Commission, http://www.venice.coe.int/docs/1996/CDL(1996)074-e.html.

[11] S. *V. G. Tichinja*, Prava čeloveka v Respublike Belarus, Minsk 1999, 70 S.

des Republikrats werden vom Staatspräsidenten ernannt. Die Bestimmungen über die Beziehungen von Belarus zu den überstaatlichen Rechtssystemen blieben jedoch unangetastet.

Im Oktober 2000 fanden in Belarus Parlamentswahlen statt, deren Grundlage das *Wahlgesetz* aus dem Jahre 1999 mit Änderungen von 2000[12] war. Für seinen Mangel an Transparenz, sein ungeklärtes Verhältnis zu den anderen einschlägigen Rechtsnormen und den fehlenden Respekt vor internationalen Regelungen – wie z.B. Art. 2 IPbürgR, Art. 13 EMRK sowie Art. 8 der Allgemeinen Erklärung der Menschenrechte – wurde es von der OSZE detailliert kritisiert.[13] Der Verlauf der Wahlen wurde von der OSZE später als Verstoß gegen die internationalen Standards des Kopenhagener KSZE-Dokuments bezeichnet.[14]

Bei den zweiten Präsidentschaftswahlen am 9. September 2001 wurde *A.G. Lukašenko* in seinem Amt bestätigt. Auch ihr Verlauf entsprach nach Einschätzung der Internationalen Wahlbeobachtungsmission (ILEOM) nicht den OSZE-Kriterien für demokratische Wahlen.[15]

Das offizielle Endergebnis der Präsidentschaftswahlen am 19. März 2006 brachte ebenfalls keine große Überraschung: *A.G. Lukašenko* konnte seine dritte Amtszeit antreten. Diese Möglichkeit wurde bereits vom Referendum vom 17. Oktober 2004 eröffnet. Dieses Referendum stellte sich ebenfalls wie das von 1996 als ein Rechtsverstoß dar und wurde als rechtswidrig eingestuft.[16]

Diese komplizierte Lage bedeutet nicht, dass es in der Republik Belarus keine kritischen Beobachtungen der politischen und rechtlichen Lage sowie keine ernsthaften Versuche gibt, die Situation zu ändern. Solange

---

12 Vedomosti Nacional'nogo sobranija Respubliki Belarus, 2000, Nr. 24, Pos. 321.

13 OSZE/ODIHR Assessment of the Electoral Code of the Republic of Belarus and of the Position of the Government of Belarus on the Electoral Code as Stated by the Central Election Commission of Belarus, Warsaw 25 July 2000.

14 OSZE/ODIHR Technical Assessment Mission, Belarus 2000, Parliamentary Elections.

15 S. EU-Erklärung vom 14.9. 2001 zur Präsidentschaftswahl in Belarus, http://ww.auswaertigesamt.de/www/de/laenderinfos/laender/laender_ausgabe_html.

16 Vgl. *F. Garbe/R. Lindner,* Wahlfarce in Belarus, Diskussionspapier der Forschungsgruppe Russland/GUS, Deutsches Institut für Internationale Politik und Sicherheit, FG5 2006/03, April 2006, S. 1 ff.

jedoch die Bevölkerung zumindest mehrheitlich überzeugt oder gezwungenermaßen überzeugt bleibt, dass der Kurs des Staatspräsidenten zu einem „starken Belarus“ die einzige Alternative ist, die keine Zugeständnisse an die internationalen Maßstäbe machen muss, wird sie auch nicht von den Garantien des europäischen Menschenrechtsschutzes oder der Unterstützung durch die Europäische Union profitieren können.

Gerade aus diesen Gründen bietet die Rechtsordnung der Republik Belarus ein interessantes Gegenbeispiel zu den grundsätzlich nach außen offenen Rechtsordnungen der Mehrheit der Staaten des ehemaligen Ostblocks. Es scheint die Richtigkeit der These zu bestätigen, dass die Öffnung einer Rechtsordnung für überstaatliche Strukturen ein gängiges Attribut der demokratischen Rechtsordnungen ist und *vice versa*.

2. Die Gründe der Öffnung der belarussischen Rechtsordnung für überstaatliche Rechtsordnungen

Die allgemeine Frage des Verhältnisses zwischen den völkerrechtlichen und den innerstaatlichen Rechtsregelungen ist seit Jahren Gegenstand zahlreicher Arbeiten der belarussischen Rechtswissenschaft.[17] Eine der Ursachen für dieses Interesse war zunächst zweifellos das Bedürfnis, sich nach der Gewinnung der Unabhängigkeit vom Konzept der das Völkerrecht ignorierenden sowjetischen *Verfassung* aus dem Jahre 1978[18] zu distanzieren, das insbesondere auf dem Gebiet der politischen Rechte zu einer nur schwer überwindbaren Kluft zwischen den innerstaatlichen und den völkerrechtlichen Regelungen geführt hatte.

Die Erarbeitung einer verfassungsrechtlichen Regelung über die Stellung des Völkerrechts wird im Schrifttum als die Absicht des Verfassungsgebers interpretiert, einen unabhängigen souveränen Staat zu schaffen, der auf dem Rechtsstaatsprinzip beruht. Sie verfolgte gleichzeitig das Ziel, die Offenheit der neuen Republik gegenüber den externen Rechtssystemen zu zeigen und ihren Willen zur Erfüllung ihrer völkerrechtlichen Verpflichtungen zu bekunden. Weiterhin sollte die

---

[17] S. z.B. das Inhaltsverzeichnis der Belarussischen Zeitschrift für Völkerrecht und internationale Beziehungen 1998-2002, http://www.beljournal.by.ru.

[18] Verfassung der Belarussichen Sowjetischen Sozialistischen Republik vom 14. April 1978, mit Änderungen (1979, 1989), Minsk 1987.

bisherige gesetzgeberische Praxis überwunden werden, wonach verschiedene innerstaatliche Gesetze völlig unkoordiniert auf die völkerrechtlichen Regelungen verwiesen und sie so in letztlich unklarer Weise in die innerstaatliche Rechtsordnung einbezogen. Stattdessen sollte in der Verfassung für die Inkorporierung zumindest einiger völkerrechtlicher Instrumente ein einheitliches Modell vorgesehen werden.[19]

Vor allem die Bestimmungen der UN-Pakte über Menschenrechte, deren Partei Belarus ist, dienten gleichzeitig als Vorbilder für manche Bestimmungen der Verfassung. Dies gilt naturgemäß für die Vorschriften des Kapitels II Verf. „Persönlichkeit, Gesellschaft, Staat",[20] in denen die Grundrechte geregelt sind. Es muss jedoch festgestellt werden, dass diese Übernahme nicht vollständig ist. So ist z.B. der Grundsatz *ne bis in idem*, der in Art. 14 Abs. 7 IPbürgR verankert ist, nicht in die Verfassung einbezogen worden.

Die Eingliederung der in Art. 8 Abs. 2 Verf. verankerten Integrationsklausel geschah höchstwahrscheinlich mit der Absicht, die Teilnahme der Republik vor allem in der Gemeinschaft Unabhängiger Staaten (GUS) auch verfassungsrechtlich abzusichern.

3. Das gewählte Modell der Einbeziehung des Völkerrechts in die innerstaatliche Ordnung

a) Allgemeine Inkorporationsregel und die Einbeziehung des Gewohnheitsrechts

Die allgemeine Regelung über das Verhältnis von Belarus zum Völkerrecht befindet sich in Art. 8 der Verfassung aus dem Jahre 1994, in der Fassung der Verfassungsänderung aus dem Jahre 2004.[21] Nach dieser Bestimmung erkennt die Republik Belarus den Vorrang der allgemein

---

19 *G.A. Vasilevič*, Konstitucija Respubliki Belarus, Naučno-praktičeskij kommentarij, Minsk 2000, 61 ff.

20 *A. Barbuk*, Implementacija meždunarodnogo prava v Respublike Belarus, Belorusskij žurnal meždunarodnogo prava i meždunarodnych otnošenij 4 (2001), S. 2.

21 S. Fn. 8.

geltenden Grundsätze des Völkerrechts an und gewährleistet, dass ihre Gesetze mit diesen Grundsätzen übereinstimmen.[22]

Verglichen mit der Lage vor dem Inkrafttreten der Verfassung wird diese Regelung in einigen Werken[23] als progressiv bewertet. Der Vorrang der allgemein geltenden Grundsätze des Völkerrechts sichere den Einfluss der bedeutsamsten gewohnheitsrechtlichen Regelungen auf die belarussische Rechtsordnung. Die Selbstverpflichtung des Staates, den Einklang der nationalen Gesetzgebung mit den völkerrechtlichen Grundsätzen zu sichern, wird im Sinne eines Auftrags an den Gesetzgeber ausgelegt, der bei der Erarbeitung der Gesetzesvorlagen auf ihre Übereinstimmung mit den gewohnheitsrechtlichen Regelungen, nicht jedoch notwendigerweise mit den Regelungen des völkerrechtlichen Vertragsrechts achten müsse.

Durch Art. 8 Satz 1 Verf. wurden die „allgemein geltenden Grundsätze des Völkerrechts" in die Rechtsordnung einbezogen. In einem Kommentar zur Verfassung aus dem Jahre 2000[24] wird erklärt, dass darunter völkerrechtliche Rechtsakte verstanden werden, die sich von den völkerrechtlichen „Normen" durch ihren Grad an Allgemeinheit und Rechtskraft unterscheiden. Die Grundsätze zeichnen sich durch den höchsten Verallgemeinerungsgrad und die höchste Rechtskraft aus. In anderen Arbeiten[25] werden sie vor allem als gewohnheitsrechtliche Regelungen interpretiert. Als Beispiel werden die Bestimmungen von Art. 2 der UN-*Charta*, der *Erklärung über die Prinzipien des Völkerrechts betreffend die freundschaftlichen Beziehungen und die Zusammenarbeit zwischen den Staaten in Übereinstimmung mit der Charta der Vereinten Nationen* aus dem Jahre 1970 sowie der *Schlussakte der Konferenz über Sicherheit und Zusammenarbeit in Europa in Helsinki* (Teil 1 und 10) aus dem Jahre 1975[26] genannt. Unter Hinweis auf Globalisierung und Regionalisierung sollen dieser Kategorie auch die wichtigsten völkervertraglichen Regelungen zugeordnet werden, die Menschen-

---

[22] Art. 8 Satz 1 Verf., Wortlaut siehe Anhang.

[23] *G.A. Vasilevič* (Fn. 19), S. 63.

[24] *Ibid.,* S. 62.

[25] *L. Pavlova*, Meždunarodnoje pravo v pravovoj sisteme gosudarstv, Belorusskij žurnal meždunarodnogo prava i meždunarodnych otnošenij 3 (1999), S. 4.

[26] Bulletin des Presse- und Informationsamtes der Bundesregierung vom 15.8. 1975, Nr. 102, 967-990.

rechte verankern. An keiner Stelle wird ausdrücklich erwähnt, dass es sich dabei um die Rechtsnormen im Range von *ius cogens* handeln könnte.

Ein Teil dieser Grundsätze kann vom Text des Art. 18 Verf.[27] abgeleitet werden, der die Prinzipien der belarussischen Außenpolitik darstellt. Hier werden das Prinzip der Gleichheit der Staaten, des Verzichts auf die Anwendung und Androhung von Gewalt, der Unverletzlichkeit der Grenzen, der friedlichen Streitbeilegung, der Nichteinmischung in die inneren Angelegenheiten und die „anderen allgemein geltenden Grundsätze und Normen des Völkerrechts" genannt.

Im Falle einiger Kodifikationen hielt es der Gesetzgeber für angebracht, das Prinzip des Vorrangs der allgemein anerkannten Grundsätze des Völkerrechts in den Gesetzestexten zu wiederholen. So führt z.B. das *Strafvollzugsgesetzbuch* vom 11. Januar 2000[28] in seinem § 3 an, dass „die Strafvollzugsgesetzgebung der Republik Belarus auf der Verfassung, den allgemein geltenden Grundsätzen und Normen des Völkerrechts sowie den völkerrechtlichen Verträgen der Republik Belarus beruht, welche sich auf den Strafvollzug und den Umgang mit den Verurteilten beziehen".

Die Auswirkung der allgemeinen Grundsätze in der Praxis ist nicht einfach einzuschätzen. Viele Entscheidungen des Verfassungsgerichts enthalten zwar folgende Passage: „nach einer eingehenden Untersuchung der Normen der Verfassung, der Gesetze und anderer Rechtsakte der Republik Belarus, internationaler Verträge sowie der Gesetzgebungspraxis kommt das Gericht zum folgenden Ergebnis [...]." Welche internationalen Verträge im Einzelfall gemeint sind, bleibt jedoch stets offen.

Immerhin wurden die allgemeinen Grundsätze des Völkerrechts vom Verfassungsgericht jedenfalls in einigen seiner Urteile als Maßstab seiner Überprüfung angewandt; diese Anwendung konzentriert sich jedoch – ungeachtet ihrer mangelnden Rechtsverbindlichkeit – fast ausschließlich auf die Bestimmungen der *Allgemeinen Erklärung der Menschenrechte* vom 10. Dezember 1948.

Als Beispiel kann hier die Entscheidung Nr. 3-1/94 vom 23. September 1994 „über die Verfassungsmäßigkeit der Bestimmungen des Ar-

---

[27] Art. 18 Verf., Wortlaut siehe Anhang.

[28] Vedomosti Nacional'nogo sobranija Respubliki Belarus, 2000, Nr. 29-30, Pos. 52; letzte Änderung 19.7. 2005, Text s. http://www.pravo.kulichki.ru/vip/uik/00000001.htm#a1.

beitsgesetzbuches, welche die Möglichkeit der Auflösung eines Arbeitsvertrags aufgrund Erreichung des Rentenalters vorsehen",[29] genannt werden. Das Verfassungsgericht hatte aus eigener Initiative das Verfahren auf Überprüfung von § 18-1 und § 33 Pkt. 11 *Arbeitsgesetzbuch*[30] eingeleitet, die es den Arbeitgebern ermöglichten, mit dem Erreichen der Altersgrenze von sechzig Jahren bei Arbeitnehmern und fünfundfünfzig Jahren bei Arbeitnehmerinnen den Arbeitsvertrag einseitig aufzulösen. Die Entscheidung erklärte die angegriffenen Bestimmungen für verfassungs- und völkerrechtswidrig und forderte die zuständigen Staatsorgane auf, sie an die Verfassung anzupassen. Sie argumentierte dabei neben Art. 2 Verf. (Menschenwürde), Art. 14 Verf. (Gleichheitssatz) und 41 Verf. (Recht auf Arbeit) u.a. mit Art. 7 (Schutz gegen jede Diskriminierung) der *Allgemeinen Erklärung der Menschenrechte*.

Art. 23 der *Allgemeinen Erklärung* trug zur Begründung der auch innenpolitisch sehr wichtigen Entscheidung Nr. 3-22/95 vom 8. November 1995 „über die Übereinstimmung des Erlasses des Staatspräsidenten der Republik Belarus vom 21. August 1995 Nr. 336 über einige Maßnahmen zur Stabilität der Rechtsordnung in der Republik Belarus mit der Verfassung und den Gesetzen der Republik Belarus" bei. In diesem Erlass[31] hatte der Staatspräsident die Tätigkeit der Freien Gewerkschaften, der Gewerkschaften der Minsker U-Bahn sowie der Eisenbahner unterbunden. Weiter hatte er verfügt, dass die Teilnahme politischer Parteien, gesellschaftlicher Vereinigungen und Gewerkschaften an Streiks in den durch einen Ministerialbeschluss bestimmten Betrieben das Verbot auch ihrer Tätigkeit zur Folge haben werde. Das Verfassungsgericht kam zu dem Schluss, dass die angegriffenen Bestimmungen des Präsidialerlasses der Verfassung (Art. 6 Verf. zur Gewaltenteilung), dem Gesetz *über die*

[29] Dokumente für den Beitritt zum Rat der Europäischen Verfassungsgerichte, Minsk 1996, 58 ff.

[30] Arbeitsgesetzbuch, i.d.F. des Gesetzes vom 15.12. 1992 über die Änderungen und Ergänzungen des Arbeitsgesetzbuches der Republik Belarus, Vedomosti Verchovnogo Soveta Respubliki Belarus, 1993, Nr. 5-6, Pos. 38. Heute gilt das Arbeitsgesetzbuch vom 26.7. 1999 i.d.F. des letzten Änderungsgesetzes vom 19.7. 2005. Text s. http://www.pravo.kulichki.ru/vip/trud/00000001.htm#a1.

[31] Sovetskaja Belorussija, 1.9. 1995, Sbor ukazov Prezidenta i postanovlenij Kabineta ministrov Respubliki Belarus, 25 (1995), Pos. 599.

Gewerkschaften[32] und „den völkerrechtlichen Akten" widersprechen und setzte sie außer Kraft. Ausdrücklich stützte es sich dabei auf Art. 23 Abs. 4 der *Allgemeinen Erklärung der Menschenrechte*, der das Recht auf Bildung von Gewerkschaften verankert.

In der Sache Nr. 3-74/98 vom 11. Dezember 1998 „über die Vereinbarkeit von § 404 Abs. 3 *Strafprozessordnung*[33] mit der Verfassung"[34] wurde Art. 10 der *Allgemeinen Erklärung der Menschenrechte* genannt. Auf Antrag des Staatspräsidenten hatte das Verfassungsgericht die Verfassungs- und Völkerrechtsmäßigkeit der Bestimmung der Strafprozessordnung überprüft, die verlangte, dass im Strafverfahren, nach dem Abschluss der Untersuchungsphase, die Gerichte – und nicht die Staatsanwaltschaft – die Anklage erheben. Das Verfassungsgericht prüfte zunächst die Vereinbarkeit der angefochtenen Bestimmung mit Art. 6 Verf., die das Prinzip der Gewaltenteilung enthält; in Verbindung mit Art. 62 Verf., der das Recht auf Rechtsschutz durch ein unparteiisches Gericht enthält, und Art. 115 Verf., der festlegt, dass die Rechtsprechung auf der Grundlage der Grundsätze des streitigen Verfahrens und der Gleichheit der Parteien im Verfahren erfolgt. Es gelangte zu dem Schluss, dass die Aufgabe, Anklage zu erheben, nach diesen Grundsätzen nicht zu den Kompetenzen der Gerichtsbarkeit gehören könne. Subsidiär stützte es sich auf Art. 10 der *Allgemeinen Erklärung der Menschenrechte*, der den Anspruch jeder Person auf Verhandlung der gegen ihn erhobenen strafrechtlichen Anklage durch ein unparteiisches Gericht formuliert; ferner hat es mit Art. 14 IPbürgR (Gleichheit vor Gericht) sowie Art. 5 (Verbot der Beschränkung der im Pakt garantierten Rechte) argumentiert. Im Tenor hat es § 404 Strafprozessordnung für verfassungswidrig und als Verstoß „gegen völkerrechtliche Akte" erklärt.

---

[32] Vedomosti Verchovnogo Soveta Respubliki Belarus, 1992, Nr. 19, Pos. 300. Nach insgesamt zwei Änderungen in 1994 und 1998 wurde das Gesetz durch das neue Arbeitsgesetzbuch von 1999 außer Kraft gesetzt. Text s. http://www.pravo.kulichki.ru/otrasl/trd/trd01986.htm.

[33] Strafprozessordnung vom 16.7. 1999, letzte Änderung 31.12. 2005, Text s. http://www.pravo.kulichki.ru/vip/upk/00000001.htm#a1.

[34] Zaključenija i otdėl'nyje rešenija Konstitucionnogo Suda Respubliki Belarus 1997-1998, Minsk 1999, 100 ff.

Am 11. Mai 2006 hat das Verfassungsgericht die Entscheidung Nr. 188/2006 gefällt, die Entschädigungen der Opfer der Repressionen vom Anfang des 20. Jahrhunderts und ihre Verjährung betraf. Das Verfassungsgericht hat neben den einschlägigen Verfassungsnormen u.a. mit Art. 8 der *Allgemeinen Menschenrechtserklärung* sowie mit Art. 2 des IPbürgR argumentiert. Es gelangte zu der Überzeugung, dass „nach Maßgabe der Verfassung der Republik Belarus sowie des geltenden Rechts" ein Anspruch der Opfer auf Wiedergutmachung bestehe, der nicht verjährt sei.

Zusammenfassend kann festgestellt werden, dass die Einbeziehung der allgemeinen Grundsätze des Völkerrechts in die belarussische Rechtsordnung im Unterschied zur verfassungsrechtlichen Lage vor der Verabschiedung der Verfassung im Jahre 1994 einen Fortschritt darstellt und in einem klassischen rechtsstaatlichen System zur Erweiterung der nationalen Rechtsquellen geführt hätte. In der Rechtslage der Republik Belarus bedeutet diese reduzierte Einbeziehung völkerrechtlicher Normen und die Unklarheit über den Umfang dieser Kategorie jedoch ein bedeutsames Defizit.

b) Einbeziehung völkerrechtlicher Verträge in die innerstaatliche Rechtsordnung

Die geltende Verfassung hat die Inkorporierung völkerrechtlicher Regelungen in Art. 8 Verf. auf die allgemeinen Grundsätze des Völkerrechts beschränkt; über die Stellung völkerrechtlicher Verträge in der Rechtsordnung der Republik Belarus findet sich im Verfassungstext keine explizite Regelung. Die gegenwärtige Regelung hinsichtlich der völkerrechtlichen Verträge ist daher Bestandteil eines einfach gesetzlichen Dokuments, des Gesetzes *über die völkerrechtlichen Verträge der Republik Belarus.*[35]

Die Vorgeschichte der Einbeziehung der völkerrechtlichen Verträge in die belarussische Rechtsordnung liegt in den partiellen Inkorporierun-

---

[35] Nr. 1188-XII mit Änderungen, Vedomosti Verchovnogo Soveta Respubliki Belarus, 1991, Nr. 32, Pos. 584; Vedomosti Nacional'nogo sobranija Respubliki Belarus, 1998, Nr. 29-30, Pos. 469; Nacional'nyj rejestr pravovych aktov Respubliki Belarus, 1999, Nr. 47; letzte Änderung 15. November 2004; Text s. http://www.pravo.kulichki.ru/zak/new01/newa1037.htm.

gen, die schon Anfang der neunziger Jahre in der Gesetzgebung relativ häufig waren. Als Beispiel kann das Gesetz *über die Rechte des Kindes* vom 19. November 1993[36] genannt werden, das in § 34 anordnet, dass im Falle, dass ein völkerrechtlicher Vertrag mehr Rechte als die innerstaatliche Rechtsordnung garantiert, die völkerrechtlichen Regelungen angewandt werden sollen. Dieser Methode bedienen sich häufig auch spätere Regelungswerke: Das *Zivilgesetzbuch* vom 1998[37] stellt in § 6 fest, dass die zivilrechtlichen Bestimmungen der völkerrechtlichen Verträge, die die Republik Belarus binden, Bestandteil der zivilrechtlichen Gesetzgebung und direkt anwendbar sind, es sei denn, dass aus dem völkerrechtlichen Vertrag die Notwendigkeit des Erlasses eines innerstaatlichen Rechtsaktes folgt (§ 6).

Die *Strafprozessordnung* vom 16. Juli 1999[38] formuliert eine analoge Regelung in § 3 Abs. 2. Falls ein völkerrechtlicher Vertrag andere Regelungen als die Strafprozessordnung über die Strafe und den Umgang mit den Verurteilten enthält, werden unmittelbar die völkerrechtlichen Vorschriften angewandt, es sei denn, dass der Vertrag selbst den Erlass eines innerstaatlichen Rechtsaktes vorsieht. Das *Strafvollzugsgesetzbuch* vom 11. Januar 2000[39] berührt diese Frage in § 3 Abs. 2. Die Vorschrift legt fest, dass in dem Falle, in dem im Bereich des Strafvollzugs die internationalen Regelungen gegenüber der nationalen Rechtsordnung abweichende Regelungen enthalten, unmittelbar die völkerrechtlichen Regelungen angewandt werden. Nur wenn aus dem Vertrag die Erforderlichkeit des Erlasses eines innerstaatlichen Rechtsaktes folgt, kann von diesem Grundsatz abgewichen werden. Auch das Gesetz *über*

[36] Vedomosti Verchovnogo Soveta Respubliki Belarus, 1993, Nr. 33, Pos. 430, letzte Änderung 25.10. 2000; Text s. http://www.pravo.kulichki.ru/otrasl/brk/brk00098.htm.

[37] Vedomosti Nacional'nogo sobranija Respubliki Belarus, 1999, No. 7-9, Pos. 101, letzte Änderung 22. Dezember 2005; Text s. http://www.pravo.kulichki.ru/vip/gk/00000001.htm#a1.

[38] Fn. 33.

[39] Vedomosti Nacional'nogo sobranija Respubliki Belarus, 2000, Nr. 29-30, Pos. 52, letzte Änderung 19. Juli 2005; Text s. http://www.pravo.kulichki.ru/vip/uik/00000001.htm#a1.

die auswärtige Arbeitsmigration aus dem Jahre 1998[40] wird in diesem Zusammenhang erwähnt.

Neben dieser Form von Inkorporation bestand eine häufig genutzte Methode der Einbeziehung völkervertraglicher Regelungen in die innerstaatliche Rechtsordnung in der Anpassung einer gesetzlichen Vorlage an einige Bestimmungen des völkerrechtlichen Instruments. Interessant ist dabei der Umstand, dass Belarus einige völkervertragliche Regelungen auf diese Weise berücksichtigte, ohne dass es Partei des betreffenden Vertrags war. Genannt werden kann das frühere belarussische *Flüchtlingsgesetz* aus dem Jahre 1995,[41] dessen Regelungen von der Genfer *Flüchtlingsrechtskonvention*[42] abgeleitet wurden. Dies gilt auch für den verfassungsrechtlichen Grundrechtskatalog, der zahlreiche Bestimmungen enthält, die ihre Wurzel nicht nur in den Texten des IPbürgR haben, dessen Partei die Republik Belarus ist, sondern auch der EMRK, an die sie nicht gebunden ist.

Fraglich bleibt jedoch, ob diese Anpassung immer zugunsten der betroffenen Bestimmung geschehen ist. Für einige dieser Bestimmungen ist typisch, dass sie im Vergleich mit den völkerrechtlichen Regelungen einen noch weniger bestimmten Inhalt erwarben. Eigenständig handelte der Verfassungsgeber auch bei der Gestaltung ihrer Einschränkungen. Als Beispiel einer reduzierenden Anpassung kann die Regelung der Meinungsfreiheit und ihrer Grenzen genannt werden. Nach Art. 23 Verf. ist eine Einschränkung der Grundrechte und Grundfreiheiten nur auf einer gesetzlichen Grundlage, im Interesse der nationalen Sicherheit, der öffentlichen Ordnung, des Schutzes der Moral und der Gesundheit der Bevölkerung sowie der Rechte und Freiheiten anderer Personen gestattet. Diese Regelung entspricht grundsätzlich den Einschränkungsgründen in Art. 10 Abs. 2 EMRK;[43] in Art. 34 Verf., dessen Gegenstand spezifisch die Meinungsäußerungsfreiheit ist und der den Katalog der zulässigen Einschränkungsgründe um Ehre, guten Ruf, Privat-

---

40 Zitiert nach *L. Pavlova* (Fn. 25), S. 4; letzte Änderung des Gesetzes 24.7. 2002; Text s. http://www.pravo.kulichki.ru/otrasl/trd/trd01134.htm.

41 Vedomosti Verchovnogo Soveta Respubliki Belarus, 1991, Nr. 32, Pos. 584, mit späteren Änderungen.

42 UNTS, vol. 189, S. 150.

43 *N. Dovnar*, K voprosu o kriterijach ograničenij svobody slova v meždunarodnom prave i zakonodatel'stve Respublik Belarus, Belorusskij žurnal meždunarodnogo prava i meždunarodnych otnošenij 4 (1999), S. 1.

und Familienleben erweitert, wurde es jedoch unterlassen, die Voraussetzung der obligatorischen gesetzlichen Grundlage zu erwähnen.

Von den kritischen belarussischen Autoren[44] wird diese Tatsache in dem Sinne kommentiert, dass diese Unterlassung nicht unabsichtlich geschah, sondern um die Einschränkung der Meinungsfreiheit auch auf der Grundlage anderer als gesetzlicher Rechtsakte zu ermöglichen. Dieser Auslegung entspreche die Praxis der rechtsanwendenden Organe, welche die Meinungsfreiheit durch Regierungsverordnungen, Ministerialerlasse, sogar Instruktionen verschiedener staatlicher Ausschüsse „modifizieren". Diese Rechtsakte seien unsystematisch. Oft ignorierten sie alle Regeln der gesetzgeberischen Technik. In der Praxis sei ihre Anwendung dadurch sehr schwierig. Sie enthielten zahlreiche Ungenauigkeiten, ihr Verhältnis zu sonstigen Rechtsvorschriften bleibe unklar.[45]

In dieser Situation wird in der Literatur[46] den völkervertraglichen Regelungen, insbesondere Art. 10 EMRK und der einschlägigen Rechtsprechung des EGMR – ungeachtet der fehlenden Bindung von Belarus – sowie Art. 19 IPbürgR, eine korrigierende Rolle zuerkannt, welche die innerstaatliche Gesetzgebung zur Beseitigung der Unvollkommenheiten und zu einer Verfassungsänderung zwingen soll. Ob diese völkerrechtlichen Instrumente diese Rolle in der belarussischen Rechtslage effektiv ausüben können, bleibt offen. Immerhin gewährt die belarussische Verfassung einen Vorrang vor den Gesetzen explizit nur den allgemein anerkannten Grundsätzen des Völkerrechts.

Zu den Methoden der Inkorporierung und der Anpassung kann die heute immer seltenere Vereinheitlichung der innerstaatlichen Rechtsnormen aufgrund der Modelle gezählt werden, die entweder von der Interparlamentarischen Versammlung der Gemeinschaft Unabhängiger Staaten (GUS) erarbeitet wurden oder die in den verschiedenen völkerrechtlichen Verträgen der GUS verankert sind. Als Beispiel wird hierzu

---

[44] Nach *N. Dovnar, ibid.*, S. 4.

[45] An dieser Stelle sei nochmals auf die Berichte der Reporters Without Borders vom 12. Februar 2008 und Human Rights Watch Länderbericht vom Januar 2008 hingewiesen.

[46] Ein Beispiel dieser „Regelungstechnik" hinsichtlich der Beschränkung der Meinungsäußerungsfreiheit auf dem Gebiet des Schutzes der Moral s. *N. Dovnar* (Fn. 43), 5 ff.

das *Zivilgesetzbuch* aus dem Jahre 1998[47] genannt. Dieses habe eine Reihe der Rechtsvorschriften des nicht verpflichtenden GUS Modell-*Zivilgesetzbuches* übernommen, das von der Interparlamentarischen Versammlung verabschiedet wurde,[48] sowie der völkerrechtlichen Abkommen, die im Rahmen der GUS zur Regelung einzelner zivilrechtlicher Fragen abgeschlossen wurden.

Die gegenwärtige Regelung der Stellung der völkerrechtlichen Verträge in der belarussischen Rechtsordnung ist Bestandteil eines einfachgesetzlichen Dokuments, des Gesetzes *über die völkerrechtlichen Verträge der Republik Belarus.*[49] Nach § 3 sowie § 27 S. 1 und 2 dieses Gesetzes im Wortlaut vom 15. November 2004 sind nicht nur die allgemein geltenden Grundsätze des Völkerrechts, sondern auch die Bestimmungen der in Kraft getretenen völkerrechtlichen Verträge Bestandteil des auf dem Gebiet der Republik Belarus geltenden Rechts.[50] Dazu muss unterstrichen werden, dass die Hierarchie der Rechtsnormen in der belarussischen Rechtsordnung unklar und dass es zumindest theoretisch nicht ausgeschlossen ist, dass die Bestimmungen eines Gesetzes nicht nur durch ein späteres oder spezielles Gesetz, sondern sogar durch ein Präsidialdekret wieder aufgehoben oder modifiziert werden können; ihre faktische Bedeutung ist dadurch erheblich beschränkt.

Nach § 27 S. 2 des genannten Gesetzes *über die völkerrechtlichen Verträge der Republik Belarus* sind die vertraglichen Bestimmungen direkt anwendbar, außer wenn aus ihren Bestimmungen folgt, dass zu ihrer Anwendung der Erlass eines innerstaatlichen Rechtsaktes erforderlich ist. Die belarussische Rechtslehre betont, dass zur unmittelbaren Anwendbarkeit völkerrechtlicher Normen ihre Eigenschaft als „self-executing" unabdingbar sei.[51] Dazu sei die Erfüllung folgender Kriterien erforderlich: Sie müssen unabhängig von ihrer Kategorie (Vertragsbestimmung, Gewohnheitsrecht, Bestandteil der Resolution einer in-

---

[47] Fn. 35.

[48] I. Teil, Informacionnyj Bjulleten, Kommission der Interparlamentarischen Versammlung für Rechtsfragen, 1995, Nr. 6; Teil II, Informacionnyj Bjulleten 1995, Nr. 8; Teil III, Informacionnyj Bjulleten 1996, Nr. 10. Dazu *F.-Ch. Schroeder*, Probleme der Gesetzgebung in Russland, in: F.-Ch. Schroeder (Hrsg.), Die neuen Kodifikationen in Russland, Berlin 1999, 12-13.

[49] S. Fn. 35.

[50] Art. 3, Art. 27 S. 2, Wortlaut siehe Anhang.

[51] *L. Pavlova* (Fn. 25), S. 3.

ternationalen Organisation) den Status einer völkerrechtlichen Norm haben. Weiter sei es notwendig, dass sie die Anwendung der Norm durch die nationalen Subjekte beabsichtigen. Zudem müssen sie auf dem Territorium des entsprechenden Staates direkt anwendbar sein, ohne dass sie eines Transformationsaktes bedürfen. Es sei darauf hingewiesen, dass spätestens die letzte Bedingung einen Zirkelschluss darzustellen vermag.

In der Literatur[52] wird unterstrichen, dass nur ein kleiner Teil der die Republik Belarus bindenden Verträge zu dieser Kategorie gehöre; die Mehrheit der völkervertraglichen Normen brauche zu ihrer innerstaatlichen Anwendung eine Transformation, die im Sinne einer inhaltlichen Übernahme oder einer Adaptation verstanden wird.

Aus dieser Perspektive wird von der belarussischen Wissenschaft als Beispiel eines Teilrechtsgebiets mit verschiedenen Typen von Regelungen das Humanitäre Völkerrecht genannt.[53] Es wird betont, dass die *Genfer Rot-Kreuz-Abkommen* vom 12. August 1949 und ihre *Zusatzprotokolle* etwa sechshundert Artikel enthalten, deren Mehrheit den Charakter unmittelbar anwendbarer Normen besitze. Die restlichen Regelungen verpflichteten jedoch nur die Mitgliedstaaten dieser Abkommen. In ihrem Fall sei die Ausarbeitung und Verabschiedung der sie ausführenden Regelungen oder die Schaffung der notwendigen organisatorischen oder materiellen Voraussetzungen erforderlich.

Die Form der Umsetzung der völkervertraglichen Regelungen sei von den Besonderheiten der jeweiligen Rechtsordnungen abhängig. In Belarus sei dafür § 28 des Gesetzes *über die völkerrechtlichen Verträge* einschlägig, der den Staatspräsidenten, das Parlament und die Regierung beauftragt, „Entscheidungen“ zu treffen, durch welche die Umsetzung völkerrechtlicher Verpflichtungen gewährleistet werden soll. In der Praxis beschränkt sich der Inhalt dieser „Entscheidungen“ jedoch üblicherweise auf einen Hinweis an das sachlich zuständige Staatsorgan, einen Gesetzentwurf auszuarbeiten, der die entsprechende völkerrechtliche Regelung berücksichtigen soll.

---

[52] *J. Kudrjavec*, Nekotoryje problemy realizacii norm meždunarodnych pravovych aktov vo vnutrennem prave gosudarstv, Belorusskij žurnal meždunarodnogo prava i meždunarodnych otnošenij 3 (1999), 1 ff.

[53] *V. Kalugin*, Mechanizm implementacii meždunarodnogo humanitarnogo prava na vnutrigosudarstvennom urovne, Belorusskij žurnal meždunarodnogo prava i meždunarodnych otnošenij 1 (2000), S. 10.

Als rechtliche Grundlage dieser Hinweise gilt weiter das Gesetz *über die allgemein-verbindlichen Rechtsakte der Republik Belarus* vom 10. Januar 2000.[54] Dieses stellt in seinem § 21 fest, dass „in denjenigen Fällen, in denen die Umsetzung völkerrechtlicher Verträge der Republik Belarus innerstaatliche Maßnahmen erfordert, durch normgebende Organe (Beamte) der Republik Belarus entsprechende normative Rechtsakte erlassen werden“. Wann dies der Fall ist, bestimmt alternativ § 22 dieses Gesetzes. Erstens müssen solche Akte erlassen werden, falls Gegenstand des völkerrechtlichen Vertrags Materien sind, die in den Bereich der innerstaatlichen Gesetzgebung gehören, von ihr jedoch bisher nicht geregelt wurden; zweitens dann, wenn die Erfüllung des völkerrechtlichen Vertrags ohne Erlass eines innerstaatlichen Rechtsaktes nicht möglich ist; und drittens, wenn sich die Parteien des Vertrags auf die Erarbeitung und Verabschiedung der umsetzenden innerstaatlichen Regelung geeinigt haben. Diese ausführenden Rechtsakte können vor oder nach dem Inkrafttreten des Vertrags erlassen werden. So wurden vor dem Inkrafttreten des Internationalen Übereinkommens *gegen Rekrutierung, Einsatz, Bezahlung und Ausbildung von Söldnern* aus dem Jahre 1989[55] in das *Strafgesetzbuch*[56] vom 9. Juli 1999 Bestimmungen eingeführt, die das Söldnertum strafrechtlichen Sanktionen unterwerfen.

Die Voraussetzungen von § 22 des Gesetzes *über die allgemein-verbindlichen Rechtsakte* scheinen so allgemein zu sein, dass für die „klassische“ direkte Anwendbarkeit völkervertraglicher Bestimmungen kaum Raum bleibt. Es lässt sich vermuten, dass dies kein legislatorisches Versehen des Gesetzgebers war, sondern eine rechtspolitische Entscheidung, die den Gerichten eine direkte Anwendbarkeit völkervertraglicher bzw. anderer als einfach-gesetzlicher Regelungen nicht „zumuten wollte“. Die Praxis scheint diese Vermutung zu bestätigen. Nicht unbekannt sind Fälle, in denen sich Gerichte zwei Jahre lang weigerten, sogar eine Verfassungsbestimmung mit der Begründung anzuwenden,

---

[54] Vedomosti Nacional'nogo sobranija Respubliki Belarus, 2000, Nr. 5, Pos. 40; letzte Änderung 7.5. 2007, Text s. http://www.pravo.kulichki.ru/zak2007/bz36/dcm36802.htm.

[55] ILM 29 (1990) 89.

[56] Nacional'nyj rejestr pravovych aktov Respubliki Belarus, 1999, Nr. 76, Pos. 2/50; letzte Änderung 31.12. 2005, Text s. http://www.pravo.kulichki.ru/vip/uk/00000001.htm.

dass ihnen dazu ausführliche Verfahrensregelungen fehlten.[57] In ständiger Praxis haben sie auch Beschwerden von Strafgefangenen über Maßnahmen des Strafvollzugs abgelehnt, obwohl Art. 2 IPbürgR den Anspruch der Betroffenen auf gerichtlichen Rechtsschutz verankert.[58]

Den wichtigsten Einfluss der völkervertraglichen Regelungen sieht die Doktrin[59] berechtigterweise auch nicht in ihrer unmittelbaren, sondern ihrer indirekten Wirkung auf die belarussische innerstaatliche Rechtsordnung.

c) Achtung der „internationalen Verpflichtungen"

Art. 21 Verf. führte eine weitere Kategorie völkerrechtlicher Instrumente, die sog. „internationalen Verpflichtungen", ein. Als „höchster Wert und Ziel der Gesellschaft und des Staates" wird hier die Sicherung der Rechte und Freiheiten der Staatsangehörigen der Republik Belarus, die neben der Verfassung und den Gesetzen „in den internationalen Verpflichtungen der Republik Belarus" enthalten sind, dargestellt.[60]

Wie sich aus dem Urteil des Verfassungsgerichts vom 9. Juli 1997 „über die Vereinbarkeit von Kapitel 3 Abschnitt III der Schlussbestimmungen des Gesetzes vom 17. Mai 1997 *über die Änderung und Ergänzung des Strafgesetzbuches und der Strafprozessordnung* mit der Verfassung und dem Internationalen Pakt über bürgerliche und politische Rechte" ergibt, wird dieser Begriff vom Verfassungsgericht als mit der Kategorie der „völkerrechtlichen Verpflichtungen" identisch verstanden:

> Der Antragsteller, der Oberste Gerichtshof, sah diejenigen Bestimmungen des Änderungsgesetzes zum *Strafgesetzbuch*[61] und zur

---

[57] S. z.B. Entscheidungen des Verfassungsgerichts vom 2.4. 2001, 15.6. 2002 und 24.12. 2002.

[58] Einzelheiten zur Entscheidung vom 24.12. 2002 s. *G.A. Vasilevič*, Vozmožnosti realizacii Evropejskoj konvencii o zaščitě prav čeloveka i osnovnych svobod v praktike Konstitucionnogo suda Respubliki Belarus i nacional'nych sudov, Belorusskij žurnal meždunarodnogo prava i meždunarodnych otnošenij 3 (2002), S. 3.

[59] *L. Pavlova* (Fn. 25), S. 5.

[60] Art. 21 Verf., Wortlaut siehe Anhang.

[61] S. Fn. 56.

Strafprozessordnung[62] als verfassungs- und völkerrechtswidrig an, die einerseits die Beurteilungskriterien für einige Straftaten gegen das Eigentum gesenkt, andererseits vom Genuss dieser milderen Maßnahmen ausdrücklich diejenigen Personen ausgenommen hatten, deren Strafurteile für solche Straftaten bereits Rechtskraft erlangt hatten. Das Verfassungsgericht hat dem Antrag des Obersten Gerichtshofs stattgegeben. Nach Art. 104 Verf. müssen Gesetze, welche die Verantwortlichkeit der Bürger „mildern oder abschaffen", Rückwirkung haben. In Art. 21 Abs. 3 Verf. sei der Schutz der Rechte und Freiheiten im Einklang mit den Gesetzen, der Verfassung und den völkerrechtlichen Verpflichtungen der Republik Belarus garantiert, was die Einbeziehung völkerrechtlicher Menschenrechtsinstrumente als Kriterien der nationalen Gesetzgebung nicht nur ermögliche, sondern gebiete. Nach Art. 2 IPbürgR, dessen Partei Belarus ist, sei der Staat verpflichtet, die im Pakt anerkannten Rechte zu achten und sie allen in seinem Gebiet befindlichen Personen zu gewährleisten. Eines dieser Rechte sei die in Art. 15 Abs. 1 Satz 3 IPbürgR formulierte ausnahmslose Regelung, wonach immer das mildere Gesetz anzuwenden sei, falls nach Begehung einer strafbaren Handlung durch Gesetz eine mildere Strafe eingeführt wird. Diese Vorschrift gehöre zu denjenigen, die nach Art. 4 Abs. 2 IPbürgR sogar im Falle eines öffentlichen Notstands nicht außer Kraft gesetzt werden dürfen. Aus diesen Gründen müsse sich die durch das Änderungsgesetz eingeführte Milderung auch auf die bereits Verurteilten erstrecken und die Überprüfung ihrer Strafurteile ermöglichen. Im Tenor hat das Verfassungsgericht die angegriffenen Bestandteile des Änderungsgesetzes nicht nur für verfassungswidrig, sondern explizit als Verstoß gegen IPbürgR und für ungültig erklärt. Die Entscheidung führte zur Überprüfung von 9390 Strafurteilen durch die Gerichte, infolge derer 3325 Personen vom weiteren Strafvollzug, einschließlich Fällen von Freiheitsentzug, befreit wurden. 1363 Verurteilten wurde die Länge ihrer Strafe verkürzt, 540 zum Freiheitsentzug Verurteilte wurden in Arbeitskolonien mit einem milderen Regime überführt.[63]

---

[62] S. Fn. 33.

[63] *E.A. Sakrisova*, Kommentarij, in: Zaključenija i otděl'nyje rešenija Konstitucionnogo Suda Respubliki Belarus, 1997-1998 gg., Minsk 1999, S. 24-25.

Auf die Frage, mit welchen Mitteln die Ziele von Art. 21 Verf. erreicht werden sollen, gibt die Verfassung folgende Antworten:

Art. 59 Abs. 1 Verf. verpflichtet den Staat, „alle zugänglichen Maßnahmen zur Schaffung einer innerstaatlichen und internationalen Ordnung zu treffen, die zur Verwirklichung der in der Verfassung festgelegten Rechte der Bürger erforderlich sind". Unklar bleibt, was der Verfassungsgeber unter dem Begriff „internationale Ordnung" verstanden hatte. Ob der Begriff „der in der Verfassung festgelegten Rechte der Bürger" enger oder weiter ausgelegt werden soll, um darin auch die völkerrechtlichen Instrumente einzubeziehen, scheint im Ergebnis unerheblich, weil die Vorschrift auch sonst einen sehr geringen normativen Gehalt hat.

Dasselbe kann über Art. 59 Abs. 2 Verf. gesagt werden, der den Grundsatz der Verantwortlichkeit der staatlichen Organe für ihre Tätigkeit formuliert. Die Staatsorgane, die Beamten und sonstige Personen, die mit den staatlichen Funktionen beauftragt sind, sollen „erforderliche" Maßnahmen zur Ausübung und zum Schutz der persönlichen Rechte und Freiheiten treffen. Für die Akte, die diese Rechte und Freiheiten verletzen, tragen sie Verantwortung.[64] Der verfassungsrechtliche Hinweis auf die „Erforderlichkeit" der zu treffenden Maßnahmen lässt jedoch alle Möglichkeiten ihrer Nichterfüllung offen. Die verfahrensrechtliche Ausführung dieser Normen findet sich in der *Zivilprozessordnung*[65] vom 11. Januar 1999. Nach ihrem § 352 Abs. 2 können die Akte der Staatsorgane oder ihre Untätigkeit Gegenstand einer zivilgerichtlichen Staatshaftungsklage mit der Begründung sein, dass durch die entsprechende Handlung bzw. Unterlassung Rechte der Bürger verletzt wurden.

Der Schutz der Rechte und Freiheiten soll nach Art. 60 Verf. von unabhängigen und unparteiischen Gerichten innerhalb einer gesetzlichen Frist vollzogen werden. Den Geschädigten kann für die Verletzung ihrer Rechte, Freiheiten, aber auch ihrer „Ehre" materielle und finanzielle Entschädigung zugesprochen werden. Eine individuelle Beschwerde vor dem Verfassungsgericht ist nicht möglich.

---

[64] Art. 59 Abs. 2 Verf., Wortlaut siehe Anhang.

[65] Nr. 238-3, Vedomosti Nacional'nogo sobranija Respubliki Belarus, 1999, Nr 10-12, S. 102, mit Änderungen; letzte Änderung 19.7. 2005, Text s. http://www.pravo.kulichki.ru/vip/gpk/00000001.htm.

Neben den Gerichten beauftragte die belarussische Verfassung schon traditionell die Staatsanwaltschaft mit der Aufgabe, über die Einhaltung der Grundrechte zu wachen (Art. 125 Verf.).[66] Das Gesetz *über die Staatsanwaltschaft* aus dem Jahre 1992[67] gab ihr die Zuständigkeit, u.a. die Kontrolle über die Rechts- bzw. Grundrechtsverletzungen auszuüben. Nach der Literatur wurde diese Kompetenz auch häufig von den Bürgern genutzt,[68] welche die Informalität und Schnelligkeit des Verfahrens gegenüber den Gerichten schätzen. An dieser Stelle orientierte sich Belarus weitgehend an der russischen Rechtsordnung;[69] in den meisten Transformationsstaaten wurde der Staatsanwaltschaft diese Rolle nach der Wende entzogen.

Nur am Rande sei bemerkt, dass die fehlende Transparenz der Struktur der Staatsorgane, die zum Grundrechtsschutz ermächtigt sind, dazu führt, dass sich die Bürger auch an einige, von der Verfassung nicht vorgesehene Organe mit ihren Mitteilungen über Grundrechtsverletzungen wenden. Dies gilt z.B. für die Parlamentarische Kommission für Massenmedien und Menschenrechte, deren ursprüngliche Aufgabe es war, bei den neu verabschiedeten Gesetzen für den Einklang mit den bereits verankerten Grundrechten zu sorgen. Nachdem ihr das Recht der gesetzlichen Initiative, mit dem sie anfangs der 1990er Jahre ausgestattet war, entzogen wurde, übt sie faktisch die Rolle eines Ombudsmanns für

---

[66] Art. 125 Verf., Wortlaut siehe Anhang.

[67] Neues Gesetz *über die Staatsanwaltschaft* vom 8.5. 2007, Text s. http://www.pravo.kulichki.ru/zak2007/bz00/dcm00166.htm.

[68] *J. Minčenkova*, Vnutrigosudarstvennyj mechanizm zaščity prav čeloveka, Belorusskij žurnal meždunarodnogo prava i meždunarodnych otnošenij 5 (1998), S. 2.

[69] Vgl. Gesetz *über die Staatsanwaltschaft* der Russischen Föderation, i.d.F. des Gesetzes vom 17.11. 1995, Sobranije zakonodatel'stva Rossisjskoj Federacii 1995, Nr. 47, Pos. 4472. § 1 Abs. 2 Satz 3 lautete:

„Die Staatsanwaltschaft sichert [...] die Kontrolle über die Respektierung der Menschenrechte und Freiheiten des Menschen und Bürgers durch die Ministerien und Behörden, die gesetzgeberischen und exekutiven Organe der Subjekte der Russischen Föderation, die lokalen Selbstverwaltungsorgane, die Organe der Militärführung, die Kontrollorgane, ihre Mitarbeiter, sowie die Organe der Leitung der kommerziellen und nicht-kommerziellen Organisationen."

Menschenrechte aus.[70] Im Rahmen ihrer Zuständigkeit kann sie jedoch nur Empfehlungen aussprechen.

Abschließend kann festgestellt werden, dass das System der Instrumente zur Verwirklichung der in Art. 21 Verf. dargestellten Ziele – der Sicherung der Rechte und Freiheiten der Staatsangehörigen der Republik Belarus aus den „internationalen Verpflichtungen der Republik" – eher unvollkommen ist und keinen, geschweige denn einen zuverlässigen, Schutz der Menschenrechte bietet. Die Tatsache, dass durch die Entscheidung des Verfassungsgerichts vom 9. Juli 1997 Art. 21 Verf. als eine obligatorische Einbeziehung völkerrechtlicher Menschenrechtsinstrumente in die nationale Rechtsordnung interpretiert wurde, muss dagegen positiv bewertet werden. Es bleibt jedoch abzuwarten, ob auch in der späteren Judikatur der höchstrichterlichen Organe dieser Auslegung gefolgt wird oder ob es sich um einen Einzelfall handelte; für letzteres spricht, dass es bisher keine weiteren vergleichbaren Entscheidungen gegeben hat.

d) Rangregelung

aa) Die Einbeziehungsnorm als Kriterium der Rangfestlegung

In der belarussischen Rechtsordnung befinden sich zahlreiche Rechtsnormen, die darauf abzielen, die Hierarchie der Rechtsvorschriften zu bestimmen. Da sich die Verfassung nicht abschließend über diese Abstufung äußert, führt diese Rechtslage zu einer solchen Unübersichtlichkeit, dass sie selbst belarussische Juristen vor eine schwer lösbare Aufgabe stellt.[71] Dies bezieht sich dementsprechend auch auf die Stellung der völkerrechtlichen Regelungen gegenüber den innerstaatlichen Rechtsakten.

Die Verfassung unterscheidet zwischen zwei Kategorien völkerrechtlicher Rechtsquellen – den allgemein geltenden Grundsätzen des Völkerrechts einerseits und den völkervertraglichen Normen andererseits.

---

[70] Allein im Jahre 1997 hat die Kommission 115 Mitteilungen und 274 Bürger persönlich empfangen. Nach *J. Minčenkova* (Fn. 68), S. 2.

[71] Dazu s. z.B. *I. Salejev*, Sootnošenije meždunarodnych dogovorov i vnutrennego zakonodatel'stva Respubliki Belarus, Belorusskij žurnal meždunarodnogo prava i meždunarodnych otnošenij 3 (2000), S. 1.

Vom Wortlaut des Art. 8 Satz 1 Verf., der den allgemein anerkannten Grundsätzen des Völkerrechts einen „Vorrang" einräumt, jedoch ohne zu sagen, wovor, kann nicht abgeleitet werden, dass ihnen der Verfassungsgeber nur einen übergesetzlichen oder auch überkonstitutionellen Rang verliehen hat.

Die völkerrechtlichen Verträge betreffend handelte der Verfassungsgeber viel vorsichtiger. Die Regelung von Art. 8 Satz 3 Verf., wonach der Abschluss völkerrechtlicher Verträge, die der Verfassung widersprechen, untersagt ist,[72] stellt die vertraglichen Rechtsnormen in der Hierarchie auf eine Stufe unter der Verfassung. Als Antwort auf die Frage, auf welcher Stufe sie sich in dieser Kategorie denn befinden, hat der Verfassungsgesetzgeber mehrere Alternativen eröffnet.

Eine Möglichkeit, die sich allerdings lediglich auf die ratifizierten völkerrechtlichen Verträge beschränken muss, bietet Art. 116 Verf., der die Zuständigkeiten des belarussischen Verfassungsgerichts formuliert. Nach dieser Bestimmung kann das Verfassungsgericht u.a. Gesetze, Dekrete und Erlasse des Staatspräsidenten anhand der völkerrechtlichen Verträge überprüfen, die von der Republik Belarus ratifiziert wurden. Aufgrund dieser Regelung müsste es möglich sein, den ratifizierten völkerrechtlichen Verträgen einen Platz zwischen den verfassungsrechtlichen und den einfach-gesetzlichen Rechtsnormen zuzuweisen.

Leider kann auf diese Regelung nicht ausnahmslos zurückgegriffen werden; das Gesetz *über die allgemein verbindlichen Rechtsakte* in seinem § 20 sowie das Gesetz *über die völkerrechtlichen Verträge* in seinem § 27 enthalten eine Regelung, wonach der Rang der völkerrechtlichen Verträge vom Rang ihrer Zustimmungsakte abzuleiten bzw. ihm gleich ist. Diese Vorschrift kann in der oben genannten Konstruktion der Zuständigkeiten des Verfassungsgerichts schwerwiegende Unstimmigkeiten verursachen. So ist z.B. eine Situation denkbar, in der das Verfassungsgericht ein Präsidialdekret anhand eines ratifizierten völkerrechtlichen Vertrags überprüfen soll, dieser Vertrag jedoch durch die Regierung „ratifiziert" wurde. Da die Regierungsverordnungen eine niedrigere Kraft haben als Dekrete, wäre diese Überprüfung ausgeschlossen. Dies würde ganz offen Art. 116 Verf. widersprechen.

Da nach § 16 Abs. 1 des Gesetzes *über die völkerrechtlichen Verträge* die parlamentarische Ratifikation durch einfache Gesetze erfolgt, hätten

---

[72] Art. 8 Satz 3 Verf. lautet: „Der Abschluss völkerrechtlicher Verträge, die der Verfassung widersprechen, ist unzulässig."

völkerrechtliche Verträge, die vom Parlament „ratifiziert" wurden nach § 20 des Gesetzes *über die allgemein verbindlichen Rechtsakte* und § 27 des Gesetzes *über die völkerrechtlichen Verträge*, Gesetzeskraft. Diejenigen Verträge, zu deren Inkrafttreten die Unterzeichnung durch den Staatspräsidenten vorgesehen ist, müssten den Rang eines Dekrets oder Erlasses haben. Schließlich würden die Verträge, die als Regierungsabkommen geschlossen wurden, die Stellung einer Regierungsverordnung einnehmen.

Selbst diese Unterscheidung würde jedoch das Verhältnis zwischen verschiedenen Kategorien der völkerrechtlichen und innerstaatlichen Rechtsnormen nicht abschließend klären, weil in der belarussischen Rechtsordnung das Verhältnis zwischen den innerstaatlichen Rechtsquellen, insbesondere den Präsidialdekreten und den Gesetzen, nicht geklärt wurde. Die Verfassung kennt verschiedene Kategorien von innerstaatlichen allgemein-verbindlichen Rechtsnormen. Neben ihren eigenen Bestimmungen besitzen vor allem Gesetze, Dekrete und Erlasse des Staatspräsidenten (Art. 85 Verf.) sowie die „Entscheidungen" der lokalen Selbstverwaltungseinheiten in ihrem Gebiet (Art. 121 Verf.) und die Regierungsverordnungen (Art. 108 Verf.) normative Kraft.[73] Die oberste Stellung in der Hierarchie der nationalen Rechtsregelungen wird der Verfassung zugeteilt, die nach Art. 137 Verf. die „höchste Rechtskraft" besitzt. Alle anderen Rechtsakte müssen im Einklang mit ihr erlassen werden; im Falle eines Konflikts zwischen ihr und sonstigen Rechtsnormen müssen die verfassungsrechtlichen Bestimmungen unmittelbar angewandt werden.[74] Diese Stellung wird ihnen durch Art. 7 Verf. gesichert, wonach der Staat, seine Staatsorgane und Beamte im Einklang mit der Verfassung und den auf ihrer Grundlage erlassenen Gesetzgebungsakten handeln müssen; als Sanktion für eine Verletzung der verfassungsrechtlichen Bestimmungen wird den rechtlichen Akten, die der Verfassung widersprechen, jede Rechtskraft versagt.[75]

Die parlamentarische Normsetzung erfolgt durch Gesetze, wobei Art. 104 Verf. zwischen zwei Kategorien unterscheidet, damit jedoch keine Folgen hinsichtlich ihres Rangs in der Normenhierarchie verbindet.

---

73 Allgemein-verbindliche Rechtsakte können weiter vom Obersten Gerichtshof, dem Obersten Wirtschaftsgericht und dem Generalstaatsanwalt erlassen werden; *L. Pavlova* (Fn. 25), S. 5.

74 Art. 137 Verf., Wortlaut siehe Anhang.

75 Art. 7 Verf., Wortlaut siehe Anhang.

Während die Gesetze zu „Grundsätzen der inneren und auswärtigen Politik des Staates“ und die Gesetze zur Militärdoktrin mit einer Drei-Fünftel-Mehrheit beider Parlamentskammern verabschiedet werden müssen, ist für die Verabschiedung anderer Gesetze die einfache Mehrheit beider Kammern ausreichend.

Dem Staatspräsidenten verleiht Art. 85 Verf. die Zuständigkeit, auf Grundlage der Verfassung Dekrete und Erlasse zu erlassen, die auch Gesetzeskraft haben und auf dem Gebiet des Staates allgemein verbindlich sind. Auf Antrag des Staatspräsidenten kann das Parlament nach Art. 101 Verf. ausdrücklich eine „gesetzgeberische Kompetenz“ auf ihn übertragen; von dieser ausgenommen sind nur Verfassungsänderung, Auslegung der Verfassung, Änderung der Gesetze über die Grundrichtungen der Staatspolitik und Verabschiedung des Staatsbudgets. Dekrete zu allen übrigen Regelungsbereichen können ohne weitere Beschränkungen wie etwa Gegenzeichnung oder nachträgliche Verabschiedung durch das Parlament erlassen werden. Die einzige Voraussetzung ist, dass sie in Übereinstimmung mit der Verfassung ergehen.

Weiter kann der Staatspräsident auf der Grundlage von Art. 101 Verf. auf Vorschlag der Regierung in „dringenden Fällen“ „zeitweilige Dekrete“ bzw. Erlasse herausgeben; auch diese haben Gesetzeskraft, müssen jedoch vom Ministerpräsidenten gegengezeichnet und vom Parlament nachträglich verabschiedet werden. Die Grenze zwischen beiden Kategorien bleibt offen, das Verfahren der nachträglichen Verabschiedung ist nirgendwo gesetzlich festgelegt. Die einzige Ausnahme bildet die Regelung von Art. 98 Satz 7 Verf., der verlangt, dass die Dekrete über die Einführung des Ausnahmezustands vom Republikrat nicht später als drei Tage nach ihrem Erlass genehmigt werden.

Die Regierung soll nach Art. 107 Verf. die Umsetzung der Verfassung, der Gesetze und der Dekrete des Staatspräsidenten sichern; des Weiteren ist sie berechtigt, auf der verfassungsrechtlichen Grundlage Regierungsverordnungen zu erlassen. Aus ihrer Verpflichtung, Gesetze und Präsidialdekrete umzusetzen, kann nur abgeleitet werden, dass diese gegenüber ihren Verordnungen einen höheren Rang besitzen.

Aufgrund der Tatsache, dass das Verhältnis zwischen den gesetzlichen Rechtsquellen und den Präsidialdekreten in der Verfassung nicht gelöst ist, kann auf ihrer Grundlage auch nicht die Frage nach der Hierarchie von einem durch das Parlament ratifizierten Vertrag einerseits und dem Text eines Dekrets andererseits beantwortet werden. Auch der Versuch, diese verfassungsrechtliche Lücke durch eine einfach-gesetzliche Regelung zu schließen, war nur in beschränktem Maße erfolgreich.

§ 71 Abs. 1 des Gesetzes *über die allgemein-verbindlichen Rechtsakte der Republik Belarus* stellt zwar fest, dass das Prinzip des höheren Rangs im Falle einer Kollision zwischen den Zustimmungsakten zu völkerrechtlichen Verträgen und den innerstaatlichen Rechtsakten sowie der Grundsatz *lex posterior* zwischen gleichrangigen Rechtsquellen angewandt werden sollen. Dies kann jedoch dazu führen, dass theoretisch ein völkerrechtlicher Vertrag entweder durch eine höhere innerstaatliche Vorschrift oder sogar eine gleichrangige spätere Norm zumindest ineffektiv gemacht werden kann; die belarussische Doktrin spricht sogar vom „Außerkrafttreten".[76] Dadurch ist es insbesondere vorstellbar, dass ein Vertrag, der durch ein parlamentarisches Zustimmungsgesetz verabschiedet wurde, vom Staatspräsidenten durch Dekret unanwendbar gemacht wird. Die Rechtslage wird durch die Tatsache verkompliziert, dass die Gesetzbücher („Kodexe") im Vergleich zu sonstigen Gesetzen nach § 10 Abs. 6 des Gesetzes *über die allgemeinverbindlichen Rechtsakte der Republik Belarus* eine höhere Rechtskraft (sic!) haben; diese Regelung bezieht sich offenbar auch auf die Zustimmungsgesetze zu völkerrechtlichen Verträgen.

§ 10 Abs. 3 dieses Gesetzes spricht im Einklang mit Art. 137 Verf. ferner einen Aspekt der von der Verfassung ungelösten Frage des Verhältnisses zwischen den Gesetzen und den Dekreten des Staatspräsidenten an. Er lautet: „Im Falle eines Konflikts eines Dekrets oder Erlasses mit dem Gesetz hat das Gesetz nur dann Vorrang, falls die Vollmacht zum Erlass dieses Dekrets oder Erlasses durch ein Gesetz verliehen wurde." Ob diese Regelung mehr Klarheit in diese Problematik bringt, ist zu bezweifeln. Schwammig ist vor allem die Regelung des inhaltlichen Umfangs dieser Vollmacht und ihre zeitliche Geltung.

Eine weitere, wenn auch zeitlich frühere, im Verhältnis zum Gesetz *über die allgemein-verbindlichen Rechtsakte* spezielle einfach-gesetzliche Norm, die versuchte, eine eigene Vorstellung über die Hierarchie der Rechtsnormen durchzusetzen, ist das Gesetz *über den Staatspräsidenten der Republik Belarus* vom 21. Februar 1995;[77] sein § 28 Abs. 3

---

[76] *I. Salejev* (Fn. 71), S. 2.

[77] Nr. 3602-XII, Vedomosti Verchovnogo Soveta Respubliki Belarus, 1995, Nr. 17, Pos. 179; geändert durch Gesetz *über die Änderungen des Gesetzes über den Staatspräsidenten der Republik Belarus* vom 7.7. 1997, Nr. 52-3, Vedomosti Nacional'nogo sobranija Respubliki Belarus, 1997, Nr. 24, Pos. 463; letzte Änderung 6.10. 2006, Text s. http://www.pravo.kulichki.ru/zak2007/bz55/dcm55685.htm.

stellt fest, „dass – falls in der Verfassung nicht anders geregelt – die Dekrete und Erlasse des Staatspräsidenten Vorrang vor den Rechtsakten sonstiger staatlicher Organe und Beamten haben". Der Inhalt dieser Norm gilt zwar bei einigen Juristen als umstritten,[78] die Rechtsprechung des Obersten Wirtschaftsgerichts aus dem Jahre 1999 steht mit ihm jedoch völlig in Einklang:

In seiner Entscheidung Nr. 16 vom 16. Dezember 1999 „über die Anwendung der Bestimmungen des Zivilgesetzbuches der Republik Belarus, die den Abschluss, die Änderung und Kündigung der Verträge betreffen", hat das Oberste Wirtschaftsgericht festgestellt, dass im Falle einer Kollision zwischen den zeitweiligen Dekreten (Erlassen) des Staatspräsidenten und den Gesetzen der Republik Belarus, die vom Parlament verabschiedet werden, die Dekrete bzw. Erlasse einen höheren Rang haben. Die untergeordneten Wirtschaftsgerichte hat es dementsprechend beauftragt, im Falle eines Konflikts zwischen den Bestimmungen des Zivilgesetzbuches oder eines anderen Gesetzes und den Dekreten bzw. Erlassen des Staatspräsidenten die letztgenannten als höherrangig anzuwenden.

Der rechtliche Wert dieses Judikats ist fraglich. Es kann zunächst bezweifelt werden, dass die Formulierung dieser weitgehenden Norm im Zuständigkeitsbereich des Obersten Wirtschaftsgerichts lag. Dieses ist nach § 15 des Gesetzes *über die wirtschaftlichen Gerichte der Republik* Belarus vom 9. Dezember 1998[79] befugt, im gerichtlichen Auslegungsverfahren Weisungen zu Fragen der Anwendung der Wirtschaftsgesetzgebung zu erlassen. Die Zuständigkeit, die Verfassung auszulegen, liegt in der belarussischen Rechtsordnung jedoch ausschließlich in den Händen des Parlaments.[80]

Eine Übersicht über die verschiedenen Regelungen betreffend den Rang völkerrechtlicher Regelungen in der belarussischen Rechtsordnung führt zu zwei Schlussfolgerungen:

---

[78] S. *V.V. Pogruša*, Nekotoryje aspekty realizacii konstitucionnogo principa verchovenstva prava: Materialy meždunarodnoj naučno-praktičeskoj konferencii, BGU, 2000, S. 42.

[79] Nr. 217-3, Vedomosti Nacional'nogo sobranija Respubliki Belarus, 1999, Nr. 2, S. 32; letzte Änderung 3.11. 2005, Text s. http://www.pravo.kulichki.ru/zak2007/bz42/dcm42284.htm.

[80] Art. 97 und Art. 98 Verf.

Die allgemeinen Grundsätze des Völkerrechts sollen wohl zwar einen übergesetzlichen, nicht jedoch überverfassungsrechtlichen Rang haben. Die rechtliche Stellung der völkervertraglichen Regelungen bleibt im Unterschied dazu unklar. Der Verfassungs- und Gesetzgeber nutzte zu ihrer Festlegung verschiedene Kriterien, die sich untereinander teilweise überschneiden und zu widersprüchlichen Ergebnissen führen. Erwähnt seien nur der Prüfungsmaßstab der verfassungsrechtlichen Überprüfung, das Verbot, den völkerrechtlichen Verträgen widersprechende Gesetze zu verabschieden, der Grundsatz *lex posterior* oder der Rang der entsprechenden Zustimmungsgesetze. Nur das letzte Kriterium, benutzt in § 20 des Gesetzes *über die allgemein-verbindlichen Rechtsakte* und in § 27 des Gesetzes *über die völkerrechtlichen Verträge*, erfüllt die Merkmale einer Einbeziehungsnorm; selbst diese Regelung führt jedoch nicht zu einer eindeutigen Feststellung des Rangs der völkervertraglichen Bestimmungen in der belarussischen Rechtsordnung.

bb) Die Ratifikation als Kriterium der Rangfestlegung

Nach § 27 des Gesetzes *über die völkerrechtlichen Verträge der Republik Belarus* im Wortlaut vom 15. November 2004 sind neben den allgemeinen Grundsätzen des Völkerrechts die Bestimmungen der in Kraft getretenen völkerrechtlichen Verträge Bestandteil des auf dem Gebiet der Republik Belarus geltenden Rechts.[81] Diese Formulierung führt direkt zur Frage nach dem Umfang der Kategorie der „in Kraft getretenen Verträge".

Das Verfahren, das zum Abschluss völkerrechtlicher Verträge führt, richtet sich nach einigen verfassungsrechtlichen Bestimmungen sowie nach zahlreichen und detaillierten Regelungen des Gesetzes *über die völkerrechtlichen Verträge*.

Nach der Präambel dieses Gesetzes werden die Verträge im Einklang mit der Verfassung, anderen Gesetzen, allgemein anerkannten Grundsätzen des Völkerrechts sowie völkerrechtlichen Bestimmungen einschließlich der Wiener Vertragsrechtskonvention geschlossen.[82] Der Abschluss völkerrechtlicher Verträge, die der Verfassung widerspre-

---

[81] Fn. 58.

[82] Die Definitionen der Schlüsseltermini des Vertrags – „Vertrag", „Vorbehalt", „Vertragsstaat" oder „internationale Organisation" sind mit den Begriffen der Wiener Vertragsrechtskonvention identisch.

chen, ist – auch nach Art. 8 Satz 3 Verf. – untersagt. Die für den Abschluss völkerrechtlicher Verträge zuständigen Organe werden dadurch verpflichtet, dafür zu sorgen, dass keine Verträge abgeschlossen werden, die mit der Verfassung nicht im Einklang stehen. Die Literatur legt Art. 8 Satz 3 Verf. noch enger aus, und zwar im Sinne eines obligatorischen Einklangs der völkerrechtlichen Verträge mit den innerstaatlichen Gesetzen. *G.A. Vasilevič*, ehemaliger Präsident des Verfassungsgerichts und Autor eines Kommentars zur Verfassung aus dem Jahre 2000,[83] vertritt die These, dass „es wichtig sei, dafür zu sorgen, dass die völkerrechtlichen Regelungen die Rechte und Freiheiten, die in den einfachen Gesetzen verankert sind, nicht schmälern". Dieser Ansatz, der in der oben genannten These zum Ausdruck kommt, und damit die verfassungsrechtliche Abschirmung der innerstaatlichen Rechtsordnung vor den potentiell verfassungs- und gesetzeswidrigen völkervertraglichen Regelungen, wird in dem Sinne kommentiert, dass „der Ansatz der sowjetischen sowie der post-sowjetischen Doktrin des Völkerrechts im Grundsatz dualistisch war und bleibt, weil das Völkerrecht und das innerstaatliche Recht als zwei selbständige Rechtssysteme angesehen werden".[84] Nirgendwo im Schrifttum wird die Möglichkeit einer Verfassungsänderung erwähnt, die den Weg zum Abschluss eines gegenwärtig verfassungswidrigen völkerrechtlichen Vertrags ebnen würde.

Die Vorschläge für Verhandlungen, die zum Abschluss eines völkerrechtlichen Vertrags führen sollen, werden nach § 4 ff. des Gesetzes *über die völkerrechtlichen Verträge* von staatlichen Organen in die Regierung gebracht; diese Dokumente müssen von einer Reihe von obligatorischen Unterlagen begleitet werden, unter denen die Äußerungen der Ressortorgane, des Ministeriums für auswärtige Angelegenheiten und des Justizministeriums genannt werden. Die Verhandlungen über den Abschluss des Vertrags werden nach Art. 84 Abs. 20 Verf. vom Staatspräsidenten geführt. Aufgrund des einfachen Gesetzes *über den Ministerrat der Republik Belarus und ihm untergeordnete Staatsorgane* von 1998[85] kann diese Kompetenz auf die Regierung übertragen werden.

---

[83] *G.A. Vasilevič (*Fn. 19), S. 63.

[84] *A. Zybajlo*, K voprosu o sootnošenii meždunarodnogo i nacional'nogo prava (teoretičeskije voprosy), Belorusskij žurnal meždunarodnogo prava i meždunarodnych otnošenij 3 (1998), S. 1, http://www.beljournal.by.ru/1998.

[85] Vedomosti Nacional'nogo sobranija Respubliki Belarus, 1998, Nr. 29-30, S. 466.

Die ministeriellen Abkommen können von den Ministerien abgeschlossen werden (§ 13 des Gesetzes), während die Staatsorgane, die nicht unmittelbar der Regierung untergeordnet sind, Verträge nur nach dem *Dekret des Staatspräsidenten* Nr. 262 vom 11. Mai 1999 selbständig abschließen können.

Unter „Ratifikation" der völkerrechtlichen Verträge versteht die belarussische Rechtsordnung ihre Billigung durch das Parlament; diese erfolgt in Form eines Zustimmungsgesetzes. § 15 des Gesetzes *über die völkerrechtlichen Verträge* enthält die Liste der Verträge, die auf solche Weise vom Parlament „ratifiziert" werden müssen. Es handelt sich um diejenigen Verträge, auf deren „Ratifikation" sich die Vertragsparteien geeinigt haben; weiter muss denjenigen Verträgen zugestimmt werden, die gegenüber den Gesetzen, Dekreten und Erlassen des Staatspräsidenten abweichende Regelungen beinhalten. Die „Ratifikation" muss weiterhin erfolgen, falls Gegenstand des Vertrags die Staatsgrenzen oder die Teilnahme der Republik Belarus in internationalen Strukturen ist. Andere Verträge unterliegen nach § 17 lit. f einer sog. „Bestätigung" (*utveržděnije*), die im Falle der Präsidialverträge durch den Staatspräsidenten, im Falle der Regierungsabkommen durch die Regierung erfolgt.

§ 16 des Gesetzes normiert die Schritte, die zur „Ratifikation" führen. Die Staatsorgane, in deren Zuständigkeitsbereich die vom Vertragstext geregelten Fragen gehören, müssen binnen drei Monaten vor seiner Unterzeichnung einen Vorschlag für die „Ratifikation" an die Regierung vorlegen. Diese leitet die Regierungsabkommen (*mežpravitel'stvennyje soglašenija*) unmittelbar an das Parlament, die „zwischenstaatlichen" Verträge (*mežgosudarstvennyje dogowory*) an den Staatspräsidenten weiter, der diese dem Parlament zur Verabschiedung vorlegt. Die Zustimmungsgesetze werden von der Repräsentantenkammer verabschiedet (Art. 97 Abs. 2 Verf.).

Die durch das Parlament ratifizierten Verträge werden in der offiziellen Gesetzessammlung (*Vedomosti Nacional'nogo sobranija Respubliki Belarus*), die übrigen im Anhang zur Sammlung der Dekrete und Erlasse des Staatspräsidenten und der Regierungsverordnungen veröffentlicht. In weiteren allgemein geltenden Rechtsakten, wie z.B. dem Dekret des Staatspräsidenten Nr. 22 vom 10. Dezember 1998 mit späteren Änderungen, werden weitere Quellen bestimmt, in denen die Verträge verkündet werden müssen. U.a. werden die Zeitungen „*Sowjetskaja Belarus*", „*Zvezda*" und „*Narodnaja gazeta*" genannt.

Gemäß § 27 Abs. 1 des Gesetzes sind die völkerrechtlichen Verträge, deren Partei die Republik Belarus ist, nach Treu und Glauben zu erfüllen. Die Aufsicht über diese Erfüllung übt nach § 27 Abs. 3 das Ministerium für auswärtige Angelegenheiten aus. § 32 des Gesetzes enthält eine wenig aussagekräftige Regelung über „Maßnahmen im Falle einer Verletzung der Verpflichtungen aus den völkerrechtlichen Verträgen". Nach dieser Vorschrift, die sich ausschließlich auf die „anderen Parteien des Vertrags" bezieht, machen die staatlichen Organe in Übereinstimmung mit dem Ministerium für auswärtige Angelegenheiten in solchen Fällen der Regierung Vorschläge für „erforderliche Maßnahmen im Einklang mit den völkerrechtlichen Regelungen".

Die vorstehende Übersicht über die Regelungen, die zum Abschluss und Inkrafttreten völkerrechtlicher Verträge führen, zeigt, dass die „Ratifikation" der Verträge kein zuverlässiges Kriterium zur Feststellung ihres Rangs in der Rechtsordnung ist. Unter „Ratifikation" wird die parlamentarische Zustimmung zum Abschluss der in § 15 des Gesetzes *über die völkerrechtlichen Verträge* genannten Kategorien der Verträge verstanden; diese Unterscheidung ist jedoch mit keinen weiteren rechtlichen Folgen verbunden. Nur Art. 116 Verf., der als Prüfungsmaßstab der verfassungsgerichtlichen Kontrolle der dort aufgezählten normativen Akte sog. völkerrechtliche „Instrumente" nennt, die durch die Republik Belarus „ratifiziert wurden", signalisiert ihre vielleicht doch besondere Stellung in der innerstaatlichen Rechtsordnung. Diese Regelung bleibt jedoch nur auf die Verfassungsgerichtsbarkeit beschränkt und spiegelt sich nicht in der sonstigen Rechtsordnung wider.

4. Die Teilnahme an „zwischenstaatlichen Strukturen"

Die Verfassungsänderung im Jahre 1996 brachte in den Verfassungstext die Regelung von Art. 8 Satz 2 Verf. ein, die lautet: „In Übereinstimmung mit völkerrechtlichen Verträgen kann die Republik Belarus auf einer freiwilligen Grundlage zwischenstaatlichen Strukturen beitreten und aus ihnen austreten." Der Initiator der Änderung – an dieser Stelle der Kreis um den Staatspräsidenten – wählte die Form der „zwischenstaatlichen Strukturen" (*mežgosudarstvennyje obrazovanija*), die ähnlich wie der Begriff im analogen Art. 79 der Verfassung der Russischen Föderation (*objedinĕnija*) die höchste Verallgemeinerung darstellt und die Einbeziehung verschiedener Kategorien von Formen der internationalen Zusammenarbeit ermöglicht.

Aus wissenschaftlicher Sicht ist auffällig, dass der Begriff der „zwischenstaatlichen Strukturen" an keiner zugänglichen Stelle ausgelegt ist;

selbst der Verfassungskommentar aus dem Jahre 2000[86] erwähnt diese Regelung weder bei den Ausführungen zu Art. 8 Verf. noch bei solchen zu den Grundlagen der belarussischen Außenpolitik in Art. 18 Verf. Die Tatsache, dass die belarussische Verfassung offen lässt, welchen „zwischenstaatlichen Strukturen" das Land in der Zukunft beitreten soll und wird, ist aus rechtlicher Sicht unbedenklich; interessanter scheint es, dass sie ausdrücklich mit einer normsetzenden Tätigkeit dieser „Strukturen" rechnet. Art. 116 Verf. bestimmt die Zuständigkeit des belarussischen Verfassungsgerichts, die Übereinstimmung der Akte dieser „zwischenstaatlichen Strukturen" mit der Verfassung, den Gesetzen und den völkerrechtlichen Verträgen zu überprüfen. Damit werden diese Akte in der Hierarchie der Rechtsnormen auf eine Zwischenstellung zwischen den gesetzlichen und den untergesetzlichen Rechtsnormen gelegt. Durch diese Positionierung kann gleichzeitig ausgeschlossen werden, dass der Verfassungsgeber bei der Formulierung von Art. 8 Satz 2 Verf. die Europäische Union vor seinem geistigen Auge hatte.

Obwohl die Europäische Union nach Russland der zweitwichtigste Handelspartner von Belarus ist,[87] wird in dem gegenwärtigen außenpolitischen Konzept die Frage eines eventuellen Beitritts von Belarus zur EU nicht gestellt.[88] Die bilateralen Beziehungen zwischen Belarus und den europäischen Strukturen begannen sich nach seiner Anerkennung als unabhängiger Staat im Dezember 1991 durch die Europäischen Gemeinschaften zunächst gut zu entwickeln. Im Jahre 1995 wurde das *Partnerschafts- und Kooperationsabkommen* unterzeichnet – jedoch nie ratifiziert – und aufgrund des *Tacis*-Programms erhielt Belarus finanzielle Hilfen.[89] Die Umstände seiner Verabschiedung und der Inhalt der Verfassungsänderung aus dem Jahre 1996 veranlassten jedoch nicht nur die Europäische Union, sondern auch den Europarat, im Jahre 1997 die bilateralen Kontakte mit Belarus einzuschränken. Der Europäische Rat

86 *G.A. Vasilevič* (Fn. 19), S. 61.

87 *T. Alexejeva/ A. Gordejčik/ E. Dostanko*, Vzaimodějstvije Respubliki Belarus s veduščimi evropejskimi organaizacijami v konce 1990-ch gg., Belorusskij žurnal meždunarodnogo prava i meždunarodnych otnošenij 2 (2000), S. 3.

88 *O. Butonina*, Integracija SNG. Primenim li opyt Evropejskogo sojuza? Svobodnaja mysl 6 (1999), 43-54; *J. Ševcov*, Belarus: medlennyj drejf k Evrope, minuja stadiju deindustrializacii, Belarus: vozmožnosti vybora 1 (2000), 26-53.

89 Wysiwyg://75/http://europa.eu.int, relations/belarus/intro/index.htm.

beschloss am 15. September 1997, die ministeriellen Kontakte nur über den EU-Vorsitz oder die „Troika" zu unterhalten sowie das Ratifikationsverfahren für das Partnerschafts- und Kooperationsabkommen auszusetzen. Weiter entschied er, den Beitritt von Belarus zum Europarat nicht zu befürworten und technische Hilfsprogramme mit Ausnahme humanitärer und die Demokratie fördernder Projekte einzufrieren.

Das Verhältnis zwischen der EU und Belarus verkomplizierte sich weiter, nachdem der Staatspräsident im Frühling 1998 von den Leitern der in Minsk akkreditierten diplomatischen Vertretungen verlangte, ihre Residenzen zu verlassen. Die EU-Mitgliedstaaten und die USA riefen daraufhin am 22. Juni 1998 ihre Botschafter zur Berichterstattung zurück, andere Staaten schlossen sich diesen Maßnahmen an. Die EU reagierte zudem mit einer Liste führender belarussischer Politiker und hoher Beamter, denen keine Visa ausgestellt werden sollten. Erst eine nach langwierigen Verhandlungen erreichte Vereinbarung zwischen der EU und Belarus ermöglichte die Rückkehr der Botschafter zum 17. Januar 1999.[90]

Der Verlauf der Präsidentschaftswahlen im Jahre 2001 und die politische Lage im Allgemeinen haben die Bedenken der EU nicht ausgeräumt. Dem Zweck der Beschränkung internationaler Kontakte diente u.a. das Dekret des Staatspräsidenten Nr. 460 sowie seine Änderungen vom 17. August 2005, das den natürlichen sowie juristischen Personen verbietet, ausländische Unterstützung beim Veranstalten von (wissenschaftlichen) Konferenzen und Wahlkämpfen anzunehmen.

Die EU hat in zwei Erklärungen aus dem Jahre 2001 bekannt gegeben, dass die Normalisierung des beiderseitigen Verhältnisses weiterhin von den demokratischen Fortschritten und der vollen Respektierung der Menschenrechte abhängig ist.[91] Als Ergebnis dieser Lage ist heute Belarus der einzige Nachfolgestaat der Sowjetunion, der sich im Verhältnis zur EU nicht auf ein ratifiziertes Partnerschaftsabkommen stützen kann.

---

[90] S. Website des deutschen Auswärtigen Amtes: http://www.auswaertiges-amt.de/www/de/laenderinfos/laender/laender_ausgabe_html?type_id=14&land_id=18.

[91] EU-Erklärung vom 14.9. 2001 anlässlich der Präsidentschaftswahlen in Weißrussland; EU-Erklärung vom 10.10. 2001 anlässlich der Ernennung des neuen Premierministers in der Republik Belarus.

Als erstes Zeichen der Normalisierung der gegenseitigen Verhältnisse kann die Öffnung eines neuen Büros der OSZE in Minsk am 1. Januar 2003 bezeichnet werden, das nicht nur zur Entspannung der Verhältnisse zwischen der OSZE und Belarus beitragen soll, sondern auch zwischen ihr und der Europäischen Union. Eine große Bedeutung für die belarussische Wirtschaft hat das *Abkommen zwischen der Europäischen Wirtschaftsgemeinschaft und Belarus über den Handel mit Textilwaren*[92] aus dem Jahre 1993, das bereits sechsmal verlängert wurde. Zwar bleibt das *Partnerschafts- und Kooperationsabkommen* von 1995 nicht ratifiziert, doch die bilateralen Beziehungen zwischen der EU und Belarus bleiben zumindest durch das immer noch bestehende *Handels- und Kooperationsabkommen zwischen der Europäischen Wirtschaftsgemeinschaft und der Sowjetunion* von 1989 geregelt.[93] Auch wurde Belarus in das *Programm der Europäischen Nachbarschaftspolitik* aufgenommen,[94] nachdem das Programm *Tacis* ausgelaufen war. Als Anzeichen einer gewissen Fortsetzung der Kooperation mit der Europäischen Union kann die am 7. März 2008 in Brüssel vorgenommene Unterzeichnung des *Übereinkommens über die Gründung der EU-Vertretung in der Republik Belarus*[95] bezeichnet werden.[96]

Trotz dieser Annäherungsversuche steht fest, dass sich Art. 8 Satz 2 Verf. nicht mit den Beziehungen zwischen der EU und Belarus auseinandersetzt. Der eigentliche Grund, warum der Verfassungsgeber die Kategorie der „zwischenstaatlichen Strukturen“ eingeführt hat, war die rechtliche Behandlung der Mitwirkung von Belarus an der Gemeinschaft Unabhängiger Staaten (GUS), dessen Gründungsmitglied es ist. Zusammen mit der Ukraine und Russland unterzeichnete es am 8. Dezember 1991 die *Übereinkunft über die Auflösung der Sowjetunion und*

---

92 ABl. EG L 123 vom 17.05. 1994 S. 120-146.

93 Http://ec.europa.eu/external_relations/belarus/pdf/belarus_trade_en.pdf.

94 S. European Neighbourhood and Partnership Instrument. Country Strategy Paper 2007-2013 and National Indicative Programme 2007-2010 http://ec.europa.eu/world/enp/pdf/country/enpi_csp_nip_belarus_en.pdf.

95 Text der Pressemitteilung auf der Homepage der Botschaft der Republik Belarus in Deutschland, http://www.belarus-botschaft.de/de/presse11_2008_de.htm.

96 S. http://www.rsf.org/article.php3?id_article=25607, oder http://hrw.org/englishwr2k8/docs/2008/01/31/belaru17711.htm.

die Gründung der Gemeinschaft Unabhängiger Staaten,[97] auf deren Grundlage die UdSSR zum 1. Januar 1991 zu existieren aufhörte; vom belarussischen Parlament wurde dieses Abkommen am 10. Dezember 1991 ratifiziert. Am 21. Dezember 1991 hat sich Belarus dann, zusammen mit den anderen ehemaligen Sowjetrepubliken mit Ausnahme der baltischen Staaten und Georgien, auf die Gründung der Gemeinschaft Unabhängiger Staaten (GUS) geeinigt, deren Verwaltungszentrum seine Hauptstadt Minsk wurde.

Obwohl in den offiziellen Dokumenten der Rechtsstatus der GUS nicht definiert wurde, wird sie in der Literatur als „regionale internationale Organisation" im Sinne von Art. 52 und 53 der UN-Charta[98] angesehen. Als eine internationale Regierungsorganisation verfügt sie u.a. über die Befugnis, nach den einschlägigen, weitgehend im *Wiener Übereinkommen über das Recht der Verträge zwischen Staaten und internationalen Organisationen oder zwischen internationalen Organisationen* aus dem Jahre 1986[99] niedergelegten gewohnheitsrechtlichen Regeln völkerrechtliche Verträge abzuschließen. Diese Möglichkeit wurde bisher nur ganz selten und nur von Belarus genutzt. Am 13. Juni 1994 haben beide Parteien das *Abkommen zwischen der GUS und der Republik Belarus über den Sitz des GUS-Exekutivausschusses auf dem Gebiet der Republik Belarus* abgeschlossen, dem am 22. November 1996 das *Abkommen über den Sitz des Wirtschaftsgerichts auf dem Territorium der Republik Belarus* folgte.

Der nächste Grund für die Einführung der Kategorie der „zwischenstaatlichen Strukturen" könnte gewesen sein, dass Art. 8 Satz 2 Verf. den verfassungsrechtlichen Rahmen der angestrebten Union zwischen der Republik Belarus und der Russischen Föderation schaffen sollte; am 12. April 1996 wurde das *Übereinkommen über die Gründung einer Union zwischen Russland und Belarus* geschlossen. In diesem Übereinkommen, das am 26. Januar 2000 in Kraft trat, ist die Schaffung eines Interparlamentarischen Kongresses, eines Exekutiv-Ausschusses und

---

[97] Diplomatičeskij vestnik RF 1 (1992), 2-3.

[98] *A. Kaženov,* Meždunadodnaja pravosubjeknost' Sodružestva nězavisimych gosudarstv, Belorusskij žurnal meždunarodnogo prava i meždunarodnych otnošenij 1 (2002), S. 2.

[99] Mangels Vorliegens der erforderlichen Zahl von 35 Ratifikationen ist das Übereinkommen jedoch noch nicht in Kraft.

eines Unionsgerichts vorgesehen. Der Widerstand der politischen Opposition gegen dieses Abkommen wurde mit aller Kraft unterdrückt.

Nach der Wiederwahl von *B. Jelzin* als Staatspräsident der Russischen Föderation im Jahre 1996 wurde am 2. April 1997 zwischen beiden Staatspräsidenten ein Übereinkommen über die Gründung einer Union von Belarus und Russland signiert. Ihr Statut wurde am 23. Mai 1997 in Moskau unterzeichnet und vom Republikrat des belarussischen Parlaments am 10. Juni 1997 ratifiziert. Am 8. Dezember 1999 wurde in Moskau das *Übereinkommen über die Gründung eines Unionsstaates*[100] unterzeichnet. Dieses Abkommen, das die Schaffung eines gemeinsamen Binnenmarkts vorsieht, geht von dem Ziel der Schaffung einer gemeinsamen Staatsangehörigkeit aus (§ 14); die Staatsangehörigen beider Einheiten sollen gemeinsamen diplomatischen Schutz in Drittstaaten genießen (§ 15). Auf der anderen Seite sollen die Mitgliedstaaten ihre Mitgliedschaft in den internationalen Organisationen behalten (§ 6 Abs. 2). Der Vertrag soll gemäß seinem § 61 nach den entsprechenden Verfassungsänderungen der Gliedstaaten in Kraft treten.

Weitere Abkommen über die politische, wirtschaftliche und soziale Integration beider Länder wurden im Dezember 1998 bzw. 1999 unterzeichnet. Eines von ihnen ist das am 19. Dezember 1997 in Minsk unterzeichnete Abkommen *über die gegenseitige regionale Sicherheit im Militärbereich,*[101] das vor allem organisatorische Maßnahmen einerseits in Friedenszeiten, andererseits im Verlaufe eines bewaffneten Konflikts vorsieht.

Im Jahre 2003 haben sich die Parteien auf einen *Verfassungsentwurf* geeinigt, dessen Regelungen in einer „Übergangsperiode" gelten sollen, bis eine endgültige Verfassung der Union verabschiedet wird.[102] Zahlreiche Ereignisse, wie das Veto des belarussischen Staatspräsidenten gegen das Einführen eines einheitlichen Kredit- und Geldwesens, die Reaktion Russlands in der Form eines Verzichts auf das Konzept einer Zollunion oder der Energiestreit im Jahre 2004 haben die Verwirklichung der Idee eines Unionsstaates in eine unbestimmte Zukunft ver-

---

[100] Vedomosti Nacional'nogo sobranija Respubliki Belarus, 2000, Nr. 1-2, Pos. 1; s. *V.N. Kivel*, Konstitucionnoje pravo Respubliki Belarus, Minsk 2007, 70-71.

[101] Vedomosti Nacional'nogo sobranija Respubliki Belarus, 1998, Nr. 27, Pos. 456.

[102] S. http://www.belarus-botschaft.de/de/presse16_2003_de.htm.

schoben. In den offiziellen Dokumenten, wie z.B. der *„Botschaft des Staatspräsidenten der Russischen Föderation V.V. Putin an den Staatspräsidenten der Republik Belarus A.G. Lukašenko bei Gelegenheit des nationalen Feiertages – des Tages der Unabhängigkeit"* – vom 7. Juli 2004 wird jedoch das gemeinsame Vorhaben, die Integration „im Rahmen des gemeinsamen Staates" weiter zu intensivieren, betont.[103] Am 27. März 2008 erklärte der Staatssekretär des „Unionsstaates", *P. Borodin*, sogar, dass der neue Staat nach dem Vorbild der Europäischen Union aufgebaut werden solle.[104] Die Umsetzung dieser Pläne ist jedoch unbestritten stark von der bilateralen politischen Lage abhängig.

5. Die Anwendung völkerrechtlicher Regelungen in der Rechtsprechung

a) Allgemeine Gerichte

In der Entscheidungspraxis der allgemeinen Gerichte in Belarus – mit der Ausnahme weniger Entscheidungen des Obersten Gerichtshofs – ist die Anwendung völkerrechtlicher Regelungen unbekannt.[105] Dies gilt auch trotz der Tatsache, dass eine Reihe nationaler Gesetze, insbesondere solcher aus den neunziger Jahren, auf völkerrechtliche Regelungen explizit hinweist und ihnen im Falle eines Konflikts mit der gesetzlichen Regelung Vorrang einräumt – z.B. die *Zivilprozessordnung* vom 11. Januar 1999[106] (§ 342 über zivilrechtliche Streitigkeiten mit Beteiligung ausländischer Personen), das *Strafgesetzbuch* vom 9. Juli 1999[107] (§ 7 über die Auslieferung belarussischer Staatsangehöriger) oder das *Arbeitsgesetzbuch* vom 26. Juli 1999,[108] das die Anwendung der die Republik Belarus bindenden völkerrechtlichen Verträge, vor allem der *Übereinkommen der Internationalen Arbeitsorganisation*, anordnet. Als

---

[103] S. http://www.In.mid.ru/ns-rsng.nsf.

[104] S. http://de.rian.ru/world/20080327/102375420.html.

[105] S. z.B. Sammlung der Entscheidungen des Plenums des Obersten Gerichtshofs der Republik Belarus 1995-1997 (in Russ.).

[106] S. Fn. 65.

[107] S. Fn. 56.

[108] S. Fn. 30.

Ergebnis der Suche nach den Hürden für die Anwendung völkerrechtlicher Regelungen durch die belarussischen Gerichte ist folgendes Bild entstanden:

Für die Entscheidungstätigkeit der Gerichte umfassen die in Art. 112 Verf. genannten Quellen als Prüfungsmaßstab die Verfassung, Gesetze und „sonstige Rechtsakte, die auf ihrer Grundlage erlassen wurden". Eine analoge Bestimmung enthält das die Verfassung in diesem Aspekt ausführende Gesetz *über die Gerichtsbarkeit und den Status der Richter in der Republik Belarus* aus dem Jahre 1995.[109] Die völkerrechtlichen Rechtsnormen könnten nur mit größten Schwierigkeiten nachträglich unter den Begriff der „sonstigen Rechtsakte" subsumiert werden, weil sie nicht „erlassen" wurden, während z.B. die Dekrete und Erlasse des Staatspräsidenten diese Kriterien problemlos erfüllen. Allenfalls könnten die Zustimmungsgesetze zu den ratifizierten Verträgen als Maßstab angewandt werden.

Die nächste Frage ist, ob die oben genannte Aufzählung einen abschließenden oder nur demonstrativen Charakter hat. Obwohl in der belarussischen Literatur[110] auch die entgegengesetzte Meinung vertreten wird, scheint es doch, dass der Wortlaut von Art. 112 Verf. die anzuwendenden Quellen nicht unbedingt abschließend nennt; den Richtern wird somit nicht verboten, völkerrechtliche Regelungen anzuwenden. Ohne eine explizite verfassungsrechtliche Aufforderung ist diese Anwendung jedoch sicher erschwert; es kann jedenfalls nicht behauptet werden, dass den Richtern die zwar nicht verbotene Anwendung völkerrechtlicher Normen geboten werde.

Ein weiteres Problem ist das ungeklärte Verhältnis der Stellung der völkervertraglichen Regelungen zum innerstaatlichen Recht im Allgemeinen. Für die Praxis könnte relevant sein, dass es ungelöst blieb, ob die anzuwendende völkerrechtliche Bestimmung im Verhältnis zu einer innerstaatlichen gesetzlichen oder präsidialen Norm auf der Grundlage des Prinzips *lex posterior* oder *lex specialis* zur Geltung kommen soll.

Eine weitere Hürde wird in dem nicht immer zur direkten Anwendung geeigneten Charakter der völkervertraglichen Norm gesehen. Dieser Mangel werde nicht einmal durch die Verabschiedung der entsprechen-

---

[109] Vedomosti Verchovnogo Soveta Respubliki Belarus, 1995, Nr. 11, Pos. 120; letzte Änderung 11.11. 2002, Text s. http://www.pravo.kulichki.ru/zak2007/bz55/dcm55964.htm.

[110] *I. Salejev* (Fn. 71), S. 1.

den Zustimmungsgesetze geheilt, die einen rein verfahrensrechtlichen Charakter hätten und die Struktur der anzuwendenden Norm nicht ändern könnten.

Letztlich wird noch auf die mangelnde fachliche Qualifikation der belarussischen Richter in dieser Hinsicht hingewiesen. Typisch scheint die in der Entscheidung des Plenums des Obersten Gerichtshofs vom 20. September 1996[111] enthaltene Wertung der Tätigkeit der allgemeinen Gerichte zu sein, die sich jedoch nicht spezifisch auf die Anwendung völkervertraglicher Rechtsquellen bezieht: In der Tätigkeit der allgemeinen Gerichte gebe es bedeutsame Mängel. Nicht immer verfügten die Richter über abschließende und ausreichende Informationen über die Sachverhalte. Nicht immer behöben die Gerichte der höheren Instanzen die Mängel der Entscheidungen der Gerichte erster Instanz.

In dieser Lage sei es nicht überraschend, dass den Richtern nicht nur die Kenntnisse über die Methoden der Unterscheidung zwischen den direkt anwendbaren und sonstigen völkerrechtlichen Rechtsnormen fehlen, sondern auch Kenntnisse über die völkerrechtlichen Verträge, deren Partei die Republik Belarus ist.[112] Die Lösung dieses Problems wird in der Erweiterung der Kompetenzen des Verfassungsgerichts um die Möglichkeit gesehen festzustellen, welche völkerrechtlichen Rechtsnormen self-executing Charakter haben und von den allgemeinen Gerichten direkt angewandt werden können.

Wie bereits oben bemerkt, kommt es in der Praxis nur vereinzelt zur Anwendung völkerrechtlicher Bestimmungen durch die allgemeinen Gerichte:

> In der Entscheidung vom 10. Januar 1992[113] hat der Oberste Gerichtshof die Frage der Zulässigkeit einer Klage entschieden, die sich gegen eine angeblich rechtswidrige Festnahme richtete. Während die unteren Gerichte die Klage abgewiesen hatten, vertrat der Senat für Strafsachen des Obersten Gerichtshofs eine unterschiedliche Rechtsauffassung. Weil Belarus den IPbürgR ratifiziert habe, gelte auch für die belarussischen Bürger, dass jeder, dem seine Freiheit durch Festnahme entzogen worden sei, das Recht haben müsse, ein Verfahren vor Gericht zu beantragen, damit dieses über die Rechtmäßigkeit

[111] Sbornik postanovlenij Plenuma Verchovnogo suda Respubliki Belarus 1995-1997 gg., 176 ff.

[112] *I. Pavlova* (Fn. 25), 1 ff.

[113] Sudovyj vestnik, 1992, Nr. 3, 30-31.

der Freiheitsentziehung entscheiden kann (Art. 9 Abs. 4 IPbürgR). Die Klage gegen die Rechtmäßigkeit der Festnahme sei deswegen gerichtlich zu überprüfen.

Weiter können die Entscheidungen des Obersten Gerichtshofs vom Anfang der 1990er Jahre erwähnt werden,[114] in denen das GUS-*Übereinkommen über die gegenseitige Rechtshilfe und Rechtsbeziehungen in Familien-, Zivil- und Strafsachen* vom 2. Januar 1993 Anwendung fand.

Auch in den späteren Jahren hat sich an dem Ausnahmecharakter der Anwendung der völkerrechtlichen Regelungen durch die allgemeinen Gerichte nicht viel geändert. In seiner Rede auf der Konferenz „Die EMRK als wichtigstes Dokument des Schutzes der bürgerlichen und politischen Rechte" am 13. Juni 2002[115] hat der damalige Präsident des belarussischen Verfassungsgerichts die nationalen Gerichte aufgefordert, sich die wichtigsten internationalen Dokumente „anzueignen" und sie in ihrer Praxis zu berücksichtigen. In die Tat wurde jedoch die Praxis der Einbeziehung internationaler Dokumente nur in einer minimalen Zahl von Fällen umgesetzt.

[114] Entscheidung des Plenums des Obersten Gerichtshofs Nr. 6 vom 19.6. 1992 und Nr. 11 vom 14.9. 1995.

[115] Belorusskij žurnal meždunarodnogo prava i meždunarodnych otnošenij 3 (2003), S. 7.

b) Verfassungsgericht

Das Verfassungsgericht der Republik Belarus wurde am 28. April 1994 konstituiert. Die ersten neun Richter sind in demselben Jahr vom Obersten Sowjet der Republik gewählt worden, im Jahre 1996 wurden zwei weitere Richter gewählt. Die Verfassung aus dem Jahre 1994 garantierte den Verfassungsrichtern Immunität (Art. 131), ihre Entscheidungen waren endgültig und unterlagen keiner Überprüfung (Art. 129).

Die problematische Verfassungsänderung von 1996 hat das Modell der Bestellung der Richter geändert. Sechs Richter werden vom Staatspräsidenten ernannt, sechs werden von der zweiten Kammer des Parlaments, dem Republikrat, gewählt. Die Garantien der Immunität sowie die Bestätigung der Endgültigkeit der verfassungsgerichtlichen Entscheidungen finden sich nicht mehr im Verfassungstext; gestrichen wurde auch der Hinweis auf das Recht, aus eigener Initiative ein Normenkontrollverfahren einzuleiten (Art. 127 Verf.).

Der Katalog der Kompetenzen des gegenwärtigen Verfassungsgerichts der Republik Belarus weist einige Besonderheiten auf. Nach Art. 116 Satz 5 Verf.[116] überprüft das Verfassungsgericht anhand der völkerrechtlichen Verträge, deren Partei Belarus ist und die von ihm ratifiziert wurden, nicht nur Gesetze, Dekrete und Erlasse des Staatspräsidenten, Rechtsakte der zwischenstaatlichen Strukturen, deren Mitglied Belarus ist, Regierungsverordnungen und allgemein-verbindliche Rechtsakte des Obersten Gerichtshofs, rechtskräftige Akte der staatlichen Organe und der „öffentlichen Vereinigungen", sondern auch „völkerrechtliche Verträge" und „sonstige staatliche Verpflichtungen".

Diese relativ großzügig gefasste Regelung ist aus dem Grund interessant, dass die Verfassung selbst den völkerrechtlichen Verträgen, ratifizierten oder nicht ratifizierten, keine besondere Stellung in der nationalen Rechtsordnung einräumt, genauer gesagt, sie werden in den Bestimmungen, welche die belarussischen Rechtsquellen nennen, gar nicht erwähnt. Auf der anderen Seite besitzen die von Belarus ratifizierten völkerrechtlichen Verträge unter den Kompetenzregelungen des Verfassungsgerichts Priorität gegenüber allen innerstaatlichen Rechtsquellen mit Ausnahme der Verfassung. Art. 116 Satz 5 Verf. führt damit eine zusätzliche, zum Zweck der Verfassungsgerichtsbarkeit geschaffene

---

[116] Art. 116 Satz 5 Verf., Wortlaut siehe Anhang.

Hierarchie der Rechtsnormen ein, die im übrigen Verfassungstext keine Stütze hat.

Als Beispiel der komplizierten Koexistenz dieser zwei Abstufungen kann die Zuständigkeit des Verfassungsgerichts genannt werden, die rechtskräftigen Akte der staatlichen Organe anhand völkerrechtlicher Bestimmungen zu überprüfen. Nirgendwo in der Verfassung sind jedoch diese Organe zu ihrer Anwendung ausdrücklich verpflichtet – Art. 21 und 59 Verf. sind auf der allgemeinen Ebene geblieben. Diese Pflicht könnte höchstens von den Bestimmungen des einfachen Gesetzes *über die völkerrechtlichen Verträge* abgeleitet werden. Dazu kann jedoch bemerkt werden, dass diese Kompetenz in der Praxis des Verfassungsgerichts keine Bedeutung erlangt hat.

Als zweite Besonderheit kann die Entwicklung betreffend den Kreis der Antragsbefugten zur Einleitung des Normenkontrollverfahrens beim Verfassungsgericht bezeichnet werden; dieser umfasst den Staatspräsidenten, beide Parlamentskammern, die Regierung und die Gerichte. Ursprünglich gab die Verfassung aus dem Jahre 1994 auch dem Verfassungsgericht das Recht, aus eigener Initiative das Normenkontrollverfahren einzuleiten.[117] Diese Möglichkeit hat es auch genutzt, u.a. in der eingangs erwähnten, politisch brisanten Entscheidung vom 4. November 1996 über die Verfassungswidrigkeit des Dekrets des Obersten Sowjets *über das nationale Referendum in der Republik Belarus und die Maßnahmen zu seiner Verwirklichung* vom 6. September 1996.[118] Diese Antragsbefugnis wurde ihm durch die Verfassungsänderung im Jahre 1996 entzogen, als unverbindliches Residuum blieb ihm die Kompetenz, nach § 7 des Gesetzes *über das Verfassungsgericht* vom 30. März 1994 in der Fassung späterer Änderungen[119] den Staatsorganen und „anderen Institutionen" Vorschläge zur Änderung oder Ergänzung der geltenden Gesetze und zur Verabschiedung neuer Rechtsakte vorzulegen. Diese Rechtslage führte dazu, dass z.B. im Jahr 2001 von neunundzwanzig abgeschlossenen Sachen nur zwei aufgrund eines offiziellen

---

[117] Art. 127 Abs. 2 Verf., Wortlaut siehe Anhang.

[118] Text der Entscheidung auf Englisch s. http://www.venice.coe.int/docs/1977/ CDL(1997)009-e.html.

[119] Nr. 2419-III, mit Änderung durch das Gesetz vom 3.3. 1995 Nr. 3634-XII, das Gesetz vom 6.2. 1997 Nr. 1-3, das Gesetz vom 7.7. 1997 Nr. 51-3; letzte Änderung vom 3.11. 2005, Text s. http://www.pravo.kulichki.ru/zak2007/bz57/dcm 57970.htm.

Antrags auf Normenkontrolle nach Art. 116 Verf. entschieden wurden.[120]

Diese Tatsache wurde nicht in dem Sinne bewertet, dass die belarussische Rechtsordnung so vollkommen sei, dass keine Änderungen erforderlich seien. Im Gegenteil: Im Dokument „Über den Zustand der Verfassungsgerichtsbarkeit in der Republik Belarus im Jahre 2000“[121] hatte das Verfassungsgericht selbst insbesondere auf die Unstimmigkeiten auf dem Gebiet des Grundrechtsschutzes und zahlreiche Gesetzeslücken hingewiesen. Als Beispiel nannte es den Konflikt zwischen dem Verfassungsverbot, gesetzlichen Bestimmungen Rückwirkung zu verleihen (Art. 104 Satz 6 Verf.), und einigen einfachgesetzlichen Regelungen, die diesen verfassungsrechtlichen Grundsatz nicht respektieren (z.B. § 392 *Zivilgesetzbuch*). Die Organe, die zur Einleitung des Normenkontrollverfahrens befugt sind, übten seiner Meinung nach ihre Zuständigkeit nicht ausreichend aus.[122]

Auch im letzten Bericht vom 11. Januar 2007 merkte das Verfassungsgericht an, dass die Gesetzgebung nach wie vor unsystematisch, instabil, widersprüchlich und undurchsichtig sei, und rief zur bedingungslosen Beachtung der Verfassungsnormen auf. Beklagt wird diesmal auch die Tatsache, dass sich das Verfassungsgericht teilweise mit Fällen auseinandersetzen musste, die bereits durch andere Staatsorgane hätten gelöst werden können. Die unausgesprochene „Blockade“ des Verfassungsgerichts ist jedoch inzwischen aufgehoben worden, die Mehrheit der Verfahren wird von den hierzu befugten Subjekten beantragt.[123]

---

[120] Entscheidungen im Jahre 2001, die offizielle Internetseite des Verfassungsgerichts s. http://ncpi.gov.by/ConstSud/rus.

[121] Http://elephant.ncpi.gov.by/ConstSud.

[122] *V.A. Kučinskij*, Ispol'zovanije evropejskich meždunadrodnych standartov v oblasti prav čeloveka v dejstvitel'nosti Konstitucionnogo suda Respubliki Belarus, Problemy konstitucionalizma 9 (2001), S. 23.

[123] S. z.B. Entscheidungen im Jahre 2004, die offizielle Internetseite des Verfassungsgerichts s. http://ncpi.gov.by/ConstSud/rus.

aa) Völkerrecht als Prüfungsgegenstand

Nach Art. 116 Verf. besitzt das Verfassungsgericht u.a. die Zuständigkeit, den Einklang völkerrechtlicher Verträge – nicht etwa der Zustimmungsgesetze – mit der Verfassung und anderen völkerrechtlichen Instrumenten, die von Belarus ratifiziert wurden, zu überprüfen. Aus dem Verfassungstext und dem Text des Gesetzes *über das Verfassungsgericht* wird nicht klar, ob es sich bei der Überprüfung völkerrechtlicher Verträge um die präventive oder nachträgliche Kontrolle handeln soll. Antragsbefugt sind dazu der Staatspräsident, die Repräsentantenkammer, der Republikrat, der Oberste Gerichtshof, das Oberste Wirtschaftsgericht und die Regierung. Die Folge der festgestellten Verfassungswidrigkeit kann bei diesem, wie auch anderen Verfahren, der Verlust der „Geltung" dieser Akte sein. Nach § 9 des Gesetzes *über das Verfassungsgericht* sind die als verfassungswidrig erklärten Rechtsakte sogar „nichtig".

Wegen der sehr allgemeinen Rechtslage sind theoretisch folgende Alternativen denkbar: Das Verfassungsgericht kann präventiv einen völkerrechtlichen Vertrag daraufhin überprüfen, ob dieser im Einklang mit der Verfassung steht. Weiterhin könnte das Verfassungsgericht den Vertrag präventiv auf seine Übereinstimmung mit den von Belarus bereits ratifizierten völkerrechtlichen Verträgen überprüfen. Denkbar wäre auch die Variante, dass der Inhalt eines Vertrags nachträglich an der Verfassung gemessen würde; schließlich könnte auch nachträglich die Vereinbarkeit eines Vertrags mit den ratifizierten völkerrechtlichen Verträgen überprüft werden.

Während gegen die ersten zwei Kompetenzen des Verfassungsgerichts keine Einwände möglich sind, weckt die These von der Zuständigkeit des Verfassungsgerichts, wegen angeblicher Verletzung verfassungsrechtlicher oder anderer völkerrechtlicher Verträge nachträglich einen geltenden Vertrag als nichtig zu erklären, bei mehreren Rechtswissenschaftlern[124] zu Recht große Bedenken. Als problematisch bezeichnen sie vor allem die Möglichkeit des Eingriffs in die völkerrechtliche Geltung der Verträge, die eine Verletzung des Grundsatzes *pacta sunt servanda* nach Art. 26 des *Wiener Übereinkommens über das Recht der*

---

[124] *V. A. Barbuk* (Fn. 20), 3-4.; *L. Pavlova* (Fn. 25), S. 4.; *A. Zybajlo*, Problema prjamogo dějstvija obščepriznannych norm meždunarodnogo prava o pravach i svobodach čeloveka v Respublike Belarus, Belorusskij žurnal meždunarodnogo prava i meždunarodnych otnošenij 1 (1999), S. 3.

Verträge darstellte, sowie die Möglichkeit der durch Art. 27 des Übereinkommens verbotenen Rechtfertigung der Nichterfüllung von Verträgen unter Berufung auf das innerstaatliche Recht. Abhilfe wird in der Änderung des Gesetzes *über das Verfassungsgericht* gesehen. Seine Zuständigkeit im Rahmen der Kontrolle der völkerrechtlichen Verträge solle – überraschend – so formuliert werden, dass es berechtigt wäre, aufgrund eines festgestellten Widerspruchs zwischen dem gültigen Vertrag und der Verfassung bzw. einem geltenden völkerrechtlichen Vertrag die Republik Belarus von der Erfüllung ihrer entsprechenden völkerrechtlichen Verpflichtungen zu befreien; dies änderte jedoch nichts an der Verletzung des Grundsatzes *pacta sunt servanda*. Die Möglichkeit, einen Vertrag für nichtig zu erklären, sollte jedoch unbedingt abgeschafft werden.

bb) Völkerrecht als Prüfungsmaßstab

(1) Abstrakte Normenkontrolle

Als Prüfungsmaßstab der in Art. 116 Verf. aufgezählten normativen Akte werden in der Verfassung sog. völkerrechtliche „Instrumente" genannt, die durch die Republik Belarus ratifiziert wurden. Die Voraussetzung ihrer Ratifikation signalisiert, dass es sich dabei ausschließlich um völkerrechtliche Verträge handeln kann, die nach § 15 des Gesetzes *über die völkerrechtlichen Verträge* der Ratifikation unterliegen. In der Praxis werden jedoch auch Dokumente angewandt, die keiner Ratifikation unterlagen.

Im belarussischen Schrifttum[125] wird auch die Frage erörtert, ob und unter welchen Voraussetzungen die Bestimmungen der EMRK vor dem Verfassungsgericht als Prüfungsmaßstab Anwendung finden können, obwohl Belarus nicht Partei der Konvention ist. Diese Frage wurde bisher positiv beantwortet. Das Verfassungsgericht meide zwar eindeutige Hinweise auf die EMRK, weil diese Konvention für das Gericht kein geltendes Recht darstelle. Es wird jedoch unterstrichen, dass der „Geist" ihrer Bestimmungen und der Judikatur des EGMR in seiner Rechtsprechung berücksichtigt werde. Weiter wird betont, dass die Be-

---

[125] S. z.B. *G.A. Vasilevič*, Vozmožnosti realizacii Evropeskoj konvencii o zaščitě prav čeloveka i osnovnych svobod v praktike Konstitucionnogo suda Respubliki Belarus i nacional'nych sudov, Belorusskij žurnal meždunarodnogo prava i meždunarodnych otnošenij 3 (2002), 1 ff.

stimmungen der EMRK und der Verfassung aus dem Jahre 1994 in manchen Aspekten inhaltlich übereinstimmen. Als Beispiel werden Art. 2 EMRK und Art. 24 Verf.[126] genannt, welche beide das Recht auf Leben verankern. Diese seien auch im Hinblick auf die Todesstrafe nicht weit voneinander entfernt. Beide akzeptieren sie als eine extreme Ausnahmemaßnahme, die unter streng festgelegten gesetzlichen Voraussetzungen verhängt werden könne. Die Auflagen der Zusatzprotokolle Nr. 6 und 13 seien dadurch zwar nicht erfüllt; die Lehre findet zwischen ihnen und Art. 24 Verf. jedoch eine „konzeptionelle Übereinstimmung". Auch in den Regelungen von Art. 6 EMRK und des Zusatzprotokolls Nr. 7 einerseits und Art. 60 Verf.[127] andererseits werden bedeutsame Parallelen gesehen, die – neben IPbürgR und anderen menschenrechtlichen Instrumenten – positive Auswirkungen auf die innerstaatliche Rechtsprechung und Gesetzgebung haben.

Gegenstand der Überprüfung nach Art. 116 Verf. sind nach § 11 des Gesetzes *über das Verfassungsgericht* die Gesetze, Dekrete und Erlasse des Staatspräsidenten, nach § 5 des Gesetzes zusätzlich die übrigen Rechtsquellen, die in Art. 116 Verf. als solche aufgeführt sind – die völkerrechtlichen Verträge, die Rechtsakte der zwischenstaatlichen Strukturen, deren Mitglied Belarus ist, Regierungsverordnungen, allgemein verbindliche Rechtsakte des Obersten Gerichtshofs sowie rechtskräftige Akte der staatlichen Organe und der öffentlichen Vereinigungen. Bei der Verfassungs- bzw. Völkerrechtskontrolle soll nach § 11 des Gesetzes ausdrücklich der Inhalt der Rechtsnormen, ihre Form, die Zuständigkeit des die Rechtsnorm erlassenden Staatsorgans sowie das Verfahren ihrer Unterzeichnung, Verkündung und Inkrafttreten berücksichtigt werden. An einer anderen Stelle wurde in diesem Zusammenhang bereits auf die Tatsache hingewiesen, dass eine Überprüfung eines völkerrechtlichen Vertrags anhand eines ratifizierten völkerrechtlichen Vertrags zumindest theoretisch nicht ausgeschlossen ist.

In der Praxis des Verfassungsgerichts ist die Anwendung verschiedener – bindender wie empfehlender – völkerrechtlicher Regelungen sehr häufig.

So hat es sich in der Entscheidung vom 5. Oktober 2000[128] mit der Frage des Zeitpunkts der Entstehung des Anspruchs auf Verteidi-

---

[126] Art. 24 Verf., Wortlaut siehe Anhang.

[127] Art. 60 Verf., Wortlaut siehe Anhang.

[128] Narodnaja gazeta 2000, 15.10. 2000.

gung im Strafrecht beschäftigt. Ausgangspunkt des Verfahrens war die Praxis der Behörden, festgenommenen Personen den ungestörten Kontakt mit ihrem Verteidiger zu verweigern. Nachdem sich das Verfassungsgericht mit der Resolution 78 (8) des Ministerkomitees des Europarats *über Rechtshilfe und Konsultationen* vom 2. März 1978[129] auseinandergesetzt hatte, gelangte es zu dem Schluss, dass jeder Festgenommene in jeder Phase des Verfahrens das Recht auf Verteidigung habe; dieses Recht erstrecke sich nicht nur auf die der Begehung einer Straftat Beschuldigten, sondern auch auf die einer solchen Handlung nur Verdächtigen. Als Reaktion auf diese Entscheidung wurde die Anordnung des Innenministers vom 5. März 2002 *über das Regime der Haft und der Freiheitsentziehung in den Einrichtungen der vorübergehenden Festnahme* erlassen, welche die bisherige Praxis geändert hat. Künftig haben alle Festgenommenen das Recht, mit ihrem Verteidiger ungestört zu kommunizieren.

Demselben Modell folgte das Verfassungsgericht in den Entscheidungen, die sich mit dem Recht der zur Freiheitsstrafe Verurteilten beschäftigten, sich mit Anträgen auf Überprüfung der Strafe an Gerichte zu wenden.

So befasste es sich z.B. in der Entscheidung vom 2. April 2001[130] mit der Frage des Mangels an gesetzlicher Regelung bezüglich des Zugangs der Verurteilten zum gerichtlichen Verfahren. Weil die Strafurteile die Konturen der Strafe nur in groben Zügen regeln, werden ihre Einzelheiten von den Organen des Strafvollzugs festgelegt. In ihre Kompetenz fällt z.B. die Befugnis „mit Rücksicht auf das Verhältnis des Verurteilten zur Arbeit die Bedingungen des Strafvollzugs im Rahmen einer Strafvollzugskategorie zu ändern".[131] Obwohl Art. 60 Verf. das Recht auf ein gerichtliches Verfahren verankert, lehnten die allgemeinen Gerichte die Beschwerden der Verurteilten gegen diese Verwaltungsakte ab, und dies mit der Begründung, dass zwar § 10 Abs. 4 *Strafvollzugsgesetzbuch* das Recht der Verurteilten beinhaltet, sich mit ihren Beschwerden nicht nur an die Verwaltung der Strafvollzugsanstalten, sondern auch an die Gerichte und die Staatsanwaltschaft zu wenden; jedoch enthielten weder die

[129] Http://cm.coe.int/site2/ref/dynamic/resolutions.asp?L=2&S=20&Y=1978.

[130] Narodnaja gazeta 2001, 12.4. 2001.

[131] § 68 des Strafvollzugsgesetzes.

Strafprozessordnung noch das Strafvollzugsgesetzbuch die für solche gerichtlichen Verfahren notwendigen prozessualen Regeln.

Das Verfassungsgericht hat diesem Argument nicht zugestimmt. Vielmehr könnten auf diesen Sachverhalt *per analogiam* die Bestimmungen der *Zivilprozessordnung* Anwendung finden. Die Nutzung dieser Rechtsfigur sei in einem solchen Fall durch § 72 des Gesetzes *über die Rechtsakte der Republik Belarus* nicht nur möglich, sondern auch geboten. Bei seiner Argumentation hat es sich subsidiär auf Art. 2 Abs. 3 IPbürgR gestützt, wonach sich die Vertragsstaaten verpflichten, dafür Sorge zu tragen, dass Beschwerden wegen Verletzung der im Pakt garantierten Rechte durch zuständige Gerichtsorgane überprüft werden. Auch hier argumentierte das Verfassungsgericht unterstützend mit Art. 6 EMRK sowie mit der Resolution Nr. 78(8) des Ministerkomitees des Europarats *über Rechtshilfe und Konsultationen* von 1978. Im Tenor seiner Entscheidung hat es beschlossen, dass auch bis zur Ergänzung des *Strafvollzugsgesetzes* die Verurteilten das Recht haben müssen, sich an die Gerichte mit ihren Beschwerden wegen der Verletzung ihrer Rechte zu wenden. Schließlich hat es das Parlament angewiesen, die Gesetzeslücke zu schließen.

Die Bestimmung des Art. 12 IPbürgR fand Anwendung in der Entscheidung vom 27. September 2002[132] zu einigen Aspekten der Ausreisefreiheit:

Die Repräsentantenkammer hatte sich an das Verfassungsgericht mit dem Antrag auf Überprüfung von §§ 5 und 6 des Gesetzes *über die Ausreise und Einreise der Staatsangehörigen der Republik Belarus* aus dem Jahre 1993,[133] Pkt. 13 der Regierungsverordnung Nr. 631 *über die Reisedokumente* vom 20. November 1995[134] sowie Pkt. 25 der Instruktion des Innenministers *über die Reisepässe der Staatsangehörigen der Republik Belarus* vom 27. August 1996,[135] mit der Verfassung gewandt. Die genannten Vorschriften hatten ein Regime

[132] Nr. J-146/2002.

[133] Vedomosti Verchovnogo Soveta Respubliki Belarus, 1993, Nr. 22, Pos. 274; letzte Änderung 27.9. 2002; Text s. http://www.pravo.kulichki.ru/zak2007/bz59/dcm59651.htm.

[134] Sammlung der Verordnungen des Ministerkabinetts der Republik Belarus, 1995, Nr. 32, Pos. 794.

[135] Bulletin für Rechtsinformation, 1996, Nr. 166.

eingeführt, auf dessen Grundlage alle Bürger, die ausreisen wollten, einen besonderen Eintrag in ihre Reisepässe beantragen mussten. Die Geltung dieses Eintrags betrug fünf Jahre. Für den Eintrag wurde eine Gebühr in Höhe von fünf monatlichen Durchschnittseinkommen erhoben. Bei jedem Ablauf der fünfjährigen Frist – im Falle einer Reisewilligkeit – sollte das ganze Verfahren wiederholt werden. Ohne den gültigen Eintrag war der Reisepass für Auslandsreisen ungültig.

§ 5 des Gesetzes *über die Ausreise und Einreise der Staatsangehörigen der Republik Belarus* enthält einen Katalog der Gründe, aus welchen der Eintrag verweigert werden darf. Dazu gehört die Tatsache, dass der Antragsteller Träger von Staatsgeheimnissen ist, dass gegen ihn Strafverfahren eingeleitet wurden, dass er für eine Übertretung verurteilt wurde, dass er versucht, sich den ihm durch Gericht auferlegten Pflichten zu entziehen, dass er in einem Zivilverfahren Beklagter ist oder dass er versucht hat, die Reisedokumente durch falsche Angaben zu erhalten.

Das Verfassungsgericht hat sich bei der Überprüfung vor allem auf Art. 30 Verf. gestützt, der die Freiheit der Bürger gewährt, ihr Land zu verlassen und wieder einzureisen.[136] Auch diese Freiheit sei nicht uneingeschränkt; die Einschränkungen müssen jedoch auf einer gesetzlichen Grundlage beruhen, im Einklang mit den völkerrechtlichen Instrumenten stehen sowie verhältnismäßig sein. Die Verfassung beinhalte den Katalog der zulässigen Einschränkungen in ihrem Art. 23.[137] Auf der Grundlage dieser Regelung wäre eine Einschränkung im Interesse der nationalen Sicherheit oder der öffentlichen Ordnung zulässig. Auch Art. 12 IPbürgR, der das Recht verankert, sich im jeweiligen Staatsgebiet frei zu bewegen, jedes Land zu verlassen und in sein eigenes Land einzureisen, enthalte Möglichkeiten der Einschränkungen, die mit denjenigen der Verfassung übereinstimmen. Die gesetzliche und untergesetzliche Regelung sei jedoch viel umfangreicher. Als Beispiel sei nur erwähnt, dass zur Verweigerung des Eintrags die Tatsache ausreichend wäre, dass der Antragsteller Beklagter in einem Zivilverfahren sei. Die Einschränkungen der einschlägigen Rechtsakte seien im Vergleich mit dem Ziel des Schutzes der durch die Verfassung verankerten Rechte un-

[136] Art. 30 Verf., Wortlaut siehe Anhang.

[137] Art. 23 Verf., Wortlaut siehe Anhang.

verhältnismäßig. Das Verfahren zur Erlangung des Eintrags sei in seinen Folgen als ein Erlaubnisverfahren konzipiert; dies verletze Art. 30 Verf. Die angegriffenen Rechtsakte seien als „nicht in voller Übereinstimmung mit der Verfassung" zu bezeichnen.

Mehrere völkerrechtliche Instrumente waren Prüfungsmaßstab im Verfahren, das zur Stellungnahme des Verfassungsgerichts Nr. 3-60-97[138] vom 27. November 1997 führte. In der Stellungnahme überprüfte das Verfassungsgericht die Verfassungs- und Völkerrechtsmäßigkeit von § 88 des Gesetzes *über die Rentenversicherung* vom 17. April 1992.[139] Fraglich war insbesondere der Rechtsstatus derjenigen Personen, die zwar nach diesem Gesetz Anspruch auf Zahlung der staatlichen Rente haben, sich jedoch im Strafvollzug befinden. Nach der bisherigen Praxis wurden ihnen in dieser Zeit die Renten nicht ausgezahlt, sondern blieben im staatlichen Fonds der sozialen Rentenversicherung. Die Kosten des Aufenthaltes in den Strafvollzugsanstalten wurden für sie vom Staatsbudget getragen.

Das Verfassungsgericht wandte zunächst Art. 47 Verf. an, der den Bürgern das Recht auf soziale Sicherheit gewährleistet. Weiter hat es Art. 22 der *Allgemeinen Erklärung der Menschenrechte* angeführt, der das Recht auf soziale Sicherheit enthält, sowie Art. 9 IPwirtR erwähnt, in dem die Staaten das Recht jeder Person auf soziale Sicherheit anerkennen. Auf der Grundlage dieser Regelungen hat das Verfassungsgericht das Recht jeder Person auf staatliche Rente unterstrichen. Für die Personen im Strafvollzug bedeute dieser Anspruch jedoch einerseits das Recht, ihre Rentenzahlungen generell zu erhalten, andererseits auch ihre Pflicht, von denselben die Kosten des Strafvollzugs zu decken. Nur in dem Falle, dass diese Kosten die Höhe der Rentenansprüche überstiegen, könnte vom Gesetzgeber eine Mindestrente festgelegt werden, die den Rentnern für diese Zwecke nicht abgezogen werden dürfe.

In der Entscheidung vom 20. März 2002[140] war Abs. 2 der Regierungsverordnung Nr. 2001 vom 14. Dezember 2001 *„über den*

---

[138] Zaključenija i otděl'nyje rešenija Konstitucionnogo Suda Respubliki Belarus, 1997-1998 gg., Minsk, 1999, 33 ff.

[139] Vedomosti Verchovnogo Soveta Respubliki Belarus, 1993, Nr. 22, Pos. 276; letzte Änderung 5.7. 2004, Text s. http://www.pravo.kulichki.ru/otrasl/pen/pen00163.htm.

[140] Nr. D-139/2002.

Schutz der Gewerkschaftsrechte" Gegenstand des Verfahrens. Diese Verordnung änderte die frühere Praxis, dass die Beiträge für die Gewerkschaftsorganisationen direkt vom Gehalt abgezogen wurden. Das Verfassungsgericht fand die Verordnung mit der Verfassung vereinbar. Diejenigen Mitglieder der Gewerkschaften, die es sich wünschen, können weiter ihre Beiträge unmittelbar von ihren Gehältern bezahlen, und zwar durch Daueraufträge bei ihrer Bank. Eine Abschaffung des Automatismus bei der Zahlung der Beiträge an die Gewerkschaften helfe jedoch unter anderem, das Erbe des sowjetischen Systems abzuschaffen, das sie zu einem Bestandteil des staatlichen Mechanismus umgewandelt hatte. Zum Schluss erwähnte das Verfassungsgericht eine nicht näher beschriebene „Stellungnahme des IAO-Ausschusses für Vereinigungsfreiheit",[141] die empfiehlt, eine mögliche Verschlechterung der Arbeitsverhältnisse durch die Änderung der Zahlungsmodi der Gewerkschaftsbeiträge zu vermeiden. Mit Rücksicht auf diese Stellungnahme hat das Verfassungsgericht eine spätere Änderung der Regierungsverordnung nicht ausgeschlossen.

Das Völkerrecht spielte auch eine wichtige Rolle in der innenpolitisch brisanten Entscheidung vom 11. März 2004[142] bezüglich der Todesstrafe in Belarus. Auf Antrag des Parlaments ist das Verfassungsgericht zu dem Schluss gelangt, dass Art. 24 Verf., der die Todesstrafe als Ausnahmestrafe bis zu ihrer Aufhebung erlaubt, ihrem Moratorium oder ihrer Aufhebung nicht entgegen steht. Weil eine eventuelle künftige Ratifikation der EMRK und ihrer Protokolle sowie des Zweiten Fakultativprotokolls zum IPbürgR auf der Grundlage von Art. 8 und 116 Verf. zum Vorrang dieser Normen vor den nationalen Rechtsvorschriften führen würde, solle die Frage der Todesstrafe unter den gegenwärtigen rechtlichen Bedingungen durch eine Erklärung ihres Moratoriums durch den Staatpräsidenten und das Parlament gelöst werden.[143]

Die Analyse der wichtigsten Bestandteile der Ausgestaltung der abstrakten Normenkontrolle nach der Verfassung und nach dem Gesetz *über das Verfassungsgericht* zeigt, dass die ratifizierten völkerrechtli-

---

[141] S. http://elephant.ncpi.gov.by/ConstSud/eng/operninfo.htm.

[142] Nr. J-171/2004.

[143] Zur Frage der Todesstrafe in Belarus: *A.E. Vaškevič* (Hrsg.), Otmena smertnoj kazni v Respublike Belarus', Minsk 2003.

chen „Instrumente" die Rolle eines Maßstabs der verfassungsrechtlichen abstrakten Kontrolle einnehmen sollen. Die Praxis des Verfassungsgerichts übersteigt jedoch weit den Rahmen dieser Kategorie. In seiner Judikatur finden nicht nur von der Republik Belarus nicht ratifizierte Verträge, sondern auch andere vertragliche Dokumente Anwendung. Am auffallendsten zeigt sich diese Angewohnheit im Falle der EMRK, die wegen ihres „Geistes" zu einem Maßstab erklärt wurde.

Auf der einen Seite scheint diese Praxis das Bestreben der Verfassungsrichter zu zeigen, die politische Führung von der Wichtigkeit des Beitritts zu den zentralen völkerrechtlichen menschenrechtlichen Instrumenten zu überzeugen. Auf der anderen Seite enthält sie auch einige Gefahren. Wenn die Wahl der Maßstäbe der verfassungsgerichtlichen Kontrolle beliebig ist, können die Verfassungsrichter theoretisch jede internationale Vereinbarung oder Dokument als Prüfungsmaßstab heranziehen. In einer demokratischen Rechtsordnung wäre dies mit dem Prinzip der Gewaltenteilung und dem Respekt vor den Kompetenzen des Gesetzgebers kaum vereinbar.

(2) Konkrete Normenkontrolle

Die Konstruktion der konkreten Normenkontrolle weist gewisse Besonderheiten dadurch auf, dass die allgemeinen Gerichte nicht allein befugt sind, die Frage der Verfassungskonformität ihrer Entscheidungen an das Verfassungsgericht zu stellen. Die Antragsstellung durch den Obersten Gerichtshof oder durch das Oberste Wirtschaftsgericht, denen ein Ermessen beim Fällen der Entscheidungen zusteht, fungiert als Zwischenglied zwischen dem Verfassungsgericht und den allgemeinen Gerichten:

Nach Art. 112 Verf. sind die Gerichte, die während der Behandlung einer Sache zu dem Schluss gelangen, dass die anzuwendende Rechtsnorm im Widerspruch zu einer verfassungsrechtlichen Bestimmung steht, zunächst verpflichtet, die Sache im Einklang mit der Verfassung zu entscheiden;[144] § 6 des Gesetzes *über das Verfassungsgericht* regelt die Details der weiteren Phase dieses Verfahrens. Nachdem die Einzelentscheidung in Kraft getreten ist, sollen sie bei dem Obersten Gerichtshof oder dem Obersten Wirtschaftsgericht einen Antrag auf Ein-

[144] Art. 112 Satz 2 Verf., Wortlaut siehe Anhang.

leitung des Verfahrens bei dem Verfassungsgericht auf Überprüfung der Verfassungsmäßigkeit der Rechtsnorm stellen.

In der Praxis ist kein Fall der Anwendung dieser Rechtskonstruktion bekannt. Als symptomatisch kann dazu die Stellungnahme des ehemaligen Präsidenten des Verfassungsgerichts in der Einleitung zur *Sammlung der Entscheidungen des Verfassungsgerichts für die Jahre 1997-1998*[145] bezeichnet werden, wonach trotz intensiver Schulungsarbeit mit den Richtern der allgemeinen Gerichte kein solcher Fall mitgeteilt werden könne. Dementsprechend kann in diesem Zusammenhang auch nicht über die Anwendung völkerrechtlicher Regelungen berichtet werden.

(3) Zur Frage einer individuellen Beschwerde

Die individuelle Beschwerde eines Betroffenen direkt zum Verfassungsgericht ist in der belarussischen Rechtsordnung nicht vorgesehen. Art. 116 Abs. 5 Verf., der die befugten Antragsteller nennt, ist als abschließend konstruiert.

Nach § 6 des Gesetzes *über das Verfassungsgericht* sollen sich die „anderen Staatsorgane", öffentliche Vereinigungen und die Bürger an diejenigen Organe oder Personen wenden, die mit der Zuständigkeit zur Überprüfung der Einzelakte ausgestattet sind. Dieses Modell der Verfassungsgerichtsbarkeit geht also von dem Prinzip aus, dass zur Entscheidung über die Rechte und Freiheiten der natürlichen und juristischen Personen ausschließlich die allgemeinen bzw. wirtschaftlichen Gerichte befugt sind.[146]

Nichtsdestotrotz erhält das Verfassungsgericht jährlich Tausende von Beschwerden. Eine Möglichkeit, wie es sie behandeln kann, ist die Anwendung von Art. 40 Verf.[147] über die individuellen und gemeinschaftlichen Petitionen. Ihre Behandlung richtet sich nach dem Gesetz *über die*

[145] Zaključenija i otdėl'nyje rešenija Konstitucionnogo Suda Respubliki Belarus, 1997-1998 gg., Minsk, 1999, S. 5.

[146] S. *V.A. Kučinskij* (Fn. 122), S. 24.

[147] Art. 40 Verf., Wortlaut siehe Anhang.

Mitteilungen der Bürger vom 6. Juni 1996.[148] Nach diesem Gesetz müssen alle Mitteilungen an die Staatsorgane registriert und grundsätzlich binnen dreißig Tagen „beantwortet" werden.

Das Verfassungsgericht nutzt faktisch diese Konstruktion, um den Mangel in seiner Zuständigkeit, individuelle Beschwerden zu behandeln, zu umgehen; dabei wird das Völkerrecht als eine wichtige Stütze bei der Argumentation genutzt. Welchen Stellenwert diese „Entscheidungen" in der Praxis haben, ist jedoch fraglich. Die Staatsorgane sind bloß verpflichtet, die Sachen, die Gegenstand der Mitteilung sind, „gründlich zu prüfen", „erforderliche Maßnahmen zu treffen" und die Bürger darüber „zu informieren". Die Ergebnisse dieser Tätigkeiten sind rechtlich unverbindlich.

So hat das Verfassungsgericht in der Sache Nr. D-144/2002 vom 15. Juli 2002 aufgrund „mehrerer Beschwerden der Bürger" zum wiederholten Male[149] die Praxis der allgemeinen Gerichte, Beschwerden der Verurteilten betreffend Entscheidungen der Strafvollzugsorgane über ihre Strafe abzulehnen, behandelt. In der Entscheidung hat es betont, dass das Recht der Verurteilten auf eine gerichtliche Überprüfung der Verwaltungsentscheidung über ihre Strafe von Art. 60 Verf. gestützt werde und zu den allgemein anerkannten Grundsätzen des Völkerrechts gehöre. Darüber hinaus zähle dieses Recht zu denjenigen Grundrechten, die nicht eingeschränkt und von dessen Genuss die Verurteilten nicht ausgeschlossen werden dürfen. Des Weiteren hat das Verfassungsgericht festgestellt, dass das immer noch fehlende gesetzliche Verfahren der Überprüfung dieser Strafen seinem Wesen nach gleichbedeutend mit der Beschränkung der Rechte der Verurteilten sei. In einer Situation, in der eine die Verfassung ausführende Regelung fehle, seien die Gerichte verpflichtet, die verfassungsrechtlichen Bestimmungen unmittelbar anzuwenden; unterließen sie diese Pflicht, trügen sie dafür die Verantwortung. Außerdem könnten sich die Gerichte auf § 1 *Strafprozessordnung* stützen, der festlegt, dass parallel zu diesem Gesetz die Verfassung und die völkerrechtlichen Verträge der Republik Belarus über Grundrechte und Grundfreiheiten Anwendung finden. Im Tenor betraute

---

[148] Vedomosti Verchovnogo Soveta Respubliki Belarus, 1996, Nr. 21, Pos. 376; letzte Änderung 1.11. 2004, Text s. http://www.pravo.kulichki.ru/zak2007/bz52/dcm52454.htm.

[149] Die erste Entscheidung zu dieser Problematik hat es am 2.4. 2001 gefällt.

> das Verfassungsgericht den Obersten Gerichtshof mit der Aufgabe, dafür zu sorgen, dass die Gerichte die zukünftigen Beschwerden gegen Verwaltungsakte betreffend die Strafen nicht mehr ablehnen.

An dieser Entscheidung kann die mangelnde Durchsetzungskraft dieser Form von Entscheidungen illustriert werden. Selbst dieses – bereits zweite – Urteil des Verfassungsgerichts zu derselben Frage bewegte weder den Gesetzgeber, tätig zu werden, noch die Gerichte, ihre bisherige Praxis zu ändern. Das Verfassungsgericht reagierte mit einem dritten Urteil, diesmal vom 24. Dezember 2002.

> Hier wiederholte es seine bisherige Argumentation; darüber hinaus betonte es die unmittelbare Anwendbarkeit der im IPbürgR verankerten Rechte. Aus seinen Überlegungen hat es drei Schlussfolgerungen gezogen. Erstens sei die Praxis der Gerichte, die Beschwerden der Verurteilten abzulehnen, verfassungswidrig (Art. 60 Verf.); zweitens müssen die Fristen für die Einreichung solcher Beschwerden für diejenigen, die durch die Ablehnung ihrer Sache durch Gerichte die entsprechenden Fristen versäumt hätten, verlängert werden; drittens erklärte das Urteil gemäß Art. 59 Abs. 2 Verf. diejenigen Richter, welche die Beschwerden abgelehnt hatten, für diese Verletzungen der Verfassung dienstlich verantwortlich. Wie ernst dieses Judikat von der Praxis genommen wurde, bleibt offen. Immerhin betraf es etwa sechzig- bzw. siebenundfünfzigtausend Personen, die in Justizvollzugsanstalten ihre Strafe verbüßten, sowie weitere Tausende, deren Freiheit in einer anderen Form beschränkt wurde.[150]

Die andere Alternative des Umgangs mit den individuellen Beschwerden besteht darin, dass sie vom Verfassungsgericht an die zuständigen Organe weitergeleitet werden. Damit ist natürlich auch die Möglichkeit, sich vor allem bei dem Schutz der Grundrechte und Grundfreiheiten auf die völkerrechtlichen Instrumente bzw. Rechtsprechung der internationalen Menschenrechtsschutzorgane zu stützen, irrelevant. In denjenigen Fällen, in denen nach Auffassung des Verfassungsgerichts eine Gesetzesänderung erforderlich wird, wendet es sich an die gesetzgebenden Organe mit den entsprechenden Vorschlägen. Die letztgenannte Praxis des Verfassungsgerichts wird als umstritten bezeichnet; nach der

---

[150] Z.B. *G.A. Vasilevič* (Fn. 125), S. 3.

Literatur[151] funktioniere sie jedoch pragmatisch und bringe durchaus positive Ergebnisse.

Die fehlende Möglichkeit einer individuellen Beschwerde stellt eine schwerwiegende Lücke des Schutzes der Grundrechte in der Republik Belarus dar. Diese kann auch nicht durch die aktivistische Entscheidungstätigkeit des Verfassungsgerichts geschlossen werden, da jegliche Form einer verbindlichen rechtlichen Reaktion auf seine Entscheidungen in diesen Sachen unbekannt ist. *A maiore ad minus* gilt diese Bewertung auch für die Anwendung völkerrechtlicher Instrumente. Selbst ihre noch so häufige Anwendung in den vom Verfassungsgericht doch zur Entscheidung angenommenen Beschwerden könnte ihre fehlende Normierung in der belarussischen Rechtsordnung nicht heilen und die rechtsetzenden und rechtsprechenden Staatsorgane zur Aufgabe ihrer Untätigkeit bzw. zur Änderung ihrer Praxis zwingen.

6. Innerstaatliche Umsetzung der Entscheidungen der internationalen Instanzen

Nach Art. 61 Verf. ist jeder berechtigt, sich in Übereinstimmung mit den von der Republik Belarus ratifizierten völkerrechtlichen Akten an internationale Organisationen mit dem „Ziel des Schutzes der Rechte und Freiheiten“ zu wenden.[152] Die einzige Voraussetzung dafür ist die Ausschöpfung aller innerstaatlichen Rechtsmittel, unter denen der Verfassungskommentar aus dem Jahre 2000[153] die Ausschöpfung aller gerichtlichen Instanzen oder die Behandlung der Sache durch die zuständigen Verwaltungsorgane versteht.

Den Bürgern stehen jedoch nicht viele Mechanismen zur Auswahl. Der Weg zum Europäischen Gerichtshof für Menschenrechte ist für sie verschlossen, da Belarus kein Mitglied des Europarats oder der EMRK ist. Es beantragte zwar seine Mitgliedschaft im Europarat im Jahre 1993[154] und erhielt zunächst auch den Status eines *Special Guest*. Nachdem al-

---

151 *V.A. Kučinskij* (Fn. 122), S. 22.

152 Art. 61 Verf., Wortlaut siehe Anhang.

153 *G.A. Vasilevič* (Fn. 19), S. 211.

154 S. Council of Europe, Recommendation 1141 (2000), http://assembly.coe.int/.

lerdings im November 1996 ein *ad hoc*-Komitee der Parlamentarischen Versammlung des Europarats Belarus besucht und sich zu den Umständen des Referendums vom 24. November 1996 geäußert hatte, wurde dieser Status des *Special Guest* im Januar 1997 suspendiert. Diese Maßnahme wurde vom Europarat am 17. Dezember 1998 weiter verlängert. Das entsprechende Dokument des Komitees hatte nämlich die Umstände des Referendums als illegal und die Form seines Ergebnisses zwingend als allenfalls konsultativ bezeichnet.[155] Am 27. September 2002 stellte dann die Parlamentarische Versammlung mit Resolution Nr. 1206 (2002)[156] fest, dass die politischen Entwicklungen in Belarus weiterhin nicht solchen Charakters seien, dass sie im Verhältnis zum Europarat eine Änderung erlaubten.

Der Beitritt zum Europarat und zur EMRK sowie die Voraussetzungen für diese Schritte gehören zu den Fragen, die auch in der „offiziellen" Wissenschaft intensiv diskutiert werden.[157] Es wird betont, dass die innerstaatliche Gesetzgebung „grundsätzlich" den Voraussetzungen der EMRK entspreche; es seien daher keine besonderen Entscheidungen über die Harmonisierung der nationalen Rechtsordnung mit dem System der EMRK notwendig.[158]

Als einziges Problem wird die mangelnde Übereinstimmung der Vorschrift des *Strafgesetzbuches* aus dem Jahre 1999 zur Todesstrafe (§ 59) mit den Bestimmungen der Zusatzprotokolle Nr. 6 und 13 zur EMRK gesehen. Die Abschaffung der Todesstrafe war aus belarussischer Sicht lange kein rechtliches, sondern vor allem ein politisches Problem. Im Referendum im Jahre 1996 habe sich die Bevölkerung gegen ihre Abschaffung ausgesprochen. Aus diesen Gründen sei der Staat derzeit nicht in der Lage, sie aus dem Katalog der zur Verfügung stehenden Strafen zu streichen. Erst bei einer realistischen Perspektive des Beitritts zur EMRK und ihren Protokollen sieht die Wissenschaft[159] die Mög-

---

[155] S. http://www.belarus.net/parliame/11_27_2.htm.

[156] Http://assembly.coe.int/.

[157] S. Dokumente des Seminars „Europäische Standards des Menschenrechtsschutzes und ihre Erfüllung in der Gesetzgebung der Republik Belarus", Minsk, Juni 2001, in: Problemy konstitucionalizma 9 (2001), 98 S.

[158] *V. Kalugin* (Fn. 53), S. 13.

[159] Die Todesstrafe wurde nach den offiziellen Statistiken in der Zeit 1997-1998 über 48 Verurteilte, im Jahre 2001 über sieben Verurteilte verhängt; *G.A. Vasilevič* (Fn. 125), S. 2.

lichkeit, in einer Übergangsperiode von drei bis fünf Jahren die Todesstrafe abzuschaffen.

Es wird jedoch unterstrichen, dass die Gesetzgebung bedeutsame Schritte zu ihrer Minimalisierung unternommen habe. Als Beispiel wird erwähnt, dass – während das ältere Strafgesetzbuch aus dem Jahre 1960 noch sechsundzwanzig Tatbestände enthielt, bei deren Erfüllung die Todesstrafe verhängt werden konnte – die entsprechende Zahl im geltenden Strafgesetzbuch auf „nur" vierzehn reduziert wurde. Abgeschafft wurde die in der ehemaligen Sowjetunion legale Möglichkeit, die Todesstrafe für wirtschaftliche Straftaten zu verhängen.[160] Pauschal wurden von der Verhängung der Todesstrafe alle Personen bis zum Alter von achtzehn Jahren sowie Frauen und Männer im Alter von über fünfundsechzig Jahren ausgeschlossen. Ein wichtiges Signal in Richtung zunächst eines Moratoriums und später ihrer Abschaffung scheint nun das Urteil des Verfassungsgerichts vom 11. März 2004[161] zu sein, das diese künftigen Schritte als verfassungskonform erklärt hat.

Nicht nur die Verhängung der Todesstrafe, sondern auch ihr Vollzug widerspreche jedoch nach den Stellungnahmen der OSZE[162] den internationalen Kriterien. So würden im Widerspruch zu Art. 17.8[163] des *Dokuments des Kopenhagener Treffens der Konferenz über die menschliche Dimension der KSZE* aus dem Jahre 1990 Daten betreffend die Todesstrafe als „Staatsgeheimnis" behandelt. Internationalen Standards widerspreche auch die Praxis, Angehörige von zur Todesstrafe Verurteilten nicht über die bevorstehende Hinrichtung zu informieren. Diese Praxis beruht auf den Vorschriften des *Strafvollzugsgesetzes*,[164] das in seinem Abschnitt VIII „Vollzug der Todesstrafe" bestimmt, dass erst nach der Hinrichtung eines der nahen Familienmitglieder des Verurteilten benachrichtigt wird. Die Leiche wird der Familie nicht zur Beerdi-

---

[160] *I.N. Minec*, Smertnaja kazn'v sistěme měr ugolovnoj otvetstvennosti, Problemy konstitucionalizma 8 (2000), 68 ff.

[161] Nr. J-171/2004.

[162] Vgl. etwa die Nachweise in der Studie The Death Penalty in the OSCE Area; abrufbar unter http:///www.osce.org/odihr/documents/background/death_penalty.

[163] Para. 17.8 des Kopenhagener Dokuments lautet: „The participating States [...] will make available to the public information regarding the use of death penalty."

[164] Fn. 28.

gung übergeben und auch der Ort der Bestattung wird nicht mitgeteilt (§ 175 Abs. 5).[165]

In der kritischen Rechtswissenschaft[166] wird hingegen unterstrichen, dass nicht nur die Todesstrafe eine Hürde für die Aufnahme in den Europarat sei. Neben dem Strafgesetzbuch unterscheide sich auch die *Strafprozessordnung* in einigen Punkten von den europäischen Vorgaben. Während z.B. Art. 5 Abs. 3 EMRK verlangt, dass jede festgenommene Person einem Richter vorgeführt wird und Anspruch auf ein Urteil innerhalb angemessener Frist oder auf Entlassung hat, fehle in der belarussischen Rechtsordnung eine vergleichbare Bestimmung. Die Rechtsaufsicht über die Gesetzmäßigkeit der Festnahme üben nach wie vor nicht die Gerichte, sondern die Staatsanwaltschaft (*Prokuratura*) aus.

Wenig reflektiert sei auch Art. 13 EMRK, wonach jeder Person, die in ihren durch die EMRK anerkannten Rechten verletzt ist, das Recht zusteht, bei einer innerstaatlichen Instanz eine wirksame Beschwerde zu erheben. Nach Kapitel 16 *Strafprozessordnung* hat jeder Bürger das Recht, die ihn betreffenden Rechtsakte der ermittelnden Polizeibeamten vor dem Staatsanwalt *(Prokuror)* sowie die Rechtsakte eines Staatsanwalts vor dem Oberen Staatsanwalt zu beanstanden, nicht jedoch vor einem Gericht. Alle Urteile der Gerichte erster Instanz unterliegen zwar allgemein der gerichtlichen Überprüfung (§ 370 StPO), nicht jedoch die Entscheidungen des Obersten Gerichtshofs, obwohl gerade dieser in erster Instanz besonders komplizierte Fälle löse.

Aus den oben genannten Gründen können auch die Entscheidungen des EGMR in der Rechtsordnung nicht unmittelbar in Bezug genommen werden. In einzelnen Fällen werden sie jedoch vom Verfassungsgericht zur Verstärkung seiner Argumentation herangezogen. Als Beispiel einer solchen Entscheidung kann das Urteil des Verfassungsgerichts zur Frage der Zulässigkeit des Ersatzmilitärdienstes vom 26. Mai 2002[167] genannt werden.

---

[165] S. auch die Stellungnahme des UN-Ausschusses für Menscherechte vom 24. April 2003 CCPR/C/77/D/886/1999.

[166] *L.L. Zajceva*, Evopejskaja konvencija o zaščitě prav čeloveka i novyj Ugolovno- processual'nyj kodeks Respubliki Belarus, Problemy konstitucionalizma 8 (2000), 17 ff.

[167] Nr. P-98/2000.

Die Antragsteller hatten sich an das Verfassungsgericht mit dem Antrag auf eine Stellungnahme zu Art. 57 Verf. gewandt, der zwar die Ausübung des Militärdienstes zu einer „heiligen Pflicht" der Bürger erklärt, gleichzeitig aber die Möglichkeit eines Ersatzdienstes vorsieht und die Regelung der Einzelheiten seiner Ableistung einem einfachen Gesetz überlässt. Diese Option ist auch von Art. 1 und 4 des Gesetzes *über den Militärdienst* vom 15. März 1994 bestätigt worden, ein entsprechendes Ausführungsgesetz sei jedoch bisher vom Gesetzgeber nicht erarbeitet worden. Problematisch sei vor allem die Tatsache, dass trotz der verfassungsrechtlich zugelassenen Wehrdienstverweigerung und der Möglichkeit eines Ersatzdienstes § 77 *Strafgesetzbuch*[168] die Weigerung, den ordentlichen Militärdienst abzuleisten, mit einer strafrechtlichen Sanktion belegt und auf diese Weise die Ausübung des Rechts nach Art. 57 Verf. unmöglich mache.

Das Verfassungsgericht hat das Recht auf den Ersatzdienst bestätigt. Es betonte die höchste Rechtskraft der verfassungsrechtlichen Bestimmungen, die unmittelbar gelten, falls die entsprechende Ausführungsnorm fehle. Weiter stützte es sich auf Art. 18 der *Allgemeinen Erklärung der Menschenrechte* (Religionsfreiheit), Art. 18 Abs. 2 und 3 des IPbürgR (Religionsfreiheit) sowie Art. 18 des *Dokuments des Kopenhagener Treffens der Konferenz über die menschliche Dimension der KSZE* aus dem Jahre 1990 (Wehrdienstverweigerung), die nach Art. 8 Verf. „Vorrang" haben. Im Tenor hat es den Gesetzgeber zur Erarbeitung des entsprechenden Ausführungsgesetzes und die „zuständigen Organe" zur gründlichen Prüfung der Motive der Verweigerer aufgefordert. Nach dem Kommentar des Präsidenten des Verfassungsgerichts[169] haben sich die Richter an „der einschlägigen Rechtsprechung der Europäischen Kommission für Menschenrechte und des EGMR zum Ersatzdienst orientiert". Aus methodischer Sicht ist insofern interessant, dass diese Judikate[170] nirgendwo im Text genannt worden sind.

---

[168] Fn. 56.

[169] *G.A. Vasilevič* (Fn. 125), S. 4.

[170] Für alle z.B. *Grandrath ./. D.*, EKMR E 2299/64, *X ./. Austria.*, Coll. E 5591/72; *X ./. Germany*, E 7005/76; *N ./. Sweden*, 10410/83; *A ./. Switzerland*, E 10640/83.

Als einzige internationale Beschwerdeinstanz bleibt faktisch nur der UN-Ausschuss für Menschenrechte, der nach Teil IV des IPbürgR errichtet wurde. Dem *Fakultativprotokoll* zum IPbürgR, der ihn ermächtigt, Mitteilungen von Einzelpersonen zu prüfen, ist Belarus am 30. September 1992 beigetreten.[171] Das *Fakultativprotokoll zum Übereinkommen zur Beseitigung jeder Form von Diskriminierung der Frau* vom 29. April 2002 hat es zwar unterzeichnet, jedoch bisher nicht ratifiziert.[172]

Hinzuweisen ist in diesem Zusammenhang zunächst auf die Stimmen in der belarussischen Literatur,[173] die sich über die Praxis des Ausschusses für Menschenrechte unter dem IPbürgR kritisch äußerten. Vor allem wurde beklagt, dass in einer Situation, in der die innerstaatlichen Organe die Bürger nicht mehr daran hinderten, sich an die internationalen Organe zu wenden, die UN-Bürokratie selbst zum Stolperstein wurde. Obwohl sich seit Januar 1992 Dutzende Bürger der Republik Belarus, Russlands und anderer Staaten der GUS an den Ausschuss für Menschenrechte gewandt hatten, war bis November 1994 keine der Mitteilungen offiziell registriert.[174] Dieser Zustand hat sich aber bereits geändert. So sind zum 3. Mai 2004 vom Ausschuss achtzehn belarussische Sachen als zulässig („admissible und pre-admissible") erachtet und fünf Sachen durch eine Stellungnahme („View") abgeschlossen worden.[175]

Als eine der wichtigsten, wegen der vollstreckten Hinrichtung jedoch tragischen Stellungnahmen betreffend Belarus kann die Sache *Schedko*[176] bezeichnet werden, die die Todesstrafe betrifft. Wie der UN-Ausschuss am 28. April 2003 festgestellt hat, haben die Staatsorgane die Exekution des verurteilten Sohnes der Beschwerdeführe-

---

171 Der Beitritt trat am 30.12. 1992 in Kraft.

172 Vgl. *A. F. Bayefsky*, How to Complain to the UN Human Rights Treaty System, 2002, 192-200.

173 Z.B. *J. Minčenkova* (Fn. 68), S. 4.

174 Die Ursache wurde u.a. im Mangel an UN-Mitarbeitern mit Russischkenntnissen gesehen.

175 S. http://www.unhcr.ch/htm.menu2/8/stat2.htm.

176 *Schedko und Bondarenko*, Communication 886/1999. Hinzuweisen ist in diesem Zusammenhang ebenfalls auf den Fall *Staselovitch* und *Lyashkevich*, Communication 887/1999.

S. http://www.humanrights.ch/home/de/Instrumente/UNO-Organe/HRC-Rechtsprechung/Artikel-7/idart_2777-content.html?zur=351.

rin nicht verhindert, obwohl sie keine eindeutigen Beweise über seine Schuld und keine neuen Beweise über seine Unschuld zugelassen haben; dadurch haben sie gegen Art. 4 und 16 IPbürgR verstoßen.

Abschließend kann festgestellt werden, dass der UN-Ausschuss für Menschenrechte als einzige internationale Instanz, an die sich die Bürger der Republik Belarus wenden können, den Umfang der aus Belarus und anderen Staaten eingereichten Beschwerden kaum bewältigen und durch den rechtlich unverbindlichen Charakter seiner Stellungnahmen auch nicht zu einer grundsätzlichen Änderung der Rechtslage in beitragen kann. Diese Situation wird sich jedoch – bedauerlicherweise – unter den gegenwärtigen innerstaatlichen politischen Bedingungen kaum ändern können. Nur der Vollständigkeit halber sei noch bemerkt, dass sich keine Bestimmungen in der belarussischen Rechtsordnung finden, wie auf die Stellungnahmen des UN-Ausschusses für Menschenrechte zu reagieren sei.

7. Bewertung

In die demokratische und rechtsstaatliche Entwicklung der Republik Belarus seit seiner Unabhängigkeit brachte die Verfassungsänderung aus dem Jahre 1996 einen tiefen Bruch. Die Stärkung der autoritären Züge des Rechtssystems spiegelt sich auch in dem Ansatz zur Lösung des Verhältnisses zwischen den überstaatlichen Systemen und der Rechtsordnung wider, indem ein wichtigstes Ziel nicht mehr die Öffnung der nationalen Rechtsordnung nach außen, sondern – im Gegenteil – ihre Abschirmung vor den überstaatlichen Regelungen ist.

Die internationale Kooperationswilligkeit der Republik Belarus lässt sich als „gespalten" bezeichnen: Auf der einen Seite enthält zwar die novellierte Verfassung aus dem Jahre 1996 eine Integrationsklausel, die ihre Teilnahme an „zwischenstaatlichen Strukturen" ermöglicht, die mit einer normsetzenden Kompetenz ausgestattet werden können (Art. 8 Satz 2 Verf.). Diese Regelung kann die Teilnahme der Republik Belarus an der Gemeinschaft Unabhängiger Staaten oder die Union mit der Russischen Föderation verfassungsrechtlich absichern. Die Akte dieser Strukturen können vom Verfassungsgericht anhand der Verfassung, der Gesetze und der völkerrechtlichen Verträge überprüft werden (Art. 116 Verf.), womit ihnen faktisch eine Zwischenstellung zwischen den gesetzlichen und den untergesetzlichen Rechtsnormen verliehen wurde.

Auf der anderen Seite hat die politische Isolation der Republik Belarus ihre Aktivitäten in den bestehenden internationalen Organisationen negativ beeinflusst. Wegen ihrer innenpolitischen Defizite ist sie weder in den Europarat aufgenommen worden noch wurde das Partnerschaftsabkommen mit der Europäischen Union ratifiziert.

Die Einbeziehung völkerrechtlicher Rechtsnormen in die innerstaatliche Rechtsordnung erfolgt spontan, unsystematisch und ist wenig transparent. Die Verfassung enthält explizite Regelungen nur in Bezug auf die allgemein geltenden Grundsätze des Völkerrechts (Art. 8 Satz 1 Verf.), deren praktische Auswirkungen jedoch offen bleiben. Der Status der völkerrechtlichen Verträge wird in einem einfachen Gesetz – dem Gesetz *über die völkerrechtlichen Verträge* vom 15. November 2004 – als durch den Rang des Zustimmungsaktes bestimmt geregelt. Dabei muss gesehen werden, dass alle völkerrechtlichen Verträge innerstaatlich bestätigt werden müssen: Das Gesetz bestimmt, bei welchen Kategorien der Verträge ein parlamentarisches Gesetz obligatorisch ist, bei welchen ein Regierungsbeschluss genügt. Es wird dabei in der Lehre akzeptiert, dass die in Kraft getretenen Verträge innerstaatlich durch einfache Gesetze nach dem Prinzip *lex posterior* oder *lex specialis* geändert oder zumindest modifiziert werden können. Die Versuche zur Klärung der Stellung des völkerrechtlichen Vertragsrechts scheitern auch an der ungeklärten Hierarchie der innerstaatlichen Rechtsnormen, die nach einer stark vertretenen Ausfassung ein innerstaatliches Außerkrafttreten eines Vertragstextes durch ein Präsidialdekret zur Folge haben kann.

In der Judikatur spielt das Völkerrecht nur eine marginale Rolle. Die allgemeinen Gerichte unterliegen keiner Pflicht zur Anwendung völkerrechtlicher Normen. Das Verfassungsgericht ist zwar berechtigt, vom Parlament „ratifizierte" völkervertragliche Regelungen als Maßstab seiner Überprüfung zu benutzen, kann sie aber auch auf ihre Vereinbarkeit mit der Verfassung und anderen völkervertraglichen Bestimmungen hin überprüfen (Art. 116 Verf.). Einer breiteren Anwendung dieser Grundsätze steht der sehr reduziert ausgestattete Katalog seiner Kompetenzen entgegen, der weder eine individuelle Beschwerde noch die klassische konkrete Normenkontrolle vorsieht.

Betreffend die Umsetzung der Beschlüsse internationaler Instanzen kann festgestellt werden, dass zwar alle nach der Verfassung berechtigt sind, sich an internationale Organisationen mit dem Ziel des Schutzes der Rechte und Freiheiten zu wenden. Die einzige internationale Instanz, die den Bürgern der Republik Belarus zur Verfügung steht, ist jedoch nur der UN-Ausschuss für Menschenrechte, dessen Auffassungen einen lediglich empfehlenden Charakter haben. Zur Umsetzung seiner Stellungnahmen enthält die nationale Rechtsordnung auch kein geeignetes Verfahren. Der Beitritt zur EMRK und die damit verbundene Öffnung des Mechanismus des Europäischen Gerichtshofs für Menschenrechte scheitern an innenpolitischen Hürden auf der belarussischen Seite.

Faktisch bleibt die Bedeutung des Völkerrechts auf die Gesetzgebung beschränkt, welche bei ihrer legislatorischen Arbeit die Praxis der gesetzlichen Hinweise auf völkerrechtliche Normen benutzt oder den Inhalt ihrer nationalen Rechtsakte an die völkerrechtlichen Vorbilder mit zahlreichen Spezifika annähert. Diese Praxis wird jedoch unverhüllt mit dem Bemühen erklärt, das „Image" des Staates im Ausland zu verbessern.[177]

Die zentrale Frage, ob die formell-rechtliche Öffnung der Rechtsordnung gegenüber den überstaatlichen Rechtssystemen zur Erweiterung des anwendbaren Rechts beiträgt, muss in diesem Fall negativ beantwortet werden. Die Öffnung ist zu unpräzise und zu eng, um das Instrumentarium der anwendbaren Rechtsnormen um weitere Regelungen zu bereichern. An dieser Wertung kann auch die erwähnte Entscheidung des Verfassungsgerichts von 2004 über die Todesstrafe grundsätzlich wenig ändern. Damit ist auch die Antwort auf die nächste Frage, ob diese Öffnung so gestaltet ist, dass sie bereits heute für die innerstaatlichen Rechtssubjekte eine unmittelbare Bedeutung haben kann, offensichtlich: Sie ist so konstruiert, dass ihre Wirkung – falls nötig – immer durch eine innerstaatliche Rechtsnorm ausgeschlossen werden kann. Dadurch bleibt sie letztlich wenig mehr als ein bloß theoretisches Konstrukt, das in der Praxis nur selten Anwendung findet.

---

[177] *V. Kalugin*, (Fn. 53), S. 10.

Schlussbetrachtung

Warum und wie weit haben die Transformationsstaaten Osteuropas ihre Rechtsordnungen für überstaatliche Rechtssysteme geöffnet? Warum und wie haben einige von ihnen diesen Schritt wieder relativiert? Gibt es einen Zusammenhang zwischen dem Ausmaß dieser Öffnung und dem Grad an Rechtstaatlichkeit einer Rechtsordnung? In der Antwort auf diese Fragen lag das Hauptinteresse der vorstehenden Untersuchung.

Manches ist zu Fragen des Verhältnisses der Rechtsordnungen der Transformationsstaaten zu überstaatlichen Rechtsordnungen bereits bekannt; bei der Untersuchung konnte daher teils an schon vorhandene Arbeiten[1] angeknüpft werden. Die besondere Herausforderung dieser Thematik beruhte jedoch in dem Versuch, die Öffnung „nach außen" mit bestimmten Elementen der Rechtsstaatlichkeit zu verbinden. Zu diesem Zweck wurde ein Fragenkatalog aufgestellt, der einen Einblick in die jeweiligen Rechtsordnungen aus dieser Perspektive erlaubte: Es wurde gefragt, warum die Transformationsstaaten ihre jeweilige Rechtsordnung für die überstaatlichen Rechtssysteme geöffnet haben und ob bei ihnen eine verfassungsrechtlich untermauerte Kooperationswilligkeit vorhanden war oder ist. Weiter wurden die Existenz, Form und Grenzen der Umwandlung der Regelungen der überstaatlichen Rechtsordnungen, vor allem des Völkerrechts und des Gemeinschaftsrechts, in eine komplementäre Rechtsquelle des nationalen Rechts untersucht. Besonderer Wert wurde auf die jeweilige Staatspraxis gelegt, vor allem auf die Frage, aufgrund welcher Muster und wie die allgemeinen Gerichte und die Verfassungsgerichte mit den überstaatlichen Rechtsregelungen umgehen. Wegen der Aussagekraft der Art und Weise, wie die Rechts-

---

[1] Vor allem *A. Albi*, EU Enlargement and the Constitutions of Central and Eastern Europe, Cambridge 2005; *S. Biernat*, Offene Staatlichkeit, § 21 Polen, in: IPE II, Heidelberg 2008; *S. Hobe*, Der offene Verfassungsstaat zwischen Souveränität und Interdependenz, Berlin 1998; *J. Malenovský*, Mezinárodní právo veřejné, jeho obecná část a poměr k jiným právním systémům, zvláště k právu českému, Brno 2008; *A. Nußberger*, Ende des Rechtsstaats in Russland?, Köln 2007 sowie *W. Rückert*, Das Völkerrecht in der Rechtsprechung des Russischen Verfassungsgerichts, Berlin 2005.

ordnungen auf die Entscheidungen ausgewählter überstaatlicher Instanzen reagieren, wurden die wichtigsten einschlägigen Mechanismen berücksichtigt. Nach der Analyse der Öffnung der Rechtsordnungen für überstaatliche Rechtsstrukturen wurden die jeweils bestehenden Grenzen dieser Öffnung untersucht und die verschiedenen Formen der Übernahme der überstaatlichen Rechtsnormen in die nationalen Rechtsordnungen kategorisiert. Auf der Grundlage der vorstehenden Untersuchung lassen sich folgende Antworten zu diesen Fragen formulieren:

1. Die Gründe der Öffnung: Die in der Einführung zur Arbeit formulierte Hypothese, dass die Öffnung der Rechtssysteme der Transformationsstaaten für überstaatliche Regelungen in den 1990er Jahren primär eine Reaktion auf die bis zu der politischen Wende geltende autoritäre und nicht-transparente Rechtslage war, hat sich als zutreffend erwiesen.[2] Die Verfassungsgeber der Transformationsstaaten verstanden das Bekenntnis zur Offenheit gegenüber überstaatlichen Rechtssystemen als ein Signal der Beendigung der Zeit der Missachtung dieser Regelungen, unter denen in der Phase nach der Wende vor allem die völkerrechtlichen Menschenrechtsinstrumente verstanden wurden. Die Staatsgewalt, unabhängig von ihrer momentanen politischen Ausrichtung, wurde aufgefordert, ihre Entscheidungen nicht ohne externes Korrektiv durch die völkerrechtlichen Grundsätze zu treffen.[3] Damit wurde die Öffnung „nach außen" als ein Verzicht auf die unbegrenzte Ausübung der Souveränität der Staatsgewalt und eine Unterwerfung unter die äußeren rechtlichen Regelungen konzipiert, wobei beide Aspekte als Bestandteile der sich neu entwickelnden Rechtsstaatlichkeit verstanden wurden.[4] Gleichzeitig wurde bestätigt, dass der Staat die durch diese

---

[2] S. z.B. *G. Danilenko*, International Law in the Russian Legal System, in: International Law in Domestic Legal Orders: A Comparative Perspective, ASIL Proceedings, 1997, S. 295; *K. Działocha*, Źródła prawa, in: L. Garlicki (Hrsg.), Konstytucja Rzeczypospolitej Polskiej, Komentarz, Warszawa 1999, S. 2 u.a.

[3] So war z.B. das zentrale Anliegen für den polnischen Gesetzgeber, seine Rechtsordnung für die wichtigsten menschenrechtlichen Instrumente, welche die humanistische Grundlage des Völkerrechts umsetzen, zu öffnen, s. *L. Garlicki*, Przesłanki ograniczenia konstytucyjnych praw i wolności, Państwo i prawo 10 (2001), 5 ff.

[4] Auch die im Jahre 1994 erfolgte Öffnung der belarussischen Verfassung wurde seinerzeit eindeutig als eines der Merkmale der Rechtsstaatlichkeit ver-

Systeme geschützten Werte teilt und bereit ist, sie gegenüber den seiner Hoheitsgewalt unterworfenen Rechtssubjekten auch durch innerstaatliche Maßnahmen zu gewährleisten.[5] Den externen Adressaten wurde vermittelt, dass die sich bildende Rechtsordnung Wert darauf legt, das gegenseitige Verhältnis auf das Völker- bzw. ggf. perspektivisch auch das Gemeinschaftsrecht zu gründen, und grundsätzlich bereit ist, ihre hieraus fließenden Verpflichtungen zu erfüllen.[6]

Dieser These widerspricht nicht der Umstand, dass die Rechtsordnungen der untersuchten Transformationsstaaten einen hohen Wert auf ihre erst (wieder-)gewonnene Souveränität legten: Bekanntlich kann der Verzicht auf die Ausübung der absoluten Souveränität gleichzeitig als der Ausdruck derselben verstanden werden. Eine völkerrechtliche Bindung eines Völkerrechtssubjekts kann den Umfang der Ausübung seiner Souveränität zwar momentan verringern, höhlt diese – auch wegen der Möglichkeit ihrer Zurückgewinnung – jedoch prinzipiell nicht aus. Dies hat sich insbesondere im Prozess der Verfassungsänderungen gezeigt, die diese Rechtssysteme für die Mitgliedschaft in der Europäischen Union vorbereiten sollten. Aus dieser Perspektive sieht die vorliegende Arbeit die postkommunistischen Verfassungen nicht unbedingt als *„souverainist"*,[7] sondern höchstens als „souveränitäts-bewusst" an.

Aus der zeitlichen Perspektive ist symptomatisch, dass es zu den entsprechenden legislatorischen Schritten der Öffnung nach außen, insbesondere der verfassungsrechtlichen Regelung des Verhältnisses des jeweiligen Staatsgefüges zu den *völkerrechtlichen* Vorgaben, in einem vergleichbaren Entwicklungsstadium der untersuchten Rechtsordnungen kam. Diese gesetzgeberischen Akte erfolgten nämlich grundsätzlich zu dem Zeitpunkt, zu dem die nationalen Rechtsordnungen am Anfang ihres Weges zur eigenen Rechtsstaatlichkeit standen und weder über eine

---

standen, s. *G.A. Vasilevič*, Konstitucija Respubliki Belarus, Naučno-praktičeskij kommentarij, Minsk 2000, 61 ff.

[5] Als Beispiel dafür kann die klare Absicht des slowakischen Verfassungsgebers genannt werden, der seine Einstellung zum Völkerrecht und die Dauerhaftigkeit seines Verhältnisses zu seinen völkerrechtlichen Verpflichtungen verfassungsrechtlich im Art. 1 Abs. 2 Verf. zum Ausdruck gebracht hat.

[6] Vgl. Art. 9 der Verfassung der Republik Polen, Dz.U. 1997, Nr. 78, Pos. 483.

[7] Anders *A. Albi*, EU Enlargement and the Constitutions of Central and Eastern Europe, Cambridge 2005, 24 ff.

detaillierte Gesetzgebung zu den Grundrechten noch über eine gefestigte Rechtsprechung zu diesen Fragen verfügten.[8] Der Hinweis auf die überstaatlichen Rechtsordnungen, insbesondere die menschenrechtlichen Regelungen des Völkerrechts, sollte in einer solchen Situation die Möglichkeit eröffnen, ihnen die Rolle einer komplementären Rechtsquelle zuzuweisen.

2. *Die Kooperationswilligkeit und die Integrationsklauseln*: Eines der Merkmale der Öffnung einer Rechtsordnung ist ihre verfassungsrechtlich gesicherte Kooperationswilligkeit. Dabei geht es weniger um die Feststellung einer verfassungsrechtlich deklarierten Bereitschaft zur internationalen Zusammenarbeit – diese war bereits in den Verfassungen der autoritären Regime der sozialistischen Staaten vorhanden. Viel aussagekräftiger ist die Existenz derjenigen rechtlichen Bestimmungen, welche die Voraussetzungen und Modi der Teilnahme der Staaten an den internationalen Strukturen regeln, weil sich diese mit der Modifizierung der Ausübung der Hoheitsrechte auseinander setzen müssen. Dabei geht es vor allem um diejenigen Regelungen, welche die Übertragung eines Teils der Ausübung der souveränen Rechte auf eine supranationale bzw. internationale Struktur ermöglichen.

Insoweit kann festgestellt werden, dass in allen untersuchten Staaten – unabhängig davon, ob es sich um Mitgliedstaaten der EU oder Staaten handelt, die einer anderen übernationalen Struktur zugehören – solche Voraussetzungen durch spezielle verfassungsrechtliche Bestimmungen geschaffen wurden. Diese wurden innerstaatlich als eine Notwendigkeit betrachtet, um einer solchen Struktur beitreten zu können, ohne gegen eigene verfassungsrechtliche Prinzipien, vor allem das der staatlichen Souveränität, zu verstoßen. Der Inhalt dieser Integrationsklauseln variiert sowohl in der Beschreibung der Struktur, an welche die Rechte übertragen werden, als auch in dem Umfang der zu übertragenden Rechte.

Als einzige der hier untersuchten Rechtsordnungen nennt die Verfassung der Slowakischen Republik ausdrücklich die Europäischen Gemeinschaften und die Europäische Union.[9] In den anderen Rechtsord-

---

[8] S. z.B. die Verfassung der Republik Slowenien aus dem Jahre 1991, Ur.l.RS, Nr. 33/1991, die Verfassung der Tschechischen Republik aus dem Jahre 1993, Nr. 1/ 1993 Sb., die Verfassung der Russischen Föderation aus dem Jahre 1993, Rossijskaja Gazeta vom 11.11. 1993 u.a.

[9] Art. 7 Abs. 2 der Verfassung der Slowakischen Republik, vollständiger Text Nr. 135/2001 Zb.z.; später jedoch auch die Verfassung Rumäniens vom

nungen werden diese Strukturen als „internationale Organisation oder Institution“ (Tschechische Republik),[10] „internationale Organisation oder internationales Organ“ (Polen)[11] bzw. „eine internationale Organisation“ (Slowenien)[12] bezeichnet. Die sich in der Verfassung der Russischen Föderation befindende Integrationsklausel[13] spricht von „zwischenstaatlichen Vereinigungen“, und die Verfassung der Republik Belarus von „zwischenstaatlichen Strukturen“.[14] Der Umfang der durch die Integrationsklauseln übertragenen Rechte hat eine Reichweite von „einigen Zuständigkeiten der Staatsorgane“[15] bzw. „Kompetenzen der Staatsgewalt in einigen Fragen“[16] bis zum „Teil der Hoheitsrechte“,[17] „Teil der souveränen Rechte“[18] und „Teil der Befugnisse“.[19] Dabei signalisieren alle Verfassungstexte, dass es sich keinesfalls um einen Transfer „aller“ souveränen Rechte handeln soll. Überraschenderweise folgen aber nur zwei von ihnen dem Vorbild der Einführung einer Struktursicherungsklausel im Sinne von Art. 23 Abs. 1 Satz 1 Grundgesetz: Dies

---

21.11. 1991 mit Änderungen (2003) und Bulgariens vom 13.7. 2001 mit Änderungen (2005).

[10] Art. 10 a der Verfassung der Tschechischen Republik, Nr. 1/1993 Sb. mit Änderungen (2001).

[11] Art. 90 Abs. 1 der Verfassung der Republik Polen, Dz.U. 1997, Nr. 78, Pos. 483.

[12] Art. 3 a Abs. 1 der Verfassung der Republik Slowenien, i.d.F. der Verfassungsänderung Ur.l.RS, Nr. 24/03.

[13] Art. 79 der Verfassung der Russischen Föderation, Rossijskaja Gazeta vom 11.11. 1993.

[14] Art. 8 Satz 2 der der Verfassung der Republik Belarus in der im November 1996 geänderten Fassung, s. die Internetseite des belarussischen Staatspräsidenten http://www.belarus.net/parliame/constpre.htm.

[15] Art. 10 Abs. 1b der Verfassung der Tschechischen Republik, Nr. 1/1993 Sb.

[16] Art. 90 Abs. 1 der Verfassung der Republik Polen, Dz.U. 1997, Nr. 78, Pos. 483.

[17] Art. 7 Abs. 2 Satz 1 der Verfassung der Slowakischen Republik, vollständiger Text Nr. 135/2001 Zb.z.

[18] Art. 3 a Abs. 1 der Verfassung der Republik Slowenien, Ur.l.RS, Nr. 33/1991.

[19] Art. 79 der der Verfassung der Russischen Föderation, Rossijskaja Gazeta vom 11.11. 1993.

sind die slowenische Verfassung, die von der Achtung der Menschenrechte und Grundfreiheiten, der Demokratie und der Prinzipien des Rechtstaates durch die Struktur, der Slowenien beizutreten beabsichtigt, spricht,[20] und die Verfassung Russlands, die als Voraussetzung des Beitritts zu einer solchen Struktur ein Verbot der Einschränkung der Rechte und Freiheiten der Menschen sowie einen Einklang mit den Grundlagen der eigenen Verfassungsordnung formuliert.[21]

3. Eine komplementäre Rechtsquelle: Als nächstes Merkmal der Öffnung der Rechtsordnung wurden die Existenz, Form und Grenzen der Umwandlung der überstaatlichen Regelungen in eine komplementäre Rechtsquelle des nationalen Rechts analysiert. Es ging vor allem um die Frage, ob und wie weit diese Regelungen ihren Katalog direkt anwendbarer rechtlicher Instrumente um völker- und gemeinschaftsrechtliche Rechtsnormen ergänzt haben und was dem gegebenenfalls im Wege steht. Dabei traten – auch mit Rücksicht auf die strukturelle Unterschiedlichkeit der Systeme „Völkerrecht" und „Gemeinschaftsrecht" – verschiedene Modelle der Übernahme dieser Regelungen in Erscheinung:

Betreffend die *völkerrechtlichen* Regelungen sind einige Unterschiede im Ansatz der Rechtsordnungen gegenüber den *allgemeinen Grundsätzen* des Völkerrechts einerseits und den *völkerrechtlichen Verträgen* andererseits erkennbar: Es kann z.B. festgestellt werden, dass die Verfassung Russlands[22] sowohl diese allgemeinen Grundsätze als auch die völkerrechtlichen Verträge in die nationale Rechtsordnung inkorporiert. Dagegen erklärt die Verfassungsordnung von Belarus[23] nur die allgemeinen Grundsätze als Maßstab der nationalen Gesetzgebung. Die Verfassungssysteme Sloweniens[24] und der Slowakischen Republik[25]

---

[20] Art. 3 a Abs. 1 der Verfassung der Republik Slowenien, Ur.l.RS, Nr. 33/1991.

[21] Art. 79 der Verfassung der Russischen Föderation, Rossijskaja Gazeta vom 11.11. 1993.

[22] Art. 15 Abs. 4 Satz 1 der Verfassung der Russischen Föderation, Rossijskaja Gazeta vom 11.11. 1993.

[23] Art. 8 Satz 1 der Verfassung der Republik Belarus in der im November 1996 geänderten Fassung, s. die Internetseite des Staatspräsidenten http://www.belarus.net/parliame/constpre.htm.

[24] Art. 8 der Verfassung der Republik Slowenien, Ur.l.RS, Nr. 33/1991.

enthalten eine eher allgemeine Erklärung, wonach sie sich verpflichten, beide diese Kategorien zu „achten". Auch die Erklärungen der Verfassungen Polens[26] und der Tschechischen Republik,[27] dass ihre Rechtssysteme „das sie bindende Völkerrecht" bzw. „ihre völkerrechtlichen Verpflichtungen" einhalten, werden durch Interpretation als das immanente Bekenntnis der beiden Rechtsordnungen zu den allgemeinen Grundsätzen verstanden.[28]

Der häufigen Anwendung der allgemeinen Regeln des Völkerrechts in der Praxis der Transformationsstaaten steht jedoch nicht selten die Tatsache entgegen, dass in ihren Rechtssystemen ein Mechanismus fehlt, der verbindlich festlegen würde, welche Regelungen unter diesen allgemeinen Grundsätzen konkret zu verstehen sind. So werden sie in einigen Rechtssystemen als völkerrechtliches *ius cogens* (Russische Föderation),[29] in anderen als rechtliche Grundsätze der zivilisierten Völker (Slowenien)[30] oder als die Prinzipien der Präambel des *Wiener Übereinkommens über das Recht der Verträge* (Slowakei)[31] verstanden. Auch ihre rechtliche Bedeutung wird unterschiedlich eingestuft. Auffallend ist dabei, dass in keiner der untersuchten Rechtsordnungen ein Verfahren vor dem jeweiligen Verfassungsgericht zur Feststellung der Eigenschaft eines allgemeinen Grundsatzes des Völkerrechts als Bestandteil

---

[25] Art. 1 Abs. 2 der Verfassung der Slowakischen Republik, vollständiger Text Nr. 135/2001 Zb.z.

[26] Art. 9 der Verfassung der Republik Polen, Dz.U. 1997, Nr. 78, Pos. 483.

[27] Art. 1 Abs. 2 der Verfassung der Tschechischen Republik, Nr. 1/1993 Sb.

[28] Eine Erörterung dieser Frage findet sich bei *K. Wójtowicz*, Art. 9, in: J. Boć (Hrsg.), Konstytucje Rzeczypospolitej, Wrocław 1998, S. 33; *J. Malenovský*, Postavení mezinárodních smluv o lidských právech v českém právu po 1. červnu 2002, Právník 141 (2002), 928 ff.; *V. Pavlíček*, Ze stanoviska k vládnímu návrhu změny Ústavy ČR, in: V. Pavlíček a kol. (Hrsg.), Suverenita a Evropská integrace, Praha 1999, 309 ff.; *J. Filip*, Parlament ČR schválil návrh euronovely Ústavy ČR, Právní zpravodaj 11 (2001), S. 5.

[29] Vgl. *J.S. Romanov*, Ob uslovijach formirovanija obščepriznannych norm, Moskovskij žurnal meždunarodnogo prava 2 (1999), S. 38.

[30] Z.B. *M. Škrk*, The European Law and the Constitutional Order of Slovenia, European Law in the Case-Law of Constitutional Courts, Bratislava 2001, S. 70.

[31] Gesetzesmotive zur Verfassungsänderung 2001, http://www.nrsr.sk/Slovak/Zakony/Ustava/index.htm., S. 24.

der nationalen Rechtsordnung eingeführt wurde – es fehlt also an einer Parallele zu Art. 100 Abs. 2 Grundgesetz.

Im Gegensatz zu den Bestimmungen über die Stellung der allgemeinen Regeln des Völkerrechts gehört in den Verfassungssystemen der Transformationsstaaten das Kriterium der Existenz und Form der Einbeziehung der *völkerrechtlichen Verträge* in die innerstaatliche Rechtsordnung zu denjenigen, die eine qualitative Aussage über die Öffnung der nationalen Rechtssysteme für diese Rechtsordnungen erlauben. Darüber hinaus ebnet diese Einbeziehung – unter Erfüllung bestimmter Voraussetzungen – den Weg zur innerstaatlichen Anwendung völkerrechtlicher, vor allem menschenrechtlicher Instrumente einschließlich ihrer Auslegung durch zuständige internationale Gremien. *A contrario* zeigt sich am Beispiel der früher autoritären Regime und der Rechtsordnung der Republik Belarus,[32] dass das Fehlen einer solchen verfassungsrechtlichen Regelung durchaus einen defensiven Zweck erfüllen kann.

Die Mehrheit der untersuchten Staaten beschränkt den „Einbruch" der völkervertraglichen Regelungen in die nationale Rechtsordnung auf die durch die Verfassung qualifizierten, wichtigsten Kategorien der völkerrechtlichen Verträge. Diese Qualifizierung erfolgt in der Regel durch die parlamentarische Zustimmung zu diesen Verträgen und somit vor ihrer völkerrechtlichen Ratifizierung, die entweder in der Form von Zustimmungsgesetzen oder parlamentarischen Beschlüssen stattfindet, im Falle von EU-Beitrittsverträgen teilweise über die Volksabstimmung. Mit diesem Mechanismus sichern sich die Gesetzgeber bzw. im Falle der Beitrittsverträge direkt das Wahlvolk den entscheidenden Einfluss auf die Auswahl der anzuwendenden völkerrechtlichen Bestimmungen (z.B. in Polen,[33] der Tschechischen Republik[34] und der Slowa-

---

[32] Die Stellung der völkerrechtlichen Verträge ist Gegenstand des einfachen Gesetzes *über die völkerrechtlichen Verträge*, Nr. 1188-XII mit Änderungen, Vedomosti Verchovnogo Soveta Respubliki Belarus, 1991, Nr. 32, Pos. 584; Vedomosti Nacional'nogo sobranija Respubliki Belarus, 1998, Nr. 29-30, Pos. 469; Nacional'nyj rejestr pravovych aktov Respubliki Belarus, 1999, Nr. 47.

[33] Art. 89 und 89 der Verfassung der Republik Polen, Dz.U. 1997, Nr. 78, Pos. 483.

[34] Art. 49 Verf. der Verfassung der Tschechischen Republik, Nr. 1/1993 Sb. mit Änderungen (2001).

kei[35]). Ein Extrem stellt die Verfassung Russlands[36] dar, die pauschal alle völkerrechtlichen Verträge in die nationale Rechtsordnung inkorporiert, und zwar ohne zusätzliche verfassungsrechtliche Anforderungen an ihren Inhalt oder ihre Form. Diese pauschale Völkerrechtsfreundlichkeit muss jedoch mit Vorsicht betrachtet werden: Nicht ganz im Einklang mit der Verfassung erfolgt die Reduzierung des Umfangs dieser Kategorie auf die innerstaatlich „ratifizierten" Verträge über die Beschlüsse des Obersten Gerichtshofs (1995 und 2002) und das einfache Gesetz *über die völkerrechtlichen Verträge*.[37]

4. „Bestandteil der Rechtsordnung": Für das Funktionieren der Anwendung der völkerrechtlichen Regelungen als subsidiäre nationale Rechtsquellen ist ihre Eigenschaft als „Bestandteil" der nationalen Rechtsordnung von Bedeutung. Der Begriff „Bestandteil" bzw. „Teil" der Rechtsordnung deckt sich jedoch in den untersuchten Ländern nicht immer mit dem Terminus der „direkten Anwendbarkeit" der völkerrechtlichen Regelungen, obwohl er mit ihm eng verbunden ist. Nur mit Schwierigkeiten kann daher der verfassungsrechtliche Auftrag der slowenischen Verfassung erfüllt werden, pauschal alle ratifizierten und verkündeten völkerrechtlichen Verträge oder gemeinschaftsrechtlichen Quellen als „unmittelbar anwendbar" zu behandeln.[38] Die Mehrheit der untersuchten Rechtsordnungen (z.B. in Polen,[39] der Tschechischen Republik[40] und der Slowakei[41]) wandelt deswegen nur qualifizierte völkerrechtliche Verträge in Bestandteile ihrer Rechtsordnungen um und verleiht

---

[35] Art. 7 Abs. 4 der Verfassung der Slowakischen Republik, vollständiger Text Nr. 135/2001 Zb.z.

[36] Art. 15 Abs. 4 der Verfassung der Russischen Föderation, Rossijskaja Gazeta vom 11.11. 1993.

[37] Gesetz *über die völkerrechtlichen Verträge*, Sobranije zakonodatel'stva Rossijskoj Federacii 1995, Nr. 29, Pos. 2757; dazu *T. Beknazar*, Das neue Recht der völkerrechtlichen Verträge in Russland, ZaöRV 56 (1996), 406 ff.

[38] Art. 8 Satz 2 der Verfassung der Republik Slowenien, Ur.l.RS, Nr. 33/1991.

[39] Art. 91 Abs. 1 der Verfassung der Republik Polen, Dz.U. 1997, Nr. 78, Pos. 483.

[40] Art. 10 Abs. 1 der Verfassung der Tschechischen Republik, Nr. 1/1993 Sb. mit Änderungen.

[41] Art. 154 der Verfassung der Slowakischen Republik, vollständiger Text Nr. 135/2001 Zb.z.

nur den als *self-executing* ausgestalteten Verträgen unmittelbare Wirkung; die unmittelbare Wirkung des einschlägigen Gemeinschaftsrechts erfolgt über die Bindung an das gemeinschaftliche Primärrecht.

Dagegen weist das Konzept der Verfassung der Russischen Föderation durch die Einstufung der allgemeinen Grundsätze des Völkerrechts als Bestandteil ihrer Rechtsordnung Parallelen zum Rechtsanwendungsbefehl von Art. 25 Grundgesetz auf. Im Unterschied zur deutschen Regelung erweitert es jedoch diese Vorschrift[42] ausdrücklich um die völkerrechtlichen Verträge, welche – ähnlich wie in der Rechtsordnung der Tschechischen Republik – im Falle einer vom Gesetz abweichenden Regelung angewendet werden.

5. *Der Rang*: Falls die Regelung des Verhältnisses der nationalen Rechtsordnung zu den überstaatlichen Rechtssystemen es bei der Feststellung ihrer Anwendbarkeit beließe, wäre ihre Beziehung zu den nationalen Rechtsordnungen unklar und theoretisch durch jede spätere oder spezielle nationale Rechtsnorm innerstaatlich änderbar. Aus diesem Grund hat die Mehrheit der untersuchen Staaten weitere verfassungsrechtliche Regelungen ausgearbeitet, die den Rang bzw. Anwendungsvorrang der völkerrechtlichen Bestimmungen definieren.

In der Mehrheit ihrer Verfassungen – der polnischen,[43] russischen,[44] slowakischen[45] und tschechischen[46] – wird den durch die Verfassung qualifizierten, vor allem durch das jeweilige Parlament gebilligten Verträgen Anwendungsvorrang vor den einfachen Gesetzen eingeräumt. In Slowenien blieb dagegen das Problem des Rangs der völkerrechtlichen Verträge gegenüber den innerstaatlichen Bestimmungen ungelöst: Die eigentliche Rangregelung ist als eine Vorschrift über die Übereinstimmung von Rechtsakten konzipiert und bietet keine vollständigen Kriterien für die Einordnung in das System der Rechtsquellen. Nach der

---

[42] Art. 15 Abs. 4 der Verfassung der Russischen Föderation, Rossijskaja Gazeta vom 11. 11. 1993.

[43] Art. 91 Abs. 2 der Verfassung der Republik Polen, Dz.U. 1997, Nr. 78, Pos. 483.

[44] Art. 15 Abs. 2 Satz 2 der Verfassung der Russischen Föderation, Rossijskaja Gazeta vom 11.11. 1993.

[45] Art. 7 Abs. 5 der Verfassung der Slowakischen Republik, vollständiger Text Nr. 135/2001 Zb.z.

[46] Art. 10 der Verfassung der Tschechischen Republik, Nr. 1/1993 Sb. mit Änderungen.

Rechtsprechung des slowenischen Verfassungsgerichts[47] gebe es eindeutig nur keinen Vorrang des Völkervertragsrechts gegenüber der Verfassung. In der belarussischen Rechtsordnung kann die Lösung der Frage des Rangs der völkerrechtlichen Normen nicht anders als unübersichtlich bezeichnet werden: Zwei einfache Gesetze[48] enthalten zwar die Regelung, wonach der Rang völkerrechtlicher Verträge vom Rang ihrer Zustimmungsform abzuleiten ist. Weil jedoch verschiedene Formen dieser Zustimmung zulässig sind (Gesetz, Regierungsanordnung, Präsidialdekret), befinden sich dementsprechend die Verträge in unterschiedlichen Verhältnissen zu den subkonstitutionellen Rechtsnormen. Die Situation wird noch problematischer dadurch, dass selbst in der nationalen Rechtsordnung das Verhältnis zwischen verschiedenen Kategorien der innerstaatlichen Rechtsnormen unklar und umstritten ist.

6. Die Rechtsakte der überstaatlichen Strukturen: Eines der Attribute der erhöhten Transparenz einer Rechtsordnung kann auch die Tatsache sein, dass sie sich explizit über die Stellung der Rechtsakte der überstaatlichen Strukturen, deren Partei der entsprechende Staat ist, äußert. Es ist zwar unumstritten, dass die Regelungen des primären sowie ggf. sekundären Rechts dieser Strukturen durch den völkerrechtlich bindenden Beitritt in die nationale Rechtsordnung übergeleitet werden.[49] Da jedoch die Intensität der normschaffenden Aktivitäten dieser supranationalen Strukturen – wie insbesondere im Fall der Europäischen Gemeinschaften – sehr hoch ist und sich auf die Rechtslage zahlreicher Rechtssubjekte auswirkt, liegt die Bedeutung der relevanten verfassungs- oder einfach-gesetzlichen Regelungen in ihrem Beitrag zur besseren Übersichtlichkeit des Katalogs der anwendbaren Rechtsquellen.

Der Umfang der betroffenen Akte der überstaatlichen Strukturen ist in den untersuchten Staaten unterschiedlich: Während sich die Verfassung der Slowakischen Republik auf die Regelung zum Europarecht be-

---

[47] Rm 1/97, Ur.l.RS, Nr. 40/1997.

[48] Das Gesetz *über die völkerrechtlichen Verträge*, Nr. 1188-XII mit Änderungen, Vedomosti Verchovnogo Soveta Respubliki Belarus, 1991, Nr. 32, Pos. 584; Vedomosti Nacional'nogo sobranija Respubliki Belarus, 1998, Nr. 29-30, Pos. 469; Nacional'nyj rejestr pravovych aktov Respubliki Belarus, 1999, Nr. 47, und das Gesetz *über die allgemein verbindlichen Rechtsakte*, Vedomosti Nacional'nogo sobranija Respubliki Belarus, 2000, Nr. 5, Pos. 40.

[49] So auch die Entscheidung des Polnischen Verfassungsgerichtshofs K 18/04 vom 11.5. 2005.

schränkt und den „rechtlich verbindlichen Akten der Europäischen Gemeinschaften und der Europäischen Union“ einen Gesetzesvorrang garantiert,[50] äußert sich die slowenische Verfassung zu den „Rechtsakten der internationalen Organisation“ und fordert dazu auf, sie im Einklang mit ihrer Rechtsordnung anzuwenden;[51] darunter können z.B. auch die Beschlüsse des UN-Sicherheitsrates verstanden werden. Auch der polnische Verfassungsgeber benutzte den Terminus „das Recht, das von einer internationalen Organisation gesetzt wird“, und verlieh ihm unmittelbare Anwendbarkeit und Gesetzesvorrang.[52] Interessant ist es, dass auch die Rechtsordnungen Russlands[53] und der Republik Belarus[54] mit einer rechtsetzenden Tätigkeit von supranationalen Strukturen explizit rechnen. Nur der tschechische Gesetzgeber hat es bisher unterlassen, in der so genannten „Euronovelle“ der Verfassung die Position des durch die überstaatlichen Strukturen geschaffenen Rechts zu thematisieren.

Keine der genannten Rechtsordnungen stellte dieses Recht über die eigene Verfassung; diese in Europa übliche Haltung wurde bereits in der Rechtsprechung einiger Verfassungsgerichte der beobachteten Staaten bestätigt.[55]

7. Die Anwendung völker- und gemeinschaftsrechtlicher Regelungen: Wie die überstaatlichen völkerrechtlichen als auch gemeinschaftsrechtlichen Regelungen in der Praxis umgesetzt werden, hängt auch davon ab,

---

[50] Art. 7 Abs. 2 Satz 2 der Verfassung der Slowakischen Republik, vollständiger Text Nr. 135/2001 Zb.z.; nach diesem Vorbild auch die Verfassung Rumäniens vom 21.11. 1991 mit Änderungen (2003).

[51] Art. 3 a Abs. 3 der Verfassung der Republik Slowenien, Ur.l.RS, Nr. 33/1991.

[52] Art. 91 Abs. 3 der Verfassung der Republik Polen, Dz.U. 1997, Nr. 78, Pos. 483.

[53] § 15 Abs. 1 des Gesetzes *über die völkerrechtlichen Verträge*, Sobranije zakonodatel'stva Rossijskoj Federacii 1995, Nr. 29, Pos. 2757.

[54] Art. 116 Verf. der Verfassung der Republik Belarus in der im November 1996 geänderten Fassung, s. die Internetseite des Staatspräsidenten http://www.belarus.net/parliame/constpre.htm.

[55] Z.B. Entscheidung des tschechischen Verfassungsgerichts Pl. ÚS 50/04 vom 8.3. 2006 oder des polnischen Verfassungsgerichtshofs K 18/04 vom 11.5. 2005.

ob und im welchen Maßstab sie vor den *allgemeinen Gerichten* Anwendung finden:

Falls eine *völkerrechtliche* Regelung bereits Bestandteil der nationalen Rechtsordnung und direkt anwendbar ist, müsste sie zumindest theoretisch auch von den Gerichten als Rechtsquelle anerkannt und angewendet werden. Unter diesem Gesichtspunkt ist die ausdrücklich formulierte Bindung der Richter an die völkerrechtlichen Regelungen ein nicht unabdingbares, sondern zusätzliches Merkmal der Öffnung und der Transparenz des nationalen Rechts. So erklären zwar zwei Verfassungen der untersuchten Transformationsstaaten – die slowakische[56] und die tschechische[57] – die Bindung der Richter der allgemeinen Gerichte an die völkerrechtlichen Regelungen; in Slowenien werden die Richter an das Völkerrecht als Rechtsquelle aufgrund eines einfachen Gerichtsgesetzes[58] gebunden. In anderen untersuchten Rechtsordnungen (Polen[59] und Russische Föderation[60]) sind ähnlich der Regelung von Art. 20 Abs. 3 Grundgesetz die Richter an die Verfassung und das „Gesetz" gebunden.

Trotzdem war es interessant zu beobachten, ob und ggf. wie sich die Bindung der Richter an die Bestimmungen dieser Rechtssysteme in ihrer Entscheidungspraxis auswirkt: Die durchgeführte Analyse hat gezeigt, dass diese formelle Bindung an das Völkerrecht eine bloß minimale Auswirkung auf die Entscheidungstätigkeit der Judikative hat. Ob mit einem expliziten Auftrag oder ohne ihn, jedenfalls erfolgt die Anwendung dieser Regelungen in der Entscheidungspraxis nur ausnahmsweise und fast ausschließlich auf Antrag der Parteien.

---

[56] Art. 144 Abs. 1 der Verfassung der Slowakischen Republik, vollständiger Text Nr. 135/2001 Zb.z.

[57] Art. 95 Abs. 2 der Verfassung der Tschechischen Republik, Nr. 1/1993 Sb. mit Änderungen (2001).

[58] § 3 des Gesetz *über die Gerichte*, Ur.l.RS, Nr. 19-779/1994, geändert durch das Gesetz Ur.l.RS, Nr. 45-2161/1995, Nr. 26-1210/1999, Nr. 38-1874/1999, Nr. 28-1254/2000, Nr. 26-1582/2001, Nr. 26-2759/2002 und Nr. 67-3232/2002.

[59] Art. 178 Abs. 1 der Verfassung der Republik Polen, Dz.U. 1997, Nr. 78, Pos. 483.

[60] Art. 120 Abs. 1 der Verfassung der Russischen Föderation, Rossijskaja Gazeta vom 11.11. 1993.

Die Anwendung des *Gemeinschaftsrechts* durch die *allgemeinen Gerichte* der beigetretenen Staaten ist von der Umwandlung und Auswertung ihrer Rolle im Zusammenhang mit dem EG-Beitritt geprägt:[61] Seit dem EG-Beitritt erfüllen sie bei der Anwendung von Gemeinschaftsrecht ihre neue Rolle als „Gemeinschaftsgerichte"[62] und unterbreiten gemäß Art. 234 EGV dem Europäischen Gerichtshof Vorabentscheidungsersuchen. Beide Formen ihrer neuen Kompetenzen haben sich bei den untersuchten EG-Mitgliedern etabliert und werden von Gerichten aller Instanzen[63] ausgeübt. Um eine verfahrensrechtliche Grundlage für die Aussetzung des Verfahrens im Zusammenhang mit dem Einreichen der Vorabentscheidungsersuchen zu schaffen, wurde in der Slowakischen Republik die Zivilprozessordnung und in der Tschechischen Republik zusätzlich die Strafprozessordnung geändert; in Slowenien hat diese Aussetzung eine komplementäre Stütze im Gesetz *über die Gerichte*. Noch nicht aus der Praxis, sondern erst aus dem Schrifttum sind Überlegungen über die Folgen einer Nicht-Vorlage zum EuGH bekannt; diese soll, vergleichbar mit der Rechtslage unter Art. 101 Grundgesetz, einen Entzug des gesetzlichen Richters darstellen können.[64]

Überstaatliche Regelungen spielten vor allem in den 1990er Jahren eine Schlüsselrolle bei der Ausgestaltung der jeweiligen *Verfassungsgerichtsbarkeit*. Das Völkerrecht erschien in diesem Zusammenhang zunächst als Prüfungsgegenstand; dabei hatte die verfassungsrechtliche oder einfach-gesetzliche Verankerung dieser Kompetenz üblicherweise zwei Motive: Einerseits signalisierte sie das Streben nach der Beibehaltung der Kontrolle über die Inhalte dieser Verträge, andererseits stammte sie aus dem Bewusstsein der Notwendigkeit, die rechtlichen Voraussetzungen auch zur innerstaatlichen Umsetzung der abgeschlossenen völkerrechtlichen Akte durch nationale Rechtsakte zu sichern.

---

[61] Vgl. hierzu die Beiträge in *M. Hofmann* (Hrsg.), Europarecht und die Gerichte der Transformationsstaaten, Baden-Baden 2008.

[62] S. z.B. das Urteil des Verwaltungsgerichts der *Wojwodschaft Lublin* vom 25.5. 2005, I SA/Lu 77/2005.

[63] Z.B. das *Wojwodschaftsverwaltungsgericht Warschau* in der Sache III SA/Wa 254/07, C-313/05; Bezirksgericht *Český Krumlov* in der Sache C-437/05; Bezirksgericht *Prag* 3 in der Sache C-65/06 usw.

[64] Z.B. *W.L. Dragica*, The Position of the Constitutional Court of the Republic of Slovenia in Relation to European Community Law, Round Table II on Consequences of Membership in the EU for Constitutional Courts, Vienna 17 October 2006, 96-98.

Im Unterschied zur deutschen Rechtsordnung mit seiner durch seine eigene Rechtsprechung erweiterten, entsprechenden Zuständigkeit des Bundesverfassungsgerichts ermöglichen alle untersuchten Rechtsordnungen explizit die *präventive Kontrolle* völkerrechtlicher Verträge durch ihre Verfassungsgerichte,[65] die aus der innerstaatlichen Perspektive bisweilen als eine Blockade des Ratifizierungsprozesses dient. In der Praxis wird das Instrument der Kontrolle der völkerrechtlichen Verträge bei besonders bedeutsamen Anlässen genutzt. So hat z.B. das Verfassungsgericht Sloweniens die Vereinbarkeit des relevanten *Europaabkommens* mit der Verfassung überprüft,[66] in Polen wurde die Verfassungsmäßigkeit des *EU-Beitrittsvertrags* der verfassungsgerichtlichen Kontrolle unterzogen und in Tschechien wurde Antrag auf Überprüfung der Verfassungsmäßigkeit des *Vertrags von Lissabon* eingereicht.

Weiter erscheint das Völkerrecht in der Form eines Prüfungsmaßstabs, der in das Instrumentarium der Verfassungsgerichte der Transformationsstaaten eingebaut wurde, um bei der verfassungsgerichtlichen Kontrolle die Verfassungsmäßigkeit der nationalen Rechtsakte nicht nur anhand der eigenen nationalen Bestimmungen zu messen, sondern sie zusätzlich dem internationalen Korrektiv unterwerfen zu können. Es hat sich gezeigt, dass die Einführung dieses Instruments in der Regel mit der breiten Überführung der Regelungen der überstaatlichen Rechtssysteme in die innerstaatliche Rechtsordnung verknüpft war und mit dieser ein Ganzes bildete. Dies ist auch aus dem Grund folgerichtig, weil – nachdem die völkerrechtlichen Regelungen durch eine Rangregelung die Stufe der übergesetzlichen subkonstitutionellen Normen erreicht haben – eine Möglichkeit der Verfassungskontrolle anhand völkerrechtlicher Bestimmungen ohne ausdrückliche Regelung zwar nicht verboten, aber gleichzeitig auch nicht geboten ist, wie sich in der neueren Entscheidungspraxis des tschechischen Verfassungsgerichts zeigt.

---

[65] Art. 188 Abs. 1 der Verfassung der Republik Polen, Dz.U. 1997, Nr. 78, Pos. 483; Art. 87 Abs. 2 der Verfassung der Tschechischen Republik, Nr. 1/1993 Sb. mit Änderungen (2001); Art. 125 a der Verfassung der Slowakischen Republik, vollständiger Text Nr. 135/2001 Zb.z.; Art. 160 Abs. 2 der Verfassung der Republik Slowenien, Ur.l.RS, Nr. 33/1991; Art. 125 Abs. 2 d der Verfassung der Russischen Föderation, Rossijskaja Gazeta vom 11.11. 1993; Art. 116 Verf. der Verfassung der Republik Belarus in der im November 1996 geänderten Fassung, die Internetseite des Staatspräsidenten http://www.belarus.net/parliame/constpre.htm.

[66] Rm 1/97, Ur.l.RS, Nr. 40/1997.

Nach der durchgeführten Analyse kann festgestellt werden, dass alle untersuchten Staaten die Möglichkeit der *abstrakten Normenkontrolle* der Inhalte der innerstaatlichen Regelungen anhand völkerrechtlicher Normen nutzen, manche aufgrund eindeutiger verfassungsrechtlicher Bestimmungen (Polen,[67] Slowakei,[68] Slowenien[69] oder Belarus[70]), andere[71] durch die Brücke des Völkerrechts als „Bestandteil der Rechtsordnung". Dadurch unterscheiden sie sich von der Bundesrepublik Deutschland, deren relevante verfassungsrechtliche Bestimmung (Art. 93 Abs. 1 Nr. 2 Satz 2 Grundgesetz) grundsätzlich allein das Grundgesetz als Prüfungsmaßstab heranzieht. Dabei fanden in der Rechtsprechung der Verfassungsgerichte am häufigsten die einzelnen Bestimmungen der EMRK und des IPbürgR, in einigen der untersuchten Ländern (Polen, Tschechien) vereinzelt auch die Bestimmungen des jeweiligen Europaabkommens Anwendung. Nur die Verfassungsänderung der Tschechischen Republik des Jahres 2001 hat die früher häufig genutzte Möglichkeit der abstrakten Normenkontrolle anhand völkerrechtlicher Instrumente zugunsten der präventiven Kontrolle völkerrechtlicher Verträge aufgehoben;[72] die Praxis des Verfassungsgerichts, Völkerrecht als Maßstab anzuwenden, wird jedoch auch ohne die verfassungsrechtliche Grundlage fortgesetzt.

Im Zusammenhang mit dem EU-Beitritt stellt sich die Frage nach der Zuständigkeit der Verfassungsgerichte, das Gemeinschaftsrecht einer Kontrolle anhand der Bestimmungen der nationalen Verfassungen zu unterziehen. Während das primäre Gemeinschaftsrecht im Rahmen der

---

[67] Art. 188 Abs. 3 und 4 der Verfassung der Republik Polen, Dz.U. 1997, Nr. 78, Pos. 483.

[68] Art. 125 Abs. 1-3 der Verfassung der Slowakischen Republik, vollständiger Text Nr. 135/2001 Zb.z.

[69] Art. 160 Abs. 1 Satz 2 der Verfassung der Republik Slowenien, Ur.l.RS, Nr. 33/1991.

[70] Art. 116 der Verfassung der Republik Belarus in der im November 1996 geänderten Fassung, s. die Internetseite des Staatspräsidenten http://www.belarus.net/parliame/constpre.htm.

[71] Tschechische Republik, Russland.

[72] Art. 87 Abs. 1 lit. a und b der Verfassung der Tschechischen Republik, Nr. 1/1993 Sb. i.d.F. des Verfassungsgesetzes Nr. 395/2001 Sb.

präventiven Normenkontrolle wie oben dargestellt überprüft wird,[73] zeigt sich im Falle des sekundären Gemeinschaftsrechts als Zuständigkeitskriterium das Ausmaß der Umsetzung der europäischen Vorgaben (Polen,[74] Slowenien,[75] Tschechische Republik[76]): Je mehr Raum der nationale Gesetzgeber für die inhaltliche Ausgestaltung der Umsetzungsvorschrift hatte, umso einfacher begründeten die Verfassungsgerichte ihre Kompetenz, diese „nationale" Rechtsnorm ihrer Kontrolle zu unterstellen.

Mit Umsicht behandelt wird die Frage der Verpflichtung der Verfassungsgerichte, Vorabentscheidungsersuchen an den EuGH zu richten. Die bisherige Rechtsprechung spricht vom Verhältnis der gegenseitigen Loyalität dieser Spruchkörper,[77] bzw. einer „delikaten" Frage,[78] und weist auf diejenigen Ausnahmen von dieser Pflicht hin, die der EuGH selbst formuliert hat (Existenz langjähriger konsolidierter Rechtsprechung betreffend die zu überprüfende Frage), bzw. begründet mit Art. 10 EGV das Recht, selbst die Frage der Vereinbarkeit einer sekundäres Gemeinschaftsrecht umsetzenden Rechtsnorm mit der nationalen Verfassung ohne Vorlage an den EuGH zu beurteilen.[79] Prinzipiell wird jedoch die Existenz einer solchen Befugnis zur Vorlage nicht bestritten, wobei sie weniger als eine Pflicht, sondern eher als eine Möglichkeit gesehen wird: Nur die slowenische Lehre[80] sieht bisher das slowenische Verfassungsgericht insbesondere in den Fällen von Individualbeschwer-

---

73 S. die Entscheidung des polnischen Verfassungsgerichtshofs K 18/04 vom 11.5. 2005 (EU-Beitrittsvertrag); der Antrag an das tschechische Verfassungsgericht auf die Überprüfung des Lissaboner Vertrags vom 28.4. 2008.

74 S. Entscheidung des Polnischen Verfassungsgerichtshofs P. 1/2005 vom 27.4. 2005 (Europäischer Haftbefehl).

75 Z.B. die Entscheidung des slowenischen Verfassungsgerichts U-I-113/04 vom 7.2. 2007.

76 Entscheidung des tschechischen Verfassungsgerichts Pl. ÚS 50/05 vom 8.3. 2006 (Zuckerquoten).

77 Entscheidung des polnischen Verfassungsgerichtshofs K 18/04 vom 1.5. 2005.

78 Entscheidung des tschechischen Verfassungsgerichts Pl. ÚS 50/04 vom 8.3. 2006.

79 Entscheidung des tschechischen Verfassungsgerichts Pl. ÚS 66/04 vom 3.5. 2006.

80 *W.L. Dragica* (Fn. 64), 96-98.

den als vorlagepflichtig. Selbst der polnische Verfassungsgerichtshof, der grundsätzlich als Organ der Normenkontrolle konzipiert ist, könne sich jedoch in Einzelfällen für eine solche Vorlage zum EuGH entscheiden.[81]

Nur in einigen der hier untersuchten Rechtsordnungen (nämlich der slowakischen,[82] der polnischen[83] und der slowenischen[84]) finden sich dagegen Bestimmungen, welche völkerrechtliche Normen ausdrücklich als Prüfungsmaßstab *konkreter Normenkontrollverfahren* vor den jeweiligen Verfassungsgerichten nennen. In den übrigen untersuchten Rechtsordnungen werden die völkerrechtlichen Regelungen von den Verfassungsgerichten ohne ausdrückliche rechtliche Grundlage einerseits „aktivistisch", anderseits subsidiär angewandt. Nur dem Verfassungsgericht der Tschechischen Republik wurde auch hier seine ursprüngliche Kompetenz, auf Vorlage der allgemeinen Gerichte sowie der Beschwerdeführer im Zusammenhang mit einer Verfassungsbeschwerde über die Aufhebung der gesetzlichen oder untergesetzlichen Rechtsnormen wegen Widerspruchs zu völkerrechtlichen Verträgen zu entscheiden, im Jahre 2001 aufgrund der Verlagerung der Normenkontrolle auf die allgemeinen Gerichte entzogen.

Das Institut der *Verfassungsbeschwerde* wurde mit Ausnahme der Republik Belarus in die Rechtsordnungen aller untersuchten Staaten eingeführt. Wie bei allen übrigen Formen der verfassungsgerichtlichen Kontrolle signalisiert die Verankerung der Möglichkeit, vor den Verfassungsgerichten anhand völkerrechtlicher Bestimmungen die individuellen Verfassungsbeschwerden zu beurteilen, eine Bereitschaft des Verfassungsgebers, die nationale Rechtsordnung dem Völkerrecht in seiner dynamischen Form zu öffnen. So führte die Verfassungsänderung der Slowakischen Republik aus dem Jahre 2001 eine breit konzipierte Ver-

---

81 Vgl. die Gründe der Entscheidung des polnischen Verfassungsgerichtshofs K 18/04 vom 11.5. 2005.

82 Art. 144 Abs. 2 der Verfassung der Slowakischen Republik, vollständiger Text Nr. 135/2001 Zb.z.

83 Art. 193 der Verfassung der Republik Polen, Dz.U. 1997, Nr. 78, Pos. 483.

84 Art. 160 Abs. 1 der Verfassung der Republik Slowenien, Ur.l.RS, Nr. 33/1991.

fassungsbeschwerde ein, deren Maßstab ausdrücklich auch die ratifizierten und verkündeten völkerrechtlichen Verträge sind.[85]

In den untersuchten Staaten finden sich zwei Formen der individuellen Beschwerde bzw. Verfassungsbeschwerde. Indem in einigen Staaten (Polen[86] und der Russischen Föderation[87]) Gegenstand der Überprüfung nicht die Einzelakte der Organe der öffentlichen Gewalt, sondern die normative Grundlage dieser Entscheidungen ist, nähert sie sich – im Unterschied zur Rechtsordnung der Bundesrepublik Deutschland (Art. 93 Abs. 4a Grundgesetz) – eher dem Institut der konkreten Normenkontrolle. In anderen Rechtsordnungen (Tschechien,[88] Slowakei,[89] Slowenien[90]) ist ihre Konstruktion dem Modell der Verfassungsbeschwerde im Sinne von Art. 93 Abs. 1 Nr. 4a Grundgesetz sehr nah.

Auch ihre Prüfungsmaßstäbe unterscheiden sich von Staat zu Staat. In der slowenischen Rechtsordnung wird in der Konstruktion der Verfassungsbeschwerde – ähnlich wie §§ 90 ff. BVerfGG – nicht mit völkerrechtlichen Regelungen als Maßstab gerechnet. In der Russischen Föderation und in Polen ist die Überprüfung der Beschwerden auf Normen der Verfassung beschränkt. Trotzdem werden die völkerrechtlichen Regelungen, insbesondere die Menschenrechtsinstrumente, in allen drei Rechtsordnungen in der Rechtsprechung der Verfassungsgerichte zumindest subsidiär zur Stärkung der verfassungsgerichtlichen Argumentation genutzt.

Die in der Verfassung der Tschechischen Republik ursprünglich verankerte Möglichkeit, über Verfassungsbeschwerden wegen Verletzung neben der durch die Verfassung auch durch völkerrechtliche Verträge garantierten Rechte zu entscheiden, wurde aus dem Instrumentarium der

---

85 Art. 127 der Verfassung der Slowakischen Republik, vollständiger Text Nr. 135/2001 Zb.z.

86 Art. 79 Abs. 1 der Verfassung der Republik Polen, Dz.U. 1997, Nr. 78, Pos. 483.

87 Art. 125 Abs. 4 der Verfassung der Russischen Föderation, Rossijskaja Gazeta vom 11.11. 1993.

88 Art. 87 Abs. 1 lit. d der Verfassung der Tschechischen Republik, Nr. 1/1993 mit Änderungen (2001).

89 Art. 79 Abs. 1 der Verfassung der Republik Polen, Dz.U. 1997, Nr. 78, Pos. 483.

90 Art. 160 Abs. 1 Satz 6 der Verfassung der Republik Slowenien, Ur.l.RS, Nr. 33/1991.

Prüfungsmaßstäbe des Verfassungsgerichts gestrichen;[91] in der Praxis findet sie trotzdem und bewusst betont in den Entscheidungsgründen Anwendung. Dagegen ist das Modell der slowakischen Verfassungsbeschwerde[92] ganz auf der obligatorischen Anwendung völkerrechtlicher Regelungen als Maßstab aufgebaut.

8. Die Umsetzung der Entscheidungen überstaatlicher Instanzen: Das Kriterium der innerstaatlichen Umsetzung der Entscheidungen überstaatlicher Instanzen wurde in der Arbeit gewählt, um zu ermitteln, wie die innerstaatliche Rechtsordnung gegebenenfalls auch mit den für sie ungünstigen Entscheidungen der überstaatlichen Strukturen umgeht. Wegen ihrer Bedeutung für die gewählten Rechtsordnungen war die Untersuchung der Mechanismen der Umsetzung auf die Entscheidungen des EGMR, des UN-Ausschusses für Menschenrechte und des EuGH beschränkt.

Die eigentliche Probe der Völkerrechtsfreundlichkeit der nationalen Rechtssysteme geschieht nämlich in dem Moment, in dem aus der Sicht der internationalen Überwachungsorgane Anwendung und Auslegung des nationalen Rechts zu Ergebnissen führen, die mit den völkerrechtlichen Verpflichtungen eines Staates nicht vereinbar sind. Wenn dann entsprechende Entscheidungen dieser Gremien auf der innerstaatlichen Ebene akzeptiert und umgesetzt werden, hat die entsprechende Rechtsordnung ihre völkerrechtliche Feuerprobe bestanden. Die gesetzlichen Voraussetzungen hierfür zumindest auf dem Gebiet des Strafprozessrechts bieten einige der hier untersuchten Rechtsordnungen – und dies erscheint als eines der wichtigsten und zugleich auch durchaus erfreulichen Ergebnisse dieser Arbeit.

Hinsichtlich der Umsetzung der Entscheidungen des EGMR haben einige der untersuchten Staaten (Polen,[93] Russische Föderation,[94] Slowe-

[91] Art. 87 Abs. 1 lit. d der Verfassung der Tschechischen Republik, Nr. 1/1993 mit Änderungen.

[92] Art. 127 der Verfassung der Slowakischen Republik, vollständiger Text Nr. 135/2001 Zb.z.

[93] § 540 Abs. 3 der Strafprozessordnung der Republik Polen, Dz.U. 1997, Nr. 89, Pos. 555, mit Änderungen.

[94] §§ 413-415 der Strafprozessordnung der Russischen Föderation, Rossijskaja Gazeta Nr. 174-FZ.

nien[95]) auf die Empfehlung des Ministerkomitees des Europarats 2000/2 vom 19. Januar 2000 und die Resolution Nr. 1226 (2000) vom 28. September 2000 reagiert und in ihre Strafprozessordnungen Bestimmungen eingeführt, welche die Wiederaufnahme des innerstaatlichen Strafverfahrens aufgrund von entsprechenden Entscheidungen des EGMR ermöglichen; die Slowakische Republik hat dieses Verfahren sogar auf ihre Zivilprozessordnung erstreckt. In der Tschechischen Republik wurde die Zuständigkeit des Verfassungsgerichts zum Wiederaufnahmeverfahren aufgrund der Entscheidungen des EGMR in das Verfassungsgerichtsgesetz einbezogen,[96] Polen und Slowenien haben spezielle Verfahren für die Fälle von unbegründet langen Verfahren eingeführt.[97] In anderen Staaten sind die rechtlichen Folgen einer „Verurteilung" durch den EGMR unklar; die Republik Belarus ist schließlich bisher wegen ihrer fehlenden Mitgliedschaft im Europarat auch nicht an die EMRK gebunden.

Im Gegensatz zu den verbindlichen Entscheidungen des EGMR haben die Auffassungen des UN-Ausschusses für Menschenrechte nur einen empfehlenden Charakter; ihre Bedeutung z.B. für die Bürger von Belarus, die keine Möglichkeit haben, sich an den EGMR zu wenden, darf jedoch nicht unterschätzt werden. Aus rein rechtlicher Sicht ist nur folgerichtig, dass es in den untersuchten Transformationsstaaten keine Mechanismen gibt, die auf die empfehlenden Auffassungen des Ausschusses explizit reagieren würden. Nur in der polnischen Strafprozessordnung[98] – auch im Unterschied zur deutschen StPO – ist eine Wiederaufnahme des Strafverfahrens aufgrund einer Stellungnahme des Ausschusses nicht ausgeschlossen. Grund dafür ist, dass sie ihrem Wortlaut nach nicht als Reaktion auf die Entscheidungen des EGMR, sondern pauschal auf Entscheidungen „eines internationalen Organs" konstruiert ist.

---

[95] §§ 410-415 der Strafprozessordnung der Republik Slowenien, Gesetz Ur.l.RS, Nr. 19-779/1994, geändert durch das Gesetz Ur.l.RS, Nr. 45-2161/1995, Ur.l.RS, Nr. 26-1210/1999, Ur.l.RS, Nr. 38-1874/1999, Ur.l.RS, Nr. 28-1254/2000, Ur.l.RS, Nr. 26-1582/2001, Ur.l.RS, Nr. 26-2759/2002 und Ur.l.RS, Nr. 67-3232/2002.

[96] § 119 des Gesetzes *über das Verfassungsgericht*, Nr. 182/1993 Sb. i.d.F. späterer Änderungen.

[97] Dz.U. 2004 Nr. 179, Poz. 1843.

[98] Fn. 93.

Die Entscheidungen des EuGH wurden für alle EU-Mitglieder im Sinne von Art. 220 ff. EGV verbindlich. Wegen der Wirkung des primären Gemeinschaftsrechts und der damit vermittelten Verbindlichkeit der Urteile von EuGH und EuG reagieren – ähnlich wie die Rechtsordnung der Bundesrepublik Deutschland – die Verfassungen einiger Transformationsstaaten nicht ausdrücklich auf diese Entwicklung (z.B. die Tschechische Republik). Im Unterschied dazu befinden sich in anderen Rechtssystemen Klauseln, die sich mit der innerstaatlichen Auswirkung der Entscheidungen der überstaatlichen Strukturen befassen. So verlangt die Verfassung Sloweniens, dass die „Entscheidungen" der internationalen Organisationen, auf die es einen Teil der Ausübung seiner Zuständigkeiten übertragen hat, im Einklang mit den Regelungen dieser Organisationen angewandt werden.[99] Die Verfassung der Slowakischen Republik sichert den rechtlich verbindlichen „Akten" der Europäischen Gemeinschaften Gesetzesvorrang, worunter die Gesetzesmotive auch die Urteile des EuGH verstehen.[100] Die tschechische Rechtsordnung reflektiert die Verbindlichkeit der Urteile des EuGH in den gerichtlichen Verfahrensordnungen (ZPO, StPO), die slowakische ZPO qualifiziert die Entscheidungen des EuG und des EuGH als vollstreckbare Titel.

9. Die Grenzen der Öffnung für überstaatliche Systeme: Nachdem die Formen der Öffnung einzelner Rechtssysteme untersucht wurden, sollten auch ihre Grenzen dargestellt werden.

Es hat sich bestätigt, dass sehr wohl die untersuchten Staaten keinen allgemeinen, durch ihren Willen nicht mehr beeinflussbaren „Einbruch" aller überstaatlichen Regelungen durchführten. Mit der Ausnahme der allgemeinen Grundsätze des Völkerrechts und der Rechtsnormen des *acquis communautaire*, deren Entwicklung außerhalb des unmittelbaren Einwirkungsbereichs der einzelnen Rechtsordnungen liegt, behielten die nationalen Parlamente in der Regel das Instrument der Zustimmung zu den völkerrechtlichen Verträgen (z.B. in Polen,[101] der Tschechischen

---

[99] Art. 3 a der Verfassung der Republik Slowenien, Ur.l.RS, Nr. 33/1991.

[100] Art. 7 Abs. 2 der Verfassung der Slowakischen Republik, vollständiger Text Nr. 135/2001 Zb.z.

[101] Art. 89 und 89 der Verfassung der Republik Polen, Dz.U. 1997, Nr. 78, Pos. 483.

Republik,[102] der Slowakei[103]) bzw. ihrer innerstaatlichen parlamentarischen so genannten „Ratifizierung" (Slowenien,[104] Russland,[105] Belarus[106]) als einen entscheidenden Regulator der Auswahl der anzuwendenden Instrumente bei.

Die Frage ist, ob eine vorbehaltlose Öffnung gegenüber überstaatlichen Regelungen für diese Rechtsordnungen überhaupt möglich und rechtspolitisch wünschenswert wäre. Aus rein rechtlicher Sicht scheint kein Argument dagegen zu sprechen, warum eine solche Öffnung nicht möglich wäre; ein monistisches Rechtssystem mit Primat des Völkerrechts würde die dafür geeigneten völkerrechtlichen Regelungen ohne Überleitungsnormen als sein eigenes nationales Recht anwenden. Bei der Frage nach der rechtspolitischen Erforderlichkeit der Öffnung müssen die Vor- und Nachteile der parlamentarischen Beeinflussung des Umfangs des ursprünglich völkerrechtlichen, später innerstaatlich anwendbaren Rechts erwähnt werden.

Zu den Vorteilen gehört sicher die konstitutive Rolle der Zustimmung zu völkerrechtlichen Vertragen, die einerseits bewirkt, dass die Staaten keiner bedeutsamen völkerrechtlichen Regelung beitreten können, ohne dass die Parlamente – und damit letztlich der Souverän – darüber entschieden haben; andererseits bewirkt sie die direkte Anwendbarkeit der entsprechend verfassten völkerrechtlichen Normen in der nationalen Rechtsordnung. Weiter hat sie eine bedeutsame systemische Funktion, indem sie eine völkerrechtliche Regelung in das Gefüge der im Lande anzuwendenden Regelungen einordnet und ihr einen Rang in dieser Rechtsordnung zuweist. Ihre Mitentscheidungsrolle garantiert, dass den

---

[102] Art. 49 Verf. der Verfassung der Tschechischen Republik, Nr. 1/1993 Sb. mit Änderungen (2001).

[103] Art. 7 Abs. 4 der Verfassung der Slowakischen Republik, vollständiger Text Nr. 135/2001 Zb.z.

[104] § 75 des Gesetzes *über die auswärtigen Angelegenheiten*, Ur.l.RS, Nr. 45-2549/2001.

[105] § 15 des Gesetzes *über die völkerrechtlichen Verträge*, Sobranije zakonodatel'stva Rossijskoj Federacii 1995, Nr. 29, Pos. 2757.

[106] § 8 des Gesetzes *über die völkerrechtlichen Verträge*, Nr. 1188-XII mit Änderungen, Vedomosti Verchovnogo Soveta Respubliki Belarus, 1991, Nr. 32, Pos. 584; Vedomosti Nacional'nogo sobranija Respubliki Belarus, 1998, Nr. 29-30, Pos. 469; Nacional'nyj rejestr pravovych aktov Respubliki Belarus, 1999, Nr. 47.

Parlamenten keine fremde Regelung von außen aufgezwungen wird, sondern sie die Möglichkeit haben, sich zu ihrem Inhalt und ihrer Erforderlichkeit für das innerstaatliche System zu äußern und damit den Grundsatz der Volkssouveränität im Wege repräsentativer Demokratie zu sichern. Der Zustimmung kann auch eine wichtige Informationsrolle zugeteilt werden, wonach der Inhalt einer anzuwendenden völkerrechtlichen Regelung viel einfacher an die Rechtsanwender übermittelt wird, wenn diese durch das Parlament gebilligt ist, als wenn sie – wie das der Fall bei den allgemeinen Regeln des Völkerrechts ist – sich auf die innerstaatlichen Rechtsverhältnisse direkt auswirken. Zu den Nachteilen dieses Modells gehört die Dauer des parlamentarischen Verfahrens, die manchmal schwierige Suche nach einem Kompromiss,[107] die damit verbundene Möglichkeit der Ablehnung eines Vertrags, der für den Staat politisch von Bedeutung wäre,[108] sowie die Möglichkeit der Aufhebung der Zustimmungsnorm und dadurch eines potentiellen Verstoßes gegen die für den Staat verbindliche völkerrechtliche Regelung.

Bei den untersuchten Staaten hat sich gezeigt, dass die Vorteile der rechtlichen Möglichkeit einer abschließenden Entscheidung der nationalen Staatsorgane über den Umfang der Wirkung der überstaatlichen Regelungen überwogen haben. Dies hat zur Folge, dass diese Rechtssysteme nicht als ausschließlich monistisch bezeichnet werden können. Sie scheinen eine Sonderkategorie zu bilden, die den Einfluss der Parlamente als Merkmal der dualistischen Systeme sowie die unmittelbare Anwendbarkeit der auf diese Weise in die nationale Rechtsordnung überführten Regelungen als Attribut der monistischen Konstruktion verbindet.

So sehen mehrere Autoren in Slowenien[109] in der Voraussetzung der obligatorischen Zustimmung des Parlaments oder der Regierung zur unmittelbaren Anwendbarkeit der Bestimmungen völkerrechtlicher Verträge ein Zeichen dafür, dass die slowenische Rechtsordnung zu einer

---

[107] S. z.B. die Diskussion im Parlament der Tschechischen Republik zum beabsichtigten Vertrag mit den USA über Auslieferung, http://www.psp.cz/eknih/2002ps/stenprot/030schuz/s030280.htm.

[108] Vgl. die Diskussion im Parlament der Tschechischen Republik zur Ratifikation des Statuts des Internationalen Strafgerichtshofs. http://www.psp.cz/sqw/text/text.sqw?C=3462&T=K2002PSP4V&q=%d8%edmsk%fd%20statut&lem=1&j=1&d1=1.

[109] Art. 8 Satz 2 der Verfassung der Republik Slowenien, Ur.l.RS, Nr. 33/1991.

„milden Form“ des Dualismus tendiert.[110] In Polen konstruierte der Verfassungsgeber ein „geschlossenes System der Rechtsquellen“,[111] das auf dem positivistischen Rechtskonzept beruht und gleichwohl durch die obligatorische parlamentarische Zustimmung dualistische Züge aufweist. Die Tschechische Republik hat sich durch die neue Fassung von Art. 10 Verf. zwar formell zum Prinzip des „moderaten Monismus“ und der Anwendungspriorität völkerrechtlicher Verträge bekannt,[112] diese ist jedoch durch die Reduzierung des Katalogs der Verfassungsgerichtsbarkeit auf nationales Recht abgeschwächt.[113] Die Rechtsordnung Russlands mit der starken Stellung der völkerrechtlichen Verträge scheint auch monistische Züge zu haben; durch die parlamentarische Mitwirkung an ihrer Überführung ins nationale Recht handelt es sich jedoch auch hier offensichtlich um eine Zwischenkategorie zwischen beiden Systemen des Verhältnisses der nationalen Rechtsordnung zum Völkerrecht.

Als eine dem Monismus nahe stehende Rechtsordnung kann das Rechtssystem der Slowakischen Republik bezeichnet werden, das zwar auch parlamentarische Mitwirkung bei der Überleitung der völkerrechtlichen Verträge verlangt, dies jedoch mit der starken Position des Völkerrechts in der Rechtsprechung kompensiert. Auch die Rechtsordnung der Republik Belarus kann unter die Kategorie der monistischen Rechtssysteme subsumiert werden – jedoch eindeutig als Rechtsordnung mit dem Primat des innerstaatlichen Rechts.

10. Die Rechtsstaatlichkeit: Die nächste Beobachtung betrifft den Zusammenhang zwischen dem Standard der Öffnung für die externen Rechtssysteme und ihrer Rechtsstaatlichkeit. Es hat sich gezeigt, dass die Einführung transparenter, allgemein zugänglicher Vorschriften über die Anwendung völkerrechtlicher Regelungen in der Periode fehlender oder sich erst noch entwickelnder nationaler Regelungen eine bedeut-

---

[110] S. *P. Vehar/ T. Ilešič*, International Agreements in the Legal Orders of the Candidate Countries. Slovenia, in: A. Ott/ K. Inglis (Hrsg.), Handbook of European Enlargement, Hague 2002, S. 331.

[111] *K. Działocha*, Źródła prawa, in: L. Garlicki (Hrsg.), Konstytucja Rzeczypospolitej Polskiej, Komentarz, Warszawa 1999, S. 2.

[112] Nach Auffassung der zweiten Kammer des Parlaments (Senat) im Kommentar zu einer Verfassungsbeschwerde. In: Entscheidung Nr. 153 vom 11.2. 2004, Nr. 153/2004 Sb.

[113] S. das Kapitel „Tschechische Republik“.

same Rolle erfüllt hat, ähnlich wie später einige Rechtsordnungen eine Definition der Stellung des *acquis communautaire* aus rechtsstaatlicher Sicht für erforderlich hielten. Die Einbeziehung der völkerrechtlichen Regelungen in die nationalen Rechtssysteme erhöhte nicht nur die Zahl der anzuwendenden Rechtsquellen, sondern auch die Zahl und Qualität der Kontrollmechanismen, welche nun – ggf. auch nur indirekt – die Einhaltung dieser Regelungen überwachen.

Dabei muss gesehen werden, dass das Verhältnis zwischen der Völker- und Gemeinschaftsrechtsfreundlichkeit und der Qualität des Rechtsstaates nicht linear ist. Zwar bedingt die fehlende Rechtsstaatlichkeit die faktische Bedeutungslosigkeit des Völkerrechts und eine Rechtsordnung, die grundlegenden rechtsstaatlichen Anforderungen nicht entspricht, kann diesen Fehler nicht durch ihre Bindung an das Völkerrecht ersetzen – eine der Rechtsstaatlichkeit grundsätzlich feindliche Rechtsordnung wird sich durch das Völkerrecht nicht in eine rechtsstaatliche umwandeln lassen. Auf der anderen Seite sind Rechtsordnungen denkbar, die einen hohen rechtsstaatlichen Standard gewährleisten, sich jedoch gegenüber einem „Einbruch" überstaatlicher Rechtsordnungen zurückhaltend verhalten.

Die gewonnenen Erkenntnisse mündeten in der Untersuchung der am Anfang der Arbeit aufgestellten These, dass zwischen dem Ausmaß der Öffnung der nationalen Rechtsordnungen für überstaatliche Rechtssysteme und der Qualität der Rechtsstaatlichkeit der jeweiligen nationalen Rechtsordnung ein enges Verhältnis besteht: Je offener eine Rechtsordnung ist, desto größer ist die Wahrscheinlichkeit, dass sie auch rechtsstaatlich ist.

11. Die Relativierung der Öffnung für überstaatliche Rechtssysteme: Der Etappe der Öffnung für die überstaatlichen Rechtssysteme folgte in fast allen untersuchten Staaten die Phase ihrer Relativierung: In Tschechien kam sie zu dem Zeitpunkt, zu welchem die nationale Rechtsprechung vor allem im Grundrechtsbereich bereits eigene Argumentationslinien aufgebaut hatte und nicht länger gezwungen war, zur argumentativen Stützung ihrer einschlägigen Urteile auf überstaatliche Konzepte zurückzugreifen.[114] Vieles spricht auch für die Vermutung, dass die Beseitigung des externen völkerrechtlichen Korrektors auch den künftigen

[114] S. das Verfassungsgesetz vom 18.10. 2001, welches das Verfassungsgesetz des Tschechischen Nationalrates Nr. 1/1993 Sb. die Verfassung der Tschechischen Republik, i.d.F. späterer Vorschriften, ändert, Nr. 395/2001 Sb.

Überfluss an gemeinschaftsrechtlichen Rechtsakten kompensieren und den Befürchtungen über die Aushöhlung der Ausübung der staatlichen Souveränität entgegensteuern sollte. Die Sorge um den Umfang der Souveränität spiegelt sich sogar in der Rechtsprechung des tschechischen Verfassungsgerichts wider, das im Jahre 2006 die Beibehaltung der „Grundlagen der staatlichen Souveränität" als eine Voraussetzung des Verbleibs Tschechiens in der Europäischen Union und umgekehrt ihre Gefährdung als einen Grund zur „Wiederübernahme der Ausübung der übertragenen Zuständigkeiten" bezeichnete.[115]

Im früher ausgesprochen europafreundlichen Polen erreichte die Skepsis gegenüber externen Rechtssystemen ihren Gipfel während der Verhandlungen über den Text der Europäischen Verfassung und des Vertrags von Lissabon. Auf der verfassungsgerichtlichen Basis positionierte es sich in der Entscheidung zum EU-Beitritt, in der für den Fall einer unüberwindbaren Kollision zwischen einer Verfassungsnorm und einer Norm des Gemeinschaftsrechts als äußerster Schritt der „Austritt Polens aus der Europäischen Union" angesprochen wurde.[116]

In anderen Ländern zeigte sich eine „Müdigkeit" gegenüber dem Einfluss der überstaatlichen Strukturen zwar weniger deutlich, d.h. weder in der Gesetzgebung noch in den Entscheidungen des Verfassungsgerichts, sondern einfach im Absinken der Zahl der Entscheidungen über Verfassungsbeschwerden, die zuvor Völkerrecht als Referenzmaßstab angewendet hatten (z.B. Slowenien).[117] Auch in Russland ist die frühere pragmatische Praxis, auch ohne ausdrückliche verfassungsrechtliche Grundlage Völkerrecht zumindest begleitend anzuwenden, seltener geworden. In einem anderen Fall, der Republik Belarus, wurde dagegen eine Reduzierung der Öffnung für überstaatliche Regelungen durch zahlreiche einfach-gesetzliche Schritte zu dem Zeitpunkt durchgeführt, an dem der Staat den Weg einer sich entwickelnden Rechtstaatlichkeit verlassen und sich zurück auf den Pfad eines autoritären Regimes begeben hatte.[118]

---

[115] Entscheidung des Verfassungsgerichts der Tschechischen Republik Pl. ÚS 50/04, 8.3. 2006.

[116] Entscheidung des polnischen Verfassungsgerichtshofs K 18/04 vom 11.5. 2005.

[117] S. das Kapitel „Slowenien".

[118] S. das Kapitel „Die Republik Belarus".

Zusammenfassend kann festgestellt werden, dass die Gründe für die Relativierung der breiten Öffnung für überstaatliche Regelungen teils in der Furcht vor der Schmälerung der staatlichen Selbständigkeit durch eine weitere, zusätzliche Rechtsordnung, teils in der Überzeugung von der so hohen Qualität der eigenen Rechtsstaatlichkeit lagen, dass die Heranziehung von äußeren, von den betroffenen Staaten selbst nicht geschaffenen, sondern höchstens beeinflussten Normen als nicht erforderlich erschien. Die dritte Ursache beruhte auf einer grundsätzlich defensiven Haltung gegenüber der internationalen Gemeinschaft und mangelnden Bereitschaft zur Unterwerfung unter eine externe Kontrolle.

12. Eine Prognose: Es wird interessant sein zu beobachten, wie sich das Phänomen der Öffnung der Rechtsordnungen für überstaatliche Rechtssysteme der heutigen Transformationsstaaten weiter entwickeln wird, ob die untersuchten Konzepte der Offenheit ihre Nachfolger finden oder Einzelfälle bleiben, die typisch für die Übergangsphase vom Sozialismus zu demokratischen, rechtsstaatlichen Systemen sind.

Wie sich in der Arbeit gezeigt hat, ist die Offenheit für überstaatliche Regelungen nicht nur ein zusätzliches Element der Rechtsstaatlichkeit, sie ist auch – oder wenigstens in einigen Fällen – ein politisches Signal, ein Angebot zur Anwendung internationaler Korrektive. Dies beantwortet bereits die Frage nach den Nachfolgern dieser Modelle: Die offensten Rechtssysteme werden höchstwahrscheinlich diejenigen Staaten schaffen, die auf ihre EU-Mitgliedschaft warten oder sie auch für ihr potentiell wichtigstes außenpolitisches Ziel erachten. Als Beispiel dafür kann die Verfassung Bulgariens dienen, die in der Vor-Beitritt-Phase eine Regelung über eine breite Inkorporierung der völkervertraglichen Bestimmungen in die nationale Rechtsordnung erhielt,[119] oder die Verfassung Rumäniens, die sich nicht nur auf das Verhältnis der nationalen Rechtsordnung zum Völkerrecht beschränkte,[120] sondern bereits vier Jahre vor dem EU-Beitritt zahlreiche EG-relevante Vorschriften umfasste.[121] Eine Klausel über die Inkorporierung der ratifizierten Verträge

---

[119] Art. 5 der Verfassung der Republik Bulgarien, i.d.F. der Verfassungsänderung Nr. 85/26 DV.

[120] Art. 11 der Verfassung der Republik Rumänien i.d.F. der Verfassungsänderung Nr. 429/2003 MO.

[121] Art. 16 der Verfassung der Republik Rumänien.

ist Bestandteil auch der ukrainischen Verfassung[122] und es wäre nicht weiter verwunderlich, wenn eine Erarbeitung einer Integrationsklausel in nicht zu ferner Zukunft erfolgen würde.

13. Ein Nachtrag: Ganz zum Schluss scheint es erforderlich, nochmals zu betonen, dass ein Vergleich zwischen der heutigen Rechtslage und der Situation vor der Wende am deutlichsten zeigt, wie weit die Entwicklung der Öffnung dieser Rechtsordnungen für überstaatliche Rechtssysteme gediehen ist und welch weiten Weg die untersuchten Rechtsordnungen bereits zurückgelegt haben: Nicht nur die gegenwärtige Öffnung für diese Rechtssysteme, sondern auch ihre frühere Abschottung war ein rechtspolitisches Instrument und hatte durchaus praktische Gründe: Sie sollte verhindern, dass die durch das Völkerrecht geschützten Grundrechte wie die Meinungs- oder die Reisefreiheit von den Bürgern der damaligen sozialistischen Staaten in Anspruch genommen werden konnten. Eine individuelle Berufung auf die völkerrechtlichen Verpflichtungen vor den internationalen Kontrollgremien war ausgeschlossen. Aus dieser Perspektive ist die nicht vorhandene Öffnung der belarussischen Rechtsordnung nur folgerichtig. Nach der Wende haben dagegen überstaatliche Regelungen maßgeblich zum Aufbau der rechtsstaatlichen Rechtsordnungen der anderen untersuchten Staaten beigetragen und in zahlreichen Fällen den nationalen Rechtssubjekten ganz konkret zu ihren Rechten verholfen. Der Gipfel der Parabel, der in der ausgesprochen breiten Anwendung der überstaatlichen Maßstäbe Ende der 1990er Jahre stattfand, ist vor allem aus dieser Perspektive zu betrachten.

[122] Art. 9 der Verfassung der Republik Ukraine, Vidomosti Verchovnoj Radi Nr. 30/1996, Pos. 141.

Summary

From Transformation to Openness for Cooperation? Legal System Development in Central and Eastern European States to Accommodate International and European Law

Why and to what extent did the transformation states of Central and Eastern Europe open their legal orders for supranational legal systems? Why and to what extent did some of them withdraw this step at a later stage? Is there any relationship between the degree of this openness and the quality of rule of law order in a given State? To give an answer to these questions was the main focus of this study.

Quite a considerable amount of information on the relationship between the legal orders of the transformation countries with supranational legal systems has been gathered already; therefore, the present analysis could rely, to some extent, on the results of studies published so far.[1] The real challenge consisted in the attempt to link this openness with certain elements of the rule of law principle in the countries selected for this study: The Czech Republic, Poland, the Slovak Republic, and Slovenia as former socialist countries which joined the European Union in 2004, the Russian Federation as a country with a significant influence in other successor States to the former USSR, and the Republic of Belarus as an example of a country with promising step into the family of members of the rule of law which, however, moved considerably backwards since 1996.

---

[1] Especially *A. Albi*, EU Enlargement and the Constitutions of Central and Eastern Europe, Cambridge 2005; *S. Biernat*, Offene Staatlichkeit, § 21 Poland, in: IPE II, Heidelberg 2008; *S. Hobe*, Der offene Verfassungsstaat zwischen Souveränität und Interdependenz, Berlin 1998; *J. Malenovský*, Mezinárodní právo veřejné, jeho obecná část a poměr k jiným právním systémům, zvláště k právu českému, Brno 2008; *A. Nußberger*, Ende des Rechtsstaats in Russland?, Köln 2007; as well as *W. Rückert*, Das Völkerrecht in der Rechtsprechung des Russischen Verfassungsgerichts, Berlin 2005.

To this end, a questionnaire had been drafted which enabled an insight into the legal orders from this perspective. The first question dealt with the reasons for the opening of the legal orders of the transformation countries and their readiness for international cooperation. The next question focused on the existence, forms and limits of the transformation of legal acts of supranational legal orders – public international and European Community law – into a supplementary legal source of municipal law. In this regard, a specific interest was devoted to the State practice, especially on the models of the treatment of supranational law by the general and Constitutional Courts. Because of its explicatory power, the reaction of municipal law to decisions of selected international bodies such as the European Court of Human Rights has been explored. Subsequent to the analysis of the opening of the domestic legal orders for supranational orders, the limits of this process have been examined. The results enabled a categorization of the forms of reaction of municipal orders to supranational legal systems. On the basis of the answers to these questions, following theses could be formulated:

1. The Reasons for the Opening: The hypothesis that the opening of the municipal legal orders of transformation countries towards supranational legal orders was primarily a reaction to the former authoritarian and non-transparent legal orders in the 1990ies proved to be correct.[2] The drafters of the constitutions of these countries understood the commitment to these systems as a signal to terminate the period of disrespect with regard to these rules, especially to international human rights instruments. Irrespective of the prevailing political *couleur*, the respective State powers have been instructed not to reach their decisions without any external corrective represented by international rules.[3] Thus, the "outwards" opening has been designed as a renouncement to the unlimited exercise of State sovereignty and a submission under external legal systems; both these aspects have been perceived as elements

---

[2] S. e.g. *G. Danilenko*, International Law in the Russian Legal System, in: International Law in Domestic Legal Orders: A Comparative Perspective, ASIL Proceedings, 1997, S. 295; *K. Działocha*, Źródła prawa, in: L. Garlicki (Hrsg.), Konstytucja Rzeczypospolitej Polskiej, Komentarz, Warszawa 1999, S. 2 et al.

[3] S. e.g. *L. Garlicki,* Przesłanki ograniczenia konstytucyjnych praw i wolności, Państwo i prawo 10 (2001), 5 ff.

of the emerging rule of law.[4] Simultaneously, it signalized the readiness of the municipal legal orders to share the values of international human rights instruments and to guarantee them in respect of the persons being subjects to such legal orders.[5] Other subjects of international law were informed that the evolving legal orders intended to found the mutual relationship on the basis of international law, in a longer perspective also on European Community law, and that they were ready to comply with their international obligations.[6]

This is so notwithstanding the fact that the legal orders of the transformation States considered their respective sovereignty as being of high value: The renouncement to exercise absolute sovereignty can be understood as an expression thereof. An international legal obligation can reduce the scope of such sovereignty but cannot deprive it of its essence – by an *actus contrarius,* the subjects of international legal relations can regain their powers. This became specifically apparent during the process of the amendments to some of the constitutions which aimed at preparing the States concerned for their envisaged membership in the European Union. From this perspective, the post-communist constitutions do not necessarily appear as being "*souverainist*",[7] but rather as "sovereignty-aware".

From a temporal perspective, it is symptomatic that the opening of the legal systems for *international law* occurred in a comparable stadium of the development of the legal orders – namely at the moment where the respective national orders were at the beginning of their path to the rule of law and disposed neither of a detailed human rights legislation nor of

---

4 Even the opening of the Constitution of Belarus in 1994 has been perceived as one of the attributes of the rule of law order. S. *G.A. Vasilevič*, Konstitucija Respubliki Belarus, Naučno-praktičeskij kommentarij, Minsk 2000, p. 61 ff.

5 As an example, the approach of the drafters of the Slovak Constitution can be mentioned who included their concept of openness of the Slovak legal order towards external legal orders in Article 1 para 2 of the Constitution.

6 S. e.g. Article 9 of the Constitution of Poland, Dz.U. 1997, No 78, Pos. 483.

7 Dissented *A. Albi*, EU Enlargement and the Constitutions of Central and Eastern Europe, Cambridge 2005, 24 ff.

any consolidated jurisprudence in this field.[8] The reference to external legal rules, especially international human rights treaties, contributed to assigning to them the role of a complementary legal source.

2. *The Willingness for Cooperation and Integration Clauses*: The constitutional willingness for cooperation can be considered as one of the attributes of the openness of a legal order. A proclaimed readiness for international cooperation existed even in the constitutions of the authoritarian regimes of socialist States. However, the decisive factor is the existence of legal provisions which formulate the preconditions and forms of the participation of States in international structures: They react to the necessity to adapt legal orders to new forms of the execution of sovereignty.

The overview has shown that all examined countries, irrespective of the fact whether they belong to the European Union or not, created the preconditions necessary for their adherence to supranational structures. From a municipal law perspective, these provisions were considered as an imperative to join such structure without infringing upon the own sovereignty. The content of these clauses varies both as concerns the description of the structure which should be joined and as regards the amount of the rights (to be) transferred.

Only the pertinent provision of the Constitution of the Slovak Republic mentions expressly the European Communities and the European Union.[9] Other legal orders speak of "international organization or institution" (Czech Republic),[10] "international organization or international organ" (Poland)[11] or "international organization" (Slovenia).[12]

---

[8] S. e.g. Constitution of the Republic of Slovenia of 1991, Ur.l.RS, No 33/1991, Constitution of the Czech Republic of 1993, No 1/1993 Sb. as amended, Constitution of the Russian Federation of 1993, Rossijskaja Gazeta of 11.11. 1993.

[9] Article 7 para 2 of the Constitution of the Slovak Republic, No 135/2001 Zb.z.; later also the Constitution of Romania of 21.11. 1991 as amended (2003) and Bulgaria of 13.7. 2001 as amended (2005).

[10] Article 10 a of the Constitution of the Czech Republic, No 1/1993 Sb. as amended (2001).

[11] Article 90 para 1 of the Constitution of the Republic of Poland, Dz.U. 1997, No 78, Pos. 483.

[12] Article 3 a para 1 of the Constitution of the Republic Slovenia as amended, Ur.l.RS, No 24/03.

The integration clause of the Russian Constitution operates with the term of "interstate associations"[13] and the Constitution of Belarus with the notion of "interstate structures".[14] The amount of the rights (to be) transferred ranges from "certain powers of bodies of the Czech Republic"[15] to the "competence of organs of State authority in relation to certain matters",[16] "exercise of a part of its powers",[17] "the exercise of part of its sovereign rights"[18] and "some of its powers".[19] All constitutional texts declare clearly that they do not provide for a transfer of "all" sovereign rights. Surprisingly, only two of them have followed the example of the German *Grundgesetz* and introduced a special clause comparable to its Article 23 (1) 1: The Constitution of Slovenia defines such a structure as an organization based on the respect for human rights and fundamental freedoms, democracy, and the principle of the rule of law;[20] the Constitution of the Russian Federation enumerates as preconditions human rights and liberties, as well as compliance with the constitutional system of the Russian Federation.[21]

3. A Complementary Source of Law: The next attribute of the openness of a legal order are the existence, forms and limits of the transformation of the supranational legal rules into complementary rules of municipal

---

[13] Article 79 of the Constitution of the Russian Federation, Rossijskaja Gazeta of 11.11. 1993.

[14] Article 8 Sentence 2 of the Constitution of the Republic Belarus as amended in November 1996, the website of the President of the Republic of Belarus, http://www.belarus.net/parliame/constpre.htm.

[15] Article 10 para 1b of the Constitution of the Czech Republic, No 1/1993 Sb. as amended (2001).

[16] Article 90 para 1 of the Constitution of the Republic Poland, Dz.U. 1997, No 78, Pos. 483.

[17] Article 7 para 2 Satz 1 of the Constitution of the Slovak Republic, consolidated text No 135/2001 Zb.z.

[18] Article 3 a para 1 of the Constitution of the Republic Slovenia, Ur.l.RS, No 33/1991.

[19] Article 79 of the Constitution of the Russian Federation, Rossijskaja Gazeta of 11.11. 1993.

[20] Article 3 a para 1 of the Constitution of the Republic Slovenia, Ur.l.RS, No 33/1991.

[21] Article 79 of the Constitution of the Russian Federation, Rossijskaja Gazeta of 11.11. 1993.

law. This study focused on the question whether and to what extent these rules – rules of international law and of European Community law – have supplemented the catalogue of directly applicable legal instruments. With regard to the structural differences between public international and European Community law, the analysis has shown quite a variety of models of such relations:

Concerning the rules of international law, differences occurred with respect to the *general principles of international law* on the one hand and international treaty law on the other.

The Constitution of the Russian Federation incorporates both categories of rules of international law.[22] In contrast to this approach, the Constitution of Belarus[23] declares only the general principles of international law as standards of Byelorussian legislation. The Constitutions of Slovenia[24] and of the Slovak Republic[25] declare rather generally their readiness to "respect" both categories of sources of international law. The respective provisions of the Polish[26] and Czech[27] Constitutions which state that their legal systems observe their obligations under international law, are interpreted as an immanent commitment to general principles of international law.[28]

---

22 Article 15 para 4 Satz 1 of the Constitution of the Russian Federation, Rossijskaja Gazeta of 11.11. 1993.

23 Article 8 Sentence 1 of the Constitution of the Republic Belarus as amended in November 1996, the website of the President of the Republic of Belarus, http://www.belarus.net/parliame/constpre.htm.

24 Article 8 of the Constitution of the Republic Slovenia, Ur.l.RS, No 33/1991.

25 Article 1 para 2 of the Constitution of the Slovak Republic, consolidated text No 135/2001 Zb.z.

26 Article 9 of the Constitution of the Republic of Poland, Dz.U. 1997, No 78, Pos. 483.

27 Article 1 para 2 of the Constitution of the Czech Republic No 1/1993 Sb.

28 An analysis of this question can be found by *K. Wójtowicz*, Article 9, in: J. Boć (Hrsg.), Konstytucje Rzeczypospolitej, Wrocław 1998, p. 33; *J. Malenovský*, Postavení mezinárodních smluv o lidských právech v českém právu po 1. červnu 2002, Právník 141 (2002), 928 ff.; *V. Pavlíček*, Ze stanoviska k vládnímu návrhu změny Ústavy ČR, in: V. Pavlíček a kol. (Hrsg.), Suverenita a Evropská integrace, Praha 1999, pp. 309 ff.; *J. Filip*, Parlament ČR schválil návrh euronovely Ústavy ČR, Právní zpravodaj 11 (2001), p. 5.

A considerable obstacle to a more frequent application of general principles in the practice of the transformation countries is the non-existence of mechanisms for a binding determination of their scope and content. In some legal orders, they are considered to represent the international *ius cogens* (Russian Federation),[29] in others the legal principles of civilized nations (Slovenia)[30] or the principles of the Vienna Convention on the Law of Treaties (Slovakia).[31] Differences occur also in relation to their legal force. A remarkable fact is that none of the analyzed legal orders provides for a provision comparable to Article 100 (2) of the German *Grundgesetz* which enables the German Federal Constitutional Court to determine whether a rule of public international law constitutes such a general principle of international law and, as such, forms part of the applicable (German) municipal law.

In contrast to the rather vague provisions on the rank of general principles of international law in the municipal legal order, the rules on the incorporation of *international treaties* enable an assessment as to the openness of a particular legal order. Moreover, they open – under certain preconditions – the path for the application, in the respective domestic legal orders, of international treaties, especially human rights instruments including their interpretation by the respective international bodies. *A contrario* the legal orders of the former socialist regimes and of the Republic of Belarus[32] show that the absence of such constitutional rules can serve a special, "defensive" purpose for these regimes.

The majority of the examined States limits the "intrusion" of international treaty rules into municipal law to constitutionally qualified, most significant international treaties. This qualification takes place usually

---

[29] Vgl. *J.S. Romanov*, Ob uslovijach formirovanija obščepriznannych norm, Moskovskij žurnal meždunarodnogo prava 2 (1999), p. 38.

[30] Z.B. *M. Škrk*, The European Law and the Constitutional Order of Slovenia, European Law in the Case-Law of Constitutional Courts, Bratislava 2001, p. 70.

[31] Motives to the Amendemet of the Slovak Constitutiton, 2001, http://www.nrsr.sk/Slovak/Zakony/Ustava/index.htm., p. 24.

[32] The position of international treaties is regulated by an ordinary Statute on International Treaties No 1188-XII as amended, Vedomosti Verchovnogo Soveta Respubliki Belarus, 1991, No 32, Pos. 584; Vedomosti Nacional'nogo sobranija Respubliki Belarus, 1998, No 29-30, Pos. 469; Nacional'nyj rejestr pravovych aktov Respubliki Belarus, 1999, No 47.

through the parliamentary approval to these treaties which appears either in the form of a statute or in parliamentary resolutions, and in case of EU-accession treaties partly through referenda. This mechanism guarantees to the legislative power or, in case of referenda to the electors, the right to directly influence the choice of international rules determined for domestic application (e.g. in Poland,[33] the Czech Republic[34] and Slovakia[35]). An extreme form of incorporation of international treaties represents the Russian Constitution[36] which incorporates generally all international treaties into municipal law, without any further constitutional preconditions. However, this general treatment of international treaties has to be qualified in light of the pertinent State practice: Not fully in accordance with the Constitution, two resolutions of the Supreme Court (1995 and 2001) and the Russian Statute on International Treaties reduced this category to the group of „ratified" international treaties.[37]

4. "Part of the Legal Order": The application of rules of international treaties as a complementary source of municipal law is connected with their quality as "part of the legal order". In this relation, it has to be stressed that the notion of "part of the legal order" does not automatically mean the direct applicability of the said legal norm. Thus, the instruction of the Slovene Constitution to directly apply all "ratified and published treaties" can be implemented only with difficulties.[38] The majority of the examined legal orders (e.g. the Polish,[39] the Czech[40] and the

---

[33] Article 89 und 89 of the Constitution of the Republic Poland, Dz.U. 1997, No 78, Pos. 483.

[34] Article 49 of the Constitution of the Czech Republic, No 1/1993 Sb., as amended (2001).

[35] Article 7 para 4 of the Constitution of the Slovak Republic, consolidated text No 135/2001 Zb.z.

[36] Article 15 para 4 of the Constitution of the Russian Federation, Rossijskaja Gazeta of 11.11. 1993.

[37] Statute on International Treaties, Sobranije zakonodatel'stva Rossijskoj Federacii 1995, No 29, Pos. 2757; dazu *T. Beknazar*, Das neue Recht der völkerrechtlichen Verträge in Russland, ZaöRV 56 (1996), 406 ff.

[38] Article 8 s. 2 of the Constitution of the Republic Slovenia, Ur.l.RS, No 33/1991.

[39] Article 91 para 1 of the Constitution of the Republic Poland, Dz.U. 1997, No 78, Pos. 483.

Slovak[41]) transforms only qualified international treaties into a "part of their legal order" and transposes only *self-executing* treaties into directly applicable ones; the direct applicability of European Community law results from the obligations of EU Member States to fully respect European Community primary law.

The concept of the Russian Federation which grants general principles of international law the quality of a direct source of municipal law indicates parallels to Article 25 of the German *Grundgesetz*. Contrary to this regulation, the Russian Constitution enlarges this category of direct applicable rules by including international treaties which have to be applied – similarly to the solution in the Czech Constitution – in case of differences with statutory rules.[42]

5. *The Hierarchy of Rules*: If the provisions on the relation between international and municipal rules had remained limited to the issue of applicability, the relation of international law to municipal regulations would have remained unclear and, theoretically, changeable through any subsequent or more specific national legal norm (*lex posterior* and *lex specialis* principles). Thus, the majority of the States studied has included constitutional rules which determine more precisely the hierarchy between international treaties and the rules of municipal law. The prevailing model (e.g. the Polish,[43] Russian,[44] Slovak[45] and Czech[46] Constitutions) is characterized by the primacy of qualified treaties – usually approved by Parliament – to the rules of municipal law. In contrast thereto, the problem of this hierarchy remained unsolved in Slove-

---

40 Article 10 para 1 of the Constitution of the Czech Republic, No 1/1993 Sb., as amended (2001).

41 Article 154 of the Constitution of the Slovak Republic, consolidated text No 135/2001 Zb.z.

42 Article 15 para 4 of the Constitution of the Russian Federation, Rossijskaja Gazeta of 11.11. 1993.

43 Article 91 para 2 of the Constitution of the Republic Poland, Dz.U. 1997, No 78, Pos. 483.

44 Article 15 para 2 s. 2 of the Constitution of the Russian Federation, Rossijskaja Gazeta of 11.11. 1993.

45 Article 7 para 5 of the Constitution of the Slovak Republic, consolidated text No 135/2001 Zb.z.

46 Article 10 of the Constitution of the Czech Republic, No 1/1993 Sb., as amended.

nia: The relevant provision has been designed as a rule on the consistency of domestic norms with international law and does not offer any complete criteria for the ranking of international rules in the hierarchy of legal rules. According to the jurisprudence of the Slovene Constitutional Court,[47] only the primacy of international law to the Constitution is excluded. The model chosen by the Constitution of Belarus is confusing: Two ordinary statutes[48] formulate the rule that the position of international treaties is determined by the form of its internal adoption and its position in the hierarchy of municipal legal norms. The possibility of a variety of forms of internal adoption (statute, governmental directive, presidential decree) leads to a variety of their relations to subconstitutional norms. The confusion and controversies concerning the hierarchy of municipal norms make the situation even more problematic.

6. *Legal Acts of Supranational Structures*: Undoubtedly, the provisions of primary and secondary law of supranational structures acquire their binding force in municipal law through international treaties providing for the accession of the State concerned to such structures.[49] Because of the high legislative intensity of some of these structures – especially in the case of the European Communities – and its influence on a high number of addressees, the positioning of these rules in the municipal legal order can contribute to the transparency of the catalogue of applicable legal norms in a given country.

The models of respective constitutional rules vary: The provision of the Constitution of the Slovak Republic is limited to legally binding acts of the European Communities and the European Union which "have precedence" over laws of the Slovak Republic;[50] the Constitution of

---

47 Rm 1/97, Ur.l.RS, No 40/1997.

48 Statute on International Treaties, No 1188-XII as amended, Vedomosti Verchovnogo Soveta Respubliki Belarus, 1991, No 32, Pos. 584; Vedomosti Nacional'nogo sobranija Respubliki Belarus, 1998, No 29-30, Pos. 469; Nacional'nyj rejestr pravovych aktov Respubliki Belarus, 1999, No 47, and the Statute on Generaly Binding Legal Acts, Vedomosti Nacional'nogo sobranija Respubliki Belarus, 2000, No 5, Pos. 40.

49 Also the Decision of the Polish Constitutional Court K 18/04 of 11.5. 2005.

50 Article 7 para 2 s. 2 of the Constitution of the Slovak Republic, consolidated text No 135/2001 Zb.z.; similarly the Constitution of Rumania of 21.11. 1991, as amended (2003).

Slovenia defines its relation to "legal acts and decisions adopted within international organization" and orders to apply such acts in accordance with the regulations of these organizations[51] – such acts include, e.g., also decisions of the UN Security Council. The Polish Constitution uses the term "the laws" established by an international organization and accords to them, in case of conflict, both direct applicability and precedence over statutes.[52] Interestingly, also the legal orders of the Russian Federation[53] and the Republic Belarus[54] envisage legislative activities of supranational structures. Only the Czech Parliament decided not to include into the Constitution any reference to legal acts of supranational structures.

None of the constitutions accords to legal acts of supranational structures priority over constitutional rules. This situation, which is the prevailing one in Europe, has been confirmed by the jurisprudence of their Constitutional Courts.[55]

7. The Application of International and Community Rules: The application of *international* rules by *general courts* of the transformation countries studied depends solely on the position of these rules in their municipal legal orders. A constitutional rule determining that judges are being bound by international agreements can only play a declaratory role but it can contribute to the transparency of the legal system.

Two constitutions under examination – the Slovak[56] and the Czech Constitution[57] – declare the judges of ordinary courts as being bound

---

[51] Article 3 a para 3 of the Constitution of the Republic of Slovenia, Ur.l.RS, No 33/1991.

[52] Article 91 para 3 of the Constitution of the Republic Poland, Dz.U. 1997, No 78, Pos. 483.

[53] § 15 para 1 of the Statute on International Treaties, Sobranije zakonodatel'stva Rossijskoj Federacii 1995, No 29, Pos. 2757.

[54] Article 116 Verf. of the Constitution of the Republic Belarus as amended in November 1996, the website of the President of the Republic of Belarus, http:// www.belarus.net/parliame/constpre.htm.

[55] E.g. Decision of the Czech Constitutional Court Pl. ÚS 50/04 of 8.3. 2006 or of the Polish Constitutional Court K 18/04 of 11.5. 2005.

[56] Article 144 para 1 of the Constitution of the Slovak Republic, consolidated text No 135/2001 Zb.z.

[57] Article 95 para 2 of the Constitution of the Czech Republic, No 1/1993 Sb., as amended (2001).

by international agreements; in Slovenia, the judges are bound by international law on the basis of a statute.[58] In other countries (Poland[59] and the Russian Federation[60]), the judges are – similarly to Article 20 (3) of the German *Grundgesetz* – bound by the Constitution and statutory law.

Despite of this fact it was interesting to analyze the effects of this situation on the practice. It appeared that "being bound by international law" was a mere formality and did produce only minimal effects: Regardless of the existence of special constitutional provisions, ordinary courts apply international law only in exceptional cases.

The ordinary courts of the new EU Member States apply *European Community* law since the EU-accession.[61] They perform their role as "community courts"[62] and according to Article 234 EC Treaty raise preliminary questions to the European Court of Justice. Both these forms of activities have been established and are performed by courts of all instances.[63] In order to provide for a statutory basis for a suspension of proceedings before ordinary courts in case of a preliminary question, the Slovak Republic amended its civil procedure legislation, the Czech Republic both its civil and criminal procedure laws; for the same reason, the Statute on Judges has been amended in Slovenia. Whereas the issue of legal consequences of an ordinary court not raising a preliminary question has – as yet – not been decided upon by the courts, it has been addressed in the doctrine: Similarly to the jurisprudence of the German Federal Constitutional Court on Article 101 of the German

---

[58] § 3 of Statute of Courts, Ur.l.RS, No 19-779/1994, as amended by Ur.l.RS, No 45-2161/1995, No 26-1210/1999, No 38-1874/1999, No 28-1254/2000, No 26-1582/2001, No 26-2759/2002 and No 67-3232/2002.

[59] Article 178 para 1 of the Constitution of the Republic Poland, Dz.U. 1997, No 78, Pos. 483.

[60] Article 120 para 1 of the Constitution of the Russian Federation, Rossijskaja Gazeta of 11.11. 1993.

[61] See the contributions in *M. Hofmann* (Hrsg.), Europarecht und die Gerichte der Transformationsstaaten, Baden-Baden 2008.

[62] S. e.g. the decision of the Administrative Court of the *Wojewodship Lublin* of 25.5. 2005, I SA/Lu 77/2005.

[63] E.g. the Administrative Court of the *Wojewodship Warszawa* in the case III SA/Wa 254/07, C-313/05; district court *Český Krumlov* in case C-437/05; district court *Prague* 3 in case C-65/06.

Grundgesetz, it is most often considered as representing a situation where a party to the litigation is removed from the jurisdiction of the judge predetermined by law (*Entzug des gesetzlichen Richters*).[64]

Supranational regulations played a substantial role in the formulation of the catalogues of competencies of *Constitutional Courts* in the 1990ies. International law emerged first as an object of control. This had usually two motives: First, it signaled the wish to maintain control over the contents of international treaties; second, it was derived from the necessity to secure the necessary instruments for their domestic implementation.

In contrast to the German legal order where the pertinent extension of the competencies of the German Constitutional Court were achieved through the interpretation of the *Grundgesetz* by this very Court, the Constitutions of transformation countries enable explicitly *a preventive control* of international treaties[65] which sometimes results in blocking the ratification process. The instrument of constitutional review of international treaties has been used in especially important occasions: Thus, the Constitutional Court of Slovenia has controlled the compatibility of the Europe-Agreement of Slovenia with the Constitution,[66] the Polish Constitutional Court reviewed the Treaty Concerning the Accession of Republic Poland to the European Union[67] and applications

---

64 Z.B. *W.L. Dragica*, The Position of the Constitutional Court of the Republic of Slovenia in Relation to European Community Law, Round Table II on Consequences of Membership in the EU for Constitutional Courts, Vienna 17 October 2006, 96-98.

65 Article 188 para 1 of the Constitution of the Republic Poland, Dz.U. 1997, No 78, Pos. 483; Article 87 para 2 of the Constitution of the Czech Republic, No 1/1993 Sb., as amended (2001); Article 125 a of the Constitution of the Slovak Republic, consolidated text No 135/2001 Zb.z.; Article 160 para 2 of the Constitution of the Republic Slovenia, Ur.l.RS, No 33/1991; Article 125 para 2 d of the Constitution of the Russian Federation, Rossijskaja Gazeta of 11.11. 1993; Article 116 of the Constitution of the Republic Belarus, as amended in November 1996, the website of the President of the Republic of Belarus, http://www.belarus.net/ parliame/constpre.htm.

66 Rm 1/97, Ur.l.RS, No 40/1997.

67 K 18/04 of 11.05. 2005.

have been lodged with the Constitutional Court in the Czech Republic challenging the constitutionality of the Treaty of Lisbon.[68]

Furthermore, international law appeared in the form of a criterion of constitutionality. It has been included into the category of instruments on the basis of which Constitutional Courts examine statutory and sub-statutory norms. This inclusion was inspired by the idea that Constitutional Courts should not confine their means of control to municipal constitutional norms but should extend them in such a way as to include also supranational legal systems; it was closely connected with the general opening of the respective legal systems towards external rules. To some extent, it was only a logical consequence of the positioning of international norms above the statutory rules, as shown, e.g., in the recent practice of the Czech Constitutional Court.

The analysis proved that all countries included in this study follow the practice of applying international law as an instrument of the *abstract control* of sub-constitutional norms (*abstrakte Normenkontrolle*): Some of them on the basis of explicit constitutional norms (Poland,[69] Slovakia,[70] Slovenia[71] or Belarus[72]), others[73] by declaring international law to constitute "part of the legal order". Thus, they differ from the legal order of the Federal Republic of Germany which principally confines the catalogue of instruments of constitutional control to the provisions of the *Grundgesetz* (see Article 93 (1) N° 2 thereof).

In practice, reference has been most frequently made to the provisions of the European Convention on Human Rights and the International Covenant on Civil and Political Rights, in some of the countries (Czech

---

[68] In its decision Pl. ÚS 19/2008 of 26 November 2008, the Constitutional Court stated that the questioned articles of the Lisbon Treaty (art. 2, 4, 352 and 216) were not inconsistent with the Czech constitional order.

[69] Article 188 para 3 und 4 of the Constitution of the Republic Poland, Dz.U. 1997, No 78, Pos. 483.

[70] Article 125 para 1-3 of the Constitution of the Slovak Republic, consolidated text No 135/2001 Zb.z.

[71] Article 160 para 1 s. 2 of the Constitution of the Republic Slovenia, Ur.l.RS, No 33/1991.

[72] Article 116 of the Constitution of the Republic Belarus as amended in November 1996, the website of the President of the Republic of Belarus, http://www.belarus.net/parliame/constpre.htm.

[73] Czech Republic, Russian Federation.

Republic, Poland) also to provisions of the respective Europe-Agreements. Notwithstanding the consolidated practice of the Czech Constitutional Court to apply international law documents as an instrument of constitutional control, the 2001 amendment to the Constitution of the Czech Republic removed international law from the catalogue of references;[74] however, the Constitutional Court continues to apply international law, now without an explicit constitutional norm.

In relation to the accession to the European Union, the question arises as to the competence of Constitutional Courts to examine European Community law as to its compatibility with national constitutional law. Whereas primary Community law can only be controlled in the framework of control of international treaties,[75] in case of secondary law, i.e. European Directives, the degree of the margin of appreciation accorded to the national authorities when transposing them into municipal law seems to play the decisive role (Poland,[76] Slovenia,[77] and the Czech Republic[78]): The wider this margin the easier it is for the Constitutional Courts to justify their competence to control this "national" legal act.

The question as to the obligation of Constitutional Courts to raise a preliminary question to the European Court of Justice has been treated rather cautiously until now: The jurisprudence speaks of a relation of loyalty between both court systems[79] or of the "delicacy" of this question[80] and stresses the exception from this obligation which the European Court of Justice formulated itself (existence of a consolidated ju-

---

[74] Article 87 para 1 lit. a und b of the Constitution of the Czech Republic, No 1/1993 Sb., as amended (2001), Statute on the Constitutional Court No 395/2001 Sb.

[75] S. Decision of the Polish Constitutional Court K 18/04 of 11 May 2005 (EU-Accession); application to the Czech Constitutional Court on the constitutional control of the Treaty of Lisbon of 28 April 2008.

[76] S. Decision of the Polish Constitutional Court P. 1/2005 of 27 April 2005 (European Warrant).

[77] For example Decision of the Constitutional Court of Slovenia U-I-113/04 of 7 February 2007.

[78] Decision of the Czech Constitutional Court Pl. ÚS 50/05 of 8 March 2006 (Sugar Quotas).

[79] Decision of the Polish Constitutional Court K 18/04 of 1 May 2005.

[80] Decision of the Czech Constitutional Court Pl. ÚS 50/04 of 8 March 2006.

risprudence concerning the issue at stake) or bases its own right to assess the compatibility of a national provision implementing secondary Community law with the national constitution on Article 10 ECT.[81]

The existence of a power of Constitutional Courts to raise a preliminary question is, in general, not disputed: The Slovenian literature[82] considers the Slovenian Constitutional Court as obliged to refer cases to the European Court of Justice especially in cases of constitutional complaints (*Verfassungsbeschwerden*). In other cases, however, it has been interpreted not so much less as an obligation, but rather as a possibility. Even the Constitutional Court of Poland which has been established in principle as a court of control of norms can in special cases decide to refer a preliminary question to the European Court of Justice.[83]

Only some of the legal orders examined (the Slovak,[84] the Polish[85] and the Slovene ones[86]) include provisions which expressly allow for a *concrete constitutional control* (*konkrete Normenkontrolle*) on the basis of international law. In other countries, the courts apply these rules on their own initiative and – as a rule – only on a complementary basis. It deserves to be mentioned that, again, the Constitutional Court of the Czech Republic has been deprived in 2001 of its previous power to assess by this means the compatibility of sub-constitutional norms on the basis of international treaties.

The right to lodge *constitutional complaints* has been introduced in all transformation countries examined with the exception of Belarus. In several of their legal orders, the possibility has been created to assess the constitutionality of individual acts not only on the basis of the constitution, but also on the provisions of international treaties. As in case of other forms of constitutional control, this step signalized the readiness

---

81 Decision of the Czech Constitutional Court Pl. ÚS 66/04 of 3 May 2006.

82 *W.L. Dragica* (Fn. 64), 96-98.

83 Compare Reasoning of the Decision of the Polish Constitutional Court K 18/04 of 11 May 2005.

84 Article 144 para 2 of the Constitution of the Slovak Republic, consolidated text No 135/2001 Zb.z.

85 Article 193 of the Constitution of the Republic Poland, Dz.U. 1997, No 78, Pos. 483.

86 Article 160 para 1 of the Constitution of the Republic Slovenia, Ur.l.RS, No 33/1991.

of the legal system to open itself for the direct effects of international law in its dynamic form. Thus, the Constitution of the Slovak Republic includes a generous form of constitutional complaint which expressly allows the Constitutional Court to assess the constitutionality of individual acts on the basis of ratified and published international treaties.[87]

There are two forms of constitutional complaints in the legal systems studied: In some of the countries (Poland[88] and Russian Federation[89]), the object of control is the normative act which constituted the legal basis for the individual decision, but not the decision itself. This approach rather reminds of a normative control and differs considerably from Article 93 (1) N° 4a of the German *Grundgesetz* which served as a model for other countries (Czech Republic,[90] Slovakia,[91] and Slovenia[92]). Also the criteria of constitutionality vary: Similarly to §§ 90 ff. of the German *Bundesverfassungsgerichtsgesetz* the Slovenian Constitution does not explicitly mention international rules as criterion to determine the constitutionality of individual acts. Also in the Russian Federation and Poland, the control of individual acts remains limited to the assessment of their constitutionality in the narrow sense. Despite of this fact, international legal norms – especially human rights instruments – are regularly applied by all three Constitutional Courts, at least as a supplementary source of law used for strengthening their argumentation.

Notwithstanding the fact that international law has been deleted from the catalogue of constitutional criteria in 2001,[93] the decisions of the

---

[87] Article 127 of the Constitution of the Slovak Republic, consolidated text No 135/2001 Zb.z.

[88] Article 79 para 1 of the Constitution of the Republic Poland, Dz.U. 1997, No 78, Pos. 483.

[89] Article 125 para 4 of the Constitution of the Russian Federation, Rossijskaja Gazeta of 11.11. 1993.

[90] Article 87 para 1 lit. d of the Constitution of the Czech Republic, No 1/1993, as amended (2001).

[91] Article 79 para 1 of the Constitution of the Republic Poland, Dz.U. 1997, No 78, Pos. 483.

[92] Article 160 para 1 s. 6 of the Constitution of the Republic Slovenia, Ur.l.RS, No 33/1991.

[93] Article 87 para 1 lit. d of the Constitution of the Czech Republic, No 1/1993, as amended.

Czech Constitutional Court on individual complaints continue to rely on international law. In contrast to the Czech legal order, the Slovak constitutional complaint system fully includes the application of international law as criterion of constitutionality.[94]

8. The Implementation of Decisions of Supranational Bodies: The criterion of the implementation of decisions of supranational bodies has been introduced in this study in order to show how the national legal orders react to external, possibly also disadvantageous decisions: The real test for the friendliness of a national legal order towards international law starts at the moment at which supra- or international control mechanisms decide that the interpretation and application of municipal law is in conflict with the international obligations of a given State. This test is passed if the State accepts and implements this decision. Because of their significance for transformation countries, the decisions of the European Court of Human Rights (ECtHR), the UN Human Rights Committee and the European Court of Justice have been chosen.

It can be stated that the majority of the States examined reacted to the Recommendation No (2000)2 of the Council of Europe Committee of Ministers to Member States on the Re-examination or Re-opening of Certain Cases at Domestic Level following Judgments of the European Court of Human Rights of 19 January 2000 and the Council of Europe Parliamentary Assembly Resolution No 1226(2000) "Execution of Judgments of the European Court of Human Rights" of 28 September 2000 and introduced special provisions in order to guarantee the implementation of the ECtHR decisions: Poland,[95] Russian Federation[96] and Slovenia[97] introduced provisions into their Criminal Procedure Acts which enable the re-opening of the criminal procedure on the basis of a ECtHR decision. Slovakia extended the possibility of the re-

---

[94] Article 127 of the Constitution of the Slovak Republic, consolidated text No 135/2001 Zb.z.

[95] § 540 para 3 of the Criminal Procedure of the Republic Poland, Dz.U. 1997, No 89, Pos. 555, as amended.

[96] §§ 413-415 Criminal Procedure of the Russian Federation, Rossijskaja Gazeta No 174- FZ.

[97] §§ 410-415 Criminal Procedure of the Republic Slovenia, Ur.l.RS, No 19-779/1994, amended by Ur.l.RS, No 45-2161/1995, Ur.l.RS, No 26-1210/1999, Ur.l.RS, No 38-1874/1999, Ur.l.RS, No 28-1254/2000, Ur.l.RS, No 26-1582/2001, Ur.l.RS, No 26-2759/2002 and Ur.l.RS, No 67-3232/2002.

opening to civil procedure, in the Czech legal order, the Constitutional Court is empowered to re-open the procedure on the basis of an ECtHR decision.[98] Moreover, in Poland and Slovenia, special procedures exist for compensation in cases of excessive length of procedures constituting a violation of Article 6 ECHR.[99] The Republic of Belarus, not being a Member State of the Council of Europe and, therefore, neither a State Party to the ECHR, is not being bound by the decisions of the ECtHR.

In contrast to legally binding decisions of the ECtHR, the views of the UN Human Rights Committee under Article 5 (4) of the Optional Protocol to the International Covenant on Civil and Political Rights have only a recommendatory character. For the citizens of Belarus who are outside the reach of the mechanisms of the Council of Europe, they play a significant role. However, it is only logical that the legal regimes of the States examined – similarly to the situation under the German Criminal Procedure Act – do not react explicitly to these views. The only exception is the Polish Criminal Procedure Act which does not exclude such views from the potential re-opening of criminal procedure:[100] It does not react explicitly to the judgments of the ECtHR but generally to "decisions of an international organ".

The decisions of the European Court of Justice (ECJ) are binding on all members of the European Union in accordance with Article 220 ECT. Because of the direct effect of primary Community law and the binding force of the decisions of the ECJ, some of the legal orders of the countries examined do not – similarly to the German legal order – refer to this situation (e.g. the Czech Republic). In other legal orders, there are special clauses which define the effects of decisions of supra-national structures: The Constitution of Slovenia states that "legal acts and decisions" of international structures "shall be applied in accordance with the regulations of these structures".[101] The Slovak Constitution guarantees to the "legally binding acts" of the European Communities and the

---

[98] § 119 of the Statute on the Constitutional Court, No 182/1993 Sb., as amended.

[99] Dz.U. 2004 No 179, Pos. 1843.

[100] Supra note 95.

[101] Article 3 a of the Constitution of the Republic Slovenia, Ur.l.RS, No 33/1991.

European Union "precedence over laws of the Slovak Republic"[102] which include – according to the Motives of the Amendment to the Constitution – also the decisions of the ECJ. The Czech legal order reflects the binding force of the ECJ decisions in the civil and criminal procedures; the Slovak Criminal Procedure Act qualifies these decisions as enforceable titles.

9. The Limits of the Opening for Supranational Orders: Having analyzed the forms of the opening of municipal legal systems for supranational legal rules, the limits of this process can be discussed: The study has shown that the States concerned have not opted for a general opening towards inter- or supranational order which would remain outside their control: With the exception of the general principles of international law and Community law which develop rather autonomously, the national Parliaments maintain their essential influence on the choice of the domestically applicable rules. All constitutions concerned have embodied rules on "parliamentary approval" to international treaties (Poland,[103] Czech Republic,[104] Slovakia[105]) or a parliamentary "ratification" of international treaties (Slovenia,[106] Russia,[107] and Belarus[108]).

The question is whether an unconditional openness towards supranational legal systems is possible and politically feasible. From the purely legal point of view, there is no argument why such openness would not be possible: A monistic legal system with a primacy of international law would allow for the application of self-executing norms without any act

---

[102] Article 7 para 2 of the Constitution of the Slovak Republic, consolidated text No 135/2001 Zb.z.

[103] Article 89 and 89 of the Constitution of the Republic Poland, Dz.U. 1997, No 78, Pos. 483.

[104] Article 49 of the Constitution of the Czech Republic, No 1/1993 Sb., as amended.

[105] Article 7 para 4 of the Constitution of the Slovak Republic, consolidated text No 135/2001 Zb.z.

[106] § 75 of the Statute on Foreign Affairs, Ur.l.RS, No 45-2549/2001.

[107] § 15 of the Statute on International Treaties, Sobranije zakonodatel'stva Rossijskoj Federacii 1995, No 29, Pos. 2757.

[108] § 8 of Statute on International Treaties, No 1188-XII as amended, Vedomosti Verchovnogo Soveta Respubliki Belarus, 1991, No 32, Pos. 584; Vedomosti Nacional'nogo sobranija Respubliki Belarus, 1998, No 29-30, Pos. 469; Nacional'nyj rejestr pravovych aktov Respubliki Belarus, 1999, No 47.

of transformation. The aspect of feasibility has to be approached from the perspective of benefits and disadvantages of a parliamentary involvement:

Among the benefits, the constitutive role of the approval of international treaties has to be mentioned: It prevents States to conclude important international treaties without the consent of the Parliaments and results in the direct applicability of self-executing norms in the national legal orders. Furthermore, it performs an important systemic function by including a legal act into the system of domestic applicable rules and thereby defining the position of the transformed norm within that legal order. As an expression of a principle of representative democracy, the parliamentary approval constitutes a guarantee for not imposing any "alien" rule on and an opportunity to assess the contents and the adequacy of the international legal act for the municipal order. This approval has an important informative role: Those who apply the law can be informed more easily about the contents of the applicable law if it was approved by the national Parliament than in case of those legal norms which affect the municipal system directly as it is the case as regards, e.g., the general principles of international law.

The disadvantages could consist in the length of the parliamentary procedure, sometimes a difficult political path to a compromise,[109] the threat of a refusal of a treaty which would be of significance for the country[110] as well as the possibility for the abolishment of the norm of approval and a danger of a potential domestic infringement of an international obligation.

As concerns the States examined, the advantages of the parliamentary approval to international treaties prevail. The consequence is that their legal systems cannot be defined as "monist". They seem to represent a special category which combines the parliamentary influence as an attribute of dualism with the direct applicability of transformed norms as its typical features.

---

[109] S. e.g. the discussion concerning the draft of a bilateral US-Czech Agreement on Extradition in the Czech Parliament, http://www.psp.cz/eknih/2002ps/stenprot/030schuz/s030280.htm.

[110] S. e. g. the discussion concerning the ratification of the Statute of International Criminal Court in the Czech Parliament, http://www.psp.cz/sqw/text/text.sqw?C=3462&T=K2002PSP4V&q=%d8%edmsk%fd%20statut&lem=1&j=1&d1=1.

Some prominent Slovene authors see in the precondition of an obligatory parliamentary or governmental approval for the direct applicability of international norms an indication for a tendency of the Slovene legal order towards dualism.[111] Also the Polish system shows dualistic attributes: The legislator created a "closed system of sources of law"[112] based on a positivist concept; the parliamentary approval to international treaties adds dualistic characteristics. Article 10 of the Czech Constitution, as amended, and the primacy of international treaties over statutory norms place the Czech legal order formally in the category of "moderate monism";[113] the reduction of the powers of the Constitutional Court in relation to international law makes this model even more "moderate".[114] Also the constitutional order of the Russian Federation with its strong position of international treaties has some characteristics of monism; the parliamentary approval to international treaties as a means of introducing treaty provisions into the municipal legal order shifts it into an intermediate category of the known systems of relations between international and municipal law.

Despite of the parliamentary approval to significant international treaties, the legal order of the Slovak Republic stands close to monism. The difference to the Russian situation lies in an extensive incorporation of international law into municipal law including into the powers of the Constitutional Court. The legal order of the Republic Belarus can be described as a monist system with a primacy of municipal law.

10. The Rule of Law Order: The next observation concerns the relation between the degree of the openness for external legal systems and the quality of the rule of law. The analysis showed that the existence of transparent, generally available rules – international law and later also Community law – on the position of external legal norms within the various national legal systems played a significant role in the period of

---

[111] S. *P. Vehar/ T. Ilešič*, International Agreements in the Legal Orders of the Candidate Countries. Slovenia, in: A. Ott/ K. Inglis (Hrsg.), Handbook of European Enlargement, Hague 2002, p. 331.

[112] *K. Działocha*, Źródła prawa, in: L. Garlicki (Hrsg.), Konstytucja Rzeczypospolitej Polskiej, Komentarz, Warszawa 1999, p. 2.

[113] S. the opinion of the second Chamber of the Czech Parliament (Senat) in its commentary to an individual complaint, Decision of Constitutitonal Court No 153 of 11 February 2004, No 153/2004 Sb.

[114] S. the Chapter „The Czech Republic".

transformation. Moreover, the incorporation of human rights instruments increased not only the number of applicable legal sources but often also of the international control mechanisms monitoring the observation of these rules.

The relation between the openness for external systems and the quality of the rule of law is not lineal. On the one hand, the non-existence of rule of law is closely connected with the domestic ignorance towards international law. A legal system which does not respect the rule of law cannot substitute it by its being bound by international law. On the other hand, there are legal systems which do guarantee a high degree of rule of law but have a restrictive attitude towards the external legal order.

The results of the study confirmed the initial thesis about the narrow relationship between the degree of the openness of the legal order to external sources and the quality of the rule: The more a national legal order has been opened, the higher the probability that it also respects the rule of law.

11. The Relativization of the Openness for Supranational Legal Systems: The period of the opening towards external legal systems was followed by phases of its relativization in almost all of the States examined. In the Czech Republic, it occurred in the period when the national jurisprudence had gathered enough experience in order to build its own argumentative basis, especially in the field of human rights.[115] Probably, the removal of the external, international law corrector from the powers of the Constitutional Court was intended as a compensation for the expected abundance of Community norms directly applicable in the legal order. Similar motive might have been the rather widespread uneasiness about the extent of Czech sovereignty subsequent to the accession to the European Union. This could be observed in the jurisprudence of the Constitutional Court, which stated in 2006 that if developments in the EC, or the EU, should threaten the very essence of the state sovereignty of the Czech Republic it will be necessary to insist that these powers be once again taken up by the Czech Republic's state organs.[116]

In the formerly quite Europe-enthusiastic Poland, the skepticism reached its summit during the negotiations on the text of Treaty for a

---

[115] S. Constitutional Act No 395/2001 Sb. of 18 October 2001 amending the Constitution of the Czech Republic No 1/1993 Sb.

[116] Decision of the Czech Constitutional Court Pl. ÚS 50/04, 8 March 2006.

Constitution for Europe and the Lisbon Treaty. On the constitutional law basis, this skepticism showed itself in the decision of the Constitutional Court on Poland's membership in the European Union. In this decision, the Court held that in the event of an irreconcilable inconsistency between a constitutional norm and Community law, the State authority or the nation would have to decide on various options, among them "the withdrawal from the European Union".[117]

In other countries, this fatigue towards supranational rules was less manifest; it did not show in the legislation or in the decisions of Constitutional Courts but mainly in the reduction of cases based on international law provisions (e.g. Slovenia).[118] Also in Russia, the pragmatic practice to apply – even without a constitutional basis – international law as a supplementary source of information became rather rare. In Belarus, the openness of the legal system has been reduced through various statutory acts in the period of abandoning the path towards the rule of law and returning on the way back to an authoritarian regime.[119]

Summing up, the reasons of the relativization of the openness of municipal legal orders for supranational legal systems can be found either in the fear of a loss of independence by the introduction of another, complementary legal order, or in the conviction that the own legal order has reached such a high quality that the incorporation of a complementary, external order seems unnecessary. The third reason can be described as a generally defensive attitude towards the international community and the absent readiness to submit the municipal order under any external control.

12. A Prognosis: It will be interesting to observe how the phenomenon of the openness of the legal orders of the transformation countries for external legal norms will develop in the future: Whether it will find a successor or will remain a single phenomenon typical for the transition period from socialism to legal orders based on democracy and the rule of law.

As shown in this overview, the openness for supranational systems has been not only a complementary element of the rule of law, but also an important political signal, an offer for the application of external, inter-

---

[117] Decision of the Polish Constitutional Court K 18/04, 11 May 2005.

[118] S. the Chapter „Slovenia".

[119] S. the Chapter „The Republic of Belarus ".

national correctives. This may answer the question as to the successors of these models: The most open systems will most probably be found among those States which either wait for their EU-accession or consider it as the most important goal of their external policies. As an example can be mentioned the Constitution of Bulgaria which included, already in Bulgaria's pre-accession period, a provision on an extensive incorporation of external systems into the Bulgarian legal order.[120] Another example is the Constitution of Rumania which is not limited to the regulation of the relationship between the municipal legal system and international law[121] but included an extensive catalogue of EU-relevant provisions even four years before its actual accession to the EU.[122] A provision on the incorporation of international treaties into the municipal legal order is part of the Ukrainian Constitution[123] and it would be no surprise if it were to be supplemented by a typical integration clause within the near future.

13. Addendum: At the very end of this analysis, it seems to be appropriate to underline that the value of the openness of a municipal legal order presents itself most clearly in the comparison to the past.

Not only the present openness towards supranational systems, but also the former separation of the national legal system from the international legal order was a political instrument and had clearly defined practical reasons: The aim was to prevent international human rights such as the freedoms of opinion and movement with the latter including the right to choose a residence, the right to leave one's own country and the right to enter this country again, to be invoked by the citizens of the then socialist countries. A successful individual invocation of these rights was simply excluded. From this perspective, the non-openness of the legal order of Belarus is only consequent.

In contrast to the situation prior to 1989, the supranational legal systems have considerably contributed to establish the rule of law and assisted citizens in the transformation countries in numerous cases to re-

---

[120] Article 5 of the Constitution of the Republic of Bulgaria, as amended by No 85/26 D.V.

[121] Article 11 of the Constitution of Romania as amended by No 429/2003 MO.

[122] Article 16 of the Constitution of Romania, *ibid.*

[123] Article 9 of the Constitution of Ukraine, Vidomosti Verchovnoj Radi No 30/1996, Pos. 141.

establish their rights after the "fall of wall". The vertex of the parabola which took place in the extensive application of external instruments in the municipal orders of the countries examined the 1990ies has to be seen from this perspective.

Anhang

I. Die Republik Polen

Fn. 78 Artikel 6 des *Europaabkommens* lautete:

„Die Achtung der Grundsätze der Demokratie und der Menschenrechte, wie sie in der Schlussakte von Helsinki und in der Charta von Paris für ein neues Europa verankert sind, sowie die Grundsätze der Marktwirtschaft sind Richtschnur der Innen- und Außenpolitik der Vertragsparteien und wesentliche Bestandteile dieser Assoziation."

Fn. 79 Artikel 37 des *Europaabkommens* lautete:

„(1) Vorbehaltlich der in den einzelnen Mitgliedstaaten geltenden Bedingungen und Modalitäten wird den Arbeitnehmern polnischer Staatsangehörigkeit, die im Gebiet eines Mitgliedstaats rechtmäßig beschäftigt sind, eine Behandlung gewährt, die hinsichtlich der Arbeitsbedingungen, der Entlohnung oder der Entlassung keine auf der Staatsangehörigkeit beruhende Benachteiligung gegenüber den eigenen Staatsangehörigen bewirkt;

– haben die rechtmäßig im Gebiet eines Mitgliedstaats wohnhaften Ehegatten und Kinder eines dort rechtmäßig beschäftigten Arbeitnehmers Zugang zum Arbeitsmarkt dieses Mitgliedstaats während der Geltungsdauer der Arbeitserlaubnis dieses Arbeitnehmers; eine Ausnahme bilden Saisonarbeitnehmer und Arbeitnehmer, die unter bilaterale Abkommen im Sinne von Artikel 41 fallen, sofern diese Abkommen nichts anderes bestimmen.

(2) Polen gewährt vorbehaltlich der dort geltenden Bedingungen und Modalitäten Arbeitnehmern, die Staatsangehörige eines Mitgliedstaats und in seinem Gebiet rechtmäßig beschäftigt sind, sowie deren Ehegatten und Kindern, die in diesem Gebiet rechtmäßig wohnhaft sind, die gleiche Behandlung wie in Absatz 1 vorgesehen."

Fn. 80 Artikel 44 des *Europaabkommens* lautete:

„(1) Polen erleichtert während der in Artikel 6 genannten Übergangszeit Gesellschaften und Staatsangehörigen der Gemeinschaft die Aufnahme von Geschäftstätigkeiten in seinem Gebiet. Zu diesem Zweck gewährt es

i) für die Niederlassung von Gesellschaften und Staatsangehörigen der Gemeinschaft im Sinne des Artikels 48 eine Behandlung, die nicht weniger günstig ist als die Behandlung seiner eigenen Staatsangehörigen und Gesellschaften, und zwar nach folgendem Zeitplan:

- vom Inkrafttreten dieses Abkommens an für die in Anhang XII a aufgeführten und alle in den Anhängen XII a, XII b, XII c, XII d und XII e nicht aufgeführten Wirtschaftszweige;

- schrittweise und spätestens am Ende der in Artikel 6 genannten ersten Stufe für die in Anhang XII b aufgeführten Wirtschaftszweige;

- schrittweise und spätestens am Ende der in Artikel 6 genannten Übergangszeit für die in den Anhängen XII c und XII d aufgeführten Wirtschaftszweige; und

ii) vom Inkrafttreten dieses Abkommens an für die Geschäftstätigkeit der in Polen niedergelassenen Gesellschaften und Staatsangehörigen der Gemeinschaft eine Behandlung, die nicht weniger günstig ist als die Behandlung seiner eigenen Gesellschaften und Staatsangehörigen. Sollten die bestehenden Rechts- und Verwaltungsvorschriften bei Inkrafttreten dieses Abkommens für bestimmte Erwerbstätigkeiten in Polen keine derartige Behandlung der Gesellschaften und Staatsangehörigen der Gemeinschaft vorsehen, so ändert Polen diese Rechts- und Verwaltungsvorschriften, um eine derartige Behandlung spätestens am Ende der in Artikel 6 genannten ersten Stufe zu gewährleisten.

(2) Polen erlässt während der in Absatz 1 genannten Übergangszeiten keine neuen Vorschriften oder Maßnahmen, die hinsichtlich Niederlassung und Geschäftstätigkeit der Gesellschaften und Staatsangehörigen der Gemeinschaft in seinem Gebiet eine Benachteiligung gegenüber seinen eigenen Gesellschaften und Staatsangehörigen bewirken.

(3) Die Mitgliedstaaten gewähren vom Inkrafttreten dieses Abkommens an für die Niederlassung polnischer Gesellschaften und Staatsangehöriger im Sinne des Artikels 48 eine Behandlung, die nicht weniger günstig ist als die Behandlung ihrer eigenen Gesellschaften und Staatsangehörigen, und für die Geschäftstätigkeit der in ihrem Gebiet niedergelassenen polnischen Gesellschaften und Staatsangehörigen eine Behandlung, die nicht weniger günstig ist als die Behandlung ihrer eigenen Gesellschaften und Staatsangehörigen.

(4) Im Sinne dieses Abkommens

a) bedeutet Niederlassung:

i) im Fall der Staatsangehörigen das Recht auf Aufnahme und Ausübung selbständiger Erwerbstätigkeiten sowie auf Gründung und Leitung von Unternehmen, insbesondere von Gesellschaften, die sie tatsächlich kontrollieren. Die Ausübung einer selbständigen Tätigkeit und einer Geschäftstätigkeit durch Staatsangehörige umfasst nicht die Suche oder Annahme einer Beschäftigung auf dem Arbeitsmarkt und verleiht nicht das Recht auf Zugang zum Arbeitsmarkt der anderen Vertragspartei. Die Bestimmungen dieses Kapitels gelten nicht für diejenigen, die nicht ausschließlich eine selbständige Tätigkeit ausüben;

ii) im Fall der Gesellschaften das Recht auf Aufnahme und Ausübung von Erwerbstätigkeiten durch die Errichtung und Leitung von Tochtergesellschaften, Zweigniederlassungen und Agenturen;

b) bedeutet Tochtergesellschaft einer Gesellschaft: eine Gesellschaft, die tatsächlich von der ersten Gesellschaft kontrolliert wird;

c) umfassen Erwerbstätigkeiten: insbesondere gewerbliche Tätigkeiten, kaufmännische Tätigkeiten, handwerkliche Tätigkeiten und freiberufliche Tätigkeiten.

(5) Der Assoziationsrat prüft während der in Absatz 1 Ziffer i) genannten Übergangszeiten regelmäßig die Möglichkeit für eine beschleunigte Gewährung der Inländerbehandlung in den in den Anhängen XII b, XII c und XII d aufgeführten Wirtschaftszweigen und für die Einbeziehung der in Anhang XII e auf-

geführten Bereiche oder Themen in den Geltungsbereich der Absätze 1, 2 und 3. Diese Anhänge können durch Beschluss des Assoziationsrates geändert werden. Nach Ablauf der in Absatz 1 Ziffer i) genannten Übergangszeiten kann der Assoziationsrat ausnahmsweise auf Antrag Polens und falls notwendig eine Verlängerung der Ausnahmeregelung für bestimmte in den Anhängen XII b, XII c und XII d aufgeführte Bereiche oder Themen für einen begrenzten Zeitraum beschließen.

(6) Die Bestimmungen über die Niederlassung und die Geschäftstätigkeit von Gesellschaften und Staatsangehörigen der Gemeinschaft und Polens in den Absätzen 1, 2 und 3 dieses Artikels gelten nicht für die in Anhang XII e aufgeführten Bereiche oder Themen.

(7) Unbeschadet dieses Artikels haben im Gebiet Polens niedergelassene Gesellschaften der Gemeinschaft vom Inkrafttreten dieses Abkommens an das Recht auf Erwerb, Nutzung, Vermietung und Verkauf von Grundbesitz und hinsichtlich der natürlichen Ressourcen, der landwirtschaftlichen Nutzfläche und der Forstwirtschaft das Recht auf Pacht, sofern diese Rechte unmittelbar für die Ausübung der Erwerbstätigkeiten, für die sie sich niedergelassen haben, erforderlich sind. Polen gewährt Zweigniederlassungen und Agenturen von Gesellschaften der Gemeinschaft in Polen diese Rechte spätestens am Ende der in Artikel 6 genannten ersten Stufe. Polen gewährt Staatsangehörigen der Gemeinschaft, die eine selbständige Tätigkeit in Polen ausüben, diese Rechte spätestens am Ende der in Artikel 6 genannten Übergangszeit."

Fn. 171 Art. 188 Verf. lautet:

„Der Verfassungsgerichtshof entscheidet in Angelegenheiten

der Vereinbarkeit von Gesetzen und völkerrechtlichen Verträgen mit der Verfassung,

der Vereinbarkeit von Gesetzen mit ratifizierten völkerrechtlichen Verträgen, deren Ratifikation die vorherige Zustimmung durch Gesetz erfordert,

der Vereinbarkeit der Rechtsvorschriften, die durch zentrale Staatsorgane erlassen wurden, mit der Verfassung, ratifizierten völkerrechtlichen Verträgen und Gesetzen,

der Vereinbarkeit der Ziele und der Tätigkeit politischer Parteien mit der Verfassung,

der in Artikel 79 Abs. 1 genannten individuellen Beschwerde."

Art. 189 Verf. lautet:

„Der Verfassungsgerichtshof entscheidet Organstreitigkeiten zwischen zentralen Verfassungsorganen des Staates."

Fn. 178 Art. 191 Verf. lautet:

„1. In den in Artikel 188 genannten Angelegenheiten können einen Antrag vor dem Verfassungsgerichtshof stellen

der Präsident der Republik, der Marschall des Sejm, der Marschall des Senats, der Präses des Ministerrats, 50 Abgeordnete, 30 Senatoren, der Erste Vorsitzende des Obersten Gerichtshofs, der Vorsitzende des Obersten Verwaltungsgerichts, der Generalstaatsanwalt, der Präsident der Obersten Kontrollkammer und der Bürgerbeauftragte,

der Landesjustizrat in dem Bereich, der in Artikel 186 Abs. 2 genannt ist,

Organe, die eine Einheit der territorialen Selbstverwaltungseinheiten darstellen,

gesamtstaatliche Organe von Gewerkschaften, gesamtstaatliche Organe der Arbeitgeber- und Berufsorganisationen,

Kirchen und andere Glaubensvereinigungen,

Subjekte, die in Artikel 75 erwähnt sind, in dem dort beschriebenen Bereich.

2. Die in Absatz 1 Ziffer 3 bis 5 genannten Subjekte können einen Antrag stellen, wenn der normative Akt Fragen betrifft, die in ihrem Tätigkeitsbereich liegen."

Fn. 221 Artikel 53 des *Europaabkommens* lautete:

„(1) Dieses Kapitel gilt vorbehaltlich der Beschränkungen, die aus Gründen der öffentlichen Ordnung, Sicherheit oder Gesundheit gerechtfertigt sind.

(2) Dieses Kapitel gilt nicht für Tätigkeiten, die im Gebiet einer Vertragspartei dauernd oder zeitweise mit der Ausübung hoheitlicher Befugnisse verbunden sind."

Fn. 222 Artikel 50 des *Europaabkommens* lautete:

„Polen kann für die in den Anhängen XII a und XII b aufgeführten Wirtschaftszweige während der in Artikel 6 genannten ersten Stufe beziehungsweise für die in den Anhängen XII c und XII d aufgeführten Wirtschaftszweige während der in Artikel 6 genannten Übergangszeit Maßnahmen einführen, die von den Bestimmungen dieses Kapitels über die Niederlassung von Gesellschaften und Staatsangehörigen der Gemeinschaft abweichen, wenn bestimmte Industrien

- eine Umstrukturierung durchführen oder

- ernsten Schwierigkeiten gegenüberstehen, die insbesondere schwerwiegende soziale Probleme in Polen hervorrufen, oder

- einen Verlust oder einen drastischen Rückgang des gesamten Marktanteils der polnischen Gesellschaften oder Staatsangehörigen in einem bestimmten Wirtschafts- und Industriezweig in Polen erfahren oder

- sich in Polen erst im Aufbau befinden.

Derartige Maßnahmen:

- treten für die in den Anhängen XII a und XII b aufgeführten Wirtschaftszweige spätestens zwei Jahre nach Ablauf der in Artikel 6 genannten ersten Stufe beziehungsweise für die in den Anhängen XII c und XII d aufgeführten Wirtschaftszweige nach Ablauf der in Artikel 6 genannten Übergangszeit außer Kraft und

- sind vertretbar und notwendig, um Abhilfe zu schaffen, und

- betreffen nur die Niederlassungen, die in Polen nach dem Inkrafttreten derartiger Maßnahmen gegründet werden sollen, und bewirken keine Diskriminierung der Geschäftstätigkeit der Gesellschaften oder Staatsangehörigen der Gemeinschaft, die bei der Einführung einer bestimmten Maßnahme bereits in Polen niedergelassen waren, gegenüber den polnischen Gesellschaften oder Staatsangehörigen.

Bei der Verfügung und Durchführung derartiger Maßnahmen gewährt Polen, soweit möglich, den Gesellschaften und Staatsangehörigen der Gemeinschaft eine Präferenzbehandlung und in keinem Fall eine weniger günstige Behandlung als den Gesellschaften oder Staatsangehörigen aus einem Drittland.

Vor der Einführung dieser Maßnahmen konsultiert Polen den Assoziationsrat; es setzt sie frühestens einen Monat nach der Notifizierung der von Polen geplanten konkreten Maßnahmen im Assoziationsrat in Kraft, sofern kein nicht wiedergutzumachender Schaden droht, der Sofortmaßnahmen erforderlich macht. In diesem Fall konsultiert Polen den Assoziationsrat sofort nach ihrer Einführung.

Polen kann derartige Maßnahmen für die in Anhang XII b aufgeführten Wirtschaftszweige nach Ablauf der in Artikel 6 genannten ersten Stufe beziehungsweise für die in den Anhängen XII c und XII d aufgeführten Wirtschaftszweige nach Ablauf der in Artikel 6 genannten Übergangszeit nur mit Zustimmung des Assoziationsrates und unter den von diesem festgelegten Bedingungen einführen."

Fn. 223 Artikel 60 des *Europaabkommens* lautete:

„(1) Hinsichtlich der Kapitalbilanztransaktionen gewährleisten die Mitgliedstaaten beziehungsweise Polen vom Inkrafttreten dieses Abkommens an den freien Kapitalverkehr im Zusammenhang mit Direktinvestitionen in Gesellschaften, die gemäß den Rechtsvorschriften des Aufnahmelandes gegründet wurden, und Investitionen, die gemäß den Bestimmungen des Kapitels II des Titels IV getätigt werden, sowie die Liquidation oder Repatriierung dieser Investitionen und etwaiger daraus resultierender Gewinne. Unbeschadet der vorstehenden Bestimmung werden dieser freie Kapitalverkehr und diese Liquidation oder Repatriierung bis zum Ende der in Artikel 6 genannten ersten Stufe für alle Investitionen im Zusammenhang mit der Niederlassung von Staatsangehörigen gewährleistet, die sich in Polen mit einer selbständigen Erwerbstätigkeit gemäß Kapitel II des Titels IV niederlassen.

(2) Unbeschadet des Absatzes 1 werden die Mitgliedstaaten vom Inkrafttreten dieses Abkommens an beziehungsweise Polen vom Beginn der in Artikel 6 genannten zweiten Stufe an keine neuen devisenrechtlichen Beschränkungen des Kapitalverkehrs und der damit zusammenhängenden laufenden Zahlungen zwischen Gebietsansässigen der Gemeinschaft und Polens einführen und die bestehenden Vorschriften nicht verschärfen.

(3) Die Vertragsparteien nehmen Konsultationen auf, um den Kapitalverkehr zwischen der Gemeinschaft und Polen zur Erreichung der Ziele dieses Abkommens zu erleichtern."

II. Die Tschechische Republik

Fn. 49 Art. 10 Verf. (2001) lautet:

„Die verkündeten völkerrechtlichen Verträge, zu deren Ratifizierung das Parlament seine Zustimmung gegeben hat und welche die Tschechische Republik binden, sind Bestandteil der Rechtsordnung; falls ein völkerrechtlicher Vertrag etwas anderes als ein Gesetz festlegt, wird der völkerrechtliche Vertrag angewandt."

Fn. 51 Art. 63 Abs. 1 lit. b Verf. lautet:

„Der Staatspräsident

b) schließt völkerrechtliche Verträge ab und ratifiziert sie; den Abschluss völkerrechtlicher Verträge kann er auf die Regierung oder mit deren Zustimmung auf einzelne ihrer Mitglieder übertragen."

Fn. 52 Art. 77 Abs. 1 Verf. lautet:

„Der Ministerpräsident organisiert die Tätigkeit der Regierung, leitet ihre Sitzungen, handelt in ihrem Namen und übt weitere Tätigkeiten aus, die ihm aufgrund der Verfassung oder anderer Gesetze obliegen."

Fn. 58 Art. 49 Abs. 2 Verf. (1992) lautete:

„Die völkerrechtlichen Verträge über Menschenrechte und Grundfreiheiten, politische Verträge und Wirtschaftsverträge allgemeiner Natur sowie Verträge, deren Durchführung eines Gesetzes bedarf, erfordern die Zustimmung des Parlaments."

Fn. 59 Art. 49 Verf. (2001) lautet:

„Zur Ratifizierung völkerrechtlicher Verträge,

welche die Rechte und Verpflichtungen von Personen festlegen,

der Bündnisverträge, der Friedensverträge und sonstiger politischer Verträge,

der Verträge, aus welchen eine Mitgliedschaft der Tschechischen Republik in einer internationalen Organisation folgt,

der wirtschaftlichen Verträge allgemeiner Natur,

der Verträge über sonstige Angelegenheiten, deren Regelung dem Gesetz vorbehalten ist, ist die Zustimmung beider Kammern des Parlaments erforderlich."

Fn. 158 § 74 des Gesetzes *über das Verfassungsgericht* (1993) lautete:

„Zusammen mit der Verfassungsbeschwerde kann ein Antrag auf die Aufhebung eines Gesetzes, einer anderen Rechtsvorschrift oder ihrer einzelnen Bestimmungen gestellt werden, durch deren Anwendung die Tatsache entstanden ist, die Gegenstand der Verfassungsbeschwerde ist, falls dieses nach der Behauptung des Beschwerdeführers im Widerspruch zum Verfassungsgesetz, einem völkerrechtlichen Vertrag nach Art. 10 Verf. bzw. einem Gesetz steht, wenn es sich um eine andere Vorschrift handelt [...].“

Fn. 159 § 64 des Gesetzes *über das Verfassungsgericht* (1993, mit Änderungen) lautet:

„(1) Der Antrag auf Aufhebung eines Gesetzes oder einzelner seiner Bestimmungen nach Art. 87 Abs. 1 lit. a) Verf. kann gestellt werden von [...]

c) einem Senat des Verfassungsgerichts im Zusammenhang mit der Entscheidung über eine Verfassungsbeschwerde, [...].“

Fn. 171 Art. 87 Abs. 1 lit. d) Verf. (1993) lautete:

„Das Verfassungsgericht befindet

d) über Verfassungsbeschwerden gegen eine rechtskräftige Entscheidung und andere Eingriffe der Organe der öffentlichen Gewalt gegen die durch die Verfassung gewährleisteten Grundrechte und Freiheiten.“

Fn. 172 § 72 des Gesetzes *über das Verfassungsgericht* (1993) lautete:

„(1) Eine Verfassungsbeschwerde kann erhoben werden, von

a) einer natürlichen oder juristischen Person gem. Art. 87 Abs. 1 lit. d) Verf., wenn sie behauptet, durch eine rechtskräftige Entscheidung in einem Verfahren, in dem sie Beteiligte war, durch eine Maßnahme oder durch einen anderen Eingriff eines Organs der öffentlichen Gewalt in ihren Grundrechten oder der Freiheit, die ihr durch ein Verfassungsgesetz oder völkerrechtlichen Vertrag nach Art. 10 Verf. garantiert werden, verletzt worden zu sein [...].“

Fn. 252 § 117 des Gesetzes *über das Verfassungsgericht* Nr. 182/1993 Sb. i.d.F. späterer Änderungen lautet:

„Hat nach dieser Bestimmung ein internationales Gericht auf der Grundlage einer bei ihm eingereichten Beschwerde entschieden, dass durch den Eingriff eines Organs der öffentlichen Macht der Tschechischen Republik ein verfassungsmäßig garantiertes Recht oder die Freiheit einer natürlichen oder juristischen Person verletzt wurde, und besteht die Verletzung in einer geltenden Rechtsvorschrift, stellt die Regierung bei dem Verfassungsgericht einen Antrag auf Aufhebung dieser Rechtsvorschrift oder einzelner ihrer Bestimmungen, sofern es seine Aufhebung oder Änderung nicht auf andere Weise sichern kann.“

III. Die Slowakische Republik

Fn. 15 Art. 1 Verf. lautet nun:

„(1) Die Slowakische Republik ist ein souveräner, demokratischer Rechtsstaat. Sie ist an keine Ideologie oder Religion gebunden.

(2) Die Slowakische Republik achtet und beachtet die allgemein geltenden Grundsätze des Völkerrechts, die völkerrechtlichen Verträge, an die sie gebunden ist, sowie ihre sonstigen internationalen Verpflichtungen."

Fn. 20 Art. 11 Verf. aus dem Jahre 1992 lautete:

„Völkerrechtliche Verträge über Menschenrechte und Grundfreiheiten, welche die Slowakische Republik ratifiziert hat und welche auf eine durch das Gesetz bestimmte Weise verkündet wurden, haben Vorrang vor slowakischen Gesetzen, sofern sie einen größeren Umfang an Grundrechten und Grundfreiheiten gewährleisten."

Fn. 29 Art. 7 Abs. 5 Verf. lautet:

„Die Verträge über Menschenrechte und Grundfreiheiten, die Verträge, zu deren Umsetzung kein Gesetz notwendig ist, und die Verträge, die direkt Rechte oder Verpflichtungen der natürlichen oder juristischen Personen schaffen und in der vom Gesetz vorgeschriebenen Weise ratifiziert und verkündet wurden, haben Vorrang vor dem Gesetz."

Fn. 39 Art. 86 Abs. d Satz 2 Verf. lautet:

„In die Zuständigkeit des Nationalrates der Slowakischen Republik gehört insbesondere [...] darüber zu entscheiden, ob es sich um völkerrechtliche Verträge nach Art. 7 Abs. 5 handelt."

Fn. 44 Art. 154 lit. c Abs. 1 Verf. lautet:

„Die völkerrechtlichen Verträge über die Menschenrechte und Grundfreiheiten, welche die Slowakische Republik vor dem Inkrafttreten der Verfassungsänderung ratifiziert hat und die auf eine durch das Gesetz bestimmte Weise verkündet wurden, sind Bestandteil ihrer Rechtsordnung und haben Gesetzesvorrang, falls sie einen größeren Umfang an Verfassungsrechten gewährleisten."

Fn. 46 Art. 154 lit. c Abs. 2 Verf. lautet:

„Andere völkerrechtliche Verträge, welche die Slowakische Republik vor dem Inkrafttreten der Verfassungsänderung ratifiziert hat und die auf eine durch Gesetz bestimmte Weise verkündet wurden, sind Bestandteil ihrer Rechtsordnung, falls dies ein Gesetz bestimmt."

Fn. 47 Art. 102 Abs. 1 lit. a Halbsatz 2 Verf. lautet:

„Der Staatspräsident [...] schließt völkerrechtliche Verträge und ratifiziert sie."

Fn. 48 Art. 102 lit. a) Satz 2 lautete:

„Den Abschluss völkerrechtlicher Verträge, die der Zustimmung des Nationalrates nicht bedürfen, kann er auf die Regierung der Slowakischen Republik oder mit ihrer Zustimmung auf ihre einzelnen Mitglieder übertragen."

Fn. 49 Art. 86 lit. e Verf. (1993) lautete:

„In die Zuständigkeit des Nationalrats der Slowakischen Republik gehört insbesondere:

e) vor ihrer Ratifikation den völkerrechtlichen politischen Verträgen, den völkerrechtlichen wirtschaftlichen Verträgen sowie Verträgen, zu deren Umsetzung ein Gesetz notwendig ist, zuzustimmen."

Fn. 51 Art. 102 Abs. 1 lit. a Satz 2 Verf. lautet:

„Den Abschluss der völkerrechtlichen Verträge kann er auf die Regierung oder mit ihrer Zustimmung auf ihre einzelnen Mitglieder übertragen."

Fn. 52 Art. 119 lit. f Verf. lautet:

„Die Regierung entscheidet im Kollegium [...] über die völkerrechtlichen Abkommen, deren Abschluss auf die Regierung durch den Staatspräsidenten übertragen wurde."

Fn. 53 Art. 119 lit. g Verf. lautet:

„Die Regierung entscheidet im Kollegium [...] über ihre Zustimmung mit der Übertragung der Zuständigkeit zum Abschluss völkerrechtlicher Abkommen gem. Art. 102 Abs. 1 lit. a auf ihre einzelnen Mitglieder."

Fn. 54 Art. 7 Abs. 4 Verf. lautet:

„Zur Geltung völkerrechtlicher Verträge über Menschenrechte und Grundfreiheiten, politischer Verträge, völkerrechtlicher Militärverträge, völkerrechtlicher Verträge, welche die Mitgliedschaft der Slowakischen Republik in internationalen Organisationen bewirken, internationaler Wirtschaftsverträge allgemeiner Natur, Verträge, zu deren Durchführung es eines Gesetzes bedarf, sowie Verträge, die unmittelbar Rechte oder Verpflichtungen der natürlichen oder juristischen Personen regeln, ist vor ihrer Ratifizierung die Zustimmung des Nationalrates der Slowakischen Republik notwendig."

Fn. 55 Art. 86 lit. d Verf. lautet:

„In die Zuständigkeit des Nationalrates der Slowakischen Republik gehört insbesondere [...] vor ihrer Ratifizierung seine Zustimmung zu den völkerrechtlichen Verträgen über Menschenrechte und Grundfreiheiten, politischen Verträgen, völkerrechtlichen Militärverträgen, völkerrechtlichen Verträgen, welche die Mitgliedschaft der Slowakischen Republik in internationalen Organisationen bewirken, internationalen Wirtschaftsverträgen allgemeiner Natur, Verträgen, zu deren Durchführung es eines Gesetzes bedarf, sowie Verträgen, die unmittelbar Rechte oder Verpflichtungen der natürlichen oder juristischen Personen regeln, zu äußern; weiter gehört in seine Zuständigkeit zu entscheiden, ob es sich um völkerrechtliche Verträge nach Art. 7 Abs. 5 handelt."

Fn. 81 Art. 7 Verf. (1992) lautete:

„Die Slowakische Republik kann auf Grund eines freien Entschlusses in einen Staatenverband mit anderen Staaten eintreten. Das Recht des Austritts aus diesem Verband darf nicht beschränkt werden. Über den Eintritt in einen Staatenverband mit anderen Staaten oder über den Austritt aus diesem Verband wird durch ein Verfassungsgesetz mit anschließendem Referendum entschieden."

Fn. 86 Art. 7 Abs. 2 Satz 1 Verf. (2001) lautet:

„Die Slowakische Republik kann durch einen Vertrag, der auf eine durch Gesetz vorgeschriebene Weise ratifiziert und verkündet wurde, oder auf seiner Grundlage einen Teil ihrer Hoheitsrechte auf die Europäischen Gemeinschaften oder die Europäische Union übertragen."

Fn. 89 Art. 7 Abs. 2 Satz 2 Verf. (2001) lautet:

„Die rechtlich verbindlichen Akte der Europäischen Gemeinschaften und der Europäischen Union haben Vorrang vor den Gesetzen der Slowakischen Republik."

Fn. 90 Art. 13 Verf. Abs. 1 lautet:

„Verpflichtungen können

durch Gesetz oder auf seiner Grundlage, in seinen Grenzen und unter Respektierung der Grundrechte und Grundfreiheiten;

durch völkerrechtliche Verträge nach Art. 7 Abs. 4, die unmittelbar Rechte und Pflichten der natürlichen oder juristischen Personen regeln, auferlegt werden."

Fn. 92 Art. 120 Abs. 2 Verf. lautet:

„Falls es ein Gesetz bestimmt, ist die Regierung berechtigt, zur Umsetzung des Abkommens zur Gründung einer Assoziation zwischen den Europäischen Gemeinschaften sowie ihren Mitgliedstaaten und der Slowakischen Republik und zur Umsetzung der völkerrechtlichen Verträge nach Art. 7 Abs. 2 Anordnungen zu erlassen."

Fn. 93 Art. 2 Abs. 1 der Verfassung der Republik Ungarn aus dem Jahre 1949, mit Änderungen aus dem Jahre 2003, lautet:

„(1) By virtue of treaty, the Republik of Hungary, in its capacity as a Member State of the European Union, may excercise certain constitutional powers jointly with other Member States to the extent necessary in connection with the rights and obligations conferred by the treaties on the foundation of the European Union and the European Communities (hereinafter referred to as 4 „European Union"). These powers may be exercised independently and by way of the institutions of the European Union."

Fn. 97 Art. 144 Abs. 1 Verf. lautet:

„Die Richter sind bei der Ausübung ihres Amtes unabhängig und bei der Entscheidung an die Verfassung, die Verfassungsgesetze, die völkerrechtlichen Verträge nach Art. 7 Abs. 2 und Abs. 5 und an die Gesetze gebunden."

Fn. 98 Art. 144 Abs. 2 Verf. lautet:

„Falls das Gericht zu der Überzeugung gelangt, dass eine allgemein verbindliche Vorschrift, ihr Teil oder ihre einzelne Bestimmung, die mit der behandelten Sache im Zusammenhang steht, mit der Verfassung, dem Verfassungsgesetz, dem völkerrechtlichen Vertrag nach Art. 7 Abs. 5 oder dem Gesetz im Widerspruch steht, unterbricht es die Verhandlung und stellt einen Antrag auf Einleitung des Verfahrens nach Art. 125 Abs. 1. Die Rechtsüberzeugung des Verfassungsgerichts ist für das Gericht bindend."

Fn. 108 Art. 29 Abs. 1-3 Verf. lautet:

„(1) Das Recht, sich frei zu vereinigen, ist gewährleistet. Jeder hat das Recht, sich gemeinsam mit anderen zu Vereinen, Gesellschaften und anderen Zusammenschlüssen zu vereinigen.

(2) Die Bürger haben das Recht, politische Parteien und politische Bewegungen zu gründen und sich in ihnen zu vereinigen.

(3) Die Ausübung der Rechte nach Abs. 1 und 2 kann nur in den durch Gesetz festgesetzten Fällen beschränkt werden, wenn dies in der demokratischen Gesellschaft für die Sicherheit des Staates, den Schutz der öffentlichen Ordnung, zur Vorbeugung von Straftaten oder für den Schutz der Rechte und Freiheiten anderer unerlässlich ist."

Fn. 112 Art. 12 Abs. 2 Verf. lautet:

„Die Grundrechte und Grundfreiheiten werden in der Slowakischen Republik allen ohne Unterschied des Geschlechts, der Rasse, der Hautfarbe, der Sprache, des Glaubens und der Religion, der politischen und sonstigen Meinung, der nationalen oder sozialen Herkunft, der Zugehörigkeit zu einer nationalen oder ethnischen Gruppe, des Vermögens, der Geburt oder einer anderen Stellung gewährleistet. Niemand darf aus diesen Gründen geschädigt, bevorzugt oder benachteiligt werden."

Fn. 113 Art. 13 Abs. 4 Verf. lautet:

„Bei der Einschränkung der Grundrechte und Grundfreiheiten muss ihr Wesen und Sinn berücksichtigt werden. Solche Beschränkungen dürfen nur dem festgesetzten Ziel dienen."

Fn. 114 Art. 20 Abs. 1 Verf. lautet:

„Jeder hat ein Recht auf Eigentum. Das Eigentumsrecht aller Eigentümer hat den gleichen gesetzlichen Inhalt und genießt den gleichen Schutz [...]."

Fn. 115 Art. 20 Abs. 4 Verf. lautet:

„Eine Enteignung oder zwangsweise Einschränkung des Eigentumsrechts ist nur im unumgänglich nötigen Umfang im öffentlichen Interesse auf Grund eines Gesetzes gegen Entschädigung möglich."

Fn. 121 Art. 130 Abs. 3 Verf. aus dem Jahre 1992 lautete:

„Das Verfassungsgericht kann das Verfahren auch auf Veranlassung juristischer oder natürlicher Personen einleiten, wenn sie eine Verletzung ihrer Rechte einwenden."

Fn. 152 Art. 125 a Verf. (2001) lautet:

„(1) Das Verfassungsgericht entscheidet über die Vereinbarkeit der abgeschlossenen völkerrechtlichen Verträge, für die eine Zustimmung des Nationalrates der Slowakischen Republik erforderlich ist, mit der Verfassung und den Verfassungsgesetzen.

(2) Ein Antrag auf Entscheidung gemäß Abs. 1 kann nach Abs. 2 vom Staatspräsidenten oder der Regierung vor der Erörterung des Vertrages im Nationalrat gestellt werden.

(3) Das Verfassungsgericht entscheidet über den Antrag nach Abs. 2 in der durch Gesetz festgelegten Frist; wenn das Verfassungsgericht einen Widerspruch des Vertrags mit der Verfassung oder einem Verfassungsgesetz feststellt, kann dieser völkerrechtliche Vertrag nicht ratifiziert werden."

Fn. 156 Art. 125 Verf. (2001) Abs. 1-4 lauten:

„(1) Das Verfassungsgericht entscheidet über den Einklang

der Gesetze mit der Verfassung, den Verfassungsgesetzen und den völkerrechtlichen Verträgen, denen der Nationalrat der Slowakischen Republik zugestimmt hat und die auf eine vom Gesetz bestimmte Weise ratifiziert und verkündet wurden;

der Regierungsverordnungen, der allgemein verbindlichen Rechtsvorschriften der Ministerien und sonstiger zentraler Organe der Staatsverwaltung mit der Verfassung, den Verfassungsgesetzen und den völkerrechtlichen Verträgen, denen der Nationalrat der Slowakischen Republik zugestimmt hat und die auf eine vom Gesetz bestimmte Weise ratifiziert und verkündet wurden, und mit den Gesetzen;

der allgemein verbindlichen Verordnungen nach Art. 68 Verf. mit der Verfassung, den Verfassungsgesetzen und den völkerrechtlichen Verträgen, denen der Nationalrat der Slowakischen Republik zugestimmt hat und die auf eine vom Gesetz bestimmte Weise ratifiziert und verkündet wurden, falls über sie nicht ein anderes Gericht entscheidet;

der allgemein verbindlichen Verordnungen der Organe der lokalen Selbstverwaltung und der allgemein verbindlichen Verordnungen der Gemeinden nach Art. 71 Abs. 2 mit der Verfassung, den Verfassungsgesetzen und den völkerrechtlichen Verträgen, denen der Nationalrat der Slowakischen Republik zugestimmt hat und die auf eine vom Gesetz bestimmte Weise ratifiziert und verkündet wurden, mit den Gesetzen, den Regierungsverordnungen, den allgemein verbindlichen Rechtsvorschriften der Ministerien und sonstiger zentraler Organe der Staatsverwaltung, falls über sie nicht ein Gericht entscheidet.

(2) Wenn das Verfassungsgericht den Antrag auf das Verfahren nach Abs. 1 annimmt, kann es die Wirksamkeit der angegriffenen Rechtsvorschriften, ihrer Teile bzw. ihrer Bestimmungen unterbrechen, falls ihre weitere Anwendung die Grundrechte und Grundfreiheiten bedrohen würde oder falls ein größerer materieller Schaden oder sonstige ernsthafte unumkehrbare Folgen drohen.

(3) Wenn das Verfassungsgericht eine Nichtübereinstimmung der im Abs. 1 genannten Vorschriften ausspricht, verlieren die entsprechenden Vorschriften, ihre Teile bzw. einige ihrer Bestimmungen ihre Wirksamkeit. Die Organe, welche diese Vorschriften erlassen haben, sind verpflichtet, sie binnen sechs Monaten nach der Verkündung der Entscheidung in Einklang mit der Verfassung, den Verfassungsgesetzen und mit den auf eine vom Gesetz bestimmte Weise verkündeten völkerrechtlichen Verträgen, und im Falle von Vorschriften nach Abs. 1 lit. b und c, auch mit anderen Gesetzen, im Falle von Vorschriften nach Abs. 1 lit. d mit den Regierungsverordnungen und mit allgemein verbindlichen Vorschriften der Ministerien und sonstiger zentraler Organe der Staatsverwaltung zu bringen. Falls sie dies nicht tun, verlieren diese Vorschriften, ihre Teile oder Bestimmungen nach sechs Monaten nach der Verkündung der Entscheidung ihre Gültigkeit.

(4) Das Verfassungsgericht entscheidet nicht über den Einklang der Entwürfe oder des Entwurfs des Gesetzes mit der Verfassung, dem auf eine vom Gesetz bestimmte Weise verkündeten völkerrechtlichen Vertrag oder mit dem Verfassungsgesetz."

Fn. 160 Art. 144 Abs. 2 Verf. lautet:

„Falls das Gericht zu der Überzeugung gelangt, dass eine allgemein verbindliche Vorschrift, ihr Teil oder ihre einzelne Bestimmung, die mit der behandelten Sache im Zusammenhang steht, mit der Verfassung, dem Verfassungsgesetz, dem völkerrechtlichen Vertrag nach Art. 7 Abs. 5 oder dem Gesetz im Widerspruch steht, unterbricht es die Verhandlung und stellt einen Antrag auf Einleitung des Verfahrens nach Art. 125 Abs. 1. Die Rechtsüberzeugung des Verfassungsgerichts ist für das Gericht bindend."

Fn. 162 Art. 127 Verf. lautet:

„(1) Das Verfassungsrecht entscheidet über die Beschwerden natürlicher oder juristischer Personen, die behaupten, in ihren Grundrechten oder Grundfreiheiten oder Menschenrechten und Grundfreiheiten aus den durch die Slowakische Republik ratifizierten und auf die gesetzliche Weise verkündeten völkerrechtlichen Verträgen verletzt zu sein, falls über den Schutz dieser Rechte und Freiheiten nicht ein anderes Gericht entscheidet.

(2) Falls das Verfassungsgericht der Beschwerde stattgibt, spricht es in seiner Entscheidung aus, dass durch die rechtskräftige Entscheidung, Maßname oder

den sonstigen Eingriff die Rechte oder Freiheiten nach Abs. 1 verletzt wurden, und hebt diese Entscheidung, Maßnahme oder Eingriff auf. Falls die Verletzung der Rechte oder Freiheiten nach Abs. 1 durch Untätigkeit entstanden ist, kann das Verfassungsgericht denjenigen, der diese Rechte oder Freiheiten verletzt hat, anweisen, in der Sache zu handeln. Das Verfassungsgericht kann gleichzeitig die Sache zu einer weiterer Verhandlung zurückweisen, eine weitere Verletzung der Grundrechte oder Freiheiten oder der Menschenrechte und Grundfreiheiten aus den durch die Slowakischen Republik ratifizierten und auf die gesetzliche Weise verkündeten völkerrechtlichen Verträgen zu untersagen, oder, falls möglich, denjenigen, der die Rechte oder Freiheiten nach Abs. 1 verletzt hat, anweisen, den Stand vor der Verletzung wiederherzustellen.

(3) Das Verfassungsgericht kann durch seine Entscheidung, die der Beschwerde stattgibt, demjenigen, dessen Rechte nach Abs. 1 verletzt wurden, angemessene finanzielle Satisfaktion zusprechen.

(4) Die Verantwortung desjenigen, der die Rechte oder Freiheiten nach Abs. 1 verletzt hat, für Schaden oder eine sonstige Beeinträchtigung ist durch die Entscheidung des Verfassungsgerichts nicht berührt.“

IV. Die Republik Slowenien

Fn. 20 Art. 86 Verf. lautet:

„Die Staatsversammlung ist beschlussfähig, wenn die Mehrheit der Abgeordneten der Sitzung beiwohnt. Die Staatsversammlung verabschiedet Gesetze, fasst andere Beschlüsse und ratifiziert völkerrechtliche Verträge mit Mehrheit der abgegebenen Stimmen der anwesenden Abgeordneten, wenn durch die Verfassung oder das Gesetz keine andere Mehrheit festgelegt ist."

Fn. 31 Art. 153 Verf. lautet:

„Übereinstimmung von Rechtsakten:

Gesetze, Rechtsverordnungen und andere Allgemeinregelungen müssen mit der Verfassung übereinstimmen.

Gesetze müssen mit den allgemein geltenden Grundsätzen des Völkerrechts und mit den geltenden von der Staatsversammlung ratifizierten völkerrechtlichen Verträgen übereinstimmen. Rechtsverordnungen und andere Allgemeinregelungen müssen auch mit anderen ratifizierten völkerrechtlichen Verträgen übereinstimmen. Rechtsverordnungen und andere Allgemeinregelungen müssen mit der Verfassung und dem Gesetz übereinstimmen.

Individualakte und Handlungen von Staatsorganen, Organen der lokalen Gemeinschaften und Trägern öffentlicher Befugnisse müssen ihre Grundlage in einem Gesetz oder in einer gesetzlichen Vorschrift haben."

Fn. 34 § 87 Satz 1 des Gesetzes *über die auswärtigen Angelegenheiten* lautet:

„Nichtübereinstimmung völkerrechtlicher Verträge mit der innerstaatlichen Gesetzgebung:

Falls die Bestimmungen des völkerrechtlichen Vertrags mit dem Gesetz oder einer anderen Vorschrift nicht übereinstimmen, initiiert die Regierung das Verfahren zur Änderung des Gesetzes oder einer anderen Vorschrift oder zur Änderung oder Kündigung des entsprechenden völkerrechtlichen Vertrags."

Fn. 35 § 87 Satz 2 des Gesetzes *über die auswärtigen Angelegenheiten* lautet:

„Der völkerrechtliche Vertrag wird bis zur Entscheidung des zuständigen Organs angewandt."

Fn. 56 Art. 70 des *Europaabkommens* lautete:

„Die Vertragsparteien erkennen an, dass die Angleichung der bestehenden und künftigen Rechtsvorschriften Sloweniens an das Gemeinschaftsrecht eine wesentliche Voraussetzung für die wirtschaftliche Integration Sloweniens in die Gemeinschaft darstellt. Slowenien wird sich darum bemühen, dass seine Rechtsvorschriften schrittweise mit dem Gemeinschaftsrecht vereinbar werden."

Fn. 57 Artikel 112 des *Europaabkommens* lautete:

„Zur Erreichung der Ziele des Abkommens und in den darin vorgesehenen Fällen ist der Assoziationsrat befugt, Beschlüsse zu fassen. Die Beschlüsse sind für die Vertragsparteien verbindlich; diese treffen die erforderlichen Maßnahmen zu ihrer Durchführung. Der Assoziationsrat kann auch zweckdienliche Empfehlungen abgeben. Die Beschlüsse und Empfehlungen des Assoziationsrates werden von den beiden Vertragsparteien einvernehmlich ausgearbeitet."

Fn. 59 Artikel 110 und 111 des *Europaabkommens* lauteten:

Artikel 110:

„Es wird ein Assoziationsrat eingesetzt, der die Durchführung dieses Abkommens überwacht. Der Assoziationsrat tagt einmal jährlich auf Ministerebene und jedesmal, wenn die Umstände dies erfordern. Er prüft alle wichtigen Fragen, die sich aus diesem Abkommen ergeben, sowie alle anderen bilateralen oder internationalen Fragen von gemeinsamem Interesse."

Artikel 111:

„(1) Der Assoziationsrat besteht aus den Mitgliedern des Rates der Europäischen Union und Mitgliedern der Kommission der Europäischen Gemeinschaften einerseits und aus Mitgliedern der Regierung Sloweniens andererseits.

(2) Die Mitglieder des Assoziationsrates können sich nach Maßgabe seiner Geschäftsordnung vertreten lassen.

(3) Der Assoziationsrat gibt sich eine Geschäftsordnung.

(4) Den Vorsitz im Assoziationsrat führt abwechselnd ein Mitglied des Rates der Europäischen Gemeinschaften und ein Mitglied der Regierung Sloweniens nach Maßgabe der Geschäftsordnung.

(5) Soweit es sich um Angelegenheiten in ihrem Zuständigkeitsbereich handelt, nimmt die Europäische Investitionsbank als Beobachter an den Arbeiten des Assoziationsrates teil."

Fn. 60 Art. 65 Abs. 2 des *Europaabkommens* lautet:

„(2) Alle Verhaltensweisen, die im Gegensatz zu diesem Artikel stehen, werden nach den Kriterien beurteilt, die sich aus den Artikels 85, 86 und 92 des Vertrags zur Gründung der Europäischen Gemeinschaft ergeben."

Fn. 64 Art. 3 Verf. lautet:

„Slowenien ist der Staat aller seiner Staatsbürgerinnen und Staatsbürger, der auf dem bleibenden und unveräußerlichen Selbstbestimmungsrecht des slowenischen Volkes beruht.

In Slowenien steht die oberste Gewalt dem Volke zu. Die Staatsbürgerinnen und Staatsbürger üben diese unmittelbar und in Wahlen nach dem Grundsatz der Gewaltenteilung in die gesetzgebende, die vollziehende und die rechtsprechende Gewalt aus."

Fn. 67 Artikel 3 a Abs. 1 lautet:

„Aufgrund eines Vertrags, der mit einer Zwei-Drittel-Mehrheit aller Abgeordneten der Staatsversammlung ratifiziert wird, kann Slowenien die Ausübung eines Teils seiner souveränen Rechte auf internationale Organisationen übertragen, die auf der Achtung der Menschenrechte und Grundfreiheiten, der Demokratie und der Prinzipien des Rechtsstaates gründen, sowie einem Verteidigungsbündnis mit Staaten beitreten, das auf der Achtung dieser Werte beruht."

Fn. 69 Art. 90 Verf. lautet:

„Gesetzgebendes Referendum

Die Staatsversammlung kann über Fragen, die durch Gesetz geregelt werden, ein Referendum ausschreiben. Sie ist an das Ergebnis des Referendums gebunden.

Die Staatsversammlung kann ein Referendum im Sinne des vorigen Absatzes von sich aus ausschreiben. Sie muss es jedoch tun, wenn mindestens ein Drittel der Abgeordneten, der Staatsrat oder vierzigtausend Wähler es verlangen.

Abstimmungsberechtigt bei einem Referendum sind alle wahlberechtigten Staatsbürger.

Der Antrag ist durch Referendum angenommen, wenn er die Mehrheit der abgegebenen Stimmen erreicht.

Das Referendum wird durch ein Gesetz geregelt, das von der Staatsversammlung mit einer Mehrheit von zwei Dritteln der Stimmen der anwesenden Abgeordneten verabschiedet wird."

Fn. 71 Art. 3 a Abs. 2 lautet:

„Vor der Ratifizierung des völkerrechtlichen Vertrags aus dem vorherigen Absatz kann die Staatsversammlung ein Referendum ausschreiben. Der Entwurf ist durch Referendum angenommen, wenn sich die Mehrheit der gültig abgegebenen Stimmen dafür ausgesprochen hat. Die Staatsversammlung ist an das Ergebnis des Referendums gebunden. Nachdem ein Referendum durchgeführt wurde, ist es nicht zulässig, ein neues Referendum zum Gesetz über die Ratifizierung eines solchen völkerrechtlichen Vertrags auszuschreiben."

Fn. 73 Art. 3 a Abs. 3 Verf. lautet:

„Die Rechtsakte und Entscheidungen, die durch internationale Organisationen erlassen werden, an denen die Republik Slowenien einen Teil der Ausübung ihrer Souveränität übertragen hat, werden in Slowenien im Einklang mit der Rechtsordnung dieser Organisationen angewandt."

Fn. 85 Art. 14 Verf. lautet:

„Gleichheit vor dem Gesetz:

Allen werden in Slowenien die gleichen Menschenrechte und Grundfreiheiten gewährleistet, ungeachtet der Nationalität, der Rasse, des Geschlechts, der Sprache, des Glaubens, der politischen oder sonstigen Anschauung, der Vermögensverhältnisse, der Geburt, der Bildung, der gesellschaftlichen Stellung oder irgendeines sonstigen personenbezogenen Umstands.

Alle sind vor dem Gesetz gleich."

Fn. 92 Art. 160 Abs. 1 Satz 2 Verf. lautet:

„Zuständigkeiten des Verfassungsgerichts:

Das Verfassungsgericht entscheidet über [...] die Übereinstimmung von Gesetzen und anderen Vorschriften mit den ratifizierten völkerrechtlichen Verträgen und den allgemeinen Grundsätzen des Völkerrechts."

Fn. 121 Art. 160 Abs. 2 Verf. lautet:

„Das Verfassungsgericht erkennt auf Antrag des Staatspräsidenten, der Regierung oder eines Drittels der Abgeordneten der Staatsversammlung im Verfahren der Ratifikation völkerrechtlicher Verträge auf ihre Übereinstimmung mit der Verfassung. Die Staatsversammlung ist an das Erkenntnis des Verfassungsgerichts gebunden."

Fn. 122 § 70 des Gesetzes *über das Verfassungsgericht* lautet:

„Das Verfassungsgericht erkennt auf Antrag des Staatspräsidenten, der Regierung oder eines Drittels der Abgeordneten der Staatsversammlung im Verfahren der Ratifikation völkerrechtlicher Verträge auf ihre Übereinstimmung mit der Verfassung. Die Staatsversammlung ist an das Erkenntnis des Verfassungsgerichts gebunden. Das Verfassungsgericht entscheidet über diese Sache im Senat."

Fn. 126 Art. 45 Abs. 7 lit. b des *Europaabkommens* lautete:

„Unbeschadet der Bestimmungen dieses Artikels haben Tochtergesellschaften von Gesellschaften aus der Gemeinschaft ferner das Recht,

Immobilien zu erwerben und zu verkaufen, und die gleichen Rechte wie die slowenischen Staatsangehörigen und Gesellschaften in bezug auf die natürlichen Ressourcen, die landwirtschaftlich genutzten Flächen und die Forste, sofern diese Rechte für die Ausübung der Erwerbstätigkeiten, für die sie sich niedergelassen haben, erforderlich sind."

Fn. 128 Art. 45 Abs. 7 lit. c des *Europaabkommens* lautete:

„Unbeschadet der Bestimmungen dieses Artikels

c) gewährt Slowenien Staatsangehörigen der Gemeinschaft und Zweigniederlassungen von Gesellschaften der Gemeinschaft die unter Buchstabe b) genannten Rechte vor dem Ende der ersten Stufe der Übergangszeit."

Fn. 130 Art. 64 des *Europaabkommens* lautete:

„(1) Während der ersten vier Jahre nach Inkrafttreten dieses Abkommens treffen die Vertragsparteien Maßnahmen, um die erforderlichen Voraussetzungen für die weitere schrittweise Übernahme der Rechtsvorschriften der Gemeinschaft über den freien Kapitalverkehr zu schaffen.

(2) Vor dem Ende des vierten Jahres nach dem Inkrafttreten dieses Abkommens prüft der Assoziationsrat Mittel und Wege für die volle Übernahme der Rechtsvorschriften der Gemeinschaft über den Kapitalverkehr."

Fn. 131 Pkt. I. des Anhangs XIII. zum *Europaabkommen* lautete:

„Alle notwendigen Maßnahmen werden ergriffen, damit die Staatsangehörigen der Mitgliedstaaten der Europäischen Union auf der Grundlage der Gegenseitigkeit nach Ablauf des vierten Jahres ab dem Zeitpunkt des Inkrafttretens des Assoziationsabkommens in Slowenien Eigentum auf der Grundlage der Nichtdiskriminierung erwerben können."

Fn. 133 Pkt. II. des Anhangs XIII. zum *Europaabkommen* lautete:

„Den Staatsangehörigen der EU-Mitgliedstaaten, die zum Zeitpunkt des Inkrafttretens des Assoziationsabkommens ihren ständigen Wohnsitz drei Jahre lang im derzeitigen Hoheitsgebiet der Republik Slowenien gehabt haben, wird auf der Grundlage der Gegenseitigkeit das Recht eingeräumt, von diesem Zeitpunkt an Eigentum zu erwerben."

Fn. 139 Art. 68 Verf. lautet nun:

„Ausländer können das Eigentumsrecht an unbeweglichen Sachen unter durch Gesetz oder völkerrechtlichen Vertrag festgelegten Bedingungen erwerben, unter der Voraussetzung der Reziprozität. Ein entsprechendes Gesetz oder völkerrechtlicher Vertrag muss von der Staatsversammlung mit einer Zwei-Drittel-Mehrheit aller Abgeordneten angenommen werden."

Fn. 141 Art. 1 Abs. 3 des *Vertrags* lautet:

„According to this Agreement, the border area on the sea is the sea territory under the sovereignty of each contracting Party, lying north of the 45-degree parallel and the 10-minute northern latitude along the western coast of Istria measured from the external edge of the territorial sea of the Republic of Croatia, up to the point where this parallel touches the land of the western coast of Istria (Funtana Cape of Grgat)."

Fn. 145 Art. 72 Verf. lautet:

„Gesunde Umwelt:

Jedermann hat in Einklang mit dem Gesetz das Recht auf gesunde Umwelt.

Der Staat sorgt für eine gesunde Umwelt. Zu diesem Zweck werden durch Gesetz Voraussetzungen und die Art und Weise der Ausübung wirtschaftlicher und anderer Tätigkeiten festgelegt.

Durch Gesetz wird festgelegt, unter welchen Voraussetzungen und in welchem Umfang ein Verursacher von Umweltschäden diese ersetzen muss [...].“

Fn. 146 Art. 73 Verf. lautet:

„Wahrung des Natur- und Kulturerbes:

Jedermann hat die Pflicht, in Einklang mit dem Gesetz Naturdenkmäler und Naturseltenheiten sowie Kulturdenkmäler zu schützen. Der Staat und die lokalen Gemeinschaften sorgen für die Erhaltung des Natur- und des Kulturerbes.“

Fn. 154 Artikel 70 des *Europaabkommens* lautete:

„Die Vertragsparteien erkennen an, dass die Angleichung der bestehenden und künftigen Rechtsvorschriften Sloweniens an das Gemeinschaftsrecht eine wesentliche Voraussetzung für die wirtschaftliche Integration Sloweniens in die Gemeinschaft darstellt. Slowenien wird sich darum bemühen, dass seine Rechtsvorschriften schrittweise mit dem Gemeinschaftsrecht vereinbar werden.“

V. Die Russische Föderation

Fn. 9 Art. 1 Abs. 2 des Entwurfs lautete:

„Allgemein geltende Grundsätze des Völkerrechts haben in Bezug auf die Menschenrechte Vorrang vor der Gesetzgebung. Aus ihnen ergeben sich unmittelbar Rechte und Pflichten der Bürger der Russischen Föderation."

Fn. 10 Art. 3 Abs. 5 des Entwurfs lautete:

„Die Bestimmungen der Verfassung über die Menschenrechte müssen entsprechend den allgemein geltenden Grundsätzen des Völkerrechts und den von der Russischen Föderation ratifizierten internationalen Verträgen und Abkommen zu Fragen der Menschenrechte ausgelegt werden. "

Fn. 11 Art. 25 des Entwurfs lautete:

„Die völkerrechtlichen Rechtsakte, die von der Russischen Föderation ratifiziert werden, erlangen ab dem Zeitpunkt ihrer Ratifizierung die Kraft von Gesetzen der Russischen Föderation. Bei Nichtübereinstimmung der Bestimmungen der Völkerrechtsakte und der auf dem Territorium der Russischen Föderation geltenden Gesetze sind die Bestimmungen der ratifizierten Völkerrechtsakte wirksam."

Fn. 12 Art. 3 Abs. 4 des Entwurfs lautete:

„Die allgemein geltenden Grundsätze und Normen des Völkerrechts und die völkerrechtlichen Verträge der Russischen Föderation bilden einen Teil ihres Rechts. Wenn durch einen ratifizierten völkerrechtlichen Vertrag der Russischen Föderation andere Regeln als im Gesetz festgelegt werden, so werden die Regeln des völkerrechtlichen Vertrags angewandt."

Fn. 13 Art. 8 Satz 1 des Entwurfs lautete:

„In der Russischen Föderation werden die Grundrechte und -freiheiten entsprechend der Allgemeinen Erklärung der Menschenrechte und den allgemeingültigen Prinzipien und Normen des Völkerrechts anerkannt und garantiert."

Fn. 14 Art. 15 Satz 4 des Entwurfs lautete:

„Die allgemein geltenden Grundsätze und Normen des Völkerrechts und die völkerrechtlichen Verträge der Russischen Föderation sind Bestandteile ihres Rechtssystems. Wenn ein völkerrechtlicher Vertrag der Russischen Föderation andere Regeln bestimmt als die, die vom Gesetz vorgesehen sind, so werden die Regeln des internationalen Vertrags angewendet."

Fn. 17 Art. 5 Abs. 1 Verf. lautet:

„In der RSFSR stehen die Verfassung und die Gesetze über allen Normativakten. Die Annahme von Gesetzen und Normativakten, die der Verfassung der RSFSR widersprechen, kann durch nichts gerechtfertigt werden und zieht ihre Ungültigkeit nach sich."

Fn. 243 § 105 Abs. 2 Strafgesetzbuch lautet:

„Die Tötung

a) von zwei oder mehr Personen,
b) einer Person oder ihrer Angehörigen in Zusammenhang mit der Wahrnehmung einer dienstlichen Tätigkeit oder der Erfüllung einer öffentlichen Pflicht durch diese Person,
c) einer Person, von der der Täter wusste, dass sie sich in einem hilflosen Zustand befindet, sowie einer Person in Zusammenhang mit der Entführung eines Menschen oder einer Geiselnahme,
d) einer Frau, von der der Täter wusste, dass sie sich im Zustand der Schwangerschaft befindet,
e) die mit besonderer Grausamkeit begangen wurde,
f) die auf gemeingefährliche Weise begangen wurde,
g) die von einer Personengruppe, von einer Personengruppe nach vorheriger Verabredung oder von einer organisierten Gruppe begangen wurde,
h) aus Gewinnsucht oder im Auftrag, sowie in Zusammenhang mit Raub, Erpressung oder Banditentum,
i) aus rowdyhaften Beweggründen,
j) in der Absicht, eine andere Straftat zu verdecken oder ihre Begehung zu erleichtern, sowie in Zusammenhang mit Vergewaltigung oder gewaltsamen Handlungen sexuellen Charakters,
k) aus dem Beweggrund nationalen, rassischen oder religiösen Hasses oder solcher Feindschaft oder von Blutrache,
l) in der Absicht der Nutzung von Organen oder von Gewebe des Verletzten,
m) die mehrmals begangen wurde,
n) wird mit Freiheitsentzug für die Dauer von acht bis zu zwanzig Jahren, mit dem Tod oder mit lebenslangem Freiheitsentzug bestraft.“

Übersetzung: *F.-Ch. Schroeder/ T. Bednarz*, Strafgesetzbuch der Russischen Föderation, Freiburg im Breisgau 1998, 99-100.

VI. Die Republik Belarus

Fn. 22 Art. 8 Satz 1 Verf. lautet:

„Die Republik Belarus erkennt den Vorrang der allgemein geltenden Grundsätze des Völkerrechts an und gewährleistet, dass ihre Gesetze mit diesen Grundsätzen übereinstimmen [...].“

Fn. 27 Art. 18 Verf. lautet:

„Die Republik Belarus geht in ihrer Außenpolitik von den Prinzipien der Gleichheit der Staaten, des Verzichts auf die Anwendung und Androhung von Gewalt, der Unverletzlichkeit der Grenzen, der friedlichen Streitbeilegung, der Nichteinmischung in die inneren Angelegenheiten und den anderen allgemein geltenden Grundsätzen und Normen des Völkerrechts aus.

Die Republik Belarus setzt sich das Ziel, ihr Territorium in eine kernwaffenfreie Zone zu verwandeln und den Staat für neutral zu erklären.“

Fn. 50 Art. 3 lautet:

„Abschluss, Durchführung, Suspendierung sowie Beendigung der Geltung völkerrechtlicher Verträge der Republik Belarus richten sich nach der Verfassung der Republik Belarus, den allgemein geltenden Grundsätzen des Völkerrechts, dem Wiener Übereinkommen über das Recht der Verträge vom 23. Mai 1969, anderen internationalen Verträgen der Republik Belarus, dem vorliegenden Gesetz und anderen Gesetzesakten der Republik Belarus.“

Art. 27 S. 2 lautet:

„Völkerrechtliche Verträge der Republik Belarus sind von der Republik Belarus nach Treu und Glauben sowie im Einklang mit dem Völkerrecht durchzuführen. Die in den völkerrechtlichen Verträgen der Republik Belarus enthaltenen und in Kraft getretenen Rechtsnormen sind Teil der geltenden Gesetzgebung und unmittelbar anzuwenden, außer in den Fällen, in denen der völkerrechtliche Vertrag einen innerstaatlichen Umsetzungsakt als Anwendungsvoraussetzung vorsieht.“

Fn. 60 Art. 21 Verf. lautet:

„Die Gewährleistung der Rechte und Freiheiten der Bürger der Republik Belarus ist oberstes Staatsziel. Der Staat garantiert die in der Verfassung und den Gesetzen verankerten und durch völkerrechtliche Verpflichtungen des Staates bestimmten Rechte und Freiheiten der Bürger der Republik Belarus.“

Fn. 64 Art. 59 Abs. 2 Verf. lautet:

„Die Staatsorgane, die Beamten und sonstige Personen, die mit der Ausübung staatlicher Funktionen beauftragt sind, treffen Maßnahmen zur Ausübung und zum Schutz der persönlichen Rechte und Freiheiten. Für die Akte, welche diese Rechte und Freiheiten verletzen, tragen sie Verantwortung.“

Fn. 66 Art. 125 Verf. lautet:

„Die Aufsicht über die genaue und einheitliche Durchführung der Gesetze, die Ministerien und andere der Regierung unterstellte Organe, die örtlichen Vertretungs- und Vollzugsorgane, Unternehmen, Organisationen und Einrichtungen, durch die gesellschaftlichen Vereinigungen, Amtspersonen und Bürger obliegt dem Staatsanwalt der Republik Belarus und den ihm unterstellten Staatsanwälten. Die Staatsanwaltschaft übt die Aufsicht über die Durchführung der Gesetze bei der Verfolgung von Verbrechen und über die Übereinstimmung der Gerichtsentscheidungen zu Zivil- und Strafsachen sowie zu Verwaltungssachen mit dem Gesetz aus, in den gesetzlich vorgesehenen Fällen führt sie Voruntersuchungen durch und unterstützt die staatliche Anklage vor Gericht."

Fn. 74 Art. 137 Verf. lautet:

„Die Verfassung hat die höchste Rechtskraft. Gesetze, Dekrete, Verordnungen, Erlasse und andere Rechtsnormen der Staatsorgane werden auf ihrer Grundlage und in Einklang mit ihr erlassen. Im Falle eines Widerspruchs zwischen der Verfassung und dem Gesetz, Dekret oder Erlass des Staatspräsidenten wird die Verfassung angewandt. Im Falle eines Widerspruchs zwischen Dekret oder Erlass des Staatspräsidenten und Gesetz wird das Gesetz angewandt [...]."

Fn. 75 Art. 7 Verf. lautet:

„Die Republik Belarus beruht auf dem Grundsatz der Rechtsstaatlichkeit. Der Staat, seine Organe und Beamte handeln im Einklang mit der Verfassung und der auf ihrer Grundlage erlassenen Gesetzgebungsakte. Die Rechtsakte und ihre einzelnen Bestimmungen, die aufgrund eines gesetzlichen Verfahrens als verfassungswidrig festgestellt wurden, haben keine Rechtskraft."

Fn. 116 Art. 116 Satz 5 Verf. lautet:

„Auf Antrag des Staatspräsidenten, der Repräsentantenkammer, des Republikrats, des Obersten Gerichtshofs und der Regierung entscheidet das Verfassungsgericht über den Einklang der Gesetze, der Dekrete und Erlasse des Staatspräsidenten, der völkerrechtlichen Verträge und anderer Verpflichtungen der Republik mit der Verfassung und anderen völkerrechtlichen Instrumenten, die von der Republik Belarus ratifiziert wurden; über den Einklang der Rechtsakte der zwischenstaatlichen Strukturen, deren Mitglied Belarus ist, sowie der auf Gesetz beruhenden Dekrete des Staatspräsidenten mit der Verfassung und den völkerrechtlichen Instrumenten, die von der Republik Belarus ratifiziert wurden; über den Einklang der Regierungsverordnungen und allgemeinverbindlicher Rechtsakte des Obersten Gerichtshofs mit der Verfassung, den Gesetzen, den Dekreten und Erlassen des Staatspräsidenten und den völkerrechtlichen Instrumenten, die von der Republik Belarus ratifiziert wurden; über den Einklang der rechtskräftigen Akte der staatlichen Organe und der öffentlichen Vereinigungen mit der Verfassung, den Gesetzen, den Dekreten und den völkerrechtlichen Instrumenten, die von der Republik Belarus ratifiziert wurden. Die geltenden Rechtsakte oder ihre Bestandteile, die es für verfassungswidrig erklärt, verlieren ihre Gültigkeit, falls ein Gesetz nichts anderes anordnet.

Die Zuständigkeit, die Organisation und das Verfahren vor dem Verfassungsgericht werden durch Gesetz geregelt."

Fn. 117 Art. 127 Abs. 2 Verf. lautete:

„Das Verfassungsgericht ist berechtigt, aus eigener Initiative den Einklang der geltenden Rechtsakte der staatlichen Organe oder öffentlicher Vereinigungen mit der Verfassung, den Gesetzen sowie den völkerrechtlichen Instrumenten, die von der Republik Belarus ratifiziert wurden, zu überprüfen."

Fn. 126 Art. 24 Verf. lautet:

„Jeder hat das Recht auf Leben. Der Staat schützt das Leben jedes Menschen gegen alle Eingriffe. Bis zu ihrer Abschaffung kann im Einklang mit dem Gesetz die Todesstrafe als Ausnahmestrafe für besonders schwere Verbrechen und ausschließlich auf der Grundlage einer gerichtlichen Entscheidung verhängt werden."

Fn. 127 Art. 60 Verf. lautet:

„Jede Person hat das Recht auf den Schutz ihrer Rechte und Freiheiten durch ein zuständiges, unabhängiges und unparteiisches Gericht innerhalb einer gesetzlichen Frist. Bei der Verteidigung ihrer Rechte, Freiheiten und Ehre haben die Bürger Anspruch auf eine materielle und immaterielle Entschädigung, die vom Gericht festgelegt wird."

Fn. 136 Art. 30 Verf. lautet:

„Die Staatsangehörigen der Republik Belarus haben das Recht, sich frei zu bewegen und ihren Wohnsitz frei zu wählen, das Land zu verlassen und wieder einzureisen."

Fn. 137 Art. 23 Verf. lautet:

„Einschränkungen der Grundrechte und Grundfreiheiten sind nur auf gesetzlicher Grundlage, im Interesse der nationalen Sicherheit, der öffentlichen Ordnung, des Schutzes der Moral und Gesundheit der Bevölkerung sowie der Rechte und Freiheiten anderer Personen gestattet."

Fn. 144 Art. 112 Satz 2 Verf. lautet:

„Falls während der Behandlung einer Sache das Gericht zu dem Schluß gelangt, dass die anzuwendende Rechtsnorm im Widerspruch zur Verfassung steht, wendet es die verfassungsrechtliche Bestimmung an und stellt die Frage der Verfassungsmäßigkeit der anzuwendenden Rechtsnorm in einem Verfahren, das durch Gesetz geregelt ist."

Fn. 147 Art. 40 Verf. lautet:

„Jeder hat das Recht, einzeln oder gemeinschaftlich Petitionen an Staatsorgane zu richten. Die Staatsorgane sowie Amtspersonen sind verpflichtet, die Petitonen zu behandeln und innerhalb einer durch Gesetz bestimmten Frist auf die Petition zu reagieren. Die Ablehnung der Behandlung der Petition ist schriftlich zu begründen."

Fn. 152 Art. 61 Verf. lautet:

„Im Einklang mit den von der Republik Belarus ratifizierten völkerrechtlichen Akten ist jeder berechtigt, sich an die internationalen Organisationen mit dem Ziel des Schutzes eigener Rechte und Freiheiten zu wenden, falls alle innerstaatlichen Rechtsmittel ausgeschöpft wurden.“

Literaturverzeichnis

Albi, Anneli, EU Enlargement and the Constitutions of Central and Eastern Europe, Cambridge 2005.

Albi, Anneli, „Europe“ Articles in the Constitutions of Central and Eastern European Countries, Common Market Law Review 42 (2005), S. 399.

Alexandrova, Olga, Schwierige Restauration alter Abhängigkeiten, Osteuropa 4-5/2001, S. 455.

Alexejeva, Tatjana/ Gordejčik, Aleksandr/ Dostanko, Jelena, Vzaimodějstvije Respubliki Belarus s veduščimi evropejskimi organaizacijami v konce 1990-ch gg., Belorusskij žurnal meždunarodnogo prava i meždunarodnych otnošenij 2 (2000) S. 1.

Andrianov, Valerij I., Stat'ja 17, in: Ju.V. Kudrjavcev (Hrsg.), Kommentarij k Konstitucii Rossijskoj Federacii, Moskva 1996, S. 82.

Andrianov, Valerij I., Stat'ja 79, in: Ju.V. Kudrjavcev (Hrsg.), Kommentarij k Konstitucii Rossijskoj Federacii, Moskva 1996, S. 361.

Arnold, Rainer/ Kovářík, Vladimír, Die Konzeption des Grundrechtsschutzes in der Tschechischen Republik, Regensburg 2003.

Azud, Ján, Kommentár zu Art. 11 Verf., in: M. Čič u.a. (Hrsg.), Komentár k Ústave Slovenskej Republiky, Bratislava 1997, S. 69.

Banaszak, Bogusław, Prawo konstytucyjne, Wrocław 2004.

Banaszkiewicz, Boleslaw, Die Rechtsprechung des polnischen Verfassungsgerichtshofes angesichts der Mitgliedschaft des Landes in der Europäischen Union: Erste Erfahrungen und neue Probleme, in: EIF Working Paper Series: 1 Jahr Mitgliedschaft: Erste Bilanz aus der Sicht der polnischen Höchstgerichte, Institut für Europäische Integrationsforschung Working Paper Nr. 15 (2006), S. 4, http://www.eif.oeaw.ac.at/downloads/workingpapers/wp15.pdf.

Barbuk, Aleksej, Implementacija meždunarodnogo prava v Respublike Belarus, Belorusskij žurnal meždunarodnogo prava i meždunarodnych otnošenij 4 (2001), S. 1.

Barcz, Jan, Das Verhältnis zwischen Völkerrecht und innerstaatlichem Recht in Polen nach der Wende, Zeitschrift für öffentliches Recht 52 (1997), S. 91.

Barcz, Jan, Akt intergacyjny Polski z Unią Europejską w świetle Konstytucji RP, Państwo i Prawo 4 (1998), S. 7.

Bayefsky, Anne F., How to Complain to the UN Human Rights Treaty System, Ardsley, NY 2002.

Beknazar-Juzbašev, Tigran B., Das neue Recht der völkerrechtlichen Verträge in Rußland, ZaöRV 56 (1996), S. 406.

Beliaev, Sergej, Die Durchsetzung internationaler Vereinbarungen in den Subjekten der Russischen Föderation (Beispiel: die Republik Tatarstan), ROW 6, 1994, S. 246.

Biernat, Stanisław, Constitutional Aspects of Poland's Future Membership in the European Union, Archiv des Völkerrechts 36 (1998), S. 398.

Biernat, Stanisław, Miejsce prawa pochodnego Wspólnoty Europejskiej w systemie konstytucyjnym RP, in: C. Mik (Hrsg.), Konstytucja Rzeczypospolitej Polskiej z 1997 roku a członkostwo Polski w Unii Europejskiej, Toruń 1999, S. 182.

Biernat, Stanisław, Wpływ członkowstwa Polski w Unii Europejskiej na polskie sądy, Przegląd Sądowy 11-12 (2001), S. 43.

Biernat, Stanisław, Prawo Unii Europejskiej a Konstytucja RP i prawo polskie – kilka refleksji, Państwo i Prawo 11 (2004), S. 18.

Biernat, Stanisław, Offene Staatlichkeit, § 21 Polen, in: A. von Bogdandy (Hrsg.), Handbuch Ius Publicum Europaeum Bd. II, Heidelberg 2008. S. 243.

Bílková, Veronika, Formování a podoba politického systému nezávislého Běloruska, Diplomarbeit, Ústav politologie FF UK, Praha 2000.

Blahož, Josef, Soudní kontrola ústavnosti: srovnávací pohled, Praha 2001.

Blankenagel, Alexander/ Hüper, Christine/ Reinsch, Andreas/ Schaich, Christian/ Stanger, Ulrike, Länderteil Rußland, in: S. Breidenbach (Hrsg.), Handbuch Wirtschaft und Recht in Osteuropa, München 2003, S. 1.

Blaško, Milan, Slovakia, in: R. Blackburn/ J. Polakiewicz (Hrsg.), Fundamental Rights in Europe. The European Convention on Human Rights and its Member States, 1950-2000, Oxford 2001, S. 755.

Bleckmann, Albert, Der Grundsatz der Völkerrechtsfreundlichkeit der deutschen Rechtsordnung, Die öffentliche Verwaltung 49 (1996) 4, S. 137.

Bobek, Michal, Porušení povinnosti zahájit řízení o předběžné otázce podle článku 234 (3) SES, Praha 2004.

Bobek, Michal, A New Legal Order, or a Non-Existent One? Some (Early) Experiences in the Application of EU Law in Central Europe, Croatian Yearbook of European Law and Policy, Vol. 2, (2006) S. 265.

Bobek, Michal, Ústavní soud České republiky: obecné soudy mají povinnost aplikovat komunitární právo samostatně, Soudní rozhledy 5 (2006), S. 171.

Bobek, Michal/ Komárek, Jan/ Passer, Jan/ Gillis, Mark, Předběžná otázka v komunitárním právu, Praha 2006.

Boć, Jan, Konstytucje Rzeczpospolitej, Wrocław 1998.

Boć, Jan, K Konstytucje Rzeczpospolitej oraz komentarz do Konstytucji RP z 1997 roku, Wrocław 1998.

Bröstl, Alexander, Zur Spruchpraxis des Verfassungsgerichts der Slowakischen Republik im Verfahren der Normenkontrolle (1993-1997), ZaöRV 59 (1999), S. 109.

Bröstl, Alexander, Zu den aktuellen Verfassungsänderungen in der Slowakischen Republik, in: M. Hofmann/ H. Küpper (Hrsg.), Kontinuität und Neubeginn; Staat und Recht in Europa zu Beginn des 21. Jahrhunderts (Festschrift für G. Brunner), Baden-Baden 2001, S. 384.

Brunner, Georg, Von der dogmatischen Ostrechtsforschung zur dialektischen Westrechtsforschung? Osteuropa 1973, S. 540.

Brunner, Georg, Verfassungsgerichtsbarkeit in Polen, Baden-Baden 1999.

Brunner, Georg/ Hofmann, Mahulena/ Holländer, Pavel, Verfassungsgerichtsbarkeit in der Tschechischen Republik, Baden-Baden 2001.

Brunner, Georg, Verfassungsrechtliche Anpassung der Beitrittsländer an die EU-Mitgliedschaft, in: W. Heusel (Hrsg.), Grundrechtecharta und Verfassungsentwicklung in der EU, Köln 2002, S. 153.

Butonina, O., Integracija SNG. Primenim li opyt Evropejskogo sojuza? Svobodnaja mysl 6 (1999), S. 43.

Chaloupek, Jaroslav, Pojem a předmět mezinárodně právní ochrany lidských práv a základních svobod, Právník 1969, S. 670.

Čirkin, Veniamin E. (Hrsg.), Sravnitel'noe konstitucionnoe pravo, Moskva 1996.

Classen, Claus Dieter, Artikel 23, in: H. von Mangoldt/ E. Klein/ C. Starck, Das Bonner Grundgesetz, Bd. 2, 4. Aufl., München 2000, S. 426.

Classen, Claus Dieter, Artikel 24, in: H. von Mangoldt/ E. Klein/ C. Starck, Das Bonner Grundgesetz, Bd. 2, 4. Aufl., München 2000, S. 515.

Czapliński, Władysław, International Law and Polish Municipal Law: Recent Jurisprudence of the Polish Supreme Judicial Organs, ZaöRV 53 (1993), S. 871.

Czapliński, Władysław, Rechtliche Probleme des Europaabkommens und des Beitritts Polens zur Europäischen Union, Zentrum für europäisches Wirtschaftsrecht, Vorträge und Berichte 63 (1996), S. 7.

Czapliński, Władysław/ Wyrozumska, Anna, Prawo międzynarodowe publiczne, Warszawa 1999.

Czapliński, Władysław, Prawo wspólnotowe a prawo wewnętrzne w praktyce sądów konstytucyjnych państw członkowskich (wybrane zagadnienia), kwartalnik prawa publicznego 2 (2004), S. 7.

Czeszejko-Sochacki, Zdzisław/ Garlicki, Leszek/ Trzciński, Janusz, Komentarz do ustawy o Trybunale Konstytucyjnym, Warszawa 1999.

Danilenko, Gennadij M., Primenenije meždunarodnogo prava vo vnutrennej pravovoj sisteme Rossii: praktika Konstitucionnogo suda, Gosudarstvo i pravo 11 (1995), S. 115.

Danilenko, Gennadij M., International Law in the Russian Legal System, in: International Law in Domestic Legal Orders: A Comparative Perspective, ASIL Proceedings, 1997, S. 294.

Danilenko, Gennadij M., Puť v carstvo prava i spravedlivosti, Moskovskij žurnal meždunarodnogo prava 1 (1997), S. 82.

Davletgildějev, R. Š., Meždunarodno-pravovoje regulirovanije trudovoj migracii v ramkach SNG: Opredejenije obščich podchodov, Rossijskij ježegodnik meždunarodnogo prava 1989-1999, S. 256.

Devetak, Silvo, The Development of the Protection of Minorities in Europe with Special Reference to Slovenia, Journal of International Relations 1-4 (1996), S. 102.

Diemer-Benedict, Tanja, Die neue Verfassung der Republik Polen, Osteuroparecht 43 (1997), S. 223.

Doehring, Karl, Die allgemeinen Regeln des völkerrechtlichen Fremdenrechts und das deutsche Verfassungsrecht, Köln (u.a.) 1963.

Doemming, Klaus-Berto von/ Füßlein, Rudolf/ Matz, Werner, Entstehungsgeschichte der Artikel des Grundgesetzes, JöR N.F. Bd. 1, 1951, S. 1.

Dovnar, Natalja, K voprosu o kriterijach ograničenij svobody slova v meždunarodnom prave i zakonodatel'stve Respublik Belarus, Belorusskij žurnal meždunarodnogo prava i meždunarodnych otnošenij 4 (1999), S. 1.

Drčar-Murko, Mojca, Some Legal Aspects of Relations between Slovenia and Italy, Journal of International Relations 1-4 (1996), S. 70.

Drgonec, Ján, Vzťah medzinárodného a ústavného práva, Justičná revue 4 (2000), S. 387.

Drzemczewski, Andrew/ Nowicki, Marek Antoni, Poland, in: R. Blackburn/ J. Polakiewicz (Hrsg.), Fundamental Rights in Europe. The European Convention on Human Rights and its Member States, 1950-2000, Oxford 2001, S. 658.

Działocha, Kazimierz, Źródła prawa, in: L. Garlicki (Hrsg.), Konstytucja Rzeczypospolitej Polskiej, Komentarz, Warszawa 1999, S. 2.

Evtimov, Erik, Die bulgarische Verfassung im Lichte des Beitritts zur Europäischen Union, Zeitschrift für öffentliches Recht 59 (2004), S. 53.

Fastenrath, Ulrich, Kompetenzverteilung im Bereich der Auswärtigen Gewalt, München 1986.

Favoreu, Louis/ Philipp, Loïc, Les grandes décisions du Conseil constitutionnel, 12. éd., Sirey, Paris 1993.

Ferschtman Maxim, Russia, in: R. Blackburn/J. Polakiewicz (Hrsg.), Fundamental Rights in Europe, Oxford 2001, S. 731.

Feťková, Gabriela, Článok 127 Ústavy Slovenskej Republiky – Konanie o ústavnej sťažnosti, in: P. Kresák u.a. (Hrsg.), Rozhodovacia činnosť Ústavného súdu Slovenskej republiky 1993-1997, Bratislava 1999, S. 263.

Filip, Jan, Ústavní právo České republiky, Brno 1997.

Filip, Jan, Parlament ČR schválil návrh euronovely Ústavy ČR, Právní zpravodaj 11 (2001), S. 5.

Fischer, Severin, Der Europäische Gerichtshof nach der EU-Osterweiterung, Diskussionspapier der FG 1, 2007/21, November 2007, SWP Berlin.

Franco, Marc, Gemeinsame Standpunkte der Europäischen Union und der Russischen Föderation zum künftigen neuen Abkommen, in: M. Entin/L. Galenskaya/N. Kaweschnikow (Hrsg.), Auf dem Wege zum Vertrag über eine Strategische Partnerschaft zwischen Russland und EU, Europäisches Wissenschaftsinstitut von MGIMO(U) Ministerium des Inneren, Russische Föderation, Sankt-Petersburg 2007.

Frankowska, Maria, Działalność traktatowa, in: M. Frankowska (Hrsg.), Podstawy prawnoorganizacyjne stosunków PLRR z zagranicą, Wrocław 1983.

Frenzke, Dietrich, Die russischen Verfassungen von 1978 und 1993, Berlin 1995.

Friauf, Karl-Heinrich/ Höfling, Wolfram (Hrsg.), Berliner Kommentar zum Grundgesetz (Loseblatt), Berlin 2000.

Frowein, Jochen Abr., Anmerkung zur Pakelli-Entscheidung des Bundesverfassungsgerichts, ZaöRV 46 (1986), S. 286.

Frowein, Jochen Abr./ Peukert, Wolfgang, Die Europäische Menschenrechtskonvention, Kehl 1996.

Frowein, Jochen Abr., Der europäische Grundrechtsschutz und die deutsche Rechtsprechung, NVwZ 21 (2002) 1, S. 29.

Gaeta, Paola, The Armed Conflict in Chechnya before the Russian Constitutional Court, European Journal of International Law 7 (1996), S. 563.

Galster, Jan/ Witkowski, Zbigniev, Prawo Konstytucyjne, Toruń 1994.

Garlicki, Leszek, Przesłanki ograniczenia konstytucyjnych praw i wolności, Państwo i prawo 10 (2001), S. 5.

Garlicki, Leszek, Polskie prawo konstytucyjne, Warszawa 2004.

Gazzini, Tarcisio, Some Considerations on the Conflict in Chechnya, Human Rights Law Journal 17 (1996), S. 93.

Geiger, Rudolf, Zur Beteiligung des Gesetzgebers gemäß Art. 23 Abs. 1 GG bei Änderung und Erweiterung der Europäischen Union, Zeitschrift für Gesetzgebung 2 (2003), S. 193.

Geistlinger, Michael, Der Vertrag über die Gründung eines Unionsstaates Rußländische Föderation-Republik Weißrußland, WGO Monatshefte für Osteuropäisches Recht 42 (2000) 1, S. 9.

Gelberg, Ludwik, Miejsce umów międzynarodowych w prawie PLR, Prawo i Życie 18 (1962), S. 3.

Glienicke, Frank, Regionaler Menschenrechtsschutz in Asien, MRM 3 (2007) S. 323.

Gogala, Viljem, Der EU-Beitritt aus slowenischer Sicht, Südosteuropa 49 (2000), S. 345.

Gołyński, Krzysztof/ Podgórska, Ewa, Glosa do Orzeczenia z 7 I 1992, K 8/91, Państwo i Prawo 4 (1993) S. 107.

Góralczyk, Wojciech, Prawo międzynarodowe publiczne w zarysie, Warszawa 1995.

Góralczyk, Wojciech/ Sawicki, Stefan, Prawo międzynarodowe publiczne w zarysie, 12. Aufl., Warszawa, Wydawnictwo Prawnicze LexisNexis, 2007.

Gošuljak, Vitalij V., Konsticionnoe pravosudie v subjektach Rossijskoj Federacii, Moskva 2006.

Hallstein, Walter, Die Europäische Gemeinschaft, Düsseldorf 1973.

Hartwig, Matthias, Verfassungsgerichtsbarkeit in Rußland – Der dritte Anlauf, EuGRZ 23 (1996) 7/8, S. 177.

Hartwig, Matthias, Vae victis – Völkerrechtliche Fragwürdigkeiten in der Argumentation des Russischen Verfassungsgerichts zum Beutekunst-Gesetz, EuGRZ 26 (1999) 19/20, S. 553-563.

Hendrych, Dušan/ Svoboda, Cyril, Ústava České republiky. Komentář, Praha 1997.

Hobe, Stephan, Der offene Verfassungsstaat zwischen Souveränität und Interdependenz, Berlin 1998.

Hobe, Stephan, Deutsches Recht, Europarecht, Völkerrecht – Gedanken zum Verhältnis dreier Rechtsordnungen in Zeiten sich verstärkender Europäisierung und Globalisierung, in: M. Hofmann/ H. Küpper (Hrsg.), Kontinuität und Neubeginn. Staat und Recht in Europa zu Beginn des 21. Jahrhunderts (Festschrift für G. Brunner), Baden-Baden 2001, S. 523.

Hobe, Stephan, Art. 22-25, in: K. Friauf/ W. Höfling (Hrsg.), Berliner Kommentar zum Grundgesetz, Bd. 2, Berlin 2004.

Hobe, Stephan/ Kimminich, Otto, Einführung in das Völkerrecht, 8. Aufl., Tübingen (u.a.) 2004.

Hoecke, Mark van/ Warrington, Mark, Legal Cultures, Legal Paradigms and Legal Doctrine: towards a New Model for Comparative Law, International and Comparative Law Quarterly 47 (1998), S. 498.

Hoffmeister, Frank, Outsider or Frontrunner? Recent Developments under International and European Law on the Status of the European Union in International Organizations and Treaty Bodies, Common Market Law Review 44 (2007), 41-68.

Hofmann, Mahulena, Völker- und Europarecht in der geänderten slowakischen Verfassung, in: M. Hofmann/ H. Küpper (Hrsg.), Kontinuität und Neubeginn; Staat und Recht in Europa zu Beginn des 21. Jahrhunderts (Festschrift für G. Brunner), Baden-Baden 2001, S. 398.

Hofmann, Mahulena, Völkerrecht in der Rechtsprechung des tschechischen Verfassungsgerichts, in: G. Brunner/ M. Hofmann/ P. Holländer, Verfassungsgerichtsbarkeit in der Tschechischen Republik, Baden-Baden 2001, S. 94.

Hofmann, Mahulena, Verfassungsgerichtsbarkeit in der Tschechischen Republik (zus. mit P. Holländer), in: O. Luchterhand/ C. Starck/ A. Weber (Hrsg.), Verfassungsgerichtsbarkeit in Mittel- und Osteuropa, Baden-Baden 2007, S. 189.

Hofmann, Mahulena (Hrsg.), Europarecht und die Gerichte der Transformationsstaaten. European Law and the Courts of the Transition Countries, Baden-Baden 2008.

Hofmann, Rainer, Zurück zu Solange II! Zum Bananenmarktordnungs-Beschluß des Bundesverfassungsgerichts, in: H.-J. Cremer/ T. Giegerich/ D. Richter/ A. Zimmermann (Hrsg.), Tradition und Weltoffenheit des Rechts (Festschrift für H. Steinberger), Berlin, Heidelberg (u.a.) 2002, S. 1207.

Holländer, Pavel, Verfassungsrechtliche Argumentation, Berlin 2007.

Hölscheidt, Sven/ Schotten, Thomas, Die Erweiterung der Europäischen Union als Anwendungsfall des neuen Europaartikels 23 GG?, Die öffentliche Verwaltung 48 (1995), S. 187.

Hošková, Mahulena, Die Charta der Grundrechte und Grundfreiheiten der ČSFR, EuGRZ 18 (1991), S. 369.

Hošková, Mahulena, Zur Wiederherstellung der Verfassungsgerichtsbarkeit in der Tschechoslowakei, ZaöRV 52 (1992), S. 334.

Hošková, Mahulena, Die Selbstauflösung der ČSFR – Ausgewählte rechtliche Aspekte, ZaöRV 53 (1993), S. 689.

Hošková, Mahulena, Legal Aspects of the Integration of the Czech Republic and Slovakia into European Security and Economic Structures, GYIL 37 (1994), S. 68.

Hošková, Mahulena, Das Völkerrecht als Maßstab verfassungsrechtlicher Entscheidungen in einigen ost- und mitteleuropäischen Staaten, in: J.A. Frowein/ T. Marauhn (Hrsg.), Grundlagen der Verfassungsgerichtsbarkeit in Mittel- und Osteuropa, Berlin (u.a.) 1998, S. 483.

Hošková, Mahulena, Die tschechische Perspektive, in: K. Stern (Hrsg.), Zukunftsprobleme der Europäischen Union, Berlin, New York 1998, S. 115.

Hošková, Mahulena, Legal Effects of the Judgments of the ECHR in German Law, in: P. Šturma (Hrsg.), Implementation of Human Rights and International Control Mechanisms, Praha 1999, S. 143.

Huber, Ernst Rudolf: Dokumente zur deutschen Verfassungsgeschichte, Band 4: Deutsche Verfassungsdokumente 1919-1933, 3. Aufl., 1992.

Hülsse, Rainer, Metaphern der EU-Erweiterung als Konstruktionen europäischer Identität, Baden-Baden 2003.

Jabłoński, Mariusz, Konstytucyjnoprawne aspekty przystąpienia Rzeczypospolitej Polskiej do Unii Europejskiej, Humanistyczne Zeszyty Naukowe 1998, Nr. 5 (13), S. 14.

Jambrek, Peter, Slovensko Ustavno sodišče pod okriljem evropskih standardov in mehanizmov zar varovanje človekovih pravic, Ljubljana 1997.

Jankuv, Juraj, Medzinárodné a európske mechanizmy ochrany ĺudských práv, Bratislava 2006.

Kallas, Marian, Projekty konstytucyjne 1989-1991, Warszawa 1992.

Kalugin, Vitalij Ju., Mechanizm implementacii meždunarodnogo humanitaronogo prava na vnutrigosudarstvennom urovne, Belorusskij žurnal meždunarodnogo prava i meždunarodnych otnošenij 1 (2000), S. 1.

Kalugin, Vitalij Ju., Mechanizm implementacii meždunarodnogo gumanitarnogo prava, Minsk 2003.

Kamińska, Ewelina, Konstytucyjno-prawne aspekty integracji europejskiej, Radca Prawny 4 (2003), S. 107.

Kaženov, Aueznur, Meždunadodnaja pravosubjeknost' Sodružestva nězavisimych gosudarstv, Belorusskij žurnal meždunarodnogo prava i meždunarodnych otnošenij 1 (2002), S. 1.

Kempen, Bernhard, Artikel 59, in: H. von Mangoldt/ E. Klein/ C. Starck (Hrsg.), Bonner Grundgesetz Kommentar, Bd. 2, 4. Aufl., 2000, S. 1822.

Kivel, Vladimir N., Konstitucionnoje pravo Respubliki Belarus, Minsk, 2007.

Klučka, Ján, Miesto a postavenie smlúv o lidských právach a základných slobodách v právnom poriadku SR, Právny obzor 4 (1993), S. 317.

Klučka, Ján, Medzinárodné právo a Ústava Slovenskej Republiky, Košice 1996.

Klučka, Ján, K dvom otázkám medzinárodného práva v návrhu ústavného zákona poslancov Národnej rady Slovenskej republiky, Justičná revue 53 (2001), S. 1.

Klučka, Ján, Miesto a úprava noriem medzinárodného práva v ústave Slovenskej republiky, Justičná revue 4 (2002), S. 381.

Král, Richard, Znovu k zakotvení vnitrostátních účinků komunitárního práva v Ústavě ČR, Právní rozhledy 3 (2004), S. 111.

Kratochvíl, Vladimír, Diskusní poznámky k euronovele Ústavy ČR, Právní zpravodaj 2 (2002), S. 7.

Křepelka, Filip, EC Law and Czech Administrative Judiciary – the Earliest Experience, in: EIF Working Paper Series: 1 Jahr Mitgliedschaft: Erste Bilanz aus der Sicht der tschechischen Höchstgerichte, Institut für Europäische Integrationsforschung Working Paper Nr. 17 (2005), S. 17, http://www.eif.oeaw.ac.at/downloads/workingpapers/wp17.pdf.

Kresák, Peter (Hrsg.), Rozhodovacia činnosť Ústavného súdu Slovenskej republiky 1993-1997, Bratislava 1999.

Krjažkov, Vladimir A./ Lazarev, Leonid V., Verfassungsgerichtsbarkeit in der Russischen Republik, Berlin 2001.

Kruk, Maria, „Mała Konstytucja" w procesie przemian ustrojowych w Polsce, Warszawa 1993.

Krylov, Sergej B., Materialy k istorii Organizacii Objedinennych Nacij, Moskva 1949, S. 255.

Kučinskij, Vladimir A., Ispol'zovanije evropjeskich meždunadrodnych standartov v oblasti prav čeloveka v dejstvitel'nosti Konstitucionnogo suda Respubliki Belarus, Problemy konstitucionalizma 9 (2001), S. 23.

Kudrjavec, Julija N., Nekotoryje problemy realizacii norm meždunarodnych pravovych aktov vo vnutrennem prave gosudarstv, Belorusskij žurnal meždunarodnogo prava i meždunarodnych otnošenij 3 (1999), S. 1.

Kühn, Zdeněk/ Kysela, Jan, Na základě čeho bude působit komunitární právo v českém právním řádu?, Právní rozhledy 1 (2004), S. 23.

Kühn, Zdeněk/ Kysela, Jan, Aplikace mezinárodního práva po přijetí tzv. euronovely Ústavy ČR, Právní rozhledy 7 (2002), S. 301.

Kunig, Philip, Völkerrecht und staatliches Recht, in: W. Vitzthum (Hrsg.), Völkerrecht, Berlin (u.a.), 4. Aufl., 2007.

Kunz, Otto, Mezinárodní aspekty ochrany lidských práv, Právník 1978, S. 602.

Kutter, J. Vivika/ Schröder, Tim, Die Rechtsprechung des russischen Verfassungsgerichts 1995-1999, Berlin 2000.

Kwiecień, Roman, Miejsce umów międzynarodowych w porzadku prawnym państwa polskiego, Warszawa 2000.

Lang, Grzegorz, Kilka uwag na temat wzajemnych relacji Konstytucji RP i prawa Unii Europejskiej, Studia Europejskie 2004, Nr. 2, S. 31.

Lazarev, Leonid V., Stat'ja 55 Verf., in: Ju.V. Kudrjavcev (Hrsg.), Kommentarij k Konstitucii Rossijskoj Federacii, Moskva 1996, S. 245.

Lazarev, Valerij V. (Hrsg.), Rossija: Naučno-praktičeskij kommentarij k Konstitucii Rossijskoj Federacii, Moskva 2004.

Lazowski, Adam (Hrsg.), Brave New World: Application of EU Law in the New Member States, Cambridge 2008, im Erscheinen.

Lewandowski, Henryk, Dyżur medyczny – uwagi na kanwie wyroku SN z 6.6. 2006 r. (I PK 263/05), Monitor prawa pracy 1 (2008).

Lukašuk, Igor' I., Konstitucija Rossii i meždunarodnoje pravo, Rossijskij ježegodnik meždunarodnogo prava 1995, S. 167.

Lukašuk, Igor' I., Primeněnije norm meždunarodnogo prava sudami, in: Meždunarodnyje normy o pravach čeloveka i primeněnije ich sudami Rossijskoj Federacii, Moskva 1996, S. 7.

Lukašuk, Igor' I., Meždunarodnoje pravo; Obščaja čast', Moskva 1996.

Lukašuk, Igor' I., Normy meždunarodnogo prava v meždunarodnoj normativnoj sisteme, Moskva 1997.

Mahnič, Borut, The Republic of Slovenia, the Concluding of International Treaties, and the Succession Regarding International Treaties, Journal of International Relations 1-4 (1996), S. 45.

Malenovský, Jiří, Mezinárodní smlouvy o lidských právech a čs. ústavní právo, Právník 1992, S. 933.

Malenovský, Jiří, Glosy k výkladu článku 10 české ústavy v praxi ústavních orgánů, Právník 1996, S. 809.

Malenovský, Jiří, Aktuálnost změn „mezinárodních článků ústavy", in: B. Dančák/ V. Šimíček (Hrsg.), Aktuálnost změn Ústavy ČR, Brno 1999, S. 55.

Malenovský, Jiří, Ústavní soud České republiky a mezinárodní právo, Právník 2000, S. 105.

Malenovský, Jiří, Poměr mezinárodního a vnitrostátního práva obecně a v českém právu zvláště, Brno 2000.

Malenovský, Jiří, Obnova řízení před Ústavním soudem v důsledku rozsudku Evropského soudu pro lidská práva, Právník 2001, S. 1241.

Malenovský, Jiří, Postavení mezinárodních smluv o lidských právech v českém právu po 1. červnu 2002, Právník 2002, S. 928.

Malenovský, Jiří, Mezinárodní smlouvy podle čl. 10a Ústavy ČR, Právník 2003, 841.

Malenovský, Jiří, Les rapports entre le droit communautaire et le droit international dans la Constitution tchèque, Il diritto dell'Unione Europea 12 (2007) 1, S. 1.

Malenovský, Jiří, Mezinárodní právo veřejné, jeho obecná část a poměr k jiným právním systémům, zvláště k právu českému, Brno 2008.

Masternak-Kubiat, Małgorzata, Umowa międzynarodowa w prawe konstytucyjnym, Warszawa 1997.

Mavčič, Arne, Slovenia. International Encyclopedia of Laws, The Hague (u.a.) 1998.

Mavčič, Arne, Slovenia, in: R. Blackburn/ J. Polakiewicz (Hrsg.), Fundamental Rights in Europe. The European Convention on Human Rights and its Member States, 1950-2000, Oxford 2001, S. 781.

Mavčič, Arne, The Republic of Slovenia, in: V. Kortmann/ J.W.A. Fleuren/ W. Voermans/ M. Kindlová (Hrsg.), Constitutional Law of 10 EU Member States: The 2004 Enlargement. Deventer 2006, S. X/1-X/60.

Mavčič, Arne, Some Issues Concerning the Relation between the National Constitutional Law and the European Law in Slovenia, in: M. Hofmann (Hrsg.), Europarecht und die Gerichte der Transformationsstaaten. European Law and the Courts of the Transition Countries, Baden-Baden 2008, S. 40.

Mazák, Ján, Verfahren vor dem Verfassungsgericht der Slowakischen Republik, in: A. Bröstl u.a. (Hrsg.), Das Verfassungsgericht der Slowakischen Republik, Košice 2001, S. 149.

Mazák, Ján/ Karabin, Milan, 1 Jahr EU Mitgliedschaft: Eine Bilanz aus der Sicht der slowakischen Höchstgerichte, in: EIF Working Paper Series, Institut für Europäische Integrationsforschung Working Paper Nr. 18 (2005) http://www.eif.oeaw.ac.at/downloads/workingpapers/wp18.pdf.

Meissner, Boris, Das politische Paktsystem innerhalb der GUS, Osteuropa-Recht 3 (1994).

Merli, Franz, Kommentar zum Beitrittsvertrag und zu den Grundsätzen der Beitrittsakte, in: S. Huster/ F. Merli (Hrsg.), Die Verträge zur EU-Osterweiterung. Kommentar mit systematischen Erläuterungen, Berlin/ Wien 2008, S. 59.

Miasik, Dawid, European Law and the General Courts of the Transition Countries, in: M. Hofmann (Hrsg.), Europarecht und die Gerichte der Transformationsstaaten. European Law and the Courts of the Transition Countries, Baden-Baden 2008, S. 97.

Mik, Cezary, Zasady ustrojowe europejskiego prawa wspólnotowego a polski porządek konstytucyjny, Państwo i prawo 53 (1998), S. 34.

Mik, Cezary, Europejskije prawo wspólnotowe, Warszawa 2000.

Mikule, Vladimír/ Sládeček, Vladimír, Ústavní soudnictví a lidská práva, Praha 1994.

Mikule, Vladimír, Mezinárodní smlouvy mezi Českou republikou a Slovenskou republikou, Praha 1995.

Milej, Tomasz, Das Gemeinschaftsrecht vor dem polnischen Richter, Osteuropa-Recht 2004, S. 418.

Minčenkova, Julija, Vnutrigosudarstvennyj mechanizm zaščity prav čeloveka, Belorusskij žurnal meždunarodnogo prava i meždunarodnych otnošenij 5 (1998), S. 1.

Minec, Ivan N., Smertnaja kazn'v sistěme měr ugolovnoj otvetstvennosti, Problemy konstitucionalizma 8 (2000), S. 68.

Mitjukov, Michaij A. (Hrsg.), Konstitucionnoje pravosudije v subjektach Rossijskoj Federacii, Moskva 1997.

Morshchakova, Tamara, Die Verfassungsgerichtsbarkeit im System der Gewaltenteilung in Rußland, in: M. Hofmann/ H. Küpper (Hrsg.), Kontinuität und Neubeginn; Staat und Recht in Europa zu Beginn des 21. Jahrhunderts (Festschrift für G. Brunner), Baden-Baden 2001, S. 198.

Movčan, Anatolij P., Prava čeloveka i meždunarodnyje otnošenija, Moskva 1982.

Mucha, Jiří, EU-Symposium ‚National Judges as Judges of EC Law', in: EIF Working Paper Series: 1 Jahr Mitgliedschaft: Erste Bilanz aus der Sicht der tschechischen Höchstgerichte, Institut für Europäische Integrationsforschung Working Paper Nr. 17 (2005), S. 3, http://www.eif.oeaw.ac.at/downloads/workingpapers/wp17.pdf.

Mußgnuß, Reinhard, Zustandekommen des Grundgesetzes und Entstehen der Bundesrepublik Deutschland, in: J. Isensee/ P. Kirchhof (Hrsg.), Handbuch des Staatsrechts, Bd. I, Heidelberg 2003, 3. Aufl., S. 315.

Nešatajeva, Tat'jana N., Arbitražnye sudy i nekotorye voprosy primenenija meždunarodnogo prava v Rossijskoj Federacii, Rossijskij ježegodnik meždunarodnogo prava 1998-1999, S. 218.

Nußberger, Angelika, Verfassungskontrolle in der Sowjetunion und in Deutschland, Baden-Baden 1994.

Nußberger, Angelika, Das Grundrecht auf soziale Sicherheit in der Rechtsprechung des russischen Verfassungsgerichts, Osteuropa 43 (1997), S. 55.

Nußberger, Angelika, Die Grundrechte in der Rechtsprechung des russischen Verfassungsgerichts, EuGRZ 25 (1998) 5/6, S. 105.

Nußberger, Angelika, Verfassungsgerichtsentscheidungen als Gegenstand der Rechtsvergleichung. Russland im Kontext der internationalen Entwicklung, in: A. Trunk (Hrsg.), Festschrift für Mark Moiseevič Boguslavskij, Berlin 2004, S. 545.

Nußberger, Angelika, Die „Zweite Wende": Zur Verfassungsentwicklung in den Ländern Mittel- und Osteuropas im Zuge der EU-Erweiterung, Die öffentliche Verwaltung 58 (2005) 9, S. 357.

Nußberger, Angelika, Rechts- und Verfassungskultur in der Russischen Föderation, Jahrbuch des öffentlichen Rechts der Gegenwart, N.F. 54 (2006), S. 35.

Nußberger, Angelika, Das „Jein" zur Todesstrafe in Russland, Osteuropa-Recht 53 (2007) 1/2, S. 9.

Nußberger, Angelika, Ende des Rechtsstaats in Russland?, Köln 2007.

Oniszcuk, Jerzy, Powzechnie obowiazujaca wykladnia ustaw ustalana przez Trybunal konstytucyjny, Studia i Materialy, tom III, Warszawa 1995.

Oniszczuk, Jerzy, Umowy miedzynarodowe w orzecznictwe Trybunalu Konstytucyjnego, Panstwo i Prawo 7 (1995), S. 14.

Osminin, B.I./ Zvekov V.P. (Hrsg.), Federal'nyj zakon o meždunarodnych dogovorach Rossijskoj federacii: Kommentarij, Moskva 1996.

Ott, Andrea/ Inglis, Kirstyn (Hrsg.), Handbook of European Enlargement, The Hague 2002.

Outrata, Vladimír, Mezinárodní právo veřejné, Praha 1960.

Passer, Jan, European Matters before Czech Courts, in: EIF Working Paper Series: 1 Jahr Mitgliedschaft: Erste Bilanz aus der Sicht der tschechischen Höchstgerichte, Institut für Europäische Integrationsforschung Working Paper Nr. 17 (2005), S. 21, http://www.eif.oeaw.ac.at/downloads/workingpapers/wp17.pdf.

Pauknerová, Monika, Asociační dohoda – některé teoretické a praktické otázky, Právník 1995, S. 833.

Pauknerová, Monika, Evropská dohoda o přidružení, volný pohyb průmyslových výrobků a technická harmonizace, Právník 1996, S. 1013.

Pavlíček, Václav/ Hřebejk, Jan, Ústava a ústavní systém České republiky, Praha 1994.

Pavlíček, Václav (Hrsg.), O vztahu ústavního a mezinárodního práva, Praha 1997.

Pavlíček, Václav, Ze stanoviska k vládnímu návrhu změny Ústavy ČR, in: V. Pavlíček a kol. (Hrsg.), Suverenita a Evropská integrace, Praha 1999, S. 309.

Pavlíček, Václav, O subjektech práv a svobod v Listině, o principech přirozenoprávních a vztahu k ústavnímu zákonu č. 395/2001 Sb., in: B. Dančák/ V. Šimíček (Hrsg.), Deset let Listiny základních práv a svobod v právním řádu České republiky a Slovenské republiky, Brno 2001, S. 92.

Pavlova, Ljudmila, Meždunarodnoje pravo v pravovoj sisteme gosudarstv, Belorusskij žurnal meždunarodnogo prava i meždunarodnych otnošenij 3 (1999), S. 1.

Pechstein, Mathias/ Koenig, Christian, Die Europäische Union, 3. Aufl., Tübingen 2000.

Pestalozza, Christian, Verfassungsprozeßrecht, 3. Aufl., München 1991.

Pogačnik, Miha, Some International Aspects of the Integration into the European Union, Journal of International Relations 1-4 (1966), S. 135.

Pogačnik, Miha, Veljavnost mednarodnih pogodb v Republiki Sloveniji, Právník 51 (1996), S. 37.

Polakiewicz, Jörg, Die Verpflichtungen der Staaten aus den Urteilen des Europäischen Gerichtshofs für Menschenrechte, Berlin (u.a.) 1993.

Posluch, Marian/ Cibulka, L'ubor, Štátne právo Slovenskej republiky, Bratislava 1994.

Potočný, Miroslav, Mezinárodní právo veřejné, 2. Aufl., Praha 1978.

Procházka, Václav, Ústava devátého května a její první výročí, Právník 1949, S. 102.

Rakovský, Josef, Der tschechische Richter als Richter für das Europäische Gemeinschaftsrecht, in: EIF Working Paper Series: 1 Jahr Mitgliedschaft: Erste Bilanz aus der Sicht der tschechischen Höchstgerichte, Institut für Europäische Integrationsforschung Working Paper Nr. 17 (2005), S. 8, http://www.eif.oeaw.ac.at/downloads/workingpapers/wp17.pdf.

Ress, Georg, The European Convention on Human Rights and State Parties: The Legal Effect of the Judgements of the European Court of Human Right on the Internal Law and before Domestic Courts of the Contracting Countries, in: I. Maier (Hrsg.), Protection on Human Rights in Europe, Heidelberg 1982, S. 213.

Ribičič, Ciril, Implementing European Standards into the Case-Law of the Constitutional Court of the Republic of Slovenia, Zeitschrift für öffentliches Recht 60 (2005) 3, S. 413.

Roggemann, Herwig (Hrsg.), Die Verfassungen Mittel- und Osteuropas, Berlin 1999.

Romanov, Jurij S., Ob uslovijach formirovanija obščepriznannych norm, Moskovskij žurnal meždunarodnogo prava 2 (1999), S. 38.

Rozmaryn, Stefan, Skuteczność umów międzynarodowych PRL w stosunkach wewnętreznych, Państwo i Prawo 12 (1962), S. 954.

Rückert, Wiebke, Das Völkerrecht in der Rechtsprechung des Russischen Verfassungsgerichts, Berlin 2005.

Rupel, Dimitrij, Slovenia and Central Europe's March Toward the EU: the Restrictive Role of the European Great Powers, Journal of International Relations 1-4 (1996), S. 137.

Rychetský, Pavel, Gewährleistung der richterlichen Unabhängigkeit und des Rechtsschutzes unter veränderten Rahmenbedingungen, in: F.-C. Schroeder (Hrsg.), Justizreform in Osteuropa, Frankfurt 2004, S. 251.

Sachs, Michael, Grundgesetz. Kommentar, 4. Aufl., München 2007.

Sadurski, Wojciech, „Solange, Chapter 3": Constitutional Courts in Central Europe – Democracy – European Union, European Law Journal 14 (2008), S. 1.

Safjan, Marek, Konstytucja a członkostwo Polski w unii Europejskiej, Państwo i prawo 3 (2001), S. 9.

Sagan, Stanisław, Prawo konstytucyjne Rzeczypospolitej Polskiej, Warszawa 2003.

Salejev, Ivan V., Sootnošenije meždunarodnych dogovorov i vnutrennego zakonodatel'stva Respubliki Belarus, Belorusskij žurnal meždunarodnogo prava i meždunarodnych otnošenij 3 (2000), S. 1.

Sarnecki, Paweł (Hrsg.), Zarys Ustroju Panstwowego Polski, Kraków 1993.

Sarnecki, Paweł, Prawo konstytucyjne RP, Warszawa 1999.

Sarnecki, Paweł, System źródeł prawa w Konstytucji Rzeczypospolitej Polskiej, Warszawa 2002.

Sarnecki, Paweł, Prawo konstytucyjne Rzeczypospolitej Polskie, Warszawa 2005.

Schlaich, Klaus/ Korioth, Stefan, Das Bundesverfassungsgericht, 7. Aufl., München 2007.

Schön, Cordula, Der rechtliche Rahmen für Assoziierungen der Europäischen Gemeinschaft, Frankfurt am Main (u.a.) 1994.

Schröder, Tim, Wem gehört die Beutekunst? – Zum zweiten Beutekunst-Urteil des russischen Verfassungsgerichts, Osteuropa 46 (2000) 1, S. 29.

Schröder, Tim, Die Tätigkeit des Weißrussischen Verfassungsgerichts, WGO Monatshefte für Osteuropäisches Recht 44 (2002) 4, S. 248.

Schroeder, Friedrich-Christian, Methodenprobleme der Ostrechtsforschung, in: B. Meissner/ H. Roggemann/ F.-Ch. Schroeder/ K. Westen (Hrsg.), Grundsatzfragen der Ostrechtsforschung, Studien des Instituts für Ostrecht München, Bd. 28, 1980, S. 79.

Schroeder, Friedrich-Christian, Die Rechtsordnung Rußlands und die Anforderungen der Europäischen Menschenrechtskonvention, Vorträge, Reden und Berichte aus dem Europa-Institut Nr. 347 (1996), S. 19.

Schroeder, Friedrich-Christian/ Bednarz, Thomas, Strafgesetzbuch der Russischen Föderation, Freiburg im Breisgau 1998.

Schroeder, Friedrich-Christian, Probleme der Gesetzgebung in Rußland, in: F.-Ch. Schroeder (Hrsg.), Die neuen Kodifikationen in Rußland, Berlin 1999, S. 9.

Schroeder, Friedrich-Christian, Das neue russische Strafgesetzbuch, in: F.-Ch. Schroeder (Hrsg.), Die neuen Kodifikationen in Rußland, Berlin 1999, S. 221.

Schroeder, Friedrich-Christian, Völkerrecht als Prüfungsmaßstab? – Zur Bedeutung des Völkerrechts in der Rechtsprechung des russischen Verfassungsgerichts seit 1995, Kieler Ostrechts-Notizen 1999, Nr. 2, S. 22.

Schulze, Peter W., Vom Nichtverhältnis zur vorsichtigen Annäherung. Rußland und die Europäische Union, Osteuropa 51 (2001), S. 451.

Schwarze, Jürgen, EU-Kommentar, 2. Aufl., Baden-Baden 2008.

Schweisfurth, Theodor, Der Start der Verfassungsgerichtsbarkeit in Rußland, EuGRZ 1992, S. 296.

Schweisfurth, Theodor, Die Verfassung Rußlands vom 12. Dezember 1993, EuGRZ 1994, S. 473.

Schweisfurth, Theodor, The Science of Public International Law in the German Democratic Republic, German Yearbook of International Law 50 (2007), S. 149.

Šebesta, Štefan, K prognózám vývoja medzinárodného práva (verejného) ako súčasti medzinárodného prostredia Slovenskej republiky, Právny obzor 3 (2007), S. 260.

Seibert-Fohr, Anja, Neue internationale Anforderungen an die Überführung von Menschenrechtsabkommen in nationales Recht, ZaöRV 62 (2002) 1-2, S. 391.

Ševcov, J., Belarus: medlennyj drejf k Evrope, minuja stadiju deindustrializacii, Belarus: vozmožnosti vybora, 1 (2000), S. 26.

Škrk, Mirjam: The European Law and the Constitutional Order of Slovenia, in: European Law in the Case-Law of Constitutional Courts, Bratislava 2001, S. 70.

Škrk, Mirjam, The Role of the Constitutional Court of the Republic of Slovenia Following Integration into European Union, International Conference The Position of Constitutional Courts Following Integration into the European Union, Bled, Slovenia, 30 September-2 October 2004, Proceedings, Nova revija, Ljubljana 2005.

Škrk, Mirjam, European Law and the Constitutional Court of the Republic of Slovenia, in: M. Hofmann (Hrsg.), Europarecht und die Gerichte der Transformationsstaaten. European Law and the Courts of the Transition Countries, Baden-Baden 2008, S. 54.

Skrzydło, Jacek, Konieczne zmiany w prawie polskim w perspektywie współpracy sądów polskich, Państwo i prawo 53 (1998), S. 92.

Skrzydło, Wiesław (Hrsg.), Prawo konstytucyjne, Lublin 1995.

Skrzydło, Wiesław, Polskie prawo konstytucyjne, Lublin 2004.

Skubiszewski, Krzysztof, Prawo PLR a traktaty, Ruch Prawniczy, Ekonomiczny i Sociologiczny 3 (1972), S. 7.

Skubiszewski, Krzysztof, Miejsce traktatów w porządku prawnym PLR, Sprawy Międzynarodowe 1 (1973), S. 87.

Skubiszewski, Krzysztof, Skuteczność prawa międzynarodowego w systemie prawnym Polskiej Rzeczypospolitej Ludowej: gwarancje instytucjonalne, in: Materiały z działalności Zespołu Prawa Międzynarodowego (październik 1986-czerwiec 1987), Warszawa 1987, S. 50.

Slapnicka, Helmut, Verfassung der Slowakischen Republik, Osteuropa-Recht 39 (1993), S. 167.

Šljancev, Denis, O meždunarodnych dogovorach Rossijskoj Federacii, Moskva 2006.

Solovjev, V.N., O někotorych voprosach praktiki priměněnija norm meždunarodnogo prava sudami Rossijskoj federacii, Rossijskij ježegodnik meždunarodnogo prava 1998-1999, S. 267.

Sommermann, Karl-Peter, Die Bedeutung der Rechtsvergleichung für die Fortentwicklung des Staats und Verwaltungsrechts in Europa, Die öffentliche Verwaltung 52 (1999) 24, S. 1017.

Srnská, Milena, Socialistická koncepce ochrany lidských práv v mezinárodním právu, Praha 1983.

Stahlberg, Jana, Die Reform des Wirtschaftsrechts in Polen, in: M.A. Dauses (Hrsg.), Osterweiterung der EU, 1998, S. 199.

Starck, Christian, Rechtsvergleichung im öffentlichen Recht, Juristenzeitung 52 (1997), S. 1021.

Svák, Ján, Advokát pred európskymi súdmi, Bratislava 2004.

Svák, Ján, Ochrana ľudských práv, 2. Aufl., Bratislava 2006.

Svák, Ján/ Cibulka, Ľubor, Ústavné právo Slovenskej Republiky, Bratislava 2006.

Svoboda, Pavel, K právní povaze tzv. Evropských asociačních dohod a sekundárního asociačního práva, Právník 1996, S. 201.

Szafarz, Renata, Skuteczność traktatów na obszarze Rzeczypospolitej Polskiej w świetle prawa konstytucyjnego, in: Międzynarodowe pakty praw człowieka w polskim ustawodawstwie i w praktyce organów ochrony prawa, Warszawa/ Poznań 1996, S. 9.

Tichinja, Valerij G., Prava čeloveka v Respublike Belarus, Minsk 1999.

Tiunov, Oleg I., O roli meždunarodno-pravovych norm v formirovanii pravovoj pozicii Konstitucionnogo suda Rossijskoj Federacii, kasajuščejsja prava každogo na suděbnuju zaščitu i ravnenstva vsech pred zakonom i sudom, Rossijskij ježegodnik meždunarodnogo prava 2000, S. 27.

Tomuschat, Christian, Der Verfassungsstaat im Geflecht der internationalen Beziehungen, Berlin 1978.

Tomuschat, Christian, Die staatliche Entscheidung für die internationale Offenheit, in: J. Isensee/ P. Kirchhof (Hrsg.), Handbuch des Staatsrechts, Bd. VII, Heidelberg 1992, § 172.

Topornin, Boris N., Jevropejskoje pravo, Moskva 1998.

Tratnik, Matjaž, Der Immobilienerwerb durch Ausländer in Slowenien und die Annäherung an die Europäische Union, WGO Monatshefte für Osteuropäisches Recht 40 (1998), S. 411.

Tratnik, Matjaž, Regelungen und Rechte für die italienische und ungarische Minderheit in der slowenischen Verfassung, in: D. Blumenwitz/ G.H. Gornig/ D. Muswiek (Hrsg.), Fortschritte im Beitrittsprozeß der Staaten Ostmittel-, Ost- und Südosteuropas zur Europäischen Union, Köln 1999, S. 73.

Traut, Johannes Ch. (Hrsg.), Verfassungsentwürfe der Russischen Föderation, Baden-Baden 1995.

Tunkin, Grigorij I., Teoria meždunarodnogo prava, Moskva 1970.

Tuzmuchamedov, Bachtijar Raisovič, Pravo i meždunarodyje otnošenija. Meždunarodnoje pravo v dejatel'nosti Konstitucionnogo suda Rossijskoj federacii, Diplomatičeskij vestnik, Oktober 2000, http://www.ln.mid.ru/.

Týč, Vladimír, Několik poznámek ke vztahu mezinárodních smluv a českého pracovního práva, Právník 1997, S. 863.

Umbach, Dieter C., Bundesverfassungsgericht und Europäischer Gerichtshof – der schwierige Weg zur Kooperation oder „Wie lange Solange?" in: R. Lhotta (Hrsg.), Deutsche und europäische Verfassungsgeschichte: Sozial- und rechtswissenschaftliche Zugänge, Baden-Baden 1997, S. 271.

Vasilevič, Grigorij A., Konstitucija Respubliki Belarus, Naučno-praktičeskij kommentarij, Minsk 2000.

Vasilevič, Grigorij A., Vozmožnosti realizacii Evropeskoj konvencii o zaščitě prav čeloveka i osnovnych svobod v praktike Konstitucionnogo suda Respubliki Belarus i nacional'nych sudov, Belorusskij žurnal meždunarodnogo prava i meždunarodnych otnošenij 3 (2002), 1.

Vaškevič, Aleksandr E. (Hrsg.), Otmena smertnoj kazni v Respublike Belarus', Minsk 2003.

Vehar, P./ Ilešič, T., International Agreements in the Legal Orders of the Candidate Countries. Slovenia, in: A. Ott/ K. Inglis (Hrsg.), Handbook of European Enlargement, The Hague 2002, S. 331.

Vereshchetin, Vladlen S., New Constitutions and the Problem of the Relationship between International Law and National Law, 7 EJIL (1996), S. 29.

Vereshchetin, Vladlen S., Some Reflection on the Relationship between International Law and National Law in the Light of New Constitution, in: R. Müllerson (Hrsg.), Constitutional Reform and International Law in Central and Eastern Europe, The Hague 1998, S. 5.

Vogel, Klaus, Die Verfassungsentscheidung des Grundgesetzes für eine internationale Zusammenarbeit, Tübingen 1964.

Wagner, Alois, K vnitrostátní obecné závaznosti norem vyplývajících z mezinárodních smluv, Právník 1981, S. 986.

Wasilewski, Andrzej, Pytania prawne do Trybunału Konstytucyjnego. Problemy interpretacyjne na tle art. 193 Konstytucji RP, Przegląd Sądowy 5 (2000) S. 3.

Wedam-Lukić, Dragica, The Position of the Constitutional Court of the Republic of Slovenia in Relation to European Community Law, Round Table II on Consequences of Membership in the EU for Constitutional Courts, Vienna 17 October 2006.

Winczorek, Piotr, Konstytucja RP a prawo wspólnotowe, Państwo i Prawo 11 (2004), S. 3.

Witkowski, Zbigniew, Prawo konstytucyjne, Toruń 2002.

Wójtowicz, Krzystof, Art. 9, in: J. Boć (Hrsg.), Konstytucje Rzeczypospolitej, Wrocław 1998, S. 33.

Wójtowicz, Krzysztof, Art. 87.1, in: J. Boć (Hrsg.), Konstytucje Rzeczypospolitej, Wrocław 1998, S. 156.

Wyrzykowski, Mirosław, Granice ingerencji ustawodawczej w sferę praw człowieka w Konstytucji RP, Kraków 1999.

Zabłocki, Stanisław, Rozdział 55. Wznowienie postępowania, in: Z. Gostyński (Hrsg.), Kodeks postępowania karnego. Komentarz, Warszawa 2004, S. 646.

Zajceva, Ljudmila L., Evopejskaja konvencija o zaščitě prav čeloveka i novyj Ugolovno- processual'nyj kodeks Respubliki Belarus, Problemy konstitucionalizma 8 (2000), S. 17.

Zemánek, Jiří, Evropskoprávní meze přezkumu ústavnosti transpozice rámcového rozhodnutí o eurozatykači, Právní rozhledy 3 (2006), S. 90.

Ziegler, Kai Peter, Deutsche Rechtsprechung in völkerrechtlichen Fragen 1998, ZaöRV 60 (2000) 1, S. 163.

Zimmermann, Andreas, Staatennachfolge in völkerrechtliche Verträge, Berlin 2000.

Zimněnko, Boris L., Meždunarodnyje dogovory v suděbnoj sistěme Rossijskoj Federacii, Moskovskij žurnal meždunarodnogo prava 2 (1999), S. 104.

Zirk-Sadowski, Marek, The Judicature of Polish Administrative Courts after the Accession to the EU, EIF Working Paper Series: 1 Jahr Mitgliedschaft: Erste Bilanz aus der Sicht der polnischen Höchstgerichte, Institut für Europäische Integrationsforschung Working Paper Nr. 15 (2006), S. 19, http://www.eif.oeaw.ac.at/downloads/workingpapers/wp15.pdf.

Zybajlo, Alla, K voprosu o sootnošenii meždunarodnogo i nacional'nogo prava (teoretičeskije voprosy), Belorusskij žurnal meždunarodnogo prava i meždunarodnych otnošenij 3 (1998), S. 1.

Zybajlo, Alla, Problema prjamogo dějstvija obščepriznannych norm meždunarodnogo prava o pravach i svobodach čeloveka v Respublike Belarus, Belorusskij žurnal meždunarodnogo prava i meždunarodnych otnošenij 1 (1999) S. 1.

Sachregister

Max-Planck-Institut für ausländisches öffentliches Recht und Völkerrecht

Beiträge zum ausländischen öffentlichen Recht und Völkerrecht

Hrsg.: A. von Bogdandy, R. Wolfrum

Bde. 27–59 erschienen im Carl Heymanns Verlag KG Köln, Berlin (Bestellung an: Max-Planck-Institut für Völkerrecht, Im Neuenheimer Feld 535, 69120 Heidelberg); ab Band 60 im Springer-Verlag Berlin, Heidelberg, New York, London, Paris, Tokyo, Hong Kong, Barcelona

---

206 Mahulena *Hofmann*: **Von der Transformation zur Kooperationsoffenheit?** 2009. XIX, 585 Seiten. Geb. € 99,95

205 Rüdiger *Wolfrum*, Ulrike *Deutsch* (eds.): **The European Court of Human Rights Overwhelmed by Applications: Problems and Possible Solutions.** 2009. VIII, 128 Seiten. Geb. € 59,95 zzgl. landesüblicher MwSt.

204 Niels *Petersen*: **Demokratie als teleologisches Prinzip.** 2009. XXVII, 280 Seiten. Geb. € 79,95

203 Christiane *Kamardi*: **Die Ausformung einer Prozessordnung sui generis durch das ICTY unter Berücksichtigung des Fair-Trial-Prinzips.** 2009. XVI, 424 Seiten. Geb. € 89,95

202 Leonie F. *Guder*: **The Administration of Debt Relief by the International Financial Institutions.** 2009. XVIII, 355 Seiten. Geb. € 84,95 zzgl. landesüblicher MwSt.

201 Silja *Vöneky*, Cornelia *Hagedorn*, Miriam *Clados*, Jelena *von Achenbach*: **Legitimation ethischer Entscheidungen im Recht.** 2009. VIII, 351 Seiten. Geb. € 84,95

200 Anja Katarina *Weilert*: **Grundlagen und Grenzen des Folterverbotes in verschiedenen Rechtskreisen.** 2009. XXX, 474 Seiten. Geb. € 94,95

199 Suzette V. *Suarez*: **The Outer Limits of the Continental Shelf.** 2008. XVIII, 276 Seiten. Geb. € 79,95 zzgl. landesüblicher MwSt.

198 Felix *Hanschmann*: **Der Begriff der Homogenität in der Verfassungslehre und Europarechtswissenschaft.** 2008. XIII, 370 Seiten. Geb. € 84,95

197 Angela *Paul*: **Kritische Analyse und Reformvorschlag zu Art. II Genozidkonvention.** 2008. XVI, 379 Seiten. Geb. € 84,95

196 Hans Fabian *Kiderlen*: **Von Triest nach Osttimor.** 2008. XXVI, 526 Seiten. Geb. € 94,95

195 Heiko *Sauer*: **Jurisdiktionskonflikte in Mehrebenensystemen.** 2008. XXXVIII, 605 Seiten. Geb. € 99,95

194 Rüdiger *Wolfrum*, Volker *Röben* (eds.): **Legitimacy in International Law.** 2008. VI, 420 Seiten. Geb. € 84,95 zzgl. landesüblicher MwSt.

193 Doris *König*, Peter-Tobias *Stoll*, Volker *Röben*, Nele *Matz-Lück* (eds.): **International Law Today: New Challenges and the Need for Reform?** 2008. VIII, 260 Seiten. Geb. € 69,95 zzgl. landesüblicher MwSt.

192 Ingo *Niemann*: **Geistiges Eigentum in konkurrierenden völkerrechtlichen Vertragsordnungen.** 2008. XXV, 463 Seiten. Geb. € 94,95

191 Nicola *Wenzel*: **Das Spannungsverhältnis zwischen Gruppenschutz und Individualschutz im Völkerrecht.** 2008. XXXI, 646 Seiten. Geb. € 99,95

190 Winfried *Brugger*, Michael *Karayanni* (eds.): **Religion in the Public Sphere: A Comparative Analysis of German, Israeli, American and International Law.** 2007. XVI, 467 Seiten. Geb. € 89,95 zzgl. landesüblicher MwSt.

189 Eyal *Benvenisti*, Chaim *Gans*, Sari *Hanafi* (eds.): **Israel and the Palestinian Refugees.** 2007. VIII, 502 Seiten. Geb. € 94,95 zzgl. landesüblicher MwSt.

188 Eibe *Riedel*, Rüdiger *Wolfrum* (eds.): **Recent Trends in German and European Constitutional Law.** 2006. VII, 289 Seiten. Geb. € 74,95 zzgl. landesüblicher MwSt.

187 Marcel *Kau*: **United States Supreme Court und Bundesverfassungsgericht.** 2007. XXV, 538 Seiten. Geb. € 99,95 zzgl. landesüblicher MwSt.

186 Philipp *Dann*, Michał *Rynkowski* (eds.): **The Unity of the European Constitution.** 2006. IX, 394 Seiten. Geb. € 79,95 zzgl. landesüblicher MwSt.

185 Pál *Sonnevend*: **Eigentumsschutz und Sozialversicherung.** 2008. XVIII, 278 Seiten. Geb. € 74,95

184 Jürgen *Bast*: **Grundbegriffe der Handlungsformen der EU.** 2006. XXI, 485 Seiten. Geb. € 94,95

183 Uwe *Säuberlich*: **Die außervertragliche Haftung im Gemeinschaftsrecht.** 2005. XV, 314 Seiten. Geb. € 74,95

182 Florian *von Alemann*: **Die Handlungsform der interinstitutionellen Vereinbarung.** 2006. XVI, 518 Seiten. Geb. € 94,95

181 Susanne *Förster*: **Internationale Haftungsregeln für schädliche Folgewirkungen gentechnisch veränderter Organismen.** 2007. XXXVI, 421 Seiten. Geb. € 84,95

180 Jeanine *Bucherer*: **Die Vereinbarkeit von Militärgerichten mit dem Recht auf ein faires Verfahren gemäß Art. 6 Abs. 1 EMRK, Art. 8 Abs. 1 AMRK und Art. 14 Abs. 1 des UN Paktes über bürgerliche und politische Rechte.** 2005. XVIII, 307 Seiten. Geb. € 74,95

179 Annette *Simon*: **UN-Schutzzonen – Ein Schutzinstrument für verfolgte Personen?** 2005. XXI, 322 Seiten. Geb. € 74,95

178 Petra *Minnerop*: **Paria-Staaten im Völkerrecht?** 2004. XXIII, 579 Seiten. Geb. € 99,95

177 Rüdiger *Wolfrum*, Volker *Röben* (eds.): **Developments of International Law in Treaty Making.** 2005. VIII, 632 Seiten. Geb. € 99,95 zzgl. landesüblicher MwSt.

176 Christiane *Höhn*: **Zwischen Menschenrechten und Konfliktprävention. Der Minderheitenschutz im Rahmen der Organisation für Sicherheit und Zusammenarbeit in Europa (OSZE).** 2005. XX, 418 Seiten. Geb. € 84,95

175 Nele *Matz*: **Wege zur Koordinierung völkerrechtlicher Verträge. Völkervertragsrechtliche und institutionelle Ansätze.** 2005. XXIV, 423 Seiten. Geb. € 84,95

174 Jochen Abr. *Frowein*: **Völkerrecht – Menschenrechte – Verfassungsfragen Deutschlands und Europas. Ausgewählte Schriften.** Hrsg. von Matthias *Hartwig*, Georg *Nolte*, Stefan *Oeter*, Christian *Walter*. 2004. VIII, 732 Seiten. Geb. € 119,95

173 Oliver *Dörr* (Hrsg.): **Ein Rechtslehrer in Berlin. Symposium für Albrecht Randelzhofer.** 2004. VII, 117 Seiten. Geb. € 54,95

172 Lars-Jörgen *Geburtig*: **Konkurrentenrechtsschutz aus Art. 88 Abs. 3 Satz 3 EGV. Am Beispiel von Steuervergünstigungen.** 2004. XVII, 412 Seiten (4 Seiten English Summary). Geb. € 84,95

171 Markus *Böckenförde*: **Grüne Gentechnik und Welthandel. Das Biosafety-Protokoll und seine Auswirkungen auf das Regime der WTO.** 2004. XXIX, 620 Seiten. Geb. € 99,95

170 Anja *v. Hahn*: **Traditionelles Wissen indigener und lokaler Gemeinschaften zwischen geistigen Eigentumsrechten und der public domain.** 2004. XXV, 415 Seiten. Geb. 84,95

169 Christian *Walter*, Silja *Vöneky*, Volker *Röben*, Frank *Schorkopf* (eds.): **Terrorism as a Challenge for National and International Law: Security versus Liberty?** 2004. XI, 1484 Seiten. Geb. € 169,95 zzgl. landesüblicher MwSt.

168 Kathrin *Osteneck*: **Die Umsetzung von UN-Wirtschaftssanktionen durch die Europäische Gemeinschaft.** 2004. XXXIX, 579 Seiten. Geb. € 99,95

167 Stephan *Sina*: **Der völkerrechtliche Status des Westjordanlandes und des Gaza-Streifens nach den Osloer Verträgen.** 2004. XXI, 410 Seiten. Geb. € 84,95

166 Philipp *Dann*: **Parlamente im Exekutivföderalismus.** 2004. XXIII, 474 Seiten. Geb. € 89,95

165 Rüdiger *Wolfrum* (Hrsg.): **Gleichheit und Nichtdiskriminierung im nationalen und internationalen Menschenrechtsschutz.** 2003. VIII, 299 Seiten. Geb. € 74,95

164 Rüdiger *Wolfrum*, Nele *Matz*: **Conflicts in International Environmental Law.** 2003. XI, 213 Seiten. Geb. € 64,95 zzgl. landesüblicher MwSt.

163 Adam *Bodnar*, Michał *Kowalski*, Karen *Raible*, Frank *Schorkopf* (eds.): **The Emerging Constitutional Law of the European Union.** 2003. IX, 595 Seiten. Geb. € 99,95 zzgl. landesüblicher MwSt.

162 Jochen Abr. *Frowein*, Klaus *Scharioth*, Ingo *Winkelmann*, Rüdiger *Wolfrum* (Hrsg.): **Verhandeln für den Frieden/Negotiating for Peace. Liber Amicorum Tono Eitel.** 2003. XIII, 866 Seiten. Geb. € 129,95

161 Michaela *Fries*: **Die Bedeutung von Artikel 5 (f) der Rassendiskriminierungskonvention im deutschen Recht.** 2003. XIX, 429 Seiten. Geb. € 84,95

GPSR Compliance

The European Union's (EU) General Product Safety Regulation (GPSR) is a set of rules that requires consumer products to be safe and our obligations to ensure this.

If you have any concerns about our products, you can contact us on ProductSafety@springernature.com

In case Publisher is established outside the EU, the EU authorized representative is:

Springer Nature Customer Service Center GmbH
Europaplatz 3
69115 Heidelberg, Germany

Kolibri 360 GmbH
Ferdinand-Jühlke-Straße 7
99095 Erfurt, Deutschland
produktsicherheit@kolibri360.de